嘉靖

大明王朝最特立獨行的國君，一個孤獨又無比複雜的帝王靈魂

卜鍵
著

嘉靖

大明王朝最特立獨行的國君，一個孤獨又無比複雜的帝王靈魂

作　　者　卜鍵
責任編輯　何維民

版　　權　吳玲緯　楊靜
行　　銷　闕志勳　吳宇軒　余一霞
業　　務　李再星　李振東　陳美燕
副總編輯　何維民
編輯總監　劉麗真
發 行 人　凃玉雲
出　　版　麥田出版
104台北市中山區民生東路二段141號5樓
電話：（886）2-2500-7696　傳真：（886）2-2500-1967
發　　行　英屬蓋曼群島商家庭傳媒股份有限公司城邦分公司
104台北市中山區民生東路二段141號2樓
書虫客服服務專線：(886)2-2500-7718；2500-7719
24小時傳真服務：(886)2-2500-1990；2500-1991
服務時間：週一至週五09:30-12:00；13:30-17:00
郵撥帳號：19863813　戶名：書虫股份有限公司
讀者服務信箱E-mail：service@readingclub.com.tw
麥田部落格：http://blog.pixnet.net/ryefield
麥田出版Facebook：http://www.facebook.com/RyeField.Cite/
香港發行所　城邦（香港）出版集團有限公司
香港灣仔駱克道193號東超商業中心1樓
電話：852-2508-6231
傳真：852-2578-9337
馬新發行所　城邦（馬新）出版集團【Cite (M) Sdn Bhd.】
41-3, Jalan Radin Anum, Bandar Baru Sri Petaling,
57000 Kula Lumpur, Malaysia.
電話：(603) 9056-3833 傳真：(603) 9057-6622
Email：service@cite.my

印　　刷　前進彩藝有限公司
電腦排版　黃雅藍
書封設計　兒日設計

初版一刷　2024年1月
定　　價　600元
I S B N　978-626-310-587-4

原書名：《嘉靖：一個帝王為何會厭懼皇宮》
中文繁體版透過成都天鳶文化傳播有限公司代理，由北京鳳凰聯動圖書發行有限公司和江蘇鳳凰文藝出版社有限公司授權城邦文化事業股份有限公司麥田出版事業部獨家出版發行，非經書面同意，不得以任何形式複製轉載。

國家圖書館出版品預行編目資料

嘉靖：大明王朝最特立獨行的國君，一個孤獨又無比複雜的帝王靈魂／卜鍵著. -- 初版. -- 臺北市：麥田出版：英屬蓋曼群島商家庭傳媒股份有限公司城邦分公司發行, 2024.01
面；　公分
ISBN 978-626-310-587-4(平裝)
1.CST：明世宗　2.CST：傳記
626.6　112018469

不敢荒寧，嘉靖殷邦。至於小大，無時或怨。——《尚書‧無逸》

嘉靖者，言家家皆淨而無財用也。——海瑞〈治安疏〉

目次

引言：四十五年家國

正德十六年（一五二一）四月二十二日，晨，大明皇宮的華蓋殿內，一個身材瘦削的少年手握湘管，正在認真審讀一份文件。他就是本書傳主朱厚熜，尚不滿十五周歲，而那份重要文件，乃內閣首輔楊廷和預先密擬的即位詔。

為重振朝綱，楊廷和決心借新帝即位一舉掃除前朝積弊，逐條開列，共八十款「合行事宜」，可謂大刀闊斧。在這批老臣看來，小皇帝按程序簽個字即可，孰知他讀得很仔細，不斷詢問具體情況，並對一些條款提出疑問。登基的時辰就要到了，厚熜總算一一認可，卻又將目光落在所擬新年號上，將原定的「紹治」用筆點去，改為「嘉靖」。

這是朱厚熜從遙遠的湖北安陸趕至京師、進入皇宮的第一天，也是閣臣禮臣為之選定的登基吉日。稍後，厚熜出御奉天殿即皇帝位，昭告天下，是為嘉靖皇帝。以此日為標誌，他的一生也呈現為兩個色澤迥異的時期：在湖北安陸興王府的十四年和在紫禁城的四十五年。

在僻遠寧靜的安陸，朱厚熜先是興府世子，後來接續父位，做了約兩個月的興王；在菁英彙聚、議論叢生的京師，他當了一兩天的儲君，接著便成為至高無上的帝王。作為興世子，小厚熜接受的教育是為了繼承王位。那個不大的、子息單弱的親王府邸，是他曾經的家；而作為一個泱泱大國的皇帝，他原本沒有什麼準備，即位之初鬧過「辭職」，很久也沒能完全適應，卻盡量去履行應有的職責。惟在其內心深處，皇宮是一個充滿壓力、陰謀與凶險之地，只有遠方的興藩，才是他真正的家，是他內心深處一個永遠溫馨的所在。

一個帝王，能區別國事與家事嗎？怕亦難。即便他希望有所分別，那些朝廷大臣、深宮后妃、貼身宦豎也不會同意。而「大禮議」的起因和實質，是群臣誓死堅持禮教原則，也是他們決心要干涉皇帝的家事。揀讀史料時可看到：嘉靖即位之初，君臣曾有過非常和諧、共謀改革的階段，但很快就陷入繼位繼統、大宗小宗之類帝室之事，糾纏不休。彼此爭持辯難，既傷顏面，更傷感情，嚴重影響了朝政的走向，影響了整個官僚系統的運作和官員心態的養成。至於中後期，嘉靖乾綱獨斷，誅戮任情，陷溺於齋醮和長生術，倚信嚴嵩、趙文華之類，卻也能在服丹中毒的狀態下保留一些清醒，下旨剷除權奸與干政的術士。

整個十六世紀，包括嘉靖統治下的四十五年，是明王朝漸趨衰落的歷史階段。外憂內患，戰亂頻仍，大明王朝的軀殼開始千瘡百孔，危機重重。而不管怎樣說，朱厚熜駕馭著這艘千瘡百孔的民族之舟，還算平穩地向前航行。其時南有沿海倭亂、北有蒙古各部的侵擾，內有逆藩和叛卒、天災與人禍，明王朝之巨輪歷經顛簸而未至傾覆，其間應離不開這位肅皇帝的努力。

也是從嘉靖朝開始，古老的中國又一次走向文化繁興，走向思想和論辯的活躍期，出現了「陽明學」與「王學左派」，出現了一批傑出人物和優秀作品。這種時代潮流的形成，酷愛讀書的朱厚熜既有倡導引領之力，又有寬容和保護之功。還應感謝他對於《永樂大典》的特殊珍重，在一個雷電交加的夜晚頻頻傳諭，命人於大火逼近文樓時全部搶出，五年後下令開館精抄一部，也就是殘存至今，藏書界奉為至寶的「副本」。

史籍中的嘉靖是多棱面的，記述了他的仁孝善良，也記載著他的暴虐；記述了他的英察剛毅，也記載著他對弊政的漠視牽延；記述了他毫不寬貸欺瞞貪酷之輩，也記載著他對權相佞臣的信賴倚重；記述了他對所愛女子的纏綿，也記載著他的乖張狠戾、予奪予取……

但更多的，筆者讀到的是其縈繞一生的孤獨和寂寥。每逢年節和父母忌辰，嘉靖總是要屏退眾人，向著雙親靈位一人長跪，流淚默禱，神情之慘楚，讓偷偷窺見的宮婢內侍為之泣下。他有一顆孤寂淒苦的心，有許多難與外人言說的話語，只能向死去的父母傾吐。不知從什麼時候起，嘉靖厭倦了朝政，向齋祀和玄修中尋求生命的真諦。他曾提出把帝位傳給兒子，自己去專事焚修，後被大臣勸止。他雖喪失了治世的熱情，卻又盡量履行應盡的職責，直到生命的終結。

家國，指家與國，亦指國家。在多數帝王看來，朕即天下，皇家亦國家。「家國雖殊道自均，須知主僕即君臣。」[1]而對於嘉靖皇帝來說，興藩生活是抹不去的永恆記憶，從來沒有忘記那塊土地和那些往事，那才是他的精神家園。家國牽羈，六趣牽纏，嘉靖的生命旅程因之錯綜蕪雜，也因之增色減色；因之充滿追求與失落，充滿期待，應也不乏迷惘和惆悵。

晚年嘉靖嘗自擬一號，曰「天池釣叟」[2]，就中或凝集著他的精神嚮往和人生意趣。天池一詞多義，其所指當是九天仙界之池。「玄圃珠為樹，天池玉作砂」[3]，虛無縹緲，卻是他一生憬憧、魂牽夢繞之所在。但貴為帝王，也會有難圓之夢，尤其是長生夢。仙界路渺，人間霧重，嘉靖應是帶著強烈的遺憾、帶著濃濃的幻滅感，告別那個人間和那個寶座的。

第一章 大宗與小宗

帝王常也會有一些畸戀故事的。如成化皇帝朱見深與萬貴妃，年齡非常懸殊，而始終恩愛不渝，亦可稱畸戀，可稱有情人也！唯這位萬娘娘實在是負面評價太多，不管正史或是野史，對她的描述幾乎都是恃寵驕橫、悍惡殘暴，交接大臣，聚攏奸官，幾乎在整個成化朝把持操控後宮，對憲宗子嗣曾造成嚴重傷害。如此也使這份特殊的帝妃之戀沾染了散溢的邪氣。

朱厚熜是朱元璋的七世孫、大明王朝第十一任皇帝。

從這裡也可見出一點玄機——明朝皇位繼承的複雜和殘酷。前此一百五十餘年間，朱明王朝「皇帝之寶」的傳遞一波三折：既有顛覆建文帝的「靖難之役」，又有「土木之變」與英宗北狩，接下來景泰帝由監國到稱帝，而七年後又突發「奪門之變」。至親演為寇讎，君主化作流民或楚囚，刀光劍影，濺血伏屍，大宗與小宗也緣此易位，成為一幕幕不堪回首的明王朝往事。

一個王朝的興盛衰頹，或不在於開國之君之肇建基業，而在於繼任者能否傳揚光大，在於一個好的皇位繼承制度。可遍觀中外王朝之興替，又哪裡存在這樣一個繼位制呢！

一生英武苛察的洪武大帝，正大位後不斷誅殺功臣、剪除異己，種種殘暴與凶謬，或可從其保全愛子愛孫的帝位上找到根因。然他千算萬算，就是沒在篡位嫌疑人中列入自己的兒子，沒有想到兒子會去搶孫子的寶座。農民出身的朱元璋，重視親情且過分倚信親情的朱元璋，若地下有靈，情何以堪？

而出生於僻遠的藩王府，本身也做過幾天藩王的朱厚熜，未爭未搶就做了皇帝，史稱「入繼大統」。是天上掉餡餅？是因緣際會？還是冥冥中自有一種天意？這話可要從頭說起。

一、憲宗的子嗣

朱厚熜曾短暫做過藩王，他的父親是藩王，而爺爺則是正宗的皇帝——大明成化皇帝朱見深，廟號憲宗。明憲宗在位二十三年，被譽為「太平天子」，卻經歷了一個極不太平的童年。

1 經歷過廢棄的皇太子

朱見深為明英宗長子，剛出生即遭逢大變，父皇朱祁鎮在土木堡兵敗被虜，京師震恐。此事發生在正統十四年（一四四九）八月，奉孫太后懿旨，郕王朱祁鈺監國，四日後冊立三歲的小見深為皇太子。這是一種封建王朝危難時的應急體制：皇帝出了狀況，只好讓唯一的皇弟郕王權攝國事，以穩定大局；又擔心別生枝節，緊接著便冊立太子，作為一種制衡。孰料不到半個月，朱祁鈺就自行宣佈即皇帝位，是為景泰皇帝。史籍不再採用「奉皇太后命」等字樣，想是這位監國皇叔羽翼漸豐，孫太后已然「命」他不得了。

從應對國家重大危機的角度論列，明朝易主，有不得不為之苦衷。朱祁鈺繼位為帝，依靠于謙等得力大臣，穩定京師，整飭邊防，多次擊退蒙古瓦剌部的攻襲；又遙尊英宗為太上皇，使之被用以敲竹槓的價值陡然下降，亦使以為奇貨可居的瓦剌首領也先大大失望。這是一步險棋，也是一步活棋、好棋。不獨給整個國家，或給羈縻敵營的朱祁鎮帶來活命機會。祁鈺稱帝，而以英宗之子見深為皇太子，也是朝廷和內宮各種勢力平衡的結果。宗法社會以嫡長子為大宗，餘子為小宗，天子之位由嫡長子世襲。《儀禮・喪服》：

> 何以不二斬也？持重於大宗者，降其小宗也。為人後者孰後？後大宗也。曷為後大宗？大宗者，尊之統也。[1]

對這兩兄弟而言，祁鎮為大宗，且已南面稱帝十四年；祁鈺則為小宗，正是皇帝哥哥在即位後封他為親王。此時英宗雖身陷北地，但仍活在世上，且有兒子在京，迫於宗法制和輿論的壓力，祁鈺只好仍遵奉孫太后詔令，以見深為皇太子。如果真的照此施行，若干年後景泰駕崩，見深繼位，皇權重回大宗，既解脫了國家危難，又遵從了大明統緒，撫平了眾人情結，也算是一段佳話。可權力常常有毒，皇位更甚，很少能見到已握皇柄後再自覺讓出的先例。心胸狹窄的朱祁鈺，也是如此。試從他的角度想想：自家已做了皇帝，卻要立哥哥的兒子為皇太子，辛辛苦苦為他人打工，又怎麼能甘心呢？

景泰元年（一四五〇）秋，漂泊北地近一年的英宗被送回，朱祁鈺給哥哥搞了個不當不正的迎接儀式，旋即將之禁錮於南內。他不僅絲毫沒有讓位的跡象，對上皇哥哥的待遇也實在不怎麼樣。祁鎮被迫僻居南內，宮室凋敝，衣食匱乏，更兼廠衛環伺，日夜惶惶不安，小見深當記憶深刻。景泰三年（一四五二），祁鈺有了自己的兒子，自有近侍想方設法，謀立現任皇帝之子為皇太子，而將朱見深廢為沂王。可以想見，像他和父親這種前天子、前皇太子的身分，其生存環境該有多麼險惡！

登上帝位的朱祁鈺，理所當然地由小宗變為大宗；問題在於京師還住著上皇朱祁鎮——那位本來就是大宗的哥哥。這是一道宗法課題，也是讓群臣乃至百姓心中不安的倫理與道德難題。廢掉原太子見深，連景泰皇后都覺得過分，其他人又會作何想？但朱祁鈺早已鐵心要將帝位坐到底，然後傳給自己的兒子。所幸他不夠心狠手辣，自家又子嗣單弱，已立為太子的兒子竟然命慳病死，給了朝臣和內宦疑慮搖擺的可能，也留給祁鎮父子生存與再起的空間。就這樣，朱見深在凶險危懼的狀況下一天天長大。到他十歲時，英宗在南內復辟，重登大寶，見深又成了皇太子。之後自然是貴為儲君，惠風和暢，又八年，順利繼位。

2 宮中悍婦萬娘娘

帝王常也會有一些畸戀故事的。如成化皇帝朱見深與萬貴妃，年齡非常懸殊，而始終恩愛不渝，亦可稱畸戀，可稱有情人也！唯這位萬娘娘實在是負面評價太多，不管正史或是野史，對她的描述幾乎都是恃寵驕橫、悍惡殘暴，交接大臣，聚攏奸宦，幾乎在整個成化朝把持操控後宮，對憲宗子嗣曾造成嚴重傷害。如此也使這份特殊的帝妃之戀沾染了散溢的邪氣。萬貴妃四歲入宮，先是在孫太后宮中，長大後明眸皓齒、容色亮麗，更兼性情開朗，被調到東宮照看太子，略如《紅樓夢》中保母兼通房大丫頭的角色。萬氏語言明快，做事爽利，令小見深十分依戀。見深成長間漸知男女之事，而萬氏風姿綽約，烈火乾柴，又誰能把持得住？朱見深即位時年僅十八，而萬氏已然三十五歲，一個是青年天子，一個是貼身熟女。萬貴妃豐豔英挺，喜作武士裝束，只要皇帝出行，就會一身戎服，意氣風發，騎馬佩劍為前驅，把個朱見深看得眉飛色舞，心癢難搔。

若讓成化帝選擇皇后，恐怕是要選萬氏的，而這件事卻不由他說了算。見深即位不到兩個月，聖母周太后即傳旨遴選皇后，特注明要選取「素有家法女子，年十五至十八者」，還要親自把關。[2]此一道聖諭明確把萬氏排除在外，皇太后這樣做，當然是希望兒子收心歸正，見深卻一如既往，對萬氏癡情不改。

後宮佳麗三千人。朱見深眼裡雖沒有別人，別人卻把這一切看在眼裡，自會有嫉恨與不平。即位約半年，見深遵從母親周太后之命，冊立吳氏為皇后。吳皇后在英宗時已選入東宮，也是頗有殺伐決斷的個性，對萬氏早已反感至極，一旦正位中宮，便斷然行使家法，找碴兒打罵羞辱了萬氏一頓。她還是太年輕氣盛了，哪知皇帝對萬氏的感情。見深得萬氏哭訴，暴跳如雷，立刻下詔將吳氏廢斥，距其冊立剛剛一月也。此事未見皇上親娘說話，想是皇帝兒子發起怒來，老娘也無法阻止。連帶還有兩個太監受罰，若非資深，怕是性命也難保。後來冊立的王皇后，係與吳氏一同入東宮者，性情淑雅恬淡，與萬氏相處不卑不亢，倒也能在二十餘年間相安無事。

這件事，更是確立了萬氏在後宮的絕對權威。成化二年（一四六六）正月，萬氏生皇第一子，見深大喜，遣使祭告山川，晉封其為貴妃。不料此子命薄，未滿百日就病死，連命名都沒來得及。此後萬貴妃聖眷不衰，卻再也沒能生育，胸中一股霸蠻鬱結之氣，一變而為不願別的女人懷上憲宗的孩子。《明史·后妃一》：

> 時萬貴妃專寵而妒，後宮有娠者皆治使墮。柏賢妃生悼恭太子，亦為所害。[3]

柏妃也是最早選入東宮的三位女子之一。後來吳氏先為皇后，很快廢居冷宮；王氏繼立為皇后，恬淡處世，沒生兒子；柏妃卻在成化五年（一四六九）喜得一子，得名祐極，可見寄望甚高。可大臣請昭告天下，見深怕萬貴妃傷心，竟不允許。兩年後，祐極被立為皇太子，儲位大定，未想到在五歲時又死去。史書多稱太子死於萬娘娘之手，雖沒有詳細記載致死的原因，大概不外乎用毒。如此一個惡婦，宮中盡人皆知，成化皇帝應也心知肚明，卻仍是一心愛寵，不加追究。

3 西內的密室

萬貴妃可以專寵，卻不能做到專房；可以派人到處打探、嚴密監視，對懷上龍種者痛下殺手，卻也難免有漏網之魚。首先逃過一劫或曰多劫的，便是見深的第三個兒子、後來的弘治皇帝朱祐樘。

朱祐樘出生於成化六年（一四七〇）七月初三日。當是時也，萬娘娘把主要精力都用來盯住柏賢妃的兒子，朝思暮想，想結果掉當朝太子，獨獨沒想到自家身邊卻出了問題。此事關涉弘治帝的身世，史籍記述不同，但都有著一種悲情，儼然一個明代版「趙氏孤兒」的故事。

弘治的生母紀氏，是廣西賀縣土官之女，成化年間被官軍俘獲，年紀尚小，送入後宮習學禮儀和知識，長成後「授女史，警敏通文字，命守內藏」[4]。內藏，指內庫，是後宮比較清淨隱蔽的地方。正是在這裡，見深偶然看到紀氏，喜其年輕美貌、應對得體，一番臨幸，紀氏居然就有了身孕。二人交媾之事被萬貴妃偵知，她很生氣，又見紀氏腰腹漸漸寬大，便派婢女去查核處置。幸而此女存有善心，瞞下不報，回說紀氏肚子裡長了痞塊。萬氏令將其安置到安樂堂，但還不放心，多次令人以墮胎藥服之。紀氏不敢不喝，只有千方百計假喝或喝後嘔出，以保全腹中胎兒。也是未來的弘治帝命大，總算熬到降生。後來弘治頭頂有寸許一塊不生頭髮，據說即毒藥所致，也可證母子當年的生存之艱。

自來說宮中凶險，宦豎歹惡，可凡事大都有一種公論，宦官中亦不乏良善之輩。紀氏腹中嬰兒呱呱墜地，又遇上一個有良知的太監張敏，瞞過萬貴妃，將之藏於密室，精心餵養。皇宮中沒有祕密，可大家不約而同，都不告知萬氏。時廢皇后吳氏僻居於西內，離安樂堂很近，得知後常來照看哺育，小皇子就這樣一天天長大。[5]

成化八年（一四七二）春，悼恭太子朱祐極終於被萬貴妃害死。朱見深當然渴望子嗣，也隱約知道萬氏所為，卻為情所困，頗覺無奈。又三年，見深對鏡感傷，嘆息膝下無子，為他理髮的張敏突然伏身於地，跪稟：萬歲已有兒子。成化帝愕然，問兒子在哪裡。張敏說：奴才說出這事便會死，萬歲要為皇子做主啊。在一旁的太監懷恩也跟著磕頭不已，說：張敏說的是，皇子密養在西內，而今已六歲，奴才不敢告知聖上。朱見深大喜，即令駕幸西內，遣使迎接皇子。母子分別之際，紀氏淚如雨下，摟著兒子說：吾兒此去，娘怕是活不成了！兒看見穿黃袍有鬍鬚的，就是你的爹爹。

小皇子乘小輦，被帶到成化帝跟前。可憐這個自出生就不敢剪髮，不敢到外面玩的小男孩，單薄瘦弱，長髮披地，跑著投入父親懷中。朱見深抱起他，一遍遍看著，撫摸著他蒼白的小臉，又悲又喜，泣下沾襟，連聲說：是我的兒子！是我的兒子！長得像我。成化帝令懷恩去內閣宣示，群臣喜悅，頒詔天下。[6]

讀至此處，眼前總飄動著小祐樘蒼白纖弱、長髮及地的形象，心下惻然。為什麼他長到六歲一直不剪髮？查《大明會典．皇子命名儀》規定：皇子出生滿三月，在命名的時候，才由「上擇內夫人之敬慎者以奉皇子剪髮」[7]。躲在西內的小祐樘是一個祕密，是一個沒有名字、沒有名分的私生子，而他的母親卻一直充滿期待、也充滿驚懼地等待兒子剪髮命名的那一天。終於等到了！滿懷歉疚的成化帝有意補償紀氏，令人將她移居永壽宮，並多次召見。朝廷內外一派喜氣，只有萬貴妃日夜哀怨，銜恨在心。

一個惡毒婦的恨意和能量，是萬萬不可低估的。數月後，紀氏暴死，太監張敏驚懼之下竟也吞金而亡。小祐樘命運堪憂！眾人皆憂，朱見深更是憂心忡忡。周太后居住仁壽宮，要皇帝把小皇子交給自己，毅然擔當起撫養保護之責，十分嚴謹周到。當年歲末，成化帝立祐樘為太子。萬娘娘還不死心，利用一切機會妄圖加害。一次召喚太子到她宮中，周太后行前叮囑祐樘一定不要吃任何東西。見面之後，萬氏讓侍女端上點心。祐樘回稱已飽。萬氏過會兒又讓他喝湯。七歲的祐樘竟老老實實說：不喝，怕湯裡有毒。

萬娘娘又恨又怕，說這麼個幾歲的孩子就這樣，將來還不把我吃了？遂抑鬱而病。[8]

4 子女稠密

在一個小孩子那裡遭遇挫敗，萬氏不免心灰意冷，對內宮的監視開始鬆懈，聽說有人懷孕也懶得再去管，明憲宗子女的出生進入了一個高峰期。

成化十二年（一四七六）七月初二日，邵氏生出第四個皇子，也就是嘉靖帝的父親朱祐杬，後來封興王，追尊興獻帝、睿宗獻皇帝。請注意：清人編纂的《明史》依據憲廟得子的順序排列，以祐杬為第四子；而《明憲宗實錄》或因其時朱祐樘已被立為皇太子，不再序列未名而殤或早夭的皇子，徑稱祐杬為「皇第二子」[9]。見深很喜歡這個兒子，三個月後，晉封邵氏為宸妃。

成化十四年（一四七八）十月，邵宸妃又生了皇第三子祐棆。沒有見到萬氏對邵氏母子施加損招的記述，似乎雙方相處得還有幾分近乎，想是萬娘娘受高人指點，開始改換策略，在宮中搞一點結盟運動了。

除卻當朝皇后王氏不知何種原因，一直沒有誕育皇子外，其餘嬪妃中頗有幾位參與了生育大競賽：成化十五年（一四七九）正月，德妃張氏生皇第四子祐檳。這位出身名門的女子真也好生了得，就在當年閏十月，竟又生出皇第五子祐楎，也是連生兩子，與宸妃邵氏可稱你追我趕；

還是嘉靖的親祖母厲害，成化十七年（一四八一）六月，又生產皇第六子祐橒。這當然也不是誰想生就能生的事，邵氏深受成化皇帝愛寵，自在不言中；[10]

同年十一月，安妃姚氏生皇第七子祐榰；成化十九年（一四八三）七月，敬妃王氏生皇第八子，兩月後夭折。想來不會是死於萬娘娘之手，實在沒有這個必要了；成化二十年（一四八四）九月，張氏又出「業績」，產下皇第八子祐梈。前面的老八已死，這位新生兒於是乎名列第八；

之後，恭妃楊氏生了皇第九子祐橓，端妃潘氏生了皇第十子祐樞。而就在成化二十三年（一四八七）正月初十，萬貴妃暴病而亡，楊氏又生了皇十一子祐楷。[11]這是憲廟最小的皇子，後封申王，此時得子已不再令朱見深狂喜，而萬氏的死卻著實讓他慟傷。[12]

自朱祐橒開始，成化帝在十年之內得了十一個兒子，另外還有五個女兒，真可說是子女稠密。除了王氏所生第八子早殤，其餘都活了下來。

這也是一種反證。可推想先於祐橒出生的十餘年間，有多少龍種胎死腹中，又有多少小生命被扼殺！這應是萬娘娘及其親信黨羽的罪惡。可宮中從來都是暗潮蹢騰、刀光劍影，她所生的皇第一子，就一定是自然死亡的嗎？

二、一次流產的易儲陰謀

在其他嬪妃忙於生產時，萬氏必然是失意者。年近半百的她已經過了生育年齡，且自從兒子夭折，她怕就不能生育了。但心高氣傲的萬娘娘絕不會閒著，她周圍的那些奸邪小人更是如此。她和他們心有不安，亦心有不甘，一個新的驚天陰謀開始醞釀出籠。

這個陰謀的核心是易儲，並且把嘉靖之父祐杬牽扯在內，也就是意圖以祐杬替代祐樘。

1 虧空巨大的金庫

朱見深幼年遭逢大變，不知是否是這個原因，說話時有些口吃，即所謂「天語微吃」「玉音微吃」[13]。由是，他不太願意召見大臣，倒是很喜歡沒事時在後宮走動，到各個庫房轉悠，看到漂亮宮女也聊上幾句，聊得開心便當場「拿下」。紀氏和邵氏的一番遇合，都是這樣發生的。

至成化帝統治的最後幾年，對年過半百的萬貴妃雖仍寵眷不衰，床笫之事怕是早已沒了，溝通便不像以往那樣頻繁。那幫圍繞在萬娘娘身邊的管事太監，如梁芳、韋興、錢能、王敬等，也早已令皇上厭煩。這些人每天進貢美珠珍寶以取悅萬氏，然後爭著去外地採辦，成化帝礙於萬氏情面，不好不准，心裡又不免窩火。一次他視察大內金庫，仔細一看，竟然發現累朝積蓄的黃金，有七窖已空空如也！成化帝很生氣，對陪同太監梁芳和韋興說：揮霍內庫金銀，都是你們兩個幹的！韋興不敢說話，梁芳回稱：這些錢花在建造顯靈宮和各處寺廟上，為陛下祈萬年之福。成化帝很不高興，但又有些無奈何，指著二人一字一頓地說：我不跟你們囉嗦，也不挑你們毛病，自有後面的人與你們算總帳！[14]

梁芳等人大是惶恐，聯想到皇太子朱祐樘素來對他們心存戒備，越想越覺得前景堪憂，急去找萬貴妃商量。萬氏自下毒不得逞，對太子也是又氣又怕，於是梁芳等獻了一計，勸說朱見深易儲，也就是換一個皇儲。

2 老三老四之短長

宮中密謀易儲的時間，當在成化二十一年（一四八五）春節前後。其時朱祐樘被冊立為太子已然十年，一經搖撼，仍有些岌岌可危。

明朝的皇位繼承制，基本上沿襲前朝成例，是所謂「嫡長制」。此乃中華禮制的核心內容之一，而解釋則頗有差異。一種說法是有嫡以嫡，無嫡以長。嫡者，皇后所生皇子；長者，皇子在年齡最大者。憲宗無嫡子，吳皇后旋立旋廢，無生育；王皇后在成化間一直位居中宮，亦無所出。而皇長子則迭經改變：最先是萬貴妃之子，為之告廟掛香、祭祀名山大川，結果是未名而殤；再是柏賢妃所生朱祐極，已然冊立為太子，也是早夭；接下來是紀氏偷偷生下的朱祐樘，居然在西內潛伏了六個年頭，一出場便是五齡童，半年後被立為皇太子。還有一種說法是「立嫡以長不以賢，立子以貴不以長」[15]，以此論列，朱祐樘作為大明儲君就有些問題。成化帝對此也有遺憾之處：既非嫡出，又非長子，於宗法制上毫無優勢可言，此其一也；先天不足，後天失調，從身體到形象都很一般，此其二也；自幼躲藏於密室，性格上趨於軟弱，缺少皇太子應有的自信，此其三也；母親係俘獲之蠻女，毫無地位，又早已去世，此其四也。有此四端，再加上萬貴妃常常在御前議論，說壞話，將太子與祐杬放在一起分析比較，憲宗還真的有點兒動心。

若說此時的祐樘與祐杬，是皇太子與一般皇子的關係，地位差別是巨大的。而實際上，二人皆非嫡出，皆非長子，也就是老三與老四之別。這個差別就不算大了。

如果太子祐樘不能繼位，依次就該輪到皇二子祐杬。二人還有一個很直觀的差別，就是資質與形象，祐樘在這方面的劣勢很明顯。《明孝宗實錄》卷一描繪朱祐樘形象：

> 孝穆太后既有娠，以疾遜於西宮，而上生焉，成化六年七月三日也，是日有雷風之異。上隆準高額，顱骨聳起，儼如龍形，寡言笑，慎舉止，出於天性……[16]

文字華麗且隱曲，卻也分明是做胎兒時為諸毒侵害、幼年間營養不良的症候。《明史》的記載顯然更直白，其曰：「孝宗之生，頂寸許無髮，或曰藥所中也。」[17]

而少年祐杬自幼營養良好，又受到系統的教育，長得清秀挺拔，惹人喜愛。《明憲宗實錄》卷二九二在記錄對眾皇子的冊封時，對他的題評顯然與他人不同：

> 爾第二子祐杬天資奇偉，氣稟清純，特封爾為興王……

又《明武宗實錄》卷九九，亦稱他：

> 自稟異常，神采秀發，甫髫齔端嚴穎悟，憲廟甚鍾愛之，授以詩書，日千百言朗誦不遺。

此類冊辭和祭文，看似大而化之，實則擬稿文臣調研周詳、煞費苦心，多能曲折反映出一些真實狀況。平心而論，比起哥哥，祐杬才像是個一國之君的樣子。

祐杬的母親邵宸妃，既得皇帝愛寵，與萬貴妃相處當也比較親近。梁、韋等人還設計了一個更絕的方案：將祐杬過繼到萬貴妃房下，然後再冊立為皇太子，將來繼承皇位。

自來禮教宗法之條款，都有很大的解釋性空間，這也是後來世宗朝「大禮議」歧見叢生、各執一端的原因。皇位繼承的「嫡長制」，第一個基點便是出身的貴賤，是皇子生母的比拚。成化皇后無子，祐杬生母邵氏早已位列妃班，以溫婉知禮深得憲宗青睞，若再過繼到皇上最寵信的皇貴妃萬氏名下，其貴重便非都人（即宮女）之子祐樘可比。且如此一變，萬氏未來無憂，深愛萬氏的朱見深心中踏實，邵氏為了自己的兒子能做皇上，當然也不會反對。主要各方都滿意，此計大妙！

3 泰山頻震之警

唯此時東宮已冊立有年，皇太子已在朝廷各慶典活動中頻頻出場，夙無錯失，保傅宮僚多朝中大員，必當一力護持。再加上周太后自幼養育，與此孫感情殊深，想要廢掉太子亦難！

在身邊近侍中，當時的司禮太監懷恩因忠正耿直，素來最受成化帝倚信，地位也在梁、韋之上。朱見深在此事尚未交付禮部和內閣論議之先，與懷恩多次懇談，希望能說服這位老奴，取得他的支持；也希望懷恩能利用自己的威望和影響力，在大臣中做做工作。未料懷恩聞知後堅決反對，甚至以死相爭，皇上發怒，將他貶往鳳陽守陵。[18]

就在聖意已決，想要斷然行儲位的廢立之際，當年春節發生星變，四月東嶽泰山又連續發生地震。成化帝震驚，少不得一番求神問卜。占卜者說東嶽連震，是東宮有變的不利跡象。一向敬畏上天的朱見深聞得此說，心中惶恐，再加上本來也有些不忍，便就此作罷，再不說起易儲之事。[19]

萬貴妃大是鬱悶，脾氣愈來愈壞，身體狀況也越發不濟。成化二十三年（一四八七）春，她在厲聲斥責宮女時一口氣上不來，竟然被濃痰憋死。朱見深得到消息，半天不語，後來長嘆一聲，說：「萬侍長去了，我很快也該去了。」[20]他下旨為之輟朝七日，謚曰「恭肅端慎榮敬皇貴妃」。貴妃六字之謚始於萬氏，但這麼幾個字，每一個都與驕橫狠毒的萬娘娘不沾邊，怎麼看都像反諷。

尚在盛年的成化帝，竟也快速走向生命的盡頭。當年七月十一日，祐杬被冊封為興王，同日受封的還有其一母同胞的兩個弟弟，以及張氏所生兩個異母弟。年齡最小的是雍王祐橒，剛剛滿六歲。[21]當月下旬，有旨冊封邵氏為貴妃，是為位列眾妃之上的唯一貴妃，張氏等九人同日被冊封為妃。之後不到一個月，成化皇帝駕崩，大明進入弘治時代。

三、孝宗的寬與縱

弘治皇帝朱祐樘，是明中葉一位勤謹有為之君，也是一個善良仁厚且顯得文弱的人。祐樘即位以後，言官翻出前朝舊案，請削去萬氏謚號，也有人提請逮治當年為聖母紀氏看病的太醫，逮捕萬氏親屬，拷問紀氏之死的真相，輿論洶洶，要有一次清算。弘治對母親的悲慘遭遇極為感傷，千方百計去尋找母親的親屬，以圖報效一二，但思來想去，最後還是決定不去違背先帝意願，沒有對萬氏及家人作任何追究。[22]

從胎兒起就歷盡凶險的朱祐樘成為天子，自然也就成為大宗。他即位時與乃父年歲仿佛，不同的是有著五個已封為親王的弟弟，以及另外五個等待封王的幼弟。孝宗待諸弟應說是甚好，對十二歲的大弟弟興王很親切。能做到這一點實在不易！想朱祐樘做太子時風雨飄搖，終於登上大寶，前朝祕事又怎會沒人詳告？他不會不知道那次易儲陰謀，心中也不會毫無梗芥，卻一直能夠善待祐杬。

弘治沒有處理好的，是他的家事、大宗的內務事。這包括他對皇后張氏家人的濫封和寬縱，更主要的是把這種寬縱延伸於子嗣——唯一的兒子朱厚照。

1 恩愛有兩條邊

在繼位兩個月後，朱祐樘冊封在東宮時的太子妃張氏為皇后。他們應說是一對恩愛夫妻，是明代帝王、甚至歷代中國帝王中都不多見的恩愛夫妻。在將近十八年的歲月裡，弘治皇帝幾乎沒有冊封別的嬪妃，像一個普通人一樣與張皇后長相廝守，直到生命的盡頭。

唯因弘治的帝王至尊，這樣的恩愛便顯得太過單徑，太不正常，便引發臣子們一波又一波的上疏，勸他「冊封二妃，廣衍儲嗣」，上言「慎選良家以充六宮，為宗廟長久計」，宗藩亦「請上博選良家女，以廣胤嗣」，朱祐樘對之都沒有反駁，也不去聽從。他自幼缺少母愛，性格有些軟弱，張皇后是其產生愛戀的第一個女人，一下子便俘獲了他的心，使之終生信任和依賴。

也因張皇后在宮中太過霸道，太過袒護娘家人，尤其是兩個為非作歹的弟弟，從後宮到朝廷都不太認可她與皇上的「一夫一妻制」，對她的議論和傳言在當時就甚囂塵上。

恩愛是一個美好的詞，是一種美好的夫妻生活狀態，但更多的時候只是一種表象。皇宮中當然也會有恩愛，但由於負載著太多的政治因素，內涵便不夠純正。這種恩愛常會有兩條邊：一是帝王的倚信，準確說是那種內心不夠強大者的心理依賴；二是后妃的控制，宮中總有一些控制欲甚強的女子，也知道怎樣在感情上拿捏君王。

不管怎樣，孝宗與張皇后的這種狀態被近臣認為是不合適的，尤其是他們婚後最初幾年沒有子女，更讓內外臣工憂心忡忡。「古者天子一娶十二女」，目的就是廣種「博」收，為皇帝繁衍後代。而弘治不聽群臣建議，一般認為是受了張皇后的蠱惑，《萬曆野獲編·謝韓二公論選妃》：

但據韓疏細味之，則是時中宮已擅寵，專以祈禱為求嗣法。上雖是鼎言，終不別廣恩澤，蓋為后所制也。23

所謂以祈禱求嗣，即在宮中大建齋祀，燒香拜佛，求神問卜，以圖生育。此舉與鄉里愚夫愚婦有何差異？偏是明代皇家最信這個，弘治皇帝對此充滿信任和期待，也顯示出足夠的耐心。

俗謂「有其父必有其子」，血胤相傳，性情稟賦總有一些相像之處。憲宗與萬貴妃畸情糾纏，一生受其影響或曰控制；但他從未停息過冊封嬪妃，也不斷與其他妃子乃至宮女生兒育女。他的兒子孝宗亦如此，對張皇后真可說言聽計從。萬娘娘盡享皇上恩寵，卻還不能做到專寵，更做不到專房，還要分一些雨露恩澤與別的女子，也不能不承受每一位皇子出世帶來的刺激；張娘娘則真正是皇后娘娘，不僅一直專寵，差不多也要專房了。這就是臣下所指的「擅夕」，說白了也就是整夜整夜地霸占著皇上，不與他人分享。這能僅僅稱作恩愛嗎？弘治皇帝難道沒有一點點「出軌」的念頭嗎？弘治四年（一四九一）九月，張皇后生了第一個兒子，即正德皇帝朱厚照。孝宗龍顏大悅，昭告天下，那些操心皇上家事的臣子只好一起閉嘴。

2 兩個混帳小舅子

比較而言，張皇后不像萬貴妃那麼歹毒，她的不良記錄，多與母家的貪婪有關，更多則是受兩個弟弟的牽連。張皇后的家鄉在興濟，父親張巒為太學生，畢竟讀過些詩書，女兒大貴後雖封侯贈公，在世時倒還能禮賢下士。只是張皇后一心要報答父母，又是修府第，又是建家廟，「工作壯麗，數年始畢」，引得眾人側目。

更大的問題出在他兩個兒子鶴齡、延齡身上。二人少年驟貴，在家有母親金夫人一味寵慣，宮中則有當今皇后處處護持，給予出入宮禁的特殊許可，早早就對他倆封伯封侯，賜予無度，養成了兩兄弟的驕狂恣橫。永樂年間曾規定「王公僕從二十人，一品不過十二人」，二張府中聚集各種亡賴不法之徒，遠過一二百人。《明史．張巒傳》：

鶴齡兄弟並驕肆，縱家奴奪民田廬，篡獄囚，數犯法。帝遣侍郎屠勳、太監蕭敬按得實，坐奴如律。[24]

諫官以此事上疏，孝宗命司禮太監蕭敬與刑部官員前往調查核實，礙於皇后情面，擬以家奴頂罪。蕭敬回宮覆命，張皇后聞言大怒，弘治也只好裝作生氣，此事不了了之。事後他又把蕭敬找來，賜予良多，好言撫慰。

歷朝外戚甚多，弘治不加約束，這些家族便越來越貪婪囂張，「不能恪守先詔，縱家人列肆通衢，邀截商貨，都城內外，所在有之」[25]。權豪勢要的特徵是橫行無忌，想不碰撞在一起也難。二張很快就與太皇太后周氏的娘家人產生了衝突。先是延齡與太子太保慶雲侯周壽爭田產，兩邊的家奴互相毆鬥，兩府也不斷上疏辯爭；接下來是鶴齡與周太后二弟、長寧伯周彧因經營爆發爭端，「聚眾相鬥，都下震駭」。一邊是皇后親弟弟，一邊是曾對自己有保護養育之恩的周太后之弟，讓朱祐樘好生為難。

二張之混帳，更惡劣的是倚仗姊姊之勢，公然在皇宮中胡作非為。《萬曆野獲編》卷六：

時壽寧侯張鶴齡、建昌侯張延齡以椒房被恩，出入禁中無恆度，文鼎心惡之。一日二張入內觀

燈，孝宗與飲，偶起如廁，除御冠於執事者，二張起，戲頂之。又延齡被酒姦污宮人，文鼎持大瓜幕外，將擊之……[26]

太監中自有忠正義烈之士。如這位何文鼎，年輕時讀書欲走科舉之途，工詩賦，供事內廷後能以氣節自勵。他所執的「大瓜」，當是皇家儀仗之物，只不過由於皇后近侍李廣告密，延齡等倉皇逃走。次日，何文鼎上疏揭露此事，延齡通過姊姊之口反誣其陷害，有旨將之發往錦衣衛拷打，要其說出背後主使者。文鼎說：有兩人主使，你卻拿他不得。再問是哪兩人，答曰：一個是孔子，一個是孟子。張皇后大為震怒，令李廣、李榮等嚴刑拷打，文鼎至死罵不絕口。時人有詩：「外戚擅權天下有，內臣抗疏古今無。」弘治一開始頗信皇后之說，後來知道文鼎之冤，覺得對不住他，特命以禮收葬，還親自撰寫了祭文。

對兩個小舅子的為非作歹，弘治頗有耳聞，雖礙於皇后情面，不去究問，但也曾當面教訓，「酒半，皇后、皇太子及鶴齡母金夫人起更衣，因出遊覽，帝獨召鶴齡語，左右莫得聞，遙見鶴齡免冠首觸地，自是稍斂跡」。[27]然而有皇后姊姊撐腰，二張終不能改，也為他們在嘉靖朝被清算伏下禍根。

3 鄭旺妖言

張皇后數年禱筮，終於在弘治四年（一四九一）九月喜得龍子，這件天大的好事，從記載上卻頗有一些蹊蹺：以皇室禮儀，皇子出生三日就應祭天告廟，[28]而據查《明孝宗實錄》，朱厚照在九月二十四日誕生，竟不見任何祭告慶賀的舉措，二十天後「以皇長子生頒詔天下」。且就在同一天，大學士劉吉公然發表看法，認為皇上令作讚語和改擬封號的做法不妥，孝宗也接納了他的意見。

皇后生育皇第一子，這是皇上的渴望，也是內外臣工的渴望，是天大的喜事！為何如此反響平淡？

弘治五年（一四九二），厚照被立為皇太子，一種浮言也開始在京師流傳——太子不是中宮皇后所生！這就是當時傳播甚廣的「鄭旺妖言」。

鄭旺者，乃武城衛軍餘，約同於今日之預備役軍人也。他宣稱自家女兒先入高通政府中，然後進入大內，在太皇太后周氏宮中，其實就是東宮太子的生母。此事不光鄭旺一人嚷嚷，宮中內侍劉山（一說名劉林）亦主此說。孝宗聞之大怒，即命有司逮治。《萬曆野獲編．鄭旺妖言》引用了一份審訊記錄：

> 鄭旺招係壩上人，有女選入內，近聞生有皇子，見在太后宮。每來西華門內臣劉林探望往來，送時新瓜果入本宮，使人黃女兒遞進，回有衣服等物。旺因誇耀鄉人稱為鄭皇親已二三年，被緝事衙門訪獲。說者以為有所受。奉旨：劉林便決了，黃女兒送浣衣局，鄭氏已發落了，鄭旺且監著。

這份審案記錄如果當真，那可是疑點多多。鄭旺有個叫金蓮的女兒，這個女兒輾轉進入太皇太后宮中，生了皇子，看來都像事實。其實這件事孝宗心裡最明白，如果有人確實移花接木，大約他也是個同謀。我們看孝宗大怒，卻也只是將鄭氏發落，將鄭旺關起來；若真的造謠造到皇上和皇后那裡，怎麼還會有命呢！

這件事鬧得沸沸揚揚，遠近轟傳，一直持續多年。及弘治駕崩，正德繼位，鄭旺被從刑部大獄放出，怕也非無意之舉。次年秋，鄭旺又開始上訪，他的一個朋友王璽甚至闖入東安門，口口聲聲要奏「國母見幽之狀」……此事宗藩盡知，興王府自也不會例外。[29]

第二章 遙遠的興藩

建一個親王府，可真是大不易。明代營建王府，始於洪武三年（一三七〇）七月，明太祖下詔為諸子建造王府。由於他兒子眾多，有司在為之選營建府邸時也是怪招迭出，因地制宜：秦王府直接占用陝西的道臺衙門，晉王府選取太原新城，燕王府堂而皇之搬進元朝舊皇宮，齊王府僅僅用一個縣衙，楚王府、譚王府更絕，一個占了武昌靈應寺，另一個選用潭州玄妙觀……

大明王朝實行皇子分封制。當年朱元璋起於壟畝，戎馬生涯，卻也未耽誤娶妻生子，即位前後共有二十六子，幾個年長的兒子多在開創之際衝鋒陷陣，幫老爹打天下，立國之後封於各地。至老四朱棣篡位，原來的大宗斷絕，皇統為之一變，原來的燕王成為永樂皇帝，本支也由小宗成為大宗。朱棣看上了在「靖難之役」中屢次救駕的第二子高煦，曾打算立他為皇儲，若非後來改了主意，則又是一次大宗小宗的更易……

興王朱祐杬的封藩在楚鄂之地，位於湖廣安陸州境內，名曰興藩、興邸、興國，後來因其子做了皇帝，改稱鍾祥、承天府、興都。那是一個距離京師超過三千里的遙遠的所在，[1]是他的王國，一個巴掌大的地方，卻是兒子厚熜深心處的永恆家園。

一、步步遠去的長王

如前所述，嘉靖之父朱祐杬曾被作為皇太子的替代人選，距權力頂端很近很近。而在明憲宗逝後，祐杬經歷了一個逐漸邊緣化的過程：先離開皇宮，再離開京師，離開政治權力中心，也理所當然地離開了公眾的視野。

1 出府與大婚

根據《大明會典．王國禮二》，皇子十五歲就要「選婚，出居京邸」。弘治三年（一四九〇）十月，虛齡十五、實際剛過十四周歲的興王祐杬遵旨出府。[2]出府，即皇子長大成人後離開皇宮，出居專為親王在京師建造的府邸。史籍中沒有細節描述，只說在第二天一眾文武官員到興王府上拜望行禮。他的生母邵貴妃與兩個同母弟弟仍在宮中，想惜別之際，母子兄弟間少不得涕淚漣漣。

永樂十五年（一四一七），成祖朱棣下旨建造十座王府，位置就在當時的東安門外迤南，即今天的王府井地區，號稱十王府，亦曰諸王府。因為這裡只是皇子離京赴藩前的暫住地，又叫作「諸王館」。這些王府比鄰而設，規制統一，通常有八百到一千間房屋。[3]一般來說，親王出宮就京邸，只給三四年的短期過渡，赴藩國後自然就要繳回。朱祐杬在京邸居住了幾乎整四年，在京畿一帶有五百多頃地的莊田，每年還有約一千鹽引的補貼，獨立生活的小日子，也就這樣滋滋潤潤地開張了。

次年正月，孝宗為大弟弟祐杬定親，選擇的王妃為中兵馬司指揮蔣斆長女。弘治五年（一四九二）正月，興王與蔣氏正式成婚。這是一次隆重的皇室大婚，也是朱祐樘登基後第一次為弟弟主辦婚禮。皇上哥哥給祐杬的賀儀很優厚，除開由朝廷負責全部花銷、準備一應物事外，還一次性從淮安儀真餘鹽中劃撥一萬鹽引，讓興王貼補用度。鹽引是支領和運銷食鹽的憑證，也指鹽包，那時可是最緊俏的官賣品。大弟弟開了個頭，以後諸皇弟有樣學樣，也都有一萬鹽引。

以當時官價，一萬鹽引約折合一萬二千兩銀子。弘治為弟弟辦婚事，僅按照皇家常例，就有定親禮、納徵禮、發冊禮、催妝禮、回門禮，還要有金器、銀器、漆器等標準化王府用品，是一筆巨大開銷，又只能從內庫直接撥給。細心的皇帝哥哥還想給弟弟一筆自由支配的款項，便從地方上打起主意，賜給他淮安餘鹽一萬引。這需要興王府派出辦事內臣到當地發賣變現，祐杬唯恐他們到處敲詐勒索，先給足了往返路費。儘管興王已很是謹慎，還是有臺諫官員專折上疏，指稱二內侍各帶四五個家人，又有王府軍校二十餘人，有的軍校再帶家人，如此浩浩蕩蕩，必然會「營求圖利，乘機害人」。這哪裡是去賣鹽，簡直就是一個大型官方旅遊團。弘治諭二內使最多可帶家人軍校八人，命巡按御史幫助辦妥一切賣鹽收銀事務，解送銀兩來京。剛剛開府的興王，還是缺少管理經驗啊。

在興王大婚的前兩個月，禮部就進呈了「興王婚禮儀注」，欽天監擇定大婚日期。大明親王的婚禮堪稱儀式繁複，有關興王婚禮在實錄中記載甚詳，[4]有皇上祭告、宣制、發冊，有新人醮戒、入拜、廟見，入拜又有太皇太后、皇太后，核心仍是皇上與皇后。當是時也，蔣妃跟在興王後面亦步亦趨，唯恐出錯，視那高高在上的正宮皇后張氏如睹天顏，留下的印象，怕也是終生難忘。

而就在如此詳細記敘的狀況下，我們竟看不到有關邵貴妃的隻言片語，她是興王的生母，儀注中當然會有邵氏與兒子兒媳相見的環節，記述時卻也只能被忽略。

2 最後的封地——安陸

朱祐杬在京師的王府生活應該是愉悅的，府邸距皇宮不遠。朱祐杬出府僅僅兩個月，弟弟岐王也奉旨出府，兩人相距甚近，回宮看望母親和小弟當也方便。他在這裡迎娶王妃蔣氏，少男少女，小夫小妻，卻一直恩恩愛愛，夫唱婦隨。

弘治四年（一四九一）九月，朱祐樘命有司為祐杬興建王府，先定的地方是河南衛輝，後來又改變為安陸州。[5]

為什麼要改換呢？

在於興王祐杬看不上衛輝這個地方。《興都志》卷一：

> 帝以衛輝土瘠而民貧，且河歲為患，加之土工，則民益以困。十月，乃以安陸上請。[6]

當是時也，祐杬虛齡十六歲，挑選王府封地、申述理由之類，主要應由府中輔佐官員所為。茲事體大，關係到王爺以及一系列內外臣屬的未來生計，自然群策群力。土瘠民貧是大家不願意就封的原因，說出來的卻是在這樣地方建王府，會加重民眾負擔。咦，說辭何等實在，又何其堂皇也！

建一個親王府，可真是大不易。明代營建王府，始於洪武三年（一三七〇）七月，明太祖下詔為諸子建造王府。由於他兒子眾多，有司在為之選營建府邸時也是怪招迭出，因地制宜：秦王府直接占用陝西的道臺衙門，晉王府選取太原新城，燕王府堂而皇之搬進元朝舊皇宮，齊王府僅僅用一個縣衙，楚王府、譚王府更絕，一個占了武昌靈應寺，另一個選用潭州玄妙觀……這是最早的一批明代王府，封為親王的多是朱元璋那些領兵打仗的成年兒子，但也有剛一歲的趙王杞和出生兩個月的魯王檀。工部擬議為各王府選址的同時，當有一整套的開府方案，經朱元璋認可後施行。[7]

這之後，明代不斷頒布各項規定，漸漸形成一套詳備的親王府營建規制：

> 王城高二丈九尺，下闊六丈，上闊二丈，女牆五尺五寸；城河闊十五丈，深三丈；王宮前殿名「承運」，中曰「圓殿」，後曰「存心」，正殿基高六尺九寸，月臺高五尺九寸；親王宮城周圍三裡三百九步五寸，四城門，門廡及城門樓皆覆以青色琉璃瓦……[8]

一個王府，還要有家廟、社稷壇、山川壇、世子府、典膳所，要有大小門樓四十六座、牆門七十八處、水井十六口……這是規定動作。至於那些不守規矩的王爺，小動作多的是。新建一個親王府邸，既需要大量經費，也需要相當長的時間，談何容易！

興王祐杬已經出府成婚，也到了應該離京赴藩的年齡。他是弘治皇帝最大的弟弟，謂之「長王」，他不往藩國，其他的弟弟更談不上。[9]弘治龍體素弱，膝下只有一個二三歲的小皇子，而京城有十餘個生龍活虎的皇弟，能不趕快打發他們之藩？興府中人揣摩聖意，必也急於讓祐杬離京，但新建一座王府工程不小，急切難以告竣，於是提出換到安陸的已故梁莊王舊邸。疏上，孝宗很快批准。

作為王府所在地，安陸無法與西安、開封、太原等地相比，不僅地方僻遠，也是一個災害頻頻，且不太吉利的所在。在興王入主之前，這裡曾是兩任親王的藩土，留下的卻都是悲情故事：

永樂六年（一四〇八），太祖第二十四子郢王朱棟就藩安陸的長壽縣，稱郢王府、郢邸。六年後朱棟病死，王妃為武定侯郭英的女兒，終日慟哭，覺得自己連兒子都沒有，將來必然無依無靠。郭妃對著鏡子自畫一幅肖像，囑宮人說：等我的四個女兒長大，讓她們知道母親的模樣。遂懸梁自盡。[10]

宣德四年（一四二九），郢藩裁撤，郢王遺屬和宮人被安置到南京。仁宗第九子梁王朱瞻垍就藩安陸。梁王一開始就不喜歡舊郢邸，住了八年後覺得忍無可忍，上疏侄皇帝，陳說府邸地勢低下潮溼，請求換一個乾爽敞亮的地方。英宗回覆說當地連年歉收，讓他等收成好了再議，結果一等就再無音訊。正統六年（一四四一），梁王病死，也是沒有兒子，梁藩被撤，這座王府又一次沒了主人。[11]

長壽及其周邊，當時是一個又遠又窮的地方，恰恰符合明朝「財賦地不封，畿輔地不封」的封藩原則。在弘治同意興王移封三個月後，祐杬再上疏，以梁邸偏居西城，風水不好，請求在城之正中重建王府，皇帝哥哥倒也好說話，遣內官監和工部如所請前往營建。

3 先賣鹽，再要船

弘治七年（一四九四）九月十八日，是禮部為興王選定的之國吉日。此前，朱祐杬遵照設定的禮儀，到長陵、獻陵等祖宗陵墓行禮，然後又到奉先殿行禮。他還想為母親家做些事情，兩個舅舅邵安、邵喜曾是錦衣衛百戶，小小的職銜，且早已罷職在家，興王在離京之先，奏請讓二人復職。朱祐樘不以為然，但還是勉強答應，注明「不為例」，沒有駁大弟弟的情面。[12]

當日早朝之後，弘治在奉天門接受興王拜別，賜以果酒，祐杬立飲而盡，叩頭辭出。行至門外臺階上，丹墀之下，直至午門外，他都停步回身，向佇立於奉天門的皇帝哥哥恭行叩頭禮，而弘治一直目送弟弟遠去，至看不見才回宮。他們都知道此一別後，兄弟應再無相見之期。

明代親王離開京師赴封地，因為隨行護衛人員、攜帶物件甚多，盡量走水路，在通州張家灣登船。先期，工部右侍郎和兵部郎中到通州整視舟車夫役，免出差錯。而每當此際，親王的屬員往往訴求甚多，頗難侍候。舊例最多不過七百多隻船，興王府額外提出請求，要用九百多艘，沿途使用夫役數萬人。負責此事的兵部員外郎莫聰不敢答應，又不敢當面拒絕，便拖著不見。興王很生氣，立刻奏聞皇上，要治他的罪。弘治對大弟弟的要求，一一照准，[13]並讓錦衣衛將莫聰逮辦，事過後才放出。[14]

就是在張家灣碼頭，護衛嚴整，檣帆如林，親王大船剛剛啟動，興王忽然想起母親邵貴妃，涕泗橫流，立即上呈奏章，想將母親帶往封國奉養。這種做法有違常例，沒有被批准，他也只好忍痛南行。

興王的赴國之行，先由大運河南下，在規定的幾處地方略作停頓。祐杬舉止大方，儀度儼然，約束隨行軍校甚嚴，體現了端莊謹慎的個性：舟次臨清，地方官為他準備了水戲，祐杬以天寒水冷，不宜勞民婉拒；至下邳，衛官送他一隻當地良犬，祐杬不接受；舟次維揚，他聽說馬快船水手剋扣夫役，馬上出令禁止；到金陵，祐杬前往拜謁明孝陵，「感慕悽愴，禮容祗肅」，令留都吏民感慨萬千。船隊由金陵入大江，一路豈能無驚濤駭浪，祐杬每執書一卷，儀態閒適，讓從臣和侍衛敬佩不已。由於後來其子做了皇帝，他的之國旅程也被點染上瑰麗色彩：

> 七年之藩，舟次龍江，有慈烏數萬繞舟，至黃州復然，人以為瑞。[15]

所謂「慈烏」，即白胸脯的烏鴉，又名「仁烏」。相傳此鳥能反哺其母，故名。數萬隻慈烏繞舟翻飛，遮江蔽空，誠自然界一大奇景。究其原因，或是龐大船隊吸引了烏鴉：時至深秋，烏鴉覓食漸艱，望見約千艘大船迤邐而下，大概是想從船上打些主意了。

親王之國的陣勢是浩大的。有儀仗、護衛、隨行人員、迎接送行的當地官員，所至之處，更是百姓聚集觀瞻。大家看到江上壯觀的烏鴉陣，能不議論評說。唯此時厚熜尚未出生，若說慈烏之瑞，應是朱祐杬因子而貴，身後被追謚為睿宗獻皇帝之兆了。

二、郢客歌陽春

因為後來成了嘉靖皇帝朱厚熜的龍飛之地，安陸的長壽——後改名鍾祥，被描繪成一個注定要出真龍天子的地方。而實際上，它只是一處遠離政治中心的僻遠王府，但被祐杬夫婦經營得樸素而安適。

那是他年輕父母的第二個家，是他們心目中的一個永久家園，當然也是他們的王國，儘管只有幾片薄田和一圈高牆。小厚熜在這裡出生和長大，在這裡識字讀書，在這裡習學觀察事物的能力，也在這裡陶養與形成自己的個性。

1 請乞復請乞

朱祐杬和蔣氏在長壽住了下來，準備著生兒育女，準備生生世世住下去。

親王府的日常供給自有通例，大約親王歲祿白米一萬石，每府歲給一千鹽引；另有一部分莊田，少者幾百頃，多者千餘頃甚至更多，要看王爺自己的討要本事，尤其是皇上待之如何。我們看《明實錄》大量收錄各地王爺不斷的請求，要這要那，令有司不勝其煩，而皇上常也不能不給面子。究其原因，一則當然會有這些親王的欲壑難填，更多的怕還是用度不足。凡王府都紮著個大架子，禮儀周全，人口日繁，運轉誠大不易也。而親王對所在地又不具備行政和司法權力，只有向皇上呈請討要。每個王府大約都有這方面的專才，負責提醒那些王爺，興王府自不例外。

早在離京赴藩地之前，興王府中一干僚佐就開始認真研究王府的經營，目光所及，一是郢王梁王留下來的香火田，二是府邸附近尚未明確歸屬的地塊。弘治六年（一四九三）春，興王向孝宗求懇，請將安陸州赤馬野豬湖河泊所的課鈔賜給興王府。課鈔，即稅金。尚未赴藩地，就公然要求截用國家稅金，不無過分，弘治寬仁，詔允之。[16]興王要離開京師的十天前，有旨將郢梁二王的四百四十九頃香火田從帶管的襄府要出，改屬興王府帶管，又給了他一份大禮。

在封地居住兩年多之後，興王又請求取消這些河泊所的建置，免設官吏，由王府直接管理。戶部認為：設立河泊所的目的就在於適當課稅，防止過取傷民；興王所請，不僅僅損害民生，而且大傷國體，不宜允許。弘治聽從了戶部的意見。[17]

湖廣之地王府甚多，成為當地民眾的一項沉重負擔，也是地方政府一大麻煩。尤其這一時期，接連修建或修葺三座王府，湖廣守臣拿不出這麼多銀子，只好請求將廣東官鹽運到當地發賣。[18]而親王一旦進駐，便不斷尋求擴拓莊田，並申請直接管理，難免與地方發生摩擦。巡按御史王恩曾上疏，奏請各王府莊田應由有司統一徵收送府，以免橫徵暴斂，弘治御批允准。可諭旨下達後不久，興王即上奏，講了一大通本府莊田的特殊情況，還是希望自行徵收。弘治抹不開面子，只得同意對他網開一面。[19]

一年之後，應興王之請，弘治賜給他京山縣近湖淤地一千三百五十二頃。原地居住著一千七百多戶人家，世代為生，這引起戶部的強烈不滿，尚書周京反覆上奏，言辭激切：

> 市井小民雖一物之微，奪彼與此，尚生忿爭，況世守之業乎！且王府軍校倚勢侵凌，輕則逼迫逃移，重則激生他變……
>
> 近湖淤地，自朝廷視之甚輕，自民視之甚重。若盡屬王府，則照畝收租，此九潦一收之地，何以能給？虎狼軍校苦加追責，或怒不能供納，必欲自佃，又將驅其人奪其產。今湖廣襄陽安陸地方，流賊白晝劫掠，正與淤地相接，此等愚民既無常產，衣食所迫，亦未必肯為溝中之瘠也！[20]

言簡意警，切中時弊，預先勾畫出晚明的流民造反圖。又哪個時代沒有諍臣循吏呢？可惜孝宗礙於情面，還是堅持把這塊地劃歸興王府。孝宗當然能判定是非，其對戶部的諭旨近乎求懇，說是自己已經答應了，別再說了。而三個月後，因發生地震和出現彗星，下詔修省，朝臣條陳十八事，其中「處莊田」一款，又把興王府分外奏乞近湖淤地之事點了出來。

請乞復請乞，請乞何其多？限於宗藩體制上的繁複苛細，親王唯一能做的只是向皇上陳情乞討，別無良策。我們沒有看到興王那些請賜田土的奏章，想像會寫得言辭哀切，會訴說王府經費來源的不足和支出的龐大，會訴說那只是一些十年九澇的荒地，也會訴說自己的委屈與壓力，令皇帝哥哥讀後惻然，不能不賜予。應該說明的是：田土的歸屬，課稅的徵收由誰負責，並不意味著農民負擔的輕重之別；王府直管就一定會斂取無度嗎？取消河泊所衙門不也是減少一道鬼門關嗎？興王府直管之後，事實上並沒有出現搜刮無度、生民激變的情況，恰恰相反，地方民眾對興王的口碑很好。乾隆《鍾祥縣志》記載：某年大饑，興王出錢糴米賑濟，又在街巷道口設粥棚，救活很多饑民，他還派人收葬路邊屍骨，竟然有數千人；又遇漢江暴漲，災民漂流呼號，興王派出府中軍校駕船拯救，其後又出資出糧修堤四十餘里，以杜絕水患。

對於王府莊田的佃戶，興王待之甚好。有人以天旱請求免租，他一經查實就免交；也有訴說沒有耕牛種子，他也給以幫助。對那些離府邸較遠的糧戶，興王許可以銀折米，且以官方規定的最低價收取，絕不多收一點點。當時的巡撫都御史認為這種方式既簡便，又廉潔，上奏朝廷，認為諸藩都應如此。

興王被稱為賢王，稱為「宜膺遐服，楷範諸藩」。[21]大約是不斷聽到良好反映，弘治十六年（一五〇三）八月，孝宗傳旨將郢王府、梁王府遺留莊田、守墓人丁，以及清出來的起科地二十餘頃，統統劃撥給興王府。這一次，再沒見地方官和朝臣反對。

2 讀書吟詠之樂

朱祐杬自幼喜愛讀書。還在童年，他就因聰明穎悟深受憲宗鍾愛，親自給他講授詩書，而他能夠很快背誦，無所遺漏；以後無論是皇宮出學，還是出居京邸，他都勤學不倦。正因為其好學之名，皇帝哥哥在他之國時特賜一批宮中祕藏的善本書，以示勉勵。這可是其他皇弟沒有的待遇。

王府是個讀書的好地方。雖然明代親王府中多打打殺殺、庸庸碌碌之輩，卻也出過幾位學者型人物，如精通詞曲的寧王朱權、親自從事戲曲創作的周王朱有墩、精擅音律的鄭世子朱載堉……興王祐杬是個循規蹈矩、以讀書為樂的人。想他也知曉自己曾被謀立太子的舊案，為人處世便格外低調。

抵達封地，祐杬履行完一應儀節，首先去拜謁的便是孔廟。他在明倫堂聽學官講《易經》，認認真真聽完，即以銀幣相酬謝，對在場諸生也有饋贈。安陸孔廟門殿破敗，祐杬出資修葺，一下子贏得了當地讀書人的好感和尊敬。

興王在府中大興講學之風。根據明朝宗藩規定，親王也要「視朝」，但那只是做做樣子，祐杬更在意的是退朝後的讀書講學。興府的便殿幾乎成了學堂，兩位長史皆飽學之士，他們和伴讀輪番進講，祐杬與之切磋琢磨，務求透徹，一個話題常常討論數日。君臣之間，詩書應答，日子過得充實愉悅。

明代各王府多崇尚浮華與享樂，府中養著優人女樂（即戲班子），歌舞昇平，甚者則主僕淫亂不成體統。有鑑於此，興王不許在府中設女樂。其他藩王多喜歡大張宴席，鋪張揮霍，興王則除非公宴（如年節例行的慶賀活動、皇帝萬歲節之類）外，府中不設大筵。他安靜恬淡地待在自己的封地，以讀書和寫作打發日子。

安陸古屬荊州，春秋戰國時為楚地。屈原在《九歌》中形象地描寫了楚地百姓迷信神鬼、崇尚巫術的風俗，這種習俗至明代並無大的改變。興獻王時常研習醫方，施藥救民，對移風易俗起了一定作用。他還輯集出版了《醫方選要》《外科經驗方》《本草考異》《食品便覽》等醫藥生活類書籍，親為序跋，以有益於世。其在《醫方選要》序文中說：

> 人所自致之病，是方或可治之；若其病於凍餒，病於徭役，病於征輸，病於鋒鏑之患而不能起者，則惟聖天子得賢宰執能相與消息調停，方可躋於仁壽之域焉。[22]

這是怎樣清醒的社會認知？又是多麼仁厚的民生籲求？若說興王的解決方案還有些幼稚，則又能讓一個親王說什麼呢？

興邸的所在地為安陸州鍾祥縣，位於湖北中部，景物清華，歷史遺跡和典故紀聞頗多。王府不遠處有古陽春臺舊址，春秋佳日，興獻王常在侍從和儀衛擁簇下登臺遠眺，吟誦倡和，一抒胸襟。他曾寫作〈陽春臺賦並序〉，茲略作引錄：

> 或遭讒賊而弗已兮，欲回君意而自沉；或賦神女而匪誕兮，款規君於荒淫；或奔吳報楚而慘及黃壚兮，寧忠貞之不卒；或倚秦牆乞師兮，竟免宗國於顛蹶；或強諫懼兵兮，柔從君而自刖；或指方城而盟綏德兮，挫齊威之矜伐……[23]

辭句中涉及的歷史人物和事件，大都出自楚地，祐杬一一拈出，略加點評，轉筆寫自己的感受，再數說著名臺閣曾發生的故事，表示要「屏宵人而弗邇兮，親方正之賢良；懲臺榭之蕩心兮，息廣廈而講虞唐」。這是一篇相當不錯的小賦，既抒發了祐杬的文人情懷，也是他作為親王寫給皇帝哥哥的思想呈報，有一種別樣的時代真實感。

祐杬是一個溫文爾雅的人，又是一個胸襟披灑、仗義疏財的人。他的〈漢江賦並序〉，同樣寫得娓娓道來，意境闊遠，也同樣沒有忘記述及前代賢哲，同樣要表達自己的責任和對皇上的忠心。當個親王不容易啊！比較而言，他的小詩就要輕鬆多了，如〈重陽〉：

> 一上陽春菊正黃，凌虛歌興動三湘。
> 陶情不用樽前酒，忽把賢良笑語香。

又是在陽春臺上，重九登高賞菊，與府中文字侍從之臣及當地名士詩文酬和，也算是一種詩意人生了。

就是在這裡，興王祐杬結識了退居家鄉的原戶部尚書孫交，這是一位既有政治智慧和治國才華、又有做人底線和錚錚鐵骨的大臣，因抵制武宗身邊近倖罷歸鄉里。孫交當時已滿六十甲子，而祐杬要比他年輕二十五歲，非常敬重這位長者，以至於將陽春臺東邊的一塊地割讓給他，讓其擴大宅院。嘉靖即位後，王府管事太監奏稱孫尚書侵占府地，嘉靖曰：此地是先皇所賜，我還敢奪回來嗎？

實際上，安陸較為溼熱，郢、梁二王在那裡都無子而終，對朱祐杬也是一種隱隱的壓力。對比北方那些不斷生兒育女的王爺，南方的親王就遜色多了，興王府也如此。直到弘治十四年（一五〇一），興王的第一個女兒才降生，生母為樊氏。兩年後的夏月，正妃蔣氏終於生了第一個兒子，給寂寥的王府帶來極大歡欣，可五日之後，得子之喜便化為殤子之痛。這時的祐杬·和蔣氏結婚已經十二年，年齡也差不多快三十歲了，好不容易有了個兒子，竟然這麼快就離去。

就在這一年，妃子王氏也生育了一個女兒。興王膝下有兩個小小女兒，也算一種安慰。然禍不單行，大女兒在第二年一病而亡，年僅四歲。龐大的興王府，遲遲不見世子即合法繼承人出生，兀的不急煞人也！

3 兩位嫡親皇叔

鑒於歷史教訓，明代中葉，朝廷對藩王的防範之網越收越緊。藩王分封在全國各地，號稱王國，享有護衛和禮儀上的尊榮，卻僅有小小的一圈王府，並不具有對當地土地的管轄權。他們雖有「鄭王」「代王」等王號，也不許有任何干涉地方事務的舉動。這便是所謂「分封而不賜土，列爵而不臨民，食祿而不治事」，致使這些金枝玉葉、皇子皇孫「徒擁虛名，坐糜厚祿」。[24]藩王及其後裔多受過良好教育，又不准參加科舉，不許入政府做官。有才略智勇而無法施展，賢德之士不免老死於富貴鄉，狂妄之輩則密謀反叛，為禍一方。明代中葉的藩王叛亂，多少都有著這方面的原因。

最成功的藩王謀叛，當推明成祖。曾經的燕王朱棣以「清君側」的名義起兵，一路殺向南京，奪了侄子建文帝的皇位，自此大明寶璽就到了他子孫的手中；短暫成功的是景泰帝，土木之變後，他由監國迅速轉正，進而把瓦剌放回來的上皇哥哥軟禁於冷宮，南面稱尊七年有餘。

不成功的叛藩，小打小鬧的不算，興兵造反的，明中葉就有三例：高煦之叛、寘鐇之叛、宸濠之叛，只因實力不夠，起事不久便被撲滅，沒有形成氣候。[25]

藩王謀反更增加了朝廷的戒心，越到後來，針對王府的禁網越密。各地方撫按衙門都有監視王府舉動之職責，就連王府中人要出城掃墓，也要經過有關部門的批准。至於藩王之間想串串門，走動一下，更為律條所嚴禁。

成化皇帝辭世之前，向太子祐樘詳細交代了國家和朝政的安排，必也會想到宮中后妃、想到其他皇子和公主的未來。就在這期間，憲宗將祐杬還有四個年齡略大的兒子冊封為王。祐杬被封為興王，兩個一母同胞的弟弟祐棆封為岐王、祐樗封為雍王。是不是邵貴妃在憲宗病榻前懇求的結果，今天已難以知曉，反正之後月餘朱見深就咽了氣。

朱祐杬離京的次年春二月，祐棆前往自己的封地德安。我們知道，弘治帝本來要把祐杬封在德安，並於四年前開始為其營建府邸，後因興王請求，加之就藩之期不宜太拖，遂將興王改封於安陸。此時想王府已建成，便讓岐王去了德安，住進本來為他的親哥建造的王宮。德安離興府所在的長壽很近。岐王之國時，還不滿十七周歲，不擅治理。離開京師之前，就有商人勾結岐府軍衛，先在長蘆等鹽場收購私鹽，意圖由王府船隊夾帶往儀真高價出售。此事被巡按御史得知上奏，弘治震怒，命沿河兵備等官嚴加盤查，一旦發覺，「連坐不貸」。[26]好個岐王，真所謂開張就不吉。

弘治十二年（一四九九）秋八月，雍王祐橒辭闕赴藩國，時年十八歲。興王的小弟離京前也是要求多多：請求將老丈人官升一級[27]，請求為表兄邵華換一個更好的位置[28]，請乞衡州府的十處山場湖塘，要求兵部以哥哥興王之例加派軍校，皇上一一答應。而對他希望裁革地方稅課司、河泊所的請求，戶部強烈反對，弘治也認為太過分，御批「自今諸額辦錢糧衙門，各王府不得請求，著為令」[29]。可雍王並不罷休，「乞奏不已」，孝宗無奈，下旨在兩處稅收中撥一部分給雍王府。

雍王的封地本來定在保寧（今四川省閬中市），後改封衡州（今湖南省衡陽市）。這裡地勢低凹，溼氣薰蒸，宮殿朽敗得難以居住，王府中常常死人。朱祐橒請求移封山東東平州，廷臣認為重建王府，勞民傷財，建議將雍王移往四川敘州（今宜賓市東北），弘治帝先已下詔批准，又因道遠不許。雍王只好在朽溼的宮殿中住下來，終日戰戰兢兢。[30]

祐杬與兩位親弟弟同封在湖廣省，尤其是與岐王，相距僅百餘里，然格於「二王不相見」的藩王管理條例，兄弟卻是無緣相會。興王豈沒有骨肉親情，但王章森嚴，監視緊密，他沒膽量也沒辦法去與兄弟團聚，只有常派人去看望他們，多加饋贈。

弘治十四年（一五〇一）十月，岐王朱祐棆突然死去，年僅二十四歲，身後無子，封國自然撤除。岐王之死是有些蹊蹺的。他這麼年輕，也沒聽說有什麼病，怎麼說死就死了？巡按御史王約上奏，稱岐王曾奏承奉副高悅有罪，得旨令押赴京師，高悅脫逃，聲言要赴京告狀，岐王聽說後精神緊張，每天抑鬱不樂，竟然死去。王約要求查明真相。都察院負責審理，而護王柩還京的司禮監太監詳細講述了岐王得病始末，認為並沒有異常。興王也派人前往弔唁治喪，亦未提出重大隱情。兩年後，此事不了了之。

正德二年（一五〇七）二月，雍王祐樗也因病死去，同樣年輕，留下一段淒涼的遺言：

生長深宮，荷先帝撫育及今上恩遇，不幸至此，不能無恨！

此話傳至京城，就連一貫嬉戲人生的武宗也聞之惻然。雍王也沒有兒子，國除。

在湖廣地面上本來有三個親兄弟，現在又只剩下興王一個。因為沒有子嗣，兩位弟弟的封藩都被撤除，靈柩回京安葬，妃子和宮眷回京安置。祐杬不能到場，但派往復官員參與治喪和護靈，直至將弟弟的遺屬送至京師，以此來化解心中的哀痛。

4 厚熜誕生與五彩祥雲的傳說

正德二年（一五〇七）八月十日，朱厚熜在父母的殷殷企盼中降誕。明朝的史籍自不免賦予這個日子以許多神祕色彩，說是厚熜出生這天，興王宮中紅光燭天，遠近百姓驚異萬分。又說這一年黃河清，王府所在的楚地出現五彩祥雲。[31]

這是正史中所作的渲染，當地老百姓間所流行的，則是一個很有意思的傳奇故事：就在朱厚熜出生的這天正午，興王伏几小睡，迷迷糊糊中見當地玄妙觀中與自己相交甚篤的純一道士進入宮門，醒來知是一夢。而就在此時宮人報喜，道是世子降誕。興王篤信道教，認為其子是由純一點化而生。後日嘉靖帝的崇道，竟是如此從娘胎中帶來。

興王夫婦苦盼得子，對其寵愛呵護之情自是無以復加。正德八年（一五一三）五月，厚熜年僅十歲的二姊善化長公主又病死，祐杬和蔣氏更是將所有的愛都傾集於他這棵獨苗身上。小厚熜果也聰明穎悟，異於一般兒童。五歲時，興王開始教他背詩，用不了幾遍，厚熜便可背誦。這使興王很興奮，便給他講述讀書、寫字的規矩和日常儀節，講述民間的疾苦及耕作收穫的艱難，小厚熜亦無不一一領會，牢記在心。這些對朱厚熜君臨天下後的作為，都產生了影響。

興王嫺靜儒雅，厭棄一般親王那種聲色犬馬的淫靡生活，教子讀書，便成為其生活中的一大樂趣。他在王府中為世子設置書館，由講官循序漸進地為厚熜講學解禮。興致高時，自己也親上講筵，給兒子闡講經義。在習讀《孝經》時，厚熜曾向父親問歷代帝王「至德要道」的旨要，[32]興王為他詳細解說孝為「德之本」的道理，「身體髮膚，受之父母，不敢毀傷，孝之始也。立身行道，揚名於後世，以顯父母，孝之終也」[33]。厚熜靜聽其父串講孔聖之語，神色凝重，童稚未褪的面容上若有感悟，使興王心中暗暗稱奇。

當時張邦奇任湖廣提學副使，是一位極有儒者之風的督學官。邦奇孜孜以求，提倡儒家精神和道德文章，努力使自己成為青年學子的楷模。他常與諸生談論歷史和國家大事，每一交談，必然是傾心相授，使學生能豁然開朗，故有「善教」之名。[34]興王聞知後，令世子厚熜前去應試。邦奇為人溫厚素雅，有仁者胸襟，明朝律條禁止皇族參加科考，且此類考試也非提學分內之事，但因久聞興王賢名，不願拂其意，便作為個例處理，命人在府學特設兩案，自己居北，讓興世子朱厚熜居南，當面考試。他當然不能預知是在考試未來的皇帝，只是寬厚本性，使他待興世子很禮遇。

這是朱厚熜第一次進考場，也是有明一百餘年第一個王府世子進考場，只見他毫不畏怯，揮筆成文，考在優等。少年厚熜記住了這場特殊考試，同時也記住了主考官的名字。若干年後，朱厚熜早已入繼大統，君臨天下，還念念不忘張邦奇當日相待之情。

厚熜在這樣的環境中成長起來。他對父母極有孝心，對兩位長史非常尊重；他喜歡讀書，尤其對《孝經》反覆閱讀，不懂之處就向父親請教，這也是祐杬的開心一刻；他顯得知書達理，似乎較早就失去了孩童快活頑皮的天性，處處像一個小大人。每當有祭祀典禮及進表箋、受詔書之類活動，興世子表現得「進止凝重，周旋中禮，儼然有人君之度」[35]，令觀者嘖嘖歎奇。

三、魏闕何由到

一般說來，散居各地的親王在生活上是尊貴優越的，可有幾個能忘記京師、忘記皇宮、忘記朝廷呢？《莊子・讓王》：「身在江海之上，心居乎魏闕之下。」應說是這些王爺的心理寫照，祐杬亦然。性情恬淡的他仍然關注朝廷：年節致賀進奉，平日疏章問安，國家有事則盡力貢獻，他最惦念的是自己的母親，多次呈請接母親到王府孝養，不允，只有多送些東西，以解孝思。

1 興府兩長史

興王之國的弘治、正德間，是明王朝又一個分封諸王的高峰期。在萬貴妃放棄監管後，朱見深大顯神通，廣種「博」收，數年工夫便整出十餘個皇子，長大後個個要出府、大婚、興建府邸、之國、劃分莊田……成為明王朝財政的一項沉重負擔。說來還應感謝萬貴妃早期的嚴防死守，否則，真不知要再多出多少個皇子來。

這一時期，王府在官場和民間聲名日下，王府官員的配置規格大降，由洪武朝的高度重視到備受冷遇。府中公務一般由長史主持，而長史僅為五品官，不參加吏部的常規考績，任滿也就無由升遷。本來是終南捷徑，現在成了一條死胡同，使很多有才幹的人視為畏途。《明會要・職官十二》：

弘治三年，進士選長史者恣言怨詈，吏部黜之。然自是以後人薄長史，多不以進士選除。[36]

新科進士通常要有三年試政，即實習期，才能實授；而一旦選為長史，就是親王府行政首長，居然如此不滿，王府職務在士林的印象可知矣。

或也正是由於這一鬧，弘治決定以高配方式為興王選擇僚佐：升翰林院檢討馬政、劉良為興府左右長史，中書舍人劉儆、馮經為正副審理。[37]他們都是興王等五王出閣讀書時的講讀伴讀官，彼此熟悉，相處應是融洽的。但不知什麼緣故，興王尚在京邸時，四人一起被以「不職」的罪名罷斥。[38]實錄裡有他們的任職，卻不見因何被罷免，甚至也不見繼任者的任命，有點兒奇怪！推想是興王府出了些狀況，當與經濟和經營有關，根據責任追究制，要坐罪長史等官，哥幾個便被集體免職。這件事大約不太光彩，後來嘉靖間整理前朝實錄，史官怕皇上見責，乾脆就直接刪去了。

繼任的興府二長史，仍是貨真價實的兩榜進士。左長史張景明，浙江山陰人，成化十六年（一四八〇）舉於鄉，蹭蹬十餘載，至弘治三年（一四九〇）才中第三甲進士。他與袁宗皋被選為興府左右長史，時論頗稱可惜，景明卻說：漢代賈誼、董仲舒都曾任王府職，哪一個不聞名於世啊！興王也覺得有些虧負二人，對他們說：你們當是當世明賢，理應大用，如今僅為王府輔臣，委屈你們了。他的親切誠懇，讓剛剛入府的幾位很感動。

張景明入府的第二天，即上疏勸興王正心謀學，以周公為榜樣，祐杬嘉納之；又獻〈為善最樂〉詩，賜予金帛。之國安陸後，府中事無巨細，皆由景明主持，可稱井井有條。興王對他很是倚信，正德二年（一五〇七）景明以丁憂回鄉三年，祐杬奏明皇上，虛席以待。張景明也擅吟誦，乾隆《鍾祥縣志》卷十九收錄其長篇七言古詩一首，有句：

生憎鬼物肆邪媚，下愍蒸民罹困蒙。
保釐家國賴申甫，貢修珍瑞祈恆嵩。
爾來疆域已嘉靖，懷抱悒鬱誰我同？
登高望遠欲輸寫，風濤萬里時擊舂……

襟抱與氣節，對時政的憂慮與激憤，絡繹於文字間。有些神奇的是，他在詩中居然用了「嘉靖」二字！後來興府世子朱厚熜入繼大統，對楊廷和等人擬的年號不滿意，即以此二字為年號，是巧合嗎？怕不是，正可見出張景明對其影響之深。

右長史袁宗皋，湖北石首人，與張景明同科進士。少有文名，中進士時年已三十有六，頗具膽識和治才。他為人剛直，執法嚴明，與景明配合默契，對王府侍衛和內使管束很嚴。遇到強取民財者，宗皋絕不寬貸，不僅令府中不良之輩忌憚，在地方上亦大有聲譽。一次當地豪民因地界與興府打官司，竟然聚眾抗衡，當局誰也不敢過問，推舉袁宗皋去處置。宗皋單騎前往，與之明勘界址，一場爭端頓時化解。府中需要這樣一位威猛正直的長史，興王對宗皋非常信賴，稱讚他為「厚內方外，正學篤行，盛德長者也」[39]。

二長史剛柔相濟，又皆是品德純正之士，成為興王府的兩位護法，祐杬其幸也！

2 慈父崩殂

正德十四年（一五一九）夏六月，興王祐杬以中暑臥床，未承想竟在十七日遽然辭世。好端端的興王府，一貫安適祥和的興王府，一下子陷入悲痛之中。祐杬「體貌英偉，聲音洪重」，平時清心寡欲、注意養生，居然一病不起，令人感傷。然在憲宗諸子中，祐杬尚屬長壽者，當是時也，他的皇帝哥哥已逝去十好幾年，兩個一母同胞的親弟弟也早已先後死去，活了四十四歲的興王也算「高齡」了。

作為一個親王，朱祐杬被稱為賢王，的確起到了安定一方、拱衛帝室的職責。他在藩國二十五年，既遇到過洪水氾濫和亢旱絕收，也曾發生附近流民造反，都能積極應對，盡力而為之，體現了悲天憫人的情懷。而他也始終關心著國家大事：弘治十四年（一五〇一）蒙古攻擾邊境，祐杬派內官李榮趕往京師，獻銀兩買馬匹助軍；正德五年（一五一〇）四川騷亂，他又讓府中典仗劉海送銀子到鄖襄，以助軍需。王府資金有限，他每次拿出的都是一千兩，但表明的是一種態度。以故皇上璽書褒諭，說是「其身雖在外，而心常任朝廷」。

還是在離京之國前夕，興王奏上謝表、兼向孝宗提出幾項建議，第二條就是「豫教太子」。那時的朱厚照僅虛齡四歲，溺愛頑劣之名已傳至宮外，故有此奏。這位侄子皇帝繼登大位後，果然漸漸走向任性胡為，熱衷於巡幸，親近宵小。興王每次聽到正德巡遊的消息，都為之深深憂慮，及得到皇帝回鑾之報才放心。祐杬是一個謹慎的守本分的藩王，沒見其上章諫阻，他知道那是沒有用的。

興王崩逝，記載說當地頗見異兆。那一年封地常常在晴空鳴雷，而祐杬逝世之前夜，西北方有大星隕落。正德為皇長叔輟朝三日，遣武安侯鄭剛前來祭奠，孝宗原配張太后、他的母親邵貴妃都專門致祭。張太后自是例行之事，而邵貴妃的悲痛可以想像——所生三個兒子，至此一個也不在了。

沒有王爺的王府就像失去了魂靈，顯得龐大而冷清。興王府的主人只剩下孤兒寡母，年不滿十二周歲的朱厚熜，由讀書少年變為藩國之長，在母親鼓勵支持下，開始適應新的角色。按明朝制度，親王去世，王世子應服孝三年。朱厚熜以世子身分監理國事，而兩位長史更是盡心輔佐，主動擔當。張景明總攝府中事，處理得井井有條，加上還有一個袁宗皋，無人敢胡作非為。

3「白頭一夢」興世子

安陸古屬荊州。唐元祐六年（八一一）暮春，大詩人元稹過荊州，與幾位好友意外相逢，欣喜之餘，共話時事，詩文相酬和，寫下「魏闕何由到，荊州且共依」之句。以之形容為父守制期間的厚熜和府臣，形容他們在正德末年的複雜心情，或別有一種確當。

此時正值武宗皇帝不守成憲，變本加厲地胡折騰，朝廷內外人心浮動，流言四起。江西與湖北毗鄰，寧王宸濠起事，舉國震驚，興藩當屬接近震中。寧王檄文中「太祖皇帝不血食」之說，不可能不傳入興府；在宸濠被俘後武宗仍執意南下親征，令人將叛眾縱之鄱湖，自己再去抓獲的荒唐舉措，不可能不傳入興府；武宗返回京師後在祭祀時大咳血，然後臥病淹纏的消息，不可能不傳入興府……

舉國關注著京師和朝廷，興府世子和王臣應說有著比別處都多的關切。是啊，武宗至今無一個根芽兒，按照皇家繼承的順序，首選應該是興王的長子，即厚熜。

朝中有識之士、也包括一些窺測之輩，開始把目光投向遙遠的興藩。而興府自也不乏有見識者，如張景明、袁宗皋，卻只是安安靜靜地待在府中，不聯絡不打探，以靜待動。就在這個關鍵時刻，張景明病了，那可是真病，不得已提出辭職，厚熜極力慰留，讚譽他「忠厚清真」。深受感動的景明留了下來，很快病情加重，辭世前無限依戀，說：死何足恨，但嗣君幼沖，不得終輔之，以酬先王厚德耳。

王府長史以下官員與親王，也屬君臣，只是這種關係與皇帝和大臣大不同，更多地要靠感情維繫。興王府君臣和睦，與興王、王妃對臣僚侍從的尊重和真誠分不開，父母的態度和做法也直接影響了世子朱厚熜。這時厚熜的心智已然成熟，盡心守孝，專心讀書，府上事倚信輔導諸臣。他盡力不去講說朝廷那些事，也盡量不去想，有些念頭便在夢中出現，《鍾祥縣志．雜識》：

世宗在藩邸，錢定侍讀，一日忽問曰：「昨夜夢發白，當作何兆？」定曰：「王上添白，其吉可知！」

二人心照不宣，卻也能傳遞出興府上上下下的微妙心態。說得太直白即大逆不道，不說又心中憋悶，只好這般打打啞謎。

第三章 空位期

古今中外歷史上，凡皇上駕崩、先帝遺言，多有可疑可議之處。史籍稱當值太監記下這段話，又急忙報告內裡，等司禮監等管事太監們聞訊趕到，正德皇帝已然駕崩。豹房中回蕩著高高低低、真真假假的哭聲。這段遺言，曾被懷疑為太監偽造，直到清代，乾隆皇帝還在《御批歷代通鑑輯覽》中表示質疑，認為不能夠都看作實錄。

正德十六年（一五二一）春節，是武宗朱厚照在人世間的最後一個春節，充滿著沉悶抑鬱的氛圍，並由此蔓延到整個春天。

生性酷愛嬉鬧的朱厚照，此時臥病御榻，再鬧不出新鮮花樣了。自半年前他在清江浦戲水時翻船，連凍帶嚇，加之淫縱過度帶來的身體虧虛，遂龍體不適。強支著回到京師，舉行了盛大的獻俘儀式：寧王叛亂中的俘虜及從逆家屬數千人被綁縛穿連，排列於輦道之側，背插書有姓名的白紙標牌；已死的叛逆則懸首長竿，上掛白布飄帶。十里御街，遠望一片慘白，哭聲不斷，時人認為大非吉兆。[1]

果然，正德在四天後的郊祀中突然大吐血，自此臥床不起，病情一日日沉重。正德帝的親信、執掌京師禁軍和扈駕邊卒的提督江彬打算占據皇城，擁立與之關係密切的代王。江彬內結黨羽，外通邊鎮，又整日圍繞在皇上身邊，深得其寵信。一旦江彬矯詔捏旨，號令天下，則真偽莫辨，紛爭四起，大明王朝形勢危急矣！

一、又一次祕不發喪

所幸，此時有一個能夠團結協作的內閣，內閣中有一位精強練達的首輔。首輔楊廷和為皇帝的安危憂慮，為社稷的存亡憂慮，暗中則有條不紊地實施著安定天下的計畫——定國本。依據大明玉牒，廷和選中了皇位的繼承人，並取得了武宗之母張太后的全力支持。被選中者就是興藩世子、後來的嘉靖皇帝朱厚熜，廟號世宗。

1 豹房的黃昏

從明朝到今天，對於朱厚照的評價很多已有變化。他是弘治帝的血胤、張太后親生，還是一個來歷不明的野種？他是一個荒唐天子，還是試圖打破禮教和體制的禁錮？學術界並無定論，但無論如何也難否定他的胡折騰帶給國家的危難。

自南京返回，朱厚照仍拒絕住在紫禁城，而是選擇他所喜愛的豹房。然此番歸來，往日總是精力無限的青年皇帝顯得萎靡倦怠，面對那班明豔亮麗的西域伎樂，竟也打不起精神。在郊祀活動中大咳血後，張太后和輔弼大臣都希望正德還居乾清宮，由太醫院御醫診療保養，厚照卻固執地住在西內的豹房。他太喜歡這個地方了，在這裡覺得自由舒展，在大內則感到壓抑鬱悶；他那麼年輕，意識不到淫縱已大大縮短了自己的生命，以為略加調養，還能出去尋開心。

現實無情，病勢凶猛。昔日歡蹦亂跳的皇帝長臥病榻，絲毫不見好轉跡象。寢宮中彌漫的不再是歡歌笑語，而是藥釜中散溢的刺鼻氣息。那些個親信，那一幫被命名為「豹房祗候」的近侍，也從這刺鼻藥氣中感受到末日的臨近，死神似乎正滿面獰惡地走向當今聖上，也走向他們。豹房失卻了往日的笙簧喧囂，失卻了往日的燈輝璀璨，失卻了舞伎的倩影和歌女的輕喉，唯有那皇帝的寵物——由二百四十名勇士伺候的文豹，沒失卻一貫的自信，不時發出幾聲沉悶的嘶吼。

象房、虎房、豹房、鷹房之屬，可視為皇家動物園，有專門的管理人員和供應，沿承已久。明武宗的「豹房」，據考證位於西華門內太液池畔。朱厚照登基後，在太監錢寧、樂人臧賢等誘引下，沉溺於聲色遊宴，因大內中畢竟有太后與皇后，時加勸止，多有不便，就起意在西苑營造別宮，以縱聲色。不久，一座宮殿在西苑拔地而起，主體建築高達數層，黃瓦映日，飛簷挑月，極是宏麗。宮殿與兩廂由複道相連，是一間又一間無數的密室，回環勾連，皆裝飾奢華，各具勝景。錢寧等在這裡盛設伎樂，又弄來許多春宮圖、祕戲圖和房中術方面的書籍，使厚照在此恣意嬉戲，感到興味無窮。開始時他還回大內歇宿，後來于永及番僧進呈西域的「陰道祕術」，又告訴他說西域女子如何身體白皙溫潤，善解風情，遠遠勝過內地女子。正德聽得耳熱心跳，急切想嘗嘗異域女子的味道。于永知都督呂佐（色目人）有擅長西域舞的女伎，便矯旨令其進獻給武宗。呂佐怎敢違旨？十二名美豔絕倫的女伎被引入豹房，妙舞婆娑，美目流盼，厚照身置風流錦陣中，再不想回大內上朝聽政之事。然此時，他卻再也鼓不起陽剛之氣，唯覺生命的力量在一絲絲向體外滑去。

近侍與內侍皆籠罩在極大的恐慌中，他們眼看著正德皇帝絕無恢復健康的可能，更深知自己平日惡行多多，深知這一切在不久後會遭到清算，彷彿已看到劊子手手中瀝血的鬼頭刀……

大限即到，各種陰謀都在運作和籌劃之中。提督江彬執掌威武團練營兼領調入京師的四鎮邊兵，在私邸與親信都督僉事神周、李琮等密議，欲迎大同的代王入主朝廷。代王朱俊杖為太祖第十三子朱桂之後，根本不屬成祖一系，加上行為不端，聲名狼藉，讓他繼位於理不通。而江彬等均為赳赳武夫，根本不知道如何運作，亦不敢與內閣溝通，此議遂罷。

豹房中仍顯得人跡稠密，但前來看望的內閣和禮部、翰林官員多於往日，而近倖如江彬、許泰之輩則漸漸稀少。「忽喇喇大廈將傾」，江彬等人正「各自尋找各自門」。

2 真真假假的遺言

朱厚照在病榻上挨延了約三個月，至三月十三日夜，這位年輕皇帝已明確地感覺到死神的迫近。皇帝的寢宮仍設在豹房，燈燭慘淡，四圍沉寂。江彬等一幫近倖由於連日困熬，已挺不住，回私宅歇息去了，寢宮中僅兩名司禮監太監當值。武宗艱難地略抬起頭，示意二人近前，準備紙筆，斷斷續續地留下了最後的話：

> 朕病至此，已不可救了。可將朕意傳達太后：此後國事，當請太后宣諭閣臣，妥為商議便了；從前政事，都由朕一人所誤，與你等無涉。[2]

他感到惶惑，也會想到了結。作為一代帝王，厚照豈不知自己死後一切都會遭到清算，那些舊日寵倖會萬劫不復，抄家的抄家，殺頭的殺頭，然他還想保護這些人，獨力承擔起在位期間的罪責。

游龍戲鳳的朱厚照曾下令將諫阻南巡的朝臣廷杖至死，目睹那血腥場面，絲毫不為所動。但「人之將死，其言也善」，他試圖用最後一縷善念，來保護自己視為心腹的江彬之流。

古今中外歷史上，凡皇上駕崩、先帝遺言，多有可疑可議之處。史籍稱當值太監記下這段話，又急忙報告內裡，等司禮監等管事太監們聞訊趕到，正德皇帝已然駕崩。豹房中回蕩著高高低低、真真假假的哭聲。這段遺言，曾被懷疑為太監偽造，直到清代，乾隆皇帝還在《御批歷代通鑒輯覽》中表示質疑，認為不能夠都看作實錄。

皇帝也需要循規蹈矩嗎？是的，如若不然，就會被視為昏君。朱厚照應屬明代帝王中最不循規蹈矩的一個，把皇帝的職責全然丟棄到一邊，卻又秉九五之尊，盡神州之大，實施著一個不肖子的人生嬉戲，最終在豹房了其一生。這段最後遺言的前半部分，反映了他瀕死時的複雜心態，有悔恨，亦有悵惘，是較為可信的。唯最末兩句明顯為近倖和內侍開脫罪責，或是出於那些非常近倖之手。

明武宗龍馭賓天，使得王朝的權力出現真空。這位荒唐天子三宮六院，又有什麼劉娘娘、王滿堂，偏是沒有留一點骨血。皇太后張氏和內閣首輔楊廷和計議，恐怕提督團營的江彬趁機作亂，決定祕不發喪。

祕不發喪，在中國封建社會的王朝更替中屢屢發生，大都是政局不穩、權力移交未定情勢下的不得已之舉。楊廷和與內閣成員們的共識已經形成，即逮捕江彬及其黨羽，撲滅動亂的火星。

3 誘捕江彬

正德駕崩時，江彬恰好不在其身邊。

江彬，宣府（今河北省宣化）人。他行伍出身，勇悍狡險，先為蔚州衛指揮僉事，奉調拱衛京師，在一次交戰時身中三箭，其中一箭貫穿面部，箭鏃從耳後冒出，而拔箭再戰，呼喊進擊，令敵方驚懼潰逃。正德皇帝聞知後，召他至京晉見，撫摸其面上箭痕，大加稱讚。[3]

自此，江彬就留在京師。朱厚照少年氣盛，喜歡談論武事，而這正是江彬的長項，常與皇上講說兵法，再加上親身經歷的戰場廝殺，繪聲繪色，細節生動。正德大喜，擢升他為都指揮僉事，准其出入豹房，後來竟發展到同睡一室。錦衣衛提督錢寧見江彬驟然受寵，心懷不滿，常在皇帝面前說一些貶損的話，作用也不大。據說在一次畋獵中，一隻猛虎突然躍出，撲向正德皇帝，他一邊格鬥，一邊急呼錢寧，而錢寧驚惶退縮，不敢向前。千鈞一髮之際，江彬從側旁衝出，力殺猛虎。如果真有此一番經歷，他當然會更喜歡江彬。

當時京軍沿成化之制，分為十二團營，人數眾多，但平日缺乏操練，更缺少實戰經驗。江彬來自邊防前線，也深知京軍之弊，上言邊軍驍勇強悍遠勝京軍，應互調操練。正德以為有理，不顧大臣反對，命調遼東、宣府、大同、延綏四鎮精兵入京師，號稱「外四家」。後江彬受賜國姓，升任十二團營提督，封平虜伯，羽翼豐滿，位高權重，不可一世。他由誘導皇帝出宮微行，逐漸而至巡幸宣府、大同，又由大同渡黃河至綏德、西安，一路嬉遊玩樂，歷數千里。所到之處臨幸美女，飲酒作樂，朱厚照極為開心，舉國朝野則為之深深憂慮。

正德十四年（一五一九）春，正德剛從宣府還京師未久，又提出要南巡。廷臣百餘人伏闕哭諫，江彬故意激皇上發怒，將哭諫者下獄廷杖，慘死杖下者至十一人。尤其慘烈的是金吾衛指揮張英，赤裸上身，挾兩布袋土，在蹕道上哭諫，爾後拔刀自刎，血流滿地。人問其用布袋裝土想幹什麼，答曰：「恐怕玷污了朝廷，灑土掩蓋血跡而已。」張英自刎未絕，仍被錦衣衛關押拷打，死於獄中。

群臣的諫諍與張英之死，使正德帝受到震撼和感染，不再提南巡之事，江彬等人很沮喪。六月，寧王宸濠造反，江彬欲邀不世功，極力鼓動皇上南征。正德決意南行，下旨敢有諫者處極刑。未想到王守仁很快就擒獲宸濠，要至京師獻俘。捷報傳來，正德帝下詔令王守仁原地待命，仍親率大軍浩浩蕩蕩向南進發。就是這次南巡，將朱厚照送至生命的終端，令張太后咬牙切齒，也令正直之士對江彬的痛恨無以復加。楊廷和把逮捕江彬作為安定時局的急務。他首先徵得了張太后的全力支持，又祕密結交司禮太監韋彬、錦衣衛提督張永等人，設謀定計，要捉拿江彬及一干親信人等。

江彬也很警覺，他命親信黨徒高度戒備，晝夜不得解甲，以防不測。其親信神周、李琮皆為威武團練營提督，勸他乘機作亂，不成則外逃漠北，江彬猶疑未決。恰好坤寧宮要安獸吻，楊廷和以太后旨意，宣江彬與工部尚書李鐩入祭。江彬不知是計，身著禮服而來，議事結束後，張永留江彬、李鐩用飯，突然宣皇太后懿旨收捕江彬。久經戰陣的江彬反應極快，匆忙向西安門奔去，見大門緊閉，又奔向北安門。守門者對他說：「有旨留提督。」江彬氣急敗壞地說：「現在哪裡還會有聖旨！以手推守門的軍士，被軍士一擁而前，將他擒獲。不多久，神周、李琮及江彬的幾個兒子都被拿獲綁至。李琮罵道：你這奴才，如果聽我等所言，豈會為他人擒獲！江彬本來有一把很威武的鬍鬚，此時幾乎被門軍拔淨，下頷滲血，面色狼狽，聽到此語，只有廢然一聲長嘆。

二、首輔祕選的新君

武宗無嗣而薨，而其父孝宗子嗣單薄，僅養成武宗一脈，繼承大位的人，便只能從近支藩王中來選擇。定策興藩世子朱厚熜為皇位繼承人，是首輔楊廷和與張太后深思熟慮後的選擇，更是倫序當立。

後來朱厚熜與廷和君臣反目，對張太后亦無太多感戴之心，人或謂其寡恩義，實則世宗明白，以皇家玉牒，他是第一順位的繼承人。

1 破格繼承王位

一個王朝的興盛衰微，常也由皇子的多寡體現出來。開國皇帝朱元璋，百戰艱辛，倒也沒有妨礙傳宗接代，光兒子就有二十六個，且成活率極高。[4]在太祖後諸帝中，憲宗也算得上子嗣繁盛，雖經萬貴妃明攔暗害，他還是先後有了十四個兒子，長成十一子。可他的兒子便沒了老爹的本事，其中就有六個親王因無子撤藩，剩下的也總共沒給他帶來幾個孫子。

弘治皇帝只有武宗一子，而武宗無子，大宗中便無繼統之人。依次為小宗之長、第二子興王朱祐杬一支。祐杬位列諸王第一，號稱「長王」，在京時每逢國家典儀，都是他率諸王行禮，身分與弟弟們便有些不同。大行皇帝絕嗣，有關諸公最先想到的繼統者應是興世子，以大明的皇室玉牒論列，朱厚熜理所當然為第一順位的帝位繼承人。楊廷和和張太后選中他，也是基於兩方面考量：一是厚熜與朱厚照血緣最近，適合繼位的要求；二是其年僅十五虛齡，也易於以後調教和掌控。

此時祐杬已病逝一年多，其子厚熜以世子身分監理國事。武宗對這位弟弟很是優待，給予「養贍米三千石」，超出常例甚多。[5]明朝制度，親王薨逝，王世子要先請敕管理府事，亦即監國，待三年服滿才許請求承繼封爵。正德四年（一五〇九）還特別強調：「不得服內陳乞。」[6]或許是楊廷和諸人預計在先，為鋪平朱厚熜入京繼位之路，在武宗死前五天，曾以皇帝的名義頒發一項特別詔令，說是應興王妃蔣氏，即後來的章聖皇太后之請，命朱厚熜縮短為其父服喪的時間，承襲興王之位。[7]

應蔣氏之請的說法，應當不會有假。這件事發生在武宗病危期間，其批覆更顯得不尋常。不僅僅是楊廷和和內閣，張太后及宮內大璫也已對興藩高度重視，極盡優惠。而厚熜之母，當時的興國太妃，為了兒子的未來，也是迫不及待，敢於提出請求。

2 寫入遺詔

大局攸關，職事攸關，楊廷和成為最早得知皇帝晏駕的人之一。三月十四日凌晨，當值太監傳達了武宗皇帝最後的諭示及死訊時，楊廷和便動手起草遺詔（其中的主要內容當是熟思已久），轉託司禮太監將詔草呈慈壽皇太后張氏批准。遺詔中最要緊的，便是指定興王朱厚熜為嗣君。

張太后深得弘治皇帝寵眷，一門暴貴。然則孝宗駕崩太早，繼位的武宗對聖母皇太后顯然不怎麼樣，而且越到後來越是恣意胡為。是否受「鄭旺妖言」的影響？總之不太有母子情深的樣子。武宗病死，史籍中也不見張太后有太多的悲痛。但這位入宮後就恃寵專擅的皇太后，自然要想到漫漫的將來：如冊立的新君能聽命於己，則晚年可保，尊隆猶在；而朱厚熜年僅十幾歲，寓居於偏遠的藩國，恰是傀儡皇帝的絕佳人選，遂大力支持楊廷和之議。

對於繼位人選，內閣中並無異議，朝中大臣大都贊同，卻也有人不滿。楊廷和等人擬議已定，幾位內閣大員等候張太后批覆之際，吏部尚書王瓊氣呼呼推門而入，厲聲質問：繼位之事難道是小事，竟然不先聽聽我等九卿的意見？各位大學士都不予理睬。王瓊向來與武宗近倖走得有些近，舉止傲橫，他的到來大約不是要反對，而是要參與，要爭一個擁戴之功，見無人呼應，只能沮喪地離去。

朱厚熜的繼位，先以武宗遺詔的方式下達：

> 朕疾彌留，儲嗣未建。朕皇考親弟興獻王長子厚熜年已長成，賢明仁孝，倫序當立。已遵奉祖訓「兄終弟及」之文，告於宗廟，請於慈壽皇太后，即日遣官迎取來京，嗣皇帝位。奉祀宗廟，君臨天下。

與此同時，張太后頒布懿旨，曉諭群臣：

> 皇帝浸疾彌留，已迎取興獻王長子厚熜來京，嗣皇帝位。一應事務，俱待嗣君至日處分。[8]

可以看得出來，這是一份很友善的懿旨，也最清晰地明確了朱厚熜繼位的合法性。然不管是武宗遺詔還是張太后懿旨，都不稱厚熜為興王，而說是「興獻王長子厚熜」，文臣筆墨，原也伏脈多多。

這份以武宗名義頒發的遺詔，實出自楊廷和之手。所謂「有孤先帝付託」，為武宗的嬉戲人生塗抹上一層淡淡的愧悔之色，而下面筆鋒轉折，便寫到「繼統得人，宗社生民有賴」，寫到即將繼位的新君朱厚熜，尤其是著重寫了他得以繼統的宗法依據，這便是《皇明祖訓》中「兄終弟及」的條款。

3 遺詔的漏洞

然楊廷和引此，無疑是冒著一些危險的。因為《皇明祖訓》在這一則分明寫道：

凡朝廷無皇子，必兄終弟及。須立嫡母所生者。庶母所生，雖長不得立。若奸臣棄嫡立庶，庶者必當守分勿動，遣信報嫡之當立者，務以嫡臨君位。朝廷應即斬奸臣。

這段話最明確不過地說明了「兄終弟及」的宗法內涵：其一，必須是同母所生兄弟；其二，異母兄弟或堂兄弟不在此列，不得嗣位。

根據這一標準，朱厚熜顯然是不合法的。他只是武宗的堂兄弟，而其父祐杬與孝宗雖屬親兄弟，卻又係妃子所生，屬祖訓所明禁嗣位者。楊廷和鑒於形勢嚴峻，不得已而用斷章取義的辦法，打出「兄終弟及」的旗號，果然鎮住了那些讀書不多的太監和武臣。

但楊廷和深知此事的軟肋。他當然不願擔當「奸臣」的罪名，更不願遭受舛亂《祖訓》的砍頭之厄。老於吏事、洞察物情的楊廷和自有一種解決的途徑：以朱厚熜過繼給孝宗皇帝，則張太后仍為太后，武宗便成為皇兄，朱厚熜成為親弟弟，兄終弟及，於是乎名正言順，堂堂皇皇。至於興王那裡也僅僅一個兒子，厚熜過繼到孝宗位下，興王豈不絕了後？楊廷和等人也想出辦法，將益王第二子過繼給祐杬，襲封興王。

麻煩是麻煩了一些，但看起來不錯。楊廷和的這一方案，肯定先呈請張太后諭允，也肯定與各方神聖反覆計議，得到了普遍認可。至於那位未來的皇帝會怎樣看，楊廷和未及多想，大約也覺得不必去多想。自己千思百慮，甚至冒掉腦袋之險為其謀得寶座，這小皇帝將只能感激，永遠感激，還能怎樣呢？

楊廷和錯了。

精明練達的當朝首輔楊廷和，在謀立新帝的一開始便陷入思維錯格。他忽視了最不應該忽視的，就是未來天子朱厚熜的個性，忽視了那個少年藩王的堅毅和執拗。

正因為這種不應有的忽視，因這種「門生天子」的倨傲，楊廷和伏下了一條日後獲罪的引線。

三、辭母入朝

武宗駕崩的次日，朝廷百事擾攘，皇宮內外籠罩在一種悽惶氛圍中。迎接新天子的隊伍卻急急上道，碎踏晨露，趕往興邸所在的安陸州。

1 迎駕的隊伍

奉迎新君的班子，顯然是複雜政治形勢下各派力量的組合體，各方面的大員都不願錯過這一新舊更替的關鍵環節，千方百計擠進或安插親信進入迎駕班子。楊廷和作為首輔，此時當然不能丟開一切前往安陸，他在組建這一班子上煞費苦心，卻也不能盡如己意。迎駕的主要人員還是在爭執角力中迅速確定了，其中有：司禮監太監谷大用、韋彬、張錦，內閣大學士梁儲，定國公徐光祚，壽寧侯張鶴齡，駙馬都尉崔元，禮部尚書毛澄……

這顯然是一個高規格的迎駕班子，有顯赫的皇親國戚，有執政的閣僚部魁，更有仍極具勢力的宦官首領。尤其具有深意的是：大行皇帝的母親、慈壽皇太后張氏將自己的親弟張鶴齡派去迎駕，一則顯示張太后冊立新帝之美意，二則讓張鶴齡有擁立定策之功。未料想這位少年天子後來不聽擺佈，「恩將仇報」，竟將張鶴齡兄弟先後下獄監斃，這是後話。

暮春三月，江南草長。迎駕的隊伍肩負重任，哪有心思遊賞山水？京師到安陸有水陸兩途。興王之國時由水路，雖有風波，但多數時間很舒適，只是要用一個月左右時光。陸路要近一些，也可以趕時間。迎駕諸公由陸路而行，一路逢驛換馬，風塵僕僕，三千多里路程僅用了十二天。三月二十六日晚，谷大用等到達安陸。眾大員進駐驛館，溫湯沐浴，一則消解奔波之勞，恢復精神；二則計議商量，理清晉見新君的相關儀節。

湖廣及安陸的地方官早獲快報，齊整整在驛館等候。欽差大員們洗去長途驅馳之塵，頓覺神采煥然，官帶鮮明，但個個面色凝重，話語稀少。晚宴已經擺好，因值武宗喪事，照例是不用酒的，眾人默默吃過，議定有關細節，即同地方官告別。

大員們各回寢室，或在床上輾轉反側，或對孤燈一人靜思，各懷心事，然所想所思，當都是明日與新君的第一次見面。

夜深了，窗外是一鉤弦月，冷冷地照著這個陌生的世界，遠處是純德山黑魆魆的輪廓。館驛的門悄無聲息地開了，一道黑影閃出大門，前後瞻視一番，向興王府方向快步走去。

2 深夜造訪

興王府內很安靜。

朱厚熜還沒有就寢，他也在與長史、近侍等講說近日從京師傳來的各種消息。朱厚熜剛剛繼承了乃父的藩王之位，不久便傳來武宗病逝的訃告，興府中人不會不去作厚熜入繼大統的假設。而今「王上添白」的吉兆果然就要應驗，這位少年親王竟要成為當朝之皇帝了！可設想那些個王府老臣、那些個當初跟隨興王離京的忠僕，也包括上上下下各色人等，該是怎樣的感慨萬千，該是怎樣的期待與焦灼。

偷偷溜出驛館的是司禮監掌印太監谷大用。這位在正德間名列「八虎」的大太監，顯然有常人所不及的機心，私自走向興王府大門，向守門軍校說明身分，請求單獨謁見王爺，並將遺詔之意先期轉達。

王府護衛急忙傳報，特大喜訊得到確認，朱厚熜及一干臣僚反而冷靜下來，由目前想到更長遠的將來。朱厚熜深知谷大用在正德年間為惡甚多，遭人痛恨，其求見無非是邀寵納款，取悅新君。他以不宜私見為由斷然拒絕與谷大用的會面，也給其留了一些面子，令王府長史袁宗皋代為款待。

次日，迎駕的大員們整頓冠帶，要往興王府謁見，然奉迎禮用何規格，又成為有爭議的話題。有人建議用天子禮，認為遺詔中已定朱厚熜入繼皇位，不宜再用親王禮，此議得到不少人的贊同。禮部尚書毛澄認為不可，說：「今即如此，後何以加？」並說古今沿承的勸進、辭讓之禮若被廢棄，是不應該的。[9]參與商議的有興王府官員，最後呈請朱厚熜決定。厚熜認為毛澄的意見說得有理，欣然依從，還特別賞賜他彩緞十匹、白銀千兩。

燦燦春陽，煦煦和風，又是一個絢麗的春日。迎駕大員在錦衣校衛及地方官的簇擁下來至興王府前，朱厚熜率王府官吏和護衛官校在王府外迎候，同至府中承運殿，行謁見禮。奉迎使轉上，開讀遺詔。然後，朱厚熜升座，藩府及安陸文武官侍列兩側，諸臣進金符，朱厚熜親自接受，諸臣再行謁見禮。整個儀式簡短而莊重。尤其讓迎駕諸大員驚異的是：這位未來之君不僅儀表堂皇，有九五龍飛之威；且行止持重，進退中規合矩，毫無偏遠小國的局促之氣。

興王府，乃至整個安陸城都洋溢著一種節日般的歡快。迎立大員捧詔諭、金符而至，對於興藩上下臣民，都不啻是巨大的福音。但這畢竟是在武宗大喪期間，而興藩為先王祐杬亦服喪未滿。在朱厚熜及長史等官的安排下，王府中人各盡其職，為朱厚熜進入京師準備行裝，秩序井然。

3 難捨難分母與子

心情最複雜的應是興府太妃蔣氏：兒子忽然就要變成當今皇帝，真是天外飛來的好事，平日裡最多也就心裡想想，現在竟然成了現實；然而京師難居，內廷凶險，皇位易變，對一個以外藩入繼正統的皇帝來說，更是前途莫測。

蔣氏只有一個兒子，對兒子充滿擔心，也充滿信心。

此時的朱厚熜雖然還不滿十四周歲，卻以興世子身分監國將近兩年，很有決斷，也精強明銳，壓得住場子。天降大任，朱厚熜不驚不喜，與母親蔣氏及長史袁宗皋計議周詳，定下辭陵時間和行期，擬出興藩隨行赴京人員的名單，安頓好留守及對母親的照料，一切都處理得有條不紊。

隨朱厚熜入朝任事者，首先便是長史袁宗皋。此時張景明已逝，袁宗皋為興邸老臣，年已六十九歲，老而彌忠，輔弼朱厚熜治理天下，更是職責所難辭，情分所難辭。

隨同赴朝的還有一批王府內侍，如張佐、鮑忠、麥福、黃錦等，以備將來分掌大內各衙門。朱祐杬做皇子時即深知宦官為害之烈，開府後對內侍約束甚嚴，張佐等在任職時也都規規矩矩，恪盡職守為主子護理後院。弘治帝對太監失之寬疏，至武宗時更是放縱，使此輩惡名遠揚。祐杬每對兒子講起，指為國家大患，厚熜謹記在心，監國後從不寬貸。以是興邸內侍皆懂得規矩，進入大內後亦基本謹慎安分。

興藩狹小，人才畢竟有限。有袁宗皋參與朝事，張佐等掌內廷二十四衙門，已算勉為其難。籌劃略定，朱厚熜便率眾人到父親陵前祭拜，辭別興獻王園寢，他在父親陵寢前長跪不起，淚流滿面，令跟從與祭的諸大臣動容。

次日一早，朱厚熜將要離開安陸，離開母親。他向母親蔣氏辭別，嗚咽成泣，涕淚橫流。蔣氏以絹帕為厚熜擦去淚水，叮囑道：兒啊，你此一去荷負重任，切記不要輕易說話。朱厚熜點頭，哽咽著說：我一定記住母親的教導。

興獻王妃是個性格剛強、有定見的女子，朱厚熜在性格上與乃母很有些相像之處。當下母子灑淚作別，朱厚熜等人在藩衛官校扈從下離開興邸，帶著母親的希望和囑咐，帶著經國濟民、澤被天下的朦朧願望，也帶著一顆警覺、敏感、易受傷害的心，向京師進發。

四、鬥的問題

京師已無天子，進入新舊更替階段的「空位期」。這在明朝歷史上是極少的現象，自也潛伏著種種危機。但在張太后和楊廷和等內閣諸臣的主持下，國家機器仍依常規運行。桀驁不馴、密謀作亂的京營提督江彬被捉拿入獄，旋即打入死牢，其親信黨羽數人一併論死，帶入京師的邊卒也被遣散。就在迎駕隊伍護衛新君加速趕行的時候，京師的動亂因素基本被清除。

1 禮部擬訂的儀注

在迎駕諸官的陪侍下，朱厚熜向京師進發。護駕的儀衛，既有谷大用、韋彬等率領的錦衣衛將士，也有袁宗臯、張佐等點選的興藩校尉，旗幟高張，儀仗鮮明，所過處引人注目。

作為遺詔中宣示的皇位繼承人，朱厚熜雖尚未正位大寶，但已具有了新天子的身分。消息迅速傳遍宇內，從各藩藩王到諸道地方官，誰不願趁此時向新天子表示忠心？厚熜對此早有準備，特命從官駱安等人向部從人員傳達令旨，嚴戒擾亂地方，經過之處辭謝諸王的供應和饋贈，不許地方官進獻珍寶玩好，駐蹕之處也不許過於奢華。令行禁止，車駕一路順利，迅速開向京師。

迎立新天子的禮儀程序也在積極擬議中。實際上，在迎駕諸臣動身往安陸的當日，禮部已呈上新天子登基大典的禮儀狀，略為：新天子由東安門進入皇宮，居住在文華殿；第二天，文武百官三上箋勸進，等新君令旨俞允後，再選擇黃道吉日即皇帝位。[10]

繼位禮儀是皇家第一重大的典禮，所謂登基大典是也。禮部儀制司郎中余才負責、員外郎楊應魁具體擬定，依照的是皇太子即位禮規格。在楊廷和及禮臣看來，這是天經地義、於禮有據的，不曾想到年少的朱厚熜會有什麼異議。

張太后和閣臣都低估了朱厚熜。在他們看來，厚熜不過是個乳臭未乾的半大孩子，是個僻遠小藩的王世子。入居大位，第一應該對張太后和定策諸臣感激不盡，第二應該處處照他們設計好的程序去做，並且在今後相當長的時間內言聽計從，循規蹈矩。楊廷和與內閣大臣，以及六部部僚都有一種歷史使命感，要在最高權力的變更時期擔荷重任，一新朝政。至於新天子，只是倫序當立，如能聽話，也就是了。

他們對朱厚熜的瞭解顯然太膚淺了。

2 意料之外的爭執

四月二十一日，新天子的車駕到達京師西南的良鄉，禮部大臣至此迎駕，呈上早已擬好的禮儀狀。朱厚熜仔細將禮部具儀看了一遍，對侍立身邊的袁宗皋說：「遺詔以我嗣皇帝位，而不是嗣皇子位，如何用皇太子即位禮？」袁宗皋側身答道曰：「主上聰明仁孝，所見極是。」[11]朱厚熜對隨行的禮部尚書毛澄甚有好感，命人將這份禮儀狀持出，轉給毛澄，命他再加斟酌。

毛澄不認為這份禮儀狀有甚錯處，但一路隨行，已對即將登位新天子有幾分瞭解，沒有馬上回奏。

次日上午，車駕抵達京郊，止於行殿。大學士楊廷和率眾臣出城迎駕，相見之後，始知朱厚熜對禮儀狀不滿，便解釋說此時他尚未即位，仍是藩王身分，應由東安門入居文華殿，從那裡循禮登極……話未說完，袁宗皋從旁高聲質問：今上繼序即皇帝之位，怎麼能夠再行藩王之禮呢？

楊廷和久聞袁宗皋清正耿介之名，但宗皋雖年長廷和七歲，中進士卻晚了十二年。楊廷和風姿俊美，沉靜聰察，翰林出身，任內閣首輔多年，處置過許多朝中軍政大事，甚有清望。而袁宗皋自當年隨興王朱祐杬之藩，足不出興邸，唯管束屬吏、輔佐藩王，聲名資望如何與楊廷和相比？楊廷和瞧了瞧袁宗皋，微微一笑，不與理論，仍是婉言勸說朱厚熜依禮儀狀行事。這下可惹惱了老袁，他挺身向前，指著楊廷和諸人正色厲聲喝道：少要囉嗦，快打開大明正門，迎今上入登大寶！

楊廷和等人愣住了。再看看即將登大位的朱厚熜，其臉上現出少年人所不具有的堅毅和定見，他心頭掠過一絲慌亂，一時也不知如何是好。良久，厚熜對楊廷和及一眾閣部大員說：楊先生及各位苦心，吾已盡知。然禮儀乃國家大典，不容不得其正。可著禮部再加參詳考議，吾暫駐此等待。

這番話更令迎駕的眾官面面相覷。今天是禮部和欽天監選定的吉日，皇宮中早做好新天子登基的一切準備，他卻要在這裡住下來！想像中君臣相逢的歡愉祥和場面沒有出現，遇到的竟是爭執和意氣相持，是閣臣與隨駕入京藩僚的衝突。

楊廷和畢竟在朝中歷練多年，如何會自陷僵局？事情急如星火，廷和一面派員往宮中稟報張太后，一面不動聲色地與朱厚熜和袁宗皋聊天，問候起居，轉而談起朝中發生的各種事情及所作處理。

楊廷和神情謙慎，語調莊重，要言不煩，漸漸吸引了厚熜的注意力。

的確，國家正處於危機四伏的「空位期」，江彬、錢寧等人雖被逮治，然其爪牙尚有許多逍遙法外，伺機作亂，有的勾結蒙古，陰謀內侵。楊廷和語氣漸漸沉重，朱厚熜以及袁宗皋的面色也漸漸嚴峻。他們從簡潔的敘述中聽出楊廷和等人的焦慮，這是為國家社稷的焦慮，是忠臣的焦慮。朱厚熜忽又覺得，其也正是自己應思慮的大事，開始時那種不快竟消解了許多。

但他仍不準備妥協。

3 郊殿勸進

楊廷和向朱厚熜解說政局大端的同時，在其示意下，禮部一要員緊急馳報張太后。張太后正在宮中等候嗣君到來，聞知此情，經與左右計議，改為請朱厚熜在行殿接受百官勸進，然後由大明門入皇城，即皇帝位。

勸進儀式立即在行殿舉行，參加的有文武百官、軍民、耆老等，魏國公徐鵬舉領銜奉箋勸進，詞曰：

> 大德受命，乃撫運以乘時；繼統得人，斯光前而裕後。蓋義望情地之攸屬，故內外遠近之同歸。……奉《皇明祖訓》之典，稽「兄終弟及」之文，佑啟聖人，傳授神器。敬惟殿下聰明天縱，仁孝性成，以憲宗皇帝之孫，紹孝宗皇帝之統，名正言順，天與人歸。溫恭允協於重華，聲光加於率土。是以合華夷而共戴，冠古今而無前也……[12]

朱厚熜自然要照例遜辭，曰：「予抱痛方殷，嗣位之事豈忍遽聞，所請不允。」魏國公則率眾人再上箋勸進，再次強調朱厚熜繼位是「天與人歸」，是「臣民之同情，國家之大計」，並說武宗在世時即有「天位當傳之語」，言辭更為懇切：

> 伏望俯遵遺詔，勉抑哀情，念祖宗創造之隆，體先帝付託之重，勿事南向西向之再讓，深惟一日二日之萬幾，早登宸極之尊，以慰群生之望……

厚熜的辭讓亦更誠摯，曰：「覽啟益增哀慼，即位之事，豈忍言之？所請不允。」徐鵬舉等第三次奉箋勸進，文辭更顯摯切，說理更為透徹，對朱厚熜「至德之讓已上」的做法，也表達了應有的尊敬，懇請他即登大寶，「上以紹祖宗百五十年創業之基，下以開宇宙千億萬載太平之治」。

至此，朱厚熜不再辭讓，答曰：「再三覽啟，具見卿等忠愛至意。宗社事重，不敢固拒，勉從所請。」群臣揚塵舞蹈，山呼萬歲。

這就是禮部禮儀狀的「勸進」一節，莊重而簡短。臣下的懇請和厚熜的辭讓，直至最後的俯允，包括所有環節，都如劇本般編定，由當事人去扮演。前一天被厚熜擲還的儀注就是如此，只不過改在郊殿，回避了門的問題。

至此，朱厚熜登臨君位已經過一切法定的程序，受箋後便諭禮部，定於四月二十二日即皇帝位，命禮臣具儀來聞。禮部尚書毛澄即呈上即位儀注，擬定朱厚熜由大明門入宮，祗告天地、宗廟、社稷，穿孝服至大行皇帝靈柩前祭拜，再換上袞冕謁奉慈殿，然後至奉天殿即位。朱厚熜批准。

這場「入門」之爭總算解決了。今人看來或許有些奇怪，在當時則有必爭之理：東安門，藩王、臣子的出入之門；大明門，天子與皇后經由的地方。由東安門人，是一開始就把朱厚熜放在嗣位的皇子地位上，但厚熜與厚照卻是堂兄弟的關係，如何能不爭？張太后懿旨令厚熜在行殿受箋，然後入大明門，解決了矛盾，卻沒有原則的退讓。朱厚熜與武宗朝舊臣的裂隙，於此已見端倪。

這是後來大禮之爭的序曲嗎？

五、難產的即位詔

楊廷和與閣僚九卿大臣，大約沒有想到會迎來這麼一位倔強少年，從否棄皇太子即位禮，到不由東安門入宮，朱厚熜都顯示出有主見與不妥協。這使得廷和等人更加謹慎，提前將即位詔書呈送審定，厚熜還真的審閱起來。詔書甚長，厚熜看得一絲不苟，時或與袁宗皐商量，還會派內侍向廷和等人詢問，時光就這樣快速流逝。

1 密寫即位詔書

當日就是二十二日，正午時分，朱厚熜在百官陪侍下入城，由大明中門進入皇宮。謁見武宗几筵，拜謁張太后，遣官祭告宗廟社稷，做完所有這些，已是大半下午，等待登基大典的文武群臣早在奉天殿前廣場上集結。

已是登基的良辰吉時。朱厚熜仍在華蓋殿審閱詔冊，周圍的一切那麼陌生，心中覺得有一些紛亂，但他還是集中精力於文字間。袁宗皐侍在一側，興邸隨駕來的太監侍於外室，肅然不敢出一聲。厚熜手持的是馬上要頒布的即位詔書，是普天下臣民最關注的大事，也是新天子即位後第一份重要文獻。

即位詔是楊廷和草擬的。

楊廷和久預機務，又繼李東陽掌內閣事數年，對朝中弊政，對武宗身邊的佞幸之徒，均洞察秋毫。面對武宗這樣一個任性胡鬧的皇帝，他只有處處補救，時時勸解，然要想使武宗改弦易轍，要想清除其身邊的奸人，卻是萬萬不能。現武宗已死，新君踐位，正是除舊佈新之機，怎能不借此時一掃積弊，振興新政！因此，在迎駕諸官離京赴安陸後，楊廷和即開始擬寫即位詔書，白日在朝處理各項緊要政事，夜晚則凝聚心智，盡力草詔。他深知內閣也很複雜，身邊處處都有權貴的眼線，詔條內幾項牽涉弊政如太監典軍、皇店之設、禁衛官校不法，以及豹房、番僧諸項，楊廷和為防洩露，均另行密寫，藏於家中私室，可見關係重大。楊廷和等至京郊行殿迎駕後不久，楊廷和陪侍朱厚熜，戶部尚書兼內閣大學士蔣冕即先歸閣中，整理謄錄即位詔書。蔣冕先往楊廷和府中，令其家僮取出楊廷和所擬的祕密文稿，恭筆抄寫清楚，進呈給朱厚熜，等朱厚熜御筆批定紅後，方可供登基大典時開讀。

2 湘管沉重

朱厚熜手握四兩湘管，卻覺沉重難舉。

時光在一分一秒地逝去，楊廷和與蔣冕、毛紀在直閣中等待，越等越心焦意亂。忽見文書房內侍來到，傳旨令刪去與宦官有關的幾條。楊廷和據理力爭，抗言說決不改易新詔，並表示俟新君即位後，馬上就請求致仕休居。蔣冕、毛紀也都極力說明掃除宦官干政的迫切性，詞意慷慨。楊廷和又問文書官：皇上初到，是誰在身旁進讒言，欲改動詔書？中書官知三閣老不會遵旨改詔，只得又把詔書拿回。

報時的鼓聲終於響了，大典吉時即到，嗣君的御批仍未下。等待即位盛典的文武百官排列整齊，即位詔書卻仍在朱厚熜手中。楊廷和、蔣冕、毛紀心急如焚，急往華蓋殿後詢問消息，可在玉階上轉了兩圈，四圍寂清，連一個人也找不見。只好再奔向奉天殿，見值殿太監，叫他速找文書官來。不一時司禮太監來到，對三位閣老說：「快回去。萬一誤了事，我們會替您幾位解釋的。如果今日御批不下，明天再開讀也可以。」

楊廷和的情緒再難控制，高聲說：自古人君即位，縱然在草野間也須下詔改元，以新天下之耳目。今日若無詔書，不知所改是何年號，人心惶惑。如有他變，誰來擔當責任？廷和一腔忠直，措辭激烈，司禮太監也有些懼怕，慌忙再去入奏。

朱厚熜亦在覽詔苦思，心中猶豫不定。詔書中所列舉的朝中弊端，有很多是他在藩邸時就知道的。宦官作亂，干擾軍政，蠱惑聖聽，毒害地方，朱厚熜也極為痛恨。只是積弊已久，奸人內外聯手，盤根錯節，就怕擒虎不成反被所傷啊！可革故鼎新，實為萬民希望，楊廷和所擬詔中條款，條條切中宿弊，件件勢在必行……

朱厚熜終於決定了：就這樣，掃除不了這些奸黨，自己的皇位又怎能安穩？待要揮筆，目光又停留在楊廷和新擬的年號上——紹治。一望而知為紹繼弘治，不是分明要將自己納入孝宗一系嗎？朱厚熜當即用御筆點去，添加上「嘉靖」二字。

嘉靖，意為以美好的教化安定平服。語出《尚書・無逸》：「不敢荒寧，嘉靖殷邦。」《蔡沈集傳》：「嘉，美；靖，安也。嘉靖者，禮樂教化，蔚然於安居樂業之中也。」以此為年號，寄寓著朱厚熜對朝政和諧、社會安定的美好期待和嚮往。他不會忘記自己視為師長的左長史張景明的詩句，也不會不在來京途中與袁宗皋討論新年號之事，嘉靖，是朱厚熜心中早已確定的年號。

看到御批改換的新年號「嘉靖」，楊廷和等一干大臣應有幾分慚愧，二字明暢雅正，意蘊深厚，確實比原擬的要好很多。

經過御批的即位詔終於傳出，改次年為嘉靖元年。當殿宣讀，武宗朝積年弊政一併革除，滿朝文武百官及京城百姓歡呼雀躍，喜淚交迸，對新天子充滿了感戴，對未來充滿希望。明王朝進入了嘉靖時代。

第四章 新朝的新政

古代朝廷制度，官員在拂曉前開始赴朝早參，天子於日出時視朝。而世宗登基之初，勤於政事，往往在黎明前即行視朝，太監點燃巨燭，世宗在燭光中登上寶座，接見群臣。緣此，朝官們赴朝的時間又要大大提前，常在黑暗中便匆匆上道，官階高者有轎馬侍候，官階低者則一僕提燈，衝風冒雪，是以做官也多有苦惱處。

朱厚熜是穿了一套不大合身的袞冕登基的。

袞冕，古代帝王最鄭重的冕服，由十二旒玄冕、十二章袞服構成，袞服再分為玄衣和黃裳。所謂黃裳，前三幅後四幅，類似當下時髦女子之裙。問題主要出在這兒，新帝龍袞之黃裳顯得又肥又大，下沿幾乎拖在地上。朱厚熜顯得有些不滿意，幾次皺眉低頭，看那擦著地面的裙邊，又把責備的目光掃向旁邊的司禮太監。

事關新天子登基大典，內廷各監局敢不用心？而由於時間倉促，又不知道新帝的衣服尺寸，只能估摸著去做，才會出現誤差。厚熜哪管這些，一瞥之下，自具帝王的威嚴和煞氣，司禮太監心中一緊，趕緊低下頭去。旁邊的楊廷和見狀也是心中一凜，隨即向前一步，進言：「此陛下垂衣裳而天下治。」[1]垂裳而治，典出《易經．繫辭下》，意謂定衣服之制，示天下以禮。後用以稱頌帝王無為而治。朱厚熜自幼讀書甚多，亦通曉此典。唯楊廷和臨事有急智，將袍褶垂地之窘解釋為君位綿長之象，使得朱厚熜聖心大悅，臉上的陰雲頓爾消散。

新政的第一天，就是這般在君相融洽的氛圍中開始，而這種融洽，靠的是楊廷和的一力維持。少年厚熜，這時候應稱為皇上了，在其登基之始，就顯現出性格的強急峻厲。

一、即位一詔

比起大行皇帝遺詔，更為世人關注的是即位詔書。前朝弊政，可以由即位詔糾正；新帝及其輔臣的治國理念，亦可通過它宣示天下。

登基之際的朱厚熜，更關心的是穩定時局和革新朝政。由楊廷和、蔣冕等祕密撰成，再經他反覆斟酌後始批朱頒行的即位詔書，應是嘉靖朝實施新政的總綱。

1 內閣要變革

正德帝留下的是個爛攤子，卻也留下了一個很不錯的內閣。當時的閣僚，如首輔楊廷和，如大學士梁儲、蔣冕、毛紀，都是兩榜進士，考在優等，接著又取中庶吉士，歷翰林，入史館，久居清要，以學問人品廣受推戴。正是由於有這樣一個內閣，才能頂住正德及近倖的折騰，而保持了基本穩定；正因為有這樣一個內閣，才能在大位空缺的危急時刻控制政局，並迅速選定新君。此內閣也有一些小的齟齬，但大體是團結的，是以清正治國為核心的。

經過正德十餘年的荒廢貽誤，朝政積弊甚多，到了不能不改革的地步了。廷和等人對此有著深入的瞭解，也有原來難以作為的隱痛和愧疚。內閣要改革！而且在空位期就已經開始：楊廷和以遺詔的名義，撤銷威武營團練諸軍，遣散入衛邊兵，革除皇店及軍門辦事軍校，罷遣各類貢使與僧徒，放歸四方進獻女子……新天子到達京師之時，原來鬧哄哄的京師已清淨多了。

而這還僅僅是弊政之皮毛，更多的、更深入的改革，則要等待新帝登基的大詔中頒布。時局未穩，楊廷和等在起草詔書時謹慎機密，甚至將詔草分別存放，生怕走漏。而世宗與他當時的主要謀士袁宗皐也覺涉及過多，恐激成禍變，遲遲不敢批定。畢竟此舉關係重大，能影響到楊廷和等人的身家性命，也會衝擊到世宗的皇位。

京中有飛揚跋扈的統兵將帥，有無所不在的鎮撫司、錦衣衛；宮內有偵伺於帝后之側的宦官，有口含天憲的皇太后及其親信；各地有心情複雜的親王、郡王，有心懷怨望的饑民；九邊有呼嘯來去的蒙騎，有懦弱怯戰的疲兵……尤其讓人憂慮的是：所有這些往往又勾連回環，盤根錯節，唱和呼應，牽一髮而全域皆動。

儘管如此，楊廷和等還是下了決心：與其長痛，不如短痛，快刀斬亂麻，借新帝即位詔書，對這一切積年沉屙做一個清算，做一個了斷！

朱厚熜也下了決心。他曾想刪去或緩行幾則，曾想先不動宮內各監局，以免激成事變，但見內閣大臣等決心已定，遂也慨然批准，令頒行天下。

這篇即位詔書長約八千字，在開篇略敘繼承祖宗大業和大行皇帝託付，「革故鼎新」「與民更始」之意，後即轉入具體內容，所列「合行事宜」共八十條，正德甚至成弘間弊政幾乎巨細無遺，都在掃除之列。新君與老臣達成共識，要開創一個全新的國家格局。

2 廣開言路

任何時代都不乏阿諛逢迎之輩，也不缺少敢於犯顏直諫的忠耿之臣。近倖誘惑慫恿武宗四出巡幸，直臣則奮身諫阻，不惜以一死進言。即位詔最先一項是重開言路，為正德間因上疏言事得罪的官員恢復名譽和職務。

詔書第二款，所有在正德間「因忠直諫諍及守正被害、去任、降調、升改、充軍為民」及「言事忤旨自陳致仕養病」的官員，死忠者諭祭蔭敘，貶竄者起復或升用。

第三款則特為正德十四年（一五一九）諫止巡遊的文武官員而設，在這次抗諫中有十二名官員被杖責致死，詔書稱：「被打死者情尤可憫，各遣贈諭祭，仍蔭一子入監讀書。」那些降調和充軍者均被起取復職。這一條給諫官和翰林帶來了極大安慰和鼓舞，同時也傳遞了一個錯誤的信息。三年後的「左順門事件」中，官員們以跪門抗議世宗的議禮之舉，新皇帝則如武宗一樣，施以杖棒和繩索木枷，笞死和充軍者都遠超過前者。

第十一款，飭科道官對「朝廷政事得失、天下軍民利病」「直言無隱」，要求他們及時彈劾不法官員。

第六十八款，允許有關衙門對因劉瑾、錢寧、江彬帶來的弊政議奏裁革。

第七十八款是從組織上保證言路暢通，宣佈科道官若有缺員，應及時從進士中考選奏補。

第七十九款更其擴大，宣稱允許所有的人暢所欲言，參與討論國家大事。

由此可知，廣開言路成為詔書的重要內容，世宗的即位詔在開頭和最後，都反覆強調這一問題，以期開明之治的到來。

3 整頓政府機構及軍隊

正德弊政給國家機器的運作帶來極大困難，即位詔把重建和改組作為治理的兩把板斧。而整頓的重點，又以軍隊的建設為先。

詔書第九款，「兩京五府見任掌印、僉書、管事公、侯、伯、都督及都指揮，六部等衙門見任文職四品以上官並各處巡撫官，俱聽自陳，去留取自上裁」。即讓所有文武高級官員都寫出一份辭職報告，再由皇帝裁決留用與否。

第四十款是專為正德十二年（一五一七）的大同、應州之戰而設，武宗親率大軍與入侵的蒙古小王子部作戰，擊潰敵軍後大肆渲染，升賞甚濫。詔令重新審核，革除冒稱軍功者。緊接下來的第四十一款，亦是令兵部查革各種巧立名目冒功的軍人。

正德間因奸巧欺蒙，獲武宗賜「朱」姓者甚多，有的竟立為「義子」，成為朝廷中一大贅瘤。即位詔第四十三款將之一律革除，嚴令這些人返回原籍，不許在京居住。

第四十四款，令在京謀事的軍職人員自請調外衛任職，以免其在京城生事作亂。

4 整肅宦官與裁革冗員

明朝開國皇帝朱元璋起於壟畝，對宦官亂政有著清醒認識，約束甚嚴。此輩活動於內廷，日常接近最高統治者和權勢階層，且人數眾多，賢愚叢雜，能伸能屈，永樂之後在宮中漸成氣候，正德間更造成大量政治災難。懲治不法宦官和整頓內府機構中的種種積弊，也是即位詔的重點，詳後專節論述。

裁革冗員則非常具體，堪稱嘉靖新政中的最大舉措。經楊廷和等會同吏部、兵部詳細核查呈報，世宗降旨批准，一舉革除軍政冒濫人員十七萬多人，很大地緩解了朝廷的負擔，詳後專節討論。即位詔書涉及面甚廣，所有朝政要務如賦稅、鹽法、漕運、刑獄、官制、軍衛諸項，均有詳細論列，剔弊興利，革故鼎新，給苦難深重的黎民百姓帶來了希望和生機。

二、「想出一張殺人榜」

登基的第二天，新帝朱厚熜聽從禮部尚書毛澄建議，定於當月二十七日於西角門視事，百官行奉慰禮。就在當日，朱厚熜便批覆了兵科左給事中齊之鸞的奏疏，該疏無非是為新帝出主意，提請不要像先帝受小人引誘云云，批諭令科道舉劾奸黨。

新帝認真閱處疏章的態度，極大地鼓舞了科道眾官，也帶給楊廷和等人極大安慰。

1 君臣相歡的日子

即位詔書頒示天下，臣民擁戴，朝野歡呼，感激出涕、喜極落淚者不計其數。楊廷和見新天子全部照依自己所擬之條款，也倍受鼓舞，再不提乞休告退之事，而是打點精神，忙於新政的實施。蔣冕、毛紀等大臣都盡力輔政，早至晚歸。新君與老臣十分親切融洽。

即位第三日，又是一個豔陽天。厚熜召楊廷和、蔣冕、毛紀與已任吏部侍郎兼翰林學士的袁宗皋在文華殿相見，以謝楊廷和三人定策之功。廷和曰：

> 陛下順天應人，為天下臣民之主。初至行宮，雨澤隨降；一登寶位，天日開明。可徵宗社萬年之慶。伏願敬天法祖，修德愛民，任賢納諫，講學勤政，永建太平之業。[2]

其中既有向君主言事時必配的馬屁經，如下雨稱「雨澤隨降」、晴天謂「天日開明」之類；又有切直的進言，甚至帶點兒教導的意味。蔣、毛二人也說了些類似的話。新帝待三人甚是恭敬，傾聽中不停點頭，道：「先生們說的是。」召見後，厚熜又親賜酒饌，君臣盡歡而散。

以下一段時間是朱厚熜與廷和諸人的「蜜月期」。君臣常在文華殿等處相見，見則皇上必賜座賜茶，或賜酒饌，賜金幣銀章，甚至賜予美貌女子。他也很注意傾聽幾位大臣的意見，言必稱先生，待之誠懇禮貌。這一切，都使楊廷和、蔣冕等感激奮發，更加虔心政事，以思報效。

2 裁員政策的實施

內閣和六部的官員都忙於落實即位詔中提到的條款。如裁革冒濫冗員，自成化以來，朝中機構臃腫，軍隊無賴之徒摻雜，成為朝廷巨大的財政負擔，至此時更是到了不解決不可的地步。據《國朝獻徵錄》卷十五記載：

> 自成化以來，朝廷所病者冗官冗食之費，臣下建議，未能裁省。……正德中冒濫尤甚，十六年四月以前，在京官軍、旗校、勇士、軍匠人等食糧之數共三十七萬二千七百餘名，一歲支米三百九十八萬八千八百餘石。歲運四百萬石之數，除海運三十五萬石外，雖盡數至京，亦不能支。

兵無糧則飢，飢兵則亂，各種兵變在地方已屢有發生。楊廷和作為首輔，深為此種狀況憂慮，決心借新帝的即位詔書作一個了斷，因列為首要條款。即位詔第八款：

> 自正德元年以來諸色人等傳升、乞升大小官職盡行裁革，吏、禮、兵、工四部各將查革過傳

升、乞升文武僧道匠藝官員名數類奏查考。

傳升，指由中官傳旨任命；乞升，指經乞恩而由聖上任用。二者又稱「傳奉」，即指不由吏部銓選，而由太監視進呈珍異的多寡，以諭旨直接任命官吏的做法。朝中正直之士對由倖門而入的「傳奉官」深惡痛絕，楊廷和汰刪冗員，首先由此開刀，大得人心。

這一條款得到了很好的執行。《明會要》卷四九：「世宗即位，盡斥先朝傳奉官三百餘人。」其對由此路徑獲得僧職的人更為嚴厲，第七十四款：「正德元年以來傳升、乞升法王、佛子、國師、禪師等項，禮部盡行查革，各牢固枷釘，押發兩廣煙瘴地面衛、分充軍，遇赦不宥。」這些在正德間出入內府、遊走權門、上下其手的僧道者輩，如今鐵鐐長枷，押向荒遠邊衛了。

裁革冗官冗員的重點是錦衣衛、五軍都督府和邊鎮。第十九款：

> 自正德年來兩京各衛所容令無籍之徒冒籍投充，並新添旗軍、校尉、勇士、力士、軍匠，並內府各監局招收軍匠等役，辦納官錢，私役占用，不下八九萬餘，歲支錢糧百萬餘石，以至京儲虧耗，歲用不繼……詔書一出，但係正德年間冒籍投充並新添及私自頂補、額外招收等項人役，並有名無人該衛所官按月支糧包辦月錢者，即便各回原衛原籍隨任當差，該衛所即將名伍開除，回報戶部……

語氣極為嚴厲，稱如有犯者將充軍遙遠嚴寒的鐵嶺衛，永不赦回。

第二十款，裁革上直衛親軍中冗員，指令騰驤左、右衛，武驤左、右衛，勇士員額依弘治間定數，多餘者一律革除。

相當一個時期以來，軍中奏帶之風甚盛。所謂「奏帶」，即在邊疆任鎮守官者，經奏請皇上恩准，隨身攜帶親從數人往軍中效力。這種情況在正德間冒濫已極，「或一人而數處，或一時而兩三處，報功或並功」，以欺瞞有司，提升私人。詔書第三十九款命將不合法者盡行除革，並命將革退之人造冊報戶部和兵部，以備查考。對那些冒稱錦衣衛官家人，並因此升官旗者，則限其三個月內自首，予以免罪查革的處理。

第四十六款，專對錦衣衛司鹵簿直駕者所設，他們利用職權和接近皇帝的便利，奏討投託，大量引進私人，名曰「跟用」，實則為其謀私營求，令錦衣衛查明一律革退。

第五十九款，令查革軍隊各營冒濫書辦及邊疆地區多年無用的「通事」（即翻譯）。

即位詔的這些條款，在皇帝和閣臣督令下得到凌厲貫徹。據《明史·世宗一》，詔書頒布的第三個月亦即正德十六年（一五二一）六月，「革錦衣衛冒濫軍校三萬餘人」，七月，再「革錦衣衛所及監、局、寺、廠、司、庫、旗校、軍士、匠役投充新設者凡十四萬八千餘人」。僅此一項，國家每年就節省軍糧一百五十餘萬石。

裁革冗員，是嘉靖皇帝即位時一項影響深遠的改革措施，給政壇帶來了一股清新之風。

3 暗殺楊廷和

首輔楊廷和立朝威嚴，勇於任事，由此深得皇上信重。大學士梁儲雖是迎駕勛臣，但不甚跟從，遭廷和算計，新帝亦任其辭官離去。這之後內閣更是通體一心，共圖改革。被裁革的人失去了權勢和飯碗，對主議此事的楊廷和恨之入骨，甚至編成童謠來罵他：

終日想，想出一張殺人榜。[3]

兵部和錦衣衛裁員的榜示，砸了許多人的飯碗，在他們看來真是一張殺人榜。這些人中多亡命無賴之輩，他們密謀殺掉楊廷和，以阻止這項新政的貫徹，解心頭之恨。

暗殺的地點選在楊廷和上朝的路上。古代朝廷制度，官員在拂曉前開始赴朝早參，天子於日出時視朝。而世宗登基之初，勤於政事，往往在黎明前即行視朝，太監點燃巨燭，世宗在燭光中登上寶座，接見群臣。緣此，朝官們赴朝的時間又要大大提前，常在黑暗中便匆匆上道，官階高者有轎馬侍候，官階低者則一僕提燈，衝風冒雪，是以做官也多有苦惱處。

楊廷和以清慎勤勉為信條，每次早朝，他總是提前到達，與內閣同僚在閣房小晤數語，以免朝儀時出現差錯。這日凌晨，楊廷和坐二人小轎中，正整頓冠裳，清理思路，急急趕往午門。轎前兩名僕人提著紗燈，街衢靜悄，霧氣彌漫，突然從路旁躍出幾名持刀大漢，以黑紗蒙面，大喝：「叫楊閣老下來！我等有話說。」一僕人手無寸鐵，轎夫兩股戰戰，幾乎要擲轎而逃。楊廷和心知此事與政局相關，命停下轎子，掀簾而出，從容問有何事。蒙面大漢被楊廷和的正氣所懾，略有些遲疑。正在這時，上朝的大批官員陸續趕來，歹徒見況不妙，轉身逃逸。

朱厚熜聞知此事，即命兵部撥官軍一百名，作為楊廷和上朝的護衛，名曰「隨朝軍」。自此，楊廷和每次上朝，都由特選出來的健卒組成護衛方陣，將楊廷和坐的轎子圍於中間，喝道前進。新帝對楊廷和的倚信和愛敬、對裁革冗員的決心，都由此可見。

三、整肅宦官

如果說宦官的干政壞政，在正德時已成為一大公害，成為一個王朝的歷史疤痕，則嘉靖朝對內侍約束甚嚴，懲治起來毫不容情，是一個監寺收斂的時期。

1 懲治宦官干政

宦官為禍朝廷，在歷史上真不勝枚舉。

明朝立國，太祖朱元璋即專對宦官定出許多禁律，並特在宮門豎立鐵牌，上鑄「內臣不得干預政事，犯者斬」字樣，極大地震懾了那些不法內侍。後朝廷規制漸宏，對宦侍的需求量也就增大，內監二十四衙門的格局已形成，員額也與年遞增。朝代更替，禁條漸弛，初時惴惴的太監們也漸漸舒展，朝中開始出現欺蔽天子、挾制大臣的權宦。正統時的王振、天順時的曹吉祥、成化時的汪直、正德時的劉瑾，都曾在朝廷中呼朋引類，擅權亂政，為害甚烈。

劉瑾在正德五年（一五一〇）被凌遲處死，然「八虎」之中如谷大用、張永、韋彬等仍在，且勾結牽連，掌握有很大權力。即位詔書中首先從裁革其爪牙、削弱其事權入手。詔書第十款，准許內府各衙門掌事官具本請歸，實際便是針對谷大用等前朝權宦，讓他們自請退養。

第十七款，令司禮監查照弘治初年之例，將京師管倉場、馬房、皇莊及皇城各門、京城九門的「正德年間額外多添內臣」悉數取回。

第十八款，命正德間新添各邊鎮任分守、守備及往各地管取佛、買辦、織造、燒造的內臣回京，並將正德元年（一五〇六）後掾升為鎮守或副總兵者降回原職。

明朝中葉，由於太監權勢日增，當太監成為飢民求生和奸徒鑽營的一條終南捷徑，私自淨身者越來越多。針對這一社會弊政，即位詔第三十二款嚴禁各王府容留無名內使和私自淨身人等，第三十六款則命錦衣衛訪拿潛住在京的「私自淨身人」，並宣稱今後敢犯者一律處斬刑。

第三十五款，命司禮監「照依弘治以前員數」，刪革內府各監局官員、內使，多餘者以本等職事聽用，不法者發南京孝陵衛充軍。

詔書還對限制宦官定出種種具體規則和措施：如第六十款命工部會同司禮監定出內官享有年例的員額；第六十一款命兩京各監局核查新添器物如龍船、戰車、神像之類；第六十二款命核查內府建造，宮內添蓋的新宅、佛寺、神廟、總督府、神武營、香房、酒店之類，外間營造的鎮國府、總督府、老兒院、玄明宮、教坊司、新宅、石經山祠廟店房等項，悉命核查清楚，或拆除，或改用，或變賣；第六十三款命內官監遣散泊集於通州張家灣的各項例外船隻；第六十四款命在荊州、杭州、蕪湖三處監造糧船的太監回京。

即位詔中專為整肅宦官而設的條款有十三項之多，累朝放縱宦官之弊，幾乎被割除無遺。詔書頒布日，朝野歡呼，奸宦縮頸，朝中正直之士大為振作。

2 對惡宦的大清算

正德間那些為害宮廷的大宦官開始得到清算。司禮監掌印太監韋彬雖有迎立之功，因與江彬有姻親，亦惴惴不安，上疏請求免去其弟韋英的伯爵頭銜，並自陳辭職閒住。給事中楊秉義等上疏稱韋彬「附和劉瑾，結姻江彬，宜置極典」，[4]新帝命將其逮治。御史王鈞又劾奏韋彬與江彬「內外盤據」，還有太監張忠、于經、劉祥等人，「宜亟賜並處，以明法紀，以清奸黨」。[5]厚熜終是顧念韋彬的迎駕之功，僅令其閒住而已。

朝臣也沒忘記司禮監太監谷大用，其亦正德間「八虎」之一，劉瑾亂朝時，他提督西廠，威焰熏天。正德六年（一五一一）劉六、劉七造反，谷大用總督軍務，其兄谷大寬、弟谷大亮都封為伯爵。朱厚熜登基後，給事中閻閎上疏論劾谷大用，新帝念其迎立之功，降為奉御，命居南京，次月又將其發往康陵，為武宗守墓，嘉靖十年（一五三一）才被抄家。

至於提督十二團營兼管神機營的張永，情況則較為複雜。張永雖為「八虎」之一，但在剷除劉瑾中實建首功。正德末年，又是他支持楊廷和捕治江彬，在空位期間督九門防變。御史蕭淮彈劾谷大用等權宦，牽涉到張永，詔令其閒住，後再降為孝陵奉御。嘉靖八年（一五二九），大學士楊一清稱張永在鼎革之際功勞甚大，不可泯滅。厚熜深以為然，起用他掌御用監，後提督團營。

對於那些在正德間頗有惡名的一般太監，朱厚熜便沒有這些顧慮。出入豹房，納權招賄的「三張」（御馬太監張忠、司禮太監張雄、提督東廠張銳）被逮問或充軍；作惡多端的吳經、劉公、劉祥、邱得、許全、顏大經、孫和諸宦，即命都察院逮治拷問，分別罪責輕重處治。

踐政之初，朱厚熜對犯法違制的太監處置極嚴，不假寬貸。六月間，對與江彬有關聯的太監陳貴、牛廣、張奎、浦智作出程度不同的處置。七月，再下令將與寧王叛亂有牽連的太監畢真、盧明、商忠、秦用等處死。懲治奸宦，還有一個傳播甚廣的笑話。宮中有一身材高大、曾得正德寵眷的太監于喜，厚熜知其罪惡頗多，一日問他：你是姓于嗎？回答是；又問：是俞，還是佘？于喜見主子和藹，放鬆下來，笑嘻嘻對曰：奴婢之姓，為干字蹺腳者是也。未承想皇上勃然變色，厲聲呵斥：「于為干字踢腳，汝敢為謾語侮我！」[6]本來說的是「蹺腳」，有些玩笑，卻被改為「踢腳」，便成為犯上之罪，當場褫去蟒玉，入監治罪。這還是輕的，有一位叫侯章的太監私蓄使女，厚熜得知，立命將其處決。史謂「世宗初政，如劍鋩出匣」，信然！

3 內廷大換血

古時有「一朝天子一朝臣」之說，作為「內臣」的太監，其命運更是隨帝王的興替而轉折變幻。先朝親信大太監多被處治驅趕，而與此同時，隨新帝從興邸入京的原興獻王府內侍，開始漸漸在各要害衙門掌握事權。張佐為司禮監掌印太監，黃錦為司禮太監、提督東廠，鮑忠、麥福也都分掌要職，這些人在興邸時受過極嚴格的管束，又係從龍入京，與皇上利害相關，故都能恪盡職守，謹慎從事。由他們掌管的嘉靖時期內廷，雖也時有太監弄權招賄的事情發生，然從未出現過權傾人主的大璫巨惡。《明史・宦官一》：

> 世宗習見正德時宦侍之禍，即位後御近侍甚嚴，有罪撻之至死，或陳屍示戒。張佐、鮑忠、麥

> 福、黃錦輩，雖由興邸舊人掌司禮監，督東廠，然皆謹飭不敢大肆。帝又盡撤天下鎮守內臣及典京營倉場者，終四十餘年不復設，故內臣之勢，惟嘉靖朝少殺云。

所論甚是。

撤除天下鎮守太監及典京營倉場內臣，朱厚熜顯然較為謹慎，採取了分兩步走的方針。先是在即位詔書中命令取回添設的分守、守備內臣，而後延遲至嘉靖八年（一五二九），始頒詔裁革鎮守太監，分省遞撤，經兩年多才算撤完。此係後話。

四、清理皇莊與莊田

率天之下，莫非皇土。可明朝統治者竟還無厭足地追求或曰掠奪田土，希望有更多的直屬皇室的土地，似乎這樣才心裡踏實。皇莊和莊田，是明朝自建立以來的痼疾之一，是明朝歷代帝王的貪婪和小家子氣的一種家族性特徵。

1 大明王朝的小家子氣

朱元璋即皇帝位的第二年，開始在故鄉鳳陽為父母修建皇陵。他想在碑上寫下父母的悲慘命運，寫下自己早年經歷的人生苦難，又唯恐翰林詞臣諛筆美化，便親自擬出提要，命侍講學士危素撰碑文。危素為元朝故臣，他所撰的皇陵碑文，自不敢不對新帝家世加以粉飾，明太祖很不稱意。十年後的洪武十一年（一三七八）夏四月，朱元璋親自撰文，備述父兄所受之苦：父母先後死於災年，兄長又死，地主竟連塊墳地也不給，「既不得與葬地，鄰里惆悵」，「殯無棺槨，被體惡裳。浮掩三尺，奠何肴漿？」[7]

昔日父母亡而無一抔黃土可以落葬，而今足踐大寶，擁有天下，但對土地的渴望似乎植根於朱元璋靈魂中，融化於朱明皇族的血脈中。立國之初，朱元璋為表彰和激勵跟隨自己出生入死、打下江山的勛臣，常頒旨賜公侯丞相以下田園土地，「多者百頃」，稱為莊田。對封為親王的皇子則賜莊田更多，一般都在千頃左右。後來發現勛臣家中僕役多有「倚勢扞禁」之事，遂收回賜田，仍給歲祿。仁宣間，請乞之風漸盛，大臣們亦乘機對沒官莊舍下手。至英宗時，因諸王、外戚、太監紛紛占奪官田私田，引發爭論，頒詔「禁奪民田及奏請畿內地」。御馬監太監劉順使家人捐進薊州草場，開「進獻」之先例。所謂進獻，是指京畿一帶多有拖欠稅糧而逃往他鄉者，其田荒蕪，奸利之徒乘機獻給皇帝近倖，置為皇家莊田即皇莊。

皇莊之名的出現是在明憲宗時。「憲宗即位，以沒入曹吉祥地為宮中莊田，皇莊之名由此始。其後莊田遍郡縣。」給事中齊莊曾上言，指出皇莊之弊，且稱：「天子以四海為家，何必置立莊田，與貧民較利。」[8]但憲宗根本聽不進去。

弘治帝顯然是較為明智的，看了戶部尚書李敏等對皇莊擾政害民的疏本，即傳旨戒飭莊戶，後又罷仁壽宮莊等，並依戶部尚書周經之奏，將違制獻地的太監趙瑄打入詔獄。然這位弘治皇帝性情仁厚，對諸弟的乞請無有不從，而會昌、建昌、慶雲三位侯爵爭奪田土，孝宗也是多與莊田，一一將他們打發滿意。武宗即位剛一個月，便建了七處皇莊，後增至三十餘處，諸王和外戚越分求請及強占民田者，更是難以計算。

這就是擺在剛即位的朱厚照面前的又一重大問題。

2 東安皇莊事件

即位詔雖未把「皇莊」列為朝政亟待改革的要務，卻明確地對前朝幸臣江彬、錢寧等人及劉瑾原侵占的玄明宮地土作出處理，從而揭開了清理田莊的序曲。

即位詔書第二十三款：「近來抄沒犯人莊田園圃，戶部委官從公查勘，如有倚恃權勢侵奪霸占者，審證明白，歸還本主管業；若係原有及兩平置買，價值無虧者，照依時價變賣銀兩，送太倉銀庫交收備邊；若地畝數多，離京五十里之外者，行令該管州招人佃種，照例起科。」這是指錢寧、江彬等前朝近倖搶占的莊田，詔令退還原主或交所在州縣。第二十四款，亦是下令將原抄沒劉瑾的玄明宮地土退還原主。至於皇莊，詔書中沒有涉及。

然皇莊和莊田，已到了非治理不可的境地。「為民厲者，莫如皇莊及諸王、勛戚、中官莊田為甚。」[9]皇莊和莊田不獨侵害百姓，還嚴重影響到國家財政，損害朝廷形象，養奸滋事，弊非一端。正德十六年（一五二一）五月，給事中底蘊在奏狀中列舉了「投獻」和莊田之害，戶部覆奏，呈請「行各守臣查核沒官田土外，但係近年投獻置為皇莊者，給還本主，仍照原額徵稅」[10]。世宗批令照擬實施。

六月間，朝臣們對皇莊和莊田的抨擊更為猛烈和具體。十五日，御史范永鑾上言，指出皇莊之設與權宦擅政、奸民乘隙相關：

> 往者劉瑾、錢寧、江彬相繼擅權，奸民乘隙，多將軍民屯種地土誣捏荒閒及宮田名色投獻，立為皇莊，因而蠶食侵占，靡有界限。舊租正額外多方掊克，苛暴萬狀，畿內八郡咸被其害……

所謂「投獻」，與進獻略同，是指將田產託在皇室、王府或權豪勢要之名下，以減輕賦稅徭役。用投獻的土地建立的皇莊或莊田，往往由宮中太監或其親屬管理，又假借其權勢向四外擴張，強奪豪取，甚至欺凌地方官府。由於皇莊多為軍民屯種之地，百姓受到的剝削便無疑多了一層，稅上加租，雪上添霜，只好棄田逃亡。范永鑾認為應派戶部官員查核實情，「係民者歸民，係官者歸官」，「繪圖造冊，繳部備照，永杜後奸」[11]。世宗批令各有關部門閱處。

即位詔中退還侵占民田的條款，及後來對相關奏疏的批覆，彷彿使飽受侵害的百姓看到一縷陽光，開始為自己的合法權益而抗爭，向有司奏訴冤情，揭露那些作惡多端的皇莊管事太監。六月二十四日，順天府東安縣等地百姓紛紛向巡按御史孫孟和「奏訴太監張銳、劉權、張忠、趙林及錦衣千戶谷良等強占田地，嚇騙財物，霸住房屋，准折妻女及減價抑買等情」。孫孟和即行查訪，獲得這些太監違法作惡的實證，修疏上奏。孫孟和在諫垣已歷練有年，顯然深曉疏言之竅，他說這樣的一件「民事」本不該「上干天聽」，只是恐怕如不加解決，其他地方「聞風效尤，長健訟之風，為陵替之漸」[12]。他請求皇帝敕令都察院在京畿地區做一次普查，對所有在京的皇親、內臣、功臣、錦衣衛都督、各部大臣的園林田產，一律詳加清理。除了公平置買的仍予以保留外，其餘的不管是否奏請御批，只要發現有侵奪百姓的情況，均要退歸原主。

孫孟和在疏中沒有言及皇莊，其所指更多的是皇親、內臣等侵占的莊田，並說明這樣做是為了「息訟端，召和氣」。這是新帝很愛聽的話，即令都察院議聞。不久，張銳、張忠等輩皆被逮治。

這件事無疑鼓舞了久被皇莊困擾的京畿地方官。三天後，順天府通州知州劉繹上疏，請求將皇莊所占田地全部交與當地軍民耕種，按規定收繳賦稅，並將管理皇莊的太監永遠裁革。通州境內莊田甚多，這位劉知州深知其弊，故其心情更顯得急切。他當然也知道此事的阻力，說如不能一步就實施徹底的裁革方案，則可先召回管莊內臣，命戶部派員專管。至於勛戚田莊，劉繹則請求派官清理，係「舊額頒賜」者照章收租銀，係「包占奪買等項」則責令退還。厚熜覽奏，亦下所司議聞。

3 請乞風與請禁潮

新帝很快對皇莊和莊田之弊有了深刻認識，但即便貴為天子，也有解不開的人情扣，也禁不住蠅頭微利的誘惑。

請禁之聲雖然響亮，請乞之風卻並未完全止息。近倖太監王竚、賈友等因職事之便，向皇上陳說皇莊的種種益處，勸他不要退還玄明宮等，世宗聽後覺得有理，連連點頭。內廷一時盛傳皇莊要保留的消息，使群宦欣欣然面有得色。與此同時，張太后的弟弟壽寧侯張鶴齡、毅皇后（即武宗皇后夏氏）之兄慶陽伯夏臣，仍在毫無忌憚地收受投獻土地為莊田。而祖母邵太后之弟、錦衣衛指揮使邵喜亦奏討莊田，也讓朱厚熜好生為難。

八月六日，工科給事中田賦彈劾壽寧侯張鶴齡及慶陽伯夏臣，罪名是受獻莊田和占據僧寺，認為應降詔切責並逮治其黨徒。二人係太后、夏皇后至親，新帝未便批覆。

五日後，戶部右侍郎秦金等因邵喜乞請莊田事上疏，認為邵喜係皇親國戚，不愁沒有富貴，卻乘機牟利，違犯國家禁令，奏討莊田，實在有損貴戚形象，並干擾清查莊田的進行，建議皇上予以懲處，以戒仿效。[13]朱厚熜肯定了秦金等的疏議，卻寬宥了邵喜，他也知道自己的這位舅老爺實在並不富裕。

遇到要動真格的時候，厚熜也會拘於人情，有些手軟，讓銳意改革的大臣心中焦灼。這時，保留皇莊和玄明宮的消息，也從內廷傳至外間，鬧得人心惶惑。十四日，工部左侍郎趙璜等上疏，說聽到傳言即位詔書中退還玄明宮地土條款已改，驚駭萬分，必是太監王竚等輩以皇莊之說蠱惑聖聽。趙璜等指出這種隨便更改即位詔中條款的做法有極大危害，「一莊之利甚微，而皇言所繫甚大」[14]，請求皇帝依詔書中條款施行，並提出一套實施方案。厚熜在批覆中同意了他們的意見。

十六日，戶部左侍郎秦金等再上疏，稱近日傳言「奉內旨各宮置皇莊及差管各莊官校」，不勝驚疑。疏章中說：管理皇莊的大小太監和收租的宮校都是城狐社鼠，侵凌和欺壓百姓，奪取民田民產，幾乎是無惡不作。皇莊之利多歸於這些貪狡之輩，而民苦怨生，怨恨的卻是朝廷，故此是朝政的一大弊端。秦金認為，以皇帝萬乘之尊而與農夫分田，以皇宮之貴而與小民爭利，絕非盛世之事。他請求派科道和戶部官各一員，分別到京畿之地的皇莊查勘，凡屬正德以後額外侵占者，一律還給原主，並將管莊人員盡數召回。

朱厚熜終於認識到皇莊問題的嚴重性，對戶部、工部及科道官的疏章予以肯定，對秦金疏章作了重要批示：

> 畿內根本重地，祖宗朝屢有優恤禁約。邇來奸猾妄將軍民田土設謀投獻，管莊人等因而乘機侵占，朕在藩邸已知其弊。覽奏深用惻然，其即如所議行之[15]。

此詔一出，皇上清理皇莊和莊田的決心也就公諸世間。當年十月，欽差御史樊繼祖等人清查各皇莊田土數額，凡係正德元年（一五〇六）以後冒名投獻或侵奪的，一律發給原主，該徵收的租稅由戶部核收。[16]

這是重要的一步。因清查中不斷遇到阻力，不久又派兵科給事中夏言主其事。

4 夏言的〈勘報皇莊疏〉

夏言顯然是一位幹員。他性格警敏，文筆清暢，成為科道官後更是亢直敢言，以經濟天下為己任。世宗繼位，夏言很快上言，請皇帝每日臨朝後，御文華殿閱章疏，遇事先下內閣議而後行，以從根本上杜絕君臣隔阻、奸人乘機矯旨欺詐的弊病，振刷朝綱。嘉靖愉快地接受了他的意見，並派他與御史鄭本公等查核親軍及京衛冗員，清查後一舉裁革三千二百人，對整飭京衛起了很好的作用。

接受委派後，夏言等對京畿地區順天八府的皇莊做了一次徹底的調查，歷時一年零三個月，寫成了著名的〈勘報皇莊疏〉，呈給皇上。疏中首先將皇莊出現和滋蔓，擾害百姓的歷史作一番梳理，詳細開載各皇莊建立的時間、地點、名稱、規模，爾後指出：

> 然皇莊既立，則有管理之太監，有奏帶之旗校，有跟隨之名下，每處都至三四十人。其初管莊人員出入及裝運租稅，俱是自備車輛夫馬，不干有司。正德元年以來，權奸用事，朝政大壞，於是有符驗之請，關文之給；經過州縣，有廩餼之供，有車輛之取，有夫馬之索；其分外生事，巧取財物，又有語言不能盡者……其甚不靖者，則起蓋房屋，則搭架橋梁，則擅立關隘，則出給票貼，則私刻官防。凡民間撐駕舟車、牧放牛馬、採捕魚蝦螺蚌莞蒲之利，靡不括取……[17]

如此折騰擾民，帶給宮廷的利益又是什麼呢？疏中指出：由皇莊帶來的實利微乎其微，「輸之宮閹者曾無什之一二，而私人囊橐者蓋不啻什八九矣」。由是，惡名由宮廷承擔，實利則入太監與奸人之手。

該疏以「見聞之真」，痛陳皇莊帶來的現實危害及災難性前景：「小民脂膏吮削無餘，由是人民逃竄而戶口消耗，里分減併而糧差愈難，卒致輦轂之下生理寡遂，閭閻之間貧苦到骨。向使此弊不革，將見數十年後人民離散，土地日蹙，盜賊蠭起，奸雄藉口，不知朝廷何以為國？」夏言把皇莊的危害提升到亂政亡國的高度，希冀引起皇上的關注。

夏言極具文采，其疏文不僅深中皇莊之弊，且剖析精微，摹寫世情，傾訴百姓饑寒流徙之苦，刻畫權宦巧奪豪取之狀，均足動人。疏文還對皇莊一名大加撻伐：

且「皇」一字，加於帝后之上，為至尊莫大之稱。今奸佞之徒，假之以侵奪民田，則名其莊田曰「皇莊」；假之以罔求市利，則名其店曰「皇店」；又有其甚者，假以阻攘鹽法，則以所販之鹽名為皇鹽。即此三言，足以傳笑天下，貽譏後世……

夏言等同時也提出了解決方案，即將近城皇莊改為各宮親蠶廠、公桑園，其餘改為官地，年租由戶部收繳各宮充用。這個方案，亦在很大程度上照顧了皇家的利益。

核查皇莊的同時，夏言等還對京畿莊田的侵占情況進行清理，寫成〈查勘功臣田土疏〉一併進呈。疏中對勛戚、內官侵奪和乞請莊田的現象深表憂慮：「國家萬萬年無疆之緒，皇親駙馬日見增加，彼此援例，爭相希恩，必欲各滿其願，雖割盡畿甸之田有所不及，是豈可不為國家久遠慮哉！」是的，皇親貴戚繁衍日多，欲壑難填，而國家疆土有限，可供耕種的土地更有限，以有限之土地，填無盡之欲求，又如何可以久遠？

兩疏之後都附有「勘報文冊」，將一應數據開列明白。戶部奉旨覆議，認為親蠶廠、公桑園應在城中選閒隙地土而設，其他如改稱官田、歲收入貢，均照夏言等建議，至於勛戚及在外王府莊田，則現有管業不動，今後嚴禁收受侵奪。皇上詔可。

這樣，武宗時乘亂而起的「皇莊熱」得到了遏制。戶部在尚書孫交、侍郎秦金和趙璜帶領下，開始對皇莊及莊田進行認真清查和回收退民，各宮莊田數額都被重新核定，編造新冊上呈帝覽。而朱厚熜從心底還是認定這些土地屬皇室，故一旦發覺新冊與舊額不符，便怒沖沖質問孫交為何頃畝數減少。孫交說投獻時往往虛報，今奉旨核查，則把虛數去掉，皇上方才「意少解」[18]。

5 剎不住的請乞風

索求奏請之風終是難以盡剎，前朝皇帝的親屬可以禁令處之，當今天子的姻戚則不可。嘉靖三年（一五二四）六月，陳皇后之父泰和伯陳萬言乞請「武清、東安二縣地各千餘頃」，嘉靖帝命戶部會議。戶部提出這些地上原係未央宮莊田，不應給予，諭令查兩縣地中與宮田無關者劃給。戶部還要以勘查推搪，誰知皇帝急欲滿足自己的老丈人，亟命速派員勘地。戶部無奈，只得劃給數處土地計七百五十餘頃。保定巡撫劉麟等上言勸止，不聽。[19]

嘉靖更不會忘記母親家的親屬。三年九月，頒旨賜給蔣太后之弟玉田伯蔣輪莊田九十頃，又給另一位舅父蔣壽莊田四十三頃。為了不顯得那麼偏袒，敕旨中同時賜給錦衣衛指揮文榮和張揖莊田各三十餘頃。[20]鑒於陳萬言乞請莊田一事的教訓，戶部唯照旨執行，沒敢再提出異議。孰料這種賞賜只能是刺激皇親國戚的貪欲，不數月後，蔣輪又乞請已故宜興大長公主的莊田千頃。宜興大長公主為英宗之女，於正德九年（一五一四）故去。言官和戶部都認為蔣輪所請不當，嘉靖也好生為難。但為了不讓母親傷心，還是特許把該莊田的一半割與舅舅，並下詔令今後不許再妄爭「先朝給賜戚畹田土」。

6「民失常產，何以為民」

清理皇莊和莊田之事，就是這般艱難曲折、時見反覆地向前推進。人情之網，就連皇帝也無以逃脫。然一些大臣始終不懈地為掃除皇莊和限制莊田而抗爭，嘉靖帝也始終體察朝臣的良苦用心，予以一貫的支持。議禮派獲得重用後，內閣及六部大換班，但清理莊田的政策卻並未改變。大學士楊一清於該年十一月上疏論及莊田，稱說在京畿地區八府的田土多被內府各監局以及皇親貴戚、權豪勢要之家討要，有的做草場，有的做皇莊，當地百姓失去田產，老實懦弱者淹煎待斃，躁烈粗豪者則嘯聚為盜寇。他請求皇上再不要接受請乞之章，「凡勢豪請乞，絕勿覆許，小民控訴，亟賜審斷」，說如此才能給京畿百姓一條生路。

嘉靖認真看了這篇疏文，文中淒涼之詞使他心胸鬱悶，天下百姓都是自己的子民，都要仰領自己的恩惠啊！他曾生活在藩府，看到很多處於水火中的饑民，看到饑民乞求的目光，看到滿街的餓殍……提筆在楊一清疏後作出長篇御批：

> 卿等所言，深合朕意。近者八府軍民徵糧地土多為奸人投獻，勢眾朦朧請乞，侵奪捶撻，逼取地租。雖時有勘斷，終不明白。民失常產，何以為民？京畿如此，在外可知。今宜令戶部推侍郎

及科道官有風裁者各一人領敕往勘，不問皇親勢要，凡係氾濫請乞及額外多占、侵奪民業曾經奏訴者，查冊勘還。

不光京畿地區，不光皇莊，嘉靖還提到外省，提到王府、勛舊甚至僧寺的侵占，命一體核查解決：

外省令御史按行，諸王府及功臣家唯祖宗欽賜有籍可據則已，凡近年請乞及多餘侵占者，皆還軍民。各處勢要亦有指軍民世業為拋荒，及乘在官田土之閒廢而獵有之，皆宜處置。僧寺之業佃租本輕，多為官豪違例典賣，倚勢兼併，田連阡陌，科取重租，甚者僧舍佛廬並為己有，亦宜改正，事竣具上其籍。21

這是對皇莊和莊田問題最強硬、最明確的一份御批。「民失常產，何以為民？」厚熜以此自問，又以此質問那些貪婪無止的皇親國戚。他對解決皇莊積弊提出一攬子解決方案，責成戶部負責此事，並要求領敕勘察的官員不得「畏避權勢，保私蔽公」。至此，清理莊田終於得到最高統治者的強有力支持，呈現出新的局面。

7 審結要案

朱厚熜登基時，前朝要案堆積如山，如寧王朱宸濠叛逆案、錢寧勾結逆黨案、江彬案、寫亦虎仙案，都引起朝野間普遍關注，要求有一個清算。

刑部的機器在高速運轉。當年五月，錢寧一案審清：錢寧在正德間以左都督掌錦衣衛事，所有禁內建豹房、新寺，與武宗聚聲樂，誘其微行之事，多為錢寧所作。錢寧又與寧王宸濠私相往還，鼓動宸濠多次進金銀玩好，又陰謀召宸濠的兒子到太廟司香，以圖入嗣為皇子，種種不法，惡跡昭彰。江彬與錢寧生仇隙後，借宸濠謀反事發，下錢寧於獄。至此，江彬被逮，加上錢寧平日很注意結交士大夫，朝內外受其恩者甚多，都趁機為錢寧遮掩減罪。厚熜在興邸時即聲聞錢寧惡名，楊廷和又力排眾議，擬旨將錢寧之罪公之於世。五月下旬，錢寧伏誅，其養子錢傑、錢靖等十一人同日棄市。

六月，誅江彬。其死黨威武團練營都督李琮、神周，其子江勛、江傑、江鼇、江熙俱斬首，有關部門把行刑場面繪成處決圖，榜示天下。江彬的親信許泰（威武副將軍、安邊伯）亦下獄論死，後由貴近說情，減免死罪戍邊。

在即位詔內，還有特別一款：

> 回夷寫亦虎仙，交通土魯番興兵構亂，攪擾地方，以致哈密累世受害，罪惡深重。曾經科道、鎮巡官勘問明白，既而夤緣脫免。錦衣衛還拿送法司，查照原議，開奏定奪。[22]

這也是事關重大，楊廷和在草詔時密寫別藏的一條。寫亦虎仙時年六十五歲，原係哈密衛都督，輔佐土番酋長脫脫的同宗子陝巴（繼封忠順王）。寫亦虎仙陰謀奪取王位，多次勾結番將作亂，逼得陝巴帶印逃走，擅自扶立真帖木兒為王。沙州鎮巡官誘捕真帖木兒，仍將陝巴送回哈密復位，陝巴病故後又立其子並牙即為王。他見事不可為，便至甘肅地方，以進貢方式獲取賞賜，盜取軍資，做起買賣來，很快就家資巨富。偏這位寫亦虎仙極不安分，又開始勾引滿速兒等部侵掠甘州和肅州，幸鎮巡官偵知，奏知朝廷，差都御史彭澤統兵到甘州駐紮，令已搶占了哈密城的滿速兒獻還金印，送並牙即歸國。正德十一年（一五一六）十一月，速壇滿速兒在寫亦虎仙的煽動下，率兵推倒嘉峪關南的邊牆，攻掠肅州。寫亦虎仙造銅鐵炮等兵器，以為內應。所幸肅州兵備副使陳九疇早有訊息密加防範，及時捉獲其徒眾高彥名、毛見等，才得無事。滿速兒騎兵攻破亂骨堆、中截、大莊等堡，殺死掌堡軍將，見肅州無計攻破，只好撤兵。臨行前恨寫亦虎仙反覆挑撥，派人向肅州鎮巡官投遞番書，說：「這個歹事，是寫亦虎仙弄的，如今我每和了罷。」[23]

寫亦虎仙被捉拿歸案，問成謀叛之罪，該當立行斬決。豈知他神通廣大，在監牢仍能派人上下使動，廣行賄賂。果然，兵部以招情不明為由，將寫亦虎仙等提解到京，經法司與錦衣衛會審，隱去叛逆罪名，僅判徒刑兩年半，送工部運灰。他又用金珠等物交結錢寧，設法鑽入武宗近倖之列，巧為蠱惑，竟被賜姓朱，一變而為錦衣衛指揮使，隨武宗南征，耀武揚威，其兒子、女婿也都成為武宗近侍。

朱厚熜即位的當日，錦衣衛欽奉詔書，往會同館將寫亦虎仙拿送刑部審問。他的部從親黨分別外逃，在肅州邊境被捉獲，其在肅州的妻妾家人也一併擒拿歸案。六月，刑部題請將寫亦虎仙以謀反罪斬處。

一時間，正德間積累未決的大案要案均得到了重新審理，奸邪心驚膽戰，民心振奮，少年天子成為萬民景仰的聖皇。

第五章 議禮之爭

皇上要「辭職」的消息傳出朝外，百官震恐，惶惶不安。這可不是一種鬧著玩的事情。國不可一日無君，一旦新帝負氣而去，內憂外患，大明王朝還不知成個什麼樣子。張太后忙下懿旨安慰，楊廷和等閣部大臣個個小心謹慎，不敢再說什麼激烈的言辭。禮部又忙派大員去通州慰問皇上的老娘。

嘉靖朝的開局是可喜的。即位詔書宣示天下，往年冤案和積弊得到糾正，朝政一新，萬民仰望。正當君臣克諧共謀國是之際，卻因議禮之爭走向岔道，殊為可惜。至數十年後的萬曆間，國事已多不堪，兵部尚書孫鑛說到此事，嘆曰：

以楊石齋之宏達，際肅皇之明聖，使議禮時稍低回其間，則丕熙必邁於成弘，於社稷不亦康乎？[1]

有很深的感慨惋惜，也很有一些道理。石齋即廷和，肅皇指嘉靖帝，對二人孫鑛都頗為認可，卻也把鬧翻的主要責任歸於楊廷和，認為其過於亢直生硬，讓事情失去了回旋餘地。

一、「父母可移易乎」

初入皇宮的朱厚熜，是少年天子，又像一個勤奮好學的小學生，對楊廷和等大臣很是敬重，在政事上幾乎是言聽計從。由是也更激發了內閣諸公和朝中重臣的儒家情懷，他們忠貞國事，掃蕩群奸，常常不避險惡，暢所欲言。卻也不時把目光越過禁苑高牆，去關注和議論皇帝的家事。小皇帝自藩國入京踐祚，他們想當然地搞出一個「乾坤大挪移」方案：即厚熜稱孝宗為皇父、張太后為皇母，而呼親生父母皇叔父叔母；又讓厚熜之叔益王第二子入主興藩，為他的父母另行選配一個兒子。

1 目盲的老祖母

朱厚熜是在六軍護衛、眾臣簇擁下進入宮城的。因為他是由外藩入繼大統，禮臣擬了一個與以往不盡相同的登基儀，先往文華殿審定詔草，然後素服謁祭武宗靈座，再往奉先殿、奉慈殿祭告，往張太后、武宗皇后處行禮，之後才是接受百官朝賀的一整套儀節……

皇宮深深，對第一次進宮的朱厚熜來說是陌生的。這是父親出生的地方，是父親無數次對他談起的地方，父子交談時當然不會想到眼下的情形，但他那種深切美好的童年記憶，每每令小厚熜豔羨嚮往。世宗在皇宮中並非全無一個親人，父親的親娘、他的親祖母，此時尚在世間。血緣情篤，入主大內後，他即前往拜見祖母。

祖母姓邵，浙江昌化人，幼年家貧，被其父邵林賣給杭州鎮守太監，後被攜帶入宮。邵氏在皇宮漸漸長成，容貌秀麗，知書達禮。她被憲宗臨幸還有一個風花雪月的故事，說是邵氏居於後宮別院，無緣接近君王，常寫詩詞以解悶懷，某晚在月下低吟：

> 宮漏沉沉滴絳河，繡鞋無奈怯春羅。曾將舊恨題紅葉，惹得新愁上翠蛾。雨過玉階秋氣冷，風搖金鎖夜聲多。幾年不見君王面，咫尺蓬萊奈若何！[2]

詩平平，倒也自寓一段真情實感，不知果然是邵氏所作否？此類宮怨詩自古多有，亦每每能打動帝王。據說恰好憲宗從此處經過，聞聽好奇，進而見一美妙女子立於清輝之下，怦然心動，後面發生的事也就不言而喻了。

如前所述，邵氏為憲宗生育了三個皇子，深受恩寵，先封為宸妃，再晉封為貴妃。除了萬氏為皇貴妃之外，她是成化朝唯一的貴妃。光陰荏苒，歲月空擲。憲宗逝後，先經過弘治皇帝在朝的十八年，又經過正德皇帝統治的十六年，邵貴妃經歷的是一次次生離死別：三個兒子一個接著一個出宮和赴藩，限於皇朝制度皇妃不得跟隨任何皇子，隻身留在宮中；三個皇子又先後病逝，她也無法前往兒子的封國，只得遙灑一把把苦淚。三個兒子兩個無後，只老大祐杬留下一子，又在遙遠的湖廣安陸。

這位前朝貴妃自幼貧寒顛簸，也練就一種頑強的生命力，至乃孫入繼大位，她仍活著。史籍中沒有記載她經歷的悲苦與孤寂，只說在朱厚熜見到她之前，邵貴妃雙目已盲，被安置於浣衣局。浣衣局不在大內，為抄沒和犯罪女子服役洗衣處，亦是安置宮中失寵嬪妃的地方。年老的邵貴妃被棄居此處，其遭遇可以想見。

朱厚熜登上皇位，內府衙門當然不敢再漠視這位鬢髮蕭騷、雙目失明的前朝妃子。她被隆重迎歸大內，重治宮宇，服御飲膳、侍從宮女也齊齊整整，光鮮雅潔。然在三十餘年中嘗盡冷暖的老貴妃之最大心願，是想見到自己的孫子，《明史．孝惠邵太后傳》：

> 世宗入繼大統，妃已老，目眚矣，喜孫為皇帝，摸世宗身，自頂至踵。

朱厚熜是邵氏在世上唯一的血胤。昔日其孫遠在楚地，思念而無法相見；而今孫子竟成為當朝皇帝，來在目前，卻又因目盲無法一見。她只有摸，用那雙枯乾顫抖的手，從頭至腳，再由腳到頭，一遍遍摸去，悲喜交匯，淚流滿面。

朱厚熜至此亦泣不成聲。他當然會想起自己的父親，想起父親有母而不能奉養的苦情，決心好好照料祖母，再不讓她受一點冷落。

即位後不久，厚熜便尊封祖母為皇太后。嘉靖元年（一五二二）上尊號為壽安皇太后。厚熜的生母蔣氏抵京後，與婆母同居後宮，相處歡洽，恪盡奉養之道。朱厚熜還有兩位因撤藩回京的寡居孀娘，這時也都如枯木逢春，也常來宮中相聚。邵太后歷盡蒼涼，意外地獲得一個安適尊榮的晚年，獲得一種家的溫暖。

嘉靖帝似乎急於報答祖母的愛，急於替父親盡孝。自己的大婚，他希望祖母為主持，禮臣以為不合禮儀，內閣輔臣也加以勸阻，只得勉強作罷。他厚待祖母的親族，欽命邵太后之弟邵喜為錦衣衛指揮使，嘉靖改元，又封其為昌化伯，賞賜甚多。他命將抄沒錢寧的房屋賞給祖母另一個弟弟邵茂，工部上議少留一些，言官認為不妥，其一概不聽。而嘉靖還要替祖母盡孝，命在杭州為邵太后之父修造墳塋，極其壯麗，以至被稱為「邵王墳」。

或是曾受了太多年歲的淒清，邵太后對安適尊榮反而無福消受。嘉靖元年（一五二二）十一月，亦即在嫡孫稱帝的一年半之後，壽安皇太后撒手塵寰，遺容上帶著安詳與滿足。

對祖母的去世，朱厚熜甚為痛殤，在其小殮、大殮、發喪等日，均衰服哭臨，舉哀行祭禮。在他的強硬要求下，禮部為壽安皇太后具擬的喪禮儀注極其隆重。儘管楊廷和等閣部大臣提出反對意見，嘉靖全然不理，欽定將祖母入葬茂陵地宮，稱為憲宗皇后。他以手中的權力，為祖母爭得了一個身後的名分。

同時，他也為自己爭一脈正統。

2 迎接母親

嘉靖更是一位孝情濃重的兒子。

即位的第三天，大政初定，諸事繁忙，朱厚熜在召見閣臣時，就提出要迎仍在湖北的母親來京。他專為此事寫了一道諭旨，措辭真摯謙煦，曰：「朕繼入大統，雖未敢顧私恩，然母妃遠在藩府，朕心實在戀慕。可即寫敕奉迎，並宮眷內外員役咸取來京。」[3]思母之情，一往而深，卻也未曾越線，只稱娘老子為「母妃」。

閣臣不敢怠慢，當即議定由司禮監太監秦文、內官監太監邵恩等捧箋前往安陸奉迎，又派工部、兵部各一名郎中負責沿途交通、供應及安全。奉迎箋顯然出於禮臣之手，寫得孝思深篤，情文並茂，又恪守其所認定的禮法。文中稱「本生」「母妃殿下」，稱「先王」「舊邸」，都暗寓著先事言明、免得日後糾纏的伏線。朱厚熜當然會看到這份文件，並未表示異議。

奉迎使團離京的第三天，四月二十七日，厚熜御西角門視朝，敕諭禮部召集文武群臣定議武宗尊諡，同時命為父親興獻王擬封號以聞。議武宗徽稱，自然是官樣文章，擬興獻王封號，才是少年天子衷心關切之事。

議禮的序曲，就這樣以較為舒緩平和的節奏開始，然愈演愈烈，終釀成君臣失和、帝相反目的局面，釀成嘉靖朝最大也最為慘烈的政治悲劇。

3 挪移繼嗣法

禮部尚書毛澄是迎駕大員之一，正直與愚忠集於一身，只不過作為前朝老臣，其忠心多在孝宗和武宗那裡。安陸迎駕時，他頗得厚熜敬重，不光當時多賞金幣，後來還特別賞給一美婢，以示眷寵。毛澄接到皇帝命議興獻王封號的諭旨，趕緊去請示首輔楊廷和。

楊廷和很認真地對待這件事。通過新帝即位前的入門之爭，他已經領教少年天子的定見和執拗，知道其絕非武宗那樣的恣意玩鬧、毫無原則之輩。這次皇上的母親晉京，於禮法上頗有兩難之處，廷和也加倍小心。但在他與多數閣僚、部魁看來，維護弘治、正德的正統帝系是天經地義之事，也是他們這批前朝舊臣的道義所在、職責所在。經過一番考證工夫，楊廷和拿出漢定陶王、宋濮王繼嗣的歷史文獻，讓毛澄參酌擬照，告他說：「此篇為據，異議者即奸諛當誅！」[4]

古人行事，素重歷史先例，楊廷和在這一問題上更如此。他顯然是把漢定陶王、宋濮王繼嗣之事，當成了一項可供師法的堅實歷史依據。所謂漢定陶王故事，茲簡括為：漢成帝因無子，在綏和元年（西元前八年）下詔立定陶恭王之子劉欣為皇太子，是為後來的漢哀帝，而別立楚孝王孫劉景為定陶王，以承恭王祀。而宋濮王事，則指宋仁宗年老無嗣，詔冊濮安懿王趙允讓第十三子宗實為皇子，賜名曙，是為宋英宗。

楊廷和在朝野聲望極高，此議一出，遂成定論。五月初七日，毛澄會同公卿臺諫等朝中大吏六十餘人上議：

> 漢成帝立定陶王為嗣，而以楚王孫後定陶，承恭王祀，師丹以為得禮。今上入繼大統，宜以益王子崇仁主後興國。其崇號則襲來英故事，以孝宗為考，興獻王及妃為皇叔父母。祭告上箋稱侄，署名。而令崇仁主考興獻王，叔益王。[5]

說明白了，這項集議就是讓朱厚熜改稱父母為叔嬸，而稱孝宗為父，張太后為母。又從益王那裡為興獻王拉來一位繼承人，使之認興獻王為父，而呼親生父親益王為叔。至於皇帝生身父母的尊號，禮臣似乎也早有考慮，議曰：

> 然其所生之義至尊至大，宜別立殊稱……改稱興獻王為皇叔父興獻大王，興獻王妃為皇叔母興獻王妃。皇上俱自稱侄皇帝。

客觀論列，這也是一個割裂親情、違背常理的設計。閣老和禮臣為了延續弘治帝那本已斷了線的血脈，竟如此挖空心思，先讓興王的兒子變成侄子，又讓興王的侄子來當兒子，文件上寫來振振有詞，實際則亂七八糟。禮臣很為這一彎彎繞的設計自得，認為是萬世不易之法。

厚熜天性至孝，當然不能接受這種安排，在奏議後憤然批曰：

父母可移易乎？其再議！

他的質問出自孝思，發自真性情，純正摯切。閣部大臣卻不為所動，認為這樣做「天理人情，庶兩無失」。毛澄又率六十餘人上疏，堅持原議。

君臣之間、新君與老臣之間的短暫和諧就此出現裂隙，開始了一次漫長的政治角力。這也是孤君與眾臣之間的對抗。新帝身邊本來還有袁宗皋，即位當日擢升吏部左侍郎，大約想讓他先占住關鍵職位，後來覺得禮部更要緊，升為禮部尚書兼文淵閣大學士。老袁的立場當然沒問題，問題在於他對禮法並非專攻，怎比得了一班引經據典的禮部老臣？加之年邁老病，呼應無人，議禮之舟繼續向皇上所不希望的方向航駛。

嘉靖在朝野也不是沒有支持者。時新科進士張璁在同鄉禮部侍郎王瓚府中敘談，議及此事，張璁說：皇上入繼大統，並非為皇子，與漢哀帝、宋英宗的情況不同。王瓚很同意他的看法，在集議時當眾提出。楊廷和大為反感，令科道官尋找了一些王瓚的過失，把他調任南京禮部侍郎，而以侍讀學士汪俊接替他的位置。[6]

4 君威難立

嘉靖強烈感覺到內閣和禮部提案對其帝王權威的冒犯，時勢使然，也只能將不滿存貯心底，讓其慢慢發酵。大臣聯合抗旨，他頗感無奈，只好加緊組織人事上的調整。先是起用名聲甚著的前朝老臣費宏入內閣，至此又以彭澤為兵部尚書兼左都御史、孫交為戶部尚書、林俊為工部尚書，亟命這些已然退隱的前朝名宦來京赴職。

對皇宮的治理要簡便許多，一些聲名狼藉的太監陸續被撤掉，從龍入京的興藩舊人紛紛加恩升官：

> 升藩邸紀善所紀善易輝太僕寺少卿，審理副蔡亨光祿寺少卿，伴讀趙銘太常寺寺丞，葉遷芳及教授陳庠俱光祿寺寺丞，典簿徐明良醞署署正，典寶正文志仁太僕寺寺丞，良醫正周文采太醫院院使……7

對那些原興邸書辦、儀衛官校之輩雖無顯封，然令其各在錦衣衛、鎮撫司占據要地，為新帝之爪牙。

嘉靖與首輔楊廷和之間開始出現裂罅。他深知廷和為群臣領袖，禮部會議尊號，實則是秉楊廷和之意行事，但也不願把關係搞僵，多次下手敕褒獎楊廷和等定策之功，亦曾數次召見楊廷和等，訴說自己複雜矛盾的心情，希望他們能代為謀劃，以盡孝思。可厚熜愈是這樣，楊廷和等愈以為肩負道義，不肯順從皇帝的意旨。

為推尊自己的父母，嘉靖曾差遣近侍前往毛澄府中傳諭。這位太監係興邸舊人，來到堂上，忽然向毛澄跪下，磕頭不起。毛澄很驚駭，急向前攙扶，這才使之起身。太監對毛澄說：要我向毛公跪拜，是皇上之意。皇上言：誰沒有父母，如何使我不能對父母盡孝情？所以來請求毛公改議。說著從包中拿出一些金錠，送給毛澄。

這個意外舉動，使素有廉潔清正之名的毛澄覺得大受侮辱，拒絕了皇上的恩賜，慷慨對來人說：老臣狂悖衰邁，但不能敗壞禮法典制。只有求退，不參與議禮而已。太監無奈，只好訕訕而退。毛澄即上疏求去，一連五六疏，皇上總是勸慰挽留。這一篇文字不多，把毛澄的形象寫得風襟颯然。似此皇上向臣子行賄求情的例子，在封建時代的記載中怕並不甚多，且又是素性倔強的嘉靖皇帝，而他還碰了個大大的硬釘子。[8]毛澄堅持原則，決不退讓的態度讓人欽敬，然其維護的卻是干涉他人家政（且是皇帝家政）的事，所作所為，多少有點讀書人的人來瘋。

嘉靖帝深感孤處無援，君威難立。楊廷和、毛澄等也感覺到他們在朝野士大夫中的巨大精神支持。雙方都無意退讓。皇上命臣下博考典籍中議禮之例，以尋求一個更妥帖允當的說法。護法諸臣則從史書中摘錄更有力的根據以圖說服皇上。還是楊廷和，又找出舜和漢光武帝劉秀不追崇自己父親的史證。而毛澄則邀集了更多的大臣上議，進一步闡述：武宗遺詔讓朱厚熜繼位，有為父之道，只是因為輩分相同，不可稱為嗣子。而厚熜繼嗣，稱孝宗為父，是不容疑議的。至於興獻王與皇上雖有生養大恩，但斷不可再稱其為父。隨同疏章，毛澄等還抄錄魏明帝詔文一份呈上。嘉靖只有把疏章扣壓下來，不作批覆，是所謂「留中」。

議禮陷入了僵局。

面對內閣及六部大臣們咄咄逼人的氣勢，嘉靖採取的是守勢，他對繼嗣的宗法依據還不甚明白，對禮臣舞動的典則和史例也頗覺敬畏忌憚，但讓他稱自己的父母為叔嬸，卻是無論如何也接受不了的。

嘉靖以留中章疏，較軟弱地表達自己的不滿。

二、觀政進士發聲

楊廷和與一班同僚做得有些過了。飽讀詩書的他不乏權變，在繼嗣與繼統上卻極為簡單生硬。新朝百廢待興，廷和不把精力集中於國家軍政大事上，而是帶領群臣介入皇帝家事，逼迫小皇帝就範。以楊廷和的首輔之尊，以他們高揚的禮教宗法大旗，在朝廷內外一呼百應，形成一股排山倒海氣勢。可仍有人發出不同的聲音，第一人為觀政進士張璁。

觀政，又稱試政，明制新科進士在實授官職前要先經歷一個時期的觀摩學習階段，一般為三年，稱為觀政進士，示以資歷尚淺，一般沒什麼說話的份兒。可張璁偏要發聲，受到打壓後仍然要發聲。

1 蕭御史的預言

正德十六年（一五二一）五月初五日，禮部尚書毛澄奏請舉行廷試，詔可。[9]這是一場本應在一年前舉行的廷試。明朝制度「子、午、卯、酉年鄉試，辰、戌、丑、未年會試」[10]，由於武宗南巡，在正德十五年（一五二〇）二月會試取中的三百五十名貢士，竟然拖了一年零三個月，才由新帝下旨大廷試策。

殿試在五月十五日如期舉行，因值大行皇帝喪期，禮部所上儀注將喜慶色彩一概抹去。嘉靖具續服駕臨西角門，門外排列著身穿青衣的貢士和素服侍立的文武百官，眾貢士行五拜三叩頭禮。禮畢，嘉靖帝回文華殿，鴻臚官引貢士赴奉天殿前受卷答題。該科策試之題關乎「慎初之道」，即所謂「自古人君臨御天下，必慎厥初」，並提出鼎新革故、掃除積弊的迫切性與「慎初」的關係，要求考生「酌古准今，稽經訂史」，發表意見，以輔佐維新之治。[11]

該科狀元為楊維聰，而後來影響最大的，則是列名二甲的張璁，「六七年間，當國用事，權侔人主矣」[12]，被視為一種官場異數。

議禮的初期，楊廷和、毛澄等人控制著輿論，也左右著政局。嘉靖的暗示與請求皆無效之後，只能用不批准其議的辦法拖。但隨著時光流逝，隨著皇母蔣氏離京師越來越近，朱厚熜的情緒漸漸焦躁起來。朝中也開始出現另一種聲音，對禮部之議提出反駁。這一駁議首先由觀政進士張璁發出，對護法派大臣，不啻背後刺入的一刀。

張璁雖為新科進士，其年齡卻已四十七歲。其先張璁在中舉人後七赴會試，都是名落孫山。就在他心灰意懶，打算以舉人謁選（亦做官之一途）時，擅長星相之術的御史蕭鳴鳳對他說：不忙如此。三年後你定能中進士，再過三年便會突然有大富貴。張璁將信將疑，還是決定再考一科，至正德十六年（一五二一）果然得中。[13]這種生命中的異數，古今中外似也多有例證。

2 不和諧的聲音：〈大禮疏〉

一個年近半百的觀政進士，在京師官場上要想露出頭角，談何容易。當時正值追崇大禮出現爭議，張璁久試始博得一第，數十年困於場屋，埋首經籍，亦飽學之士。他對楊廷和等人的理論依據頗不以為然，對其壓制不同意見、把禮部侍郎王瓚貶往南京的做法更是反感，於是揀閱古籍，熟思其事，毅然上〈大禮疏〉，曰：

孝子之至，莫大乎尊親。尊親之至，莫大乎以天下養。陛下嗣登大寶，即議追尊聖考以正其號、奉迎聖母以致其養，誠大孝也。廷議執漢定陶、宋濮王故事，謂為人後者為人子，不得顧私親。夫天下豈有無父母之國哉？《記》曰：「禮非天降，非地出，人情而已。」

開篇數語，便「大孝」入筆，由「人情」立論，指責他們的違反人性天然。爾後則直斥廷和等人的所謂依據，充滿了荒唐乖謬：

漢哀帝、宋英宗固定陶、濮王子，然成帝、仁宗皆預立為嗣，養之宮中，其為人後之義甚明。故師丹、司馬光之論行於彼一時則可。今武宗無嗣，大臣遵祖訓，以陛下倫序當立而迎立之。遺詔直曰「興獻王長子」，未嘗著為人後之義。則陛下之興，實所以承祖宗之統，與預立為嗣養之宮中者較然不同。議者謂孝廟德澤在人，不可無後。假令聖考尚存，嗣位今日，恐弟亦無後兄之義。

說得有道理，這是廷和等人的理論漏洞，是他們引用漢哀帝、宋英宗的比擬失誤。試想，連輩分都錯亂了，又如何仿效呢？張璁也提到即將來京的興獻王妃、當今聖上的母親：

且迎養聖母，以母之親也。稱皇叔母，則當以君臣禮見，恐子無臣母之義。《禮》：「長子不得為人後。」聖考止生陛下一人，利天下而為人後，恐子無自絕其父母之義。故在陛下謂入繼祖後，而得不廢其尊親則可，謂為人後以自絕其親則不可。夫統與嗣不同，非必父死子立也。漢文承惠帝後，則以弟繼；宣帝承昭帝後，則以兄孫繼。若必奪此父子之親，建彼父子之號，然後謂之繼統，則古有稱高伯祖、皇伯考者，皆不得謂之統乎？臣竊謂今日之禮，宜別立聖考廟於京師，使得隆尊親之孝，且使母以子貴，尊與父同，則聖考不失其為父，聖母不失其為母矣。[14]

這是議禮派所上第一份疏章，也是他們一直高舉的理論旗幟。張璁以其人之矛攻其人之盾，首先從儒家所推崇的孝和尊親談起，說明禮法的核心是人情。而嘉靖登基後即議「追尊聖考」「奉迎聖母」的做法本乎大孝之道，順乎人情之理，理直氣壯，並非違背禮教精神。

疏文接著分析世宗奉遺詔繼位，與預立為皇嗣的漢哀帝、宋英宗不同。哀帝與英宗皆先期入宮，經過較長時期的養育，而嘉靖帝則是繼承祖宗之統，直接登上皇帝位。

至於護法禮臣所提出的不能讓孝宗無後的問題，張璁也不以為然，反詰道：興王只生皇上一人，如硬要其嗣孝宗之統，不是「自絕其父母之義」嗎？而皇帝對親生母親稱皇叔母，見面時便應依君臣之禮，難道兒子可以生身母親為臣嗎？張璁還引證史實，駁斥了非皇嗣不能繼統的說法，並提出應在京師為興王建廟和推尊聖母。

此疏一上，朝臣中開始形成議禮派（支持嘉靖尊崇所生的觀念）和護法派（維護孝宗、武宗一系的宗法地位）的對立，也揭開了兩派激烈論爭的序幕。張璁有備而發，有據而發，尖銳地指出了護法派在理論上的偏執拘蔽，在人情上的悖謬乖張，並以史實為根據，說明漢定陶王、宋濮王都是先定為世子，養在宮中，爾後再繼位為帝的，與世宗入繼大統情況全然不同。議禮派的理論核心是「繼統不繼嗣」，認為朱厚熜入繼的是朱明王朝的皇統，而不是給孝宗當嗣子，也切中了問題的要害所在。

3 文華殿召見

幾經周折，突破層層阻撓，張璁的〈大禮疏〉還是擺在了皇帝閱讀章奏的几案上。時值酷暑，窨冰和涼扇也驅不盡撲入大內的熱浪，嘉靖專心致志地誦讀這份奏章，讀了一遍又一遍，全不顧順頰而下的細汗。侍立在側的司禮監掌印太監張佐悄步向前，遞上一塊溫帕，嘉靖從這位舊邸老內臣手中接過，擦一把臉，又繼續閱讀。

可以想像到朱厚熜在讀到這份疏章時的欣喜。與閣臣、禮臣對抗並不可怕，反正否決權在自己手裡，不合意者就駁回，或留中不發，他所焦急的是如何說服大臣和天下人，焦急的是如何在母親至京前準備好追尊禮儀。張璁將史證和理論及時送來，厚熜讀〈大禮疏〉，覺得句句在理，有理有據，情文並茂，不覺拍案叫絕，笑逐顏開，曰：「此論出，吾父子獲全矣！」[15]

朱厚熜命張佐將〈大禮疏〉送至內閣，降諭責備道：「此議實遵古訓，據古禮，爾曹何得誤朕？」[16]楊廷和開始時很驚訝，及見疏議由一觀政進士提出，又大是鄙夷，對閣僚說：一個書生，怎麼會懂得啥叫國體呢？

當天，朱厚熜在文華殿召見楊廷和、蔣冕、毛紀三重臣，賜坐賜茶，相待親切，交談中語氣誠懇，曰：「至親莫若父母。」說至此處，眼眶中淚光閃動，很動感情。楊廷和等的情緒也受到感染，只有默然相對。召見結束時，新帝以手敕一紙交楊廷和，略為：諸位說的話都很有見解，只是使朕受父母無極之恩，無法報答，今尊皇父為興獻皇帝，皇母為興獻皇后，皇祖母為康壽皇太后。

楊廷和等靜靜接過敕旨，一言不發，又靜靜退出文華殿。回內閣後，他們經過一番商議，認為絕不能接受皇上的敕旨，便將手敕封還，表示不敢逢君順旨。消息傳出，給事中朱鳴陽、史于光等人奮身上疏，駁斥張璁所提的統與嗣不同的說法，認為手敕中「尊興獻王為帝」是聽了張璁的蠱惑，請求將張璁斥罰。皇上將朱、史的疏章下禮部，令提出處理意見。毛澄率禮部堂官再上議，認為二人之奏「有見於天理人情之公斷」，不願意讓皇上在即位之初就陷入私情之中，是忠臣之舉；而張璁「上搖聖志，下起群疑」，應受到嚴正的懲戒。[17]

新帝當然不會去處置張璁，但此時也不便斥責這些大臣，憋了一肚子氣。

三、慈母來京風波

這邊廂朝中爭執未休，新帝要求的父母尊號遲遲未定；那邊廂母親的慈駕正在往京師進發，一日日靠近。朱厚熜明顯感到處處受制於人，又急又氣。當時袁宗皐已病重，內閣與禮部無一個大臣相助，甚至也沒有什麼人可以商量訴說，一股無明火在小皇帝心中激蕩衝撞。

1 儀駕隆盛三千里

奉迎皇帝之母的儀式極為隆盛。朱厚熜日理萬機之暇，時時想著迎接母親的事，今日派工部治舟車，明日派兵部整護衛，又敕諭司禮太監秦文，「令以長行船數及夫役多寡，示所過有司如數為備」。[18]

如此可忙壞了所經地方的官長，聖諭中雖有「供應悉從儉約，勿生事擾民」之類虛文，可路過的是當今皇上的親娘，誰敢怠慢！七月十八日，湖廣左布政使周季風上言「聖母還京人船供億之費皆不貲」，而百姓經災傷後困敝，不宜加斂，擬暫由官庫銀兩支用，再慢慢用官府贓罰銀兩補上。皇上以為處理得體，即行批覆，並命將此件發至兩直隸及山東有司，所轄也是聖母來京的必經之路。

幾乎同時，鳳陽巡撫都御史臧鳳的疏章也送達，提出不同意見：「頃者遣官迎聖母，有司傳報用船四千艘、人夫四十萬，瀕河丁男數不能給。陛下方蠲租除，與民休息，而動眾勞民，恐非聖心所安。」臧鳳請求皇上降敕從儉，給地方政府一個較實際的數字。朱厚熜也能做到從善如流，敕令「其船夫供應之數悉如湖廣例行」[19]，並說已降諭奉迎內外官不得生事擾民。

至於儉約，自然是相對於四千舟船、四十萬牽挽民夫而言。實際上聖母儀駕仍是盛設而來，有司禮監和錦衣衛，有兵部車駕司的儀仗與禁衛，有興邸的隨行儀衛和宮眷，有拱候已久、分段扈行的各地方官員將帥，赫赫揚揚，向京師一路進發。

2 奉迎儀

皇母在洋洋盈耳的頌辭中向京師進發，心情愉悅，只是急著要見到愛子，每日催促趕行，不大去注意道上風光。而厚熜也在京師為奉迎之事心下忙忙，要為母親舉行一個隆重榮耀的迎接儀式，而禮部卻遲遲未將奉迎禮儀擬就。

八月十二日，新帝以聖母將至，命禮部速上奉迎禮儀。毛澄等奏上所擬儀節：派文武大臣各一員至通州境外奉迎，抵京之日，「母妃由崇文門入東安門」[20]，皇上在東華門迎候，文武百官在會同館前東西排列為兩行，等母妃乘輦過後再退。厚熜對入門禮儀不滿，尤覺文中「母妃」二字刺眼，擲回令「再議以聞」。

十四日，朱厚熜以聖母將至，又命兵部、工部再差官員先行整治沿途供應。二十三日，敕令駙馬都尉崔元、內閣大學士蔣冕出京奉迎聖母，而「入門儀」還未奏定。禮部擬聖母由正陽左門進大明、承天、端門，再由午門之東王門入宮。王門，諸王出入之門。毛澄等人顯然太過拘泥，把皇城之門當成禮法之大防，堅持不讓當今皇上的老娘走正門。新帝當然不允，命他們再會多官議之。[21]

九月臨近，秋意漸濃。母親所乘之舟將抵達京郊潞河，朱厚熜諭令「各撫按等官嚴督所屬備車徒奉迎」[22]。此時入門之儀尚未議妥，厚熜很著急，也很惱怒，經與近臣商量，乾脆直接降旨：

> 聖母遠來，定從正陽門由中道行入，朝廟。其宮眷進朝陽、東華等門。[23]

應留意上諭與禮部在蔣氏稱謂上的差別：皇上稱「聖母」，各地方官的疏章中亦多稱聖母，而禮部則文必稱「母妃」，堅執不變。

皇帝的諭旨由司禮太監在內閣宣讀，又攜往禮部大堂宣示。眾禮臣雖以王妃無謁廟禮而為難，但皇上強行降旨，司禮監掌印太監強行實施，內閣大學士袁宗皋又兼禮部尚書，親自運作，他人也很無奈。

即位之初，朱厚熜可倚信的大臣唯袁宗皋。這位從龍入京的老臣（也是老師）一腔忠直，既能在厚熜需要時挺身而出，與楊廷和等人當面爭論；又立朝清正，對打擊群小、整頓朝綱雷厲風行，決不姑息放縱。厚熜對他敬重信賴，唯有多加恩賞，除金銀珠玉等物，另有美婢六人，皆極具姿色，其中一個竟是宗皋早年渴慕、醉思夢想的李白洲之妾。該妾因乃夫陷入宸濠案中，抄沒入官，被新帝賞給袁宗皋為侍婢。豈知愛之深卻也毀之速，忽視了老師已年近七十，溫柔鄉是英雄塚，老袁很快病倒，臥病三個月後竟撒手塵寰。棟梁摧折，讓厚熜好生孤獨。

3 聖母罷行與皇帝辭職

忙亂之間，聖母蔣氏的車駕到達通州。這位前興獻王妃的性格很是倔強好勝，聞知朝中定議，要厚熜稱孝宗為父，改稱丈夫與自己為皇叔父母，慈顏大變，質問前來迎接的禮臣：「怎麼能夠以我的兒子去做別人的兒子？」禮臣慌忙解釋，引經據典，大掉書袋子。蔣氏聽不懂，也不想去聽，厲聲斥責：「你們這些人享高位厚祿，興獻王的尊稱為何還未定？為何一定要拆散我們母子？」

蔣氏命隨從將鳳輦停在通州，說啥也不進京師之門，任憑左右說好說歹，總之是不向前邁一步。消息傳進宮內。厚熜天性純孝，聞知後淚如雨飛，多少天來的心中積鬱一發不可收束，當即前往張太后宮中，表示要避位陪母親歸興藩。一句話，不當這受氣包皇帝了。

皇上要「辭職」的消息傳出朝外，百官震恐，惶惶不安。這可不是一種鬧著玩的事情。國不可一日無君，一旦新帝負氣而去，內憂外患，大明王朝還不知成個什麼樣子。張太后忙下懿旨安慰，楊廷和等閣部大臣個個小心謹慎，不敢再說什麼激烈的言辭。禮部又忙派大員去通州慰問皇上的老娘。厚熜也略略冷靜下來，十月初的一天，降諭內閣，曰：

> 朕受祖宗鴻業，為天下君長，父與獻王獨生朕一人，既不得承緒，又不得徽稱，朕於罔極之思，何由得安？始終勞卿等委曲折中，俾朕得申孝情。[24]

諭旨中不再提避位歸藩之事，語意也蘊含求懇，對內閣和禮部給足了面子。但楊廷和等拘於禮法（即其所理解的「禮之正者」），就是不肯更改初議。

4《大禮或問》

觀政進士張璁仍在與一干閣老、重臣唱對臺戲。禮部擬蔣氏入宮儀後，張璁即宣稱：天子也必然有母親，怎能讓天子之母由旁門進入呢？古時候「婦三日廟見」，誰敢說婦人無謁廟禮？後來又寫了一本《大禮或問》，辨析繼統與繼嗣的差異及尊崇墓廟之說，至為詳備。

張璁之說漸漸在朝中產生較多的影響，不少人開始冷靜地思考議禮之事，對楊廷和諸人的理論產生了懷疑。吏部主事彭澤將《大禮或問》謄抄一份給內閣和禮部，勸他們改動初議。楊廷和、毛澄壓根不聽，也不為轉呈，張璁只好親自到左順門呈遞。楊廷和派翰林院修撰揚維聰以同年之誼前往阻止，未想到《大禮或問》已呈入宮內。迫不得已，楊廷和才草詔下禮部，曰：

> 聖母慈壽皇太后懿旨，以朕纘承大統，本生父興獻王宜稱興獻帝，母宜稱興獻后，憲廟貴妃邵氏稱皇太后。仰承慈命，不敢固違。25

閣臣自有生花妙筆，能把爭持之局文飾為謙沖禮讓之象。至此，嘉靖帝見好即收，御筆批覆。主要問題解決了，新帝令禮部官員捧著太后法服到通州迎接皇母。蔣氏覺得名分已正，當然不會再堅持，欣然前來。十月初四日，蔣氏以皇太后駕儀，在五百名錦衣衛儀仗隊的扈從下至京，由大明中門入宮，厚熜在午門內迎候。母子相見，各有一番滋味在心頭，由不得哽咽難語。

厚熜見到母親，極是興奮，陪她去謁拜奉先殿和奉慈殿，陪她去拜見祖母邵太后，情致欣欣，少年天性彷彿又回到身上。

5 播種仇恨

朱厚熜陪著母親蔣氏在紫禁城中行走，指指畫畫，講這說那，母子都很開心。興邸一幫舊臣見到蔣氏，年老者流淚出涕，年輕者欣喜飛迸，顯露出一派真情，再次讓皇母感動。隨蔣氏進京的興藩人員與先期從龍進京的興藩人員多親眷相連，拉家常，敘別離，更有說不完的話。

但與孝宗元后、武宗之母慈壽皇太后的相見，卻大令厚熜母子難堪。張太后稱尊已久，高坐不起，仍視蔣氏為王妃。對於她停留通州、逼上封號的做法，也很不滿意，會面時賜以顏色。興獻后蔣氏雖靠兒子辛苦博得一「后」字，無奈「后」前無「皇」，自家也覺得有點兒假冒偽劣之嫌，膝蓋兒一軟，便行下禮去。這可不是蔣氏第一次對張太后下跪，當年她與興王成婚與之藩，都曾專門到張皇后宮中行大禮，那時候如睹天顏，心中激動，哪會有一點點委屈感。二十多年後再相見，兒子已然成了皇帝，雖有一跪，張太后也該起身勸阻。沒承想這位老牌皇太后看著竟似有若無，漫漫一揚手，算是答了禮。厚熜母子相會的欣悅，竟似在這一揚手間被揮去了大半。

張太后或有意為之，讓這個後宮的新貴知道點兒斤兩；或非有意而為之，僅僅是習慣使然。但她顯然沒有意識到，自己播撒了一粒仇恨的種子。

朱厚熜侍立一側，只有唯唯賠笑，但其瘦弱的身軀卻在龍袍內發抖。少年皇帝永遠記下了這難堪一幕，也決意要洗雪母親所受的羞辱……張氏一門之禍，就在此時埋下伏筆。

四、第一場宮火

興獻后蔣氏住進了大內的清寧宮，該宮原為皇太子所居，位於文華殿之後。即位之初，朱厚熜多在文華殿召見大臣議事，讓母親住在清寧宮，頗便於晨昏看望。入門之儀的爭執雖已成為歷史，但相信母子倆都不會忘記。

1 南部冷曹中的反對派

議禮之爭並未停息。張璁的支持者越來越多，朝臣鐵板一塊支持護法派的格局被打破。兵部主事霍韜上言批駁禮部的論點，同知馬時中、國子監生何淵、巡檢房浚也各自上疏，支持張璁的說法。朱厚熜看了這些疏章，更是為之心動。

十月甲午，因追崇禮議成，楊廷和等擬上慈壽皇太后及武宗皇后尊號。朱厚熜希望為自己的祖母和父母一同上尊號，向內閣提出，卻再次遭到抵制。楊廷和把對議禮的傾向帶入人事安排，動作快捷利落：巡撫雲南副都御史何孟春上言興獻王不宜稱皇考，即被升為吏部侍郎；禮科給事中熊浹上疏說皇上的父母當稱帝后，馬上外調為按察司僉事……手下無人，朱厚熜也是無可奈何。

張璁的《大禮或問》被皇上批轉禮部，當時閒居在家的前大學士楊一清讀後稱讚，寫信給吏部尚書喬宇說：張生此論，即使聖人出也很難更改，恐怕最後還是應以此來做。喬宇是楊一清的門生，卻聽不進老師的話。

轉眼到了歲末，當年取中的進士紛紛分配工作，張璁被任為南刑部主事。明朝開國時建都南京，後成祖朱棣移都北京，在南京仍保留了一套政府班子，形成了有兩個六部的獨特格局。真正的國家行政權力掌握在京師六部，留都的「南六部」便成了培養人才、安頓老邁或失職之臣的地方。張璁被分派在南六部，顯然具有懲罰之意。時張璁已由於議禮諸疏名聞朝野，受人注目，離京之前，吏部尚書掌詹事府事石珤悄悄對他說：謹慎等待，你的〈大禮疏〉最後會實行的。

楊廷和很清楚張璁在皇上心中的分量，卻公然貶抑，毫無顧忌，確實也有些弄權了！廷和還讓人轉告張璁：你本不應任在南六部，安靜待著，不要再提什麼「大禮」，以後還有你的機會。張璁心中鬱憤，抱恨赴職而去。

2 為父母再加徽稱

朱厚熜不是一個很容易改變主見的人。正因為母親在張太后那裡的遭遇，他要為父母再加徽稱，並決心推行到底。

十二月十一日，厚熜傳諭禮臣，讓禮部在興獻帝后尊號上加「皇」字。楊廷和認為對之已尊崇到極點，若再加「皇」字，便與弘治帝和張太后並立，實在不能接受。吏部尚書喬宇則上言說如此便分不清什麼是正統，就會違背天理。嘉靖要的就是讓父母與弘治帝后名分相當，但他已學會借用張太后名義說話，諭曰：

慈壽皇太后懿旨有諭：「今皇帝婚禮將行，其與獻帝宜加與皇號，母與獻皇太后。」朕不敢辭，爾群臣其承後命。[26]

說得斬釘截鐵，不容置疑。楊廷和等閣臣見無法再爭，便一起鬧辭職，皇帝不准。禮部尚書毛澄，侍郎賈詠、汪俊等上言，力勸皇上放棄己意。厚熜不聽，仍說：應遵張太后懿旨，稱興獻皇帝、興獻皇太后。給事中朱鳴陽等一百多人各自上疏，反對加稱，並請求申斥張璁。

就是在這種爭持的狀態下，嘉靖元年（一五二二）到了。

3 清寧後宮的火

元年正月十一日，嘉靖親自郊祀，剛回到宮內，清寧宮後面小房突然起火，風高火烈，幾乎燒到清寧後殿。[27]

皇宮失火是常有的事，楊廷和、蔣冕、毛紀、費宏四閣老卻以此為契機，激切上言，認為火災與興獻帝后不當加稱，觸怒天意有關。給事中鄧繼曾引經據典，認為在五行中火主禮，後宮起火為「廢禮之應」。有人更點出火災偏偏在郊祀後發生，又偏偏發生於興獻后蔣氏所居的清寧宮，一定是由議禮和加稱引起的。

厚熜受乃父影響，自幼迷信天象災異，真的以為是上遭天譴，非同小可，不敢再堅持己見。有些驚恐的蔣氏也不再讓兒子堅持，只得聽從楊廷和等人之議，稱孝宗為皇考、慈壽皇太后為聖母，而將興獻帝和母后稱為本生父母，不加「皇」字。

就這麼一場小小宮火，使朝中護法派達到目的。楊廷和、毛澄及許多朝臣都體會到與皇上抗爭獲勝的喜悅，平添了幾分自信。

至於這場宮火的怪誕和突兀之處，厚熜與母親並未懷疑，也沒有人敢於公開評說。

五、改元的第一個春天

可以說，嘉靖元年（一五二二）是以清寧宮後殿一場不大不小的火災開始的。在此之後，宮中沒有出現更多的災異。朱厚熜的固執，連同聖母蔣氏的固執，被這場天火燒得淨盡，其退讓揖敬也令閣臣及群僚鼓舞感戴，君臣關係一時大為修復，又顯得融洽和諧。

1 敬事皇圖大業

正月二十二日，嘉靖諭禮部為張太后、武宗夏皇后、祖母邵太后和蔣太后上尊號，皇母僅擬加尊號為「興國太后」，較之張太后所加「昭聖慈壽」四字相去甚遠，也無「皇」字，使禮臣鬆了口氣。二月初三日，是蔣太后的生日。厚熜豈不想為母親大大操辦一下，然尊號未上，名分尚低，操辦起來也無甚風光，因傳敕免賀。禮臣也不斷提醒母子二人各種宮中禮儀上的差別：八日上儀注吉期，稱四宮一日行禮會使皇上過於勞累，故以三月十日上張太后、夏皇后尊號，次日再上邵太后和蔣太后尊號。以輩分資歷來講，邵太后為憲廟貴妃，卻總是列於其孫輩夏氏之後，禮臣的宗法正統意識，就是如此。嘉靖平靜地接受下來，未表示任何異議。

早春的二月，嘉靖在群臣簇擁下至南郊行籍田禮。依太祖之制，由四頭身披青絹的牛拉犁，犁的長柄上再繫以絹花，皇上親自扶犁在田間耕了三遭，以示勸農。又接見了一批由府縣選來的農夫，每人賞大布一匹。唯隨駕侍應的教坊司承應樂人嬉笑喧鬧，事後被禮科給事中李錫言奏了一本，請今後先事排演，嘉靖認真接受了此建議。

三月初三日，禮部上興獻帝冊文，並請求上冊寶時不用樂，嘉靖同意。但在閱讀冊文後，他提出自己應稱「子」，並傳諭內閣。楊廷和率三閣老上言不宜稱子，以原冊文封進。過了三天，嘉靖又派司禮太監至內閣，傳諭「興獻帝冊文還宜稱孝子」[28]。楊廷和等再上言，說明冊文中「已見陛下是興獻帝親子」，但現今皇帝繼統孝宗，不宜再對本生父稱孝子。嘉靖扣留此疏，未作批示。

這日，海西女真族都督派人進貢至京，貢物中有一隻小豹子。嘉靖命有司退還，並令將遼東都指揮寧寶以「違例濫放」罰俸一月。

就在這月，嘉靖下旨查抄大能仁寺僧人齊瑞竹的財產，沒收入官。玄明宮的佛像被推倒，刮下金屑竟達一千多兩。齊瑞竹在正德間蒙賜玉璽金印，賞了無數金珠錦緞，與武宗諸近侍通同作惡，民憤極大，至此得以清算。禮部郎中屠埍奉命張貼檄文，遍查京師中非法營建的寺廟，統統拆毀，將那些假充僧人的游食之徒趕出京師。朝野鼓舞，人心大快，嘉靖處處都做得像個好皇帝。

三月十五日，嘉靖御奉天殿頒詔，尊上四宮（張太后、夏皇后、邵太后、蔣太后）尊號。詔書中對張太后備極推尊，稱為「聖母」，讚揚她在武宗逝後對安定邦國「功德並隆」。詔中稱孝宗為「皇考孝宗皇帝」，稱武宗為皇兄，稱夏皇后為皇嫂。而對母親則不再用「聖母」二字，代之以「本生母」，並說是奉聖母慈壽皇太后（即張太后）懿旨，上奉生母興獻王妃尊號曰興國太后。看來，「為人後者為人子」的觀念已被朱厚熜接受，並宣示給國人使周知之。

2 「大禮事畢」

十日後，嘉靖以「大禮事畢」，大賞定策、迎立、隨行等有功諸臣。內閣大學士楊廷和、蔣冕、毛紀以首先定策，「忠義大節，功尤顯著，俱進封伯爵」，「駙馬都尉崔元進封侯爵」，「皇親太傅壽寧伯張鶴齡加太師」，「禮部尚書毛澄加太子太傅」，[29]其後長長的封賞名單中，多是迎立太監和從龍諸臣，皇祖母邵太后的弟弟、興國太后蔣氏的弟弟也獲封爵或晉升。

楊廷和與內閣、禮部大臣顯然很注重形象和節操，堅辭封爵和升賞，甚至聲說如不允辭便解職歸田，嘉靖始命改封爵為蔭子，並不許再辭。

君臣之間由爭執到尊讓。皇帝要給內閣大臣封爵、世襲，閣老則一遍遍遜謝固辭，說不該擔此殊榮。皇上又說獎賞太輕，無法褒答各位的大功，閣臣則感激拜謝，稱如接受了則內心不安。大家都不願再多提議禮之事。

可這件事顯然沒有了結。

先是巡撫湖廣都御史席書奏上一本，支持張璁、霍韜的觀點，進一步提出應頒詔定尊號，興獻帝應稱「皇考興獻帝」，在大內立廟供祭祀；興獻后應稱皇母某后，不應再加「興獻」二字。[30]吏部員外郎方獻夫也上疏，提出應當「繼統不繼嗣」，對興獻帝則「稱帝不稱宗」，「稱孝宗曰皇伯，稱興獻帝曰皇考，別立廟祀之」[31]。這兩本疏章由於多種原因，一開始都沒能遞到皇帝面前。

大禮之事被厚熜忘卻了嗎？當然沒有。但三月二十五日頒示的詔書中卻分明稱「大禮事畢」，也就是說議禮已成為歷史的往事。禮臣和宮中司禮監眼下的要務，是為皇帝采選皇后。

第六章 血濺左順門

嘉靖身體瘦弱，但生性素來強硬，至此已是龍顏震怒，殺心大熾，一道敕旨，命將馬理等一百三十四人逮入獄中、何孟春等八十六人待罪。錦衣衛軍校四面圍來，刀劍閃亮，面色凶狠，見人就抓。可憐這些當朝大吏，有的被抓走，有的被踹翻，有的慌忙逃竄……左順門前，不一會兒也就收拾得乾乾淨淨。

嘉靖元年（一五二二）的大明內廷是熱鬧的，也是多中心的。既有正牌的弘治皇后、兩朝間盡享尊威的張太后，以及武宗皇帝的遺孀、一向有些可憐的夏皇后，二人是老臣心目中當然的後宮領袖；又有興獻帝的親娘、當今聖上的祖母邵太后，有世宗的母親、如今被稱作興國太后的蔣太后，似乎有點兒不當不正。這就是所謂的「四宮」。

這一年，對於皇帝和內閣諸臣，都算是一個安定祥和的年份。三四月間，為四宮加上尊號並詔告天下，議禮之事似乎已告一段落。然而不，許多人低估了嘉靖的孝心，也低估了他的執拗和冷酷⋯⋯

一、皇帝的大婚[1]

大明內廷，以乾清宮為皇帝理政之所和寢宮。朱厚熜登基之時，乾清宮正在修復中，臨時入居於文華殿。

文華殿原為太子視事之所，有時也作為皇帝便殿，位於午門內廣場東側，比其他殿宇規制稍減，用綠色琉璃瓦，極為清雅。這種安排當然不會是內官監所為，應是秉張太后懿旨、由楊廷和主導。其中有靠近內閣，便於奏事召見之意，亦暗含厚熜由外藩繼嗣大統、先要經歷一番皇太子生活的意思。

1 求治銳甚

踐位之初的朱厚熜勤於理政，「求治銳甚」[1]。另一處記載亦說：「世宗初政，如劍芒出匣。」[2]嘉靖很喜歡文華殿。初入紫禁城，他只知乾清宮在修復，哪裡會想到有這許多道道，順順溜溜就住了進來。他的母親蔣氏來京後，住在內廷東路的清寧宮，就在文華殿後面不遠處，母子相見甚是方便。

與皇兄厚照的性格完全不同，厚熜不好聲色珍玩，視朝之餘暇，便端坐於文華便殿，或與輔弼大臣講論書史，或讀書練字，自得其樂。所有大臣及各地方、各軍鎮章奏，他都及時批閱，並與內閣大臣商酌裁處。對於那些批評時政，包括批評自己的諫諍之臣，也能做到擇善從之。

年紀輕輕的朱厚熜很有一番振刷朝綱的雄心，在大臣輔弼下，採取了許多果斷措施：革內臣，禁皇莊，尚節儉，放宮人，大至起用直臣，開放言路，裁減冗員，整頓軍政……每一件都得到朝野輿論的支持，形成了「天下欣欣望治」的大好局面。[3]

2 文華殿的經筵

楊廷和為少年天子的表現感到欣慰，又疏請在武宗大喪結束後開設經筵。經筵，又稱講筵，即由學行純正者為皇帝講授經史和治亂之道。嘉靖愉快地接受了這一建議。

經筵設在文華殿，當時也是皇帝處理朝廷大政的主要場所。正南不遠處，緊貼紫禁城南牆的樸素院落，為內閣大堂，又稱文淵閣，與之毗鄰的內閣公署，則是兩排低矮逼仄的淺屋。成化間大學士彭時曰：「文淵閣在午門之東、文華殿南面磚城，凡十間。皆覆以黃瓦，西五間中揭『文淵閣』三大字牌匾，匾下置紅櫃，藏三朝實錄副本。」[4]永樂以後的歷朝大學士，就在這個相對簡陋的地方，協助皇帝處理政務。

首輔楊廷和及閣僚非常關注文華殿的經筵，關心少年皇帝的成長，也希望通過講學，將朱厚熜引領到正確的治國軌道上。嘉靖初年的經筵，每次都由內閣擬出題目，交講官分別撰寫講章，送回內閣審定後，敕房官手抄兩份，再由講官以朱筆點出句讀進呈。講稿為兩份，一份擺在御座，另一在講案供講官自用。

經筵通常在文華殿的川堂，御座設於僅三寸高的地平上，經筵官（所有參與經筵的官員之統稱）分東西兩列侍立，東班講「四書」，西班講經史。每講一章，由翰林院選配的展書官出班至御案前，跪展講章，二太監接過攤書，以金尺鎮定，講官跪拜後立於御案前開講。天顏咫尺，諸官及內侍皆「屏息以從事」，一堂之中，但聞書聲琅琅。

尚未見楊廷和為厚熜講課的記錄，但他的兒子楊慎，則屬最早一批經筵講官。楊慎為正德六年（一五一一）狀元，素以學行聞知，曾為嘉靖講《舜典》，其時前朝奸宦張銳、于經下獄論死，傳出二人以金銀贖死的風聲，遂借機諷喻。[5]

當年八月二日，興藩老臣、文淵閣大學士袁宗皋進講「墳典」，所謂墳典，又作「三墳五典」，遠古帝王之書也，雖非信史，卻不無治亂之道。宗皋舉起大旨，辨其傳承，侃侃而談，「明剴切，上注聽，為之改容」[6]。通過經筵，嘉靖對這位老臣的敬重又深一層。

有明諸帝中，嘉靖皇帝對經筵的態度是格外認真的，且持之甚久。翰林學士陸深曾作〈經筵詞〉二十首，前詩後文，夾敘夾議，記述當時經筵之盛況。如記經筵官準備講章：

編排御覽效精誠，白本高頭手寫成。
句讀分明圈點罷，隔宵預進講官名。

白本高頭，高頭講章之謂也。頁面上方留有較多空白，可供皇上評點批閱。如記群臣等待聖駕：

金水河頭白玉橋，上公寶帶侍中貂。
逡巡小立瞻龍氣，左順門高御幄飄。

說的是早朝之後，參與經筵的各官先出，成一字隊形，至內金水橋北恭候聖駕。左順門，後被嘉靖改稱會極門，是為皇帝上朝後赴經筵的必由之路，亦內閣大員辦公出入之門。本章中所敘群臣的瀝血抗爭，就發生在這兒。再如其記進講：

行出班東面照西，臚聲高揚叩頭齊。參差進講並肩立，輪著《周書》《孟子》題。7

最後一句，是說當日所講內容。陸深於嘉靖七年（一五二八）秋充經筵講官，特別說明常例八月舉行經筵，而皇上治學甚勤，當年七月下旬就已開講。

3 由誰主持皇帝的大婚

改元之初，朱厚熜的婚事也進入緊鑼密鼓的運作階段。

在位皇帝的大婚，當然非同小可。先是在正德十六年（一五二一）歲末，宮中已開始籌辦皇帝的婚事。轉過年來的正月十五日，禮部接張太后懿旨，正式實施擇選皇后的一整套程序。具體負責的是司禮監，其派內監分赴各地，在地方官配合下嚴格選求；經過半年多揀選，初取的女子赴宮簡選，目測手驗，摸乳嗅腋，問答考校，再令其中優秀者入宮習禮；最後入選的幾位，還要由皇太后考察評判，才能定下來。層層篩選，大量刪汰，可謂慎之又慎，被取中者誠大不易也！

大婚之事由張太后主持。從開始到最後，壓根兒沒有厚熜親生之母蔣太后的事，使得嘉靖和母親很是不平。但限於名分，又只好如此。嘉靖還想乘此機會搭載點私貨，以慈壽皇太后懿旨的名義，說皇帝將舉行婚禮，興獻帝后應加稱皇號，當不起禮部及群臣的激烈反對，也只得作罷。

入宮簡選的旨令亦由張太后發出。厚熜曾提出由祖母壽安皇太后頒發懿旨，派司禮太監傳諭內閣，希望能獲得支持。楊廷和等極言不可，理由是去年宣諭禮部籌備大婚之事，今年春天派遣司禮監內官赴各地選秀女，都是由聖母昭聖慈壽皇太后（即張太后）頒發誥諭，朝廷百官和天下百姓都已知道，今日突然改由壽安皇太后傳旨，從籌辦事宜上屬別生枝節，依禮教宗法則不由正途，又怎能昭示中外？[8]一場皇帝大婚，搞得皇帝本人如牽線木偶。嘉靖心裡彆扭，雖沒有再堅持，卻留下了一片心理陰影。

大婚在九月二十八舉行，選定的皇后陳氏為大名府元城縣人，年方十五。史載：「昭聖太后為上選婚，臺官言『大名有佳氣』乃求得大名府元城縣學諸生陳萬言女，迎入宮，至是遂冊立之。」[9]婚禮由成國公朱輔任奉迎正使，楊廷和、毛紀為副使，持節奉冊寶，將陳氏迎至大內，是為嘉靖元后。她與朱厚熜共同生活了七年，也曾有過一段恩愛時期，父親陳萬言及其家族都跟著沾濡皇恩，求乞無度。後陳氏因觸怒夫君驚悸血崩，淒涼死去，情境甚慘。

4 祖母病逝

與世上的很多人一樣，朱厚熜的祖母邵太后能承受孤淒，卻無福消受尊榮。就在孫子大婚的五十天後，飽經滄桑的壽安皇太后邵氏安然病逝。

嘉靖很悲傷，為祖母舉行了隆重的喪禮。他本來是想代父行孝養，讓曾經淒涼的老祖母在宮中靜享尊崇與清福，不料天不加佑，邵太后遽然違棄，怎不痛淚交迸？

當其哀痛追念之時，厚熜突然萌生對一眾大臣的嚴重不滿：祖母邵氏的輩分高於張太后，本應稱太皇太后，可諸臣偏說出許多道理，讓她居於張氏之後；自己的大婚，縱然母親不宜出面，也可以請祖母主持，諸臣偏要一切聽從張太后安排，把自家親娘親奶奶打靠後……

俗諺「一朝天子一朝臣」，自有大道理在焉。可說來容易，實施亦難。皇位的接續，通常是由皇太子繼位，東宮有一大幫師保侍從，自然成為新朝的基本行政班底，其他臣僚從事其父到事其子，感情上也很順暢。朱厚熜來自外藩，王府人才有限，不能不依靠內閣和朝中大臣。這些老臣久職前朝，首先考慮的是先帝統緒，習慣尊崇的是張太后、夏皇后，且善於引經據典，一呼百應，情緒敏感，措辭激烈，常常使嘉靖不快，一時卻也無可奈何。

至於內廷，情形則大不相同。武宗那些近倖由於作惡太多，陸續被關押剪除，宮中管事太監也多被牽扯，原興藩內侍先入主司禮監、內官監和廠衛，逐漸掌控了內府各監局。此輩為新帝的舊僕，對邵太后、蔣太后自與張太后不同。所以說，邵氏在世的最後一年是安適尊崇的，厚熜也算是替父親盡了孝道。

嘉靖諭令禮部為祖母再上徽稱，命翰林院撰擬謚冊，又命有司在茂陵（憲宗陵號）就近為邵太后選擇葬地，興工營建。楊廷和等趕緊阻攔，紛紛以驚動憲宗神靈為諫，認為應葬於原勘橡子嶺陰宅，並說一旦茂陵中「襟抱疏泄，利害所關不細」[10]。嘉靖聽說有些猶豫不決，但還是以親情為重，決定將邵太后葬在茂陵玄宮之右。這是一個折中方案。世宗沒有讓打開憲宗玄宮，把祖母葬在梓宮之側，楊廷和及禮部官員也未再堅持反對，勉強遵從皇帝之意。

用手中的權力，嘉靖帝為祖母爭得一份遲到的尊崇，也為自己爭一脈正統。

二、科道之風

科道官又稱言官、諫官，簡稱科道，專司諍諫和糾察，職權頗重。科，即六科給事中，職掌侍從、規諫、補闕、拾遺、稽察六部百司之事，辦事衙門在午門之外直房，晝夜值班，負責內外所上章疏。道，指都察院十三道監察御史，負責糾劾百官，在京刷卷監考，巡視京營和皇城；在外巡按地方，考察官吏。六科給事中共四十人，十三道御史則有一百一十名，科道官雖職階不高，但為天子耳目，享有風聞奏事之權，亦是快速升遷的一條捷徑。

1 史道彈劾楊廷和

有明一代，科道官始終是引人注目的。那建築在午門外的不甚起眼的六科直房，始終在政治風浪的中心，常也直接攪動起各種風浪。

明廷歷來注意揀選科道，多由青年進士中選拔，被選中者亦多以清謹忠直自勵。嘉靖對科道官員也頗為重視，即位詔第十一款特別提到「給事中、御史職當言路，今後凡朝廷政事得失，天下軍民利病，許直言無隱」；第七十八款又命健全科道建制，科道官遇有缺額，應即行從進士中考選補充。這些都使科道大受鼓舞。

科道的構成，在人員成分上必然是複雜的，其鋒芒所指，也往往因人因事而異。嘉靖元年（一五二二）十二月，兵科給事中史道升任山西按察司僉事。他顯然不願離開朝門清要，認為這次「升遷」是楊廷和有意整自己，遂上疏辯解。史道稱：自己在六科時曾指責楊廷和為前朝漏網元惡，正要草疏彈劾，被其覺察，始有調赴外任之舉。疏中列舉了楊廷和在前朝的種種罪名，並說：

先帝自稱「威武大將軍」，廷和未嘗力爭。今於興獻帝一「皇」字「考」字，乃欲以去就爭之。實為欺罔！[11]

平心而論，這番話頗有些道理。武宗自稱「威武大將軍太師鎮國公朱壽」，楊廷和雖與閣僚同上疏力諫，但一諫不聽，即稱病不出。此後梁儲面對武宗利刃，拒不起草制書，吏部尚書陸完等百餘人諫阻武宗南巡，血染蹕道，楊廷和皆置身事外。如今嘉靖想稱父親為皇考，楊廷和便以辭職要挾，實在顯得行為過當。

廷和即上疏自辯，並請求辭職。

嘉靖將楊廷和視為自己入繼大統的定策元勛，極是尊重，即命鴻臚寺官前往慰諭，諭旨很長，細細敘論楊廷和的忠直與功績，稱讚他「勛望方隆，朝野稱述」，並將史道以「挾私妄言」「巧佞迎合」的罪名，打入詔獄。

兵部尚書彭澤與楊廷和素有交情，站出來為楊廷和鳴不平，並說史道素來行為不堪，竟以彈劾首輔邀名，不可不治。嘉靖對彭澤奏章亦作了長篇御批，命科道今後上書，「除大奸大惡機密重情之外，餘皆從公會本具奏，不許挾私沽譽，報怨市恩，中傷善類」[12]。楊廷和仍稱病不出，不斷上疏乞休。這使皇上很著急，一再降旨慰諭，宣稱自己是「為天下留卿」，並一再派吏部官到府第看望，催促他赴內閣辦事。

皇帝算是給足了面子，廷和也就見好便收，入閣理政。他的第一次上言卻是請皇上寬恕史道，放其出獄，以便史道能夠贍養其老母。這又使世宗好生感動，遣中使賜羊酒慰問。

2 科道難惹

嘉靖在批覆彭澤的奏本中，對科道官做出了一些限制，卻惱翻了一幫年輕氣盛的給事中和御史。他們不敢直接批評皇帝，便把怒氣撒向三朝老臣彭澤身上，紛紛上奏，彈劾彭澤阻撓堵塞言路，敗壞祖宗之法。彭澤上疏辭職，皇上亦以好言挽留。就這樣，儘管有一些風波，嘉靖元年（一五二二）還算在君臣相安的氣氛中過去。雖然有些災情和邊事，但以神州之大，所在難免，明王朝從全域看仍是一派祥和。

嘉靖二年（一五二三）一月，蒙古小王子率部犯邊，被總兵官杭雄在沙河堡擊退。二月，命河南、山東鎮巡官平定亂民。三月，蒙古俺答部侵擾大同。五月，西番亦卜剌部騷擾甘州、涼州等地。邊警頻傳，烽煙相連。

此時的朱厚熜也被疾病纏繞，「百官赴左角門問安，司禮監官傳旨，言：朕躬已安，大臣免問候，山東盜賊亟宜用心平定」[13]。病後嘉靖不顧身體虛弱，批覆各地奏本，戡平內亂，督察邊備，賑助災荒，認真地履行著皇帝的職責。

科道官仍不放過彭澤。二年元月初十日，給事中李學曾等、御史汪珊等連章上疏，劾論彭澤阻言路。嘉靖聽從吏部的建議，收回原旨，令科道言事如故。彭澤感覺有些難堪，又上疏乞休，不允。

十四日，御史曹嘉上言，認為楊廷和等人權柄太重，專擅朝綱，緘天下之口，史道之事就是證明。疏中還涉及彭澤，指責其為奸奏，對內閣其他成員雖未點名，文中亦間有涉及。

兩日後，楊廷和再上疏乞休，同時帶動了一場辭職風潮。內閣大學士蔣冕、毛紀因疏文連及，也上章乞休，兵部尚書彭澤再上疏乞休，禮部尚書毛澄、刑部尚書林俊則各以年老為由乞休。一時辭職之章成堆，數日間輔臣無到閣辦事者。

對於這種局面，嘉靖大是著急，不斷遣內使及吏部、鴻臚寺官往各官府邸傳諭慰留，敦請他們赴職，一遍又一遍。然廷和等人固執地稱疾不出。厚熜真心挽留，臣下卻不給面子，心下也不免惱火，但諭旨仍誠懇溫和：

> 朕念卿不置，屢遣官宣諭早出，示推心委任之誠。乃俱偃蹇高臥，如大義何？其亟出，勿煩再告。[14]

這邊廂閣臣尚未結束「罷工」，那邊廂御史張衮言又上疏，認為史道雖「心跡詭祕」，楊廷和在前朝的表現也不無可議之處，唯定策功大，又能撥亂反正，堪稱「救時宰相」。而即便如此，也不應反覆辭官，眾輔臣以楊廷和求去而聯合求退，更屬不該。[15]

六科十三道中當然也會有內閣的支持者。戶科給事中鄭一鵬上疏，對曹嘉奏本中內閣權太重的說法提出反議。御史陳講亦稱「內閣之位不可一日虛，其權不可一日假」，對閣僚稱病後由中使擬票的現象，表示了憂慮。

曹嘉也不是好惹的。元月二十七日，他再上疏章，極論吏部尚書喬宇為奸邪。於是大臣的辭職隊列中，又增加了喬宇。嘉靖又是好一番慰諭解勸，令出視部事。戶部尚書孫交也提出辭官，他可是興獻王的當年好友，厚熜更不會同意。

對於所有的辭官疏文，嘉靖只批准了毛澄一份。這位四朝老臣久病乞休，皇上遣中使賜方藥，優詔慰留，後見其病情確實很重，只得允准，命給驛乘傳歸，以示尊重。毛澄卒於歸鄉途中，嘉靖敬其忠直，悼惜不已。

進入三月，兩京科道官仍不斷有人論楊廷和、彭澤等「不宜屢辯，傷大臣之體」。而給事中安磐，則指責品評大臣分為四等的做法。御批也說曹嘉「妄加評品，殊昧大體」，天平似乎向楊廷和一方更多地傾斜。戶科右給事中毛玉請求斥逐曹嘉，「以為言官恣肆之戒」。嘉靖採納了他的意見，命將曹嘉外調為昌邑知縣，以示懲處。

不久，又有支持楊廷和的御史上言，稱史道、曹嘉實受浙江按察僉事閻閎背後挑唆。有旨將二人再貶遠方，於是史道貶為蘭州金縣縣丞，曹嘉貶為茂州判官，閻閎則為蒙自縣縣丞。又有給事中孟奇、御史胡效才等各上疏相救，刺刺不休，搞得皇上也覺煩亂。

3 齋祀初起

誰想四月間，科道之風便刮向大內，吹向皇帝本身。所彈劾的焦點，是內侍崔文等人極力鼓動的齋醮。

皇宮之內，內宦近侍之輩也想方設法對新帝施加影響。與朝官的勸諫與抗諍不同，近侍太監靠的是對主子的順從和體貼，白天窺察，夜晚揣摩，朝斯夕斯，最容易知曉主子的情性習好，以便乘機行事。厚熜體弱多病，又素信道教和方術，此時已搬入乾清宮，暖殿太監崔文帶頭請求為皇上的健康禱祀，薦引術士，在皇上所居等處建醮，「連日夜不絕」。在他們的誘引下，厚熜常親往齋壇，虔誠禱祀，「又命內監十餘人習經教於宮中，賞賚不貲」[16]。

朱厚熜迷上了齋祀。

皇宮大內成了齋祀的場所，齋壇處處，幡旗飄飄，香煙嫋嫋，齋樂道情之曲更是日夜不息。隨著對齋醮的興趣日增，嘉靖對朝政的關注明顯減少了。

4 科道與宦官的較量

大內的齋樂聲飄出宮牆，牆外六科直房的給事中聞樂思亂，憂心如焚。

四月二十二日，給事中張嵩上言三事，前兩事均與皇帝有關。一是由世宗之病說起，認為應保重聖體，節制女色；一是指斥崔文以左道蠱惑聖上，「請火其書斥其人」[17]。疏入報聞，未加御批。

接下來，張翀會同六科給事中上疏，引成湯「以六事自責」之典，指陳近期弊政，對皇上倚信宦官、營建宮室、封贈奶母等事進行批評，又上疏劾論崔文：「此由先朝罪人遺黨若太監崔文輩，挾邪術為嘗試計，愚弄陛下。」[18]這些疏章的言辭都不乏過激之處，嘉靖雖不採納，亦不加罪。

給事中安磐也上疏抗諫，說崔文原為鐘鼓廝役，「嘗試陛下，欲行香則從之，欲登壇則從之，欲拜疏則又從之」[19]，不久便會誘導皇上遊幸、土木、征伐諸事，應斬其首以絕後患。

對於崔文，嘉靖帝確實有幾分喜歡和眷護。前一年崔文家僕犯罪，已由刑部逮問，而嘉靖聽崔文訴說情由，欽命轉交錦衣衛鎮撫司審理。刑科都給事中劉濟率六科抗言，皇上不聽。就連科道彈劾崔文之章，嘉靖也多讓其閱看。見禮科給事中劉最疏中有「太監崔文以齋醮蠱惑聖心，糜費內帑」，崔文請求令劉最查明花費內帑之數，皇上即命予以指實。

四月間，還發生了一件與議禮有關的事情：宦官蔣榮奉命掌管安陸興獻帝陵祭衛諸事，請定祭品樂舞的規格。禮部議用籩豆十二，不設樂，並說是鳳陽諸陵的通例，皇上不允。御史黎貫、沈約，給事中底蘊等紛紛上言，請依禮部之議，並為興邸選宗室近屬以主之。嘉靖直接頒發特旨，命興獻帝陵祭祀時「樂用八佾」。八佾，為古代天子專用的樂舞，指舞列縱橫都是八人，共六十四人。朱厚熜必讓其父享受到天子之祭，方才滿意，對禮部四次集議全不理會。

群臣對興獻帝家廟用樂之事無可奈何，復又把注意力集中在宮中齋祀上。閏四月，首輔楊廷和也忍不住加入勸諫之列，上疏言「慎始修德十二事」，首要者便是齋醮。吏部尚書喬宇則偕九卿上言，稱在九重宮闕之內，建立齋祀壇場，褻瀆神明，煩勞皇上聖體，實在是大不可之事。嘉靖批曰：「覽卿等所言，具見忠愛，朕已知之。」[20]給事中鄭一鵬、御史張珩也上疏論此事不可為，報聞。

與之同時，刑部尚書林俊堅不執行將崔文家僕移交鎮撫司的敕旨，世宗很生氣，責令其陳述理由。林俊慷慨上言，說由三法司審刑是明朝制度，鎮撫司只管緝拿奸盜，且判罪還要由刑部審理。崔文為前朝漏網之奸，又倡引左道，罪該誅滅，怎能由他來敗壞朝廷一百多年所建立的綱紀呢？厚熜敬憚林俊的正直敢言，不再追問。

都御史金獻民等、六科給事中劉洛等、十三道御史王約等仍猛攻崔文和欽安殿齋祀，「前後章凡十四，署名者八十人」。這種交章奏劾的聲勢，使皇上感覺到很大壓力，不久後即敕旨：「天時饑饉，齋祀暫且停止。」[21]

齋祀是暫時停止了，崔文並未受到嚴懲，且嘉靖心下覺得窩了口氣，將禮科給事中劉最以「不諳事體，率意妄言」的罪名，外調為廣德州判官。內侍宦官也把怒火集中到劉最身上，東廠太監芮景賢奏稱劉最在赴任途中仍用禮科原銜，御史黃國用超出規格為其送行。嘉靖即命將二人逮入詔獄，嚴加懲處。

對大臣和科道官沒完沒了的聯名抗諫，厚熜越來越失去耐心。秋七月，有旨命工部在西安門外為皇后之父陳萬言營第，工部以其地近大內，設計超出標準，建議裁減一半。嘉靖聽信陳萬言一面之詞，將責任推到營繕司郎中葉寬和員外郎翟璘頭上，命將二人逮入詔獄。工部尚書趙璜引罪論救，不聽。

這時，張璁已被放逐到南京冷曹，不僅沒有改變自己的觀點，反而更加堅定。衙中無事，使他有更多的時間披閱古籍，討論古禮。他在這裡遇到一位志同道合者——刑部主事桂萼，二人經過反覆研討論列，至此聯名上書，請求皇上「速發明詔，稱孝宗曰皇伯考，興獻帝曰皇考，……興國太后曰聖母，武宗曰皇兄」[22]，並抄錄席書、方獻夫二疏作為附件，傳遞入京。

嘉靖讀後如獲至寶。

議禮風波，又告開始；議禮之禍，漸次顯現且一步步變得激進和慘烈。

三、朝中已無楊廷和

正德皇帝龍馭賓天時，留下一幫為非作歹的宦侍武弁，卻也留下了一個較好的內閣。說這個內閣較好，是因為其成員基本為老成練達、忠貞廉正之輩。首輔楊廷和，閣臣梁儲、蔣冕、毛紀，均是成化間進士，久負清望，以尚書銜入閣辦事，進內閣多在五年之上。就是首輔楊廷和與內閣同僚，在正德動輒離京、南北折騰時力撐危局於不倒；在武宗駕崩後又能先發制人，擒獲江彬、錢寧等奸佞，穩定了朝政和國家。也是楊廷和首倡迎立世宗，起草遺詔，與張太后共成定策大舉。而閣僚兼吏部尚書梁儲親往興邸，奉迎朱厚熜入繼大統。另一位大學士蔣冕則晝夜不眠，為新帝起草即位詔書。應該說這個內閣班子，既優秀又明練，對擁立朱厚熜功莫大焉。

然則，嘉靖帝從即位那一天起，更準確地說是從之前的幾天開始，與楊廷和內閣就經常處於矛盾對立狀態。雙方時有衝突，焦點多在有關皇位接續的各種儀節。

1「老成接踵去」[23]

嘉靖改元之初，內閣和六部堂上官多為元老重臣，楊廷和是這班老臣的領袖。

嘉靖對楊廷和，應該說是敬重加不滿。擬追崇禮時，楊廷和毫不妥協地與之相對抗，「先後封還御批者四，執奏議幾三十疏」[24]，皇上既敬憚其耿介，又私恨其違抗。史道為洩私憤彈劾楊廷和，指責他在武宗自稱威武大將軍時不與之力爭，在興獻帝稱皇稱考時卻爭個沒完，實有欺罔之罪。曹嘉上言稱楊廷和等專擅，說內閣權太重。嘉靖雖貶謫二人以示安撫，內心實在有些同感。而廷和在受到彈劾後的撂挑子，大學士蔣冕、毛紀及六部尚書與之一併請退的集體行動，都讓厚熜深感不快。

嘉靖與楊廷和之間出現了一道深深的裂痕，宮內近倖之輩處心積慮地要擴大這種精神衝突，乘機告狀，訴說楊廷和橫恣，在皇上跟前無人臣禮，厚熜也深有同感。

與即位之初的尊重、起用正直老臣不同，嘉靖開始允許一些老臣告退。他明確地意識到這批人與楊廷和聲氣相通，意識到前朝老臣越來越難以駕馭，意識到請求歸田也是其對抗皇權的一種法寶，便不再苦苦挽留。

二月，禮部尚書毛澄以老病致仕。

七月，刑部尚書林俊以年邁致仕。

八月，世宗進封張太后的弟弟壽寧侯張昌齡為昌國公，進封陳皇后之父陳萬言為泰和伯，吏部尚書喬宇等上疏以為非制，不聽。

十月，戶部尚書孫交、兵部尚書彭澤先後致仕。

對這些退仕老臣，皇上表現得尊崇備至，林俊、孫交加太子太保，彭澤加少保，「寫敕獎諭，給驛還鄉」[25]，盡量保留君臣相交的始終之道，保留一份溫情。

2 添派織造太監事件

臨近歲末，朝中風波又起。

先是禮科給事中章僑上言，稱有傳聞說鎮守浙江太監梁瑤派人帶著銀子謀求織造之職，請皇上明詔裁革多添內臣，以緩解民眾的困乏。至十二月十四日，嘉靖果然頒旨，遣內府織染局太監兩員，前往蘇杭等五府提督織造事宜。工部覆議，請「以上用袍服宣示花樣，令鎮巡、三司官如式織造」，不需再派內臣提督，不允。

即位詔中廢棄的添派內臣條款，僅過去一年多，竟公然由皇帝頒敕恢復，楊廷和心下著急，遂上疏反對。他在奏章中講述直隸、浙江受災後的苦境，「百里之內，斷絕炊煙，賣子鬻女，輒以斤計」[26]，企圖以此來感動皇帝，收回成命。皇上稱此舉為歷朝舊例，且已經差遣，催內閣快撰敕書執行，楊廷和等憤激之下，拒不奉詔。

楊廷和抗旨不遵，在朝臣中引起巨大反響。九卿大臣喬宇等、六科給事中解一貫等、十三道御史彭占祺等皆上疏抗諫。楊廷和也再次上疏，言辭更為激切，《明史．楊廷和傳》：

> 今臣等言之不聽，九卿言之不聽，六科十三道言之不聽，獨二三邪佞之言聽之不疑，陛下獨能與二三邪佞之臣共治祖宗天下哉？

疏中批駁織造為累朝事例的說法，回顧了即位詔中罷鎮守市舶太監的盛績，並表示「實不敢撰寫敕書，以重誤國殃民之罪」。

嘉靖覽疏，又是一番撫慰，說此事已差官，在敕書中令其不要擾民生事也就是了。見楊廷和仍不寫敕書，皇上只好請次輔蔣冕撰敕，蔣冕亦推搪不寫。嘉靖指責他故意違拗拖延，蔣冕上疏謝罪，卻不從命。

君相之間又形成僵持之局。楊廷和不遵命寫敕，蔣冕亦不奉命，嘉靖很憤怒，只好命司禮監催促寫敕。科道官和各部主事紛紛上諫，希望皇上「信任大臣，停止織造」。嘉靖只是報聞，戒諭受遣宦官不要縱肆，並不制止這一差派。楊廷和失望已極，求去之心更加堅定。嘉靖三年（一五二四）正月，桂萼〈正大禮疏〉上達御前。嘉靖覽疏大喜，御批：「此禮關係天理綱帶，便會文武群臣集前後章奏尊稱，合與典禮以聞。」[27]

二月初二日，素愛直諫的給事中鄧繼曾上疏論內臣擬旨之弊，直指皇上不與大臣議政，而聽信內臣干政，國家將不得安寧。他的話與楊廷和如出一轍，但激切過之，也與內廷宦侍通常受到嚴格約束的實情不符。年輕的皇帝已失去耐心，覽疏勃然怒發，下旨將鄧繼曾打入詔獄。

3 楊廷和辭歸

楊廷和在大明政壇浸潤半輩子，經歷豐富，此時也在思考。他清醒地意識到政事已不可為，看出議禮之潮的再度湧起，看出自己難以阻拒，也看出嘉靖帝那剛愎狠戾的另面。歷經政治風浪的他，早練就一套在凶險局面下自保的本領，決然選擇了退隱鄉里。

二月十一日，嘉靖批准了楊廷和的退仕請求。他顯然對這位老臣的強悖難以忍耐，責備其辭職疏章中語含不滿，非大臣之道，但仍賜予璽書，申明蔭其子襲錦衣衛指揮的恩命，並讓他在返鄉時使用車輦護從。不少科道官奏請挽留，皇上不予理睬。

厚熜繼位時不到十五周歲，而楊廷和等大都是年逾花甲、歷仕三朝或四朝之老臣。小皇帝孝思濃重，對父母稱「帝」加「皇」，得寸進尺；老閣臣則據「禮」力爭，引領群臣，反覆規諫。君臣雙方雖也有過共同誅逐奸宦、裁革冗員、掃除積弊的通力合作，無奈好景不長。這的確是很可惜的，然要說責任，應多在內閣，在於老臣不太把小皇帝當回事。

楊廷和堪稱經濟之才，實屬嘉靖政壇的第一顆亮星，其子楊慎亦才華卓異。當是時也，楊氏父子一為首輔，一在經筵，忠心輔佐新天子，而嘉靖也很有中興帝業之宏願。無奈雙方在議禮上出現碰撞，數年爭執，耗盡精神，更破壞了君臣之間的信任和交誼，嘉靖初年的革故鼎新神龍見首不見尾，成了半拉子工程。

楊廷和在朝近五十年，「性抱忠貞，才優經濟」，被朝臣倚為泰山北斗。離京師前夕，禮部尚書汪俊問他：您走後，誰來做主？廷和微笑不語，管自辭闕而去。[28]

朝中已無楊廷和。

蔣冕繼任內閣首輔，襟抱氣度、治理才幹都大不如前者。此時，禮部尚書汪俊、吏部尚書喬宇成為護法派的中堅，帶頭上疏，提出必須以孝宗為皇考，並將主事侯廷訓寫成的〈大禮辨〉遍示群臣，作為理論武器。嘉靖在奏章上批令再議，卻如同捅了馬蜂窩，給事中張翀等三十二人、御史鄭本忠等三十一人，上疏力爭，請求皇上聽從眾議。嘉靖責以「朋言亂政」，各罰俸三個月。

京師仍是護法派的天下，輿論仍是護法派占據絕對優勢。寥寥幾位議禮之臣，又遠在留都或外地，嘉靖深感不便，宣召桂萼、張璁、霍韜等來朝集議。

四、張、桂入京

如果說朱厚熜入宮初期還有些生澀和謙抑，經過三年歷練，已然熟諳皇帝科範，通曉朝政規則，表達和舉措也更加自信專斷。對於那班前朝老臣，他覺得越來越難以忍耐，在批准其辭職的同時，決定調集贊同議禮的官員入京。一朝天子一朝臣，實乃封建王朝的鐵律。不願意受人操控的朱厚熜，急於要搭建一個新朝的班底。

1 早春二月的冷與暖

嘉靖初年，皇宮中有兩位太后。

一個是武宗的母親、弘治帝之皇后昭聖皇太后張氏。她是憲宗朝的皇太子妃、孝宗朝的皇后、武宗朝的皇太后，歷經四朝尊榮的老資格，是眾臣心目中堂堂正正的皇太后；一個是當今皇上的親娘、興獻王妃、靠兒子費盡九牛二虎之力才博得興國太后稱號的蔣氏，比較之下頗有點兒不當不正。禮臣雖不敢不接受皇帝聖諭，不得不給擬一個太后名號，卻與皇上鬥心眼玩文字技巧，不僅不加「皇」字，又多用「興國」二字，讓人一見而知真偽主從，明示蔣氏只是個僭稱太后的興獻王妃。

兩位太后的生日，剛巧都在二月間。

朝野的輿論必然傳入內廷，帶給嘉靖和蔣太后精神上一些壓力。進宮相見時張太后那故意的冷淡，娘兒倆也刻骨銘心，久久不能釋懷。正因為如此，孝順兒子才決心給老娘爭點顏色。二月初，蔣太后千秋節，朝中命婦上箋恭賀，進宮拜壽，宴會上熱鬧非凡，嘉靖對來賀的皇親貴戚大加賞賜，遠遠超出通常之例。

二月的最後一天，輪到張太后的誕辰，世宗提前傳下旨意：命婦免入朝賀壽。這種強烈的對比，使朝臣大為不平。早在一年前，楊廷和就奏請選取「老成謹厚內臣」照料張太后，當是聞知其在後宮的境遇不佳。至此時，內閣老臣紛紛辭歸，前朝太后無人回護，後宮中管事太監多是興邸來的新面孔，還有那些隨風轉舵的勢利鬼，張太后心情鬱悶，哪裡還想過什麼生日！翰林院修撰舒芬上言，指出「此報一出，人心驚疑」[29]，請求皇上改旨。嘉靖認為舒芬出位妄言，命停職三個月。

未想科道中自有勇者，朱淛、馬鳴衡接連上疏，稱在當前議禮之時，停止對張太后的朝賀令人生疑，並說：如果是張太后的意思，一定是太后心情抑鬱；若是皇上的決定，則大不應該。看到此疏後，厚熜很憤怒，命錦衣衛逮治刑訊，打入詔獄。侍郎何孟春上言求免，不聽。以後又有陳逅、李本、林惟聰等上疏抗論，皇上火冒三丈，令一律拿入錦衣衛獄，一頓棍棒，打得皮開肉綻。

嘉靖帝出示了張太后所頒生日免賀的懿旨，以證明此舉並非出於己意。然張太后懿旨究竟是因何而出，史書失載，今人難以測知，唯朱淛疏中所言太后「其間必有因事拂抑之懷，往時存歿之感」[30]，倒是真實可信的。

2 宣召張與桂

首輔楊廷和辭歸，朝中少了一大障礙，嘉靖做起事來順暢一些了。但身邊仍缺少忠心贊襄議禮之人，朱厚熜想起遠在南京的幾位議禮之臣，傳敕召桂萼、席書、張璁和霍韜四人速進京議事。席與霍以職事在身，稍緩其行，而桂萼與張璁大為振奮，立即收拾行裝上路。

護法派領袖楊廷和等老臣離去，年輕的科道、翰林官員卻更加慷慨激昂，聯章上疏，大有聲氣匯通之勢。聞知張、桂要來京，愈益同仇敵愾，要仿效景泰朝臣打死馬順之例，將二人在朝廷上當堂擊斃。馬順者，正統時錦衣衛指揮、權奸王振的黨羽，當土木之變、英宗北狩之際，朝堂上群情激憤，馬順居然出位呵斥，被群臣當場打死。而張、桂二人只是在議禮上觀點不同，何至於如此狠下殺手。

議禮之爭，已轉為意氣之爭，也多少帶有了朋黨的意味。

就在這時，嘉靖又收到張璁的疏章，張璁分析加稱之爭，「不在皇與不皇，實在考與不考」[31]，帝心深以為是。幾天後，嘉靖召見閣臣蔣冕、毛紀、費宏，諭令加尊號及為興獻帝建祭室。蔣冕自恃為定策老臣，直言道：「臣等願陛下為堯舜，不願陛下為漢哀。」世宗接口便說：「堯舜之道，孝弟而已矣。」[32]搞得蔣冕張口結舌，難以對答。他哪裡知道，三年來世宗閱讀議禮的疏章，翻覽禮樂之古籍，加上資質聰明、好學敏思，已具備禮法方面的豐富學識。

嘉靖帝還是希望能妥善地解決爭端，下諭稱不敢違背禮教宗法大義，只是想盡一番孝心，要求禮官再議。禮部尚書汪俊不得已，擬議請加「皇」字。三月初一日，嘉靖敕諭禮部，加張太后尊號為「昭聖康惠慈壽皇太后」，興獻帝為「本生皇考恭穆獻皇帝」，蔣太后為「本生母章聖皇太后」，並命於奉先殿一側興建世室，以祭興獻帝。汪俊上議反對，認為本生父在大內立廟，從古沒有此例，曰：

> 陛下入奉大宗，不得祭小宗，亦猶小宗之不得祭大宗也。昔興獻帝奉藩安陸，則不得祭憲宗。今陛下入繼大統，亦不得祭興獻帝。[33]

汪俊為弘治六年（一四九三）會元，素稱立朝清正，然這番話卻是拘儒之見，與人情世故皆不通。皇上給他留了面子，解釋說建造世室，是想有一個就近祭悼亡父的地方，與「迎養藩邸」不是一個概念，不應混說，再命其上議立廟。汪俊等抗疏不遵，反覆請求改旨，並提出辭職。嘉靖大怒，降旨斥責禮部違阻，將他罷免。吏部推舉兩位侍郎為接替人選，嘉靖不理，特旨用席書為禮部尚書。

世室的建造終於提上日程。戶部侍郎胡瓚上言，以為大禮已定，張璁與桂萼不必來京了。嘉靖也覺得應以穩定大局為主，採納其議，命張、桂二人不必來朝。敕旨剛發出，便收到張璁、桂萼赴京途中的奏章，又改變了主意，仍命二人來京議事。蔣冕特別提醒：二人若來，可能會被群臣打死。皇上不聽，派人召二人速來。

三年（一五二四）四月，嘉靖為兩位太后恭上尊號。從禮儀安排上，他還是處處將張太后擺在前面：十五日上昭聖皇太后尊號，第二天上章聖皇太后尊號；十七日命婦往張太后宮中朝賀，次日命婦朝蔣太后宮。十九日，皇帝御承天殿受百官朝賀，宣佈詔書於天下。蔣冕在撰擬冊文時曾反覆爭持，其中關鍵一句「義專隆於正統，禮兼盡夫至情」[34]，想是蔣冕與禮臣堅持的結果。這件事也讓臨時接任首輔的蔣冕筋疲力盡，連續上書求罷，嘉靖稍加挽留，即聽任他離朝而去。

乃父乃母的稱號中都有了「皇」字，按說厚熜已比較滿足，想把注意力轉移到國家大事上了。可樹欲靜而風不止，議禮諸臣如張璁、桂萼、席書、霍韜等人，對這種給皇上安上兩個父親的做法不滿，聞詔後即行上書，指出閣臣和禮部有嫌欺蒙。護法諸臣也不滿，甚至是更為不滿，從另一方面提出了問題：

戊午，禮部左侍郎吳一鵬上言：「四方奏報：自二年六月迄今二月，其間天鳴者二，地震者三十六，各雷電雨雹者十八，暴風、白氣、地裂、產妖者各一，民饑相殺食者二，非常之變倍於往時。願陛下躬行明詔，以先群下，救疾苦，罷經營，信大臣，納忠諫，以回天意。」上曰：「覽疏，朕心惻然。事屬朕躬者，朕自圖之。有司其尚交修，以弭天變。」35

吳一鵬「危言以悚動之」，嘉靖表示惻然於心，卻不會改變議大禮的念頭。五月，翰林修撰呂柟上疏，行文切直尖銳，觸動上怒，敕「下鎮撫司拷訊」。吏部尚書喬宇上言，以天氣炎熱，獄中一些罪人尚且減罪釋放，呂柟與此前入獄的鄒守益皆文學侍從，曾參與經筵，請求給予寬恤，皇上不理睬。

一股濃重的血腥氣，從議禮之爭漸漸泛起。

3 強援郭勛

張璁、桂萼也已沒有了退路。

議禮之爭，本是理念、觀念之爭，由於事涉當朝天子，在許多人心目中便成正邪之爭。張璁等議禮派成了千夫所指的「佞人」，不由張璁、桂萼等人不惱怒憤懣，激發出抗爭的勇氣。

六月，張璁、桂萼來到京師。群臣切齒痛恨，準備當廷捶擊二人，張、桂得知消息，託病不出。

後二人不得已入朝，恐怕下朝路上有人動手，便先出東華門，避入武定侯郭勛家。郭勛為明朝開國元勛郭英之後，嘉靖初統領團營禁兵，大禮議起，率先支持張璁，深得皇上愛幸，見二人來家，自是心中歡喜，相約為內助。張璁、桂萼得到這樣一位強援，也覺得腰桿子硬了許多。

朝中對張、桂二人的聲討有增無減。張翀把群臣彈劾二人的奏章送到刑部，請刑部擬定罪名。尚書趙鑒悄悄對他說：只要有諭旨，便打死二人。這話傳到皇上那裡，欽命張璁、桂萼為翰林學士，方獻夫為侍講學士，降諭嚴責張翀和趙鑒。敕旨一下，滿朝譁然。吏部尚書喬宇激切求退，嘉靖對他嫌惡已久，聽之歸田。翰林院修撰楊慎率同僚上言，稱「恥與萼等同列」，也被罰俸。

七月，翰林學士張璁、桂萼上疏，條列十三件事，核心是修改新頒詔旨，去掉冊文中「本生」二字，並治禮官欺君之罪。嘉靖令司禮太監至內閣，諭令毛紀等去掉「本生」字樣，毛紀等力言不可。沒幾天，世宗召見毛紀等人，厲聲斥責道：快把冊文改過！你們這些人無君，難道還想讓我無父嗎？[36]

皇上此言，已是怒極而發，殺機內蘊。毛紀等驚惶恐懼，戰慄而退。

五、癡臣血淚左順門

明代北京的紫禁城，尤其是嘉靖朝初期，左順門的重要性相當突出。該門位於奉天門廣場東側，內金水河之外，是通往文華殿和文淵閣的必經之門。而文華殿為明世宗入主大內後的第一個寢宮，也是他問理朝政、開設經筵的地方。文淵閣則是內閣大堂所在，是閣老們辦公和值班之地，也是朝廷珍貴典籍的收藏中心。

嘉靖三年（一五二四）的夏天，就在這裡，在左順門，發生了一次數百名朝臣參與的群體性事件。年僅十八歲的朱厚熜隱忍一天，還是殘酷地撲滅了群臣的抗爭，對國家朝政的統治，自此走向獨斷專行。

1 百官哭諫

繼任首輔的毛紀資歷甚深，為官亦清正，但缺少楊廷和的智慧和膽略，在文華殿平臺受到皇上斥責後，驚懼無奈，召百官至左順門，宣讀敕旨：

> 本生聖母章聖皇太后，今更定尊號曰「聖母章聖皇太后」，後四日，恭上冊寶。

百官震驚，輿論洶洶。吏部右侍郎何孟春連夜草疏，並對禮部右侍郎朱希周說：更變大禮，禮官更應該力爭。朱希周也不退縮，率郎中于才、汪必東首先上書，力辯改詔之不可，並說：「本生二字亦無貶詞，但欲不妨於正統，而親親之意亦默寓焉，又何嫌於此而必欲去之，以起天下之惑哉？」皇上批曰：「敕諭已行，不必再議」，令速擬相關儀注以聞。同一天，何孟春與戶部尚書秦金、翰林學士豐熙等人奮然上言，一日間共上十三道諫章，俱留置宮禁之中，報曰「有旨」。也不知是說已有旨，還是指即將有旨，留給群臣去猜測。

轉眼到了七月十五日，第二天，就是皇上確定的恭上冊文的日子。早朝下來，兵部尚書金獻民、大理寺少卿徐文華對左右的退朝官員說：我們的上書都留禁中不報聞，皇上必是要改孝宗為伯考了。何孟春說：憲宗時尚書姚夔率百官伏哭文華殿，為慈懿皇太后的葬禮力爭，最後憲宗只好聽從眾議，前人做的事，我們為何不能做！楊慎在朝中素著清望，遂慷慨陳詞：「國家養士百五十年，仗節死義，正在今日！」群臣邊說邊行，互相激勵，互相感染。於是王元正、張翀等把下朝的群臣攔留在內金水橋南側，振臂高呼：「萬世瞻仰，在此一舉。今日有不力爭者，共擊之！」何孟春、金獻民、徐文華等卿貳高官也跟著呼喊鼓動，聲淚俱下。[37]

這是臨時的召集，有鼓動，更有互相感染，當也有一些裹脅（即以人品氣節相逼）的意味，總之群臣迅速集結起來：秦金等九卿二十三人、賈詠等翰林二十人、給事中二十一人、御史三十人……總共二百餘人跪伏左順門外，有的淚流滿面，有的嘶聲大呼：「高皇帝！孝宗皇帝！」哭喊聲徹宮禁。其時嘉靖帝正在文華殿齋居，對近在咫尺的喧嘩頗為震驚，派內侍傳諭令退去，眾臣固執不退，請求皇帝降諭改過。嘉靖又派司禮監太監前來宣讀諭旨，和顏悅色，告知興獻皇帝神主即將迎至，冊文祝文悉已撰定，此事難以更改，請眾臣先行退去。[38]群臣沉默相對，沒有一個人離開。見無人聽從，司禮太監也只好返回。

時已過午，群臣仍在左順門外跪成黑壓壓一片，金獻民說：「改稱之事，內閣大臣更應該力爭。」朱希周往內閣大堂找到毛紀，毛紀聽說，即同剛入閣不久的石珤來到左順門，跪伏在群臣之前。

2 逮訊、廷杖與流放

嘉靖密切關注著事態的發展，但決心不再讓步。

群臣跪伏闕下，神色莊嚴而沉痛，是請求，更是抗爭。自早朝時的集結，至太陽偏西，跪伏著的人群不僅未聽旨散去，而且陸續有人加入，抗議的官員還在增多。嘉靖再派司禮監諭令散去，可仍舊沒有人聽從。於是，跪伏便成為與朝廷的對抗，成為對皇上示威。厚熜怒不可遏，命司禮監記下所有參加者的姓名，並把表現活躍的豐熙、張翀等八人抓起來。只見錦衣衛軍校衝出左順門，將豐熙等人橫拽豎拖，押入詔獄。

左順門再次被重重關上。群臣憤激，一時皆放聲大哭，哭聲如鳴雷飆風，震撼宮廷。楊慎、王元正突然從跪著的人群中奔起，拍著左順門的朱漆大門，哭喊呼號，淚飛如雨。跪伏一天的官員們憤怒了，嘶喊跳躍，一時間局面已不可控制。

嘉靖身體瘦弱，但生性素來強硬，至此已是龍顏震怒，殺心大熾，一道敕旨，命將馬理等一百三十四人逮入獄中、何孟春等八十六人待罪。錦衣衛軍校四面圍來，刀劍閃亮，面色凶狠，見人就抓。可憐這些當朝大吏，有的被抓走，有的被踹翻，有的慌忙逃竄……左順門前，不一會兒也就收拾得乾乾淨淨。

次日是七月十六，一個秋高氣爽的日子，恭上聖母章聖皇太后冊寶的禮儀照常舉行。朝中百官皆朝服鮮明，分班列於內金水橋南，一個個舉措恭謹，表情肅然，生怕有失當之處，被糾儀官和內侍看到。一側便是昨天鬧得沸反盈天的左順門，只剩下斑斑點點的血漬，在秋陽下閃動著暗紅。

七月十八日，錦衣衛請求處置被抓入獄的官員，那些逃走躲藏的人也被一一抓到，加上待罪者，共二百二十人，木然立於午門之外。嘉靖帝降諭嚴責，命將豐熙等八人拷問之後，發配邊疆從軍，其餘四品以上官奪俸，五品以下官杖責。傳旨官一聲斷喝，五百名「大漢將軍」迭次相傳，聲如轟雷。一百八十多員朝官被拖翻在地，杖下如雨，哭喊淒厲，血花飛迸，可憐翰林修撰王相等十七人先後死於杖下。

再過十天，有人上告左順門事件實是楊慎等人鼓動，又下旨逮楊慎、王元正等七人，再次當眾實行廷杖。應是對前次杖斃多人有所不忍，嘉靖有所叮囑，此次錦衣衛有些手下留情，未再出現杖斃之人。楊慎被發往雲南永昌衛戍邊，身帶杖傷，扶病就道，幾乎死於路上。

左順門事件警示了群臣，也提醒了嘉靖帝。自此以後，他不再是處處受制的年輕天子，而是多經歷練、君威森嚴，知道「朕即一切」的當朝皇帝。嘉靖開始強制推行一己之欲念，毫不猶豫地除去一切障礙，變得決斷，亦變得冷酷或曰殘暴。

九月，有旨令改稱孝宗敬皇帝為皇伯考，昭聖皇太后為皇伯母。集議之時，上疏支持此議的隊伍壯大了，竟有六十四人，張太后的弟弟張鶴齡也在其中。

第七章 尊威與責任

帝王的統緒是一個極嚴格的問題，天潢玉牒，不容有半點舛亂。從帝系序列中硬插入興獻帝，排在何處，是個大難題：放在武宗前，似不可，興獻帝曾是武宗之臣，臣不可先君；排在武宗之後，亦不可，興獻帝為武宗之叔，叔父排於侄後也不妥。禮部提出一個折中方案，即在太廟之側再專為興獻帝特建一廟，歲時祭享。皇上很不滿意，駁回令再議。

左順門血案震驚了群臣，也震撼了朝廷。廠衛的杖棒輕易就擊碎臣子之癡，也擊碎了他們所持守或曰株守的儒家教條。

性情執拗的嘉靖帝朱厚熜，不斷退讓後不再退讓，改隱忍懇求為斬釘截鐵，進而大開殺戒。就這樣，厚熜樹立了自己的帝王尊威，高揚起君權的旗幟，也全面承擔起引領和治理一個大國的責任。

一、憂心國事

嘉靖，是朱厚熜親自選定的年號，涵括了君臣望治的殷殷之情。但在改元甫一開始，除去朝廷的議禮之爭，天災人禍、內憂外患也接踵而至，大明王朝既不「嘉」，也不「靖」。

1 甘州五衛軍之亂

嘉靖元年（一五二二），伴隨著辭舊迎新的鐘聲和百官的朝賀，雪片般飛來各邊鎮的緊急軍情奏章：

山西的紫荊關、倒馬關等地，被流民「越關啟封，聚為盜藪，畿輔游俠亡命聞風嘯集」。

廣西臨州、桂州等處，為「蠻賊粱公當數千人寇掠」，「焚劫橫行，生靈受害」，而巡撫「久不到任」，總兵官「因循觀望」，士卒則「驕驁不受調」[1]。

南京錦衣衛、江淮衛水軍所屬快船，被管事太監「假託虛增，肆為奸利」[2]。

遼東巡撫奏稱軍中連年作戰，然往往「斬獲首功者被奪，而倚勢冒級者躐升，人心不平」[3]……

最嚴重的事件發生在西北邊防。正月十七日，陝西甘州五個衛所的軍卒忽起暴變，亂兵衝入察院，殺死巡撫都御史許銘，竟把屍體拋入火中焚燒。總兵官李隆、鎮守太監董文忠火速上報朝廷，奏稱由於許銘不知愛惜將士，用法嚴酷，又剋扣軍中糧餉，故激成士卒的暴亂，現已控制了局勢云云。

兵部在覆議中認為：許銘之死，一是由於他執法太過，失去軍心；二是總鎮官忌恨其過於威嚴，乘機嫁禍。而總兵李隆、鎮守太監董文忠不能與巡撫同心協力，預先平彌動亂，一旦出事又向士卒揚言許銘不聽勸告，煽動亂兵對許的憤恨，自己則置身事外。還有副總兵李義、各衛掌印官，在長官受難之時縮頭縮尾，避事偷生，應依法論處。

這是嘉靖改元後的第一次兵變，嘉靖對此事的處理極其慎重。甘肅臨近西域，吐魯番滿速兒部連年侵擾，戰事不斷，因而兵變的事態萬不可擴大。嘉靖在兵部呈文上批令李隆、董文忠等戴罪領職，對領頭鬧事者查明定罪，脅從者不問。同時，擢升陝西按察使陳九疇為都察院右僉都御史，接替許銘的巡撫職務。

陳九疇，山東曹州人氏，為諸生時即刻苦習武，舉弘治十五年（一五〇二）進士，勇武而富有韜略。先任刑部主事時遇要犯越獄，他人不敢阻擋，九疇聞知後挺槊追捕，將其押回監牢，由是名聲大噪。九疇久在陝西軍中任職，很有威名，到任後即密派多人微服訪查，獲知兵變實為總兵李隆一手造成——李隆性情驕橫，受到許銘斥責後不滿，便唆使部下殺害了許銘。陳九疇迅速出手，命法司全面審理此案，呈請御批，誅殺李隆及其黨羽，甘州重獲穩定。

陳九疇到達後，還發現軍中嚴重缺員。鎮兵定額為七萬多人，實際兵員連一半也不到，而且大多是老弱不堪征戰者。邊鎮將帥貪黷，士卒疲弱，在正德朝已成痼疾。陳九疇奏請招募和訓練，世宗當即下詔准行。[4]

邊鎮，多事的九邊各軍鎮，在嘉靖帝心中一開始就占有重要位置。

2 大同戍卒初叛

肅州遙遠，大同則密邇京師，安定與否，事體重大。英宗時「土木之變」，大同邊防竟成為蒙古軍隊來來往往的通道，也引起明朝君臣的特別關注。明代邊鎮，通常由僉都御史或副都御史任巡撫，掌管軍政大事，而此處多委派都御史，足證重視。嘉靖三年（一五二四），大同的巡撫都御史為張文錦。

在明代九邊之中，大同「南蔽太原，西阻榆林，東連上谷」，是一座軍事重鎮。明太祖將第十三子朱桂由豫王改封為代王，命於洪武二十五年（一三九二）往大同就藩，立衛屯田。第二年，又命朱桂率軍出征塞北，代藩擁有三支護衛軍，以每衛五千兵員計，是一支強大的軍事力量。

大同北對塞外，地勢平坦，面對剽悍迅急而來的蒙古騎兵，實在是無險可憑。為了不使敵騎能驟臨城下，張文錦決定在大同城北九十里處建五座堡壘。五堡快建成之時，文錦宣佈遷將士與家屬兩千五百家前去守衛，每座堡五百家，以作為大同的前衛。

命令一下，鎮卒都很驚慌，私下裡議論：離城向北二十里，就常會遭受蒙古騎兵的侵擾掠奪，不得安寧；而今五堡設於近百里之外，孤孤零零，敵騎來到誰能救援，又是一家子一起前往，更增恐懼，覺得是一條必死之路。

士卒擁向察院衙門請願，向張文錦訴說憂懼和一些要求。文錦不理，只是下令催促他們快去。負責這件事的參將賈鑒聞知士卒拖延，向張文錦建議，將戍卒的隊長捉來痛打，然後關進監牢。鎮卒被激大亂，郭鑒、柳忠等人殺死賈鑒，並把他的屍首割成碎塊，然後呼嘯出城，聚集在塞下的焦山。

嘯聚焦山的叛兵，成了大同軍鎮的一大威脅。

張文錦恐怕叛卒與蒙古騎兵呼應，連忙好言招撫，讓亂兵進入城內。情況稍有好轉，張文錦即下令追查為首作亂者。郭鑒、柳忠等再次生事，聚集眾卒焚燒大同府門，又打開監獄，放出死囚。亂兵一發不可收拾，又嘯聚於察院外，焚燒院門。張文錦倉皇跳牆而逃，躲進博野王府第，竟被亂卒搜出殺死，屍體被殘忍地割裂成許多塊。叛卒打開府庫，強掠甲仗，聲稱要殺死鎮守太監和總兵官，見二人躲走，便燒了他們的房舍。

在此之前，素有威望的原總兵官朱振因事被逮入獄。亂兵紛紛無首，便從獄中放出朱振，逼他當頭領。朱振無奈，只好說：「我與你們約法三章：不侵犯宗室，不搶掠倉庫，不放火殺人。依我則可，不依我便寧死不從。」眾亂卒表示願意聽命，不再殺掠，只是強迫鎮撫官奏請朝廷赦免叛亂之罪。

消息傳到京師，朝廷派兵部侍郎李昆前往宣讀赦免叛卒的敕諭，又令太監武忠為鎮守、都督桂勇為總兵官，升蔡天佑為巡撫。蔡天佑率數騎急馳入城，與武忠、桂勇召集亂卒，宣諭朝廷恩威，諸部亂兵俯首認錯，暫時散開，心中仍惶恐不安，擔心被報復。奸盜乘機而起，引誘亂卒搶掠居民，桂勇督親兵殺死五十多人，又令杖責郭鑒、柳忠等叛卒首領，釋放了其餘的人。

大同頓時人情洶洶，傳言四起。有的說大同人都會被殺掉，也有訛傳京營已到達附近，就要殺進大同了！這時恰好戶部派郎中李枝運餉到大同，亂卒誤以為是朝廷密旨到，夜裡集結起來到李枝住處去質問，李枝從門縫裡遞出轉餉公文，眾亂卒這才相信。這時叛眾已集合起來，不鬧點亂子，似乎於心不甘。有人說是知縣到巡撫處告狀，要誅眾卒，於是一哄而往，把知縣王文昌從家中拉出殺掉。叛卒放火燒民宅，重又大亂，包圍了代王朱俊仗的王宮，索要錢財，代王朱俊仗假作答應，亂兵才離去。俊仗深感恐懼，率王子及親隨數人偷偷逃離，前往宣府躲避。巡撫蔡天佑反覆降諭，還是無法平定叛亂，只好報告朝廷。

九月，朝廷派戶部侍郎胡瓚、都督魯綱統兵討伐叛卒，命他們誅殺首惡、赦免脅從者。胡瓚在很短時間內率三千京軍趕到距大同不遠的宣府，奉詔暫時駐紮，觀看大同叛卒的動靜。嘉靖對大同叛亂很惱怒，欲加嚴懲。蔡天佑奏稱總兵桂勇已捕殺叛兵五十四人，請求京軍不要進逼，以免叛卒懼禍，再生大變。皇上傳旨斥責蔡天佑阻撓，並命他務必捕獲首惡郭鑒等人。

不久，胡瓚率禁軍到達陽和，密令總兵桂勇率領鎮兵遣散亂卒，用計擒獲叛卒之首。而由於傳令兵往返城門，早被叛卒猜知，城中人心惶惶，都跑到巡撫衙門請求保全性命。蔡天佑反覆講說只殺首惡，要求叛卒不要再亂，眾卒在煽動下當然不信，仍然噪亂。桂勇率諸將用計捉住郭鑒、柳忠等十一人，當眾砍頭。郭鑒之父郭疤子糾集胡雄、黃臣等報復，逼亂兵穿上鎧甲，關閉城門。夜間，亂兵圍桂勇宅第，攻門而入，將其家人殺死，家產搶去，不久又捉住桂勇，把他帶到葉總兵處。蔡天佑聞知後火速趕來，苦口婆心地開導，才使桂勇沒遇害。叛眾向巡撫哭訴，請求止兵。蔡天佑要求他們不要再聽信謠傳，並說只有抓住為首叛亂者，才能代為向朝廷求饒。亂兵方才醒悟，擒拿叛首徐氈兒等四人，送到巡撫衙門。蔡天佑令斬首，把叛軍頭目的腦袋送到胡瓚大帳。郭疤子等首惡分子見事不好，逃至城外躲藏。胡瓚想領兵追剿，城中士紳代表數十人到軍門請求緩師，蔡巡撫遂奏請班師，以安定民心與軍心。嘉靖帝也希望叛亂早日安定，下旨班師，並讓代王回到大同的王府。

次年二月間，郭疤子又潛回大同，再次誘人作亂，夜間燒了總兵官朱振的宅第。次日，蔡天佑召集將士講明朝廷不屠城之意，並責問為何作亂。眾士卒主動請求關閉城門，捉拿製造混亂者，郭疤子等四十多人被拿獲斬首，人心大快。後蔡天佑用厚賞收買知情人，弄清了鬧事領頭者、積極參與殺人者的全部名單，將此數百人一舉捕殺，大同安定。

蔡天佑顯然是一個難得的人才。他臨危受命，隻身赴險城，幕府中到處都是叛卒的耳目，一舉一動均無法保密，而既平定了軍變，又盡量減少株連，為此深受當地軍民感戴。嘉靖也高度認可其舉措，肯定其功績，未幾年即將之擢升為兵部侍郎。[5]

3 寧波爭貢事件

為嚴格掌握海上貿易，明代設置市舶提舉司，並派太監掌管其事。

嘉靖二年（一五二三）五月，日本貢使宗設到達寧波。沒過多久，另一撥貢使瑞佐和宋素卿也來到。兩批貢使都強調自己是真的使者，指責對方為偽。當時的日本國王源義植年幼，諸道競起，因向明朝進貢獲利甚豐，故入貢亦是各道爭奪的焦點。兩撥貢使各有靠山，日本國左京兆大夫內芝興派遣宗設，右京兆大夫高貢派遣瑞佐及宋素卿，爭貢達到白熱化狀態。

依明朝舊例：貢使攜番貨來到，由市舶司檢驗貨物並設宴招待，以抵港的先後為序。瑞佐來港雖晚，陪同他的宋素卿則十分精幹狡猾，加上熟悉當地情況，私下賄賂掌市舶的太監，結果驗貨時改瑞佐在前，宴會時又讓瑞佐坐宗設之上首。宗設羞怒不平，在宴席上就與瑞佐爭鬥起來。太監又因宋素卿的關係，暗助瑞佐，提供給他兵器。事態更加擴大。

宗設的隨員中多武功精強之士，見狀參與廝殺毆鬥，在場的明軍制止不住，紛紛躲避。宗設率眾燒毀專門宴請貢使的嘉賓堂，搶掠東庫，追殺瑞佐及宋素卿。瑞佐等抵敵不住，逃奔紹興。宗設追到城下，呼喊將瑞佐捆送給他，城中不許。宗設懷忿返回寧波，沿途燒殺搶掠，在西霍山洋殺死千戶張鏜，由育王嶺奔至小山浦，又殺死百戶胡源，浙中震動。宗設與部眾奪船出海，備倭都指揮劉錦領兵追至海上，也是戰敗而亡。倭寇自此有輕視中國之心。[6]

此事在當地掀起軒然大波。

浙地多富紳，這些富豪之家常與海外交易，又與在京的浙籍官員有著密切的聯繫。消息傳至京師，命逮宋素卿審訊。宋素卿本為寧波鄞縣人，原名朱縞，幼年時學習唱歌，被日本貢使攜往本國，後充當貢使隨員來華。宋素卿在受審時聲稱宗設為西海路多羅氏部下，屬日本統轄，因貢道必經西海，正德間發給的勘合（即准予通貢的符契），都被他們奪走，方才出現爭貢之事。禮部認為宋素卿之言不可信，但挑起爭殺的畢竟是宗設，提議讓他回國尋找勘合，再定罪。世宗也同意了這一提議。正在這時，宗設黨徒中林、望古多羅的船隻被暴風漂到朝鮮，朝鮮人斬殺三十多倭寇，並生擒首領中林、望古多羅，獻至京師。

嘉靖命將二人解至浙江，使與宋素卿等對質，以辨真偽，並命給事中劉穆等親往審訊。兩年後，宋素卿及中林等皆論為死罪，死於獄中。嘉靖命琉球使臣傳諭日本國王歸還袁璡，將宗設擒獻上國，否則就閉關絕貢，興兵討伐。

興兵討伐的話，明太祖朱元璋已宣稱過，但終明朝之世，亦從未兌現過。倒是閉關絕貢時或施行，效果也不甚好。

4 邊禍與災荒

嘉靖四年（一五二五）春，大同叛亂尚未完全平息，占據西海的蒙古小王子部又以萬餘騎侵擾甘肅，所幸甘肅總兵姜奭早有所備，在苦水墩一場惡戰，擊退來敵。而與之差不多同時，蒙古騎兵數百入大同縣劫掠，冀北道指揮僉事田美不敵而死。當年秋，廣西田州土官岑猛自恃兵力，多次侵奪鄰境土地，不服朝廷節制，都御史姚鏌受命調集官軍討伐。

該年更是一個天災叢生的年份，據《明通鑑》卷五二，該年因自然災害免征賦稅、加以賑濟的地區即有：

二月，「丙申，蠲蘇、松、常三府逋賦」；

七月，「戊寅，免河南開封等府被災稅糧」；

八月，「甲寅，免順天、保定、河間三府被災州縣稅糧」；

九月，「己未，免鳳陽、淮安、揚州及徐、滁二州被災稅糧」，「乙亥，免江西南昌、新建、進賢、豐城、餘干五縣被災稅糧」；

十一月，「丙寅，免徐州、淮安及杭州等府被災稅糧」，「辛巳，免順天府被災州縣稅糧」；十二月，「乙亥，振遼東饑」。

就在這年八月，四川副使余珊上言時事漸不克終者十：

紀綱漸頹，風俗漸壞，國勢漸輕，夷狄漸強，邦本漸搖，人才漸凋，言路漸塞，邪正漸淆，臣工漸睽，災異漸臻。7

此即所謂「十漸」。三年前的七月，就有御史汪珊提出十漸，稱「漸不如初」，與此處的「漸不克終」略同，都是說違反初衷，事情慢慢變得令人失望。余珊不敢指責皇上，將這些歸因於首輔失職，「徒以奸佞伴食怙寵，上激天變，下致民怨，中失士望，願亟去之」。當時費宏主持內閣，余珊明確提出應換成楊一清，還說對議禮諸臣處分太過，與「獻皇帝好賢禮士，容物恕人」的風格不符，建議恢復這些臣子的職務。嘉靖未加怪罪。

至歲末，禮部匯錄四方災異上奏，為「天鼓鳴五，地震六十三，星隕八，冰雹十一。火六，氣二，雪寒二，雷擊三，水溢八，產妖二，疫二」。在他們看來，所有這一切災害的原因都在於皇上聽信讒言，措置乖張，以致上干天和。

朝政的確已漸不如初。

5 舊弊滋蔓

朱厚熜登基時經明詔革除的一些弊政，又開始滋生和蔓延。

如武宗朝的傳奉官之弊，至此又見其例。太監潘傑、邱福、張欽死，得旨令其家人襲替。兵部尚書金獻民奏稱不可，未被採納。

當初裁革的冒濫錦衣衛官校如王邦奇等，經本人反覆申辯，內廷也有人幫著運作，竟又授予職務，同時復官者達九十餘人。金獻民再上疏勸止，亦不聽。

即位詔明條裁革的乞升、恩升之弊再度滋蔓，蔣太后所居清寧宮後殿修復，恩升工匠竟達一百五十人之多。不知是皇帝的老母代為討要，還是厚熜以此讓母親大人高興？

即位詔中嚴厲申明的鹽法，亦遭到破壞。奸商逯俊等謀求「開殘鹽」，所謂「開殘鹽」，便是借開採剩殘鹽礦的名義，與國家爭利。戶部尚書秦金極言不可，皇上竟許之。

國事堪憂。兵部尚書金獻民屢爭不得，掛冠而去。南京工部尚書吳廷舉接詔後辭官不赴，疏中引「獨幸太平無一事，江南閒煞老尚書」詩句，被皇上斥為怨望，勒令致仕。致仕家居的原刑部尚書林俊憂心國事，抱病草疏，請求寬宥跪門和諍諫之臣，推薦德高望重的羅欽順、王守仁、呂柟、魯鐸等。嘉靖覽疏有些感動，卻不採納其建議。

客觀地說，嘉靖對國事還是很關切的，臣下的奏章多親自閱處，對邊鎮軍情也能迅即做出處理。廬州知府龍誥在任修義倉、置義田，上疏談積蓄便民之事，皇上特旨嘉獎，敕令全國撫按官仿照實行。工部尚書趙璜以災異請求停止一些大工，厚熜即令罷玉德殿，景福、安喜二宮及仁壽宮工程，召回在四川採集大木的工部侍郎王軏。

而朝廷的議禮沒完沒了，嘉靖仍然密切關注，不斷地對乃父進行追崇，與之相連繫的則是各種營建。

二、遷陵與立廟

內閣曾是楊廷和實現政治理想的權力中樞，曾是他與蔣冕、毛紀等老臣精誠團結、與君權抗衡的道德堡壘，曾是九卿尚書、六科十三道瞻望擁戴的精神聖地，此時已在君權的鐵錘下分崩解析。

1 撤換內閣大員

嘉靖三年（一五二四）是內閣大換血的年份：

二月，楊廷和退仕，蔣冕繼任首輔；

五月，蔣冕退仕，毛紀繼任首輔；

七月，毛紀退仕。

毛紀卓有學識，「居官廉靜簡重」[8]。左順門事件前，厚熜召見他和另一閣臣石珤，反覆曉諭去掉父母尊號中「本生」二字之意，毛紀終是不從。慘案之後，毛紀扶病入閣，見朝門前被逮治的群臣慘狀，上書請求給予寬恕，被責以「要結朋奸，背君報私」，遂再疏乞休，皇上即行批准。

至此，嘉靖朝第一屆內閣、亦即由前朝過渡而來的楊廷和內閣，所有成員已無一人在職。

平心而論，這是一屆優秀的內閣。正是他們，在武宗遊戲朝政的歲月勉力維持大局，在皇帝病危和辭世之際快速出手，敉平動亂因素，革除一批弊政；也正是他們，選定朱厚熜作為皇位繼承人，數千里遠迎，使之入繼大統，完成了大明統緒的平穩延續。他們是一批忠臣，是一代良相，是危難之際的國家棟梁，也是一班書生。他們在議禮上的態度，是堅決維護弘治帝統緒，逼迫少年天子就範，不惜割裂母子親情，顯然做得過了頭，卻是在彰顯一個老臣的忠誠。正德皇帝的荒腔走板，所不計也；張太后縱容二弟禍亂宮廷，所不計也；甚至走到新帝的對立面，丟掉高官厚祿，所不計也。其觀念與做法皆可討論，卻具有極為可貴的人格和精神力量。

對於楊廷和諸人，朱厚熜曾是深懷感激和敬意的，一向不吝於言辭和金帛的表達，但君臣竟如此之快地走向決裂，讓當時和後來的許多人都深感痛惜！

內閣首輔之職落在費宏肩頭。費宏也是前朝老臣，二十歲考中成化二十三年（一四八七）狀元，久居清要，正德五年（一五一〇）升禮部尚書，再一年兼文淵閣大學士。由於拒絕與內朝佞幸同流合污，被迫去位，進而被追殺迫害，終是不改志節。厚熜在興藩即聞其名，登大位後將費宏第一批起復，令入閣輔政。費宏深感君恩，加之為人平和、老成持重，對議禮之事的看法也較為公允。他在閣僚集體上疏時亦署名，但從不犯顏強諫，也不去附和議禮諸人。由是，皇上對費宏更為敬重，加銜為少師兼太子太師、吏部尚書、謹身殿大學士。

加上新入閣的吏部尚書石珤、禮部尚書賈詠，組成第二屆嘉靖內閣，一個過渡性的內閣班子。而議禮諸人已漸漸入據津要，形成逼人的氣勢。

2 移陵之議的提出

左順門事件結束後，接著便是審訊、排查、流放、貶竄和清洗。朝中群臣，尤其那些曾職司文翰、執掌監察的清要之臣，第一次嘗受到國家機器的殘酷無情。

戶科右給事中張原兩度被杖，當場慘死棒下，又因家貧無法歸葬；御史胡瓊，給事中毛玉、裴紹宗，翰林院修撰王思、王相等因受杖過重數日後死去，妻子兒女流離失所，悽悽惶惶……都御史陳洪謨上疏，詳述其間情狀，請求朝廷寬容撫恤，被斷然拒絕。

朝廷各部院出現了大量缺員，依例應及時補選，補充的首選之人當然是議禮之臣：

席書入為禮部尚書，頂替常常冒犯龍顏的汪俊；

霍韜擢為少詹事兼侍講學士；

方獻夫升為侍講學士，再進少詹事；

至於議禮首功的張璁、桂萼，則由皇上特旨擢為翰林學士，官位尚低。然仗恃君寵，議論紛飛，言辭刻薄，桂萼尤其如此，令朝中正直之士切齒。而二人之由議禮驟然大貴，又使奸佞邪妄者流豔羨不已，一時間成為不少人仿效的榜樣。

九月，兩位革職小官、錦衣衛百戶隨全和光祿寺錄事錢子勛上疏，稱興獻帝陵寢遠在湖北，諸多不宜，應改葬在天壽山。此先厚熜只是要為父母上尊號，未想到將亡父遷入明帝陵寢之地，見疏甚喜，也不再諮詢內閣和禮部，直接命工部議行。

此事說說容易，真正去實施，由三千里之外遠遷來京，不知要耗費多少國財和民力！且原興王陵已然花大力氣升格為帝陵，再作折騰，必為正直之士所不齒。旨下工部，壓力便到了工部尚書趙璜肩上，趙璜奏稱改葬有三不可：興獻帝精魄久安，不可輕犯；顯陵乃山川靈秀所藏，不可輕洩；顯陵乃國家根本所在，不可輕動。同時還舉太祖不遷仁祖之陵、成祖不遷孝陵之例，說明陵氣不得洩露。靈臺郎吳升曾祭祀顯陵，此時亦上言諫止。

舉朝皆知嘉靖帝之孝思綿長，也都懂得在這方面做文章。投機鑽營者提出將顯陵改遷京郊，理由是年節祭祀為便；而持正大臣也不敢指斥其僭妄，只說應敬重先帝神魄，說顯陵陵氣所關非常，說鍾祥為聖上龍飛之地。朱厚熜一時拿不定主意，令下禮部會同諸大臣集議。

如今主持禮部的為議禮派大員席書。他雖支持張璁、桂萼的議禮之舉，但為人尚忠厚，為官尚正直，只要不涉及自身，不會做趕盡殺絕之事，也比較顧惜名節。席書由德州奉召赴京途中，聞左順門之變，即馳疏上言，請求寬宥伏闕哭爭的群臣。此時他率禮部眾官與公卿大臣集議遷陵之疏，呈請皇上不可輕動興獻帝陵，並請求將「妄論山陵」的隨全治罪。

嘉靖精明洞察，然一遇到涉及父母尊崇之事，即為孝思障阻，固執輕信，不可以言喻。此時他又滿腦子的為父遷陵，曉諭禮部：「先帝陵寢在遠，朕朝夕思念，其再詳議以聞。」[9]席書會同張璁、桂萼上疏，極言不可。這次輪到議禮重臣出面反對，他們的話打動了厚熜，此事才算暫告了結。

這年臨近歲末，南京禮部主事侯廷訓被錦衣衛逮至京師。侯廷訓與張璁同年，又同到南京做官，在議禮上卻針鋒相對，其〈大禮辨〉為護法派讚賞。左順門事件後，興獻帝、后尊稱確定，侯廷訓頗不以為然，私刻所撰疏稿，偷偷寄往京師。不料被廠衛偵知，即行逮治拷訊。此舉很使嘉靖惱怒，錦衣衛察知上意，嚴刑拷打。眼看又是一個棒下冤魂，群臣懾於君威，無一人敢上疏救援。廷訓之子年僅十三歲，赴闕上書，言辭哀切，為父親申冤。厚熜為其子的誠孝感動，竟命有司釋放了侯廷訓。這就是嘉靖，一個敏感的、情緒化的帝王，容易被激怒，也容易被感動。

十二月，嘉靖聽取張璁等人之薦，特旨起用原大學士楊一清為兵部尚書、總制三邊。楊一清在鄉間聞知朝中議禮，曾寫信給任吏部尚書的門人喬宇，稱：「張生此疏，聖人復起，不能易也。」[10]又致函張璁等，要他們早日赴召以定大禮。故此深得議禮諸臣之心。張、桂等一至京師，便不斷舉薦楊一清。嘉靖在詔書中對楊一清大加褒美，稱他為明朝的郭子儀。

3 請建世室

四年（一五二五）三月，光祿寺署丞何淵又上言「請建世室，祀皇考於太廟」[11]。所謂世室，即宗廟，取世世不毀之義。何淵為國子監生時曾附張璁議禮，請為興獻帝建世室，博得皇帝好感，授平涼縣主簿。未承想赴職之後，為上司憎惡，常受責笞，苦苦請求改任京職，蒙特旨調還京任光祿寺署丞。何淵為邀帝寵，再次提出營建世室，世宗命廷臣集議。

主持朝政的已是議禮派諸臣。有意思的是，他們並未立即支持建世室之議。

張璁等認為擬興獻帝后尊稱合於古禮規範，讓皇上稱孝宗為父於禮於情都相悖，遂毅然議禮，與內閣大佬抗爭。至於為興獻帝建世室，使入居祭祀皇帝的太廟之中，就連議禮派也以為太過分。於是，席書等上議以為於禮典無依據，張璁更特疏上奏聖聽，「昧死勸陛下勿為」。嘉靖批稱：「俟會議上，朕自能審處。」[12]

四月，嘉靖命為顯陵添立紅門，蓋造神廚，並將殿宇上的瓦一律換成黃色琉璃瓦，改獻皇帝陵司香署為顯陵衛。唯一與諸皇陵不同的是未建明樓。而世室之議亦進入高潮：南京戶部員外郎林蓋、禮科給事中楊言上疏請正何淵之罪；禮部呈上集議，開列興獻帝入祀太廟所不可解決的難題——

> 考自唐虞至今五千餘年，以藩附祭太廟並無一人。陛下何所祖而為之？萬一為此，將置主於武宗上歟？武宗君也，以臣先君，分不可僭；武宗下歟？獻皇叔也，以叔後侄，神終未安……[13]

帝王的統緒是一個極嚴格的問題，天潢玉牒，不容有半點舛亂。從帝系序列中硬插入興獻帝，排在何處，是個大難題：放在武宗前，似不可，興獻帝曾是武宗之臣，臣不可先君；排在武宗之後，亦不可，興獻帝為武宗之叔，叔父排於侄後也不妥。禮部提出一個折中方案，即在太廟之側再專為興獻帝特建一廟，歲時祭享。皇上很不滿意，駁回令再議。

與議禮之初的局面竟有幾分相同，何淵的提議遭到舉朝一致反對，「大學士費宏、石珤、賈詠，尚書廖紀、秦金及九卿、臺諫官，各上疏力爭」[14]。就連一貫追隨嘉靖帝的武定侯郭勛，也上疏勸諫。席書三次上疏，勸皇上更改初衷，言辭極為懇切。嘉靖派內臣到席書家傳諭：「必附廟乃已。」[15]席書再上密疏勸諫，皇上不悅，責備他「畏眾飾奸」。

朱厚熜已很難聽得進不同意見。

4 拆牆與伐樹

君臣爭持的局面又隱然形成。此時的朱厚熜已近二十歲，幾年間大量閱讀典籍，說出話來遠比兩年前強亢有力。而內閣與重臣多由議禮發身，習慣於取悅皇上，大非當日之團結堅定。嘉靖已看清這一點，卻也不願再下殺手。

還是張璁、桂萼能體察上意，委曲調和，將對峙局面化解開來。二人與席書商議，認為於太廟外為獻皇帝另立一廟，或能既讓皇上滿意，又不違禮制。於是，席書率禮部官再上議：「宜於皇城內擇地，別立禰廟，不與太廟並列，祭用次日，尊尊親親，庶為兩全。」[16]嘉靖這才答應，命於太廟左近擇地營建，並親定名曰「世廟」，寄寓「世世不遷」之義。

六月，營建世廟的工程即告開始。工部選定在太廟左環碧殿旁立廟，前殿後寢，僅規制略小於太廟，由左闕門入。未想不甘隱沒的何淵又生花樣，奏稱這種設計使往世廟祭拜很不方便，要繞太廟殿後，先向北折向南，再由南向北，神路迂遠，而應與廟街同門，直開一路以達世廟。嘉靖大以為是，又下禮部議。席書上言稱這樣必須毀太廟牆垣，伐太廟古柏並拆毀神宮監，世宗不聽。科道官中仍有勇者，韓楷、楊秦、葉忠先後上言，以為不可不宜，俱罰俸兩個月。

張璁、桂萼等不敢再抗諫。

嘉靖採納何淵之言，命由廟街開一道直通世廟。為表示對列祖列宗的敬畏，特令盡量少拆監房和伐樹，「但容板輿通行，不必寬廣」[17]。可知在具體實施過程中，嘉靖還是較為清醒的。

三、黑眚與祥瑞

所謂「黑眚」，傳為一種由水中生發的妖孽，形狀如人而黑色，傍晚或夜深時出來遊走害人，搶掠或吃掉小孩子。以五行中水為黑色，故稱之黑眚，俗名又叫嘛唬。

1 興修水利，不信妖異之說

朱厚熜早年最寵信的道士為邵元節，來自龍虎山上清宮。嘉靖三年（一五二四）邵元節應召入京，即在便殿接受召見，因談吐高妙，大得寵信，得旨住在顯靈宮，專掌禱祀之事。遇雨雪過期不至，元節受命祈禱，往往應驗，被封為「清微妙濟守靜修真凝玄衍範志默秉誠致一真人」，統轄朝天宮、顯靈宮、靈濟宮三處道院，總領道教。

這之後，民間開始流傳有關「黑眚」的祕聞，議論紛紛，越傳越邪乎。

六年（一五二七）十月，有司建議修復通惠河，以省轉運之力。禮部尚書桂萼上疏稱修通惠河不便，其意所指，便是傳聞的通惠河中有黑眚。嘉靖詢問大學士楊一清及張璁，二人皆陳述修通惠河之利，請求皇上斷然行之，「勿為浮言所阻」。嘉靖答曰：

> 覽卿密疏，具見忠愛。朕居深宮，外面事情何由得知。卿輔導元勛，正當直說，庶不失了政

> 事。蕚所奏必有惑言，伊輒聽信，不但誤了朝廷之事，亦失了大臣謀國之意。彼疏朕看數遍，亦知不可。……我孝宗伯考時已命整理，令修此河，不意當時黑青為異。夫黑青之起，非為修河，蓋灣裡住的鄉民正恐失利，乘此為言，俗呼為嘛唬，卒被破事。當時若有一識事剛正之臣，告我伯考曰黑青之異，原非修河道所招，奸詐之徒，乘機營利，惑及愚民，不可墮其詐計，伏惟剛斷而行之。如此伯考豈無聰察哉！前日勘官回奏停當，已有旨待春暖興工。朕亦恐言者有左說破事，而蕚即為首也……[18]

所謂「黑青」，即是黑眚。通惠河中有黑眚的傳說由來非一日，以致孝宗竟因此停了修河之舉。嘉靖卻一眼看出是奸詐之徒捏造謠言，阻撓河工，且不為桂蕚密疏所惑，顯得極有見地。

2 宮中的嘛唬

幾年後，黑眚的興妖作怪越傳越神，竟發展到九重禁闈的皇宮，曲檻回廊、花木樹叢中常升騰起一股黑氣，似霧非霧，時或團聚現形，如獠牙獰惡之魔怪。大內開始不斷有宮人說遇見黑眚夜中傷人，說得活靈活現，就連嘉靖帝也有些相信，命邵元節作法降妖。時邵元節年事已高，精力有限，幾次做法事，黑眚卻不見消失。

朱厚熜迷信方術應是受到乃父興王的影響，由來已久。各地方士最是消息靈通，聚集京師，希望能找到打入皇宮的機會，以求富貴。有一個叫陶仲文的，曾在羅田萬玉山學得符文訣，此時來京貢緣干進，住在邵元節府中。邵元節把陶仲文引薦給皇上，嘉靖命他降服黑眚。陶仲文打點起精神，踏罡步斗，以符水噀劍，口中念念有詞，向虛空中作劈斬叱喝之狀，像模像樣地演練了一番。說來也怪，宮中的妖異之事竟然從此而絕。又一次莊敬太子生痘，聖心憂慮，陶仲文設壇禱之，不久出痘病癒。經過這兩次「實證」，厚熜不獨對陶仲文深加愛寵，對禱祀更是信之不疑。

自此以後，嘉靖身邊的方術之士越聚越多，其思想和行為，都較多地受到這些「高士」和「國師」的影響。

3 黃河清，甘露降

上干雲霄的抗爭之聲減弱、消失了，歌頌聖德的嗡嗡營營匯合成雄渾樂章。本書前邊寫過禮部侍郎吳一鵬以災異勸諫皇上，使之「惻然自悟」，一些聰明腦瓜便反其意而用之，那就是敬獻祥瑞。

七年（一五二八）三月，靈寶縣奏稱，自去年十二月十七日起，境內「黃河清者五十里」，百官表賀，嘉靖派遣太常寺官前往祭告[19]；

同年四月，南贛巡撫「奏所部甘露降，以為上仁孝之感」，祭告郊廟[20]；

九年（一五三〇）秋，四川、河南諸地上獻瑞麥；

十年（一五三一）七月，「鄭王厚烷貢二白鵲，上大喜，命獻宗廟及兩宮，頒示百官，廷臣為〈鵲頌〉〈鵲賦〉〈鵲論〉者盈廷」[21]；

十二年（一五三三）正月，「河南巡撫都御史吳山獻白鹿，群臣表賀。自是，諸瑞異表賀以為常」[22]。

貫穿其在位的四十餘年，上獻祥瑞一直伴隨著樂此不疲的嘉靖帝。在他聞說靈寶黃河清遣使祭告河神時，御史周相便毅然上疏，指出所謂祥瑞的虛妄無憑，「河未清，不足虧陛下德。今好諛喜事之臣張大文飾之，佞風一開，獻媚者將接踵」，請求「罷祭告，止稱賀，詔天下臣民毋奏祥瑞，水旱蝗蝻即時以聞」[23]。惹得皇上大怒，將周相下詔獄拷打審訊，又處以廷杖，貶謫外地。嘉靖賦性聰察，竟看不出周相的忠直嗎？應不會，卻不能接受其頂撞，也要用這種嚴厲措施，來保障「祥瑞」上獻不受阻礙，維持各類祥瑞帶給明王朝的鬧熱和喜慶。

祥瑞，無盡的祥瑞。愈到晚年，這位肅皇帝對此愈加迷戀，愈加依賴。

四、大工緩急

大工，明朝專指重大營建工程。

除去登基之初的幾年，嘉靖在位四十餘年間，土木興作不息，成為明王朝財政的巨大負擔，但也為今日留下一份文化遺產。無論是在早年還是晚年，他對興建之舉，心中都有一個急與緩的尺度。緊急的是家事，是與乃父乃母相關的營建；其次與自己志趣喜愛有關，如讀書與齋醮。客觀地說，嘉靖朝也頗有利國利民的營建舉措，如為北京城南部加了半圈外牆，在後來抵禦蒙古和女真侵擾時，都起了很大的作用。

1 營建世廟與修復清寧宮

世廟雖是禰廟（即父廟，亦作考廟），「不干太廟」，不與供奉列祖列宗的太廟並列，但格於當今聖上之情，自然是緊急工程，在南內擇日開工。

南內，在紫禁城之東南，景泰間英宗被幽禁於此，住在號稱「黑瓦殿」的崇質宮。當日困頓苦悶，其在復辟之後，竟又懷戀那時之寧靜，數次重遊，下令建造了許多殿閣亭臺，雜植四方所貢奇花異木，極是個清幽的所在。世廟就建在南內主殿重華宮左側，內官監太監崔平具體指揮調度，匠役晝夜營作，不得稍停。這是朱厚熜的又一項「父親工程」。

其實，朱厚熜即位不久，在為父母議尊號的同時，便開始對父親陵寢——興王陵進行改擴建。先是恭上陵號，增設護陵衛所，派遣守陵太監，由王陵升格為皇陵，接著一系列配套措施漸次展開：拓寬神道，享殿和垣牆改為黃琉璃瓦。三年（一五二四）八月，顯陵司香太監楊保奏稱：「陵殿門牆規模狹小，乞照天壽山諸陵制更造。」旨下工部，尚書趙璜不敢怠慢，迅速擬出方案，奏請蓋造明樓，樹碑鐫題，並請將司香衙門改為神宮監、林衛改為顯陵衛。世宗自無不准。實際上，顯陵工程斷斷續續進行了數十年，在許多地方甚至遠超過天壽山諸陵。

於亡父尚且如此，朱厚熜對在世的母親蔣氏更是竭盡孝心，早早就開始了「母親工程」。蔣太后所居清寧宮後三小宮在嘉靖元年（一五二二）遭火，諭令加緊趕修，至三年告竣。這件修復工程不算大，太監崔平請賜匠役官職，厚熜竟令授予順天府經歷、知事之類職務。給事中黃臣等上疏切諫，認為即位詔中已裁革的乞升弊端不可恢復。嘉靖不光是不聽，又將管工的錦衣衛副千戶馮鐸升一級。兵部奏稱不可，亦無濟於事。

畢竟清寧宮是皇帝老娘居住的地方。

而當初煊赫後宮的昭聖張太后，則已明顯落勢。四年（一五二五）三月二十七日夜，張太后所居仁壽宮起火，損失慘重，惶懼之間，只好移居不遠處的仁智殿。想當初清寧宮起火，內閣及眾臣引以影射嘉靖與母親蔣氏失德，上天示警。這次張太后宮室著火，嘉靖也故意張大其事，詔諭禮部擇日祭告天地、宗廟及神靈，並宣稱自己與文武百官都應「痛加修省」。他當然不會去要求張太后反省，其義卻不言而明。

皇宮的火災常常發生，殿閣密邇，一發作便不可收拾。火災有些因天災如雷擊造成，有些因人的過失所致，另有相當一部分則起因難明，透著可疑與怪誕。元年（一五二二）正月的清寧後殿之火就有些古怪，這次火神祝融光顧張太后所居的仁壽宮，也顯得突兀奇異。

2 修不修仁壽宮

張太后居住的仁壽宮毀於一燼，依理依情，修復事宜都勢在必行，勢在加緊實施。但嘉靖卻不很著急，其心思更多地用在營建世廟一事上，對於這位老伯母，他向來都是缺少親情的。

仁壽宮高大暢爽，前有專用之花園，後有元朝建造的大善佛殿，是內廷西路的核心建築，地位尊崇，歷來為明朝皇太后所居。當初蔣氏自藩府來京，朱厚熜相陪拜見張太后，就是在這裡深感屈辱，母子銜恨不已。後來蔣氏在皇帝兒子主導下也成為太后，可張氏是正牌太后、資深太后，這座太后殿堂也只能由張氏享用，倒也動它不得。現在老天來了一把火，張太后不動也得動了。

張太后暫居於仁智殿，其規制和環境比往日自然差了許多。該殿又叫「白虎殿」。白虎者，星命所謂歲中凶神。《前漢書平話》卷中「高祖歸天，文武舉哀，令白虎殿停屍七晝夜」可作參證。在明代，仁智殿也是帝后停屍的地方。劉若愚《酌中志．大內規制紀略》：

（寶寧）門外偏西大殿曰仁智殿，俗所謂白虎殿也，凡大行帝后梓宮靈位，在此停供。

讓皇太后住在一個停屍的處所，不敢設想會是朱厚熜的旨意，卻必然是宮中太監的刻意安排。這些管事太監多是興邸舊人，早知老主母和皇上與張太后失和，心中蓄積不滿，正好借機報復。張太后一肚子的懣悶，卻也難說出口。

仁壽宮的修復畢竟要提上日程。

因反對修造世廟被罰俸的葉忠再次上言，疏議數事，其中一條是關於修復仁壽宮的，認為天下災荒，財力匱乏，修造仁壽宮應比過去在規格上降低一些。世宗對此大為讚賞，批令工部議行。

皇上不急，有司更犯不著著急。拖延到八月間，工部始與廷臣會議修復仁壽宮。此時世廟大工剛展開，所需木料甚多，四川、湖廣、貴州等處山林的巨木多被採伐。工部請求以內府銀兩、戶部鈔關銀兩、兵部馬價銀兩及工部料價銀兩為工程經費，待世廟建設完工後，再選大臣總理其事。皇上批曰：

> 仁壽宮以奉皇伯母昭聖皇太后。毋候世廟工完，其亟推總理大臣，遣官採辦燒造。內帑、京庫銀料毋發，他如議行。[24]

話說得冠冕堂皇，然不發給內帑，又不許動用京庫銀兩和工料，讓工部如何去修復殿宇宏廣的仁壽宮？嘉靖冷落和厭憎張太后之心，昭然若揭。

就在這道假惺惺的詔諭頒下二十日後，嘉靖又以「歲災民困」為由，令暫停仁壽宮工役。首輔費宏實在無顏坐視，上言勸說不要改易原旨。皇上溫旨駁回：「時值災傷，民生困苦殊甚，欲暫停以恤元命。」又說張太后在新搬的仁智殿居住亦寬敞明亮，而一旦有條件，即修復仁壽宮，最後的話則是：

> 時值災傷，民生困苦殊甚，欲暫停以恤元命。惟皇伯母安處仁智，亦為宏敞，但孝奉不可遲之一旦，仍即修復，小民亦當愛念。[25]

這番話值得臣下琢磨，一會說對皇伯母的孝奉要抓緊，一會又說要愛念子民，夾纏繞口，卻分明能感覺到對修復仁壽宮的不情願。

五、從《大禮集議》到《明倫大典》

左順門事件後，議禮諸臣得皇帝寵信倚重，一個個躊躇滿志，欲大有作為。唯方獻夫屢屢以病求免，不獲准退仕，便閉門謝客，自覺遠離喧囂的朝廷。方獻夫的家居，並非為求閒適，亦無意於與議禮諸臣劃清界限，而是埋頭文案，把議禮始末，廷議部疏，張璁、桂萼、席書及其本人的疏章編次成冊。獻夫真智者也，深知此事必將進入歷史，知道後人必有各種評說，更會想到議禮派的逢君得勢為論者不直，便趁著當事人尚在、各類文牘尚全，要為議禮留下一份完整文獻。

1 冷靜的方獻夫

議禮諸臣中，心境最為平和的是方獻夫，心思最為縝密的也是獻夫。

朝廷是撕裂的，文武百官由於議禮分裂成勢若冰炭的兩派，楊廷和等護法派被多數人視為忠臣烈士，張璁諸人則被指為邪妄。實際上，這種以線歸類的做法最難允當。議禮派如張璁、霍韜、席書、方獻夫等都不乏忠直清正，桂萼亦非大奸大惡之徒。但謹厚如方獻夫，一旦參與議禮，竟也被目為奸邪，使他很痛苦，也很委屈。方獻夫編纂議禮文獻，第一個目標或曰基本思路，即出於澄清事實和洗刷詆汙。

三年（一五二四）十二月，方獻夫呈上其編纂的議禮文獻兩卷，並說：

> 大禮之議，仰聖明獨斷，大倫已明。但禮意尚微，國是靡定，彼心悅誠服者固有，而腹誹巷議者猶多。蓋緣臣等之議尚未播之於人，雖朝端達士未睹其說之始終，即閭閻小民何知夫事之曲折。臣為是纂補學士張璁等五臣所奏，首以禮官之初議，終以近日之會章，編成上、下二卷，冀得刊佈天下，使觀者具之顛末而是非自見，不必家喻戶曉而聖孝光四海、傳後世矣！[26]

他說大禮議雖經聖上明斷，然遠沒有塵埃落定，心悅誠服者少，腹誹私議者多。原因則在於議禮的疏章未曾公之於世，議禮的理論未能深入人心。所以他將張璁等五臣的奏章編成卷帙，首列諸禮官那些早期的觀點，後面再附錄有關結論，總為上、下兩卷，希望能夠刊佈天下。方獻夫此舉，既正大光明地將議禮章疏公諸天下，使世間怪怪奇奇的訛傳不攻自解；又從理論上確立了議禮之正。嘉靖見疏大喜，令禮部刊佈天下。

2 纂輯《大禮集議》

方獻夫所纂輯的議禮章疏由禮部刊刻，公之於眾，極大地影響了輿論的向背，議禮派明顯覺察到精神壓力的減輕。

嘉靖也嘗到了「公開化」的甜頭。

過了沒多久，朱厚熜認為這樣尚不夠隆重其事，且嘉靖四年（一五二五）營建世廟之議以及引起的爭論，也為議禮增添了新的內容，命禮部尚書席書纂輯《大禮集議》。席書感荷聖眷，對纂修工作極為鄭重，首先擬定了編纂凡例，再根據建言年月，定出選錄奏疏的正取、附取名單，呈請皇上御批。其中正取五名：張璁、桂萼、方獻夫、霍韜、席書；附取六名：熊浹、黃宗明、黃綰、金述、陳雲章、張少連，以及楚王、棗陽王。所有這些人的章奏，都在嘉靖三年（一五二四）二月詔取張、桂赴京前提出。同時上言的還有監生何淵、主事王國光、同知馬時中、巡檢房浚，席書以為他們「言或未純，義多未正」，不予錄取。其他在張璁、桂萼召用後「望風希旨」之輩，亦一概不錄。欽定可行。

這時已有了爭取和請求入名之事：錦衣百戶聶能遷和昌平致仕教諭王價曾在嘉靖三年二、三月間上言議禮，正張璁、桂萼二人入朝之際，方獻夫沒有採入，二人「奏乞附名」，席書核實無偽也就將其章疏錄入。

如此嚴格劃清入選標準，是有其現實依據的：當時世宗獨攬朝綱，護法朝臣貶竄責抑，議禮諸公扶搖直上，讓一班邪妄之人嗅到，「諸希寵干進之徒，紛然而起。失職武夫、罷閒小吏亦皆攘臂努目，抗論廟謨」。張、桂等人極為惱火，認為大大有損議禮派的形象，也希望能通過集議的編定止息此風。席書奏章中所言，應理解為議禮諸人的共同想法。嘉靖對此也有覺察和反感，宣佈詔旨曰：「大禮已定，自今有假言陳奏者，必罪不宥。」[27] 此時為興獻帝遷陵和立廟之說正紛擾於朝廷，席書、張璁等反對「遷陵」和「入廟」，自也不會將此類章疏收入。在他們看來，倡言入廟的何淵本身就是冀求干進之徒，心下對他的言論和為人很是鄙薄。

《大禮集議》的編纂似乎很順利：方獻夫所輯集的部分以議禮五臣奏疏為主，理所當然地成為集議的前兩卷；第三卷錄熊浹、胡世寧等附取者所上章奏；第四卷收左順門事件後建議立世室的章疏。張璁又依編年體，將今上即位至嘉靖三年（一五二四）所有議禮大事順序簡記，撰成「纂要」兩卷。

這樣，前後用了半年的時間，六卷本《大禮集議》便告完成。四年（一五二五）十二月十四日，席書等於承天門進呈御覽，詔令頒布於天下。

3 爭議與重修

《大禮集議》頒布後，並沒有如嘉靖早先所稱「大禮已定」，且隨著興獻帝入廟之議，又掀起波瀾。何淵以首議立廟得皇上青睞，由光祿寺署丞遷上林苑監右監丞，對集議將其排除在外極為不滿，遂上疏請依「修正尊號集議凡例」續編「世廟議行禮儀」，「以成大禮全書」。他還請求將自己歷年章疏附錄於後，並說席書將他視為異己，多次阻撓他上疏或扣押其奏章。嘉靖本意想讓父親入祀太廟，礙於席書及張璁、桂萼反覆陳說解釋，以別立世廟了結，心中對諸人也有些不滿，及得何淵之疏，又記起席書帶頭阻攔之事，遂詔諭內閣，稱議定世廟，實質與議定尊號相同。他還命內閣起草敕令，命重編《大禮全書》，並要求把先前頒發的《大禮集議》繳回。

這個消息很令議禮諸人震驚。若此辦理，議建世廟的何淵竟與他們獲得同等地位，不獨是一種恥辱，也是一個君恩移易的信號。席書正在病中，抱病上疏，解釋說廟議並非何淵所創，議禮之初即有為興獻帝另立禰廟之說，且在《大禮集議》第四卷已將立廟之議大部分收錄，只有「開神道」及「遷主謁廟」未編入。如需重編，應讓議禮諸人負責，不能交給當初「跪門呼號」的翰林院官。

席書的疏章又喚回厚熜對往事的記憶，喚回對議禮諸人的倚信。嘉靖特別降諭席書，要他將續修事宜直言陳對。席書請以建廟諸事續編為兩卷，並於「纂要」中依年月序次「提綱分目，據事直言」，至於先前編成的部分，不宜改動，也不必收回，仍置於全書前部。皇上採納了席書的意見，於五年（一五二六）十二月，詔令重修《大禮全書》，以費宏、席書等為總裁官，張璁、桂萼為副總裁，霍韜、方獻夫、黃宗明、熊浹、黃綰等五名議禮之士為纂修官，又在翰林院和禮部選數人助纂。

六年（一五二七）正月，因四方災變，嘉靖「御奉天殿誓戒文武群臣」，命百官修省，並諭令四品以上官陳天下利病，連例行的慶成宴也為避免「多費勞民」暫停。然修《大禮全書》之事卻未停止。張璁上言「宜從典則之體、天子之書」，桂萼亦呈上條例，嘉靖將二人的章奏交付史館，指出：「纂修條例，務宜審定。」[28]

4 《明倫大典》

嘉靖帝聽取張璁之言，決心要把議禮疏章的彙集提升到「典則之體」「天子之書」的文獻高度。六年（一五二七）正月，嘉靖頒詔命開館纂修《大禮全書》，要求纂修官「上稽古人之訓，近削陋弊之說，參酌諸臣奏論，匯為全書」。對前此所編《大禮集議》，則稱「不得更改，可略加潤色，以成永久不刊之典」[29]。這一天，嘉靖先命在禮部賜宴，由英國公張侖陪宴款待費宏等人，又親臨文華殿，面諭所有編纂官，各賜金幣不等。編纂工作實際由張璁等人負責，自此隆重開館。禮部主事潘潢、曾存仁上言請辭纂修官之職，不許。

當年八月，張璁等將編成的初稿六冊呈請御覽。嘉靖不僅仔細閱讀，對席書所作「注論」尚嫌不充分，命增錄歐陽修等人有關「父子君臣大倫」的言論，諭曰：

且斯禮也，不但創行於今日，實欲垂法乎萬世，以明人倫，正紀綱。《大禮全書》四字未盡其義，宜更名曰《明倫大典》。30

此後，該書更名為《明倫大典》。皇上很贊成席書、張璁等所定實錄體的原則，要求纂輯者「但諸臣所奏，或自疏，或連名，或會官，或奉旨議，或瀆亂破禮，皆一一直書」。對已取得的成績，嘉靖也大加慰勉。

何淵被排斥在纂修官行列之外，所獲得的恩典到最後也很有限。除了張璁、桂萼等十餘名最早議禮和附議者，世宗對其他人的獎賞都很微薄。罷職閒住的昌平教諭王價和光祿寺錄事錢子勛曾得旨復職，經給事中解一貫和吏部尚書廖紀等上疏抗諫，結果王價二人一無所獲。而錦衣衛百戶隨全更因「求乞無厭」，使皇上由煩倦至怒氣勃發，嚴旨訓斥。

5 一筆功過總帳

嘉靖斥責那些求乞無厭的小人，卻不是不明賞罰的糊塗天子，對議禮期間的功過是非，心裡有一筆總帳。這位自視甚高的皇帝喜歡記帳，也不忘結帳。《明倫大典》的編纂，在他看來也是一個結清舊帳的機會。

七年（一五二八）六月初一日，《明倫大典》編成進呈，厚熜親撰長篇序文，頒行天下。序中先敘述了議禮始末，敘述楊廷和等人阻沮議禮的經過：

其時，內閣輔導之臣擅作不經之言，掌典邦之官輒據漢宋之事，悖逆天道，欺忤朕在沖年，壞

亂綱常，鼓聚黨類，上泯皇兄十六年之功德，再奪皇考十五歲之嗣人……[31]

楊廷和的治世戡亂之功被此一筆抹去，成為欺君罔上的罪人。嘉靖心胸狹窄，當不會忘記自己惑於天災，被迫服輸的恥辱：「朕方幼沖，理學未明於心，大義未聞於性，以被惑奸人，深信愚士，幾乎三綱掃地，五典隳焉。」[32]自言在踐祚之初受人欺騙，幾乎背棄三綱五典。他把楊廷和、蔣冕諸人指為「奸人愚士」，憤憎之情溢於言表。

嘉靖沒有忘記褒獎議禮諸人，序中稱「天錫我賢良方正之臣」，「伸義理，辯是非，佐朕圖斯禮焉」，而今歷經艱辛，終於議禮功成，大典完備，自當有大封賞：

議禮首臣張璁，已以禮部尚書入閣，加封少傅兼太子太傅，晉升吏部尚書、謹身殿大學士，蔭一子為中書舍人；

桂萼已進為吏部尚書、翰林院學士，加太保兼太子太傅，蔭一子為中書舍人；

方獻夫已為禮部尚書、翰林院學士，加太子太保；

作為《明倫大典》兩總裁之一的席書，在一年前因病故去，卒前已晉為武英殿大學士，賜第京師；

其他議禮諸人，霍韜升任禮部尚書，仍兼翰林學士掌詹事府事；熊浹升都察院左副都御史，黃綰升詹事府詹事兼翰林院侍講學士。

《明倫大典》的修成，是嘉靖皇帝，也是議禮派在理論上的輝煌勝利；是嘉靖皇帝，也是議禮派在權力上的進一步鞏固。此時皇權得到強化，議禮派入踞殿閣臺署，領袖九卿，執掌清要，好不快意。

嘉靖也沒有忘記懲處楊廷和等人。六月初三日，特敕論定楊廷和等人之罪，舉凡首輔楊廷和，大學士蔣冕、毛紀，禮部尚書毛澄、汪俊，吏部尚書喬宇，侍郎何孟春，文選郎中夏良勝，都御史林俊等人，無不一一論列，口誅筆伐。敕旨削奪了護法派各臣的一切官爵榮銜，處分之嚴，證實嘉靖對即位之初的受制屈己耿耿於懷。其涉及楊廷和之處曰：

> 楊廷和為罪之魁，以定策國老自居，門生天子視朕，法當戮市，特寬宥削籍為民。[33]

時楊廷和久歸林下，「日與親戚故人行田野，話桑麻」[34]，聽到這個消息，淡然一笑而已。

對楊廷和的記憶，厚熜是混合著屈辱和仇恨的，「定策國老自居，門生天子視朕」，的確是即位之初的實情，也是經嘉靖之口再三認可的，這就使痛恨更加一倍。而在其精神深處，還保留著對楊廷和濃重的感激尊敬，他永遠也不會殺害楊廷和。

第八章 大洗牌

如果說朱厚熜的純孝之心引發了議禮，則大獄頻興、冤獄頻發，暴露了其性格的偏狹殘忍，更暴露了他以人劃線的淺率固陋。厚熜在骨子裡本是欣賞正直之士的，然大禮與大獄相連，一批批國家棟梁被打入詔獄，被流放或罷斥，所有這些又都鼓勵了誣奏和告訐之風。許多積年沉案被翻騰出來，連御道上也出現了匿名帖子，使朝中大臣深為憂懼。所幸嘉靖亦知開告密之門的危害，命將匿名揭帖焚毀，及時堵住了匿名誣告的口子。

「左順門事件」後，朝廷對跪門哭喊的群臣逮繫拷治，繼之以罷斥流配，是為慘案未息，大獄又起。嘉靖三年（一五二四）歲尾，大理寺右評事韋商臣上言，列舉數端，以為皆國家大獄，關係非輕，請求皇上「大奮明斷，復戌者之官，錄死者之後，逮繫者釋之，而正訐者之罪」。嘉靖責以「賣直沽名，率意瀆奏」，命降二級調外任。[1]

自此至《明倫大典》頒布的嘉靖七年（一五二八）六月，議禮諸臣在中央政府由迅速崛起到把持權要，伴隨著他們一步步升向仕途頂端的，是對前朝舊臣的追索迫害，是一個又一個的冤假錯案，也是朝廷各部院的大換血、大洗牌。

一、小人陳洸

每當朝政失衡、政治對抗激烈，常會見到一些小人的沾躍身影。小人，意指人格卑下之人。《尚書．大禹謨》：「君子在野，小人在位。」記錄了先民對於小人亂政的感慨嘆息，此時則被用來抨擊議禮派的扶搖直上。客觀論列，議禮諸臣如張璁、霍韜、方獻夫，都還不乏正直善良，即如桂萼所為也不宜一概抹殺。但本節提到的陳洸，的的確確應算是一個小人。

1 惡貫鄉里的陳洸

左順門事件後，朝臣的抗議之聲頓覺消滅，犯顏抗諫的疏章也漸稀疏，朝堂上顯得沉悶壓抑。但公開附和議禮派的仍不多，許多官員以沉默顯示自己的不屈從，是以偶有贊同議禮派的聲音，不管是何人所發，張璁、桂萼都聽來悅耳，引為同道。

議禮派的陣營就這樣魚龍混雜地擴充壯大，陳洸也就在這時伺機發聲，獲得張璁、桂萼二人的青睞。

陳洸，廣東潮陽人，戶科給事中。嘉靖帝登基之初，他曾上疏支持楊廷和等大員，極言興獻帝不應加「皇」。後奉命出使，在家鄉留居達兩年之久，才回朝覆命。在鄉期間，陳洸與兒子欺凌鄉民，知縣宋元翰稍加約束，竟令兒子陳柱誣陷宋元翰，將其流配邊鎮。宋元翰怨憤難咽，將陳洸居鄉不法及家門淫亂之事編為一書，名《辨冤錄》，廣為散發。於是陳洸一下子臭名昭著，不齒於士林。吏部尚書喬宇認為此人不適合繼續任科道官，將之升任湖廣僉事，調出臺署。

此舉雖屬升職，但外任僉事又怎能與臺署權要相比！陳洸在赴京路上聽到這一消息，大為惱怒，憤恨之下，即於途中以舊銜上疏。由此可見出陳洸的小人心機，明明是挾私恨彈劾吏部主政各官，卻偏偏要從議禮說起：

> 主事張璁等危言論禮，出於天理人心之正。而當道者目為逢君，曲肆排沮，且群結朋黨，必欲陛下與為人後，虧父子之恩……[2]

時當張璁等入京未久，輿論洶洶、疏章迭彈、人人喊殺之際，陳洸一疏，不獨使皇上大為歡喜，也使張璁、桂萼等引為強援。陳洸疏中猛烈攻擊吏部尚書喬宇、文選郎中夏良勝，說他們「用舍任意，排擠豪傑」，又稱先前被貶斥或外調的給事中于桂、閻閎、史道和御史曹嘉，都是吏部排斥異己的受害者，請求削去喬宇、夏良勝官職，召回于、桂等人。

嘉靖覽疏，命下吏部議處。喬宇上疏乞休，皇上不加挽留。夏良勝已升為南京太常寺少卿，貶為茶陵知州。吏部侍郎何孟春稱陳洸冒舊銜上疏，「紊亂國典，宜行究問」，在皇上看來如吹毛求疵，擲棄不理，特旨命陳洸、于桂、史道等復職。降敕之日為八月初一，距左順門事件，剛剛過去半個月。

2 鷹犬的利爪

朝廷從來都需要鷹犬，當政者和野心家也需要鷹犬，而小人多類鷹犬也，當陳洸舞著利爪撲擊撕咬時，自然會得到鼓勵和獎賞。

陳洸一炮轟響，官復舊職，好不得意！為更求升賞，廣為緝查左順門事件中各官動靜言行，在當年八月間再上一本，盡錄其搜集到的一批官員在議禮和「左順門事件」中的表現：

內閣大學士費宏堅持「本生」的觀點，反對為興獻帝加徽稱；

禮部左侍郎吳一鵬煽動汪俊的憤恨情緒，對抗君王；

兵部尚書金獻民因為是楊廷和心腹親信，獲得大司馬一職；

禮部右侍郎朱希周反覆到內閣煽說，脅迫大學士毛紀等出來加入跪門的隊伍；

吏部侍郎汪偉是汪俊的親弟，應看作朋奸；

刑部尚書趙鑒秉承毛紀旨意，意圖將桂萼打入大獄，是為比黨；

禮部郎中余才、吏部郎中劉天民領頭跪門，高聲呼喊哭叫；

吏部員外郎薛蕙、給事中鄭一鵬附和禮部主官，排斥正論……

陳洸列舉了一個長長的黑名單，就中包括由內閣到六部、臺諫的許多高層和中層朝官，皆注明其在左順門事件中的表現。嘉靖未加批示，諭令將此章下發到有關部門。

這一做法本身，就說明了皇帝的態度，表現出對陳洸疏章相當程度的信重，也表達了對涉及人員的懷疑和不滿。皇帝下發疏章的做法有一種無形的強大壓力，以朝廷慣例，也要求相關官員主動辭職。於是費宏、金獻民等都上疏求退。為穩定政局，嘉靖一一優詔慰留。

當月，嘉靖詔令南吏部尚書楊旦入京，擔任吏部尚書，以接替喬宇。這項任命，或出自曾在南都任職的張、桂二人之薦。豈知楊旦素來鄙薄張璁、桂萼的人品學識，接旨後竟激切上疏，請將二人斥逐，並讓方獻夫養病。皇上得疏大是不悅，但剛剛頒布新任命，也不好馬上施以顏色。陳洸看準時機，急忙上疏彈劾楊旦。

陳洸，已成為一隻隨時躍起撲擊撕咬的鷹犬。

3 得意與敗落

鷹犬的辛勞當然不會是白白付出的。

十月，陳洸升為戶科左給事中，上疏推薦謝遷、廖紀、胡世寧、姜清等，並再一次猛烈抨擊吏部尚書楊旦。章下吏部，侍郎何孟春覆奏，指稱陳洸在鄉里所犯惡行，請予斥逐。嘉靖竟依陳洸所奏，召用廖紀、胡世寧和姜清等人，令楊旦和吏部侍郎汪偉致仕，將吏部文選司郎中劉天民調外任，並嚴責何孟春有徇私之弊。

陳洸的行徑在科道官中引起普遍的反感。兩日後，六科給事中趙漢、朱衣等紛紛上章論陳洸之奸，並揭露其居鄉為惡之事，有廣東道文案及宋元翰《辨冤錄》可證。御史張曰韜、戴金也上疏論之。嘉靖有心袒護，斥責上疏者，御史蘭田則劾奏稱陳洸為席書黨羽。嘉靖無奈，命都察院從公驗問陳洸與宋元翰之獄。

禮部尚書席書上言，稱自己與陳洸素無交往，而御史蘭田橫加指責，請求致仕。皇上優詔慰留。

十月二十四日，都察院堂上官接旨後經過計議，奏請將陳洸之事發由原籍撫按官審理，陳洸應依例回籍聽從勘問。嘉靖豈看不出其中消息，但國朝律法俱在，都察院的處置堂堂正正，也不便駁回，敕令由撫按官「從公勘決」，「陳洸不必回避」[3]。

陳洸怎甘沉默，復上一道長疏自我辯解，又誣奏蘭田及吏部郎中薛蕙、劉天民，員外郎劉勛等人。都察院經過查證，奏稱陳洸所言多不足信，只有所稱薛蕙與前亳州知州顏木合謀陷害參將石璽之事，應命河南撫按官勘問，薛蕙應回籍聽勘。嘉靖即命薛蕙解任回籍，不久此事真相大白，又是陳洸胡說。吏部幾次敦促薛蕙赴職，薛蕙因張璁、桂萼等人在朝，堅辭不赴。

陳洸當然不願意回鄉受審，奏稱蘭田所上宋元翰《辨冤錄》是匿名文書，應銷毀；又說都察院陷害自己，撫按官也可能會偏袒，請派錦衣衛官協同調查此案，並說若能做到這些，願回原籍聽從訊問。嘉靖即加准許，命刑部派郎中一員和錦衣衛千戶一員，會同廣東巡按御史勘問。陳洸之獄，自此拉開帷幕。

陳洸本以為錦衣衛官較容易收買，故有此請，也得到皇上批准。誰知刑部選派的郎中葉應驄極為硬氣，曾因跪門事件被廷杖，對反覆無常的陳洸之流非常痛恨。這次領旨辦案，他與錦衣千戶李經等焚香對天盟誓，決心要秉公審處。至潮陽，葉應驄會同御史熊蘭、涂相等用心審理，查明陳洸罪狀竟達一百七十二條，其中大罪十三條，擬稱「罪惡極，宜斬，妻離異，子柱絞」[4]。

陳洸未想到是這個結果，聞訊後魂飛魄散，急急逃離家鄉，至京師申訴。嘉靖念陳洸贊同議禮之功，將葉應驄奏章扣留不下。刑部尚書趙鑒、副都御史張潤、都給事中解一貫連章請求懲處陳洸，嚴明刑罰。皇上不得已，命刑部派員覆核案情。

刑部覆審此案的官員為郎中黃綰。此黃綰非因議禮而貴、參與修纂《明倫大典》的同名者，而是一位耿介之臣。他奉旨再審此案，一切採信葉應驄原擬罪名。席書與桂萼曾設法為陳洸說情開脫，見不起作用，便與張璁聯名上疏，稱陳洸因議禮遭人嫉恨，被羅織了許多罪名，請求皇上降恩旨給予赦免。

嘉靖亦知陳洸人品欠佳，卻認定其中有議禮因素，有群臣對陳洸的敵意。適值《大禮集議》編成，皇上令禮部查錄參與議禮而未加恩賞者，席書即在章奏中為陳洸申冤，奉旨：「陳洸免遞解，鄭氏免離異，柱免死令邊戍。」[5]大理寺卿湯沐、刑部尚書趙鑒等再上疏力爭，不聽。

陳洸之獄的第一個回合，雙方打了個平手。

二、李福達之獄

陳洸之獄暫告一段落。

由於皇帝的直接出面干預，陳洸被免死為民，但刑部、都察院、大理寺三法司及科道官的同仇敵愾，在懲治陳洸時那種驚人的團結協同精神，著實讓席書與張、桂二人震驚，也讓他們心中窩火。

1 兩大營壘的公仇私恨

不如意的事還在繼續出現。

席書先任湖廣巡撫時，有長沙人李華、李鑒父子搶劫盜竊，拒捕時殺死巡檢馮琳。後李華死於獄中，李鑒被逮捕監禁，知府宋卿判其為死罪。席書審理此案時，發覺宋知府有貪贓之嫌，誤認為是故意陷害李鑒以索賄，將之打入大獄。刑部派大臣覆審此獄，發現並非如席書所言，遂將李鑒下獄治罪。

席書是一個偏執任氣之人，「遇事敢為，性頗偏愎」[6]，如何咽得下這口氣？他上疏請將李鑒押至京師，再加審訊，並說自己因議禮引發眾怒，刑部官袒護宋卿，請求世宗敕令法司為辯誣昭雪。嘉靖命有司重新審理此案。御史蘇恩、大理評事杜鸞會同刑部主審，李鑒招供無誤，可證原問官定罪準確，奏報皇上。嘉靖為照顧席書的面子，命將李鑒免死戍邊。這一次，表面上打了個不相上下，實則誰都清楚其間的是非曲直。

議禮諸臣在朝中已漸握權要，卻又處處可感覺到來自四面八方的深深恨意，他們也以恨對恨，尋找一個揚眉吐氣的機會。這個機會終於在嘉靖五年（一五二六）來到，即「李福達之獄」。

2 郭勛與術士李福達

李福達，又名李午，山西代州崞縣人，曾參與王良謀反事，被發配山丹衛，後從戍地逃還，改名李五，逃至陝西洛川縣居住。在洛川，李福達與叔父李越以白蓮教號召民眾造反，嘯聚數千人，搶掠鄜州、洛川諸地，殺死很多人。在官兵追剿中，李越及黨羽何蠻漢等被捕殺，李福達再次逃脫，藏匿於山西徐溝縣，改姓更名為張寅。靠搶來的金幣珠寶，李福達與該縣張氏大姓攀為同宗，又編立宗譜，用以瞞人耳目。一切安頓好了，李福達便攜帶錢財進京師，搖身一變而為匠戶（世業的工匠，有一種技藝，明朝規定要輪班定期服役，其餘時間則執業謀生）。其子大仁、大義、大禮也都進入匠役之列。李福達又用錢買了一個山西太原衛指揮的義官之銜，又因精通燒煉之術，被推薦給提督京營的武定侯郭勛。

郭勛正想借方術之士媚上固寵，聞知李福達能通燒煉，遂引為座上賓，往來頻繁，準備一日引薦給皇上。所謂「燒煉」，即道教徒的燒爐煉丹。嘉靖好神仙，求長生不死之藥，四方術士咸以知燒煉麇集京師，希求富貴。勛貴之家以為奇貨可居，養為賓客，郭勛之待李福達正是如此。

李福達還未到達宮中，便開始得意忘形，竟跑回原先出事的地方顯擺，被仇人薛良揭發到官府。他見事不好，逃回北京躲藏，兩個兒子卻被地方捉拿入獄。李福達自恃隱匿已久，前往獄中質對。代州知州杜蕙傳訊證人，審理明白，上報布政司、按察司及巡按御史，皆定案為妖人謀反罪名。而巡撫畢昭卻認為「福達的確是張寅，被仇人誣陷」，以居民戚廣等為證人，為之翻案，反坐薛良誣陷罪。後畢昭因事離職，御史馬錄巡按山西，重新嚴加審訊，再次將李福達定為謀反罪。

李福達急忙託人到郭勛處申訴「冤情」，郭勛當即寫信給馬錄，吩咐他免去李福達的罪名。豈知馬錄根本不聽，對李福達照章定罪，並上疏彈劾郭勛以逆賊為私黨，後面附上郭勛寫的親筆信。嘉靖命都察院審理此案。

3 第一次審結：郭勛受斥

在政治矛盾激化的時局下，在權力網、人情網的籠罩下，所有大案要案的審理，通常都是錯綜複雜、不斷反轉的。

此案的走向白熱化，是在嘉靖五年（一五二六）夏秋之際。時翰林、科道經歷大規模廷杖，以及隨之而來的逮治、流配，已不太敢出位言事，而整個司法系統仍是原來的班底。執掌都察院的，是到任不過一兩個月的左都御史聶賢，弘治三年（一四九〇）進士，曾任知縣，後選為御史，歷任湖廣按察使、右布政使，以清廉著稱，也給興王及少年厚熜留下很好印象。厚熜登基後，聶賢升遷迅速，儘管數經彈劾，仍是一路高升，由提督南贛汀漳等處軍務升南京右都御史，再升南京刑部尚書，晉京為左都御史掌都察院事。「都御史職專糾劾百司，辯明冤枉，提督各道，為天子耳目風紀之司」[7]。嘉靖將此職放在聶賢的肩頭，足見信任。

聶賢豈不知皇上寵信郭勛？豈不知郭勛與議禮新貴交往密切？然此案鐵證如山，他也很自然地產生捍衛法律的正義感，對郭勛為李福達脫罪的做法極是厭憎。大理寺評事杜鸞彈劾郭勛和席書，請將二人先正國法，然後再召集諸有司官員合擬李福達之罪，皇上不理。聶賢率都察院堂官上奏，建議將此案移交三司會審。

其實，馬錄在審理李福達一案時非常慎重，先詢問徐溝籍的給事中常泰，常泰認為張寅確實就是李福達；又詢問原籍鄜州的刑部郎中劉仕，說法與常泰相同；又出榜選取鄜州、洛川兩地認識李福達的父老來面對，都說就是李福達本人；再命布政使李璋、按察使李珏、僉事章綸、都指揮使馬豸反覆訊問，使李福達在公堂對簿時無可翻供。所有這些審案記錄、證詞、口供等案卷彙集上來，馬錄驗之無疑，才會同巡撫都御史江潮上奏：

> 福達聚眾數千，殺人巨萬，雖潛蹤匿形而罪跡漸露，變易姓氏而惡貌仍前，論以極刑，尚有餘辜。武定侯勛納結匪人，請囑無忌，雖妖賊反狀未必明知，而術客私干，不為避拒，亦宜抵法，薄示懲艾。[8]

此章一上，李福達謀反之罪再無疑問。十一月，聶賢經覆審後上奏，定李福達依謀逆律磔死，經御筆圈定，打入死牢待決。

一日弄清事實，朱厚熜則以朝廷法制為重，對郭勛干涉司法的行徑很生氣，召見面責，令他投案自首，聲色俱厲。郭勛大是震動驚恐，急上疏乞恩，並為李福達辯冤，情詞淒涼。皇上覽疏，想起當初擁立和侍衛之勞，不再追究。

4 郭勛翻案與張、桂援手

郭勛緩過了一口氣，緊接著便開始私下運作，準備翻案，因為只有推翻此案，才能恢復皇上對自己的信任。在郭勛唆使下，李福達之子李大仁赴闕哭訴，請求為乃父昭雪冤枉。郭勛對他說：如不能翻案，你等就逃往外地，不要讓他們抓住殺了。這些話傳出之後，給事中劉琦、程輅，御史高世魁、鄭一鵬，南京御史姚鳴鳳、潘壯等紛紛上疏，彈劾郭勛，請求將之治罪。常泰、聶賢等上言稱郭勛應論以「知情」「故縱」，依律連坐。

生命攸關之際，郭勛反覆上疏自訴，硬說自己是因支持議禮而觸犯眾怒。嘉靖也有些懷疑，對諫官群起而攻之事若有所思，命錦衣衛取李福達供詞及人證，移至鎮撫司等候會審。諫官們感覺到皇上的猶疑反覆，情急之下，更是激切上章，彈劾郭勛，陳說李福達罪名，要求依律懲處。

張璁、桂萼等在入朝之初勢單力薄，連生命都難以保障，幸得執掌京營兵權的郭勛支持，才慢慢立足站穩。此時見郭勛窘迫，如何不援之以手？且為一李福達事輿論洶洶，群臣激憤，似乎又見兩年前左順門事件的情景，像是在蓄極積久後的大爆發。宗派已成則命運相連，郭勛一倒，諸多事情必連類而及，對張、桂等恨之入骨的群臣必乘勝橫掃議禮諸臣，那將是一個怎樣可怕的局面？於是，張璁、桂萼祕密求見，對嘉靖說：「廷臣內外交結，借事陷勛，漸及議禮諸臣，逞志自快。」[9]一句話，所有這一切都是對議禮不滿者的報復行為。

議禮，是朱厚熜的一個生命情結，他的施政大略、他的理想信念、他的個人愛憎、他對臣屬的升黜臧否，多與議禮相關。李福達之獄，本也能採聽有司和諫官的意見，依律處治，但郭勛一說到因議禮遭仇恨，嘉靖便信疑兼半，命人重新審理；桂、張二人再言至群臣內外交結，想對議禮諸臣不利，嘉靖那根敏感的神經便被撥動，由猶疑至憤怒，由冷靜至偏執，由維護國家的法律，轉向維護議禮的貫徹和一己之尊嚴。

5 三法司大員因審案入獄

嘉靖下旨再審。這時候的所謂再審，在皇上的本意便是要翻案了，群臣卻不知上意。刑部尚書顏頤壽、都察院左都御史聶賢、大理寺卿湯沐等及錦衣衛、鎮撫司各官在京畿道會審，三推六問，引證質對，均無異詞，奏請將李福達論磔。嘉靖不聽，又命九卿大臣在朝廷會審，傳來畢昭所舉、證明薛良誣陷李福達的戚廣，說從沒有官吏問過他什麼話。顏頤壽把這些都錄呈皇上親自過目，嘉靖懷疑有假，下旨說等齋祀結束，要親自審問。這當兒，刑部主事唐樞上言應定李福達死罪，嘉靖大怒，將之削職為民。顏頤壽等測知皇上之意，不敢再堅持定罪之說，而是摘引審理過程中前後不同的情節和證詞，稱這個案件有許多疑點，應作為「疑獄」。嘉靖更以為自己的懷疑持之有據，降諭嚴厲責備顏頤壽等三法司審案大員。

冬去春逝，轉眼到了嘉靖六年（一五二七）的夏天。嘉靖命錦衣衛逮山西巡撫馬錄至京，押在鎮撫司獄候審，又命取原審官員的李璋、李玨、章綸、馬豸到京接受訊問。刑部尚書顏頤壽見事體顛倒，竟到了如此地步，再也無法沉默，毅然上言，不僅說李福達「反狀甚明」，還提到其「以神奸妖術蠱惑人心」，表示自己縱然死也不敢姑從欺君，氣節凜然。

嘉靖自視英察，向來聽不得不同意見。顏頤壽所指「神奸妖術」，在他看來也有批鱗訕上之嫌，遂大怒，斥其「朋奸肆誣」，令戴罪辦事。顏頤壽奏請再次會審，讓馬錄與李福達對質，結案仍與往常一般。嘉靖愈加憤怒，命錦衣衛將顏頤壽及刑部侍郎劉玉、王啟，左都御史聶賢，副都御史劉文莊，大理寺卿湯沐，少卿徐文華、顧佖一股腦兒逮入詔獄。原審問此案的刑部郎中、都察院御史、大理寺寺正等官，也都逮繫待罪。掌管刑獄的三法司首腦俱因審案入獄，在中國歷史上應屬極罕見的。

6 議禮派主持審案

八月，嘉靖命議禮派大員全面接管三法司，張璁署都察院，桂萼署刑部，方獻夫署大理寺，主持該案的審理。[10] 審案大權盡入議禮諸臣掌握中。張、桂等迎合皇上之意，令錦衣衛和鎮撫司嚴審刑部、都察院及大理寺原問此案者。可憐這些司法大吏，由堂上之尊變為階下之囚，備受五刑之毒，在杖下扭動慘號，聞者惻然。

刑部尚書顏頤壽向來鄙夷張璁、桂萼，沒想到今日落在其手中。二人見他還端著刑部尚書架子，神態傲慢，也不與他廢話，令上拶刑。顏頤壽歷官三朝，雖也短暫在南禮部、戶部任職，但多數時間主管司法刑獄，經驗豐富，亦素有廉潔清正之名。然從來都是老顏問案，是他喝令打問別人，未料今日成了階下囚，十指被拶，痛入心肺，只得叩頭求饒，大叫：「爺饒我！」當時京師流傳「十可笑」

之謠，其中之一便是：「某可笑，侍郎掺得尚書叫。」11

張、桂二人久積鬱憤，毫不手軟。太僕寺卿汪玄錫私下裡對光祿少卿余才說了一些不滿的話，被人告知張璁等，奏聞皇上，也被逮入詔獄，大吃苦頭。在馬錄入獄時，大學士賈詠致信慰問，被鎮撫司上奏給皇上。嘉靖嚴責賈詠，即令致仕而去。而給馬錄寫信表示同情和慰勉的都御史張仲賢、工部侍郎閔楷、大理寺丞汪淵、御史張英等，則被錦衣衛逮捕入獄，受盡拷掠之苦。

受刑最慘的還數馬錄。這位一方大吏為李福達之獄的最早定案人，又最先對郭勛提出彈劾，是為能否翻案的核心人物。九月，張璁、桂萼、方獻夫主持會審，酷刑逼供，無所不用其極，「饒你人心似鐵，怎奈官法如爐」。馬錄受刑不過，只得含冤招認挾私報復，故意陷害他人。張璁等奏知皇上。嘉靖對馬錄很痛恨，打算反坐以死罪，得張璁營救說情，才免死論戍，充軍南丹衛。

7 掃蕩三法司

李福達無罪釋放了。嘉靖對抗疏彈劾郭勛的群臣卻不放過，先後入獄的達四十多人，死於廷杖和獄中的十餘人，大理少卿徐文華、顧鈊以此案再加上曾反對議禮，加罪戍邊。

這場大獄歷時一年多，終告結束。一個神通不算大的術士，一件老年陳舊的案子，竟震撼朝廷，反覆會審，以至於刑部、都察院、大理寺大吏因此入獄，不可謂不大；而數十人入獄，十餘人死難，不可謂不酷。這是一個冤獄，是司法史上的黑暗一頁，而說到底，也與議大禮後朝臣分裂、黨爭派鬥相關。郭勛與術士結交，為之請囑開脫，干涉司法，是其罪責。但李福達早年以白蓮教謀亂，郭勛既沒參與，也不可能知道，必欲彈劾郭勛，置以連坐重典，實屬過分，也有政見與派系的因素在內。政治傾軋必然會引起強烈的反彈，激成翻案之舉，釀就後來的一杯苦酒。

嘉靖篤信道教和方術，寵臣郭勛當然要在方術上下功夫。作為早期白蓮教小頭目的李福達，其人生走向並非確定：經郭勛薦舉而入於宮廷，有可能成為真人高士；在民間結社聚眾，則是圖謀造反的亂黨。就李福達之獄來講，馬錄的審理定案是慎重的，處理則過於嚴厲，沒有考量農民造反的複雜因素，也沒有看到此類小人物的兩面性。在當朝天子的干預下，本來的叛黨李福達逃脫了法網，而馬錄這位忠臣鋃鐺入獄，也算是一種諷刺。

六年（一五二七）九月，李福達一案審結。張璁請求將前後所奉詔諭及獄詞匯編為一書，頒示天下。嘉靖當即批准，並在文華殿召見張璁、桂萼、方獻夫三人，「俱賜二品服色，金帶銀幣，仍令吏部給三代誥命」[12]，以示慰勉。不久後，張璁輯刻成兩卷本的《欽明大獄錄》，嘉靖命頒行天下。在他看來，這是一部體現「朝廷恤民之意」的平反冤獄的功德簿。

四十五年（一五六六）歲末，四川蔡伯貫奉白蓮教旗號造反，被官軍擒獲後供認以山西李同為師。李同即李福達之孫，被同案論斬。穆宗新繼位，採納都御史龐尚鵬之言，為往日在李福達一案中受禍的官員平反昭雪，恢復官爵。

此一年，上距嘉靖六年（一五二七）已過去三十九個春秋。

三、獄訟叢雜

不管是集議大禮，還是平反大獄，在嘉靖皇帝，在他倚信的張璁、桂萼等人，應出於一種觀念或看法，有些偏頗，有些極端，卻很難說是有意製造冤案。可他們因懷疑而採用極端殘酷的手段，愣是將問理明白的鐵案翻了過來，將三法司數十名高官打入詔獄，冤案也就這麼形成了。

生活中從來不缺少奸詐機巧之人，在這裡看到罅隙，看到利益，看到升遷或尋仇的希望，於是一窩蜂而來，多年陳案紛紛被翻出，一時獄訟四起，烏煙瘴氣。

1 哈密事件

與李福達獄同時，錦衣衛百戶王邦奇上書言哈密事件，彈劾已致仕的楊廷和、彭澤，連及在任大學士費宏、石珤。

王邦奇原為錦衣衛千戶，楊廷和擬詔裁革傳奉官，王邦奇亦被削職，心中極恨楊廷和。後王邦奇意圖鑽營門路復職，下兵部議處，先後掌兵部的彭澤與金獻民極言不可，嘉靖命王邦奇試職百戶，其對彭澤、獻民也心生大恨。嘉靖六年（一五二七）二月，王邦奇上疏言邊事，曰：「今哈密失國，番夷內侵，由澤總督甘肅時賂番求和，邀功啟釁，及廷和草詔論殺寫亦虎仙所致。宜誅此兩人，更選大臣興復哈密，則邊事尚可為。」此二人，指楊廷和與彭澤。

王邦奇以小小武職，率爾指斥閣老和尚書，聲聲喊殺，也是有人為其撐腰的。嘉靖命兵部問理此事，而兵部還未提出奏議，邦奇又上疏，稱內閣大學士費宏、石珤皆楊廷和之黨，曾在夜間到楊一清宅中問計，欲掩蓋事實，因談不攏離去。他又說廷和之子兵部主事楊惇將當時章疏文牘藏起來，楊廷和義子侍讀學士葉桂章、女婿翰林修撰余承勛及彭澤之弟彭沖為之到處串通託人。

核心仍是楊廷和，牽連多人，將廷和的兒子、女婿、同僚、友人一弄兒扯在裡邊，而文中描述當時情景，仿佛就在其目前，寫得活靈活現。一個被罷斥的錦衣衛小官，怎能得知這些密辛？這份編造色彩極濃的誣告信，很快又擺上皇上案頭。嘉靖對楊廷和有太深成見，竟然深信不疑，諭令將楊惇等下獄審訊。

禮科給事中楊言抗疏論救，極力為楊廷和鳴不平：

> 廷和當權奸辱橫之日，保全神器，歸於陛下，持危定難，有正始之功焉。即所擬詔條或矯枉過直，然事專為國，心本無他。今當國未幾，禍延子婿。臣恐自今全軀保身之臣皆以廷和為口實，誰復為國家任事者哉！[13]

說得有理，正因有理又過於切直，更刺入皇帝內心痛處，看到該疏後龍顏大怒，命將其逮入詔獄。嘉靖猶不解氣，親臨午門審訊楊言，酷刑逼供，無所不至，楊言始終坦蕩應對。

嘉靖命五軍都督府及九卿再議。鎮遠侯顧仕隆以迎立防守功多，深得皇上倚信，「賜手敕，特加太子太傅，調掌中軍都督府事，提督都門鎖鑰，兼督三千營」[14]，此時再不忍坐視，上書論王邦奇所言皆虛妄不實。嘉靖嚴旨斥責，不久即予解職。

然王邦奇的確是憑空揑造，審案官也只好據實奏報。嘉靖仍令將楊惇以「陷匿卷宗」罪名削職為民，楊言以「輕率妄言」調外任，余承勛以「詐病曠職」令退仕。至於滋事造端的王邦奇，也以「陳言希用」降為總旗，以示不加偏袒。哈密之事，命有司勘查上奏。

時張璁、桂萼、方獻夫已奉敕掌三法司，審理李福達之獄。王邦奇對他們雖不足道，哈密事件卻是整治楊廷和及現任首輔費宏的契機，為之推波助瀾，又牽扯上副都御史陳九疇。

身為巡撫甘肅都御史的陳九疇素稱能員，與前兵部尚書彭澤交情甚篤。土魯番入寇肅州，九疇引兵自甘州連夜奔赴前線，殺退敵兵，惟輕信部下之言，未經核實，即奏報敵酋滿速兒、牙木蘭被擊斃。後二酋上表求通貢，使嘉靖大為奇怪，開始懷疑陳九疇虛報邀賞。在京的土魯番人也散布說肅州之變為陳九疇激成，嘉靖對陳九疇記了一筆帳。

當年八月，桂萼上疏，稱甘肅之變實由陳九疇誇張其事，大肆殺戮，目的是陷害主撫的原兵部尚書王瓊，請求起復王瓊並查明此事。嘉靖深以為然，不久即召王瓊以尚書待用，命刑部將陳九疇逮至京審訊。

2 陳洸之獄塵埃再起

六年（一五二七）九月，張璁、桂萼、方獻夫會審李福達獄結案，與之抗論的朝官備受酷刑後被一一發落，此三人則以「平反冤獄」之功大獲褒賞。桂萼掌管刑部，上疏為陳洸申冤，再次提出應重審陳洸之獄。詔令逮陳洸、葉應驄、黃綰、宋元翰等入京訊問，被牽連到的竟至四百餘人，九卿會同錦衣衛廷訊。葉應驄凜然不懼，抗聲說：我定陳洸之罪依據的是朝廷法典，若是必欲使陳洸無罪，諸公就請看著辦吧！

這時已由胡世寧接任刑部尚書，他也深知陳洸罪重，但鑒於李福達獄中三法司的可悲結局，不敢主持正義。恰好這天京師黃霧彌漫，審理未完，胡世寧便讓暫停。

黃綰時任紹興知府，被逮之時，百姓哭泣相隨，爭送盤纏。黃綰只收下兩個錢，以示不忘士民情分，遂毅然就道。審訊的第二日，京師又刮大風，揭瓦拔木，被認為是冤獄的徵兆。嘉靖詔令百官修省，不許用刑，葉、黃諸人因也逃脫了皮肉之苦。法司定應驄「按事不實律」，黜為民；宋元翰、黃綰、蘭田等俱加貶斥。而陳洸則授予冠帶，令閒住。

霍韜仍上疏為陳洸申冤，以為如此處理還欠公正。世宗亦知不宜過甚，未予理會。陳洸對葉應驄的仇恨有增無減，幾年後又唆使他人劾奏應驄審獄妄殺無辜二十六人。嘉靖批令巡按李美核查，李美奏稱這些人的死亡各有原因，並非濫殺，時任刑部尚書許讚也稱應驄無罪。嘉靖不聽，命將葉應驄充軍遼東。

陳洸之獄前後歷八個年頭，亦為嘉靖間一大冤獄。複雜的政治和人事背景使這個獄案息而復起，凡揭發陳洸惡行及審治此案者無不獲罪，被逮捕者竟至一百數十人。

3 陳九疇冤獄

七年（一五二八）正月，陳九疇被從家鄉曹州逮至京師。桂萼等人必欲殺之，以此株連楊廷和與彭澤。首輔楊一清為陳九疇解釋冤枉，嘉靖不聽，責令楊一清不要偏袒黨護，命將陳九疇打入詔獄。胡世寧在審理陳洸案時懦弱順旨，良心上很受自責，此時主審此案，在朝堂聲稱：「世寧司刑而殺忠臣，寧殺世寧！」[15]毅然上疏為陳九疇稱冤，曰：

番人變詐，妄騰謗……九疇先幾奮僇，且近遣屬夷劫其營帳，遠交瓦剌擾其窟巢，使彼內顧而返，則肅州孤城豈復能保？臣以為文臣之有勇知兵忘身殉國者，無如九疇，宜番人深忌而欲殺也。[16]

同情滿紙，豪情滿紙。胡世寧也解釋了陳九疇聽信部卒妄報，奏言滿速兒已死的不察之罪，但請求從輕發落。嘉靖也知九疇是個勇於任事的人才，記得他迅速平定甘州五衛之亂的功勞，很有些猶豫，最終還是採納桂萼之言，將陳九疇發往極邊充軍。

儘管有楊一清、胡世寧等人相救助，此案在朝中牽連而及者仍有四十餘人。兵部尚書金獻民、侍郎李昆皆因此落職。

4 獄訟紛起

較大的獄案還有張福之獄：京師居民張福狀告鄰人張柱殺其母，東廠奏知朝廷，刑部定張柱死罪。張柱不服，張福的姊姊向官府哭訴，說母親實為張福所殺，證之鄰里亦如此。嘉靖命刑部郎中魏應召重新審理，查清確是張福所為，改定張福死罪，釋放張柱。

這件案情本不複雜，東廠卻不同意，奏稱法司審判不公，又提出以子弒母實不可能。嘉靖深以為然，對魏應召不滿，令將其逮入詔獄，欽命右都御史熊浹再審。

熊浹，正德九年（一五一四）進士，曾任河南參議。議禮早期，熊浹即馳疏上言，從人倫人情立論，認為新帝應尊崇父母為帝后。雖其疏到京師之日略晚，朱厚熜仍令下之禮部，後來召修《明倫大典》，超擢右僉都御史。皇上視之為議禮重臣，兩年間不斷擢拔，遷大理寺卿、右副都御史、左副都御史，至八年（一五二九）二月再升為右都御史，掌管都察院。當熊浹官職低微時，就曾舉發宸濠謀反之狀，審核江彬親信張傑的貪酷，聲名遠揚。皇上欽定由他主審，寄望甚殷。熊浹自也不敢懈怠，奉旨重做查訊，多方訪求研審，仍得出與魏應召相同的結論。熊浹雖知必為皇上不喜，畢竟正義未泯、良心難違，遂如實上奏。

嘉靖頗覺意外，怒火中燒，聽不進熊浹的解釋分辯，立命將他削職。給事中陸粲、劉希簡上疏抗諫，也被打入詔獄。接著負責審理的是剛任刑部尚書不久的許讚，他出身官宦世家，一門貴顯。父親許進在正德間歷仕提督京營、兵部尚書、吏部尚書，加太子少保，以得罪劉瑾罷歸。哥哥許誥，嘉靖初為侍講學士，直經筵，遷太常卿掌國子監，堪稱親信近臣，後仕至南戶部尚書。許讚不敢再堅持，遵旨定張柱死罪，魏應召及提證的鄰人充軍，張福的姊姊也被打了一百杖，時人皆以為冤枉。

為什麼嘉靖對此案如此關注？如此偏聽偏信？《明史・熊浹傳》中一語道破天機：

> 當是時，帝方深疾孝、武兩后家，柱實武宗后家夏氏僕，故帝必欲殺之。

厚熜未必如此挾仇枉法，但深恨張太后和夏皇后，對其親屬為非作歹的惡名早有耳聞，早思懲處，卻是事實。

嘉靖大獄相連，冤獄相連，與議禮有著千絲萬縷的聯繫，更與嘉靖的主觀意志有直接關聯。議禮之臣由鄙位入據津要，推助催發大獄，應是想要站穩朝堂、清算舊帳和引用私人的最好手段。嘉靖帝理所當然地成為他們的支持者，其情緒常比議禮之臣更激烈，行為有時也更偏執。

如果說朱厚熜的純孝之心引發了議禮，則大獄頻興、冤獄頻發，暴露了其性格的偏狹殘忍，更暴露了他以人劃線的淺率固陋。厚熜在骨子裡本是欣賞正直之士的，然大禮與大獄相連，一批批國家棟梁被打入詔獄，被流放或罷斥，所有這些又都鼓勵了誣奏和告訐之風。許多積年沉案被翻騰出來，連御道上也出現了「匿名帖子」，使朝中大臣深為憂懼。所幸嘉靖亦知「開告密之門」的危害，命將匿名揭帖焚毀，及時堵住了匿名誣告的口子。

四、橫掃臺署與翰院

六年（一五二七）六月，批閱疏章一向簡要明快的嘉靖有些犯難，他遇到的是一件家務事：通政使司右參議葛檜本姓孫，以自少養育於外叔祖葛華家，從葛姓，至此奏乞復本姓；而其外叔祖母張氏也有一份訴狀，詳細講說將他養育成人的艱辛，請求不許改姓。兩份奏章都寫得情詞懇切，厚熜讀得很感動，一時不知該如何決斷。

皇帝要解決此類家事嗎？

這件事的可貴之處，恰在於家庭瑣事之奏能上達天聽，在於有人為年邁的張氏書寫並代呈訴狀。通政使司「掌受內外章疏敷奏封駁之事……凡天下臣民實封入遞，即於公廳啟視，節寫副本，然後奏聞」[17]。葛檜身為該司右參議，並沒有利用職務之便阻攔張氏遞狀。皇上採納吏部建議，批准葛檜恢復本姓，但要求他善待張氏，待其死後再歸宗。

1 命科道官互相糾舉

葛檜原任御史，曾參與反對興獻帝加「皇」的聯名上疏，此一事卻引起皇上的關注與好感。至十三年（一五三四）七月，已見其改稱孫檜，任太僕寺少卿[18]，這個名字最後見於《明世宗實錄》的職務，為戶部侍郎總督倉場督理西苑農事[19]。此是後話。

就在六月的前幾天，南京科道的幾位給事中和御史上疏，糾劾禮部右侍郎桂萼等高官的不職之狀。吏部呈請皇上御批，奉旨命都御史周金、陳洪謨致仕，桂萼照舊供職。

這種糾劾，不足以動搖張、桂二人在皇上心目中的地位，卻必然會引起議禮派對臺諫的更大反憎。就在該月下旬，桂萼上言，稱楊廷和在朝中「廣樹私黨」，雖然被陸續斥逐，「然遺奸猶在言路」。建議仿照憲宗初年之例，讓科道官「互相糾察」，以肅清臺署。嘉靖命吏部議奏。吏部侍郎孟春毫不含糊，奏稱：「憲宗初年無此詔旨，而萼言在被論之後，情涉報復，無以厭眾心、昭公論。」一句話，桂萼之疏屬報復行為，並說考察已過，不應再生枝節。

桂萼可謂議禮派中的惡人，豈能輕易罷休！他接著上疏說憲宗詔旨「卷案具在」，又說孟春「奉職無狀，欲媚言官以圖倖免」[20]，請求對孟春究治論罪。皇上自然更信任桂萼，命吏部復查先朝事例，警告他們不要回護。吏部只好再具呈文，稱成化間因廷臣舉科道官超升為巡撫，劾奏其中有不稱職者，憲宗命互相糾劾，調外補任者七人。還特別說明「非考察拾遺事例」，與桂萼所說事實不符。嘉靖責備吏部庇護，「令科道官互相糾舉考察遺漏者以聞」，最終還是支持桂萼。

七月初一日，吏科都給事中王俊民等上疏，訴說在考察中臺署比諸曹都要嚴格，「六科已去四人，十三道已去十人」，語帶央告，請求皇上慎重處理。而御史盧瓊、劉隅等人的奏章則激烈有加，認為這樣做「是開攻訐之門，滋報復之計，非盛世所宜有」[21]。世宗降旨切責，催促他們速行糾劾上奏。王俊民等再上疏，請求世宗委吏部和都察院負責此事。嘉靖斥責他們「朋辭規避」，命將王俊民、劉隅罰俸五個月，其他上疏者罰三個月，但還是採用其建議，令都察院和吏部再做嚴格考察。

當時的吏部和都察院尚未掌握在議禮派手中。主持會考，以「不謹」「浮躁淺露」等開列儲良材、黎良、王道、曹弘四人，建議降黜。得旨令儲良材閒住，黎良留用，王道、曹弘本來就「終養家居」，不必參與考察。嘉靖對這種明顯的應付公事很不滿，點名指出兵科都給事中鄭自璧有不孝之名，戶科給事中孟奇在被彈劾後「不自引避」，命降二級外調。以此二人為例，嘉靖責備吏部和都察院袒護遮掩，命再做嚴格考察以聞。

部院堂官被逼無奈，只好又列刑科給事中余經等四人上奏，皆降一級外調。

2 空蕩蕩的臺署與翰林

部院及科道官對桂萼之恨又加一層。六年（一五二七）六月，吏部就王瓊起復之事上議，稱王瓊本為前朝罪臣，而桂萼一再推薦，不知是何用心。嘉靖降旨稱王瓊不必起用，令回籍為民。抓住這一機會，御史胡松上疏彈劾桂萼「舉用非人，樹黨固位」。皇上責其妄言，命調外任。御史周在接著上疏，認為皇上不應偏袒桂萼，結果被逮入錦衣衛獄拷訊。桂萼再上疏薦王瓊，說王瓊因攻楊廷和受到陷害，而其才略堪用。嘉靖命吏部復王瓊職，遇缺推用。

被部院列名「不職御史」的儲良材，也上疏抨擊吏部和都察院當政者，自稱曾彈劾都御史聶賢不孝，而吏部左侍郎孟春、右副都御史劉文莊皆為楊廷和黨羽，借考察之權實行報復。嘉靖深信其言，責備考察「不持公論，為人報復私怨」，認為儲良材應降補外任。儲良材又上疏自訴以忠直為楊廷和、聶賢、孟春等忌恨，雖蒙恩旨外補，可楊廷和等人餘黨遍佈四方，日後必為所害，乞請退仕還鄉。該疏語氣甚淒哀，桂萼又上疏為其申冤，得旨復職如故。

南京的考察由南吏部尚書朱希周主持，六科未罷黜一人，桂萼稱朱希周畏勢懦弱。朱希周上疏，「稱南六科僅七人，實無可去者」[22]，並請退仕，嘉靖准之。

這時都御史聶賢已被罷斥，支持議禮派的胡世寧調任左都御史，而張璁因會審李福達獄特旨署都察院事。張璁履職後，即對十三道御史再行考察，罷黜王璜等十二人，藺田、劉翀、朱衣均在其中。張璁還奏行憲綱七條，以對各道御史徇私、苞苴及稱病家居等進行限制。皇上允准，並對巡按御史嚴加戒諭。就這樣，加上已黜斥各官，「前後共二十餘人，臺署為空」。

事情並未結束。就在這個月，大獄審結，飆風迅雷又一次襲向臺署：「帝以群臣皆抗疏劾勛，朋奸陷正，命逮繫給事中劉琦、常泰、張逵、程輅、王科、沈漢、秦祐、鄭一鵬等，御史姚鳴鳳、潘壯、高世魁、戚雄等」[23]，科道官又一次被大批斥逐。

3 殺向翰林院

整肅科道之事告一段落，議禮大員又向翰林各官開刀。九月十三日，霍韜被任命為詹事兼翰林學士，上疏遜辭時論及翰林院種種積弊，曰：「自楊榮、楊士奇、楊溥及李東陽、楊廷和專權植黨，籠絡翰林為屬官，中書為門吏，故翰林遷擢不關吏部，而中書至有夤緣進六卿及支一品俸者。」[24]他建議由吏部掌管翰林官的升擢去留，以避免內閣大臣與翰林的結交朋比。

期間又發生了一件事：翰林院侍讀汪佃為皇上進講《洪範》，語言拖遝，講述沉悶，反應遲鈍，加上一口聽不太懂的南方話，使朱厚熜很不耐煩，遂拿過講章來，親自講解其義，場面很是尷尬。經筵之後，嘉靖命吏部將汪佃改職外調。張璁等就在現場，記仇的他自不會忘記當初翰林諸人帶給的羞侮，趁機上言，請將翰林官「自講讀以下量才外補」。此議迅速得到皇上批准，「一時改官及罷黜者凡二十二人，諸庶吉士皆除部及知縣，由是翰院為空」[25]。

對台署和翰院進行了大清洗後，張璁等對空缺之位的補充頗為慎重。一些有資望才識的人進入翰林和科道，其中當然以議禮派的支持者為主。如黃綰本為承祖蔭入仕，未經科舉，竟也擢為少詹事兼翰林院侍講學士，直經筵，史稱：「以任子官翰林，前此未有也。」[26]議禮派憑藉皇帝之力，完成了對這幾個重要部門的大換血。

第九章 更定祀典

嘉靖素性執拗，認定之事，決不肯中途改悔。他又去問大學士翟鑾，翟鑾不敢反對，又不想明確支持，也將歷代郊祀之因革具述上奏。過些天，嘉靖詢問禮部尚書李時，李時請求緩緩圖之，廣選儒臣，議復古郊祀禮。性急的皇帝不肯久拖，再去太祖靈前占卜，未想這位祖宗亦無半點通融，仍是「不吉」。厚熜畢竟不敢違太祖皇帝發自九泉的「幽旨」，只好遺憾地作罷。

「國之大事，在祀與戎」，將祭祀與軍事的重要性並列，宣稱禮教治國與強軍立國的相輔相成。嘉靖年間遭遇「南倭北虜」，嘉靖帝親自部署抵禦和清剿，軍事上雖建樹不多，卻也不至於整體潰敗；而由議禮引開來的文化大建設，包括對祭孔典制的革新，也包括對祭天祭地、祭祖、祭社等一系列儀式的更改重定，則是嘉靖的功績，其影響歷中晚明和清朝直至今天。

強調孝悌，關注民族習俗、民間籲求和民生意識，是世宗更定祀典的理論主線，也抓住了禮教傳統的精髓。嘉靖一生喜歡讀書，對中華文化浸潤甚深，對儒家學說和禮制典則探根究底，繼往開來，應說功不可沒。

一、再除朝中宿弊

說到歷史與文化傳統，從來都是斑斕駁雜的。由嘉靖的更定祀典到崇道信巫，再到大舉齋醮，可見出一條清晰的思想和信仰軌跡，其選擇亦常讓人扼腕嘆息。後世多以此作為朱厚熜荒殆朝政之據，有欠公允。應該說早期的嘉靖帝相當勤政，終其一生，也在大體上沒放棄擔負的責任。

1 人才乃「當今之急務」

乾綱獨斷的嘉靖帝，多次表達過對選拔人才的重視，稱之為「當今之急務」，命內閣及兩京大臣「虛心延訪，公聽詳察」。他深知內外事務紛繁，迫切需要各種人才來推動明王朝的車輪。

八年（一五二九）春三月，嘉靖親自策試天下舉人，制策題的文字較長，核心為「知人、安民」，要求參試舉子根據親見親聞的社會現狀，發表自己的見解；題目不避時弊，不尚虛飾，坦率地提到「自即位以來災變頻仍，旱潦相繼，歲復一歲，無處無之，生民流離」，直截了當地要求舉子剖析原因，提出對策。

三日後，楊一清等將閱卷官擬選的六份優秀試卷呈請御覽。厚熜雖目有火疾，仍將每卷都讀了三遍，一一加以品題，排出名次，為此特別傳諭內閣，說自己所定次第不一定允當，請輔臣與讀卷官再從公詳議後確定，務必以選到真才為准。

或由於起身藩邸，嘉靖對職官的資歷、出身不太看重。這年元月間，禮部尚書方獻夫上言，認為百姓艱辛的原因之一在「郡縣守令多不得人」，建議多選進士，以第三甲一律任命為知縣，並定下制度，不由知縣不得升郎中和員外郎，不經知府任不得升侍郎、九卿。這應說是一種改革官僚制度，尤其是晉升體制的好辦法，而皇上卻敏銳地指出方氏議案的狹隘之處：不是進士的難道沒有優秀人才？舉人和貢生中難道沒有超過進士的俊傑之輩？進士中難道還缺少縱肆奸惡者嗎？他接著說：

如今以各處地方災重，令牧用人則進士、舉人、監人並用，其果才能廉潔為我愛民者，一體擢用獎勵，上司不許自為輕重之別。1

對於官員任用中各種弊端，對那種以出身論人、一考定終身的陋見，朱厚熜很清楚。其人才觀，其對任用人才的見解，顯然要高出方獻夫許多。

2 革除鎮守太監

任用人才的前提條件，是必須裁革官僚機構中的冗濫雜員，掃除官員使用中的各種積弊。而當時的最大弊端，是宦官監軍，即各地軍鎮的所謂「鎮守太監」。

在即位詔中，朱厚熜果斷罷免了正德年間增設的分守和守備太監，也陸續懲治了一些作惡多端的鎮守太監，如宣府劉祥、江西邱得等，命司禮監挑選廉慎老成者替代之。至於科道、兵部官一再提議的裁革鎮守太監，他則自有一番考慮，遲遲不能採納。

《明倫大典》頒布後，嘉靖帝夙願已遂，重新開始清理慣常的各類積弊。議禮大員張璁、桂萼相繼入閣，功名心盛，革除鎮守太監的議案又被提出。先是張璁借平臺召見之機密請裁革，皇上沉吟未決，稍後予以密諭：

> 朕惟南京我聖祖根本之地，今雖有文武重臣在守，聞事皆自守備內臣出，夫何不用一宗室以掌其事？[2]

他的想法是以宗室成員代替內臣，令張璁密疏提出自己的見解，可知也在為裁革鎮守太監事思慮。自朱棣移都北京，明代歷代帝王都很注重陪都南京，視作祖宗開創帝業的根本之地，在此設置六部，駐紮重兵。然生殺予奪、調動軍隊、頒發文告的大權掌握在鎮守太監手中。這當然出於皇帝的旨意，讓這些信得過的內侍代為鎮守各地，為天子耳目，也充任爪牙。

太監，明朝主要指皇宮中內侍首領。他們日常侍候在帝后身邊，小心謹畏，多年辛苦後獲得信任，派出任事，要說也屬正常。所不正常者，是這些人大多出身卑微，讀書甚少，一旦從仰人鼻息到手握重權，很容易胡作非為。歷代帝王豈不知這些？卻又覺得派遣爾輩還是好控制，還是更讓人放心一些。世宗亦然。他不是不想改革，卻又擔心軍事大權失控，也想嘗試從宗室選一位親王取代太監，掌管陪都南京，以監控東南數省。

張璁急上密疏，舉明太祖定制，亟言不可以宗室掌兵：「南京形勝所據，兵賦所聚，誠為國家根本之地，如加以宗室之親，委以操縱之權，不幸而有管蔡、淮南之不奉法，天下其誰能何哉！」張璁又舉宸濠之變欲取南京的前車之鑒，告誡嘉靖萬不可以親王統兵，並再提裁革鎮守太監之事，請求「斷然為之，使百年流毒，一旦頓除」[3]。

桂萼也在〈密論四事〉中請求「罷鎮守」，指出內臣鎮守之設，使得「事權渙散，政出多門，剝民為害不可勝計」[4]。

嘉靖終於下決心要裁革鎮守太監，但此事沿襲已百餘年，只能緩緩圖之，分階段裁減。當年二月，兵部遵旨上議，請恢復明初之制，革除鎮守太監。部議中談到內臣外差之濫：如浙江、福建有鎮守，又有提督市舶太監，浙江另有織造太監；遼東、宣府、大同、甘肅等邊鎮有鎮守，又有監槍太監；河南、江西、山東既無外虜，又無內亂，鎮守太監應革除；薊州、宣府、大同三鎮相距不到兩千里，竟有分守和守備太監二十五人，都應當裁革。嘉靖即令兵部提出裁革名單，並一一批准。

邁出第一步後，裁革鎮守太監之事按步驟進行。九年（一五三〇）九月，「詔裁雲南鎮守太監」[5]。巡按雲南御史毛鳳韶上疏，稱鎮守太監杜唐被撤回的旨意一到，「夷民歡頌，有若更生」，請求皇上不要再派鎮守太監，嘉靖欣然依允。

十年（一五三一）元月，「詔革薊鎮鎮守太監」[6]。

當年三月，「詔革分守四川內官」[7]。

六月，山西鎮守太監周縉因偏頭關失事被免，嘉靖採納巡撫都御史黃鍾的奏議，裁革山西鎮守太監。

閏六月，「詔革鎮守浙江、兩廣、湖廣、福建及分守獨石、萬全，守備永寧城內臣」[8]。

八月，「詔革回陝西鎮守太監張紳、四川鎮守太監蕭通」[9]。

所有的裁革，又都離不開十三道御史的努力。他們在巡按地區搜集這些鎮守太監的惡跡，匯錄上奏，對皇上下旨逐步革除鎮守太監起了積極作用。至此，散及全國各地的鎮守、分守、守備太監被裁革幾盡。

與此同時，嘉靖採納六部之議，不斷裁革重設、閒置的政府和軍隊中冗員。這年夏月，兩次下詔裁革各地增置的屯田水利副使、檢校、通判、同知、判官、縣丞、主簿、訓導、巡檢、河泊所官，對政府機構中的冗濫大加精減。

3 再度清查皇莊和莊田

清理莊田的事情也在認真有序地實施。

當是時也，明王朝財政已經捉襟見肘，所幸嘉靖帝較為勤政和務實，「力祛宿弊」，而戶部又有一個好管家——尚書梁材。此人為弘治十二年（一四九九）進士，初任知縣，「勤敏有異政」，嘉靖初歷職雲南、貴州、廣東，以廉明聞名。皇上發現了梁材之才，將之調任刑部侍郎，再升為戶部尚書，「自外僚登六卿不滿二載，自以受恩深，益盡職」[10]。正是他將朝廷入不敷出的狀況明確奏聞：去年的收入只有白銀一百三十萬兩，而支出卻是二百四十萬兩。梁材指出五種弊端，提請下廷臣集議，引發了一場國民經濟的大討論，連宗藩、武職、內宦都積極參與，獻計獻策。嘉靖因勢利導，批准了一系列經濟上的整頓治理方案。

曾任順天府尹的戶部左侍郎王軏，奉旨核查九門苜蓿地和京畿各草場，這些以牧養軍馬為名的土地多被墾為糧田，為權豪侵占，有的竟然獻到宮中太監李秀名下。李秀為興王府舊人，從龍入京，禁不起他的當面求告，厚熜原已答應。但王軏抗疏彈劾，使皇上意識到此事的危害，切責李秀，令將獻地之人治罪。八年（一五二九）四月，王軏奏稱：「臣奉命清查各處莊田，見勳戚之家多者數百千頃，占據膏腴，跨連郡邑，以後勳戚日增，有限之土豈能應無已之求哉！」請求根據品級和親疏定出標準。嘉靖命戶部議奏。

梁材顯然比王軏的態度更為堅決，奏稱：

> 今勳戚高爵厚祿，已逾涯分，而陳乞地畝，動以數千，誠非祖宗立法之意。自今宜申明詔旨，不許妄為奏討，侵漁小民。其已經欽賞有成命者，仍與管業，中有世遠秩降或非一派相傳者，量存三之一以為墓祭之費，餘皆入官以備邊儲。

這個提案甚合皇上之意。勳戚「世遠秩降」，盡可抑制武宗乃至孝宗的後宮戚黨，而與自己關涉不多。祖母邵太后、母親蔣太后家中父兄子侄皆屬新獲恩澤，不受此提案影響。於是，嘉靖即頒諭旨：

> 已賞田土，亦宜查明，有分外強占者俱給原主。自今勳戚大臣務各安分以保祿位，不許妄行陳乞。[11]

此諭一出，權豪勢要之家為之縮頸，請乞莊田之風，在很大程度上得到了限制。

二、集議郊祀

嘉靖八年（一五二九）的朱厚熜，相比於入朝之初，顯得更為自信，為振作民心、肅清積弊、發展經濟做了不少實事，大明王朝呈現出一些生機。遺憾的是，他的銳意革新的精神，不久又轉移了方向，投向對各種祭祀禮儀典制的研究，自此樂此不疲。

1 分祀天地的信號

祀典，即朝廷祭祀所遵的典制，向來是歷朝統治者所關注的立國大事，是封建禮樂制度的重要內容。明太祖在明朝初年，即「首開禮、樂二局，廣徵耆儒，分曹究討」，修成《大明集禮》，後又陸續編纂《洪武禮制》《禮儀定式》《大禮要議》《皇朝禮制》等十餘種，「凡升降儀節，制度名數，纖悉畢具」[12]。可到了嘉靖間，有些定制卻要重新討論了。

經歷過議禮之爭，厚熜對古禮儀也算是淵然大家了。群臣爭議的過程，是他讀經習禮的過程，也是他遍讀詩書，尤其是禮樂典籍的過程。正由於此，厚熜對祖宗立朝後制定和沿承的這一套禮樂制度，覺得有些不滿意了。

首先是郊祀，亦即祭祀天地。天，指昊天上帝；地，指皇地祇，又稱后土。這便是所謂的「皇天后土」。古人以萬物皆天地所賜予，故在冬至祭天，夏至祭地，以報生生之恩，順陰陽之義。明初李善長等奉敕撰《郊祀議》，定為「分祭天地於南北郊」，並依「天圓地方」之說，在城南建圜丘以祭天，在北郊建方丘以祭地，後增祀風雲雷雨之神於圜丘，增祀天下山川之神於方丘。

洪武十年（一三七七）十一月，陰雨肆虐，朱元璋讀了京房的「災異說」，聯想到分祭天地似有不妥，垂詢於禮臣，始有合祭天地之議，命在南郊作大祀殿。朱元璋親制祝文，稱天與地猶如父母，不宜分居異處，定為「每歲合祀於孟春，為永制」[13]。永樂皇帝移都北京後，依南京規制，在城南建大祀殿。以後諸帝相承，歲歲致祭，隆而重之，再無一人想到要變更。至朱厚熜才生出念頭，欲「斟酌古法，釐正舊章」，一新制作，以成中興之主的勛業。

畢竟涉及要更改祖宗的定制，朱厚熜頗為謹慎，認為此事由議禮首功之臣張璁提出來最好，且張璁為內閣首輔，領袖群臣，此時已大有號召力。於是，嘉靖便用諮詢的語氣問張璁：

> 《書》稱「燔柴祭天」，又曰「類於上帝」，《孝經》曰「郊祀后稷以配天，宗祀文王於明堂以配上帝」，以形體主宰之異言也。朱子謂：「祭之於壇謂之天，祭之屋下謂之帝」。今大祀有殿，是屋下之祭帝耳，未見有祭天之禮也。況上帝、皇地祇合祭一處，亦非專祭上帝。[14]

這番話顯然是在考索古祭法，遍閱禮典後才說的，嘉靖旁徵博引，指出合祭天地的規制既不合於古禮，亦不合於朱子的詮釋，對現行郊祀禮儀發出了極明確的更改信號。

2 太祖靈位前的占卜

皇上欲大改郊祀規制的念頭，作為股肱重臣的張璁當然心領神會。但他又深知如果付諸實施意味著什麼：煩瑣的祭祀禮儀的制定，浩繁的營建工程費用，都將牽扯君臣大量精力，對國家政局產生重大影響。張璁顯然不願在此事上再費太多精神，國事萬端，山河待整，應該多做些實務，便回答說合祭是國初定制，又說大祀殿為壇上建屋，壇即圜丘，屋即明堂，亦能符合孔子之說。

嘉靖可不是那麼容易糊弄的，又降諭張璁，稱在冬至和夏至分祀天地為「萬代不易之禮」，並說大祀殿只能算與明堂相近，卻不是圜丘。

張璁只得再下一番功夫，將《周禮》及宋代諸大儒有關分祭、合祭的理論詳加引證，證明分祀與合祀皆有依據。又說合祀「祖制已定，無敢輕議」。厚熜怎甘輕易罷手？他想了一個辦法，即到奉先殿太祖靈位前去占卜，若卜得吉兆，群臣自然無話可說。

孰料卜之不吉。

嘉靖素性執拗，認定之事，決不肯中途改悔。他又去問大學士翟鑾，翟鑾不敢反對，又不想明確支持，也將歷代郊祀之因革具述上奏。過些天，嘉靖詢問禮部尚書李時，李時請求緩緩圖之，廣選儒臣，議復古郊祀禮。性急的皇帝不肯久拖，再去太祖靈前占卜，未想這位祖宗亦無半點通融，仍是「不吉」[15]。厚熜畢竟不敢違太祖皇帝發自九泉的「幽旨」，只好遺憾地作罷。

3 夏言上疏

就在此時，嘉靖帝於群臣中發現了夏言。

夏言無疑是一位抱負非凡、才幹卓異的能臣。他為正德十二年（一五一七）進士，嘉靖即位時任兵科給事中，上疏建言，深得皇上首肯。先後受命核裁京衛中冒濫冗員，按察莊田，皆人事叢雜、程序錯綜之事，夏言都能盡心辦理，從公斷處，不獨大得清名，也使皇上愈加器重。此時夏言轉任吏科都給事中，品秩雖不高，職權頗重，遂上疏請舉行皇后親蠶禮，謂古者皇帝親耕南郊，皇后親蠶北郊，不可偏廢。

嘉靖得疏大喜，命張璁傳諭夏言，令對郊祀之議陳述己見。夏言當然不會放過這一機會，即上疏稱合祀天地，以太祖、太宗並配及在孟春舉行祭典，都不合乎古代之典，應博採古禮書及漢、宋間大儒之論，重加裁定。疏文的最後，把分祀提高到中興大明王朝的高度：

> 陛下躬率群臣，請於皇天后地，告於宗廟，修掃地之儀，建配天之祀，以成一代之典，以答上帝之心，以光祖考之業。將見皇天眷佑，百神俱依，綿福祚於萬年，麗子孫於千億，中興太平之盛德大業，當與天無極矣！[16]

好一篇漂亮文字，又是空洞文字和馬屁文字，皇上看得眉開眼笑，即欲敕令廷議。然敕旨尚未下，禮科給事中王汝梅等上疏駁斥夏言之說，使嘉靖很惱怒，降敕切責，命禮部將郊祀事宜刊刻分發，限文武衙門大小官員於十日之內具疏陳述己見。

這份諭旨很長，傾向性顯然，語氣嚴厲。厚熜說自知是要更改祖宗成憲，《祖訓》中有「後世子孫，勿作聰明，亂我成法」之句，自己也不敢「身犯皇祖之訓」，然更易祀典，「義理不容不盡，而心之所獲又不敢自默」[17]。他還批駁了王汝梅等人的奏疏，斥之為「破亂大事」「賊道叛經」，命三品以上大員及科道官單獨上疏，其餘按部屬連名具疏，不許隱瞞沉默。

4 霍韜私信洩憤

皇上以問卷的方式，要朝中大吏就郊祀問題表態，明確支持與否。這是又一次站隊，是對大臣立場的一次大檢驗。

議禮諸臣大多不支持分祀兩郊的議案。歷史就是如此的變幻無定，簸弄世人！先是他們以積極議禮獲得皇帝眷注，以寥寥數人最終擊敗領袖群臣的楊廷和內閣；現在則是夏言以郊議邀皇上歡心，而已主持閣部事務的議禮派，竟成了阻力。

議禮派諸臣不願蹈楊廷和內閣的故轍。九年（一五三〇）三月，張璁呈上《郊祀考議》一冊，對古禮書及歷代郊祀之議詳加論列，對分祀之議雖不敢明言反對，其傾向性仍可見出。向來偏激的霍韜則對張璁、李時這種軟弱之舉不滿，上言稱夏言「紊亂朝政，變亂成法」，又批評張璁、李時不能諍諫。嘉靖覽奏不悅，斥責其欺蒙謬議。

夏言也不是軟弱之輩，並沒把張、桂二人放在眼裡，更不要說霍韜了。受到皇上鼓勵，他再一次上疏，洋洋灑灑，駁斥霍韜之論，尤其抨擊分祀為變亂成法之說，曰：「今之議者往往以太祖之制為嫌為懼，然知合祭乃太祖之定制為不可改，而不知分祭固太祖之初制為可復也；知《大祀文》為太祖之明訓為不可背，而不知《存心錄》固太祖之著典可遵也。且皆太祖之制也，從其禮之是者而已矣……」[18]夏言精擅文章，對「變亂成法」的駁擊極有力量。皇上得疏很開心，命禮部議聞，又頒敕獎諭夏言，賜四品服色，命他隨時就天下政事陳述聞見。

議禮諸臣以抗爭廷論起家，好勇鬥狠，霍韜更是鷹派中的鷹派。但他以前疏遭皇上斥責，也不敢再上疏，內心對夏言如骨鯁在喉，不能不發，便寫了一封長信給夏言，痛加指斥。素來心高氣傲的夏言，怎能受這般窩囊氣，即將這份私書呈送御前，並說霍韜無大臣體，以私書洩憤，犯「無君之罪」者七。嘉靖帝大怒，即命錦衣衛逮捕霍韜，送都察院治罪。霍韜這才害怕，知道皇上的尊威不可觸犯，在獄中上疏乞哀，張璁也一再請求寬恕其罪，不聽。

5 分郊祭天地的確立

霍韜的入獄震驚了議禮諸臣。想到「左順門之爭」的可怕後果也可能落在自己頭上，他們不再敢激烈反對。三月十一日，禮部彙集群臣之議上奏：

主張分祭天地者，有都御史汪鋐等八十二人；

主張分祭，但又稱應尊重成法，認為時機不成熟者，為大學士張璁等八十四人；

主張分祭，而以山川壇為方丘者，有尚書李瓚等二十六人；

而吏部尚書方獻夫，兵部尚書李承勛，詹事府詹事魏校、霍韜，編修徐階等二百零六人則主合祭，但不以分祭為非禮；

還有英國公張侖等一百九十八人，未有明確意見。

有關郊祀的配位問題也引起爭議。太祖時以皇考仁祖淳皇帝配祀，建文帝改為太祖配祀，洪熙時增永樂皇帝，以太祖、太宗並配，後歷代沿承。夏言上疏時提及此事，認為太祖、太宗並配，父子同列，於禮有所不妥。禮臣奉旨集議，以為二祖配享已一百多年，不便輕易更動。

嘉靖的想法是以太祖配享南北郊，而以太宗配祀上帝於大祀殿。他徵詢大學士張璁、翟鑾的意見，二人以為將二祖分享，於義理不甚妥當。嘉靖不接受他們的觀點，說「天惟一天，祖亦惟一祖」，那就是高皇帝朱元璋。最後，配享之事還是依厚熜之意，以太祖獨配南北郊，他也採納了閣臣禮臣的提議，以二祖並配大祀殿。

這次問卷式的調查結果並不能使嘉靖滿意。以前贊襄大禮的張璁、方獻夫、霍韜（桂萼適罷官家居）等均持論保守，尤令他感覺惱火。有旨命群臣再議，群臣不敢再行違拗，方獻夫、霍韜也隨風轉篷，上言承認以前主張合祀之錯。嘉靖表示寬恕，不久便將霍韜官復舊職。其對議禮之臣，總是能網開一面的。

朱厚熜又一次獲得了理論的勝利，分祀兩郊之議的確定，當然比議禮容易得多。議禮之臣如張璁、方獻夫、霍韜等人，也由此進一步認識了皇上的剛愎自用，由恃寵盡忠變得小心翼翼。

五月，嘉靖命戶部、禮部、工部官與夏言等到南郊擇地營建圜丘。禮部官為節省和快捷，想利用舊有建築如具服殿等，夏言則務求一新規制，皇上支持其議，一切重新造作，於當年十月建成。

十年（一五三一）夏，北郊地壇、西郊夕月壇、東郊朝日壇次第建成，嘉靖主導的分祀之制得以確立。

三、改正孔子祀典

經過一番努力，郊祀分祭終於完全按朱厚熜的想法付諸實施，內閣及禮臣遵旨纂成《祀典》。這是嘉靖帝的喜好，他總是願把這類爭議編成文獻，從而使自己的觀點和做法成為典章制度。

閱覽《祀典》稿本後，嘉靖降諭張璁，提出其他如風雨雲雷之神、先聖先師的祭典，都應依次序編入。張璁經歷此事，已深知皇上的脾性，深知自己那點功勞很容易化為烏有，深知只能順從與迎合，即奏稱孔子祀典不合禮法，應當更正。

1 孔子該稱王嗎

孔子逝後的尊榮與儒學正統相推長：唐代，孔子被尊稱「文宣王」，宋代稱「至聖文宣王」，元又加稱「大成至聖宣王」，祀禮日隆。大明建國，朱元璋對至聖先師也不敢輕慢，下詔「以太牢祀孔子於國學」，並遣使往曲阜致祭。後定制每年春、秋兩祭，皇帝降香，丞相、翰林學士親往國子監祀孔子。洪武三年（一三七〇）詔革諸神封號，只有孔子封爵依舊。四年（一三七一），禮部奏定祭祀儀物：籩豆由八增為十，祭器由木製改為磁，用樂生六十人，舞生四十八人，引舞二人。太祖御筆題准。後又敕建大成殿，朱元璋親自定制，極其宏麗。成化十二年（一四七六），憲宗採納國子監祭酒周洪謨之言，將樂舞由六佾改為八佾，籩豆增為十二。弘治九年（一四九六）又增樂舞為七十二人，全同帝王之制。上行下效，寰宇中處處孔廟，塑像莊嚴，香煙繚繞。

對這種尊孔的形式化亦有人不以為然。天順間，蘇州學廟的孔子塑像以歲久剝落，有司請求修飾，知府林鶚命將泥塑換成木主（即木製的牌位）。有人提醒他不要落得個毀聖像的罪名，林鶚說：這是土塊而已，怎會是聖賢呢？孔子生在佛教未傳入中國之前，其時哪有什麼塑像！於是令將孔子及從祀諸賢的塑像都改為木主。

張璁所稱的不合禮法，最初只是指孔子之父叔梁紇、顏淵之父顏路等從祀，列於廟庭下的廡廊，有悖情理。他請求在大成殿後再建別室以祀叔梁紇，以顏路、曾皙、孔鯉配祀。厚熜深以為然，並指出祭孔儀物不該與祭天同，對謚號、章服亦應改正。

張璁深知皇上之意，再具疏上奏：

> 孔子宜稱先聖先師，不稱王；祀宇宜稱廟，不稱殿；祀宜用木主，其塑像宜毀；籩豆用十，樂用六佾；配位公侯伯之號宜削，止稱先賢先儒……[19]

嘉靖命禮部和翰林官會議以聞。

2 反駁徐階之說

這次最先挺身出來反對，且態度堅定的，是翰林院編修徐階，一向溫文爾雅的徐階。

徐階為嘉靖二年（一五二三）癸未科探花，授翰林院編修。他生性謹慎，藏而不露，卻因此事涉及先師孔子，覺得實無法緘默，上疏反對，奏稱：

天子王祀孔子，承襲已久。一旦不王，眾人愚昧，將妄加臆度，以為陛下奪孔子王爵，易惑難曉。且天下像祀孔子，袞冕章服，顯然王度，苟去王號，勢必撤毀。臣聞愛其人者，杖履猶加珍惜，況先聖之遺像乎？國家廟祀孔子，宮牆之制下天子一等，樂舞籩豆與天子同。今八佾、十籩，蓋猶諸侯之禮。苟去王號，將復司寇之舊，夷宮殺樂，以應禮文，恐妨太祖之初制矣。[20]

疏文坦率切直，卻無任何過激之詞，很能體現這位嘉靖晚期內閣首輔的謹嚴個性。

張璁得知後甚怒，召徐階當面質問。徐階謙謹溫和，卻並不軟弱怯懦，繼續侃侃抗辯。張璁更為生氣，呵叱：「你敢背叛我嗎？」徐階正色而言：「叛生於附。階未嘗附公，何以得言叛？」[21]說畢長揖而去。

嘉靖讀畢徐階之疏，親撰〈正孔子祀典說〉以示禮部，文字甚長，列舉孔子祀典中失當之處，作了有力的駁論。對於孔子的文宣王之號，厚熜說：「孔子之道，王者之道也；德，王者之德也；功，王者之功也；事，王者之事也；特其位非王者之位焉。」他說孔子生前最痛恨諸侯僭稱王，後世加之以王號，實在不體諒聖人之心。接著又考察孔子稱王的過程：創業垂統的漢高祖、唐太宗未給孔子加王號，「孔子之謚王號自唐玄宗、李林甫之君臣始」。而李林甫是唐代著名的奸相，是歷史上大奸大惡的典型，他於此反詰：「林甫之為臣，何等樣臣也？」[22]由此也可見出，嘉靖是經過深思熟慮，意圖以理服人的。

其二，關於孔子塑像。嘉靖指出，孔子逝時，弟子並未為其塑像，最早的塑像也是在佛教東漸後仿造的。他說：一個人，自是一個人容貌顏色，原無法增損，而迷信工匠，由其隨意雕塑泥胎，實非孔子本意，也談不上尊崇。

其三，關於八佾之舞和十二籩豆。嘉靖認為僭越逾禮，必須改正。對公開唱反調的徐階，厚熜很是嫌惡，又聯想到議分祀天地時霍韜的表現，將二者加以對比，說霍韜為人樸直，所以上言中多不遜之辭；而徐階則奸猾得多，「階也用心如韜，而言甚切而奸也，悅詞和言，不激不迫甚矣。佞哉斯人也！翰林可用這等人邪？」[23]

當朝天子的旨意決定著臣下的命運，未久，徐階便被貶為延平府推官，離京而去。至於後來徐階大獲嘉靖帝倚信，位極人臣，也可稱為一種異數。

3 擊毀孔子塑像

經過一次次的打壓清洗，已沒有太多的臣子起來反對了，更正孔子祀典一事順利地貫徹。張璁作〈先師孔子祀典或問〉，以問答的形式，對更正孔子的諡號、章服、祭祀儀式、籩豆、樂舞及塑像等，一一加以說明，並稱：「夫孔子與天地合其德，日月合其明，實亦祀典之大者，不可不急正之者也。」[24]

更定孔子祀典，未見太多的大臣站出來反對，但私下的不滿議論仍很多。夏言及時把這一狀況反饋給世宗，曰：「正緣人心不古，天理難明，數日以來群議沸騰」，建議暫緩實施，待舉行過南郊祭天之禮後再確定。嘉靖對其章疏顯然不甚滿意，批曰：「爾既知人心不古，天理難明，當堅持定志，盡去人欲，勿謂暫止待之，庶始終小大不失。」在議禮和更定祀典上，朱厚熜從來都聽不得不同意見，張璁、桂萼都不行，何況夏言。

當年十一月十五日，禮部會同內閣、詹事府、翰林院上議，對更正孔子祀典提出了具體方案：

一、諡號。去其王號，更正為「至聖先師」。廟宇只稱廟而不再稱殿，從祀「四配」稱復聖顏子、宗聖曾子、述聖子思、亞聖孟子，「十哲」皆稱先賢某子；

二、章服。欽遵太祖所定南京國子監規制，制木為神主，撤掉所有的塑像；

三、樂舞與籩豆。春秋祭祀遵照國朝舊制，用十籩十豆，府州縣用八籩八豆，樂舞用六佾。

四、配享。兩京國子監和天下學校皆別立一祠，以祀孔子之父叔梁紇……

議上，御筆准行，又特別強調必須毀掉孔子泥塑，責令國子監祭酒和各省提學副使督行。[25]

四、重定廟制

廟制，即皇家祭祀祖宗的典制。封建統治者歷來注重宗廟之制，明代亦然，有明之初，即「作四親廟於宮城東南，各為一廟」[26]。後來明朝歷代帝王的神主，陸續列於太廟。至孝宗即位，憲宗神主將祔廟，而太廟中九室之位已滿。禮臣集議，請在寢殿後別建祧廟（即遠祖廟），將懿祖（朱元璋之曾祖）的牌位移至祧廟，以後孝宗、武宗先後升祔，熙祖、仁祖（朱元璋之祖父、父）的神主漸次移往祧廟。而德祖（朱元璋之高祖）定為不遷之祖，神位不移祧廟。

這種流水線般升祔、遷祧，加上「不遷」的特例，形成皇明的廟制。既遵循禮教傳統，也凝集著明朝禮臣的智慧，應說是較為合理。到了朱厚熜在位，卻出現新的問題：他的父親如何安置？

嘉靖深知，不管為父親做了多少努力，但不入太廟，不進那條流水線，就不能算納入正統。他要對廟制大作調整，當然會找出許多的理由，核心仍在於老父一人。

1 祭拜太辛苦

歲月如梭，至厚熜即位，太廟寢殿中已滿滿當當地敬奉著皇明歷代先祖的神主，就連後面的祧廟也熱鬧起來。而皇宮中還有奉先、奉慈等殿。按祖上傳下來的規矩，皇帝逢年節及諸帝忌日都要隆重祭祀，每天早朝前也要去奉先殿、奉慈殿、崇先殿瞻拜列祖列宗，行一拜三叩頭禮。日復一日地穿堂繞室，上下階級，冬日風冽，霜天石滑，如此一室室拜去，委實是一種苦重的勞役。以往帝王可遣其弟（即親王）代之，而朱厚熜孑然獨枝，無可替代，又不願讓臣下說自己怠惰，只得勉力為之。他在與閣臣楊一清的談話中，曾傾訴過其中苦情。

大約就在這類早起瞻拜的風霜逼迫間，嘉靖開始思考宗廟制度的種種不合理之處。楊一清、張璁深察皇上苦衷，指出日日瞻拜，開門關門，實在有擾先靈清淨，「此等禮儀，決當改正」[27]。厚熜遂命改為節令朔望行瞻拜禮，拜的次數亦大加省減，禮儀已定，即命司禮監太監鮑忠傳旨先行演練。

2 來自宦官的反對聲

此時的內閣大臣多由議禮發身，如張璁等，不再反對世宗在祀典上的更改。他們想通了，與其反對而又無法阻止，莫不如順應皇上，事態倒顯得平靜一些，實施時也可做一些修訂。

嘉靖心下輕鬆，覺得只要吩咐司禮監排練實施就行了。

誰知鮑忠剛走不一會兒，復進來奏說親祝文還未降下。嘉靖告曰祝詞已親自寫好，交給內閣潤色去了，待謄清再交下，鮑忠退去。張佐等八位近侍太監又來奏，說是已演習過，但恐不可這樣做，瞻拜禮沿承百年，不可隨便更改。

鮑忠、張佐等都是從龍入京的興藩舊人，素來忠心耿耿，兢兢業業，今日齊來勸諫，出發點一定是為了主子好。厚熜心知這些忠僕必為異議所迷惑，對他們說，祖宗朝內殿之儀，並無明條記載，並引《禮記》「祭不欲數，數則煩，煩則不敬」，且省減之事亦與內閣商議過，舊禮實在太頻繁。

司禮太監溫祥說：舊禮也是由內閣定的。

嘉靖將溫祥嘲笑一通，對他講從太祖開始，即由禮部掌一應禮儀，後來設的內閣只是「備顧問，專輔導」，從未有禮儀出內閣之事。見如此，鮑忠便說：只照聖意行之可也。嘉靖也乘機收場，誇獎鮑忠知禮，令他們回去，明日照禮儀執行，自己別作區處。張佐等方才無奈退去。[28]

這件事由厚熜親筆記述，可知更改成法之難。

3 親撰《大禘圖》

更改廟制，朱厚熜是發明者，又是總設計師。

九年（一五三〇）春，嘉靖在行特享禮時已略作改革，「今於殿內設帷幄如九廟，列聖皆南向」[29]，已與舊制不同。

十年（一五三一）正月，嘉靖先期諭知張璁，說打算在春享時奉太祖神主居寢殿之中，面南而設，太宗以下各為一室，行特享禮；三時（即端午、中元、冬至）則聚於太祖室，昭穆相向，行時祫禮；歲暮節祭，行於奉先殿；世廟止行四時之享，歲暮祭於崇先殿。厚熜先已有了一套較完整的廟祭方案，命張璁與禮部尚書李時及夏言商議上奏。張璁豈不明白皇上心思，當即提出應以朱元璋為始祖，改德祖為「所自出之帝」。他熱切讚揚更改廟制的通盤設想，論為「皆得禮義中正」，無疑使皇上很高興。

厚熜親作《大禘圖》，以明太祖朱元璋為始祖，諭曰：

> 宗廟祀典，當有講求者：夫太祖開運肇基，不可不尊隆使同子孫並列；太廟本是太祖廟，當南向而享之地；及列聖雖不可並，但生一世而南面，至其為宗，終不得一南向以享，是亦未盡人情，況孝子之心安乎？大禘祭欲歲一舉，恐失於常祀之同……[30]

說理透徹，其改定廟制之決心，顯得更為堅定。

眼看當年的春季特享禮就要到來，嘉靖命禮部具儀以聞。內閣、禮部連同新荷殊眷的翰林院侍講學士夏言，都不免好一陣忙碌。唯內閣大學士桂萼自上年起復後一直臥病淹纏，全無往日之銳氣，反覆懇請歸鄉。嘉靖命桂萼暫回籍調理，病癒即行起用，以示未忘其議禮之功。八個月後，桂萼逝於家，年五十四歲。

4 廢止同堂異室制

朝廷的禮制改革仍在轟轟烈烈地進行。嘉靖十年（一五三一）元月間，德祖神主被奉安於祧廟，太祖第一次享受了其生時的尊崇，居中南面，稱為始祖。嘉靖的禮制改革一發不可收拾，又想廢止同堂異室制。他認為自太宗以降的每位皇帝都應單獨有廟，南向而居，似現在這般「父子兄弟同處一室，在禮非宜」。當年九月，朱厚熜召集閣僚和禮臣，曉諭其意。此時張璁已被罷歸，內閣大學士為翟鑾、李時，夏言新升任禮部尚書，他們當然不會從理論上提出反駁，只是覺得實施起來有困難。李時說太廟規制宏偉，一旦改建，工程太大。夏言則說將來行祭禮時一日祭九廟，恐聖上過於勞累。

厚熜對這些已有過周密思考，告曰大殿、寢殿均不必動，行祭禮可一日祭一廟，也可遣官代祭。翟鑾又提出兩邊廡廊南北較短，難以容下殿宇和寢廟。皇上這才說出一番心裡話：

> 朕思皇考南面專享世廟之祀，而太宗以下列聖乃東西面，不得專祀。《書》稱「禮無豐昵」，朕心未安。[31]

話語懇切，出自真情，其弦外之音想各大臣也聽得懂，但他們只有表達自己的深深感動。怎麼辦呢？夏言只好從實施角度說話，奏稱太廟兩旁沒多少空閒土地，宗廟重事，應詳加測量後再做。嘉靖即令夏言負責其事。

半年後，嘉靖又下諭旨督促，曰：「郊廟大禮係國家重典：朕於天地百神祀典俱已釐正，惟宗廟之禮尚襲同堂異室之制，未能復古，於心歉然」[32]，命禮部會同有關部門擬出相應規制以聞。

十一年（一五三二）四月，已回朝再任內閣首輔的張璁領銜具疏，稱遵旨擬廟制，以太祖朱元璋為始祖，而太宗定鼎北京，建子孫萬世基業，亦應特立一廟於太廟東，百世不遷，不在三昭三穆之數。至於昭穆六廟因東西向地土狹窄，只能容下五間正殿。奏議又說廟制之事大，本應無纖毫遺憾，只因地勢所限，展轉裁損，寢廟門廡不能具備[33]，恐這樣建成後聖心不滿意，故不敢決斷，懇請聖裁。嘉靖反覆思之，也認為實情如此，難以區劃，只得頒詔令暫停此議。

5 九廟之火

至此，朱厚熜稱帝踐祚已十餘年時光矣。世人都知曉他是一位孝思綿長的君主，知曉違拗皇上的可怕下場和順從的益處，知曉在「孝」字上做文章是一條升官捷徑，於是各種靠譜不靠譜的言論紛繁湧出，由議禮而立廟遷陵、祔廟稱宗，皇上孝思罔極，臣下攀附巴結的奇思邪念亦稱罔極。

其間出現一個插曲：廣平府學教授張時亨借進京之機上疏，稱興獻帝應定廟號稱宗，以「皇上誕生之年追改鍾祥天號」，並建議刻製興獻帝木像以理天下事，聖母改皇后服正位後宮，至於嘉靖帝則改稱皇太子代理政事。洋洋數千言，皆如此胡說八道。嘉靖覽畢盛怒，命有司逮治。沒想到張教授苦等皇上召見不得，已離京而去，再令當地的巡按御史逮問，結果奏稱其有心病（即精神病），真讓人哭笑不得，予以革職。

十三年（一五三四）六月，南京太廟失火，「前後及東西廡神廚庫俱毀」[34]，嘉靖非常震驚，命逮治監官周原等，並親至太廟祭告，遣大臣往南京祭告，命天下宗室和朝中大小官員一體修省，九卿及四品以上官員令自陳。

正當嘉靖帝為南京太廟災駭懼之時，禮部尚書夏言奏稱：南京太廟突然失火，實是列祖列宗暗中佑護更改廟制，以顯靈異。厚熜讀後大喜，聽從夏言與張璁之言，不再重建南京太廟，詔令明年春興建九廟。廷臣會議於太廟之南建諸廟，左為三昭廟和永樂皇帝世室，右為三穆廟，世室比眾廟高峻寬廣，御批准行。

十四年（一五三五）二月，營建九廟的浩大工程正式開始。太祖廟後為祧廟，門殿皆向南；諸廟各自獨立，有殿有寢，廟門東西向，內門寢殿皆南向。這項工程用了將近兩年，於十五年（一五三六）十二月建成。嘉靖帝又命在其側改建睿宗獻皇帝廟，興獻帝開始稱宗。

一切如擬進行，不意突然上天加譴：二十年（一五四一）四月的一個雷雨交加的晚上，仁廟火起，風助火勢，成祖廟、太廟及群廟一時俱毀，唯興獻帝廟完好無損。這種狀況，連巧舌如簧的夏言也無法解釋。嘉靖認為是九廟制招惹天怒，經過痛苦的反思，決定改回同堂異室制。但此番恢復舊制，也加入了新的內容，即其父以睿宗之稱進入昭穆序列，位於孝宗之下，武宗之上。

厚熜讓其父稱宗祔廟的目的，總算得以實現。

五、佛教之厄

明朝的開國皇帝朱元璋曾是一位和尚，但在打下江山、君臨天下之後，對僧尼卻很是嚴苛。他制定了一整套約束僧道的法規，核定寺觀，清理度牒，限制出家，嚴格考試，是以僧尼的日子並不好過。

而輪到朱元璋的子孫在位，情況就有了變化。

1 革除「法王」「佛子」稱號

永樂皇帝靠血腥廝殺奪得侄兒建文帝的皇位，幕中第一參謀為僧人道衍，即後來追贈「推誠輔國協謀宣力文臣」、特進榮祿大夫、上柱國、榮國公的姚廣孝。自此以往，「釋氏有法王、佛子、大國師等封號」[35]，佛教備受優隆。

明武宗時，佛教的地位更高。「武宗極喜佛教，自列西番僧唄唱無異，至託名大慶法王，鑄印賜誥命」[36]，豹房之中，行殿內外，亦到處可見番僧身影。其中邪惡之輩干擾國政，靡費民財，請乞封賞，殘害百姓種種不法，令識者憂慮。

朱厚熜即位，清除這班劣僧、惡僧也列入新朝急務，即位詔第七十四款：

> 正德元年以來傳升、乞升法王、佛子、國師、禪師等項，禮部盡行查革，各牢固枷釘，押發兩廣煙瘴地面衛分充軍，遇赦不宥。近日奏討葬祭一切停革。其中有出入內府、住坐新寺、誘引蠱惑罪惡顯著見在京者，禮部通查明白，錦衣衛還拿送法司問擬罪名，奏請定奪。

這項詔條語氣極為嚴厲，揭開了嘉靖間佛教遭逢厄運的一頁。

嘉靖改元，對前朝擾政僧人的清算仍在繼續。春三月，正德間蒙賜玉璽金印的大能仁寺主持齊瑞竹被抄沒。工部侍郎趙璜力主其事，推倒玄明宮佛像，刮下金屑一千餘兩。禮部郎中屠埴奉旨發檄，遍查京師寺院，凡屬正德間新增或擴建的，都毫不容情地予以拆毀。

2 從組織上整頓釋道

嘉靖六年（一五二七）起，政權漸入議禮諸人之手。他們對僧道者流並無好感，由霍韜打頭陣，提出對僧道嚴加治理。十二月五日，霍韜上言，以明太祖、明成祖所頒治國律令，對照時政，提出應當改正者，其中有三項即與僧道相關：

其一，洪武中發給僧、道度牒（由官府發給的憑證），並令僧錄司、道錄司造冊頒發給寺觀，有效地控制了僧道的冒濫現象，又要求府州縣僅保存較大寺觀各一，不許散處。這些舊時規定應恢復，並提出由巡按御史與提學主持發放度牒前的考試。

其二，永樂中令將私自削髮為僧者「發配北京為民種田」，其父兄一併發配，不失為固邊興農之道，建議將「南方廢寺觀僧道俱發北京種田」。

其三，景泰中令各寺觀只留田土六十畝，多者給民耕種，應核查遵行。

霍韜指出：「夫僧道在祖宗時防之極周，故處之極善，今法令廢弛，僧道漸眾，蠱惑俗口，惟聖明加意，令所司詳議，務絕亂源，為久遠計。」[37] 厚熜深以為然，命有司認真閱處。

四日後，禮部尚書方獻夫等上言，提出尼姑、道姑有傷風化，應令其改嫁以繁生育，年老者給予一定贍養費；尼姑庵寺應令工部、戶部拆毀變賣；「敕賜」「尊經護敕」等字樣牌匾均應廢止。得旨從其所言。

這些措施大得人心，也有益於社會安定和國家財政的增加。

3 牽連兩宮的皇姑寺

京郊西山一帶，當時有一座遐邇聞名的尼姑庵，名曰「皇姑寺」，為弘治時奉敕建造，世宗命拆毀撤除。

不知出於什麼考慮，方獻夫上言，稱應對一些年老無歸的尼姑做出安置，而京師皇姑寺為敕建之所，用來收容這些老尼最為妥當。世宗降諭，說老貧的尼姑應給一定銀兩，令其父兄或親戚收養，不必收留於皇姑寺。

這時又發生了一件事：江西提學副使徐一鳴以拆毀寺觀的罪名被逮至京師。方獻夫與詹事霍韜、少詹事黃綰、右僉都御史熊浹上疏，請求寬宥徐一鳴，並說：「今一鳴拆毀淫祠及額外寺觀，主憲司之職，而陛下顧欲罪之，此臣等所未喻也。」[38]

而這位徐提學顯然是有些矯枉過正了：他自作主張，將境內古建寺宇悉數拆毀，將所有僧道都趕跑，成為地方上一大不安定因素。世宗列舉徐一鳴的罪過，稱諸臣不該論救，暗示問完後再行寬大之條，接下來卻說到皇姑寺：

> 且皇姑寺尼僧壞亂風俗，已令拆毀，此即禮部所建言也，獻夫顧又欲存留。況尼姑與僧道不同，京師與在外不同，何一時之言前後相背若此耶？[39]

嘉靖對方獻夫保留皇姑寺的提案進行了批評，似乎也已看透其心中癥結所在，故有此一反問。此一癥結，實則為議禮諸臣的通病。他們在議禮時支持世宗，危身上言，以寥寥數人與滿朝公卿相抗衡，譏之者視為逢君之奸佞。及後來議禮大定，諸公暴貴，掌部入閣，最怕的就是落一個「果真如此」。因此在對待張太后、夏皇后等前朝遺孀的態度上，張璁、方獻夫、霍韜等人一直持論寬平，不為已甚。張璁還為張太后兩位長期違法犯科的弟弟多次挺身上言，不惜犯顏忤旨，正是這種精神癥結的一種外在表現。

方獻夫提議保留皇姑寺，原因亦在於此。

皇姑寺係孝宗皇帝敕賜之寺，建在風景秀雅的西山，皇親國戚及大內有權勢的太監多往此寺佈施錢財，故香火特盛，與一般寺庵不同。嘉靖自也聽到不少該寺僧尼與外間淫戲的傳言，禁約僧道，正想從這裡下手，以形成震懾之力，恰桂萼上疏請毀皇姑寺，便下詔准行；而素所倚信的方獻夫竟提議保留，由不得心下不快，降諭重責。

皇帝要拆毀皇姑寺的消息很快就傳到該寺，寺中自有手眼通天之人，竟說動了兩宮皇太后，一起為之說情。先是皇伯母張太后派人傳諭：

> 皇姑乃孝宗朝所建，似不可毀，吾心不安。尼僧逐日無處安身，皇帝可遵吾言。

以最明確的語言讓嘉靖收回拆寺之詔。

緊接著，蔣太后亦差人來傳諭，也是為皇姑寺說情，曰：

> 聞皇帝有旨差拆毀尼寺，吾甚不安。其皇姑寺聞是孝宗時所建，且其中佛像多，若毀之恐不可，尼僧逐出也無處安身，可不必拆。[40]

據筆者所知，這是兩宮皇太后唯一一次干涉皇帝詔令的聯合行動。可嘉靖卻不願收回成命，他洞察其隱，「必是頑愚小人進以禍福之言」，即令回奏張太后，說本應該聽從皇伯母慈諭，但寺中尼姑有傷風化，對佛教也是玷污，又說孝宗當年敕賜，也是不得已而從請乞，此事正在查處，請安心勿慮。對母親蔣太后，也令人如此回奏。

第二天上朝前拜謁母親，蔣太后對兒子又當面提起此事，說張太后已有諭，皇帝應該聽從。蔣太后終是為兒子著想，為能勸阻他收回成命，說心中正想建一座寺院，就將皇姑寺算到自己名下也好。看來「毀寺」必遭惡報的傳言，深深擾害著皇母。

嘉靖委婉地勸說母親不要聽信流言，「福與禍惟天所降，惟人所召，豈釋道能干乎！」他說禮部奏請禁約尼僧，乃因其敗壞風俗民心，如不先毀皇姑寺，其餘的便難以禁約。蔣太后似乎被兒子的決心和自信感染，不再堅持反對。

朝畢歸宮，厚熜又懷疑禮部官員在兩宮皇太后跟前做了什麼手腳，越想越惱，遂將方獻夫等論救徐一鳴和請留皇姑寺的疏章下於內閣，指出其前後矛盾之處，命首輔楊一清擬票，予以處分。楊一清奏稱皇上對方獻夫的斥責很確當，然說到皇姑寺，話頭便轉：「皇姑寺既建自先朝，如聖母堅欲留之，則姑從其命，將禮部本權且如擬存留，以全人子承顏順志之意，似亦無害。」[41]這份奏章，以密本形式直呈御前。

朱厚熜仍未動搖拆毀皇姑寺的決心，在密諭中稱母親雖欲留皇姑寺，但已讓自己去決定，並引蔣太后對僧道尼姑的指斥之語，命楊一清只管將禮部請禁約尼僧的奏本批出公佈，等上個四五天，如兩宮再有諭旨，留下也不遲。

還未等楊一清等回奏，張太后又派人傳諭，還是要求保留皇姑寺。嘉靖不便再堅持，回奏說只留寺房與無家可歸的尼姑暫住，養其殘生，不許再招新尼，以前敕賜的寺額也要追回。張太后也知趣，稱能給年老尼姑留一個安身之地，也就足夠了。

禁毀皇姑寺的事就這樣不了了之，嘉靖命楊一清擬旨，遵照張太后慈諭，予以保留。極擅於處理麻煩政事的楊一清，將詔草擬得頗為得體，既可見皇上孝敬兩宮、憫恤老尼之心，又可見其禁淫邪、正風俗之意，「一舉而兩得其美」。皇上很滿意，連連獎贊，就此也向楊一清傾訴對皇姑寺的強烈反感：一是「順天保明」的匾額，以一妖尼如何能保全大明王朝？二是「皇姑」寺名，更不好聽，不是明明在說是我皇家之姑嗎？[42]

這種細摳字眼、穿鑿文意的習慣，是從議禮來的，也與開國立極的太祖朱元璋隔代相承。

4 歡喜佛的厄運

十年（一五三一）正月，右春坊右中允廖道南上言，請求將大慈恩寺改為辟雍，以行養老之禮，並請撤去靈濟宮中徐知證、徐知諤二神之像，改設歷代帝王神位。下禮部議奏，認為國子監已有辟雍，不必再借大慈恩寺舊址重建，但寺中所供歡喜佛為元代舊物，敗壞民俗，應該毀棄。皇上當即批令：「鬼淫像可便毀之。」[43]

值得注意的是：主張禁約的官員在疏章中往往釋道並提，請求一體斷處之；而御批則單禁佛教，對道家雖未明顯袒護，卻也不時網開一面。

對宮內的佛寺及佛教物事，嘉靖更是難以容忍。文華殿東室原設有佛像，盡命撤去，換上伏羲、神農、黃帝、堯、舜、禹、湯等中國古代聖賢和帝王圖像，厚熜自撰祭文，行安神禮。十五年（一五三六）五月，有旨命拆掉宮內的大善佛殿，為乃母蔣太后建造皇太后宮，命郭勛與大學士李時、禮部尚書夏言入宮察看基址。殿中有許多金銀佛像以及用金銀函裝著佛牙、佛頂骨等，夏言請求令有司到郊野深埋，嘉靖曰：

> 朕思此物，智者曰邪穢，必不欲觀；愚者以為奇異，必欲尊奉。今雖埋之，將來豈無竊發？[44]

為了永遠除掉這些佛家物事，諭令拉往街市熱鬧處當眾燒毀。熊熊一炬，共「毀金銀佛像凡一百六十幾座，頭牙骨凡萬三千餘斤」[45]，不啻一次浩劫。

明代佛教之厄，至此已極。

第十章 文星・將星

在嘉靖一朝，內閣一直是大明王朝的權力中心，也是政治漩流的中心。中晚期之後，內閣的傾軋更是難以歇息，多次以流血、抄家來實現首輔的更替。嘉靖推崇道教，專意焚修，但其警惕的目光也始終沒離開過內閣，沒忘記在各大學士的生死較量中，充當一個嚴厲而公正的裁判。

有明一代，即便到了國勢漸漸不堪的晚明，都不能說缺乏人才。嘉靖間尤其如此，名相名將，高哲大儒，仁人志士，可稱文星璀璨、將星璀璨。

從少年繼位至老暮，嘉靖皇帝始終都有著對人才的渴求：即位之初，孜孜於起用被貶抑的前朝遺賢；多次要求破格選拔人才，不必拘於進士舉人之身分；注重官員的品德和政聲，一經發現，能夠不次擢用。遺憾的是他向來聽不得逆耳之言，殘酷對待逆鱗之臣，峻厲冷酷，去留隨意，誅殺任情，也太不懂得愛惜人才。

一、帝權與閣權

明代官制與前代不同的一個重大變化，是內閣制。洪武十三年（一三八〇）誅左丞相胡惟庸，廢中書省，由皇帝獨攬大權，一人專決。兩年後設置殿閣大學士，以備顧問，為後世內閣的發端。

內閣，即文淵閣，因建於皇宮中奉天門內，故名。《彭文憲公筆記》：「文淵閣在午門內之東，文華殿南面磚城，凡十間，皆覆以黃瓦。西五間揭『文淵閣』三大字牌匾，匾下置紅櫃，藏三朝《實錄》副本。」一開始時，文淵閣只是皇帝與儒臣講讀經史的地方，兼做皇家圖書館，也可供翰林官編纂書籍和庶吉士研修學業。後來才成為大學士代皇帝批答文武群臣所上章奏的議事處，逐漸參與朝廷重大政務，「雖無相名，實有相職」[1]，基本形成了以票擬為主的內閣制度。

1 為內閣擴權

正德帝恣意胡為，常將內閣置於可有可無的尷尬境地，至嘉靖朝，內閣的權威得以空前提高。開始時朱厚熜住在文華殿，對面就是內閣的辦事場所文淵閣。少年天子望治心切，常常召見楊廷和等人，禮敬有加，也下令對文淵閣進行修飾和擴建，增添御座，擴大藏書，敕為機密禁地。就連負責撰寫制誥的翰林院官也不准隨便出入，以防洩密。內閣大學士的地位，更是凌駕於九卿之上。

終嘉靖一朝，朱厚熜一直注意發揮內閣的作用，通過內閣管理朝政，治理國家。在位前二十年的多數情況下，他對內閣大學士既尊重又愛護，切磋商量，從善如流。即便想要強力推行己意，也能做到明白曉諭。厚熜與內閣首輔的關係通常是親切融洽的，早期與楊廷和、楊一清，接下來與張璁、夏言，晚年與嚴嵩、徐階，都曾非常信賴，常接見問對，也從來不吝嗇封賞，崇進師保，褒獎撫慰，甚至問病送藥，實在令其感恩戴德。

而若以為他對閣僚是一味地溫柔，是無邊的恩賞和徹底的倚信，那就錯了。朱厚熜始終是一個高傲的君主，並非像他一再表述的「以眇躬嗣守祖宗鴻業」；始終期望著大明王朝的中興，並非如一般史籍所描寫的不理國政。入朝之初，閣臣九卿以少年天子視之，厚熜也深自謙遜，然絕不交出決策大權；後來履位已久，大臣以英主譽之，他也能有較公正的自我認識，不為讒諛之詞欺蒙。如果說內閣是大明朝的旗艦，那麼不是首輔，而是皇帝本人，作為旗艦的艦長。

在嘉靖一朝，內閣一直是大明王朝的權力中心，也是政治渦流的中心。中晚期之後，內閣的傾軋更是難以歇息，多次以流血、抄家來實現首輔的更替。嘉靖推崇道教，專意焚修，但其警惕的目光也始終沒離開過內閣，沒忘記在各大學士的生死較量中，充當一個嚴厲而公正的裁判。

2 相繼離去的元輔

君威無上，君權無上。嘉靖在議禮中一步步獲勝，內閣的對抗也變得越來越軟弱和無意義。楊廷和在嘉靖三年（一五二四）春離職歸田，三個月後蔣冕被罷，再兩個月又輪到了毛紀。在楊廷和告退後，蔣冕和毛紀先後做了短暫的首輔，上有皇帝的巨大壓力，下有張璁、桂蕚等議禮派的激烈攻擊，二人立朝剛正，始終不肯阿附，也贏得了皇上的尊敬。

楊廷和等三人相繼離去，僅留下改元後再入閣的費宏，又增入吏部尚書石珤和禮部尚書賈詠，組成嘉靖朝第二屆內閣。此三人亦前朝舊臣，復職或升任大學士入閣，則出於新帝旨意。他們對皇上再不敢頂撞，但從故意拖延、借機推搪，對爭大禮者的保護，還是可以看出其與上一屆內閣的繼承性。

這時，議禮諸臣已在朝廷站穩了腳跟：張璁以兵部侍郎署都察院事，桂蕚由翰林學士升禮部侍郎，方獻夫以禮部侍郎署大理寺……這些政壇新星正發出刺眼的光芒，使費宏、石珤等老臣頗不自安。費宏為首輔，遭張璁等連章抨擊，連類而及，石珤也無以倖免。《明史·石珤傳》：

璁、蕚朝夕謀輔政，攻擊費宏無虛日，以珤行高，不能有所加。至明年者，奸人王邦奇訐楊廷和，誣珤及宏為奸黨，兩人遂乞歸。帝許宏馳驛，而責珤歸怨朝廷，失大臣誼，一切恩典皆不予。歸裝珤被車一輛而已。都人嘆異，謂自來宰臣去國，無若珤者。

費宏與石珤同時於嘉靖六年（一五二七）二月離朝，[2]半年之後賈詠也被迫出閣。這屆內閣，實質上是一個過渡班子，嘉靖對他們也顯得相當薄情。尤其是石珤，罷職出京時寒風白髮，淒涼一車，踏上了漫漫歸程，讓觀者酸鼻。

3 議禮大員驟貴

議禮諸臣則顯得意氣風發，在政壇一路領跑者是「議禮首臣」張璁。五年前，他還是一個久試不第的舉子，頗感迷茫，以御史提調南直隸學校的蕭鳴鳳見出其氣象不凡，以三年成進士、再三年驟貴之說相激勸，當也是督學大員對普通舉子的鼓勵。未想到張璁下一年考中進士，再過三年欽奉帝詔由南京入朝，敕旨三宣，中使奉迎，說是「驟貴」，實在不為過。而成功預測了張璁命運的老蕭，雖然科場發身較早，又直接選授御史，自個兒卻是運道不濟，屢屢被人彈劾，甚至被論逮問，被降職，最後的官職仍是提學副使（廣東）。嘉靖十三年（一五三四）三月，以廣東所屬學校「豎立敬一箴碑怠緩，失於督察」，前後四任提學被逮問，蕭鳴鳳亦在其中。此時他已退仕在鄉，不久死去，當年受他鼓勵的張璁已做了五年內閣首輔，未見出手援引或幫助。

正因為有了蕭鳴鳳的預言，在明代一些正史、野記中，張璁進入文淵閣並成為首輔，似乎是一種冥冥中的天意，是命中注定。嘉靖三年（一五二四），張璁升為翰林學士，兼詹事，進兵部右侍郎、左侍郎，署都察院事，至六年（一五二七）十月，即以禮部尚書、文淵閣大學士入參機務。在不到七年的時間裡，以新科進士昂然入閣，升擢之速，實為罕見。同樣驟貴的還有最先議禮的幾位：

桂萼，為正德六年（一五一一）進士，不可謂不早，然由於「性剛使氣」，與上下都弄得關係緊張，直到嘉靖改元還是區區一知縣。以議禮得君之後，老桂也進入升遷的快車道，幾年間由禮部右侍郎、吏部左侍郎，拜禮部尚書，兼翰林學士，至八年（一五二九）二月入閣，成為內閣大學士。

方獻夫，為弘治十八年（一五〇五）進士，改庶吉士，病歸讀書多年，嘉靖改元時為員外郎，不數年亦由翰林院侍講學士、少詹事、禮部右侍郎、吏部左侍郎，六年（一五二七）十一月拜禮部尚書，十一年（一五三二）入閣。

對其認為優秀的議禮有功人員，朱厚熜從來都不吝於提拔和賞賜。

二、王守仁毀譽

群星閃耀的嘉靖時期，最亮的一顆星，應說是王守仁，亦即更為後世所知的王陽明。王守仁堪稱賢臣中的賢臣、名將中的名將，又是一代大儒，是開宗立派的思想家。他所創立的「陽明學」，歷晚明和清朝，一直影響到今天。

就這樣一個不世而出的人物，在嘉靖初年，基本上處於被朝廷廢棄不用的境地。其間當然有各種複雜因素，而王守仁的不趨附、皇上的不信任，則是主要的原因。

1「功高賞薄」

宸濠起兵叛亂，是在正德十四年（一五一九）六月十四日，興王祐杬正因傷暑臥病，三日後死於府邸。世子厚熜既要為父親治喪，又要管理藩國事務，必也會關注鄰省江西的叛亂，自此記住王守仁這個國之干城的名字。未繼位時的他，對王守仁應說是充滿敬重，對其在正德朝的功高賞薄甚為不平，即位詔中特列一項：

宸濠之變，都御史孫燧、按察司副使許逵仗節死義，並一時被害不屈之人，日久尚未褒錄，都御史王守仁倡義督兵，平定禍亂，並同事協謀有勞之人，亦未及論功行賞。該部即便會官議擬，奏來定奪。[3]

即位詔為楊廷和擬稿，然其對王守仁素來疏遠，守仁方建平叛大功之時，內閣首輔也是楊廷和，並未見其主持公道。因此可以推想，這一款或非廷和所擬，乃是應朱厚熜與袁宗皋要求所加。即便即位詔明確列入，對王守仁的封爵仍沒落實，也可以看出眾閣老的態度，若是態度公正和積極一些，這事早就辦了。

一個月後王守仁上疏求歸，新帝不允，傳諭讚揚其平叛之功，說正要論功行賞，命他速來京師。其時，兩京不斷有人為王守仁鳴不平，得旨升為南京兵部尚書，這樣的安排頗有對付和冷落之義，顯然是內閣起了作用。本來特旨宣召的王守仁不用赴京了，改往南京就職，他再次上疏，請求順道往家鄉浙江餘姚探望老父。守仁回顧了兩年來「四疏乞歸」的心路歷程，表達對新帝的感戴之情，坦誠懇切。嘉靖很是感動，「特令便道省親，事畢之任」[4]，並委派地方官攜羊酒專程慰問守仁的父親、退居在鄉的前南京吏部尚書王華。

當年十一月，御史樊繼祖疏陳「四漸」，其一便是興邸舊人紛紛超擢，而幾個月過去了，王守仁還沒有得到封賞。厚熜也認為所言有理，三日後即頒發對有功人員的封賞優恤之詔，第一個就是王守仁，封為「新建伯，奉天翊衛推誠宣力守正文臣，特進光祿大夫、柱國兼南京兵部尚書參贊機務，歲支祿米一千石，給三代誥券，子孫世襲，遣行人齎敕慰諭，仍賞銀一百兩、紵絲四表裡，賜宴」[5]。封賞已行，雖無隆重的儀式，也算翻過了歷史一頁。

嘉靖元年（一五二二）九月，巡按江西御史程啟充拿出一批宸濠與司禮太監蕭敬、吏部尚書陸完的私書，宸濠信中要求速將江西巡撫孫燧罷斥，又說接任者以湯沐、梁宸為好，王守仁也可以。僅憑此一信，程啟充就彈劾王守仁「陰謀黨惡，素與交通，乃貪天之功，謬獲封爵，宜追奪提究」[6]。戶科給事中汪應軫接著上書，讚揚王守仁功績，認為啟充「不諳事體，沮抑忠義」，主事陸澄也出來為王守仁辯誣。沒想到科道官一哄而上，說應軫是王守仁同鄉，陸澄為守仁門生，黨比欺罔，群請罷黜守仁的爵位。聯繫到楊廷和在朝的崇高威望，此事應與之有關，至少他沒有阻攔，沒有為王守仁說句公道話。朱厚熜再一次表彰王守仁「仗義興兵，戡定大難」之功，認為「不必更議」。朝廷的這一番熱鬧必然傳到王守仁耳中，毅然疏辭封爵，並說一起平叛的同事諸臣不光「未蒙均賞，反遭譴斥」。嘉靖令下有司調查，不允辭。

第二年四月，御史張金戌彈劾刑部尚書張子麟交通逆藩，又扯上了王守仁。平叛兩功臣伍文定和王守仁都上疏，說宸濠黨羽多有偽造書啟，以騙取錢財，此類物件不可全信。科道又是一通批駁，說其勘事不實，首鼠兩端。這就是當時的政風世情，就是守仁建立不世之功後的遭遇：正德時不光不賞，還險些得禍；嘉靖時賞是賞了，卻有些勉強，且一直沒離開非議與攻訐。

2 奸臣之忌與大臣之忌

才高遭忌，是人類進化史上的一種痼疾，也是古今中外許多傑出人物的永恆嘆息。王守仁的功高賞薄，根源在於才高遭忌，在於他的功績和成就刺痛了一些掌權者，甚至影響到這些人的地位和利益，在於內閣與科道的不少人早就形成了一個利益集團。

來自四面八方的嫉忌，伴隨王守仁一生，而在他集兵平叛後出現了第一個高潮。當是時也，宸濠以奉皇太后密詔起事，號稱大軍十萬，「舳艫蔽江而下，聲言直取南京」[7]，連下南康、九江，聲勢已成，南半個中國震動。王守仁以巡撫南贛副都御史之職，官階不高，部伍疲弱，卻能臨變鎮定，迅速聚集力量，直搗南昌，進而毅然迎敵，不一月即擒獲叛王，敉平動亂。那邊武宗剛剛統帥六軍御駕親征，行至京郊良鄉，江西大捷的飛報已到達，令皇上及親從好不沮喪！

王守仁平叛建功，使南部數省免遭塗炭，也使一些重要人物心懷嫉恨。首先被刺傷的是一幫武宗近倖，那些得寵太監和武將。宸濠起兵造反，與其說震驚朝廷，不如說樂壞了正德皇帝及近侍親從，他們無事還要生非，早就想要到南方嬉玩遊樂一番，豈非遇上大好機會！武宗正當盛年，喜弄兵杖，多次在宣大邊塞引軍馳騁，原不是一個怕事的主兒。江彬等出身行伍，久在邊鎮，經歷過無數惡戰，哪裡會把錦衣玉食的寧王放在眼裡？沒想到大軍始發，叛首已然就擒，能無惱怒！在他們的慫恿之下，御駕照舊南行，且擋住王守仁不使朝見。

這就是奸臣之忌，說守仁先附宸濠，見其事敗才行擒拿；說守仁目中無君，躲在杭州不來見駕……奸臣沒有道德底線，也不在意顛倒黑白，生生要把一個忠臣說成逆賊。幸虧王守仁早有布置，繞過阻截，將宸濠等人交與提督太監張永。此人即與楊一清合謀摧垮劉瑾者，素來忠直幹練，深得武宗信重。正是張永在皇上那裡陳述守仁之忠，才使他免於大禍。至於獎賞，似乎提都沒幾個人提起。

隨著武宗崩逝及接下來的政治清算，江彬、許泰、張忠等人俱往矣，而朝中嫉忌王守仁的仍大有人在，這便是大臣之忌。第一個應說是首輔楊廷和。楊廷和自正德二年（一五〇七）入閣，八年（一五一三）任首輔，除了一段丁憂外，一直掌控著內閣，其間寧藩復護衛屯田，廷和為決定性人物，為此還要排擠費宏。而在宸濠反跡昭彰，朝廷派人前往核查戒飭之先，他還勸駙馬都尉崔元息事寧人。

宸濠心懷異志，「宮掖樹其私人，六卿半其羽翼」[8]，廷和雖不能算成宸濠羽翼，但明顯與逆藩長期交好。平叛之後繳獲了宸濠收到的大量朝臣信劄，還有一些禮單收據，王守仁讓人一概燒掉，大約就是要讓楊廷和之類大佬放心。問題在於，廷和等人能放心嗎？

這也就不難理解：新朝不能不封賞王守仁，卻要讓他遠赴南京任職；科道官拿出一些對守仁不利的文函，廷和明知其偽，卻不為作任何辯護。廷和是一位社稷之臣，也有原則和操守，但遇到比自己更偉大更有成就的人，則難免心生忌意。朝堂之險，朝官之偽，棟梁之易摧折，皆於此可見。

3 思想家的最後遠征

真正對王守仁暮年際遇產生影響的，又不僅僅是內閣大員的疑忌，而是他的著書立說，是他的講學。

王守仁是一位哲學家、思想家。自從正德元年（一五〇六）冬貶謫貴州龍場驛開始，聚徒講學就成為他生活的一部分，成為其生命價值和思維高度的最佳呈現。龍場時的「知行合一」，任職京師的「朱陸同異之變」，滁州的提倡「靜坐」，南都的「朱子晚年定論」，都代表了他在每一個人生階段的思考。守仁一直堅持講學，在困窮時講學，貴顯時也講學，在閒暇時講學，戎馬倥傯時也講學；在正德朝講學，嘉靖朝也講學，而且規模影響越來越大。嘉靖元年（一五二二）二月，王守仁丁父憂歸鄉，從此有六年閒居，「歸去休來歸去休，千貂不換一羊裘」[9]，仰慕者追隨者從各地彙聚而來，聽他闡釋「致良知」學說，「每臨講席，前後左右環坐而聽者常不下數百人」[10]。這是怎樣一種學術盛況，又有哪一個帝王能長久容忍這種狀況？

六年之間，朝中議禮一浪高過一浪，朱厚熜為乃父乃母加「帝」加「皇」，建廟稱「宗」，王守仁始終置身事外，門人問及亦不答。「問君何事日憧憧，煩惱場中錯用功」，「但致良知成德業，謾從故紙費精神」[11]，他的詩句，似乎隱含著對時政的評價，也頗有對朝中那場血腥大爭論的不屑。守仁當然不會支持楊廷和等人，但對於權威日隆的新天子，也毫無趨奉。嘉靖喜讀書，愛思考，又非常敏感，不會對王守仁在浙江的講學充耳未聞，不會體味不出「致良知」的潛臺詞，以及所引發的懷疑、疏離作用，只是化敬仰為戒備，以冷漠待之，對守仁不加任用。

許多朝臣沒有忘記王守仁，他的幾位知交及弟子如席書、方獻夫、黃綰成為議禮新貴，有關舉薦不絕於朝。四年（一五二五）二月，禮部尚書席書奏薦楊一清和王守仁，認為二人「文武兼資，堪任將相」，此時楊一清已出任三邊總督，席書提議應該請王守仁主持內閣，並說：「今諸大臣多中材，無足與計天下事者，定亂濟時，非守仁不可。」[12]嘉靖不許，對席書的「自諉中材者」，也提出批評。

當年七月，應天巡撫都御史吳廷文疏薦王守仁「文武全才，宜暫掌南京都督府事」[13]。兵部以為「文臣掌府事未便」，御批從之。

九月，致仕刑部尚書林俊疏諫慎用廷杖，建議起用羅欽順、王守仁等有德望者，「乞列左右，以裨聖德，圖聖治」[14]。嘉靖不做回應。

十一月，召楊一清入閣，誰來接替他的陝西三邊提督？廷臣首推彭澤、王守仁，嘉靖不允，另擇致仕兵部尚書王憲代之。此事在朝中引起一場風波：席書指責吏部尚書廖紀兩邊忽悠，「內則柔順於相臣，外則牽制於科道，含糊展轉，曲為兩請之詞」；廖紀上言，故作示弱之態，說兩次會推王守仁等人，都得不到皇上批准，作為吏部尚書實在不稱職，而「人不能言者書能言之，人不敢為者書能為之」，應該罷免自己，任用席書。皇上只得加以勸慰，又引來科道官對席書的一通劾奏。[15]

席書為弘治三年（一四九〇）進士，對晚三科的王守仁素來敬重有加。守仁貶居龍場，席書適為貴州提學副使，延請他教當地子弟，結下終生交誼；宸濠反叛，席書為福建左布政使，急募兵來助守仁，雖趕到時宸濠已敗，然忠義已見。他對王守仁被廢棄耿耿於懷，五年十月再次上疏，說守仁服闋已一年多，至今沒有舉行封拜儀式，應該派人催其來京。皇上表示同意，卻未見派中使到餘姚。時王守仁已在病中，卻意外於五十五歲新得一子，這也是他唯一的血胤，心安意足，講學著書，哪裡還去管朝廷的那些個鉤心鬥角呢！

六年（一五二七）五月，廣西思恩、田州原岑猛餘黨盧蘇、王受糾眾反亂，總督姚鏌不能制止，有詔起用王守仁為左都御史總制兩廣及江西湖廣鄰近地方軍務，前往討伐。此時費宏已退，楊一清為首輔，厚熜對他大談用人與兵事吉凶之關係，能見出對使用守仁心中沒底，楊一清則稱王守仁必能奏捷。七月，王守仁以病辭，疏章懇切，舉薦胡世寧、李承勛二人以代。皇上不允，遣官催促他赴任。

王守仁扶病上任，途中疏陳用兵之非和改土為流之誤，建議仍設土官。兵部不以為然，嘉靖令再議。十二月，守仁抵達潯州，叛首早知其威名，大為恐懼。未想新來的總制大人定計招撫，至南寧後，數日內悉數遣散調集來的軍隊，僅有湖廣之兵數千以途遠暫留，還令解甲休息。盧蘇等聞訊大喜，遣使乞降。王守仁令來軍門，盧蘇和王受仍有疑懼，引七萬大軍列營於南寧城外，囚首自縛，與頭目數百人入拜。王守仁高居帥位之上，痛責二人之罪，令各杖一百，然後親為解去繩索，好言撫慰，激勵其為國效力。在他們的陪伴下，王守仁進入叛軍大營，善言宣撫，一時歡聲雷動，數年兵戈渙然化解。這就是王守仁，不戰而屈人之兵，未傷一兵一卒，迅速解決了思恩等地的叛亂。

4 斷藤峽大捷

二月末，叛亂的土兵各回本業，守仁報告朝廷，選任岑氏之後，又作出一系列機構調整和人員安排，數年叛亂的兩個州走向平復。三月，王守仁又以病重請辭，並舉伍文定、梁材等接替，朝廷仍是不允。

思、田二州雖平，兩廣境內的很多瑤寨長期失控，尤以斷藤峽一帶鬧得最凶，「上連八寨，下通仙台、花相等峒，連絡數十餘巢，盤亙三百餘里，流劫郡縣，屢征不服，急則入萬山叢箐中。自潯梧上下，軍民橫罹鋒鏑者數十年」[16]。王守仁不得告病還鄉，即著手籌劃平定斷藤峽方略，深知宣撫無效，遂毅然用兵。瑤人在南寧廣有眼線，守仁外示閒暇，「偃旗仆鼓示不為備」，令其懈怠，而密令湖廣土兵借班師回鄉之機突然進剿。剛剛受撫的盧蘇等人也願效力，他們熟悉地理人情，更易得手。王守仁部署停當，戒諭激勵將士，於四月初三日悄然發兵，牛腸、六寺諸瑤寨全無戒備，已被四面合圍，一舉破之。次日，攻破仙女寨，再一日連破油榨、石壁、大陂等寨，蕩平斷藤峽。守仁指令乘勝進攻，仙台、花相、白竹、古陶、羅鳳等地接連平定。另一路，由布政使林富率盧蘇、王受所部直搗八寨，突破石門，瑤兵奔潰，於是古蓬、周安、鐵坑等寨相繼敉平。整個戰事一氣呵成，官軍和新撫土兵精誠合作，勢如破竹，王守仁亦身臨前線，指揮調度，「上下岩谷，出入茅葦」，全不顧酷暑中瘴癘之氣，不顧自己正在病中。

六月，斷藤峽告捷，王守仁病勢漸漸沉重，仍抱病區畫各項治理，於九月上疏報告戰事進展，並再次以病請歸。他把獲勝歸功於皇上信任和大臣的薦舉，說兩廣已可稱無事，而自己「病日就危，尚求苟全，以圖後報，而為養病之舉，此又臣之所大不得已也」。語意悲涼，近乎乞求，皇上總覺得有誇大的成分，還是一個不允。

閏十月，王守仁以討平斷藤峽諸寨奏捷：「因自言用計招撫思田叛目盧蘇王受等，以夷攻夷，故所向克捷。而我軍僅湖廣掣還之兵八千人，深入三百餘里，俘斬三千餘賊，永除百餘年來兩廣腹心之患。蓋勞費不及大征十一，而成功倍之。」他仍然將功績歸於皇上聖明，卻沒想到世宗竟作出如下批語：

> 此捷音近於誇詐，有失信義，恩威倒置，恐傷大體。但各洞猺賊習亂日久，勞亦不可泯。王守仁姑賜敕獎諭，有功人員下巡按御史核實以聞。[17]

這樣的御批，或受到桂萼等人的影響，但嘉靖是一個有主見的人，主要還在於其誤解。六天後，禮部尚書方獻夫、詹事霍韜上言，為王守仁鳴不平。二人家鄉都是廣東，「備知諸猺為患多年，先曾調三省兵數十萬人、動支官銀數十萬兩、米數十萬石，僅得田州安靖五十日，然我軍失亡固已太半」[18]，並列舉守仁蕩平八寨之「八善」，實屬勞苦功高。二人反駁了一些無端猜疑和指責，大聲疾呼：「夫忠如守仁，有功如守仁，一屈於江西，再屈於兩廣，臣恐勞臣灰心，將士解體，後此疆圉有事，誰復為陛下任之？」[19]兩位都是議禮大員，皇上不便責備，潦草對付幾句了事。

5 功臣身後事

王守仁奏請進剿斷藤峽是在八月間，而戰事當在三月底已經打響，四月初即實施了對牛腸、六寺的合圍，這就是指責者所言「不受命征八寨」。克復各寨後，守仁令於要害處築城設防，也被劾為專擅。是王守仁思慮處置不周嗎？不。南寧距京遙遠，驛路難行，決戰於數千里之外，「又有便宜從事之旨」，若要一一奏准而後行，必然貽誤戰機。王守仁負雄才大略，又深知朝廷拖遝遷延之弊，敢於決斷和擔當，雷霆一擊，大獲全勝。報捷之時，守仁上歸功於皇上與閣部大臣，下歸功於從官將領，開列了許多捨生忘死的部屬的名字，豈知又是一次功成不賞！

朝中的譏議和嘉靖帝御批，陸續傳到王守仁耳中，讓他沮喪，也覺得無顏面對那些浴血參戰的士卒。他不加任何辯駁，只是再一次提出辭職，將軍政事務交代停當，即離開前線，回到南寧。見朝廷諭旨仍未到，王守仁乾脆不等了，扶病登舟，由梧州向廣州而去。這位大思想家態度決絕，但還是遵守朝廷規矩，說將「待命於韶、雄之間」，亦即不出兩廣境內，等待皇上准辭之旨。孰知久候不至，而病情日重，守仁決定不再等待，遂向家鄉進發。

得知這種「不候命即歸」的舉動，嘉靖大為惱怒，論為「故設漫辭求去，不候進止，非大臣事君之道」[20]。他甚至懷疑守仁假報病情，責令吏部嚴肅調查。這一套程序尚未開始，王守仁已於十一月二十九日逝於舟中，地點在福建南安的青龍驛。門人周積哭問遺言，守仁微微一笑，曰：

> 此心光明，亦復何言？[21]

王守仁平靜離世，其功績、德政與不平遭遇，都令世人感慨唏噓。南安「士民遠近遮道，哭聲震地，如喪考妣」；至贛州，士民「迎祭於道」，「沿途擁哭」；至南昌，「士民昕夕哭奠」[22]。守仁的眾多弟子門人、其中不乏官階崇重者，聞訊從各地奔赴前來，迎祭護持，全不怕朝廷怪罪。

八年（一五二九）二月，吏部具奏，稱王守仁以病情沉重離任，中途死去，情有可原。厚熜怒意未解，指其「學術事功多有可議」，要求會官討論，提出處理意見。給事中周延為守仁辯解幾句，即被貶斥外地。見皇上如此，吏部尚書桂萼不再猶豫，首先從學術上否定王守仁，說他「事不師古，言不稱師，欲立異以為名，則非朱熹格物致知之論；知眾論之不與，則著朱熹晚年定論之書」，雖有「剿捕寨賊，擒除逆濠」之功，但「功過不相掩」，建議保留封爵，禁止其學說。朱厚熜予以認同，並作大段批語：

> 守仁放言自肆，詆毀先儒，號召門徒，虛聲附和，用詐任情，壞人心術。近年士子傳習邪說，皆其倡導。至於宸濠之變，與伍文定移檄舉兵，仗義討賊，元惡就擒，功固可錄，但兵無節制，奏捷誇張。近日掩襲寨夷，恩威倒置。所封伯爵本當追奪，但係先朝信令，姑與終身，其歿後恤典俱不准給。都察院仍榜諭天下，敢有踵襲邪說，果於非聖者，重治不饒！[23]

大賢已逝，此心光明，桂萼的小人肚腸，以及朱厚熜這段狂妄褊狹之論，徒留千古笑柄。

三、吏事練達楊一清

這時的內閣首輔為楊一清，張璁也已入參機務。二人加上資深輔臣翟鑾，都對王守仁評價甚高，也曾多次薦舉，但張、楊間矛盾已起，而皇上已表明態度，便不再說話。倒是吏部尚書桂萼秉承旨意，悍然詆毀王守仁，為入閣做最後的衝刺。

1 再入閣的老臣

在位前期，嘉靖是位年輕皇帝，卻比較注意使用老臣。楊廷和內閣皆前朝舊臣，接下來費宏主閣亦清一色老臣，現在輪該楊一清，內閣的組成起了變化。

楊一清是在六年（一五二七）八月接任首輔的，石珤、賈詠皆於該月致仕，閣臣中還有謝遷與翟鑾。謝遷為成化十一年（一四七五）狀元，弘治八年（一四九五）即入閣，兩受遺命，正德朝以諍諫去職，享有盛譽。嘉靖六年（一五二七）初召再入閣，時已八十多歲，四疏乞休，很快也就離去。而翟鑾資歷要淺得多，當年春由皇上特旨入閣，處事謙謹溫厚，充位辦事而已。張璁的入閣，也出於皇上旨意。這應算是嘉靖朝的第三屆內閣。

楊一清年紀小謝遷很多，資歷卻過之。他在八九歲時即「以奇童薦為翰林秀才」，憲宗欽命內閣為他選擇老師，十四歲中鄉試，至成化八年（一四七二）中進士，年尚不足十八歲。自此官運亨通，先為中書舍人，後按察山西，提學三陝，入為太常少卿，再擢副都御史，總制延綏、寧夏、甘肅三鎮軍務。正德時太監劉瑾權傾內外，楊一清暗中力勸張永為國除害，為之設計妥當，一舉將惡貫滿盈的劉瑾拿下，名滿天下。此後的他在仕途上更為順暢，拜戶部尚書，轉吏部尚書，晉大學士。而因得罪武宗親信錢寧、江彬等人，楊一清毅然辭職家居。厚熜為興藩世子時，父王曾對他講起「楚地三傑」，其中便有楊一清。

厚熜即位，廷臣交章推薦楊一清，而楊廷和似乎心存梗芥，曲為貶抑。至三年（一五二四）十二月，楊一清始被召入朝，任兵部尚書、左都御史，總制陝西三邊軍務。次年十一月，再度入閣。

楊一清性格警敏，才華卓異，吏事練達，是很難得的治國人才。議禮之爭初起，一清雖家居，但見到張璁之疏，即致函自己的門生喬宇，暗示應予支持。他又勸席書早日赴召，以定大議，這些都使嘉靖牢記在心，亦使張璁等人引為同道。楊一清也知自己的起復和入閣都與張、桂推薦相關，對二人很容讓。

在政治鬥爭和權力之爭中，容讓是不能完全解決問題的，也必然是不會持久的。

2 真情流露的君臣對話

六年（一五二七）十二月二十九日，時值歲尾，內閣首輔楊一清率閣僚上言，似乎是要給皇上一年來的作為下一個「評語」：

人主視朝當有常期，古禮朝辨色始入，君日出而視之。今陛下常以昧爽以前視朝，或設燭以登寶座，雖大風寒無間。是固勵精圖治之心，而聖躬得無因之過勞乎？[24]

其時朱厚熜剛剛年過二十歲，不貪女色，不喜宴飲嬉遊，一切如武宗所具有的荒淫病症，他都沒有。厚熜勤於朝事，以至於秉燭登殿，將早朝的時間大大提前。諸臣請求在明年新正開始，依古禮而行，建議命鴻臚寺官傳示：皇帝在日出時視朝，遇大風寒則暫免。

一清的奏章充滿敬重關切，又不能全然視為拍皇帝馬屁。嘉靖在早期的勤勉有目共睹，而他的身體素質較差，經常鬧病，也是事實。且他已結婚六年，尚未有皇嗣，更讓密勿大臣焦慮，於是聯名上言，勸皇上保重身體。

嘉靖讀疏後很感動，御批說近來內外百官偷閒怠惰，不能虔心國事，自己不得不以身示範，希望能起到表率作用。

楊一清等人又奏說：陛下一身關係到社稷宗廟，每日雞鳴而起，往奉先殿、奉慈殿、崇先殿行禮，「出入門棖，上下階級，已不勝其勞。旋即視朝聽講，退而親閱章奏，一日萬機……」建議皇上每日由內侍往三殿焚香祭拜，每月朔、望及四時節候親往各殿，行一拜三叩頭禮。

厚熜也被繁複的祭拜儀式搞得難以支持，覽疏大吐苦衷：「人君者既以一身上主郊祀，次則宗社，再次則百神，其重如此，人之精神有限，縱雖強力之人，其能勝乎？」又說到廟祭，「今九廟神位、奉慈三室、崇先親廟穿繞往來，登降階級，所行十三拜禮，凡遇節令、祭告、忌辰計三十四拜。朕素稟清弱，拜畢言語促喘，前年病起益甚，不能如儀」[25]，因而欣然採納了楊一清等人的建議。

從以上君臣對話可知，嘉靖絕非不問政事的昏君，正以極大的熱誠獻身王朝大業，欲成一代之明君，成為大明王朝的中興之主。他在王守仁逝後說的那番話令人反感，卻也是發自肺腑的，有點千古一帝的感覺。

3 交惡與交鋒

這一期間，發生了聶能遷彈劾張璁的事件。張璁惱怒，欲將聶能遷置於死地，但票擬（即起草處理決定）的權力在首輔楊一清手中，沒能如其意擬行，使之懷恨在心。

此人的小肚雞腸，與厚熜的自謂英主，堪稱妙對。

在張璁和議禮派大員看來，楊一清係他們薦引的，如今自己反位於楊一清之下，再加上由聶能遷一事引出的矛盾，便與之漸成水火。張璁和桂萼連連上疏，倚仗皇帝之寵信，斥責楊一清為奸人鄙夫，猛攻不休。

楊一清久歷宦場，豈是等閒之輩。他在入閣以後，一直極力去獲取皇上的信任，不因議禮或祀典與皇上對抗。他處理軍政大事既精明練達又謹慎細緻，每一提議，均獲皇上首肯。作為四朝老臣，他對年輕的皇帝恭敬體貼，奏請減少早朝、珍攝龍體，一篇慰疏使世宗如遇知音，稱「真師保愛君至意」。

對於張璁、黃綰等人的攻訐，楊一清採取退讓策略。張璁上疏為自辯，稱浙江都司都指揮張浩備倭失事，是楊一清幫助營求復職，多所指責，一清即上疏求退，稱病不上朝。嘉靖諭令楊一清入朝辦事，並令鴻臚寺官去府上探視，一清再次上疏，懇請允許他退居家鄉。嘉靖仍然不許，又派鴻臚寺官至其家慰問，召他入閣辦事。

正在這時，詹事兼翰林學士黃綰又上疏，說朝臣之中有貪婪無厭之輩，「變幻是非，如化人之莫測；狡獪閃倏，如鬼魅之默運；甜軟誘惑，如狐妖之媚人；機矢中傷，如射工之密發」[26]，又說自己故意不指名，想讓皇上察看群臣中誰最相似。嘉靖對這類浮泛陰險之言很反感，降諭嚴厲斥責，因黃綰係議禮功臣，方免究治。

緣此，嘉靖又想到給事中史立模的疏章。聶能遷彈劾張璁之事發生後，史立模發表議論，說什麼「剛正者特立而見忌，詭祕者雜出而難防，以見忌之君子而牽率於難防之小人，苟其術得試，其計得行，雖至於空人之國亦易易耳」[27]。厚熜開始時肯定其觀點，詔部院不要偏聽偏信，並令禁約匿名文書，此時方悟其「拒絕人言，以緘天下之口」的用意，命將阿附張璁的史立模調出科道。

時候到了！富有宮廷鬥爭經驗、善於把握時機的楊一清開始上疏反擊，對皇帝的一再挽留慰諭表達感戴之情，講述自己的衰邁羸弱，再說入京後見內閣互相攻訐，「忿戾之辭形諸奏牘，心切非之」，然後轉入主題：

> 入閣以來，……與同事張璁等同心同德，未嘗少有間隙。比者，張璁因被聶能遷捏詞所訐，以臣等擬票太寬，不曾將能遷請旨拿問重處，遂生疑怪。奏請宣諭內閣，以絕讒邪，以清政本。詳其辭意，指斥愚臣。伏蒙聖諭內閣：「輔臣調元贊化，當要為上為德，為下為民，同寅協恭，以期和衷之治。勿得彼此相嫉，以負簡託。欽此。」臣聞命，心神顛越，震驚無措。

他說在內閣與張璁並無嫌隙，遇事總謙讓，之所以出現矛盾，是因聶能遷彈劾張璁，張璁恨自己處理得太寬。而不知從寬的理由：一則張璁曾誇獎過聶的議禮之功，二則皇上沒有擬之重典的明旨。

楊一清還說：如果因有人彈劾閣僚，便置之於死地，必然會影響下情上達，阻塞言路，這是正臣絕不敢做的。接下來，楊一清說張璁與張浩為親戚，私下裡拜託，方才告訴吏部尚書推薦，現在竟栽到自己頭上，實乃自欺欺人。為證明主持內閣之難，先老實交代內心之複雜，交代照顧人情之原委，然後一吐為快：

至今年春夏以來，見其志太驕，氣太橫，狎視公卿，雖桂萼亦不敢與之抗，其餘大臣頤指氣使，無不如意，百司庶僚莫敢仰視。臣每每勸勸且諷之，以為六卿皆吾輩比肩，豈可以詞色相加？人臣之勢不可太橫。……璁面雖稱善而心不平。28

在這裡，楊一清若不經意地稍帶上黃綰，說黃綰非進士出身，雖擅文章之學，但因一口濃重的吳語，以故沒將他列入經筵侍講，而張璁想讓他做侍郎和南京鄉試考官，曾為自己阻撓，黃綰心生怨恨，大肆攻訐。講清楚這些前因後果、新帳舊帳後，楊一清懇求歸田，自稱「以老病之軀處嫌忌之地」，請皇上垂憐放免。

4 諭旨斥責張璁

楊一清的疏辭坦誠、哀切、平實、有理有據、陳述清晰。厚熜讀後當即降諭，除撫慰挽留楊一清外，對曩所愛重的張璁，第一次明確提出批評：

彼張璁也，性資雖敏，奈強梗不受人言，已是不聽於眾。其忠孝仁義、謙恭廉守，彼皆無不通曉，何其自入閣以來專恣而自用，無復前之初也？

感慨之餘，嘉靖對相關幾事逐一評說：聶能遷事，張璁趕盡殺絕，「仁義不無有虧」；張浩事，張璁背後請託又不認帳，「非自欺乎」？史立模伺機上言，實受張璁指使，「以鉗人人之口」；而黃綰之奏，更是「立黨之基」。嘉靖說已先令張璁擬票斥責黃綰，復親自書旨，以示重視。對張璁的所作所為，他也表示了惋惜感嘆之情：

彼璁盡忠事君，博見多識，居顧問之允稱。可惜者自伐其能，恃朕所寵。嗚呼！朕所禮之者非私恩也，報昔正倫之功。璁當愈加謙遜，竭誠圖報可也。竭誠者何？推公讓賢，廉己容眾是也。今卻若是，良可嘆哉！[29]

此諭公開報聞，等於向朝野公佈了張璁的缺點，也宣明了皇上對楊、張衝突的看法。楊一清遵旨出閣辦事，仍居首輔。張璁是又慚愧又沮喪。

楊一清受到鼓勵。八年（一五二九）元月，楊一清奉旨推薦京營提督官，順便提出武定侯郭勛插手營政一事。郭勛甚得帝寵，又係張璁的密友，在以前楊一清是不會貿然行此的。御批稱郭勛心存忠誠，但「恣暴成性，不肯省圖改之」[30]，又牽連論及張璁：「如璁乃剛毅之資，所交皆未甚善人。」這是皇帝的看法，郭勛、張璁皆生性強梁，結交的也沒有幾個良善之輩。

內閣的傾軋，在當時非此一端，議禮派大員也有分化。方獻夫為禮部尚書，以災異上言，特別提到了「乖氣致異」一說，曰：「今君臣闕同遊之樂，宰輔少和衷之美，大臣乏休休有容之量，群臣無濟濟相讓之風，德化未洽，災異薦臻，殆實坐此。」[31]雖屬泛論，鋒芒所指亦多在張璁。

至二月間，厚熜被郭勛的反覆強辯激怒，決意要處置他，諭旨中特別提到張璁、霍韜與郭勛的「深結」[32]，並曉諭內閣，說他們結成黨與，將會為害國家，這是一次對張璁的嚴正警告。

5 張璁被逐

八年（一五二九）七月，兵科給事中孫應奎上疏論輔臣，稱楊一清雖練達國體，然不無私情；張璁雖博學，而性格偏執自恃；至於桂萼，則是「以梟雄之資，桀驁之性，作威福而沮抑氣節，援黨與而暗役言官」[33]。嘉靖諭令楊一清「安心辦事」，戒飭張璁「務同寅協恭，不宜偏執自恃」，對桂萼則令「洗滌宿過」。三人俱提出辭呈，不允。

接著，禮科給事中王准彈劾張璁、桂萼黨私偏比，舉薦私人。嘉靖令有司查核。張璁兩次上疏求退，聲言因議禮得罪群臣，故「群謗叢至」，得旨慰留。

八月十三日，工科給事中陸粲憤然上疏，彈劾張璁、桂萼，措辭極為激烈：

> 璁、萼凶險之資，乖僻之學，曩自小臣贊大禮，拔置近侍，不三四年位至宰弼，恩隆寵異，振古未聞。乃敢罔上逞私，專權招賄，擅作威福，報復恩仇。璁雖狠愎自用，執拗多私，而其術猶疏，為害猶淺。桂萼外若寬迂，中實深刻，忮忍之毒，一發於心，如蝮蛇猛獸，犯者必死……[34]

隨後，陸粲又羅列了大量的事實，以證明其引用私人、收受賄賂的惡行，所引例多為桂萼所為。這件奏章顯然給朱厚熜以極大震動，以至於覽疏後痛下決心，清除張、桂二人及朝中黨羽。御批曰：

> 朕昔以大禮未明，父母改稱時張璁首倡正議，奏聞更復，後桂萼贊議，自禮成之後朕授官重任，蓋以彼盡心救正忠誠之故。今彼既頓失前志，肆意妄為，負君忘義，自取多衍，朕不敢私。張璁仍以本職令回家，深加省改，以圖後用；桂萼革去散官及學士職銜，以尚書致仕。

作為張、桂薦引的私人，同時罷斥的還有禮部侍郎嚴嵩、僉都御史李如圭等，而陸粲劾章中指稱營緣干進的李夢鶴、周時望、桂林、吳從周諸人，則命逮問。處置之嚴，很能說明嘉靖心中的憤怒。後稍有所解，嚴嵩等亦得留職。

兩日後，嘉靖為此事頒旨曉諭天下。旨中敘說張璁等議禮之功，又說其「負君負國」，不能袒護，故分別給以處分，同時還命法司逮問王准和陸粲，罪名是不早行舉劾，「非忠愛之本心」。世宗顯然顧忌到有人會乘機翻議禮的舊帳，故於敕旨中特別聲明：「璁等罪既不可掩，而功尤不可泯，內外大小官員軍民人等毋輒乘此挾私奏擾」[35]。所謂「功」，當然指議禮之功。

敕旨頒布是在中秋節，月光淒清，心中淒涼。張璁萬沒想到皇上來了這麼一下子，毫無思想準備，只得與老妻收拾行裝，乘驛車離京，在轆轆車鳴中消受那罷斥之痛。

6 天意多變

張璁、桂萼積下的仇恨畢竟太多了，一旦失寵，即成為眾矢之的。張、桂罷去，其所薦引的各官也成為目標：廣西道御史王化彈劾兵部尚書李成勛、王瓊，工部侍郎何詔、劉思賢，南禮部侍郎黃綰等；御史吳仲等彈劾總制兩廣都御史林富、禮部侍郎嚴嵩等，一大批官員都被列入掃除之列。嘉靖降旨處治幾人，下令「不必泛劾」，也說明皇帝並不糊塗，見出彈劾風暴背後有些兒微妙。

議禮派中也有勇者，如霍韜就是個硬派角色。張、桂罷斥，霍韜攘臂揎拳，滿腔憤激地呼喊：「張、桂行，勢且及我矣！」[36]遂奮身上疏，揭發楊一清收受賄賂的一系列「奸贓罪狀」，並為張璁等辯白，說張璁赤誠為君，其所以招致眾多的嫉恨，皆因首倡議禮之事，使那些護法之臣受到打擊。霍韜還表示：「且臣與璁、萼俱以議禮進官，璁、萼既去，臣豈宜獨留，乞賜罷黜。」[37]

對議禮諸臣尤其是張璁，嘉靖畢竟有一種特殊的感情，有一份永存心底的感激和眷注。他被霍韜的章奏深深打動，想起當初舉朝與之對抗，惟張璁以新科進士奮身上言，博采典籍以反駁舊說。想到這裡，厚熜後悔不該受楊一清等蒙蔽，手敕一紙，派人馳驛去挽留張璁。此時張璁已走到天津，復被召回。

輪到楊一清打道回府了。召還張璁，楊一清便知聖心已改，再上疏求退。嘉靖也不客氣，即把楊一清罷免，張璁升任首輔。

嘉靖還要追究楊一清的貪贓之罪，刑部也擬請將楊一清削籍，而張璁則三上密疏，「引一清贊禮功，乞賜寬假，實以堅帝意俾之去」[38]。這類政壇小伎倆十分有效，皇上遂批准楊一清致仕，賜給金幣，令馳驛歸。

對張璁的清正忠誠，嘉靖更深信不疑，對他在楊一清問題上表現出的「寬容」精神，也大是好感。

四、張璁主閣

嘉靖八年（一五二九）秋天，張璁經歷了一場人生巨變——八月中旬被彈劾罷歸，九月初一就被聖旨召回。他似乎很難接受此一顛倒反覆的變化，不免要拿拿架子，做個姿態，說幾句心中委屈，皇上好言撫慰，只勸他趕緊回京復職。

1 君臣始終之交

至此，朱厚熜把內閣大權交給了張璁。

嘉靖一朝，先後入閣的有近三十位大學士，主閣事者有十餘位首輔。嘉靖剛斷嚴苛，首輔如夏言、嚴嵩皆不得善終。若說到君臣始終之交和恩寵不改，唯張璁一人。這在於張璁的首議大禮，也由於其品德的清廉和忠誠。

張璁身材高大，儀表堂堂，性格雖有些偏執，睚眥必報，但剛直廉潔，忠心事主，以此始終得到皇上的眷愛。擔任首輔之後，他深知在議禮中得罪眾臣，有阿附獻諛之譏，更決心以國家社稷為重，真正做一名立朝為公的良相。張璁在朝中的政敵很多，彈章時至，抨擊他褊狹任氣，引用私人，卻很少有疏章論其貪酷。張璁生性剛毅，愛走極端，的確是時時不忘奮身報國，對嘉靖帝一腔忠藎。

一日，嘉靖在便殿召見張璁，說起留都南京之事，想以宗室中一位親王任留守。張璁引述歷史教訓，陳言「宗室不預政久矣，臣不敢奉詔」，使皇上打消了這一念頭。後張璁多次奏報宦官的橫暴不法，終得將宦官鎮守、監槍、市舶之類統統罷免。割除了明代政治中的一大贅瘤，天下為之大快！

張璁不避嫌怨，忠直事主，是閣臣中唯一敢於犯顏上言者。嘉靖對張太后積怨已久，所有大臣都心如明鏡。在蔣太后死後，朱厚熜悲痛無盡，竟欲坐張太后之弟延齡反逆罪名，族其家。張璁竭力勸諫，阻止了一件宮廷大血案的發生。張璁實在是為皇上的名譽著想，而其不怕受禍、敢於直諫的精神，受到了朝臣的好評。

2 夏言崛起

在張璁內閣中，先後有翟鑾、桂萼、李時、方獻夫諸人，是一個由議禮派大吏組成的內閣。張、桂、方最先贊襄大禮，同聲相應，在內閣中也基本一致，翟鑾、李時謙抑順服，甘心為輔，配合也還默契。這裡要說的是桂萼，曾幾何時，意氣飛揚、傲視同儕的桂大學士被皇帝一記悶棍打得清醒，也打得畏葸，起復之後再不敢縱恣，悶頭悶腦地又待了幾個月，在十年（一五三一）正月辭官歸里，不久便卒於家鄉。嘉靖念其議禮功，「贈太傅，謚文襄」[39]。

二月，嘉靖應張璁懇請，賜名「孚敬」，字「茂恭」。這是張璁提出避帝諱（熜與璁音同），御筆親書四個大字賜予，實大臣無上的榮光。皇上所賜的名與字，內涵一望可知，含有勸勉之義。他還下敕為張璁營建府第，建成後，以乃父興獻皇帝遺墨「含春堂」三字匾額賜之，並贈金幣羊酒為賀禮。

張璁為浙江永嘉人，早年在姚溪山書院讀書，傳旨賜名「貞義」，命地方官加以修飾。所有這些，都使張璁感戴奮發，更思忠心報國。

然一些朝臣始終不能忘記張璁在議禮中的表現，不能忘記左順門廷杖下的冤魂，也不能忘記張璁與郭勛沆瀣一氣，借李福達案製造的大冤獄。彈劾張璁的疏本一件接著一件，在夏言任吏科都給事中後，群臣又好似有了一個領袖，聚集在夏言周圍，繼續向張璁、桂萼等射去復仇的箭。

夏言，正德十二年（一五一七）進士，嘉靖改元時為兵科給事中，上疏請皇上御文華殿閱章疏、召見閣臣以免欺瞞蒙蔽，已受重視。後厚熜更定祀典，大興土木，張璁等議禮諸臣以為太繁，夏言則積極支持，並找出許多古禮書作依據，由是大得皇上喜歡，一路升遷，政治的上升勢頭甚銳。

夏言儒雅俊朗，美髯飄飄，值經筵進講時聲音弘亮清暢，不夾雜鄉音。每次輪到他進講，厚熜都極為贊許，打算以後要委以重任。夏言素來心高氣傲，得寵後，對張璁的頤指氣使很不服氣，張璁也很忌恨他，遂互相攻訐，愈演愈烈。嘉靖曾想調解雙方，終告無效。

3 同年彭澤的毒計

嘉靖十年（一五三一），是一個令朱厚熜焦灼的年份，大婚多年，皇后再換，妃嬪更選，皇子卻渺無消息。行人司正薛侃草成疏章，請求迎取親藩中賢者一人入京為守城王，選端人正士為輔導。大概薛侃也知此疏的風險，故草成已一年，遲遲未敢呈上。他先是請光祿寺卿黃宗明看，黃宗明勸他萬勿上奏。後又請太常卿彭澤（按：嘉靖朝有二彭澤，此人係夏言、薛侃同年進士）看，彭澤以贊襄議禮為張璁心腹，便將此稿讓張璁過目，並獻計曰皇儲事為朝廷大忌，如薛侃此疏能牽連上夏言，則必能將其搞垮。張璁點頭稱是。

一個陰謀就這樣開始了。

於是彭澤便告薛侃說：「張少傅（即張璁）喜公疏，謂國之大事，其亟上，當從中贊成之。」薛侃信以為真，約定上疏日期。而張璁先祕錄該疏進呈，又構夏言結交江西王府，勸皇上隱忍不發，等薛侃上疏後再說。而薛侃臨上疏又有些猶豫不定，禁不住彭澤的催促慫恿，還是呈了進去。

嘉靖見疏震怒，命法司廷訊薛侃，遍施酷刑，非要薛侃招出主使者。薛侃骨頭倒是很硬，只承認係自己所為，並無主使。彭澤又到獄中，誘引薛侃攀扯夏言。薛侃閉目不看他，輕蔑地說：疏是我寫的，是你催我呈進，若說張少傅指使尚可，與夏言有何關聯？

審訊薛侃，張璁、夏言等高官都在座。都御史汪鋐指著夏言說其是指使者，而夏言拍案大罵，幾乎與汪鋐當庭打起來。給事中孫應奎、曹汴請張璁回避，見張璁大怒，便奏知皇上。嘉靖先入為主，命將夏言、孫應奎及曹汴都下於獄，又命郭勛、翟鑾、司禮太監會同九卿、科道及錦衣衛官用刑再次廷審。郭勛等雖偏袒彭澤，但當廷訊問，證人俱在，真相終於大白。嘉靖命釋放夏言和孫應奎等，斥彭澤為「性本無良，小人狡詐之資」，命發往邊遠地面充軍。對張璁，嘉靖更是深感失望，認為他「乃昧休休有容之量，犯戚戚媢嫉之科，殊非朕所倚賴，專於忌惡，甚失丞弼之任」，即令致仕而去。[40]

這是張璁的第二次被逐。

夏言獲得了勝利，嘉靖雖對他在廷訊時的咆哮失儀提出批評，然又說他是「被害所激，情有可原」。之後夏言在朝中成了英雄，其官運也更其亨通——八月升為禮部左侍郎，九月再擢為禮部尚書。

4 三任首輔與辭世

嘉靖對張璁在情感上終究難以離捨，僅僅過了一個月，又派行人司奉敕書將之召還內閣。十一年（一五三二）三月，張璁重回京師。內閣中已有方獻夫，而夏言的上升勢頭已不可擋，張璁已不能像以往那樣專權。儘管如此，還是有科道官彈劾他專擅，而皇上對此也有著近乎固定的看法，僅過了半年，「彗星見於東井」，科道借此對張璁又是一輪猛攻，使之又踏上回鄉的路。事不過三，這次嘉靖表現得更加無情，大學士李時再三請求給予敕書、廩隸，方才答允。

未及半年，嘉靖又思念張璁，遣鴻臚寺官員奉敕召還，重任首輔。幾番斥逐和起復，讓張璁丟盡顏面，也讓其高傲性情備受折磨，再也不能有幾年前的振作。皇上有意安慰，進秩為少師兼太子太師、華蓋殿大學士。回朝後的他與夏言的矛盾更為尖銳，上疏乞休，皇上不准。後因兒子猝死，張璁心情灰暗，連章求去，仍不准。十四年（一五三五）春，張璁病重，嘉靖派太監賜酒饌，並對大學士李時說到張璁性情執拗，又不知愛惜人才，以致招怨結仇。後來又派太監賜藥，降手諭曰：古代皇帝有剪鬚煎藥，為大臣治病者，今天朕把自己吃的藥賜予你，望卿能加餐自愛，盡忠為國。[41]張璁感動流淚，唯有懇求歸田。嘉靖見無法阻止，命御醫護送其歸家，月俸照舊。

十五年（一五三六）五月，嘉靖帝派錦衣衛官前往看望，降手敕催他歸朝。張璁抱病強起，行至金華病重，只好又返回。十八年（一五三九）二月，嘉靖剛踏上南巡之路，張璁在家鄉派人上疏，勸皇上「建儲貳，任忠良」，也說到自己的兒子孤危無託，優詔答之。兩日後，張璁病逝，嘉靖聞知後感傷不已，命蔭一子為尚寶寺丞。[42]張璁持身清廉，尤痛恨貪官。他死之後，故居為風雨吹破，無錢修飾，子孫多住他人家，借貸度日。在貪污公行的中晚明社會，當是很少見的。

第十一章

唯一的南巡

古時將帝王巡視天下稱為巡狩，厚熜此行差似之。他帶了一個完整的中央機構，沿途察看民情，考核官員，接見經行之地的親王、郡王，處置突發事件，也通過驛傳管理著整個國家。為父母，是厚熜南巡的明確主題。而南巡中的他，也絕沒有忘記作為皇帝的責任。

與熱衷於出京遊逛的皇兄武宗不同，朱厚熜自到京師，就穩穩當當在京城待著，履行做皇帝的職責。其一生只有一次巡守，即嘉靖十八年（一五三九）的南巡承天，到顯陵親自相看顯陵與地風水，規劃區處父母的合葬事宜。這是一次勢不能不為的遠行，仍有一些疏諫阻攔，他誠懇地對閣臣說：「朕其空行哉？為吾母耳。」

朱厚熜天性純孝，其父長已矣，只能在尊崇追謚、加皇稱宗上做文章；而母親蔣太后奉養宮中近十八年，真正讓他恪盡人子之孝。從這裡觀察厚熜，能更多見出那純孝赤子之情。

一、皇宮中的家

一般說來，皇宮自然是皇帝的家，而對於朱厚熜來說，真正的家卻在遙遠的鍾祥。一派金碧、千門萬戶的皇宮是嘉靖皇帝的家嗎？當然是。但在他內心深處，在他的潛意識裡，則未必當真。

母親就是家。當蔣太后與兩公主居住皇宮的日子，厚熜覺得這塊陌生地開始有了家的溫暖，儘管母子之間常會憶起在興邸的時光；而自蔣太后崩逝並歸葬鍾祥，嘉靖對紫禁城的疏離感再次出現，對鍾祥的思念重又燃起。他曾對當時最信重的大臣郭勛、夏言說：

梓宮南祔，二聖同歡，棄朕孤哀，欲追侍於左右未可也。1

是啊，父母終於團聚了，自己還要履行做皇帝的責任，還在異鄉漂泊。

1 母子情深

自從蔣太后到了皇宮，朱厚熜就在紫禁城內建立了自己的家。這是一個大院子中的幾個小院子，是一個大家庭中的幾個小家庭。核心人物是蔣氏，主要成員有祖母邵太后，有他的兩個嫡親姊妹永淳公主和永福公主，他的兩位親嬸娘、蔣家舅舅、邵家表舅也時相往來，其樂融融。嘉靖對家人始終傾注真情，在家中始終承擔著男兒的責任。至於他的皇后，甚至他那些苦苦盼來的兒子孫子，反倒顯得隔了一層。

厚熜孝心很重，愛自己的父親，對母親蔣氏感情尤深。入京之初，他為了母親的名分，不惜拋棄皇位，也不願叫母親受委屈。坐穩龍椅後，他對議禮的固執，對營建世廟的堅持，對保守派諸臣的無情打擊，對張太后及其家族的切齒痛恨，都可從其對父母的孝思上尋找到思想依據。

朱祐杬薨逝後，興邸也如先前的郢邸一般孤兒寡母，然平民出身的蔣氏遠比將門之女郢王妃堅強，毅然出來料理大喪，成了一家人的主心骨。厚熜入繼大統，以帝王之尊，盡自己的一切可能，來報答養育引領他的母親：登極之後，費盡心力尊奉母親為「興獻后」；元年上尊號「興國太后」，三年改尊號為「本生母章聖皇太后」；當年秋，又採納張璁之言，去掉「本生」字樣，直稱「聖母章聖皇太后」；七年再加上尊號為「章聖慈仁皇太后」。至此，蔣氏的尊榮已超過了張太后。捧讀實錄，可以看到其中的每一步進展，都走得非常艱辛。

厚熜還覺得不能使母親心滿意足。儘管蔣太后在尊號上與張太后已毫無差別，儘管蔣太后早已成為實際的後宮第一權威，而靠兒子嗣統才當上太后的蔣氏，似乎總有一種擺脫不掉的心理陰影。作為兒子，厚熜豈能不知母親的心情，急切地要為老母尋找驅散心理陰影的機會。

2 敕刊《女訓》，頒行天下

九年（一五三〇）九月，嘉靖把蔣太后在興邸所作《女訓》一卷，賜予內閣首輔張璁閱看。張璁自然明白皇帝的用意，立即請求將該書刊刻行世，昭示中外，並請他親自寫一篇序文，附在卷末。嘉靖欣然同意，並欽定將孝慈高皇后傳、仁孝文皇后御製《內訓》同時頒行。這樣，他的母親蔣氏、丈夫沒做過一天皇帝的蔣氏，便一躍而與明代開國皇帝朱元璋的元后高皇后馬氏、成祖永樂皇帝的元后文皇后徐氏地位扯平。這位孝子皇帝，真可謂煞費苦心。

《女訓》，是一部講解女性應如何奉行女德和閨範的書。前有恭穆獻皇帝御製序文，然後是章聖太后自序，正文分十二篇。嘉靖帝降諭，令以《孝慈皇后傳》《內訓》《女訓》為女性的道德教科書，並決定從宮中首先開始實行，命大臣集議有關當行禮儀。

十月，禮部擬出實施綱領：由翰林院將《內訓》《女訓》撰成通俗易曉的直解，每月各三章，每章在一百字左右，引證經傳及《孝慈皇后傳》內事蹟，以便於女官記誦。每月初六日，由皇后率嬪妃、夫人等到聖母章聖皇太后處聽講；十六日、二十六日，皇后率嬪妃、夫人在坤寧宮進講（即彙報學習心得）。翰林院將詩書中有關女教的文字編成淺顯易懂的詩，作為輔助教材，又建議宮中女官將《詩經》的〈周南〉〈召南〉譜成樂曲，以備宮中宴樂，而摒斥所有的俗樂。

實施大綱很快被皇上批准。議禮起家的大學士桂萼也不敢落後，上書獻推行全國的方案，分為「宮中」「天下」（即民間）兩類不同情況，均列出推行重點。把學習章聖太后《女訓》提高到修德養身、移風易俗的高度。

從此，嘉靖皇后（此時已是張皇后）又多了一項要事，即每月一次率領嬪妃人等到章聖太后宮中聽講，兩次在自己宮中組織研討、交流心得。蔣太后因此成為後宮的精神領袖，其顯赫與風光，張太后已難望其項背。

3 姊姊與姊夫

厚熜繼位後，與母親蔣氏一同來京的，還有他的姊姊永福長公主和妹妹永淳長公主。兩公主皆為蔣氏親生，本來出於親王之邸，應稱郡主，只因厚熜做了皇帝，一躍而成為公主，而且是長公主。2 可以想見，蔣太后初入皇宮時，處處陌生，除皇帝兒子外，最能帶給她精神慰藉的便是兩個女兒。兒子國事繁重，日理萬機，兩公主則與母親朝夕相處，喁喁噥噥，使得宮室中親情絡繹。

明朝公主的婚嫁有一個變化過程。開國之初，朱元璋急欲籠絡功臣，其子女眾多，又多與公侯勛舊聯姻。隨著時光的推移，這種婚嫁取向的弊端漸漸顯現，後來的皇子選妃和公主下嫁，大都有意識選擇平民之家。《大明會典》載「選擇駙馬」的官方程序：先是奉聖旨張榜曉諭，在京官員人等有子年歲相當者報名，條件為「容貌整齊，行止端莊，父母有家教」；再是禮部初選和司禮監會選，取三人；最後是御前欽定一人為駙馬。至於那陪選的兩位，則送入官學讀書。3

永福長公主生於正德元年（一五〇六）四月，比厚熜大一歲多，姊弟的關係當更為親密。永福長公主來京時已然十六周歲，到了選婿的年齡。但一家子初入帝京，諸事紛繁，父母尊號未定，皇帝弟弟又要選后，她的婚事就拖了下來。嘉靖二年（一五二三）秋，十八歲的永福長公主下嫁隸籍錦衣衛的鄔景和。舉行婚禮之前，給事中安磐等上言邵太后服制未滿，永福長公主作為邵氏親孫女，於禮不應婚嫁。嘉靖稱此事正是奉邵太后遺詔，將那些議論擋了回去。

對姊姊的婚事，嘉靖極盡優崇，賜第的情況未見記載，而一年之後賜地便多達一千四百多頃，給戶部帶來很大壓力。青年皇帝既講親情，亦不忘原則，景和再求賜地，即聽從戶部意見斷然駁回。四年（一五二五）五月初，有人彈劾皇上岳丈和姊夫「多蓄無賴，罔利剝民」[4]，陳萬言與鄔景和上疏引罪，嘉靖切責二人：「爵高祿厚，日給非不足，乃縱容家人開張店面，刻害商民，干犯國法」[5]，不光不留情面，還下旨逮治一些仗勢作惡的僕役。

就在五月二十四日，永福長公主遽爾辭世，原因不明。這對蔣太后必然是個沉重打擊，皇帝弟弟也很痛殤，為此輟朝一日。他命將沒收的一所官房賜給景和，為姊姊建祠堂，工部因維修工料銀兩提了些意見，未想惹惱了皇上，尚書和司官皆被罰俸。姊姊逝後很長一段時間內，厚熜待姊夫仍然甚好，讓他統領錦衣衛大漢將軍，讓他參與許多典禮或祭祀儀式，甚至還讓他入直西苑，撰作青詞。這在當時可是莫大的榮幸！偏這位皇姊夫被慣出幾分呆氣，對皇上設醮事玄大不以為然，「以不諳玄理辭」，讓嘉靖很不高興。而在清馥殿行祝釐禮，景和竟在禮成之先私自離場，嘉靖還算包容，獎賞諸臣時給了他一份。未想到這位駙馬爺倔勁兒上來，上疏退回賞賜，還說了一些如「馬革裹屍」「銜環結草」之類不吉之詞。嘉靖大怒，斥責景和詛咒——可是個殺頭的罪名！還是看在逝去姊姊的面上，僅將他削職遣回原籍。鄔景和家族離開故土已經百年，在那裡既無親人，又水土不服，過得好不淒涼。

兩年後，放居於家鄉昆山的鄔景和借入賀聖誕之機，上書哀請恩准回京，訴說到永福公主墳前祭拜，看到「丘封翳然，荊棘不剪」，深為不能夠祭掃悲傷，也深自後悔。他說自己不敢祈恩，只求皇上「幸哀故主」，能讓他回來與已死的公主「長與靈影相依，死無所恨」[6]。厚熜頓生憐憫，准許他回到原衛居住。三十七年（一五五八）十月，鄔景和受命代頒明年的大統曆，標注身分為駙馬，沒有「都尉」，仍是一介平民。以後似乎再沒讓他出席官方活動，直至隆慶元年（一五六七）四月，才得以復職。

4 永淳長公主

正德六年（一五一一）九月，剛滿五歲的朱厚熜有了一個小妹，這就是後來的永淳長公主。對於妹妹的婚事，嘉靖從容了許多，操的心也更多，特別希望為她選一個品貌兼優的乘龍快婿。

六年（一五二七）三月，永淳十六歲，嘉靖頒旨令選駙馬，並在會選的三人中欽定第三名永清衛軍餘陳釗。軍餘者，指未獲得正式軍籍的軍人，多為家境貧寒之輩。嘉靖對此略不在意，試想一旦娶了皇妹，本人包括家人的所有窮氣也就一風吹盡咧。妹子的終身大事將定，誰知就要擬定公主出降儀注之際，聽選官余德敏上書，揭發陳釗的家族有痲風病史，其母又是再醮的庶妾，「不可尚主」。禮部郎中李浙奏稱余德敏胡說八道，請求將之逮治。嘉靖派內侍打探，余說並非空穴來風，立命廢斥陳釗，並將主持此事的禮部侍郎劉龍罰俸半年。7

為永淳再選駙馬，嘉靖便有些心中沒底，把最終裁決權上交母親大人。新推三人入宮，為首者為少卿高尚賢之子中元，生得風骨俊逸，宮嬪內臣都覺得最合適，蔣太后選中的卻是謝詔。謝詔亦少年俊朗，卻顯得老成穩重，令皇太后放心，懿旨確定。豈知謝詔小小年紀便有點兒禿頂，傳播出去，被好事者編入歌謠：

> 謝詔選後，京師人有《十好笑》之謠，其間嘲笑張、桂驟貴暴橫者居多，其末則云：「十好笑，駙馬換個現世報。」蓋謝禿少髮，幾不能綰髻，故有此譏。8

大約是候選駙馬入宮時戴著頭巾，看不見髮多髮少，讓謝詔蒙混過關。成婚之後，小夫妻朝夕相處，歌謠也越過高牆，傳入永淳耳中，公主聽說高中元是一個才子，先中舉人，再舉進士，入翰林，越發覺得後悔，常常扼腕嘆息。謝詔頗為惶恐，一日與公主商量，想以鄉誼請高中元來府中做客，永淳欣然應允。中元至，公主於簾內偷窺，但見一壯碩男子，飄飄一部髭鬚，早不復少年姿態，原來的一腔愛慕頓爾消散。再看自家夫婿，溫文爾雅，舉手投足都是皇家氣象，回嗔作喜，夫妻感情進入一個全新階段。[9]搞了這麼一個曲線自救，能見出駙馬謝詔頗有心機。

嘉靖對妹夫的成長很關注。就在永淳長公主下嫁之前，禮部尚書吳一鵬提出駙馬的教育問題，「一旦驟致富貴，恐昧驕盈之戒」，建議對讀書習字訂一標準，每隔十天到禮部考核一次。皇上充分肯定一鵬的好意，復覺以駙馬之尊赴部考核不妥，命為選聘輔導，曰：

> 今公主乃我皇考親女，為朕親妹，駙馬都尉謝詔作國家親臣，焉可使之不讀書知禮乎！朕欲選一儒臣與詔為師，待其成婚後二十日，令其師教習經書。每三日授《大學》一篇，凡三十日溫習一次。三日寫仿一張，蓋寫字乃正心之功。就令解講明白……務使其知忠孝仁義、禮儀事物之類。[10]

後來禮部奉行旨意，將國子監助教金克存升為禮部儀制司主事，教授謝詔經書。與此同時，厚熜讓謝詔參與各種祭祀和節慶活動，既是歷練，也是積累，極為關愛。這也使得妹妹和妹夫深受鼓舞，嘉靖九年（一五三〇）謝詔乞請開店經商，厚熜當即駁回：

> 皇親列肆以漁民利，在法所當革。詔國親臣，固宜讀書遵禮，奉公家典憲，豈可效尤牟利！所請不允。[11]

從此以後，再未見謝詔有請乞田土房產之舉。永淳長公主逝於十九年（一五四〇）春，總算陪著母親蔣太后走完一生。而謝詔在嘉靖間寵眷不替，二十八年（一五四九）領大漢將軍侍衛，三十三年（一五五四）十月鄔景和被斥逐後，謝詔接掌宗人府兼管大漢將軍。很顯然，厚熜一直將大內侍衛和宗人府交給最親近的人掌管，不是姊夫，就是妹夫。

5 厚待親族

嘉靖對父母的深厚感情，也自然延伸到親族，主要是祖母和母親的娘家人，封爵賜田，優待多多。

要說到蔣太后的娘家，也是人丁稀疏。父親蔣斆，大興人，祖籍徐州，近四十歲始得一女，即一步步貴重至極的蔣太后。弘治五年（一四九二），蔣氏應選為興王妃，孝宗封蔣斆為中兵馬司指揮。興王之藩，曾上疏懇請奉母親邵貴妃同往而未獲准，蔣斆與夫人吳氏則不受限制，得以與女兒女婿同行。蔣斆時年五十七歲，一路上少不得處處操勞，興王在為老丈人撰寫墓表時追憶及此，說他「櫛沐風雨，左右翊輔勞苦功多」[12]。蔣斆無子，興王待之甚好，安頓岳丈一家在府邸住下，賜予土地田產，平居問安，年節饋送，很是親切周到。而蔣斆也是安分知止的人，淡泊度日，不給女兒女婿找太多麻煩。

正德四年（一五〇九）暮秋，蔣斆病逝，蔣氏哀哭不已。興王也為其無後感傷，出面操持，過繼其兄之子蔣輪為嗣，並為蔣輪討要了一個七品散官。

嘉靖元年（一五二二）五月，厚熜封賞迎駕和有功諸臣，同時封祖母之弟邵喜為昌化伯、母親之弟蔣輪為玉田伯，子孫世襲，食祿各一千石。諫官上疏以為不妥，嘉靖駁之曰：「戚畹至親，推恩進爵，自是累朝舊典，已有成命，何復言之？」當時正全面革除前朝積弊，濫封濫賞，傳奉太多，實武宗朝諸惡之首。可那邊廂除弊之舉艱且緩，這邊廂新帝又開始大封貴戚。

蔣斆落葬鍾祥，但蔣家祖墳在京郊。二年（一五二三）秋，應蔣輪之請，嘉靖賜予護墳地十三頃、田一頃。這當然不僅因一個蔣輪，更重要的是為了母親蔣太后。戶部上議反對，沒有任何作用。數年後蔣輪死去，厚熜又讓其子蔣榮承襲爵位，榮寵不衰。在明代小說中，皇親是一個極具諷刺意味的詞兒，其虛囂誇飾和為非作歹往往讓世人側目。邵家和蔣家雖無大惡跡，也都鬧出爭正支、奪家產之類醜劇，讓嘉靖很煩心。他是個講親情的人，也是位有原則底線的皇帝，可以盡量照顧到母親、祖母的親人，卻不允許他們仗勢欺人，破壞法度。後來玉田伯蔣榮「收父婢為妾」，為家產鬧得不可開交，嘉靖大為生氣，下詔革去他兼任的散官，不許其扈駕南巡。

二、慈母之死

嘉靖改元之初，偌大的皇宮顯得有些擁擠，宮中有三位太后、兩位皇后，還有一大批資深皇太妃、皇妃。三太后，為昭聖慈壽皇太后張氏，章聖皇太后蔣氏及其婆母孝惠皇太后邵氏。而邵太后為當今聖上的親祖母，按輩分應屬「太皇太后」級別，無奈少年天子初來乍到，勉強為奶奶爭了個太后，一年多邵氏即崩逝。張、蔣兩太后則並存了十七年有餘，張太后受盡冷落，蔣太后備享尊崇，也形成強烈對比。然人生修短不一，最後竟是蔣太后先走了一步，令厚熜極度痛殤。

1 愛患病的厚熜

如果說蔣太后剛入宮時曾受過一些擠對，而在不長的時間內，隨著嘉靖的張揚皇權、乾綱獨斷，其在宮中的地位陡然上升。對於這些尊隆，蔣太后似乎並無太大興趣，最關心的乃是兒子的健康。朱厚熜雖已貴為天子，在她心目中仍是個稟質素弱的小孩，其多病多災著實讓她憂心。《明世宗實錄》多處記載朱厚熜因病暫停上朝的情況，記載他與大臣探討養生，而最為他牽腸掛肚的，當然還是蔣太后。

十三年（一五三四）春，厚熜病咳，久治不愈，蔣太后常親至病榻護理，憂急相迫，自己也病倒了。嘉靖在答張璁的慰疏時述之甚詳：

聖母之疾，是為朕病而心煩熱燥致此，不必他疑，而診視正因是焉。方朕甚咳，母聞一聲心痛一倍，曰：「何不著我害歟！」故憂愛日夜焦煎，火之生熱，不容不致疾也。昨日以祛風之劑用之，已漸退矣。

這場病先後拖了半年左右，光劇烈的咳嗽就持續兩個多月。世宗身邊當然少不了醫術高超的御醫，他自己也熟讀醫案，卻弄不清病因。厚熜做了認真的檢討反思，也說到自己的日常生活——

酒亦怕飲，飲不過半小鍾，是非酒致之；況素不嗜欲，自病五月，后妃未進御，是非欲色致之；早臥宴起，次第起居，是非勞致之。不審此疾如是之甚，他藥亦不常服，恐生他恙，亦無可奈何也。[13]

的確是無可奈何，只有加意珍攝，安心靜等，如此過了一段，竟也大好了。兒子一旦健康，蔣氏的病竟也脫然而愈。

2 奉母謁陵與遊湖

十五年（一五三六）春三月，因九廟工程已漸完成，嘉靖又想到為自己預修陵寢。他把此意密諭禮部尚書夏言，命他與郭勛、李時、顧鼎臣和工部尚書林庭棉計議奏聞。夏言等怎敢不從？即聯名上奏說預修山陵乃「非常之聖」的「非常之舉」，應令文武大臣率欽天監官及深曉地理風水之人先去「外觀山形，內察地脈，務求吉兆，以為萬萬世之壽藏」[14]，經聖覽後再定謁陵之期，從而由皇帝親自察看當否。嘉靖覺得借拜謁祖陵，實為自己擇選陵地的做法非敬祖之道，決定先去謁陵，然後再遣大臣去相地。

宮中不免憋悶，他想讓老母親也出去走走。蔣太后自兒子登基後奉迎來京，祖制所限，未曾出過京城，目下風和日麗，正踏春時節，也欣然應允。嘉靖曉諭夏言：「謁陵之禮，必一同聖母行。」夏言唯唯而已。

三月二十一日，謁陵的隊伍從京師出發，勛貴侍從，禁軍扈衛，蔣太后在厚熜和皇后侍奉下，煞是開心。在沙河行宮，內閣大臣及勛戚重臣雁序而入，拜見蔣太后，一個個恭謹有加。在諸陵享殿，蔣太后率皇后、妃嬪行謁陵禮，世宗跪於母親之左，后妃皆跪於蔣氏之後，祝辭朗朗，香煙嫋嫋，好不端肅莊嚴。至於那位孝宗皇后張太后，此刻正寂居宮中，再沒有哪位大臣來為她爭什麼正統了。

這次謁陵歷時八天。回宮後，嘉靖見老母興致不減，又率內閣大臣在西苑的湖中，奉蔣太后盪舟。《國朝獻徵錄》述及當時情景：

> 禮成回鑾，奉聖母泛舟西湖。二三輔臣鼓楫前驅，龍旌鳳節，照耀舟渚；金鼓管龠，聲徹霄漢。實上古君臣同樂之意也。[15]

準確地說，這裡的「君臣同樂」，實為君臣同陪章聖皇太后一樂。厚熜在這種時候也是最開心不過，一首接一首地作詩，在老娘跟前賣弄文采。次日，他又把這些御製之詩賞賜給那些搖槳湊趣的閣臣，換回來一連串兒的恭和之作。

大約是見這種方式使蔣太后很愉快，第二年春天，厚熜陪母親往山陵行春祭之禮，返宮後又讓一班閣老陪蔣太后到西湖泛舟。岸邊柔草，湖面波光，鼓樂笙簧，吟詩作賦，嘉靖好不輕鬆，章聖太后好不愜意！

朱厚熜孝思綿長，益發不可收束，在這年的六月，竟對閣臣提出要奉章聖皇太后到興藩舊邸去居住，到年底再返回。想是母子絮話時聊到早年時光，想回到那裡看看。被閣臣以聖母正在病中，要經常服藥，經不起長途顛簸為理由反覆勸告，才算沒有去成。

這時，因宮內維修，蔣太后暫居皇宮之外，母子隔得遠了些，使厚熜很不安。除督責工部加緊修造外，他只有不時去母親所居拜謁。當年的萬壽節（皇帝本人的生日），嘉靖敕禮部免賀。禮部上疏固請，講了許多應該接受臣下慶賀的理由，他這才說明不受賀的三項原因：雷震謹身殿脊獸尚未修葺；內殿未建成，憲宗神位未回；聖母暫居宮城之外，且在病中。厚熜說生辰每歲一至，不是什麼大事，如臣子能順承其旨意，也就等於受賀了。

話說得很誠懇，但於其中，也能見出因群臣阻撓奉母還舊藩一事的不快。

3 蔣太后辭世

朱厚熜入宮之初住在文華殿，此處通常為太子所居，皇子及冠後亦可居此。蔣太后住在不遠處的清寧宮，母子見面甚便。而太后所居是西路武英殿後的仁壽宮，那裡前有花園，後有佛殿，是歷來尊奉皇太后的地方，正德皇帝之母張太后已安住了十餘年。天下事大不過一個理去，厚熜雖為母親不平，卻也無可奈何。

但凡皇帝想做的事，總會有機會有辦法。四年（一五二五）三月，仁壽宮失火，張氏只好搬出去，而嘉靖遲遲不撥經費，使之工期久拖，一拖十年多。至十五年（一五三六）四月，有旨將仁壽宮和清寧宮同時改擴建。兩年後兩宮建成，嘉靖傳諭：

> 朕恭備祖宗一代之制，命建慈慶宮為太皇太后居、慈寧宮為皇太后居。今上有次第，以慈寧奉聖母章聖皇太后，以慈慶奉皇伯母昭聖皇太后。[16]

至此，兩太后的地位已然翻轉，而朝中沒有大臣出來為張氏說話，內廷更是全由興藩舊人掌控，張太后除了乖乖聽從安置，還能做什麼呢？

十七年（一五三八）九月，朱厚熜再一次提升乃父的稱號，是為睿宗獻皇帝，舉行了隆重的加稱禮。同日，他奉母親入居修葺一新的慈寧宮。此時的厚熜剛過三十二歲生日，近年又接連得了三個兒子和兩個女兒，諸願皆遂，志得意滿，詩興大發，作〈福瑞賦〉一首為母親致賀。眾禮臣還要搞一個百官慶賀的程式，嘉靖以蔣太后的身體不適，未予批准。

蔣太后真的是病了，而且已得病有些日子了。

十二月初三日，遷入新宮室僅三個月的蔣太后在服藥後離世。當天，感覺不行了的蔣氏把皇帝叫到病榻旁，說是幾天來很想見他，總覺得兒子忙，身體也不好，不願意打攪。今天看來自己是撐不過去了，有幾句話要交代。她的遺言很感人，但也只是要兒子喪事從簡，節哀自珍，關照公主和兩位駙馬等。沒有太多要叮囑的了，這是一個帶著很多幸福感逝去的母親。

厚熜可不這麼認為，悲痛萬分，「天顏悽愴，擗踴號慟，諸臣莫不感慨」[17]。他甚至懷疑是張太后用巫蠱之術害死了自己的母親，急怒之下，想仿照唐宣宗對郭太后故事，對張氏進行處置。

所謂唐宣宗對郭太后之事，是唐代宮廷史上的一樁慘案：當初宣宗之父唐憲宗暴死，宣宗就懷疑郭太后參與謀劃，其生母鄭太后原是郭太后的侍兒，兩人之間存在仇隙，宣宗即位後對郭太后極為冷淡。郭太后心中抑鬱，一日登上勤政樓，竟想跳樓自盡，皇帝得知後非常震怒，當天晚上，郭太后暴死……[18]

史籍記載蔣太后患的是瘡疾，淹纏三年，其間多次病危，賴御醫千方百計救護，才延緩到這時。厚熜豈不知母親病重？卻因心中懷疑，近侍進讒，還是認為死於巫蠱，決心為乃母報仇，甚至寫好了詔旨，幸得內閣大學士李時拚死拚活地阻攔，勸皇上冷靜查明真相，不要聽信傳言，一件宮廷血案才沒有發生。[19]

慈母已死，聚集在厚熜身邊的術士回天乏術，所有的孝思化為痛切的回憶，化為治喪的踵事增華。這是一次全國性的浩大祭奠：在京的皇室成員、文武百官、各級別命婦孝服定期哭臨；各外國屬國四夷使臣，由工部提供孝服，隨朝官行哭臨禮；所有軍民人等在二十七天內必須穿素服，婦女不許妝飾；諸寺觀各聲鐘三萬杵；各地王府「諸王、世子、郡王、王妃、郡主以下，聞訃皆哭盡哀，行五拜三叩頭禮」；在外文武官員素服跪聽宣讀，舉哀，行四拜禮，在本衙門留宿，「每日率合署官僚人等就本衙門朝闕設香案，朝日哭臨……」

喪期正值隆冬，朝夕哭拜，臣子不勝其苦，可皇上猶如此，哪個敢不誠敬。工部左侍郎吳大田正在病中，偷偷在孝服裡加了件貂皮小襖，被糾儀御史檢舉，嘉靖命人責問，得知其有病，仍罰俸半年。

朱厚熜最先想到的，是讓父母在京師合葬。他先派駙馬都尉京山侯崔元為奉迎行禮使，率員前往承天府，準備將父親的靈柩奉迎到北京，與母親合葬。又以兵部尚書張瓚為禮儀護行使，指揮趙俊為吉凶儀仗官，翊國公郭勛知聖母山陵事。至於這個「治喪委員會」的首腦，自非當今聖上莫屬了。

4 北遷與南祔

章聖皇太后逝後的第三日，朱厚熜就陵寢之事敕諭禮部和工部，命在天壽山明帝陵區的大峪山重新建造顯陵。他說父親去世時自己年幼無知，承天的顯陵「山川淺薄，風氣不蓄，堂隧狹陋，禮制未稱」，每一念及都很傷感，說顯陵「越阻千里，寧免後艱」，又說他自己在祭祀時看過大峪山，「林茂草鬱，岡阜豐衍，別在諸陵之次，實為吉壤」[20]。厚熜要將父母合葬此處，儘管需要把遠在湖廣的睿宗梓宮遷來，但為父母能合葬一處，為了春秋二祭能親往祭奠，還是下了決心，降諭禮部和工部營建大峪山陵墓，仍稱顯陵。

兩部即行奉詔落實，禮部擬出所需一應禮儀，工部立刻派員查勘繪圖，與此同時，一個高規格的團隊也迅速趕往承天。駙馬都尉京山侯崔元為奉迎行禮使，兵部尚書張瓚為知禮儀護行使，還有太監鮑忠、錦衣衛趙俊等人，風雨兼程，去奉迎睿宗的梓宮。

當月十三日，嘉靖親往京郊閱視，在實地察看了大峪山之後，覺得不滿意，又改變了主意，要送亡母到承天府合葬顯陵。禮部尚書嚴嵩等上言，提出為今後祭祀方便，還是合葬大峪山比較妥當。皇上固執己見，急令已在途中的崔元等不要再去承天，而命趙俊前往，並要其打開顯陵幽宮（即墓穴），查看裡面的具體情況，以籌備遷陵合葬事宜。

趙俊奉皇帝之命，急匆匆趕往承天府，經過一番查看，回來覆命，稟說地宮有水，顯陵不吉。嘉靖便起意南巡承天，親自去視察一番，然後再決定究竟應如何辦理。眾大臣聽說皇帝要離京南巡，都很著急。時河套地方被蒙古吉囊部占據，「併吞諸戎，兵力日盛，外連西方海賊，內通大同逆卒」[21]，形勢很是嚴峻。若皇帝再離京南巡，必然會影響到政局的穩定。吏部尚書許讚勸諫，不聽。左都御史王廷相又上諫，侍講呂柟、給事中曾烶等紛紛上書勸止，厚熜很不耐煩，說：我豈是去無事閒逛，我為母親盡孝而已。群臣不敢再諫。

嘉靖決定於十八年（一五三九）二月十五日南巡承天，親自相度和安排父母合葬事宜。聖裁已定，整個國家機器迅速開動，工部選派大員巡視經行道路橋梁，兵部擬上詳細的扈從和驛傳方案……與武宗形成鮮明對比的是，朱厚熜對軍國大事、京城留守、邊境防衛都作了周密部署。他冊立了皇太子和二親王，簡命文武重臣二員留守京師，命文職大臣二員總督整飭宣大等處軍務，命文職重臣一員往九邊閱視邊備，皇城四門、京城九門、大明門外兩邊，皆用文武大臣各一員、侯伯二員監守，以科道官點閘，京城內外晝夜巡捕，城外及鄭村壩、大黃莊、居庸關、白羊口等六處地方揀選有馬官軍輪流下營防守。厚熜在巨大悲痛中方寸不亂，對國家安危和京師穩定做了周密部署。

三、南巡承天

十八年（一五三九）二月十五日，嘉靖離京南下，踏上了在位期間唯一一次出巡之途，史稱南巡，又作「大狩」。古時將帝王巡視天下稱為巡狩，厚熜此行差似之。他帶了一個完整的中央機構，沿途察看民情，考核官員，接見經行之地的親王、郡王，處置突發事件，也通過驛傳管理著整個國家。

為父母，是厚熜南巡的明確主題。而南巡中的他，也絕沒有忘記作為皇帝的責任。

1 儀衛煊赫三千里

皇帝的出巡，可謂興師動眾，亦可謂勞民傷財，歷來為帝王所慎行。有明一代，自朱元璋兩幸汴梁始，也有幾位皇帝大駕遠行，記載較詳的只有成祖和嘉靖。朱棣原封國在大都，以「靖難」奪得皇位，難免奔波於兩都之間，所帶以軍隊為主，竟多至馬步軍五萬人，可證當時內外均缺少安全感，不獨是講排場也。至於英宗土木之變，也稱「北狩」，武宗所謂的北巡和南巡則被譏為「遊幸」，《大明會典·巡狩》項下乾脆不予列入。

《明世宗實錄》和《大明會典》均詳細記載了朱厚熜的南巡儀制，前書還記載了一些大臣的反對勸阻，以及皇上對他們的斥責。這是一次隆重出巡，行前祭告天地、祖廟、社稷諸神，車駕出正陽門，后妃輦轎相隨，錦衣衛選精壯旗校八千人，「內以六千人專管抬舉上座輿輦，二千人專管擺執駕儀」[22]；至於護衛，則有兵部從京營抽調六千騎兵，以二千騎先導開道，二千騎後衛，左右兩翼各五百騎；扈從人員，除卻勛戚、內閣、五府六部各監寺之外，光是隨行樂工就有二百多人，光祿寺廚役也有二百三十人。需要說明的是：這些廚役只管給皇上后妃做飯，最多幾位重臣能蹭邊兒吃點，其他人只能各想飯轍。

車駕至趙州，行宮外有人大聲喊冤，嘉靖不悅，命錦衣衛執之，掌錦衣衛事的都督同知陳寅竟不在左右。厚熜傳諭斥責：

> 爾等職在扈從，道中乘輿撼搖，呼之不見。但能俯首屏足，效文臣為偽恭敬，朝廷牙爪之官，與大臣職事異，自當有武勇狀。趙俊等專理行陳，亦容與散漫，絕馳道而行，何以清蹕除道？可各分前後隊，有衝突法駕者，即捕獲以聞。[23]

陳寅、趙俊皆興邸舊人，從龍入京，素來忠誠勤謹，真的不是「偽恭敬」，否則絕不會輕易放過。

就途中見聞，詹事兼翰林學士陸深寫了一本《南巡日錄》，記載中下層官員大多先期出發，找地方吃住，再等著迎駕。雖說事先通知經行地方，已做了對口接待預案，然這麼多人一下子擁來，又都來自惹不起的衙門，也讓地方苦不堪言。

2 奇詭的旋風

南巡之前，工部會同各地整修道路橋梁，並在皇上住宿地搭建行宮。行宮主要由大小不等的席殿組成，一者花費不多、拆建方便，二者減輕地方負擔、便於警衛。未想到的是隆冬季節，由於取暖和燈燭，極易起火。在河北境內的趙州和臨洺鎮，兩處行宮在皇上大駕離開後均起火，嘉靖很生氣，命逮治有司官，將知州罰俸半年。

至河南衛輝地方，白日正行進中，忽有一陣旋風突起，繞著皇帝的車駕盤旋。厚熜生疑，急傳隨駕而行的陶仲文，詢問是什麼兆頭。陶仲文說：此風不祥，主火。嘉靖令陶仲文行法術避火災，陶仲文說：火災恐難以避免，但可保聖上無事。當夜，有旨令侍從嚴密防範，未想夜間行宮還是起火，火勢迅烈，許多宮中法物珍寶被焚，也有宮人、侍衛死於烈焰中。厚熜素來行事謹慎，侍衛多不知皇上住何處，無從赴救。幸錦衣衛指揮陸炳聞見陶仲文的話，一夜不敢安眠，見狀打破房門，從起火的宮室中把世宗背出，負責警衛的成國公朱希忠也趕來扈駕，才使皇上倖免於大難。自此厚熜更加信重陶仲文，次日授予「神霄保國宣教高士」一稱，賞賜甚多。[24]

巡幸才幾天，居然幾次遭遇火災，尤以這一次驚動聖駕，且損失慘重。嘉靖惱怒至極，下詔切責：

> 朕只為二聖南幸荊楚，沿途所御之處及凡事，各該有司官全不敬慎服勞。昨衛輝行宮之虞，官吏無至者，亦無匹夫勺水之備，張衍慶亦不守護，殊為欺慢。其即差官校，將該府知府等官吏，止留一人護印，餘俱械繫送都護軍門，縛付前驅，使監押前行示眾；守巡並布按二司掌印官俱逮

赴鎮撫司拷訊，各員缺行在吏部即於附近選補。[25]

這下可苦了河南一干官員，也使沿途觀看的百姓增加了一個興奮點。衛輝府知府王聘、汲縣署印知縣侯郡被綁縛前行，一路示眾，到達承天府又是一頓廷杖，發往邊方為民。懲處之重，方式之暴虐，讓隨行及地方大員無不膽寒。

詔旨中點名的張衍慶，為正德六年（一五一一）進士，長期供職於翰林院，時以兵部右侍郎受命「督理駕行事宜」。行宮大火，地方官不能及時趕到，連他這位專職督理也不見蹤跡，真讓皇上惱怒，下旨將張衍慶及河南巡撫右副都御史易瓚、巡按御史馮震、左布政使姚文清、按察使龐浩、左參政欒護、僉事王格俱下鎮撫司審訊，法司擬贖杖還職，得旨悉黜為民。

3 故土與鄉親

嚴懲誤事官員之後，扈從各官自然個個戒懼，經行地方官更是十二分小心，沿途再沒出現大事。三月初九日，車駕進入承天府，駐紮於漢江之畔的豐樂驛。這是一個小小驛站，在承天北九十里處，全稱為豐樂河水馬驛，史志記載僅備有二十四匹馬。但在朱厚熜在位時期，作為從京師到承天的最後一站，舟車往還，大臣時至，其重要性自不待言。而最為輝煌的紀錄，就是接待過嘉靖皇帝的大駕，南巡之往返都在這裡居停。

車駕抵達時，歡迎的人群早路旁翹望已久。

承天府對迎駕早就精心準備，前來迎駕的有各級官吏，更多的則是鍾祥的師生和鄉親父老，是當今聖上曾經的玩伴、學友等熟人，一個個眼含熱淚，一聲聲親切問候，包括那不敢仰視的人群中傳遞出的真誠歡迎，實在讓厚熜深心感動，竟帶給他一種漢高祖還鄉的感覺。

次日是清明節，朱厚熜駐蹕豐樂，親筆為興王府和顯陵書寫牌匾，共寫了「龍飛舊邸」等二十四幅，紅紙金墨，筆筆飽蘸深情。在側的司禮太監張佐曾為興府承奉，看到這些字出於厚熜筆端，憶起當年情形，止不住淚流滿面。隨行內廷工匠很快將御筆製成一個個匾額，世宗命張佐等先往鍾祥，懸掛於舊邸和顯陵各門殿。

兩日後，厚熜進入鍾祥的興王府。

這裡是他的出生地，也是他夢繞魂縈，總想回來看一看、住一段的地方。現在厚熜終於回來了，然嚴父早違，慈母新逝，山川依舊，人事兩非，真有說不盡的人生慨嘆。他下榻在舊邸卿雲宮，該宮離其出生的鳳翔宮很近。進府之後，嘉靖先去隆慶殿拜謁興獻皇帝的靈位，由不得悲從中來，伏地而泣，長跪不起，隨從的興邸舊人也無不悲泣嗚咽。

三月十三日，嘉靖拜謁顯陵，在陵寢的大門外降輦，騎馬飛登純德山，立表，並於山頂周覽顯陵全貌。此時的顯陵經十餘年擴建增飾，尤其顧璘主事後精心謀劃，務求恢宏典雅，嘉靖舉目望去，但見宏大的寢園鋪展有致，殿宇壯麗，重門崇表，輔以明塘曲水，莊重中不無靈動；後有七座矮山、蒼翠綿聯，如七星之護持；前有秀美的莫愁湖，襟帶漢水；而腳下之純德山鬱鬱蔥蔥，正可為顯陵之表。聯想到前不久閱視大峪山的一派淒清，更覺得此地佳勝。厚熜又往園寢內和後山認真察看，心情大好，即興寫下〈初謁純德山喜而自得〉：

南巡湖襄地，陵寢切衷腸。周視親園內，回旋四五崗。茂茂鋪茵厚，森森列嶂長。龍高生意廣，虎伏世傳昌。抱環羅玉砌，繚繞布金牆。黝黑土色狀，允矣稱玄鄉。拔聳戒夷險，平坦免蹉防。鎮靜資山祇，尊安奉先皇。自是神靈悅，屢致朕心量。為此自得吟，庶幾永不忘。[26]

這是一首帝王詩，也是一篇有關陵寢風水的專論，是素來苛峻的肅皇帝對顯陵工程的現場獎譽。隨行眾臣，尤其是主管陵工的官員，想必都大大鬆了一口氣。

回到興邸，嘉靖為顯陵祾恩殿、祾恩門題寫匾額，又命增建陵寢外牆，增設紅門。有關官員立即將園垣周長、用磚瓦之數、監製徵集之法、工匠及工期所需算出，呈請御批。世宗詔可，周邊四十餘個州府立刻忙乎起來，盡心造作。時至今天，牆垣青磚上如「南京前窯造」「夷陵州造」仍清晰可見，有的甚至某人監工、某人提調、工匠為誰都寫在磚側。

十七日，厚熜正式謁告顯陵。隨行的禮部官及陶仲文等術士在陵區各處詳細察看，重點則是玄宮和寶頂。第二天，君臣共同討論確定了新玄宮圖式，命工部著手營建。

朱厚熜在承天待了差不多半個月，離開之前，專門邀請鍾祥父老子弟一百多人來府邸，賜予酒食，對他們說了這樣一番話：

爾輩我故里人，我與爾言：我二親分封此地，積德累仁，爰生我身，承受大位。今日我為親來此，爾輩有昔年故老，有與我同時者，得一相見。但只是我無大德行，我父母俱已仙去，我情甚苦，爾輩知否？我今事完回京，說與爾幾句言語：爾各要為子盡孝，為父教子，長者撫幼，幼者敬長，勤生理，作好人，依我此言。我亦不能深文，以此喻爾，欲彼不知文理者易省也。爾等其記之。[27]

嘉靖的話很質樸，也很親切。「我情甚苦」，是他對故鄉人的真實告白。至於減免當地稅賦，則算是對鍾祥父老的一份心意。

4 歸途匆匆

三月二十三日，車駕離開舊邸，踏上回京的路。臨行前，嘉靖審閱了行在工部所上「顯陵大工事宜」，亦即改擴建的總體方案，較為滿意。他還讓先期知會經行各王府，令諸王不要出城迎送。

正如厚熜所說，此行不是遊山玩水，其也不是一個荒唐天子，一旦父母合葬的事情落定，就希望盡快趕回京師。

車駕至宜城，所屬慶都縣城內有堯母廟。監察御史謝少南上疏，希望能借皇上大駕親臨的機會，敕下當地政府為修建祠廟，定期祭拜。疏章將皇上為母親下葬的盡心盡力，與堯的為母之情相比附，認為「我皇上之至孝達於隆古而有光」，「帝堯有靈，寧不以表揚母氏之墓者望皇上乎」，一番話直說入厚熜心裡。路途顛簸，他正在思考母親是否要南祔之事，堯母墓給了他一個重要啟發和依據。嘉靖對扈從大臣說：「帝堯父母異陵，可徵合葬非古。」[28]詔令有司修建祠廟，並擢升謝少南為左春坊左司直兼翰林院檢討。

諸事順遂，嘉靖在歸程心情平靜，不時寫一二首詩示與臣下。見皇上高興，扈從大臣也放鬆下來，競相恭和，表達忠誠，順便也展示才華。厚熜命將這些詩章妥為保存，說自己還要再細讀一遍。

比起南下之時，車駕北行真可稱快捷，再沒有出現行宮失火，沒有出現饑民哭號、攔路喊冤等狀況。各地方官員想必是打點起百倍精神，將迎送聖駕作為重中之重，竭盡全力做好。但也有反受其累者：葉縣負責為各衙門設公館，知縣某唯恐接待不周，派人舉著中央各部院衙門的牌子，在縣境上列為一排，遠遠迎接。未想到讓東廠旗校看到，呈報皇上，以其「勞民生擾，詔黜為民」[29]。

四月十五日，車駕還京師。實錄記載：在京官員有一千一百四十二名「迎駕不至，奪俸有差」。想這麼多的官員斷不敢不來迎駕，不知在哪個環節上出現了問題？皇上才不管你有什麼原因，敕令一出，千餘名朝官便被扣了工資。

四、合葬顯陵

或因對父母有著太多太多的孝心，一向做事果決的朱厚熜，在蔣太后病逝後如何下葬之事上，一直猶豫不決。這個大孝子一開始就陷入兩難境地：京師與承天府相隔三千里，若要睿宗與蔣太后合葬，非北遷，便要南祔，父母總有一人之屍骸將搖撼於漫漫長途。

南巡之後，似乎合葬大事已定，顯陵的改擴建工程業已轟轟烈烈展開，未料厚熜心中又有些動搖。

1 放棄大峪山

這一時期，一南一北有兩個顯陵：一個是朱厚熜之父、被他超標準追封為睿宗的陵墓，承天府的顯陵；一個是北京北郊大峪山的顯陵。前一個顯陵儘管改稱不算久，實際存在已然二十多年。後一個顯陵則剛剛設計施工，卻是皇字第一號工程。但自皇上確定要南巡承天后，大峪山工程也就進入等待觀望階段。

在到達承天府的前一天，嘉靖遣使馳諭京師留守使顧鼎臣、張瓚等，令他們傳諭原負責大峪山陵工的內外各官，「即遵原定規制，趣為營構，刻期五月初旬內玄宮內工竣事。務如法堅致完美，不許草率違誤」[30]。皇上一紙詔令，大峪山陵工重又熱火朝天，駛入快車道。

在承天期間，厚熜奉母南祔的想法得以強化，審定了新玄宮圖式，似乎已不再作他想。但歸程中一番搖撼，聯想到母親遺體也要經此數千里顛簸，他又心生猶疑。在承天拜謁閱視顯陵時，厚熜曾感嘆純德山堪稱「吉壤」，此時又轉了念頭，對行在禮部說：

> 朕思視吉壤一節，甚無意義。夫既重卜，何為來此？惟純德山者效順於我皇考，聖靈安悅茲山，寧處久矣，流慶子孫，決勿之他。三處視地悉已之，行宮道路止勿治。卿等可持此贊朕。[31]

那時的朱厚熜，認為父親的純德山不宜再動，而母親則應葬在大峪山，先向禮部諸臣吹了吹風。而宜城慶都縣的堯母墳，帝堯之父母分葬的例子，更加堅定了他的想法。

轉了一個圈，竟又回到開始的地方。不知嘉靖皇帝還記不記得當初御史陳讓的疏章，陳讓舉例說「舜葬九疑，二女不從，則古人事死之禮，先廟後墳，重魂後魄」，建言：「宜奉睿宗皇帝遺衣冠與章聖皇太后合葬於大峪山，又以章聖皇太后遺冠帔奉以合葬於顯陵。」當時厚熜一心要父母合葬，哪裡聽得進去，叱其「輒引渺茫不經之說，敢於阻撓鼓惑，……且並建二陵、用衣冠交葬從古所無，尤見乖謬」，詔黜為民。[32]後來南京禮部右侍郎呂柟也以「舜葬，蒼梧二妃未從；禹葬會稽，塗山未祔」上言勸阻，亦不聽。[33]

敘寫至此，真覺得厚熜的思路纖細綿密，真覺得許多事臣子原也毋須諫阻，讓皇上自己做主就是了，該轉彎的地方，他也自會去轉，儘管有時會多彎上幾圈。這不，嘉靖皇帝又彎回來了。

五月初二日，剛回京師的厚熜不顧鞍馬勞頓，又往大峪山視察陵工進展。實地察看之後又改了主意，認為大峪山風水遠不如純德山，仍命駙馬都尉崔元等奉護蔣太后梓宮，南往承天府顯陵合葬。如此反反覆覆，勞民傷財，都只為皇上要盡孝子之情。

2 太后南祔

蔣太后實在是一個信賴兒子、體恤兒子的好母親。她在臨終囑咐和遺誥中都著重誇獎厚熜的純孝，要他注意自己的多病之軀，要求喪儀從簡，至於如何下葬、是否南祔顯陵，卻沒有說。其中「得從祀先帝左右」，也是語義含混，並無確指。

她把身後事全然付託給愛子。

嘉靖最後還是決定送亡母南往顯陵，與父親合葬。本來準備的是陸路，為免乃母路途顛簸，臨時傳旨改走水路。這讓有關部門很是措手不及，但皇上有旨，緊急動員，很快也就料理得停停妥妥。

五月十六日晚七時，宮內行啟奠禮，內侍官陳設酒饌，厚熜第一個詣拜位，奏四拜禮，奠帛奠酒，讀祝，俯伏舉哀。內侍官跪奏，請慈孝獻皇后梓宮升龍輴。龍輴者，載天子靈柩的車，車轅繪有龍的圖案。世宗奉梓宮，後面跟著皇后嬪妃和一應宮眷，哭聲震天，至午門行祖奠禮。出午門，司禮監、禮部、錦衣衛各官早備好設大升轝（一種特製的載柩具）靜候，奉安梓宮，數百服孝錦衣衛健卒抬舉，至端門外行朝祖禮。其後是朝辭禮、辭奠禮，世宗攀緣慟哭，與慈母作別，靈駕進發。

當年蔣太后入宮，儘管禮臣敬稱為興國太妃，其身分只是王妃，擬由東安門（即王門）入宮，鬧出一番大風波。此時哪還有這些議論？靈駕一路經午門、端門、承天門、大明門，轉而向東，在朝陽門外盛設祭棚，當朝九員重臣任奠獻使，公侯貴戚、五府九卿、文武百官分撥兒致祭。皇上本人雖不在現場，自有主祭大員、糾儀御史全程盯著，哪個敢爾草率？

當晚，蔣太后的梓宮停住於通州搭建的席殿，神主則經朱筆點題後送回宮內安放，一系列的禮儀程序接踵而來。為兒子操心一輩子的蔣太后可以長眠了，她的皇帝兒子未必睡得著，那些王公大臣大約也沒幾個敢放開膽子去睡大覺。

兩天後的十八日上午，厚熜因足疾實在難以親赴，特命兩位文武首臣——郭勛、夏言到張家灣送蔣太后梓宮升舟南祔。工部專為製作了超大御船，「高廣完美」，梓宮前陳列著厚熜特別崇奉的《天妃經》，用祈神佑，掌舵的則是御用第一舵手。太后靈駕由張家灣御碼頭啟航，先由大運河，轉長江，再轉漢水，一路俱水程，直抵承天。為了此行吉祥順遂，禮部所上儀程特地設途中祭祀一節：

> 張家灣祭潞河之神，天津祭海口之神，安平鎮祭龍王之神，徐州呂梁二處祭洪神，淮河口祭淮瀆之神，儀真南京祭大江之神，彭澤祭小孤山之神、九江之神、漢江之神，所過大川，俱用牲醴致祭，俱勛臣具青服行禮。其各處應祀水府之神開載未備者，臨期增酌致祭。34

清晰提供了一個太后梓宮的南祔路線圖，數千里水路，此時南方已是雨季，江河多險，船沉棺重，更兼送的是皇上老娘遺體，容不得半點兒閃失，執事者頗也不易！

蔣太后梓宮南祔，奉旨護送的仍是二月間奉迎睿宗靈駕的班子，以京山侯崔元充奠獻使，禮部尚書溫仁和知禮儀事，靖遠伯王瑾統軍護行，錦衣衛都指揮使張錡率旗校負責內層警戒，司禮太監鮑忠提調執事內官人役。崔元素為世宗倚信，其他幾位也都是皇上信得過的幹員，諸官自知事體重大，通力合作，一路上小心翼翼。

嘉靖帝時時操心著母親靈柩的南行。啟行幾日後，他在半夜做了一個夢，夢見梓宮龍舟為大風所撼，心中惶懼，立即起床往西內去禱祀玄冥，結果中了寒氣，病倒好幾天。

大運河上，多有水道淺窄處，安放蔣太后梓宮的御舟，工部先期派員整理沿線橋梁閘口，以利通行。負責管理山東臨清閘河的員外郎王佩高度認真，在龍舟將至時預先閉閘蓄水，做好迎接南行船隊的準備。恰巧山東按察司僉事于廷寅舟至，見不啟閘，喝令將守閘者打一頓，自行決閘而行。王佩匆匆趕來，責叱閘官及諸役擅啟閘。而于僉事大人尚未行遠，見狀更為氣憤，乾脆將前閘官役十九人統統抓起來，淫刑榜掠，以洩其怒。山東撫按官見惹下大亂子，趕緊疏劾于廷寅暴橫不敬，但也說王佩處置不當，憤激召釁。嘉靖真不知還有如此膽大妄為之臣，令錦衣衛將于廷寅立刻釘上枷銬，械繫來京，廷杖一百，黜為民。至於王佩，皇上認為其忠於職守，沒有什麼不對。[35]

七月二十七日，大型船隊抵達漢口，是為漢江之口也，兩江交匯之白洑臼口，「江折沙衍，淺澀艱行」[36]，眾人憂慮，荊州知府急組織人夫疏浚，豈知天降大雨，漢水漸漲，船隊終於通過。九天後，即閏七月初六日，播遷數千里的太后梓宮抵達承天，奉送的各大員鬆了口氣，在京的朱厚熜覽奏也鬆了口氣。[37]

3 玄宮與瑤台

自從嘉靖離開承天，鍾祥的顯陵大工就一直處於全面推進狀態，安放睿宗和蔣太后遺體的玄宮（即今所言地宮），更是重中之重。

玄宮圖式是在皇上南巡期間欽定的。興王在世之日寵信道教，影響之下，其妻其子都對道教浸潤甚深。顯陵的改擴建工程，如內外明塘、九曲御河、龍鱗神道，如松林山改稱「純德山」、純德山碑亭下瘞埋的七星四燭銅龍，如整體呈金瓶狀的外邏城，如三門六柱四樓的欞星門、門正中的冲天式火焰寶珠，都明顯貫穿了道家的理念。地宮的設計尤其緊要，以神工監太監高忠任其事，禮部、工部、欽天監等各官，深受寵信的陶仲文及一干術士羽流，都會參與討論，最後拍板的則是皇上本人。根據記載可知，嘉靖對於玄宮和寶頂的建造是極為審慎的。

顯陵的根基是原來的興王陵，舊玄宮在焉，雖見到滲水，仍有一個怎麼處置的問題。可以就地擴建，重加裝飾，但那是朱祐杬安居近二十年的幽宮，一旦施之以斧鑿，未免大不敬。而最後敲定的方案，是保留原來的玄宮，在其正北再開一穴，新建一個玄宮。於是一陵兩地宮，前面的舊地宮盛陳壙文祭器，後面的新地宮奉安二聖（此為厚熜對已逝父母的專稱）梓宮，前堂後寢，長廊連接，進退餘裕，回旋有度，就連正宗的明代諸帝陵，也無一個能比。

原來的興王陵地宮是橢圓形，新建的玄宮則是正圓形。這一形制，為宮中內官監作為定制，以後諸帝陵玄宮，莫不如此。

新舊兩地宮以隧廊相連，地面之上出現兩個寶頂。設計者獨出心裁，在其間建造瑤台，但見一陵雙塋，兩座寶城，各有環道圍護，而以瑤台連接。瑤台呈長方形，寬平敞亮，兩側設置雉堞，南北各以礓礤下通寶城。深愛父母的厚熜，為他們構建了這樣一個地方，可攬明月清風，可觀人間景物，是怎樣精微的孝思。

4 隆重合葬

十八年（一五三九）閏七月初六，經過兩個多月的航行，運載蔣太后梓宮的御舟到達承天水次。承天府巡撫都御史陸傑率合府官員，一律縗服，早至碼頭恭候。江邊已然搭建好祭祀席殿，各路官員、京師與留守承天的內侍、鍾祥的師生父老分班致祭哭拜，然後朝顯陵進發。

通向顯陵的路已拓寬加固，鍾祥各城門街道、興王府及顯陵處處懸掛白幡，安放梓宮的大升轝由數百名健兒抬行，鼓樂舞隊默默前導，直至顯陵祾恩門。這邊早有執事官肅立於門外，太常寺官員跪奏，請太后靈駕移升龍輴，往祾恩殿奉安。睿宗梓宮已然由舊地宮移出，安放於祾恩殿。陰陽相隔二十年的朱祐杬夫婦終於會合，在場興邸舊人甚多，無不感傷落淚。

當月二十五日，顯陵舉行隆重的「二聖」合葬奠儀。以典獻使崔元為首的奉送扈行官員，以工部侍郎顧璘為首的顯陵大工在事官員，以陸傑為首的湖廣承天地方官員參加儀式。禮部擬定了「顯陵合葬儀」，各大員恪守喪儀，縗服戚容，誠篤謹畏，把睿宗和蔣太后梓宮奉安新玄宮，再行跪拜祭奠，陳設明器。一直到繁複的奠儀一一遵行畢，眾人才掩上玄宮之門，緩緩離開。[38]

第十二章 從宮怨到宮變

七年（一五二八）九月的一天，秋高氣爽，厚熜心情甚好，在乾清宮與皇后同坐絮話，張妃和方妃捧進新茶。他素來愛寵二妃，見二人款款行來，嫋嫋婷婷，明目皓齒，一雙玉腕更是光潔可喜，於是愛意頓起，癡迷迷地向二人望去。陳皇后已有孕在身，正需丈夫感情撫慰，見此情狀妒意大生，將手中茶杯重重放在小几上，憤然起身，即欲離去。厚熜見狀勃然大怒，遂起身戟指陳皇后，好一番斥罵。陳皇后又羞又惱，加上害怕被廢掉，內心惶懼，竟然血崩流產，臥病在床。

二十一年（一五四二）十月二十一日凌晨，正熟睡中的嘉靖帝差點被一群宮女勒死。此事一出，震驚朝野，甚至喧傳至屬國，史稱「壬寅宮變」。在漫長的中國歷史上，類此宮女合夥要勒死皇帝的事件，當是絕無僅有的。明代官方史料省記此事，多閃爍其詞，匆匆帶過，大約也是覺得實非盛世所應有。因此，這個案件就更蒙上宮廷的神祕色彩，隱藏著不少難解之謎。

客觀論列，在中華五千年史幅中，在有明近三百年歷史上，明世宗都算不上特別暴虐荒淫的皇帝，為什麼卻播種下如此咬牙切齒的仇恨？導致這些柔弱宮女集體參與了謀殺？

本章將從頗具悲情的嘉靖後宮談起。

一、悲情元后

或因為生性矜重，加以自幼蒙父親耳提面命，嘉靖一生未曾沉湎女色，與皇兄武宗形成明顯區別。他先後冊封過三位皇后，可似乎沒有對任何一位產生深厚感情，尤其對第一位皇后陳氏。在朱厚熜看來，這是一個強加於他的包辦婚姻，而操控者是其所深惡痛絕的前朝太后張氏。

1 大名有佳氣

嘉靖元年（一五二二）九月，皇城與皇宮到處張燈結綵，朱厚熜舉行隆重的冊立皇后大典。選中的皇后，為大名府元城人陳萬言之女。采選皇后的事情，一切由張太后主持。遴選之初，執事者宣稱「大名有佳氣」[1]，便派員往其地察訪，在大名府選取十五歲的陳氏，再赴京甄選，最後經張太后親自目驗，確定為皇后，是為嘉靖皇帝第一后，史稱孝潔皇后。

厚熜的母親蔣氏已在宮中，其時尚稱興獻太后，名分尚低，在愛子的大婚儀式上，只能打靠後了。大婚也是機會，嘉靖想借此給母親的稱號加一「皇」字，親書御劄與楊廷和等人。見這些前朝重臣不買帳，便搬出群臣心目中的正牌皇太后，轉述張太后懿旨：

> 今皇帝婚禮將行，其與獻帝宜加與皇號，母與獻皇太后。

真不知他是怎樣得到的這份懿旨？貴為天子，當然不會造假，但讓素性簡傲的他去懇求張氏，實在也是一種精神折磨。為了老娘，小皇帝忍了！可內閣與一班禮臣卻毫不通融，集體以辭職相抗拒，厚熜羽翼未豐，只好忍氣作罷。他還嘗試讓邵太后主持大婚，意圖以太皇太后級別的嫡親祖母壓住張太后，為乃母找一點兒心理平衡。而在一班正德舊臣眼中，邵太后也屬假冒偽劣，說什麼的都有，就是不同意。

對冊立皇后之事，張太后顯然有著很高的熱情。這位已然無子無女的前朝太后，先拍板由朱厚熜繼位，發現其過於有主見，不聽招呼，或也想通過選后，增加一些情感砝碼。她還不至於糊塗到不顧蔣氏的感受，在甄選、納采、納吉等過程中處處與之商量，徵求蔣太后的認可，畢竟那是人家的兒媳婦啊！

大婚之時，厚熜年僅十六虛齡，陳氏小他一歲。與這位被張太后選定的皇后，他並無多少感情，但也保持一種和諧敬讓，對皇后的家人盡量給以照顧，滿足其要求。依明朝選后的慣例，陳皇后的門第較低微，國丈陳萬言僅是一介諸生。在女兒被選定為皇后之後，先授陳萬言鴻臚寺卿，再改錦衣衛都督同知，賜第黃華坊。嘉靖二年（一五二三）夏，厚熜命在西安門外給皇后之父營建新第，花費數十萬兩銀子。工部尚書趙璜上言稱西安門靠近大內，陳家宅第的營造不宜太高大。皇上很生氣，聽信陳萬言的小報告，將營繕郎中翟璘逮治。當年，陳萬言獲封泰和伯，其子陳紹祖為尚寶司丞。

陳萬言有些貪得無厭，又乞賜武清、東安兩地各一千頃為莊田，厚熜諭令戶部丈量閒置土地給之。給事中張漢卿上言諫阻，說陳萬言原為一介寒儒，因皇后驟然而貴，本應知道自我檢束，為貴戚之表率，卻動不動就乞請賞賜，實在不妥。去年陳萬言營建新第過於高大奢華，惹得民怨喧騰；今年國家有災，餓死者甚多，竟又請莊田，剝奪民食，實不應該。疏上，厚熜見其言辭懇切，句句是理，可又不願傷了老丈人的情面，令給予八百頃。由是可知在起初幾年，嘉靖待陳皇后很不錯，以致推恩其家，有求必應。

2 「彼以為朕無仁義耳」

七年（一五二八）九月的一天，秋高氣爽，厚熜心情甚好，在乾清宮與皇后同坐絮話，張妃和方妃捧進新茶。他素來愛寵二妃，見二人款款行來，嫋嫋婷婷，明目皓齒，一雙玉腕更是光潔可喜，於是愛意頓起，癡迷迷地向二人望去。陳皇后已有孕在身，正需丈夫感情撫慰，見此情狀妒意大生，將手中茶杯重重放在小几上，憤然起身，即欲離去。

厚熜性格峻厲，此時大禮成議，正君權高張、乾綱獨斷之際，哪裡受得了這個？他見狀勃然大怒，遂起身戟指陳皇后，好一番斥罵。陳皇后又羞又惱，加上害怕被廢掉，內心惶懼，竟然血崩流產，臥病在床。[2]

九月二十二日，陳萬言聽說女兒病重，不勝憂急，多次輾轉求懇要進宮看望，均不得允准，便專折啟奏，請求允許皇后之母冀氏入宮探視。朱厚熜更怒，不僅不允入宮，還將陳萬言之疏下示閣臣，說了長長一段話：

萬言意朕知久已。彼數以此令內官付宮人乞奏，云中宮不安也，不要我每進去看看？以未得，遂故有此奏。彼以為朕無仁義耳！朕惟外戚自古未有入宮禁，假以視病為言，多有窺伺朝廷者。

在彼為得計，在其君為墮計也。……皇后作配朕躬，良醫妙藥，豈無治病之具？何謂不見親人不能得好？

他說婦人以夫家為家，又說到母親對皇后非常慈愛，世上很少有這樣好的婆婆，說自己不敢徇私縱外戚深入。他要求內閣擬諭責備，給不知規矩的老丈人幾句重辭，也給後世一個範例，諭曰：

宮禁嚴密，非外人所得出入，朕雖篤念親親，實不敢背違祖宗典制。皇后患病，已命醫用心調治，豈必得見親人方可痊癒？所奏不准，毋復煩擾。[3]

嘉靖聲稱自古以來，外戚不得私入皇宮，認為外戚往往假借看視后妃病症為由，而窺探內廷，實施陰謀。一番話看似堂堂皇皇，實則不獨文過飾非，強詞奪理，骨子裡也是冷酷絕情的。皇后病重，親屬中女眷入內探視，古代例子甚多，如何說是自古無有？至於說到「窺視朝廷」，實是過甚之詞。陳萬言平日所乞求的，只是良田美宅，還未嘗對朝政有干預之心，也不具有干預之力，以此言之，實屬虛妄。

厚熜很忌諱說他不仁不義，而事實則的確如此。

3 喪儀潦草

不到一個月後的十月初九日，陳皇后撒手塵寰。對結婚已七年的中宮皇后，朱厚熜殊無歉疚，也沒有多少憐憫。

當朝皇后大喪，歷來為朝中大事。禮部擬上喪祭禮儀，嘉靖認為過於隆重，接連幾次都不滿意，乾脆親自裁定，以兩宮皇太后在，自己不穿喪服，僅換淺色衣裳戴黑翼善冠。閣臣張璁等認為不可，建議皇上素服絰帶十二日，再改服黑翼善冠犀帶，前後二十七日，百官皆素服絰帶二十七日，以為不然則恩紀不明，典禮有乖。這位當年的議禮首臣又說：「臣等何忍令後日史臣書曰天子不成后服，自皇上始乎？亦何忍令後日史臣書曰臣子不終君母之服，自臣等始乎？臣職在輔導，不敢陷皇上有過之地，謹昧死言。」[4]疏詞激切真摯。嘉靖卻不以為然，責備其對綱常倫理沒有弄明白，不知「孝為百行之先」。禮部尚書方獻夫亦議禮重臣，深受倚信，引用《儀禮》「喪服」等篇反覆爭辯。厚熜略作改動，下禮部遵行。最終，嘉靖元后的大喪甚為潦草，大行皇后梓宮從王門抬出，謚號悼靈。[5]這一切，都與皇后的身分不符。給事中王汝梅上諫，不聽。

陳皇后死於青春年華，死得如此突然，令人悲憫悼惜。而葬在哪裡，也成了問題。張璁、方獻夫及欽天監官員受命選擇大行皇后陵地，最後建陵於襖兒峪。其時漸入冬月，山陵工程重大，急切難成。內官監太監傅平請緩葬期，禮部也上議請緩，嘉靖不許，責令朝夕趕工，務令速成。眾臣的意見是先建香殿一所，備迎梓宮。而厚熜說「香殿可緩姑緩之」，急於將死了的皇后下葬，落得個眼不見為淨。嘉靖在性格上有偏狹冷酷的一面，對元后的不滿，主要來自對張太后的痛恨。一個月後，他與大學士張璁談論冊立中宮之事，說到剛剛去世的皇后，曰：

> 君子所配，必求淑女。而君長所配，尤不可不慎擇。前者初婚之期，皆是宮中久惡之婦所專主，而日夜言之聖母，聖母未之察耳。[6]

話語中顯示出對陳皇后之死的輕鬆心態，令人齒寒。所謂「宮中久惡之婦」，明指張太后。此時張太后尚健在，上距其由張氏頒定懿旨入繼大統，亦不到八年。

二、被廢掉的張皇后

陳皇后死後的第二個月，蔣太后即督促兒子再行冊立皇后，還為此專發一道懿旨。皇帝已二十多歲，大婚七八年，后妃一大串，居然沒得一子半女，讓當母親的好生著急。更為著急的，應說還是意圖擺脫元后陰影的朱厚熜。

1 蔣太后中意的皇后

雖然一直不願承認，且表現得有些絕情，嘉靖對陳皇后的死，對其腹中胎兒的早夭，內心承受之痛苦是巨大的。他在張璁商議冊立中宮時，百感交集，說自己「德無一線而動多愆違，身承祖宗之位，遂使嫡配遽喪，儲嗣延違未立，每思至此，實切憂惶」[7]。這番話應說發自肺腑，反映了其良心上的不安。

嘉靖也說到再立皇后的兩難：元后新喪，急急冊立，未免顯得薄情；若待之歲月，則與母親的慈訓相違背。更為主要的是人之善惡難測，人君之配，不可不慎重選擇。他回憶起張太后在冊立元后時的所作所為，說此次選后決不讓她參與，否則不如不選。這是君臣之間的討論聊天，也是皇帝對內閣首輔的告誡叮囑。

七年（一五二八）十一月十七日，禮部上冊立皇后的禮儀注。又十日，即陳皇后死後兩月餘，順妃張氏被冊立為皇后。冊文稱張氏「往奉聖母所簡冊以為妃，侍朕以來克盡禮道，性資端慎，淑德允諧，可冊立為皇后」[8]。張氏性格溫順，舉止優雅，待人也寬厚，素來得厚熜喜愛。加以本來就是經蔣太后選中為妃子的，自然是繼任皇后的不二人選。

此時的嘉靖行事更為專斷，又因幾年議禮多讀了些古代典籍，生出許多新鮮花樣。首先是更定祀典。古禮最重祭祀，祭祀有一套典制和儀式，厚熜便從這裡入手，舉凡郊祀、祭孔子、明代前九帝的所謂「九廟」，都做了一番更改或增飾，把禮臣及至內閣大臣忙得不亦樂乎。皇后作為一國之母后，也要步步緊跟。

張皇后是聖母皇太后中意的兒媳，自要刻意侍奉婆母大人，而更難侍奉的，則是那峻急苛細、說變就變的夫君。

2 親蠶禮

九年（一五三〇）正月，吏科都給事中夏言揣摩上意，奏請將順天府田和各宮莊田改為親蠶廠、公桑園，令有關部門多種桑樹，以備宮中養蠶。嘉靖很欣賞這一提議，拿給張璁看。張璁請求選擇地方建先蠶壇，以和皇帝行籍田禮的先農壇相對應。厚熜欣然下詔准行，並敕禮部：「古者天子親耕，皇后親蠶，以勸天下。自今歲始，朕親祀先農，皇后親蠶。」命禮部考定古制，擬出儀式的程序來。[9]

皇帝一道敕旨，忙煞閣臣和各部官員。大學士張璁等選定在安定門外建先蠶壇，霍韜以為道路太遠，戶部也上言稱安定門外缺水，應於皇城內西苑中建壇，不准。禮部尚書李時疏稱大明門距安定門路程遙遠，請皇后鳳輦出東華門或玄武門，並條列四項禮儀：治蠶之禮，壇壝之向，採桑之器，掌壇之官，考慮得周詳妥帖。皇上很滿意，確定皇后鳳輦由玄武門出宮。

二月，工部上先蠶壇圖式，嘉靖親自定下該壇的規模格局：壇高二尺六寸，分兩層，四面有臺階；方形，寬二丈六尺，東、西、北三面皆種桑樹。又有採桑台，高一尺四寸，方形，寬一丈四尺，三面有臺階。後面有織堂和放儀仗的庫房。

禮部上〈皇后親蠶儀〉，有一套非常繁複的禮儀：蠶將生出，欽天監選擇吉日（此日必須在干支中的巳日）上聞；順天府選蠶母（養蠶的婦女）一批送到北郊先蠶壇，工部供給她們所需的鉤箔筐架之類器物；順天府將一個盛有蠶種的筐進呈皇宮，再由內官捧出，賜還，出玄武右門，放在一個彩車中，敲鑼打鼓地送到蠶室；養蠶女接受蠶種，精心護養，以備皇后親蠶時用。所有這些都做完，才是親蠶禮的正式開始：皇后先齋戒三日，跟隨入壇的執事、司贊等女官吃齋一日。親蠶之日，天未亮，儀衛便已布置好。整個儀式調集軍衛一萬人，五千名守衛在先蠶壇四周，五千人跟隨護衛。張皇后在導引女官之後步出宮門，乘小轎至玄武門，然後登重翟車，以兵衛儀仗和女樂為前導，出北安門（即清代地安門）。公主、貴戚之婦，在京文職四品、武職三品以上官員的妻子俱跟隨陪祀，每人還攜帶一個採桑筐兒，由貼身侍女拎著。整個隊伍花團錦簇，嬌語宛轉，香汗灑落，好不熱鬧。

到了先桑壇，又是一番祭拜禮神的儀節，「迎神四拜，賜福胙二拜，送神四拜」，才輪到採桑飼蠶。皇后採桑的每一動作都被規範化，《明史·禮三》：

司賓引外命婦先詣採桑壇東陛下，南北向。尚儀奏請，皇后詣採桑位，東向。公主以下位皇后位東，亦南北向，以西為上。執鉤者進鉤，執筐者跪奉筐受桑。皇后採桑三條，還至壇南儀門坐，觀命婦採桑。三公命婦採五條，列侯、九卿命婦採九條。訖，各授女侍。司賓引內命婦一人，詣桑室，尚功率執鉤筐者從。尚功以桑授蠶母。蠶母受桑，縷切之，以授內命婦。內命婦食蠶，灑一箔訖……

這種瑣細的儀節，讀了都讓人頭暈腦脹，可作為一國母后的張皇后，卻要一絲不苟地照科執行，真真如同一個被人撥弄的木偶。我國古代有許多採桑的故事，桑間濮上，倩影出沒，妙曲醉人。可在這裡則成了刻板的規定動作，再不見柔條嫩葉，再不見歡聲笑語，看到的是繁複冗重的程序，是強打精神的裝扮，是擁擠和囂雜、應付和矯情。

3 皇后好辛苦

歷來皇后難做，明世宗的皇后尤其難做。

對張皇后本人，在史書中記載甚簡略，她的出生地無從可考，其父也沒有得到什麼像樣的封贈，故不見於《明史・外戚》。據《明世宗實錄》，張皇后之父張楫，嘉靖三年（一五二四）五月由錦衣衛右所正千戶升為本衛指揮僉事，當年九月又賜給南宮新河縣地三十九頃，以其女兒冊為順妃也。接下來又要豐潤縣地，戶部稱其「貪求無忌」，詔命拒之。從此以後，包括女兒成為皇后起，張楫就沒再升過職，也沒見得過大的賞賜。這種情況不符合常例，說明這位新國丈大約更不成氣候，也說明張皇后並沒為娘家的事懇求夫君。

先經生性嚴正的蔣太后選中，被冊為順妃，又侍奉嘉靖多年，張皇后的性格當是非常柔婉溫順。冊立張順妃為皇后時，有旨稱：「朕所愛者，德與賢耳，非有偏寵尚色之私。」[10]可證其在當時認為順妃是德、賢兼備的。的確，張皇后默默地履行著自己的責任，上有兩位太后和皇帝，下有時時窺視、爭寵奪愛的眾多嬪妃，唯以敬謹事上，以禮讓待下，終日惕惕，希望能過上幾天平安的日子。

九年（一五三〇）十月，宮中頒行蔣太后《女訓》，又成為張皇后的一項緊要事務。每月初六日，她要率嬪妃等一眾皇眷到蔣太后宮中，恭聽聖母皇太后宣講。禮部所擬授書儀注，頗為繁複：

> 前一日女官設聖母寶座於宮中，設授《女訓》案於寶座傍。是日清晨……皇后具禮服，女官引皇后詣聖母前，贊四拜訖；女官贊授《訓》，舉案；女官舉授《女訓》案於御座前，贊跪；皇后跪，贊恭聽訓命、隨旨意訓諭；皇后聽受訖，贊與，贊四拜禮畢，舉案；女官舉案，皇后隨案還宮。次日，皇后詣聖母前謝恩。[11]

讀來都感到頭大。就是這樣一遍遍跪下起來的，讓蔣太后過足了戲癮，也讓張皇后受夠了罪。每月的十六日和二十六日，她還要在坤寧宮組織學習，由女官進講，皇后率六宮齊立恭聽。然後是背誦翰林學士撰作的〈內則〉新詩，宮人一起歌唱，以為房中之樂。

親蠶禮之後，又是治繭禮。張皇后又要鳳輦出宮，在儀仗導引下至先蠶壇內的織堂，視察繅絲及織錦，再令蠶宮令送尚衣織染監造作祭服。至此，整個親蠶禮才算落下帷幕。因這套儀式過於複雜，且皇后出宮往安定門外也有許多不便，第二年就改在西苑建先蠶壇、採桑台，張皇后總算減少了一些奔波之勞。

4 被廢的隱曲

張皇后在七年（一五二八）十月被冊立，至十三年（一五三四）正月被廢，位居正宮五年有餘，未見其為家人請求過恩封和賞賜，唯自我約束，謙抑溫和，奉侍著君威難測的丈夫——嘉靖皇帝。就這樣，她還是突然被廢掉，下場淒慘，極其令人同情。

事情的起因還是由於張太后。張太后為兩個作惡甚多的弟弟向皇后求情，希望她能讓皇帝放其一條生路，哀請時淚流滿面，張皇后心一軟，也就答應下來。

張皇后終日伴君，豈不知厚熜的忮苛暴戾？但既受張太后之託，她便牢記在心，時刻想著為張延齡講講情。轉年剛過春節，宮中將舉行大宴，張皇后趁嘉靖高興，便婉言向他說到此事，誰知龍顏大怒，立令內臣剝去張皇后的冠服，自己親手執鞭，將她一頓痛打。[12]正月初六日，朱厚熜下詔廢皇后張氏，說她「近乃多不思順，不敬不遜屢者，朕以恩待。昨又侮肆不悛，視朕若何？如此之婦，焉克承乾！今退閒別所，收其皇后冊寶」[13]。給素來柔順的皇后戴上一頂「不敬不遜」的帽子，極是不公。可憐張氏以皇后之尊，一旦違拗嘉靖之意，竟被當廷辱打斥罵，尚不如一個得寵的嬪妃。

兩天之後，冊立德妃方氏為皇后。張氏自此被稱為廢后，幽處別宮，粗食劣服，終日以淚洗面，竟然又挨延了三年。十五年（一五三六）閏十二月初三，張廢后默默地死去。[14]

三、孤淒的張太后

當年蔣太后自安陸來京，入宮之初與張太后有過一次極不愉快的見面，也給少年天子留下刻骨銘心的恥辱感，終生難以釋懷。在後此二十年的時光裡，朱厚熜持續地實施著報復。史籍中沒有記載那次會面的細節，筆者也不太相信張太后會刻意給皇帝母子羞辱。或許就是那多年養成的太后範兒，那習慣性的接見姿態，那居高臨下的和藹與淡然，深深傷害了敏感的厚熜。

1 兩弟被逮治

十二年（一五三三）十月，嘉靖降旨：逮建昌侯張延齡，下刑部獄，定為死罪；革去昌國公張鶴齡的爵號，降為南京錦衣衛指揮同知，帶俸閒住。

張延齡和張鶴齡均是張太后的親弟。弘治間，鶴齡襲父親張巒爵位，延齡也由建昌伯進為侯爵，二人倚仗當時的皇后（即張太后）之勢，驕橫恣狂，縱家奴強奪民田民宅，多次犯法。張皇后對兩個弟弟極是祖護，給事中吳世忠、主事李夢陽曾彈劾二張，都幾乎獲罪。孝宗因與皇后感情很深，難以依律懲辦這兩位侯爺，但曾私下對鶴齡提出警告，使之稍稍收斂。

正德間，張皇后成為張太后，皇上則換成了二張的親外甥，兩人更加無所忌憚。以占侯卜筮為業的術士曹祖上告說其子為張延齡家奴，與主子合謀不軌。武宗命將曹祖關押起來，交三法司加以審訊，曹祖卻奇怪地服藥自殺，成為一大疑案。當時輿論懷疑曹祖的暴死與張延齡相關，但找不到證據，此案便不了了之。[15]

厚熜入繼大統，張太后為讓其兩弟繼續貴顯，特地把張鶴齡塞入迎立的隊伍中，鶴齡由此晉為昌國公。豈知張太后很快便失勢，張鶴齡、張延齡卻不知收斂，恣肆依舊。一位叫司聰的錦衣衛指揮替張延齡經營高利貸，欠了他五百兩銀子，被追索逼要得急了，便與一個叫董至的游棍設計，要告發曹祖所說的張延齡謀反之事，以行要挾。延齡派人抓住司聰，偷偷把他殺掉，又令司聰的兒子司升燒化屍體，以折所欠銀兩。司升不敢不從，氣極時責罵董至。董至害怕事發，拿著司聰以前的狀子告官。

嘉靖對張氏家族痛恨已久，見訴狀即敕下刑部，令逮張延齡及其家奴入獄拷訊。審理中，又發現了其私買依律沒官的宅第、超越規制建造園林池塘、殺害婢女及僧人等一系列罪行。陰謀不軌的罪名較虛，復因年代久遠找不到原證，而僅就審清的幾樁命案，已罪在不赦。

此案一起，張太后極其不安，欲向蔣太后求情，但兩人一直不太融洽，難以開口。恰遇朱厚熜的第一個兒子出生，舉朝欣喜，張太后請求入賀，打算借此機會當面求情，誰知被婉辭謝絕。[16]萬般無奈，張太后想到素來通情達理的皇后，向張皇后求懇，託她在皇帝跟前進一言。善良的皇后見張太后老淚縱橫，應承下來，結果是自己被家暴和廢掉。

厚熜殺心已起，如何能聽得下不同意見？他決心維護朝廷的法律尊嚴，不容外戚恣肆、逍遙法外；也要用懲治「二張」來報復張太后，為曾受到壓抑的母親出氣。朝臣豈看不到這一點，對張太后的同情普遍產生。刑部尚書聶賢是位富有正直心的老臣，曾因李福達之獄革職，主持問刑，擬議以張太后之親寬免。皇上大為生氣，欽定張延齡為死罪，張鶴齡革去爵位，對聶賢罰俸半年。

對二張的援救仍在進行中。最出人意料的是首輔張璁的表現：嘉靖本打算定延齡一個謀反罪名，族滅其家，張璁說延齡不過是一個守財奴罷了，怎麼有能耐造反呢？皇上幾次追問，張璁都不改變自己的說法，才使厚熜打消族滅張氏的念頭。張延齡被判死罪，及到秋後斬決時，又是張璁上疏，認為張太后年事已高，如果聽到延齡之死悲傷，不吃不喝，萬一有個好歹，如何對得起孝宗皇帝在天之靈！嘉靖大怒，斥責張璁與張延齡同姓相親（被以同樣理由譴責的，當還有溘然早逝的張皇后），斥責張璁是「強臣令主」「愛死囚令主」。張璁知道皇上對自己的信任，知道他說的都是氣話，始終堅持陳述己見，苦口婆心地勸解，又使張延齡多活了幾年。17

2 席藁的老太后

宮外，二張被沒完沒了地監押窮治；宮內，張太后寂寂地堅忍地活著。她盡力地保持著一己尊嚴，然在延齡和鶴齡先後逮繫後，尊嚴似乎已與她無緣。

嘉靖對張太后切齒痛恨，又礙於禮法和輿論，不便把她怎樣，遇到其家中人犯事，當然不會放手。張延齡入獄論死，因群臣勸諫，嘉靖既不即殺，又不赦免。刀加頸上，命懸游絲，折磨延齡本人，也折磨宮中的張太后。

而那自幼仗勢驕橫的張延齡，天生就一個惹禍的坯子，雖監在詔獄中，仍要弄出點兒么蛾子。他寫畫了許多圖文，題以「君道不明」，讓同監室一個叫劉東山的看，盡說些怨望之詞。平日閒極無聊，延齡也把與勛戚大員的各種交往當故事講，以緬懷舊日的風光。劉東山是個奸邪小人，一一記下，把那些圖文也悄悄藏起。一日呼喊舉報，獄吏報告，嘉靖得知後，將涉及的刑部官員一通收拾，赦免劉東山。

奸人劉東山被特詔赦出，繼續到延齡家以及一些貴宦府上嚇詐，鮮衣怒馬，招搖過市，百官危懼。時夏言為內閣首輔，問誰能收拾這個惡棍，御史陳讓毅然承擔。適東山與乃父發生爭吵，竟以箭射父，其父逃往衙門告狀，陳讓令人抓捕。東山悍然反誣陳讓，說他的兒子與延齡關係密切，造厭星圖詛咒聖母和皇上，圖有五十張之多。牆倒眾人推，一幫江湖游棍如班期、于雲鵬等又告發張延齡召聚旁門左道之徒，巫蠱詛咒，魘鎮皇上，牽連到遂安伯陳鏸、西寧侯宋良臣、京山侯崔元、太監麥福等數十人，甚至涉及張太后。

這可是滔天大罪！朱厚熜當即命錦衣衛逮捕所有牽涉之人，崔元、陳鏸等素為皇上倚信，也得旨等候訊問。此時為嘉靖十七年（一五三八）初，被誣攀入獄的陳讓毅然上言：

東山等結構奸黨，瀆毀聖躬，妄連宮禁。陛下有帝堯既睦之德，而東山敢言漢武巫蠱之禍；陛下有帝舜底豫之孝，而東山敢言暴秦遷母之事。若復赦不誅，則將睚眥殺人如郭解，離間骨肉如江充矣。[18]

說得真太好了！皇上自擬為堯舜，其以堯舜克己恕親為例；皇上以英察明斷自持，其以秦始皇遷母、漢武帝殺太子為警。而通篇奏章，言辭激切，一腔忠貞，都是為皇上的名節名聲考慮。

嘉靖骨子裡是個讀書人，應說是有明一代皇帝中讀書最多、學問最好的人，覽奏深為所動。陳讓還說到這個刁徒用箭射其父之事，說天底下未有一面無情弒父，一面主持公道、關心國事者。厚熜一貫推崇孝道，讀至此若有所悟，命放出陳讓和同案入獄的遂安伯陳鏸，將劉東山砸上大枷示眾，直至械死，人心大快！

當年歲尾，蔣太后吃藥後死去，皇上極度悲痛，舉宮自然要與皇上同悲。他本來疑心就重，不去想乃母患病已三年的事實，總覺得是張太后以巫蠱術害其母，命把張鶴齡自南京逮來，打入詔獄，與其弟延齡一起用刑拷訊，非要逼問出暗害蔣太后的圖謀來。可憐鶴齡貴為公爵，竟然死於被押解來京的途中，連個具體的日子都沒有。延齡鐐銬加身，此時才知人心險惡，才知道太后姊姊之難，加上怨望是實，謀反則屬烏有，遂咬緊牙關不從。

張太后為兩弟求情不通，日夜哭泣，「衣敝襦席藁為請」[19]，藁，以稻麥稈編成的粗席。張氏經歷四朝，年已七十多歲，做了數十年的後宮領袖，如今孤淒無告，只有身穿破衣衫、睡在草席之上，用自我折磨的方式，為僅存的小弟乞請一命。消息傳出，宮內朝中都有人大為不忍。

3 冷落身後事

二十年（一五四一）八月，昭聖皇太后張氏駕崩。張太后在晚歲備受孤悽抑鬱之苦：皇帝的冷淡，蔣太后的擠壓，家中人逮繫慘死的噩耗，都折磨著這位歷盡繁華尊崇的老婦人。可她竟在這種環境中又活了二十年，竟然死在了蔣太后之後，也證明了她性格中堅韌的一面。張太后到底是死了。

不管怎麼說，張太后的崩逝，在朝廷喪禮中是一件大事，但喪儀卻極其草率簡略。八月初八日，亦即張氏辭世的當日，嘉靖特別降諭禮部：

朕承天位，本遵皇祖大訓。今昭聖雖稱伯母，朕母事之，尤敬慎焉。昨自十七年秋事，不得不自防愛，以愛宗社。歷代之跡可見，朕故不敢躬詣問安，遇事惟遣內侍詣問。今崩，一切禮制自有定式，朝夕等奠祭，令內侍官代行。[20]

諭旨明確說入繼大統與張太后無關，明顯寓指張氏害死了聖母皇太后，並說之所以平日不去問安，是怕她毒害自己，危及社稷。張太后死，在其看來是罪有應得，他表明不會去哭臨祭奠，只讓內侍代為做做樣子而已。

張太后死於仁智殿。自嘉靖四年（一五二五）仁壽宮火災，她就搬到這個簡陋且不吉的所在，亦是一種精神折磨。開始時，嘉靖以財政困難，拖著不令重修仁壽宮，後來令大肆擴建，建成後又讓蔣太后搬入，說是張太后應居慈慶宮，卻又遲緩其工，一直到老太后死也沒修完。

第二天，文武百官聚集仁智殿外，聽宣張太后遺誥。誥文顯係禮臣代擬，說晚年被「榮養周至」，很慚愧也很幸福；說嘉靖「功光祖宗多矣，老懷殊竊慶倖」，[21]可憐的老太后，死了也不能說幾句真心話！

再過幾天，不知經哪位重臣或高人點撥，諭旨有所變化，表彰張太后「配孝皇十八載，天下母儀；保武宗十六年，女中聖善；肆朕君臨乎大寶，寔多仰藉乎恩慈。功在三朝，仁覃四海，方期永綏至養，詎意一旦棄捐！痛兩宮相繼而升遐，切一念無已之哀慟」[22]。要求禮部召集群臣，為張太后擬上謚號。在以後的幾次諭旨中，都沿用類似語詞，稱皇伯母對自己的繼位關愛甚多，稱一直尊養皇伯母，稱讀了皇伯母的遺誥很感動……

張太后死後，嘉靖又把張延齡關押了五年，恨意仍不能解，最終還是將他殺掉。

四、宮婢之變

紫禁城的後宮，真可稱一個變幻莫測的凶險之地，一個幸運女子和不幸女子的集散地。厚熜的嫡祖母曾是幸運的，誕育三個皇子，甚受憲宗愛寵，後來則是兒子一個個離去，再一個個死去，自己也退居浣衣局，髮蒼蒼，目茫茫，直至什麼也看不見。孫子繼位，時來運轉的老皇妃也成為皇太后，再享短暫之榮華。她說過這樣一番話：

女子入宮無生人樂，飲食起居，皆不得自如，如幽繫然。以後選女子入宮，毋下江南，此我留大恩於江南女子者也。江南人家，亦幸無以丐恩澤送女子入宮。[23]

這是邵太后對後宮生涯的最後概括，也是她為家鄉人做的一件善事，語氣平和而沉鬱警策。張太后的生命軌跡正是一種證明，作為曾經的皇太子妃、皇后、聖母皇太后，最後淪落為一個怨婦，席藁號泣，能無怨乎？

1 只愛母親的君主

除了自己的生母蔣氏，厚熜似乎沒愛過（真正意義上的愛過）任何一位女性。對母儀天下的皇后，他也是動輒施威，略無夫妻情愛可言：陳皇后瀕死，不准其見生身母親；張皇后一言不合意，即當眾痛打，削去稱號。皇上身邊豈能缺少女性，然一個個戰戰兢兢，不知哪一日便大難臨頭。

此時的後宮之主是方皇后。方氏顯然極為幹練且有定見，陳皇后之死，張皇后之廢，她都親眼所見，深知皇帝的暴躁與寡恩，故平日慎言慎行，決不招惹是非。嘉靖後宮充盈，光是有封號見於載籍的后、妃、嬪就達六十多位，是明代嬪妃最多的一個皇帝。方皇后作為這支娘子軍的統帥，上有恩威不定的皇帝和素來挑剔的蔣太后，下有一些恃嬌恃美、希圖取皇后之位而代之的嬪妃，日子過得也很不輕鬆。

十七年（一五三八）歲末，蔣太后吃藥後暴死，厚熜懷疑為張太后巫蠱所害。所謂巫蠱，即指巫師使用邪術加害於人，顯然是一種無根的流言。實則蔣太后之死於服藥，最可疑的就是那些活躍於宮廷的術士。這些人燒煉出丹藥進給皇帝，孝情很濃的厚熜又把一些丹藥奉獻給老母，蔣太后年邁多疾，無以克制丹藥的燥烈藥性，以至於服食後身亡。當然，這也只是推測之詞。

在母親逝後，朱厚熜哀毀痛殤，久不能忘。次年中秋之夜，嘉靖獨處宮苑，望月思母，揮淚寫成〈中秋思母歌〉：

> 愴愴然，悲把餅咽下，心痛苦，心何痛苦兮！無奈何，無奈何，今日不見母。母兮母兮，不見顧子兮！永罷忭握月管兮，不成歌，歌不成兮！

千呼萬喚，欲語無聲，冷月照人，清光如水，厚熜似乎更覺得孤寂空寞，浮生無憑。

然就是這位孝思濃重的皇帝，對皇后嬪妃和宮中女子略無憐惜。嘉靖後宮有多少怨婦？驚悸流產的陳皇后、廢居冷宮的張皇后，死前哪一個不有無盡的哀怨？皇后尚且如此，更多的後宮女子，則連怨婦也稱不上，只是一個怨女、一群怨女、一群一群的怨女。

2 採露·採露

嘉靖後宮嬪妃的增多，宮婢隊伍的龐大，說來還與方術之士密切相關。自幼崇信道教的世宗，身邊漸漸聚集來一些方士。這些人多來自道家名山，號稱大有法術，能煉丹燒銀，能扶正祛邪、益壽延年，甚至能降雨，能求子，總之是無所不能。而朱厚熜總是對這幫大話炎炎的傢伙充滿期待，對他們的那些簡單騙局深信不疑，熱衷於建醮禱祀，並且廣收祕籍，不斷尋訪法術高妙之人。

陶仲文舉薦了嵩山道士藍道行，厚熜久聞其名，速命迎接入京。藍道行八十餘歲，仍精神健旺，行走如飛。嘉靖詢問養生之術，答曰飲用朝露，並說天庭玉露能使人洗滌腸胃，胸無積滯，若以朝露服食丹藥，自會進效加倍。厚熜大喜，即命宮女每日在御花園採集晨露，供其每日服用。

採露的事情由妃嬪輪流負責，當夜皇上下榻於某宮，便由該宮妃嬪主採集調製之事。每日凌晨，旭日欲升未升之際，便有數十名宮女開始在御花園採露。眾宮女左手執玉杯，右手持銀簪，高者仰承，低處俯就，將樹枝樹葉（先已洗淨塵埃）上那晶瑩的露珠撥入杯中，再彙集一起，送御膳房蒸製造作，成為供皇帝飲用的甘露。嘉靖每日用甘露、參汁之類佐服「先天丹鉛」，果然覺得精氣神與往昔不同，自也樂此不疲。

晨曦中，御花園，一隊少女身姿輕盈，樹下採露。看似是一幅美好的畫卷，實則不然。夏日夜短，冬月霜濃，冷風吹面，寒氣溼衣，久而久之一些採露的宮女便病倒了。於是採露演化為一種對失職宮女的懲罰，那些令皇帝厭倦的失歡嬪妃，也往往被趕入採露女之列，王寧嬪即其中之一。

3 寧嬪的怨毒

王寧嬪在九嬪中雖容色稍遜，卻也有過一番風光和寵倖。她善於迎合上意，懂文辭，能誦讀青詞，曾發明過一種紫檀香餅，配以九孔香爐，供世宗在齋祀時用，異香繚繞。所有這些，都曾使寧嬪獨承青睞，大得嘉靖愛重。

但君王無長遠之寵，不久厚熜移愛曹端妃。端妃美豔冠絕後宮，又溫婉可意，是王寧嬪所無法抗衡的。寧嬪妒意漸濃，背後少不得說些「狐狸精」之類罵語，卻又被傳到曹端妃耳中。端妃也不是省事之人，添油加醋地一番哭訴，厚熜大怒，叫來寧嬪一頓暴打，罰她去採集甘露。

由於長期服食丹鉛，藥性燥烈，使厚熜更加喜怒無常，動不動鞭笞宮女和內侍。採露的隊伍中受責罰和鞭打的人多起來，如老宮女楊金英、邢翠蓮，年紀都在三十歲以上，因細事被罰被打，日日採露，不得休息。苦情相通，兩人很快與王寧嬪結成患難之交。

採露的隊伍越來越大，採露隊中的不滿者越來越多。終於有這麼一天，受盡摧殘的宮女覺得再也受不了了，她們要做一件驚天動地的事，策畫者便是心中充滿怨毒的王寧嬪。

4 「端妃我所愛」

朱厚熜待嬪妃雖較為淡然，嬪妃為討得聖上歡心，則處心積慮，各逞優長，各顯神通，是以受寵者常常變換。我們看到，宮中女子的地位，與子嗣大有關聯，此時最得寵信的是曹端妃。

曹氏入宮後先為淑女，又美又媚，加上溫柔機變，善解人意，被臨幸後很快晉封為九嬪之一，稱端嬪。十五年（一五三六）八月，端嬪「首出淑祥」[24]，誕育皇長女。

此時朱厚熜已經年滿三十，三年前有過一個兒子，譜名載基，但不到兩個月即告夭亡，只留下深深的哀痛。第一個女兒的誕生，又恰恰出生在中秋節這一天，寓意美滿，使他和母親蔣太后都非常高興，不到一個月便敕諭禮部，命擬皇長女剪髮命名儀。嘉靖說女兒快要滿月了，查憲宗朝皇女出生，在滿三個月時設宴慶賀，表示一個月就要為女兒慶生，同時舉行剪髮命名儀。禮部哪裡會有異議，趕緊作出安排。就在皇長女滿月這天，嘉靖升御乾清宮御座，皇后率端妃朝服而來，行四拜禮，保母抱皇女至殿內，交給皇后，嘉靖降座，執皇女之右手，賜予芳名。此際的他滿心欣悅，儀式結束，大設宴席於宮中。由於聽信藍道行等人的話，嘉靖對女色和床笫之歡盡量減少，端妃深獲愛寵，常常得侍君王。方皇后和其他嬪妃自是妒火中燒，只是懼於世宗的淫威，不敢發作。至於早被打入採露隊伍的王寧嬪，一腔怨毒，倒不僅僅在端妃身上。

5 絲花繩的死結

王寧嬪和楊金英、邢翠蓮開始了越來越頻繁的密謀，此事漸漸擴大到十幾位宮女，都表示皇帝不死，自己就會死，下決心殺死他。至於謀弒皇上的後果，她們不會想不到，卻也覺得管不了那許多了。她們決定要在夜間乘其熟睡勒死世宗，選擇在十月二十一日夜下手。對於要幹這樣一件大事，這些宮女難免緊張和激動，但沒有人想退縮。

在夜間勒死皇帝，絕不是一件容易的事。明代的皇帝通常下榻在乾清宮，眾多的嬪妃要依皇上的召喚，臨時居住在乾清宮後部的暖閣中。暖閣共九套，分樓上樓下，有樓梯相通，設置大床二十七張，皇上可隨意選擇閣和床。因而，一般人很難確知皇上睡在哪個地方，但這難不住那些近侍宮婢。尤其是嘉靖專寵曹端妃後，常到端妃所在的翊坤宮歇息，她們經過反覆密商，選擇在凌晨動手——那時端妃照例要前往御膳房，取蒸製的甘露和參汁之類，寢宮內只有朱厚熜一人。

時候到了。一行十幾名宮女悄悄溜進端妃宮內，曹端妃已帶幾個婢女去御膳房，兩個侍候在宮外的宮女也預先被設計調開，只有皇上一人在呼呼大睡。說時遲，那時快，十幾名宮女一擁而上，楊金英把用絲花繩搓成的粗繩挽成套，套在厚熜頸上，姚淑翠用黃綾抹布蒙著他的臉，大家拉繩的拉繩，壓腿的壓腿，恨不得馬上縊殺這個心目中的惡魔。此種事件，在中國歷史上極為罕見，一般史籍皆失載或語焉不詳，《明世宗實錄》卷二六七：

丁酉，宮婢楊金英等共謀殺上於寢所。伺上寢熟，以繩縊之，誤為死結，得不殊。有張金蓮者知事不就，走告皇后。後往救獲免，乃命太監張佐、高忠捕訊之。言金英與蘇川藥、楊玉香、邢翠蓮、姚淑翠、楊翠英、關梅秀、劉妙蓮、陳菊花、王秀蘭親行弒逆，寧嬪王氏首謀。端妃曹氏時雖不與，然始亦有謀。張金蓮事露方告，徐秋花、鄧金香、張春景、黃玉蓮皆同謀者。

記錄甚簡。《萬曆野獲編》卷十八描述略詳：

嘉靖壬寅年，宮婢相結行弒，用繩繫上喉，翻布塞上口，以數人踞上腹絞之，已垂絕矣。幸諸婢不諳綰結之法，繩股緩不收，戶外聞咯咯聲……[25]

這裡的「咯咯聲」，乃厚熜被扼垂死發出的聲音。方皇后再晚一會趕到，其命必不保也。該書抄錄了一份刑部奏本，附有十六名宮女的名單，實錄中所稱「王秀蘭」，此處叫「王槐香」。不管是秀蘭還是槐香，與她的夥伴一樣，名字均帶有濃厚的鄉土氣息，可推測都是來自農村的姑娘。能結夥行此大逆，當是早就忍無可忍了。

有個叫張金蓮的宮女見事不成，突然害怕起來，跑去報告方皇后。方皇后聞信大驚，匆忙領人來救。眾宮女見事不成，四散躲藏，可又有哪裡可逃？很快就被一一抓獲。

嘉靖皇帝大難不死，但被勒被掐，生命垂危。諸御醫見事關重大，戰慄不敢下藥。唯太醫使許紳冒死向前，「調峻藥下之」，「辰時下藥，未時忽作聲，去紫血數升，遂能言」[26]。從早晨一直搶救到下午，嘉靖才算醒轉，眾醫官和宮中人方才鬆了一口氣。消息傳出，那些為之震恐憂急的臣子，也才放下心來。

6 誤殺的冤魂

參與弒逆的宮婢被一一逮訊。

審訊由方皇后親自主持，司禮太監張佐、內官監太監高忠、錦衣衛都督陳寅等在內堂就座。在如狼似虎的錦衣衛手下，行刺皇帝的這些勇敢女子如小雞般被一個個拿來，重現其可憐與纖弱。張佐等皆從龍入京的興邸舊人，聞此事無不驚懼憤怒，審訊時毫不留情，婢女們十指被拶，鮮血淋漓，小衣褪去，大棒擊臀，到處是哭喊呻吟，一個個死去活來。

最先受審的楊金英等十名直接參與行逆者，酷刑之下，很快就供出王寧嬪為主謀。寧嬪被立刻拿來，直認不諱，卻又攀扯上曹端妃，以及端妃宮中侍女。曹氏也被逮問，哭喊冤枉，非要見皇上。方皇后應能看出寧嬪嫁禍與人的惡念頭，但不予揭穿，而是把口供給嘉靖看。躺在病榻上的朱厚熜大難倖免，驚魂未定，一切交皇后裁決。方皇后擬宮女凌遲處死，曹端妃、王寧嬪在宮中誅殺，厚熜於恍惚中也一一照准。這種直接加害皇上的大逆案，處置上從來都是以快以狠，寧可錯殺三千，絕不漏掉一個，此案更是如此：

> 詔不分首從，悉磔之於市，仍剉屍梟示，並收斬其族屬十人，給付功臣家為奴二十人，財產籍入。諸以異姓收繫者審辨出之。時諸婢為謀已久，聖躬幾危，賴天之靈，逆謀不成。27

行刑在次日即實施。料峭秋風中，十六名宮女被綁赴市曹，凌遲處死。同時，在宮中一個荒僻的地方，曹端妃和王寧嬪也被凌遲處死。這件事使朝野極度震驚。內閣大學士嚴嵩等上奏請告謝天地、宗廟及百神，並頒敕佈告中外，以安人心。嘉靖採納了此議，於十一月二日告諭天下，曰：

> 是年十月二十一日，變生榻寢，二御氏結宮婢楊金英等大肆謀逆，戕害朕躬。仰荷天地、祖宗、皇考妣洪庇，百神護佑，假手中宮，力捄朕躬獲臻寧吉。即將逆犯依律凌遲處死，各該族屬盡夷。已遣官祭告天地、宗廟、社稷及應祀神祇，恭行謝典。恐中外傳疑未的，尚懷隱憂，手足腹心，保愛胥戚，茲特降敕撫慰爾等。28

這段文字的前後都說了一段天眷地佑、神人默助的話，可字裡行間仍透出皇帝大難未死的驚惶。這次後宮的暴力事件，是嘉靖的殘酷統治所導致。《李朝實錄·中宗實錄》：「蓋以皇帝雖寵宮人，若有微過，少不容恕，輒加捶楚，因此殞命者多至二百餘人，蓄怨積苦，發此凶謀。」這件事後被錦衣衛窮治，牽連而死者甚多，尤其是曹端妃與王寧嬪的家人。

五、方皇后死於宮火

經歷了宮變之後，嘉靖對方皇后的感情也出現巨大起伏：開始時他對皇后感激無盡，視之為恩人，想方設法給以答謝；接下來發現了端妃死得冤枉，發現了宮闈爭鬥的殘酷慘烈，發現了方皇后的心狠手辣，心中生恨；等到方后死於宮火，他又想起皇后的救命之恩，又覺得充滿悔恨歉疚，要隆重追封和悼祭。

1 宮中的黑眚

磔刑，是一種極殘酷的刑法，人犯被剝光衣服，澆上涼水，劊子手以牛耳快刀將肉皮一片片削下，進而割肉析骨，斷肢梟首。弒逆宮女被押赴市井凌遲處死，曹端妃、王寧嬪在宮中行刑，也是凌遲。

可憐這些青春如花的生命，可憐這中間那些冤屈的靈魂。如果說王寧嬪和張金蓮等十人難逃一死，則端妃曹氏必定是冤枉的，她宮中幾位婢女（即後來被扯進去的徐秋花、張春景等）也是冤枉的。《萬曆野獲編》稱：「行刑之時大霧彌漫，晝夜不解者凡三四日，時謂有冤，蓋指曹妃諸人。」

經歷了極度震驚的後宮，漸漸趨於平靜，但一股黑氣、即所謂的黑眚，常常從後宮水道升騰開來，彌漫籠罩。

大難不死的朱厚熜，起初對方皇后充滿感激之情。壬寅宮變，方皇后臨危不亂，率人趕來救駕，硬是從死神手中奪回了他的生命，功莫大焉。嘉靖病癒後，第一件事就是把方皇后之父泰和伯方銳晉封為侯爵，以表達對皇后的感謝。

朱厚熜活了下來，素所寵倖的曹端妃卻死去。當初是他批准將逆犯「不分首從，悉磔之」，那是猝遇大變、驚魂未安之時做出的決定，一旦冷靜下來，又覺得端妃參與此事實在蹺蹊。厚熜是一個思維縝密的人，怎麼也想不通養育了皇長女、平日勤謹溫順，深受自己愛寵的曹氏，會參與殺害逆謀。他把參與審理此案的張佐叫來，詳加詢問，對他說：

端妃我所愛，宜無此心。[29]

張佐原來是興邸承奉，忠心無二，蒙皇上一問，也覺出許多疑點，遂細細向嘉靖稟報審訊時情形：王寧嬪的攀扯，曹端妃的哭喊冤枉，方皇后的冷酷用刑和匆促結案，端妃在臨刑前呼叫皇上的絕望與抗爭……

不用多說，嘉靖一下子就明白了其中的重大冤情，明白了弒逆案的兩重陰謀：他幾乎死於一場蓄謀已久的弒逆，失意的寧嬪故意選擇在端妃宮行逆，而早懷嫉妒的皇后則順勢下手，殘忍地殺害了無辜的端妃，甚至株連到端妃的家人與宮中婢女。

2 潛釀的恨意

嘉靖心如明鏡，卻隱忍未發，是方皇后救了他的命，是他本人批准處死端妃，亦是他以此詔告天下，又能怎麼樣呢？

自此以後，厚熜總覺得宮中不安寧，讓道士術士驅除黑眚，可黑氣照樣從後宮升起，團團片片，經久不去。御花園樹叢中，也時常無故猝然作響，逐除難盡。有一次他對禮部尚書徐階說起此事，曰：「壬寅大變，內有枉者為厲。」徐階善於揣測上意，亦知端妃死得冤枉，說：「彼生而貴近，歿受枉，能無為厲？」嘉靖更覺端妃之死太冤，然當初誅曹妃出自諭旨，此事如何明說？

嘉靖開始對方皇后產生恨意，因為難以明言，恨意在心底愈釀愈濃。自宮變之後，他搬到西苑的燕王舊宮去住，再不駕臨乾清宮。方皇后雖同遷西苑，然宮室懸隔，厚熜又夜夜禱祀，讓皇后一人獨享孤寂，算是一種無言的懲罰。至於他自己，則未從宮婢之變中汲取任何教訓，繼續服食「先天丹鉛」之類。《萬曆野獲編》補遺卷一：

> 嘉靖中葉，上餌丹藥有驗。至壬子冬，命京師內外選女八歲至十四歲者三百人入宮。乙卯九月，又選十歲以下者百六十人，……供煉藥用也。30

選如此稚幼的少女進宮，仍然是要採集所謂純陰之經血，用以煉丹。唯一不同的是年齡更小，其是出於術士的指導，還是出於安全上的考慮，不得而知。

3 方皇后慘死

二十六年（一五四七）十一月，宮中再次大範圍失火。大火從大高玄殿延燒，接著蔓延開來，方皇后居住的宮殿很快沒入火海之中。嘉靖在火起後率人到露臺祈禱，中官請求救皇后，厚熜不予理睬，任由皇后困在烈焰中。

在祭臺上，嘉靖帝仿佛聽到火中有一種聲音：楊爵、劉魁、周怡是大忠臣。這才想到三人因上疏詆毀祥瑞和方術，下錦衣衛獄已有五年，急傳詔將他們救出釋放。楊爵等在大火中自言必死，想不到竟有侍衛破門而入，將三人一一背出，宣佈恩旨後釋放。

方皇后等被困火中，走投無路，宮女被燒死者甚多。後大火雖被撲滅，方皇后卻被燒傷甚重，躺在床上延挨了十幾天後，終於痛苦死去。

方氏死了，他的第三位皇后死了，「天圓地方」的地不復存在，厚熜起初的那一絲快感很快被愧疚代替。他想起方皇后的種種賢美之處，想到畢竟是方氏救了自個性命，而自己卻在皇后垂危時不聞不問，天良忽忽有所觸動，命隆重治喪，並降諭禮部：

> 皇后比救朕危，奉天濟難，冀同膺洪眷，相朕始終。不意遽逝，痛切朕情。其以元后禮葬之。31

方皇后死後哀榮，是陳皇后和張廢后所無法相比的。嘉靖命以元后（即帝王的嫡妻、原配皇后）之禮將方氏葬於永陵，當算是一點愧悔之情所化了。

自方皇后崩至他本人駕崩，嘉靖再也沒冊立過皇后。不知是對方后的悼念所致，還是由於厭棄了此類冊立儀式，總之是沒有了皇后。大明王朝在整整二十年的時間內沒有了母儀天下的皇后，嘉靖也未去那個有很多不快記憶的乾清宮。

沒有了皇后，也就少卻一個生活上的羈絆，沒有了耳邊絮絮令人煩亂的規勸，也沒了為搶奪第一夫人尊位的後宮陰謀，朱厚熜更可以專心向道，一意焚修。

第十三章

河套是個套

封建王朝的一大特點，是存在一個龐大的勛戚階層。勛，指的是勛臣或其後人，明初大封開國元勛，與鐵券，世襲不替；戚，即皇親國戚，尤以皇后及寵妃的娘家人為著。一朝天子一群親戚，扯扯拉拉，略無邊際。那位自稱武宗姥爺的鄭旺，不也被呼為「鄭皇親」嗎？而產生於此時的《金瓶梅詞話》，寫清河一個小小縣城，就有不下四五家「皇親」，自有其現實依據。

二十一年（一五四二）十月，就在「壬寅宮變」前十二天，也是一個夜晚，當朝武班之首、太師兼太子太師翊國公郭勛死於詔獄。是厚熜欽命將之逮治監禁，而他一旦死去，又深感痛惜。兩日後，負責審理此案的三法司大臣，均受到嚴厲處置。

嘉靖深知策動倒郭行動的根子在夏言，但天下事大不過一個理去，郭勛的貪腐橫暴實在難以容忍，也不便庇護。他記了一本帳在心底，直到幾年後河套事發，夏言終於被套牢。

一、劍指勛戚

封建王朝的一大特點，是存在一個龐大的勛戚階層。勛，指的是勛臣或其後人，明初大封開國元勛，與鐵券，世襲不替；戚，即皇親國戚，尤以皇后及寵妃的娘家人為著。一朝天子一群親戚，扯扯拉拉，略無邊際。那位自稱武宗姥爺的鄭旺，不也被呼為「鄭皇親」嗎？而產生於此時的《金瓶梅詞話》，寫清河一個小小縣城，就有不下四五家「皇親」，自有其現實依據。

比較起來，嘉靖對勛戚的管控算是嚴格的。他不僅嚴懲前朝國舅二張，曾將牽涉案中的京山侯崔元下獄拷訊，讓遂安伯、西寧侯等聽審，對自己的親族也並不放縱：祖母邵太后娘家人爭產及訴求過甚，被降諭譴責，除去封贈；母親蔣太后娘家人作惡，被免去一應兼職，連南巡也不讓其跟從。

作為一個皇帝，又怎能不使用勛戚呢？嘉靖亦然。他對祖母和母親的娘家人有過偏袒，對郭勛、崔元之輩也深為倚信，而一旦發現其越過底線、違反朝廷法度，立即就會加以處置。

1 雙料寵臣郭勛

當元明易代、群雄並起之際，跟隨朱元璋打天下的，有一批出生入死的鐵哥們兒。而隨著新王朝的建立，他們便成了大明的開國功臣，郭勛的祖上武定侯郭英即其一。郭英十八歲投奔朱元璋，以忠勇成為親信，「令值宿帳中，呼為郭四」[1]，多次在朱元璋遇險時挺身殺敵。後從徐達、常遇春北逐元殘部，隨傅友德平定雲南，領兵漸眾，軍功積多，封武定侯，予世券。郭勛為其五世孫。

郭氏家族，與大明皇室多次締結姻親，關係自不尋常。郭英的妹妹為明太祖寧妃，兩個女兒嫁與皇子遼王和郢王，孫女又是明仁宗的貴妃。而朱元璋之女永嘉公主，則下嫁與郭英長子郭鎮。所有這些，應都是明太祖寵信郭英的證明，而郭家便成了既「勛」且「戚」的雙料貴族。

正德三年（一五〇八），郭勛嗣侯爵，先出鎮兩廣，還京掌三千營。朱厚熜入繼大統，郭勛掌京師團營中禁兵，在議禮中首先支持張璁，大得皇上倚重。為了進封公爵，他組織撰寫《英烈傳》（全稱《皇明開國英武傳》），對郭英的功績增飾渲染，令宮內說平話的太監伺機在皇上跟前演唱。嘉靖因此認為郭英功大賞薄，開始有意對郭勛再作加封。而郭勛讀書很多，聰明好學，亦富於心計。由於執掌團營，對皇上沉迷於道教、方術之事很清楚，便投其所好，延攬四方術士，以備需用時隨時引薦獻誠。

李福達一案，理刑三司與臺諫官恨透了郭勛。沒有郭勛在其間上下其手，李福達絕不可能翻案；沒有郭勛在皇上那裡讒言惑主，刑部及都察院、大理寺諸大員及佐貳官也不可能下場如此之慘。這種仇恨挽成了一個死扣，埋下了郭勛敗亡的種子。

2 議禮派的裂變

八年（一五二九）元月，掌管天子禁軍神機營和團營的提督太監張永病故。嘉靖命楊一清推薦人選，並對武備的荒廢表示了憂慮。楊一清薦太監黃錦、王竚可用，並趁機進言，說武定侯郭勛阻撓營政，應加告誡。

嘉靖對郭勛的所作所為也有瞭解：張永提督團營後想有一番振作刷新，總是郭勛出面阻撓破壞，以致兩人發生激烈爭吵。他並不懷疑郭勛的忠心，但對其貪婪縱恣很是不滿。這樣一個人久典禁兵，嘉靖也有意選員替換他，以免造成尾大不掉之勢。此類人事更替在絕密情況下進行，只有皇上與首輔知道，連張璁也蒙在鼓裡。

二月，郭勛又惹出新亂子。一名叫金輅的知州因罪充軍到隆慶衛，郭勛收了其賄賂，派人往該衛篡改案卷，取金輅還京。隆慶衛指揮王臣不聽，豪橫的差官便將其捆綁，一起帶回北京，嚴刑拷打。王臣無奈，只得以重金買命，才得以倖免。巡按御史趙鏜將此事上奏，嘉靖召郭勛質問，竟然矢口否認。嘉靖很厭惡郭勛的強辯抵賴，命下法司議罪，又讓楊一清擬旨處分。

此時楊一清與張璁在內閣已成水火，而張璁與郭勛交往密切。楊一清上言：「閣臣中有與勛善者，不敢擬票，請上裁。」皇上當然知道其所指，降諭說郭勛的罪過非此一件，正希望眾人彈劾，以使他心服。諭旨由此涉及張璁、霍韜等人對郭勛的庇護，公開揭露他們的牽連勾結之私：

夫張璁之所以深結於勛者，初因議禮為合，故他不之察也。而霍韜亦與之善，唯桂萼識之。方去年勛與張永爭辯時，韜遂責李承勛曰：「汝卻不與郭勛同扶持，反與張永同邪謂何？」問於萼，而萼知其嫉承勛，面與之曰：「張永能體敕諭，修舉戎務，故李承勛與之同；郭勛深忌永，每事自專，故李承勛不為之同。」韜意猶未解，復曰：「郭勛雖不才，然昔日助我輩議禮焉，可不為相持哉？」萼曰：「以此看來，李承勛專為我輩，於朝廷之計全不以副，可乎？」韜遂無言，答乃實受璁之言矣。[2]

幾位大臣之間的對話生動且具體，情景活現。說明嘉靖對臣下的動靜幾乎無一不知，也說明他目光犀利、解析深刻，即便對寵信之人也能燭見其私。

打小報告給皇上者，自然非桂萼莫屬。桂萼看到嘉靖對郭勛已生厭惡，急忙割斷舊情，「獨疏其貪暴凶狡數事」[3]，又把張璁、霍韜等救助郭勛的私下運作密告皇上。

議禮陣營，已漸次走向分裂。

3 收回典兵之權

彈章和密奏加速了桂萼的入閣，也加大嘉靖懲治郭勛的決心。況且他又聽到一個消息：郭勛與陳皇后之父陳萬言聯姻。世事難料，往往嘲弄那些過於聰明算計的人。當初與皇后家結親，郭勛自然是想增加在朝廷的砝碼，哪裡想到會出現皇后流產崩逝之事！嘉靖聞知後極其反感，諭令楊一清對郭勛從公論處，不要因內閣有牽制而為難，同時又專門曉諭張璁，傳達要收拾郭勛的明確信息。

明朝的京師衛戍，有五軍都督府、三大營、十營、十二團營、東西兩官廳、京營之沿革，體制名色雖不一，其重要性從來未變。京營提督，例由秩高位尊的勛戚武大臣擔當。郭勛以太傅兼太子太傅翊國公之尊總管禁軍，普遍安插私人，對不信任的人壓制排擠，又全然不去抓操練，致使戰鬥力下降，令皇上很不滿意。

刑部很快就擬出了郭勛的罪名，判定他「當軍官犯罪不請旨及奏事不以實律」。這個罪名不算很大，就事論事，亦未涉及另外的許多不法情狀，說明司刑律者頗知留有餘地。相比之下，皇上的諭旨倒顯得嚴厲得多：

> 勛受命提督營務，不修職業，專事誅求，威福自恣，怨聲盈路。取回欽發軍犯，擅罷邊衛軍官，卻又飾詞強辯，無人臣禮。本當究治，姑念勛戚世臣，罷其典兵及保傅官階，令於中府帶俸閒住。[4]

語氣嚴厲，一舉剝奪了郭勛的典兵之權，順帶還拿掉了一大堆保傅榮銜。朱厚熜就是這樣，封贈時很大方，處置之際則斬釘截鐵，不留情面。郭勛如當頭棒喝、冷水澆背，陡然一驚，及見皇上未下殺著，心情也略有好轉。

4 薦引術士，再結帝寵

未及一年，楊一清在張璁、霍韜的攻擊下去任，張璁出任內閣首輔，郭勛的日子也就漸漸好過起來。嘉靖本來就未否認過郭的忠誠，也極為欣賞其才具，時加委任，視陵監工，多所倚信和差派。郭勛又向皇上推薦術士段朝用，聲稱其用燒煉術所化的金銀都是仙物，製成飲食用的杯盤爵盞，可以長生不死。嘉靖經過一番檢驗，竟信以為真，覺得郭勛還是忠心耿耿的老臣。

恰好陶仲文也向嘉靖薦舉段朝用，並表示願意獻一萬兩黃金資助段朝用建雷壇。嘉靖對陶仲文向來倚重，至此對段朝用深信不疑，授為紫府宣忠高士。段朝用上奏，表示每年要燒煉幾萬兩銀子獻給朝廷。嘉靖正為財政問題頭痛，聞言更加高興。其實所謂燒煉的銀子，皆是郭勛私下供給，然後再裝神弄鬼，由煉爐中取出，糊弄迷信神仙和燒煉術的朱厚熜。

要供應這些術士的作弊欺詐行為，當然要有強大的經濟後盾。郭勛先是總領五軍營，提督團營，此際又掌管郊祀所需的營造興建，都是大有油水的美差。他利用職權之便，廣置田產家業，積極參與商業活動。據記載：郭勛在京師一地的店鋪房舍就達一千多處，又兼領後府，包買包賣，供銷合一，更是大發橫財。為了保護自己，郭勛不僅向皇上薦舉方士，結納固寵，還把族叔郭憲安插到東廠理刑，殘酷地對待那些於己不利的人。

十九年（一五四〇）春，嘉靖身患重病。皇宮中建醮祈禳，由陶仲文為主壇高功。不久病癒，他對醮事更加迷信，特授仲文為少保、禮部尚書。這年八月的萬壽聖節，皇宮中建三天三夜大醮，祭告玄極殿，郭勛進獻一百多件段朝用所化銀器，供祭獻時用。嘉靖大喜，宣稱為上天所授，加郭勛祿米百石。後又以興獻帝入廟稱宗，進郭勛為翊國公，加太師銜，先前被割去的榮銜，至此也全部恢復。

5 崔元的閒評

郭勛秩在三公，爵列一等，真可謂位極人臣，富甲天下。上有天子的倚重愛寵，下有一幫武弁的擁戴孝敬，內有陶仲文、段朝用之流傳遞消息，由是也愈加驕狂恣橫，目空一切。此時議禮諸臣已陸續離開內閣，而首輔換為夏言，亦為心高氣傲、剛愎獨斷之人，很快便與郭勛發生衝突。郭勛與掌詹事府事的霍韜聯合，共同向夏言挑戰。不久霍韜病死，郭勛失卻強援，與夏言的矛盾摩擦如故。

情形漸漸對郭勛不利。言官不停地彈劾揭露，郭勛只好稱病在家，等待聖意。其實，勛貴戚畹早有人瞧不上他的張狂跋扈，也自有能人在焉。如京山侯、駙馬都尉崔元，素與郭勛格格不入，在郭、夏衢突中貌似中立，實則站在夏言一邊。

崔元，「美豐儀，博覽群籍，善詩」[5]，弘治六年（一四九三）娶憲宗第二女永康公主，按輩分為朱厚熜的姑父，而且是唯一在世的姑父。崔元與永康公主琴瑟和諧，好兒佳女，家庭美滿。武宗崩，崔元作為赴興邸迎駕班子的重要成員，有迎立功，很快獲得新君信任，時備諮詢。嘉靖改元，特進榮祿大夫柱國京山侯，禮部和科道官連章以為不可，皇上堅持賜予。後一度因張延齡案下詔獄，經審訊後撇清干係，得受寵信如故。

嘉靖也頗為郭勛、夏言的不和煩惱。十九年（一五四〇）四月間，崔元入直西苑，皇上問他：「夏言、郭勛都是朕的股肱之臣，為何這樣互相嫉妒？」崔元時已年過六旬，滿面慈和，微笑不語。再問在家中養病的夏言何日能上朝，崔元說：「等聖上萬壽節後，夏言才敢請旨入朝。」又問郭勛有什麼病，說是郭勛什麼病也沒有，等夏言一罷，他就會出來。崔元深知嘉靖帝的秉性，看似淡淡幾句閒評，均能對他有所觸動，使之對郭勛更加厭煩。

郭勛在不知覺間已失上寵，情況大是不妙。

二、郭勛之死

明代的科道，是一個特殊的官僚群體，職級雖不高，然「稽察六部百司之事」[6]，「為天子耳目風紀之司」[7]，權力極大。這也使朝廷對科道官選擇甚嚴，必有進士中選拔年明練者，一旦入科道則自視甚高。人們當記得議禮之初科道與翰林的集體抗爭，當記得嘉靖六年（一五二七）夏張璁主持的科道互糾，當記得接下來的橫掃臺諫……

十餘年過去，科道隊伍早已凌亂不堪，連人品污濁如胡守中者都做了御史臺猛人，逢迎攀附、觀望揣測者已成為臺諫主流。可職司所在，仍有敢言之士；揣摩上意，亦有高明之人。

1 臺諫攻勢如潮

二十年（一五四一）四月，刑科都給事中戚賢等彈劾郭勛「逞肆凶狂，假擅威福，督理營工占役賣放，恣為貪橫，田園甲第吞併遍於京師，水運陸輸掊克及於天下」[8]。郭勛上疏辯解，嘉靖優詔撫慰：「卿勛閥重臣，國典家法已自慎守。」[9]並說正要將掌領團營的重務委任他，不應為一些議論就提出辭職。

緊接著，通政司右參議兼禮科都給事中李鳳來等指陳時弊，內一款稱：「邇來勛戚權豪之家廣置店房，濫收無籍，索取地錢，擅科私稅，舉放子錢，兌折男女。稍有違抗，即挾以官刑，幽繫私獄。」嘉靖令都察院「指實陳奏」。都御史王廷相弄不清楚皇上的意思，只有讓巡城御史前往核勘，拖一拖再說。

尚未有答覆，又站出來一位給事中張允賢，上言：「皇上則行事天，特諮民隱，一聞臣等豪強擅利小民受害之奏，即令都察院指實奏聞。命下四十餘日而該院乃遷延不舉，是畏豪勢而慢朝廷也，其如國典何？」嘉靖迅即作出御批：「勛戚私開大店，橫索民財，白晝大都敢於公行作奸犯法，該院既已參論，必是廉得其真，如何逡巡畏勢，久不回奏？」[10]要求都察院馬上奏報實情。

王廷相不再猶疑，很快就以五城御史車邦佑核查的結果上報。車御史對京城內外諸勛戚店舍調查甚詳，造表以聞。表中以郭勛名下為多，其餘還有英國公張溶，惠安伯張鑭，皇親指揮錢惟垣、夏勛，方士段朝用等。都察院參劾郭勛驕恣貪縱，多有民怨，也將其黨羽孫濡、孫淮、李福、鄧欽等人的作為一一查清，請求讓錦衣衛抓捕。嘉靖很震驚，認為「假託朝廷開立皇店」的惡行，即位之初已經嚴厲處治，郭勛等仍然膽敢如此妄為。他下旨將其黨羽一律逮送鎮撫司拷訊，命將張溶等問明後參究，令郭勛從實供狀。

2 背後捅來的刀

郭勛已經覺察到加於其頸上的繩索，覺察到這繩索的漸收漸緊，開始蝸居家中，謹言慎行。但出來混總是要還的，壞事者往往是那些舊日狎近之輩，張延齡如此，郭勛亦此，所有的權豪勢要莫不如此。他們都有明白的那一天，但已然晚矣！

先是段朝用。郭勛將其推薦給皇上，為此花費了大把銀兩，供他玩弄騙局，在嘉靖帝面前表演燒煉術。可朱厚熜實在是一個不太好糊弄的皇帝，對此類法術疑信參半，令內侍監視看守得很嚴，使之很難搗鬼，結果後來的燒煉不免失敗。再試再敗，屢試屢敗，朝用之徒王子岩揭發內中奸偽，得旨命將二人送鎮撫司拷問審訊，供出由郭勛供應銀兩、假裝作燒煉而成的實情。嘉靖對郭勛的欺君行為很惱怒。而一旦郭勛出事，段朝用又派人到郭府逼要金銀，悍然打死其家人，還上疏對郭勛的不法大加揭露。這就是奸佞，先是通同作弊，接下來便是出賣和敲詐。段道士法術不靈，處世做人之道更差，朱厚熜本不想大動干戈，知曉個中情狀，怒斥段朝用奸偽反覆，將之下獄論死。

科道官知悉皇上不再眷注郭勛，紛紛上章彈劾，接二連三，不曾停止。誰都沒有想到的是，都察院副都御史胡守中也相機上疏，措辭比其他人更為激烈。

說起胡守中，倒是個地道的奸險小人：他本為刑部主事，見郭勛得寵有勢，家中金寶姬妾甚多，便詭稱精通「彭老御內術」，謁見郭勛，深得郭的愛幸，收為義子。正是有了郭勛的薦舉，胡守中在政壇一路飆升，先改任陝西道巡按御史，一舉轉入威權甚重的科道，後又任直隸巡按御史，趁機貪污受賄，初露狡詐陰狠的嘴臉。嘉靖帝南巡時郭勛新封翊國公，並由嚴嵩提議，欽定為朝班之武班之首，最得信重，提議由胡守中負責糾察風憲，很多官員都栽在他手裡。來回路上，胡守中賣弄精神，連連上章，措辭尖銳，選擇對象進行攻擊，借機在皇上面前大獻殷勤。布政使徐乾、按察使吳永祿見其得君主器重，暗地裡送給他五百兩銀子，思圖結交。孰料胡守中收下銀兩，轉而到皇上跟前揭發，使二人被削職為民。嘉靖以為守中廉潔清正，在歸途中即破格提拔他為僉都御史兼詹事府丞，[11]後幾年間，又擢升為副都御史。

胡守中見情形對郭勛不利，恐怕牽連到自己，乃上疏論郭勛罪，以尋求解脫。又因他常在郭勛家中出入，與郭勛的姬妾多有私通，對很多事知道得一清二楚，故其彈章極是具體確鑿。胡守中上疏後，嘉靖雖未馬上處治郭勛，但已對其相當憎惡。

而同時被皇上厭憎，或曰更為厭憎的，還有郭勛曾經熱絡的乾兒子胡守中。

3「何必更勞賜敕」

朱厚熜性情苛急，但頗為念舊，憶起郭勛當年議禮和多年效力之功，還想給他一個轉彎的機會。二十年（一五四一）九月，以科道奏稱朝廷各大工所用軍役多虛報，建議欽派大臣核查，嘉靖命郭勛同兵部尚書王廷相、遂安伯陳鏸清查軍役。敕下，郭勛認為縮小了自家地盤，不去領敕書。此事又被舉報，皇上責問王廷相等，回奏稱郭勛列名最前，例應郭勛先行具領，而郭勛也是急了，上疏辯解，竟寫上「臣奸何事？臣黨何人」，還有「何必更勞賜敕」之類賭氣話。嘉靖最受不了的就是頂撞，登時大怒，批曰：

> 敕書威重，人孰敢違！郭勛強悖欺慢，不行遵領。爾等朋黨阿附，不行奏白，殊為不道！鏸奪俸六月，廷相革職為民。12

真是城門失火，殃及池魚。王廷相為弘治十五年（一五〇二）進士，博學好辯，世稱浚川先生，正德初風骨颯然，不怕得罪劉瑾，及居高位，便爾進退失據。嘉靖對他本來很信任，一失於在都察院遲遲不回奏，再失於提督團營遲遲不領敕，皆與郭勛有關，與其猶豫察測有關，由是斷送了前程。三年後，廷相卒於鄉。[13]

看準機會，在家靜養的夏言立刻出手，囑給事中高時揭發郭勛奸事，於是不斷有重磅炸彈拋出，如開設私店、騷擾關津、擅用御製龍牌、拆賣官船等，最嚴重的是與張延齡勾結，代為管理莊店和家中事務，既有人證，又有物證，不容不信。朱厚熜素來痛恨張太后及家人，聽說此事更是怒不可遏。震怒之下，嘉靖命將郭勛打入詔獄，其黨羽不必再審訊，直接由錦衣衛押解到鬧市，「以三百斤大枷枷號三月」，然後發往煙瘴地面，永遠充軍。

畢竟曾是多年寵臣，郭勛一案，令朱厚熜心緒煩亂，竟做了一個夢，夢見枷號者痛苦叫冤。醒來頗覺不忍，覺得百餘黨羽中或有冤屈之人，傳旨不必再枷號，直接送去充軍。對郭勛，他更是特別曉諭衛司，念其贊襄大禮等功勞，不准以刑具加身，不許侮辱體罰。

三法司會集多官，詳議郭勛之罪，擬依律論斬，妻子給付功臣之家為奴，財產入官，應追繳贓銀一百萬有餘，追奪封爵鐵券誥命，霸占強奪的店舍莊寺等俱給還原主。疏入，留中不下。

入獄後的郭勛，最痛恨的不是夏言，也不是參劾他的科道官，而是胡守中這個背後一刀的親信。當年末，參與審訊郭勛的禮科給事中章允賢劾奏，直指胡守中之奸狡辜恩，「當郭勛勢盛之時，甘心比附，同惡相濟。及勛之敗，復觀望以圖反噬」[14]。疏中列舉守中在薊州惡行，又說郭勛在會審時，別的什麼也不說，只說「守中負我」一句，是其為黨羽的明證。嘉靖閱後深以為然，批令「守中監候處決」。

4 監死獄中

郭勛在朝中的策應已然不存在。議禮諸臣或死或退，至是已閣中無人。而首輔夏言與駙馬都尉崔元聖眷正隆，加上銜恨已久的眾臺諫，尤其是反叛的舊日心腹胡守中之類，郭勛危矣！

郭勛還有一張牌，有他最大的亦是最後的倚賴，即皇上對他的多年感情。嘉靖是一個念舊的人，一個很講感情的君王。

果然，朱厚熜的怒氣不久便消解許多，回憶起初入朝時郭勛的保駕之力，回憶起初議大禮時郭勛的首先響應之功，回憶起南巡承天時郭勛的扈從之勞，聖意有所回轉。有司上奏，擬郭勛死罪，嘉靖令法司覆審；法司列郭勛亂政十二項，合併為絞罪，上命再加詳議。法司更以郭勛圖謀不軌大罪，沒收妻子田宅，奏上，留中不批。

嘉靖終是想寬宥郭勛，一再示意左右，希望不要再纏住此事不放。可夏言等人特別痛恨郭勛，裝作不懂，又把郭勛定為大辟罪。皇上不便明說，借考察之際，特旨將秉承夏言之意力攻郭勛的御史高時貶官二級，以告誡廷臣。但廷臣有夏言支持，堅持不為郭勛請旨免罪。郭勛被監在獄中，不殺不赦，度日如年，終於在第二年冬天抑鬱死去，結境淒涼。嘉靖帝聞其死訊，頓生憐憫，把怒火轉嫁到法司諸官頭上。刑部尚書吳山以拖延罪名被免職，侍郎、都御史以下均處以降級罰俸。而對郭勛免去抄家籍沒之罪，僅收回賜予的誥券。

郭勛這棵大樹終於被扳倒了。

郭勛曾擊敗過馬錄，擊敗過三法司堂上官，擊敗過群起上章的臺諫，擊敗過老謀深算的首輔楊一清，然自己終難逃一劫，最終敗在夏言手下。

政治鬥爭糾纏著宮廷鬥爭，矛盾是這樣複雜，結局又是這般殘酷，否泰禍福，得寵失勢，真如白雲蒼狗般變幻不定。郭勛監斃獄中，夏言的勝利顯得很徹底，然對於夏言，前景又如何呢？

嘉靖既重原則，又重感情，郭勛一死，抹去了原來的所有不滿，又勾出對其忠忱往事的記憶。郭勛死了，一個有著二十年辛勞、為其看家護院的忠僕死了！朱厚熜明白政治上的遠因和背景，明白夏言在其間扮演的角色，懲罰了刑部等三法司官員，又在心底給夏言記下一筆暗帳。

三、夏言掌閣

張璁離閣後，李時、翟鑾曾短期出任首輔，但屬過渡性人物，未幾年，閣權便到了夏言手中。夏言「眉目疏朗，美鬚髯，音吐弘暢，不操鄉音。每進講，帝必目屬，欲大用之」[15]，這是當年其以侍讀學士直講經筵情景，曾令張璁等人嫉恨不已。

夏言上蒙帝眷後，升擢非常之快。改元時還是一名諫官，不到十年就超拜六卿，再五年進封少傅兼太子太師，以禮部尚書兼武英殿大學士，又兩年代李時為首輔，是為夏言內閣。

1 曾經的政治新星

嘉靖七年至十七年（一五二八－一五三八），十年之間，夏言是一顆冉冉升起的政治新星。這倒不是說他少年早發，朱厚熜繼位時，夏言已四十歲，只是個七品的兵科給事中。但他有膽識，有文才，亦有經驗和辦法，身居臺諫，敢作敢當，不久便引起皇上的關注。

夏言能詩善賦，才思敏捷，文采斐然，亦嘉靖朝一顆閃亮的文星。幸運的是，他這樣一個愛表現、愛摻和、有機會就要發聲的人，又在諫垣，卻未捲入議大禮事件。當群臣以血肉之軀哭諫抗爭之際，夏言正在外地忙於遵旨「出按莊田」，既躲過了政治風波，又以毅然連上七疏，彈劾張延齡和中官趙彬等侵奪民產，贏得了朝野的好評。

八年（一五二九）秋，議禮派擠走楊一清，首倡議禮的張璁升任內閣首輔，夏言似乎成了抗衡張璁等議禮大吏的代表。尤其是遭到彭澤的陷害，竟被牽扯到詔獄之中，午門公堂之上，主審的都御史汪鋐拍案指斥，一般人早尿了褲子，夏言卻表現得悍勇異常，竟衝上前扭打詈罵。[16]此一舉大得眾望，亦大得君心。要知道嘉靖生性多疑，凡此類詔獄，通常都會派小內侍悄悄到現場觀察記錄，回來向他密報。瞭解到這種狀況，更讓嘉靖深信夏言是被誣陷的。

在彭澤誣陷案約半個月後，夏言升任禮部左侍郎，兼學士掌管翰林院。兩個月後，再升為禮部尚書。嘉靖最重禮樂祀典，視禮部尚書一職極重，內閣大學士乃至首輔多禮卿出身。這種任命本身就是寵信轉移的標誌，讓議禮諸臣心知肚明。夏言贏了一個回合，更加積極支持皇上更定祀典，為其翻新花樣的復古念頭，在古籍中尋找依據；也更堅定地與張璁等人鬥爭，勢同水火，儼然成為清議的代言人。

十五年（一五三六）閏十二月，已加少傅兼太子少傅的夏言，受命兼任武英殿大學士，與首輔李時在內閣辦事，仍擔任禮部尚書。夏言疏辭，嘉靖講了一段很懇切的話，大意是早就認為夏言的才學應該出任大學士，但由於禮部事情多，都要倚靠承辦，故而推遲到現在。[17]這番話讓夏言感激涕零。

2 不買帳的霍韜

夏言不屬議禮派，但準確地講也是以議禮起家的，只不過其議禮之舉比張璁等人時間略後，且走得更遠。

夏言主閣之時，桂萼已死，張璁退居鄉里，病危瀕亡，方獻夫已退隱林下。真是風流水轉，僅十餘年過去，議禮諸猛人中在朝者只剩下一個霍韜。而夏言成了內閣的主宰，上結主歡，下領臺諫，聲出令行，好不顧盼自雄。霍韜偏不買這個帳。皇上對這位敢言之臣又愛又厭，愛其一腔忠貞、直言無忌，厭其心胸偏狹、到處樹敵，然始終覺得霍韜是一位信得過的人，雖將他外放南京禮部尚書幾年，最後還是調到身邊。十八年（一五三九）夏，詔加霍韜以太子太保銜，轉任禮部尚書協掌詹事府事。回到京城的霍韜，迅即與郭勛聯合，共同對抗夏言。當時傳言皇上又要南巡，霍韜疏稱春天南巡時，隨行諸臣多收賄不法，文官中只有袁宗儒，武官中只有郭勛不接受賄賂。

嘉靖帝閱後召見了霍韜，問：「朕昨南巡，卿不在行，受賄事得自何人？據實以奏。」[18]霍韜回答說可問郭勛。皇上命不得推搪，據實回奏，霍韜只好說了一些聽說的情況，並將夏言牽連在內，未被採信。十九年（一五四〇）十月，霍韜病逝。郭勛獨木難支，終於次年九月被逮捕，投入錦衣衛獄中。時夏言在家養病，但「閣事多取裁，治勛獄，悉其指授」[19]，朝野盡人皆知，是他在背後指使，把郭勛送上了絕路。

兩個政壇上的對手或死或監，夏言取得了又一次輝煌勝利，好不令其愜意！但夏言還是不瞭解皇上，不知皇上對郭勛的厭煩主要在於其不敬之詞，冒犯了君威，卻從未忘記此人的巨大功勞，未懷疑過他的忠誠。嘉靖一怒之下令將郭勛逮入錦衣衛獄，僅僅是想薄加懲處，打擊一下他的傲驕之氣。

這就是朱厚熜，怒來時施以霹靂手段、全不顧及恩義；靜下來則回顧追思、件件樁樁都在心頭。而每當事後追悔之時，他也不是沒有自我反省，但主要是懲處給自個兒設套的人。

3 君心潛移

古今中外，政壇人物往往會有政治對手，舊的已去，眼下的已敗，而潛藏的正在積聚力量。夏言志得意滿，睥睨群僚，未料一個新的政敵崛起於身邊，即禮部尚書嚴嵩。嚴嵩與夏言是江西同鄉，發科雖早於夏言四屆，發達要晚許多。夏言在政壇上迅速升起，嚴嵩極力追隨討好，出謀獻策，使之大為信任，甚至把他當成私黨。夏言一入閣，即請調時任南京吏部尚書的嚴嵩入京，接替禮部尚書一職。他把嚴嵩引薦給皇上，命入直西苑無逸殿，專司撰寫青詞。嚴嵩文筆古奧，又善於逢迎，漸漸獲得嘉靖的寵信。夏言尚不知形勢於己不利，繼續對嚴嵩頤指氣使，如同對待家中奴僕。嚴嵩表面柔順，實則暗中積極倒夏，為入閣四處活動。

恣橫的高官，最喜歡選擇柔靡的屬下，以為便於控制，以為其不敢也無力背叛。歷史以無數先例，證明這種想法極為幼稚可笑，甚至危險。夏言哪裡能想到嚴嵩在搞鬼，哪裡知曉君心的潛移？他除去宿敵，如日行中天，漸趨驕肆，對皇帝也不像先前那般謹慎小心；再加上年過六旬，新娶一小妾蘇氏，美豔恩愛，讓尚無子嗣的老夏纏綿床笫，精力大不濟。而朱厚熜讀書極多，心思細密，記憶力超強，更兼性格偏激，是一個臣下必須全心侍奉的皇帝。對於夏言，厚熜已有過幾次嚴厲批諭，二十一年（一五四二）六月，有些漫不經心的夏言終於惹毛了皇帝。

先是兩宮皇太后接連駕崩，好不容易建成的慈寧宮和慈慶宮空了下來，主持大工的郭勛曾建議讓皇太子居住其一。當時大工連連，經費匱乏，這顯然是個合理安排。因為測知皇上不太願意這樣做，加上是郭勛提議，夏言便表示激烈反對，於是在博弈中又得一分。郭勛死後，嘉靖又一次問到太子應居何處，夏言已記不得以前說過的話，奏稱重建新宮花費太多，應為太子住進慈慶宮。這完全是郭勛當日之意，是他不久前還抵制的做法。嘉靖對這種出爾反爾很厭憎，親書諭旨給都察院，感嘆了一番「世降人浮，求一真材作夾輔不可得」，然後直斥夏言之非：

> 昨夏言測知東宮遷移，無故力稱改慈慶為東宮府。夫廢母后備制以縱奉子，朕必不為。言前稱朕意為正，駁郭勛之非，今何一用勛言？若今謂為忠正，前亦忠正？前謂為非，則今亦非也。蓋嫉人賢己，欲美必皆己出，亦無歸美君上之意，是其縱肆已成性，必不遷於忠謹敬畏之地。夫何謂？郭勛以不領敕下獄矣，猶千羅百織：如何自擬君旨，謂不必用敕。……朕不早朝，彼亦不入內閣，軍國重事逕自私家而專裁之，王言要密，豈宜人臣視如戲具！

此諭對夏言的反覆矛盾進行了批駁，歸因為縱肆成性，說他辦事不入內閣，軍國大事竟在私宅中裁定，非人臣應守之禮。皇帝還著重提到郭勛獄案，認為夏言操縱其事，在其入獄後仍羅織罪名。

嘉靖將對夏言的不滿擴展到科道官，諭旨中兩次加以痛斥：

> 言官係朝廷耳目，一犬不如，專一聽受主使，逆君沽譽，傾人取位以奉所悅，或戕人一家以代報復。吁，是為人乎？
>
> 如此大事，言官豈無一人知見，不聞一言片疏糾發，徒知欺謗君上，弄法舞文，排擠忠直……[20]

這是一個陰雨淫靡的日子，朱厚熜奮筆書諭，發洩著對夏言和科道官的不滿。他甚至把暴雨成災也歸罪於夏言與科道，「今日神鬼皆怒，雨甚傷禾」，命都察院將諭旨公諸天下。

4 香葉冠

此時內閣空虛，李時與顧鼎臣先後亡逝，只剩下夏言和年邁的翟鑾。夏言專擅閣事，翟鑾則以一貫的謹慎小心，不與爭鋒，內閣中相對平靜。

入居西苑後，朱厚熜對齋祀更為癡迷，不愛戴皇帝的金絲翼善冠，獨出心裁地造作了一頂高一尺五寸的香葉冠，上面繡有太極圖，實則是一種變形的道冠。他經常戴著香葉冠參加醮儀，並命仿照這種形制用沉香木雕成五頂香葉冠，賜給首輔夏言、成國公朱希忠、京山侯崔元、大學士翟鑾及禮部尚書嚴嵩。在他以為是對臣下的非常之遇，孰料夏言卻呈上密疏，稱沉香冠非大臣法服，不敢接受，皇上怎不大怒。

一日，正是這五位大臣往西內應召見，嚴嵩故意戴上香葉冠，並籠以輕紗，以示珍重。嘉靖見之果然大為高興，把他單獨留下，待之很親切。嚴嵩見左右無人，撲通跪在地上，淚如雨下，哭訴夏言的排擠欺凌。皇上讓他把夏言的罪過都說出來，表示要為之做主，老嚴便乘機揭發，羅列了種種縱恣不敬之事，聽得厚熜怒火中燒，幾乎控制不住。

夏言也覺察到皇上的不滿，滿懷惶懼，處處小心謹畏。然越是如此，皇上就越生疑憎，加上又聽到夏言入西苑私乘小轎，監工程「不進敕稿」的行徑，決心予以懲處。

夏言危矣！

上有對他日漸厭煩的皇帝，下有日伺其陰事、謀劃取而代之的嚴嵩，煞星臨頭，卻不知如何去化解。對皇上的惱怒，夏言如遭當頭棒喝，只有上疏求退，情辭甚哀，朱厚熜讀後怒氣稍解。未想到八天後出現嚴重日食，厚熜認為「正坐臣子欺逼君父、外陰侵犯內陽之咎」，批令夏言革職閒住，並令禮部將敕旨曉諭天下。[21]

敕諭先引錄夏言奏疏中的自罪之言：「臣積罪稔戾，上干宸怒，無地自容，旬日閉門席藁待罪」，「臣輔導無狀，久玷揆席，加以衰年無子，憂患傷心，百病交侵，四肢骨立。伏望皇上憫臣衰殘，哀臣孤苦，放歸田里，苟延餘齡，則生當殞首，死當結草」，嘉靖簡括了夏言起家的經歷，也說了幾句他與諸大臣「累年供事內苑，贊誠左右」之辛勞，接下來列舉朝政的三項失誤：

太子為臣，怎麼可以住進太后之宮，以與君父並列？

以首輔之重，「欺凌君上，作威作福不下郭勛之罪」；

蒙古各部屢屢犯邊，如履平地，若蹈荒原，「內外臣工通不愛民如身，視國如家」。

嘉靖認為夏言主政的「三失」，已演為天變的「三咎」，宣佈自己要修省三日，內外臣工當日也要深刻反省。至於夏言，則是革職反省。

5 嚴嵩入閣

夏言已去，御史喬佑等、給事中沈良才等這才上疏彈劾夏言「負恩誤國」。太晚了！嘉靖決心整肅科道，命吏部會同都察院提出具體處分意見。吏部尚書許讚、右都御史毛伯溫等敢不從命，很快就按等第排出處理名單，得旨：

喬佑等職任言官，寄以耳目，專一黨附權力，欺蔽朝廷，夏言輔導無狀，不敢指實糾彈，及奉有明旨，仍懷觀望顧忌，奸諂誤國。本當重究，姑依擬：喬佑、錢應揚、楊僎並高時降一級調邊方用；何允魁、章檗、白貴、朱篪、黎循典、焦璉、李秦、余壙、龍遂對品調外任；王珩等三十六員姑留用，各奪俸半年；賈大亨等二十四員選用未久，奪俸兩月……[22]

二十一年（一五四二）八月，也就是夏言革職的第二個月，嚴嵩兼武英殿大學士，入閣，仍掌禮部事務。兩年後，嚴嵩將翟鑾排擠出閣，繼任首輔，累加至少傅、太子太師、吏部尚書、謹身殿大學士。後來入閣的吏部尚書許讚和禮部尚書張璧備數而已，都不入西苑應制，大權掌於嚴嵩一人之手。這時的嚴嵩雖年過六旬，然精神健旺，體力充沛，從早至晚在西苑的簡易板房值班，絕不偷懶躲避，皇上對他更加誇獎。

夏言革職閒住，回到了江西老家。居京之時，由於他曾長期當政，家中豪富，府第奢華，嬌姬美妾，歌台舞榭，可媲美王公之尊。回鄉初期，地方官認為夏言不久便會復出，前往致禮問安者接踵而至。後來一年年過去，不見有起復訊息，夏府的客人便漸漸稀少，當地的州縣官也怠慢起來。夏言在家中鬱鬱寡歡，更加思念在朝中的時光，每逢節令和皇上的生日必奉表為賀，精心撰寫，署名「草土臣」。久而久之，嘉靖對他又生憐憫之心。

6 重掌閣事

二十四年（一五四五）八月，張璧病逝，內閣中剩下嚴嵩一人。嘉靖也聽到不少對老嚴的議論批評之詞，特旨召回夏言，恢復其一切原有秩銜。

夏言重入內閣，再任首輔，嚴嵩則由首輔降為閣僚。三年貶竄之辱，老夏當然不會忘記出於誰的手筆，對嚴嵩極是痛恨。宮內舊制，內膳房每天供給當值大臣酒菜，夏言與嚴嵩相對而坐，卻從不用宮內酒饌，只吃自家帶的飯菜，也不理睬對方。至於票擬之權，更是一人獨攬，從來不問一下次輔，也是他唯一的搭檔。嚴嵩默默承受，不敢多說一句話。

嚴嵩父子久有貪贓枉法之名，令朝野痛恨。朝官看到夏言能整治嚴嵩，都很佩服，再一次聚集到夏言周圍。平日與嚴嵩有交往的吏部尚書唐龍、文選司郎中高簡，皆以貪婪罷職。御史陳其學又彈劾京山侯崔元、都督同知陸炳借鹽法貪污，夏言擬旨讓他倆作出說明。二人惶恐，帶上重禮至夏言府中求情，陸炳甚至久跪不起，才得以寬免。崔元、陸炳皆勛舊大臣，素為嘉靖親信，從此恨透了夏言，與嚴嵩結成死黨。而夏言自我感覺正好，連一點覺察也沒有。

夏言是個性格高傲的人。皇帝身邊的小太監有事來傳達，夏言視若奴婢；而這些人到嚴嵩處，老嚴則拉著手讓座，悄悄把金銀放在其手中。因而，宮中近侍都爭著說嚴嵩的好話，揭露夏言的種種短處。嘉靖更加喜歡嚴嵩，對夏言則厭惡有加。

四、議復河套

最後導致夏言被誅殺的，是「議復河套」之舉。河套，指內蒙古自治區和寧夏境內賀蘭山以東、狼山和大青山南、黃河沿岸的地區，因黃河在這裡形成一個套子狀的大彎曲，故名。河套三面臨河，土地豐饒，水草茂美，素有大糧倉之稱。天順六年（一四六二）蒙古毛里孩部侵入河套，稍後又有阿羅山、孛羅忽二部進入，出沒無常，成為陝西、山西的一大威脅。成化、弘治時，朝廷曾數次派兵進軍河套，搜索和驅逐入侵者，但逐而復來，花費極大而收效甚少。至正德時，三邊總制楊一清疏請重修東勝衛，以扼制侵據河套的蒙古騎兵，因劉瑾阻撓而告吹。

1 曾銑與復河套之策

至嘉靖元年（一五二二）始，河套的數千里沃野已被蒙古的吉囊、瓦剌和亦不剌舊屬分割淨盡。諸部「皆有分地，不相亂」[23]，但都伺機向內地侵犯，是當時的主要邊患。深知其害的山西巡按兩次上疏，請求剿滅或趕走吉囊等部，均未被採納。

二十五年（一五四六）八月，套騎（明人以稱占據河套的蒙古各部）三萬餘進犯延安府，殺掠人畜很多。總督三邊兵部侍郎曾銑上疏請收復河套，疏文分八條，共一萬餘言。曾銑為嘉靖間名將，曾以御史敉平遼陽叛卒，屢立戰功，所議皆言之有據。嘉靖命兵部討論上奏。當年冬，曾銑又與陝西巡撫謝蘭等兩次上疏，更詳細地提出築城牆、練槍手，及秋夏進剿之事。夏言正欲建大功勛，見曾銑疏章，以為恢復河套之事必能成功，很是支持。曾銑與夏言的岳父蘇綱為同鄉，不免有所託付，蘇綱不斷誇讚其治軍之才，於是夏言對曾銑的疏議很重視，命兵部和廷臣議行。但曾銑所要求的數十萬軍餉及調山東、河南之兵，在當時財政條件下都很難做到，因此久議不決。

曾銑喜好功名，報國心切。二十六年（一五四七）春，督兵修繕邊塞，套騎不斷侵擾，居民不敢出城樵採，曾銑即揀選銳卒，親自督率出戰，使套騎移帳向北，不敢再靠近塞垣。五月間再統兵出塞，擊潰敵軍，斬獲頗眾。曾銑向京師報捷，皇上很興奮，一一如曾銑所擬升賞有功將官，陝甘各邊軍心大振。

六月，延綏、寧夏一帶蒙古大軍壓境，而邊牆尚未完工。曾銑調莊浪等處兵馬以備外患，甘肅總兵仇鸞以種種理由不聽調遣，巡撫都御史楊博也加附和。曾銑奏知朝廷，皇上即頒旨戒飭，將仇鸞罰俸半年，楊博罰俸四個月。曾銑備受鼓舞，收復河套的準備工作在緊鑼密鼓地進行。但很多當地官員不贊成此議，以為勝負難定，耗費巨大，應慎重從事。故三邊巡撫如延綏張問行、陝西謝蘭、寧夏王邦瑞及巡按御史盛唐遲遲不上奏恢復方略。曾銑即加密奏，皇上下詔斥責三巡撫，並說如秋後仍不上議，必加懲治。

十一月，曾銑會同三邊撫按官疏陳「邊務十八事」，第一件便是恢復河套。嘉靖批曰：「虜據河套為國家患，朕軫懷宵旰有年矣，念無任事之臣。今銑前後所上方略，卿等既看詳，即會眾協忠，定策以聞。」[24]讚賞之色，溢於言表。

曾銑又呈上所繪佈陣圖《營陣八圖》，為〈立營總圖〉〈遇敵駐戰〉〈選鋒車戰〉〈騎兵迎戰〉〈步兵搏戰〉〈行營進攻〉〈變營長驅〉〈獲功收兵〉。這些圖式似乎更直觀，更具有說服力，嘉靖帝極口稱讚，命有司議奏。曾銑再上疏奏聞仇鸞剋扣軍餉、貪酷縱恣情狀，巡按甘肅御史張雨、巡撫都御史楊博也彈劾仇鸞欺罔貪暴，嘉靖大怒，命錦衣衛選派官校，將仇鸞逮繫來京。

2 沙盤上的乩文

正當主戰派聲音高亢之時，蒙古俺答部騎兵踏冰越過黃河，與套騎會合一處，聲勢很囂張。延綏巡撫楊守謙急報京師，朝廷震驚，陝西各種災異的消息亦不斷傳來。

嘉靖雖渴求軍事上的勝利，渴求恢復河套失地，但對能否獲勝，也是心中無底。他一向迷信乩仙，於是請宮中道士扶乩，在大殿中央擺上沙盤，豎起乩架，焚香祝告，但見乩筆在沙盤上寫下一行文字：

> 主兵火，有邊警。[25]

他與近侍相顧失色。至於是否老嚴勾結術士搞了鬼，不得而知。

二十七年（一五四八）正月，兵部尚書王以旂等奉詔會議復河套事，上議提出實施的具體步驟如調集兵馬、籌措錢糧諸項，呈請御批。而皇上口風已變，諭閣臣曰：

> 套虜之患久矣，今以征逐為名，不知出師果有名否？及兵果有餘力、食果有餘積、預見成功可

必否？……今欲行此大事，一銑何足言，只恐百姓受無罪之殺。我欲不言，此非他欺罔比，與害幾家幾民者之命不同。[26]

命輔臣擬出議案，夏言等早被這番話嚇得魂飛魄散，不敢議決。嘉靖遂命廣泛徵求意見，將該旨刊印百餘份分發有關大臣，要求再加詳議。

3 蹢躅之技

群臣捧誦聖諭，方才明白皇上在議復河套上的態度變化，瞠然不知所對。反應最快的是嚴嵩，那位潛伏爪牙、等待已久的嚴嵩。

嚴嵩在議復河套上一直保持沉默，初時見皇帝心許，自不敢反對，且夏言獨攬此事，亦無法參與。此時窺測到風向已變，迅即呈上一道長疏，稱國家的積蓄和兵員都難以支持恢復河套所需，指責曾銑「以好大喜功之心而為窮民黷武之舉」，讚譽上諭「活全陝百萬生靈之命」，又說自己雖在內閣，然事權為夏言專決，不能阻止，有負委任，請求賜以處分。

這就是嚴嵩，以陰柔殺人的嚴嵩。

嘉靖對夏言已起疑心，在嚴嵩疏上批曰：「言於銑疏初至時，乃密疏稱人臣未有如銑之忠者，朕已燭其私。但知肆其所為，不顧國安危，民生死，惟徇曾銑殘欲耳。」[27]話語中已隱含殺機。

夏言久歷宦場，豈會看不到危險的逼近，忙上疏辯白。他先檢討贊同恢復河套的短視和愚昧，接著說曾就此事多次與嚴嵩商量，均無異議，今嚴嵩疏章「名雖自劾，意實專欲諉臣自解」。無奈恩寵別移，全然聽不進他的意見，嘉靖覽疏責其不知引罪，下吏部和禮部會都察院參看。

嚴嵩一擊生效，連連出手，又上疏承認自己有罪，罪在心知曾銑之非而不敢糾正，然後又說起夏言的「驕橫自恣」，說到在復套一事上的無奈，說許多有自己具名的疏章實則絲毫不知，並舉例證明夏言的專擅，自請罷斥。嘉靖不允所辭。夏言也再次上疏奏辯，並請求退仕，皇上命部院大臣參看。

未久，王以旂等上議復河套事，提出「宜令銑嚴督各鎮蓄兵養威，加意防禦，前議出師搜套一應事宜悉行停止」[28]。嘉靖認為所議仍屬觀望，令將所有參與議奏者罰俸一月，兵部侍郎及該司官罰俸一年，又令錦衣衛速遣官校將曾銑押解來京。至於王以旂，則令往陝西接替曾銑之職，以贖前罪。

突然變臉的朱厚熜先收拾兵部，接著斥責科道無人諫止，命錦衣衛將言官一股腦兒抓來廷杖，並罰俸四個月。

4 棄市的首輔

政局是這樣的任人簸弄，任皇帝簸弄。曾幾何時，夏言這位政治巨人也枯萎乾癟，成為可憐蟲和犧牲品。在嘉靖朝的內閣大學士中，夏言曾是大受恩寵的一位，但又數他結境最慘，以六十七歲的高齡被拉到街市斬首，在首輔中僅此一位。

夏言被罷，重又踏上了還鄉的沮喪之途。提議收復失地的曾銑壯志難酬，被投入監牢，當時就有很多人扼腕嘆息。嘉靖開始也沒有殺他們的意思，不料後來又起了些變化：嚴嵩、崔元、陸炳三人欲置夏言於死地，讓人代被曾銑彈劾逮治的仇鸞上疏，聲言因反對出兵河套受曾銑報復；又揭發說曾銑曾吃敗仗，損失慘重，派其子曾淳以五千兩銀子賄賂蘇綱，並轉兩萬兩銀子給夏言，以逃脫罪責。

朱厚熜見疏大怒，命將曾淳和蘇綱逮問。這下可犯到了陸炳手中，命人施盡酷刑，殘忍逼供，務令二人招認，崔元則收買太監，使作偽證。嘉靖見有這麼多證據，深信不疑，對夏言的辯解之詞連看也不看，即命錦衣衛將之逮繫來京。法司遵旨擬曾銑罪，實在從《大明律》中找不到一項合適的律條，只好朦朧判為「邊將失事」一款。嘉靖責命再擬，最後定為犯「交結近侍官員律」，斬於市，妻子流兩千里。

當年四月，夏言被逮至京師，「下鎮撫司拷訊」，群臣無一敢救者。夏言哀章求懇，有「天威在上，仇口在旁，臣不自言，誰復為臣言者」之句，悲切滿紙。朱厚熜正在怒中，絲毫不加憐憫。刑部尚書喻茂堅、都察院左都御史屠僑、大理寺卿朱廷立等議夏言罪當死，但請求念其效力多年，免除一死。嘉靖怒，立奪喻茂堅等俸祿，降諭嚴責，又說：

> 朕視言為腹心，言則視君為何？方銑疏上時，即密強君。朕何嘗一言諭答，敢動稱有密諭主行。及事敗止令致仕，又不知引罪，故作怨語，曰：「前去因不戴香巾，為朝廷計，非以身家。」是人臣禮歟？[29]

這才是朱厚熜深怒不解的原因——「怨語」。嘉靖最不能承受的就是臣下的「怨語」，郭勛久蒙貴寵，由於強辯和「怨語」，竟死獄中。現在輪該夏言了，散布他口出怨語者，自然是嚴嵩等人。

夏言沒有兒子，死後妻蘇氏流配廣西，從子夏克承奪官戍邊。

第十四章

亂軍與邊禍

兵變和動亂如瘟疫，具有很強的傳染性。大同叛亂歷久始平，在各地，尤其是九邊造成了巨大影響。普通士卒似乎在覺醒，開始意識到奮起抗爭的力量；其中刁頑之輩則從朝廷的寬大中看出懼怕，有些蠢蠢欲動；而各級軍官則片面接受教訓，寬和放任，不敢去嚴加約束……

大明王朝的二百八十餘年，從來沒有過較長時間的安定，憂患多於安樂，變故迭出不窮，尤其在中晚期，邊禍和內亂成為每一任帝王、每一屆內閣必須應付的要務。

相比較而言，朱厚熜治下的四十五年多就算相對平穩了。叛卒與邊禍曾是兩大威脅：邊卒降而復叛，嚴重損害了邊軍的集體士氣；蒙古諸部騎兵倏忽去來，無情蹂躪著國家的疆域生民。而叛卒和蒙軍的勾結，更對邊塞造成了致命創傷，給本已空虛的財政造成沉重負擔。然明王朝之舟在近半個世紀的航行中顛而不傾，大明軍隊在數千里邊境線屢敗屢戰。即使在事玄修醮、拒絕臨朝之時，嘉靖的態度也是堅定明確的，始終關注著國家的完整與邊鎮的攻防。

一、大同戍卒再叛

嘉靖三年（一五二四）的五堡之亂，在朱厚熜心中留下惡劣印象。及至數年後大同再生暴亂，這位性格褊急的皇帝，最先想到的就是派大軍前往剿滅，想要大行誅戮。

為什麼這些士兵，不願意去履行保家衛國的責任？為什麼明王朝的軍隊作戰時怯懦不力，鬧起事來卻凶悍無比？為什麼只要有少數人挑頭，更多的士卒就會跟著一哄而起？為什麼這些士兵，動輒敢戕害軍政長官，手段如此殘忍？

士卒的叛亂其有種乎？作為朝廷，作為一國之君，如果不在體制上尋找原因，便無以化解真正的危機。

1 總兵李瑾被殺

當年郭疤子等人雖被捉拿正法，大同之叛卻在軍中深深播種下動亂的種子。這一種子自有生長的土壤：邊鎮的危險艱苦，將帥的貪墨狠辣、不恤下情，都使士卒們絕望、悲憤，鋌而走險。

十二年（一五三三）七月，占據河套的蒙古騎兵渡過黃河，將要入侵大同。邊警頻傳，巡撫大同右僉都御史潘仿剛剛到任三個月，急忙奏知朝廷。兵部上奏皇上，得旨以兵部侍郎劉源清為總制大臣、都督郤永為總兵，防禦來自河套的蒙古騎兵。

大同城外地勢平坦，無險可守，劉源清等深為憂慮。大同總兵李瑾建議在天成衛城牆外至大同鎮挖一條四十里長的深壕，以遏制套騎。劉源清同意，限令三天完成。李瑾性格暴躁，向來待士卒刻薄無恩，這次奉命督挖深壕，大敵當前，期限緊迫，更是動不動就打罵。鎮卒多有怨言，季富子、王寶等人領頭動亂，頓時就有六七十人響應，一哄而前，殺死李瑾，逼迫朱振再任指揮使。

暴亂又起，叛卒吵吵嚷嚷衝進大同城，包圍了巡撫衙門。潘仿見事不好，急忙跳牆躲避，符敕印信俱被亂卒搜去。潘仿緊急奏聞，疏稱李瑾實在過於苛暴，釀成兵變，建議以撫為宜，請兵部作速議決。

對大同軍卒的一叛再叛，兵部很惱火，決心加以嚴懲。兵部尚書王憲駁斥了潘仿「眾悉亂」的說法，認為造反者不過六七十名驕悍亂卒，其餘皆為脅從。「請出榜諭安良善而貸脅從，盡捕諸渠魁，置之極刑」，請以撫剿事宜責成總制官相機處理。皇上同意王憲之意見，批曰：

> 逆軍蔑視國法，屢肆叛亂，勢難遙度。其令源清等隨宜處置，務使國法大伸，惡逆殄滅。毋得更事姑息，貽地方後患。[1]

為早日平定亂軍，嘉靖命提督西官廳都督僉事魯綱接替李瑾，促其往大同赴任。主剿派在朝中占了上風，朱厚熜也希望早日平定動亂，在大同恢復秩序。

2 京軍進逼，大同暴亂

朝廷將平定大同叛卒的重任，落在劉源清肩頭。劉源清為山東東平人，舉正德九年（一五一四）進士，以屢建功勛擢兵部侍郎，總制宣大軍事。大同守軍再叛，欽命劉源清便宜行事內閣首輔張璁、兵部尚書王憲都支持以強力解決。劉源清性格剛毅專執，加上急欲奏功，早就按捺不住要動手了。

明軍總制大帳駐紮在陽和衛，距大同不到百里。

此際的大同城內，情況已在好轉。巡撫潘仿從開始時的慌亂中鎮定下來，其一心保護士卒和百姓的做法，也逐漸贏得了多數人的尊重。再次被亂軍擁為主將的朱振極力維持，意圖平復亂局。城中還有一大批忠於朝廷的文武官員，各自發揮作用，秩序漸漸恢復。現在的首要問題，反而是要勸止劉總制統率的大軍不要進城，以免再激起對抗。

劉源清命在大同貼出榜文，聲稱當初五堡之變，朝廷處理得太寬大，以致如今又殺主將，必予以嚴懲。曾參與過五堡叛亂的士卒擔心又要追究往事，都很不安。為早日穩定局勢，更是為讓劉源清無理由提兵進城，潘仿命按察僉事孫允中等擒獲為首叛亂的十餘人，送往劉源清軍門。孫允中詳細解說城中情況，請求緩一些時間再發兵討伐，由軍鎮和巡撫衙門逐步清查捉拿即可，又勸他不要再提五堡之變。劉源清不許，命御史蘇祐審訊人犯，又派參將趙剛率甲士三百人，按犯人口供，入城抓捕亂黨。潘仿查看了應捕名單，大多都是平日有戰功者，被囚犯誣陷列名，便劃掉這些名字，讓他們去抓捕往日無功的八十幾人。

當天晚上，大同各營士兵都發生嘩變，在街巷設置路障，不讓抓人者進入。劉源清派孫允中入城，宣稱只抓動亂的首惡，又傳令明天王師進城，要求鎮中軍士不要穿鎧甲，更是火上澆油。夜間，城中一片譁然，到處有人呼叫：大兵來屠城了！於是群起為亂。潘仿仍在竭力維持秩序，命孫允中及諸裨將擒斬二十餘人，亂軍這才散去。

劉源清提兵開赴大同，寫書要被脅迫任指揮使的原總兵官朱振來見。受審囚犯誣稱朱振為禍亂首謀，源清竟深信不疑，認為其必不敢前來。沒想到朱振心中坦然，也希望能當面說明原委，急赴軍門。劉源清對朱振視為反賊，厲聲責叱，不容分辯。朱振一生行伍，戍守宣大二邊，建功勛甚多，正德間以游擊將軍署都指揮僉事升總兵官，以扈從武宗巡幸論罷，嘉靖三年（一五二四）以勸諭亂兵有功復職，後革職閒住，誣皫他倡引叛亂的理由是「失職怨望」。可憐這位身經百戰的老將軍受侮不過，含恨服毒自盡。

次日，劉源清率重兵至大同，斬關而進，殺戮無數，使城外屍體遍地。城中愈發相信屠城之說，五堡軍士率先暴亂，凶猛不可阻攔。亂卒關閉城門，擁立指揮馬升、楊麟為主帥，計議抗拒京兵之事。不久，卻永的軍隊開到，整隊列於城下。叛軍竟打開城門，衝殺而出，殺死卻部一名參將。潘仿和孫允中急馳往撫諭，叛眾指著城下堆積的屍首，叫巡撫不要再欺騙。潘仿反覆解說，無人肯聽，只好將劉源清縱部下殺戮過多、激變鎮兵的情況奏知朝廷。劉源清亦奏稱巡撫潘仿等官包庇逆黨，以致對抗王師，即有旨將潘罷斥。孫允中前往統制大帳，訴說將士妄殺無辜之事，劉源清不容他說完，厲聲斥責道：不要為叛賊講話！並不許再返回城中。

3 叛卒與蒙騎的勾結

大同兵變形成了複雜的局面。叛軍對抗王師，幾次衝殺對壘，盛氣而來的京軍未占到任何便宜。而在大同城中，亂兵卻沒去殺巡撫和各級官吏，已被罷職的巡撫潘仿還在極力維持局面，行使著基本職能。城外的王師各部亦不統一，有的要進攻，有的在觀望，將士的戰鬥熱情顯然不高。

朝廷對大同之變也有兩種不同意見。禮部侍郎顧鼎臣和黃綰都聲稱不該用兵，黃綰尤其強烈反對用兵，使張璁很不滿，吏部將他降職外調。而黃綰仍是激切上疏，指出用兵之失。嘉靖覽疏似有所悟，下旨恢復黃綰原官。

十一月，兵部尚書王憲建議派更多軍隊去大同平叛。張璁支持其議，選江桓任總兵，升參政樊繼祖為大同巡撫。樊繼祖至陽和衛，與主剿的劉源清意見分歧，奏請給予金牌，自己單騎入城召諭叛軍，朝廷不批准。劉源清派兵把守諸關隘，不許城中向朝廷上疏，並奏稱城中皇家宗室和文武大臣均已從賊。得旨命從速攻克大同，劉源清督部下千方百計攻城，用毒煙薰、用水灌，城中死傷甚眾，但叛卒堅守城池，始終攻不進去。大同叛卒派人潛往漠北，引誘蒙古小王子部數萬人入侵，卻永率師抵禦，損失慘重。城中叛卒迎接蒙古騎兵的頭領數十人入城，並指著代府王宮說：劉源清兵退後，以此相謝！

蒙古小王子留下精兵在大同與劉源清部相持，剩下的分頭掠劫渾源、應州、朔州、懷仁諸地，各處告急文書不斷，京師震恐。劉源清奏請再派部隊專門抗禦蒙古騎兵，張璁請依其議而行，而此時皇上的想法已非當初，不再允許。劉源清感覺到沉重壓力，這種壓力從兩方面合擊而來：戰場上不獨有死守堅城的叛軍，還有與之呼應、衝州掠縣的蒙古騎兵；朝廷中不僅有強烈反對用兵之人，還有變幻莫測的君王。曾經自信滿滿的劉大帥，開始惶惑不安。

4 圍城中的密謀

大同兵變就這樣持續了半年，嘉靖從複雜事態中終於理清了頭緒，特下諭旨：

> 叛卒殺主將，法毋赦，然非舉城所為。郤永、劉源清貪功引水灌城，大同北門鎖鑰，源清必欲城破人誅，縱使成功，何由興復？其罪二臣，別遣大臣禦之。密擒逆寇之魁，庶免師老財匱。[2]

明確表示對叛卒殘害主將、殺燒掠搶之事不會枉法赦免，但又說叛亂者僅是少數，郤永、劉源清引水灌城的做法是不可取的。御箚稱大同為北方重要邊鎮，似這般毀城殺人，即使進得城內，雉堞殘破，倉儲蕩盡，又用什麼辦法恢復？嘉靖宣佈將郤永、劉源清治罪，另選大臣統領軍隊，祕密擒拿叛軍首領。這道御旨，使朝野均知用兵非朝廷之意。劉源清聞知旨意有變，急趨城下，宣稱交出首惡便不攻城。

此時大同城中有不少文武官員，並未參與叛亂。戶部郎中詹榮因到大同督餉，陷於城中，因其善於應變，未受到叛卒侵擾。詹榮有智略，祕密與都指揮紀振、游擊戴濂、鎮撫王寧結交，決心討平反叛。正是詹榮，看清叛卒所擁戴的馬升實無背叛朝廷之心，激以大義，歃血為盟，密謀大同反正。他們派人與城外軍隊聯絡，時劉源清已罷，樊繼祖深加獎勵和撫慰，和平解決這場大暴亂終於有了契機。

朝廷派戶部侍郎張瓚為新任總制。張瓚下令不許攻城，又派人把孫允中召回，共議和平收復大同。詹榮、馬升在城中招募勇士，擒殺倡亂的主犯黃鎮等九人，打開城門，請主事楚書入城撫慰軍民，宣稱用兵非朝廷之願。軍民歡騰，高呼萬歲。當天夜裡，又擒斬叛首二十六人獻至軍門。次日，新任巡撫樊繼祖進入大同。

夜間，城中又是喧囂一片。樊繼祖與潘仿同時改任御史，年資相仿，在地方任職有年，知衙門中多亂軍耳目，表現得很是鎮靜，照舊睡覺。次日起來，繼祖令發倉中米賑饑，對一些市井不法之徒也抓來殺掉一二人，大同漸漸平定下來。張瓚將大軍退至六十里外，僅率眾將和護衛親軍入城，設宴賞賜將士，城中更加安定。蒙古小王子部見無機可乘，只好引軍遠遁。

大同平定，嘉靖聞訊大喜，降璽書，派禮部侍郎黃綰前往核定功罪。劉源清、郤永遭罷斥或降職，而詹榮則由於功大升為光祿少卿，再遷太常寺少卿。[3]

二、被剝光遊街的巡撫

兵變和動亂如瘟疫，具有很強的傳染性。大同叛亂歷久始平，在各地，尤其是九邊造成了巨大影響。普通士卒似乎在覺醒，開始意識到奮起抗爭的力量；其中刁頑之輩則從朝廷的寬大中看出懼怕，有些蠢蠢欲動；而各級軍官則片面接受教訓，寬和放任，不敢去嚴加約束……

成祖朱棣設置調動軍隊的勘合，共十六字：「勇敢鋒銳、神奇精壯、強毅克勝、英雄威猛」，似可作為當日大明軍隊的寫照。然時過境遷，今非昔比，邊政凋敝，軍伍不整，只有邊鎮頻發的兵變，倒成為一些士兵顯示力量的機會。

1 呂經被捉打

明代，巡撫攬一省軍政之大權，生殺予奪，職顯位尊。但在兵變中，巡撫大人往往首當其衝，甚者慘遭殺身之禍。如甘州兵變陝西巡撫許銘被殺後又遭焚屍，五堡兵變山西巡撫張文錦被殘殺分屍，都是兵變慘禍的典型事例。比較起來，十二年（一五三三）大同再度兵變，巡撫潘仿身陷危城卻始終沒受傷害，就算是很幸運了。毋庸諱言，巡撫平日的貪與廉、善與惡、寬與嚴，在兵變時的措置應對，往往決定著其命運。

十四年（一五三五）四月，巡撫遼東副都御史呂經著手實施新的邊疆治理方案。呂經出身科道，正德間長期任六科給事中，以直言敢諫著稱，因此被調任地方，輿論為之不平。朱厚熜即位後，呂經第一批被起復，先任山東右參政，升四川按察使，至此已是巡撫一方的重臣。遼東原本平靜，此時也出現各種症候，呂巡撫急於建功，戶部供應銀兩不足，便從下面想辦法。舊的規定：每一個士卒給予三個人的勞役，每一匹馬給予五十畝牧地。呂經為招募士卒和增加邊鎮收入，改為只給一個人的勞役，並收回牧馬之地，士卒大為不滿。呂經又令修築邊牆，督責很嚴，一時間怨聲載道。

軍官最先發現士卒的嚴重怨恨情緒，帶領人到巡撫衙門求見，請求暫停築牆之役。都指揮使劉尚德命令退去，求訴的將士不聽，呂經喝讓左右用大棍打領頭者。鮮血淋漓，慘呼聲傳，士卒被激生變，衝過來毆打劉尚德。呂經見勢頭不對，慌忙躲入苑馬寺的隱蔽密室。亂卒將府門打壞，燒掉均徭名冊，搜出瑟瑟發抖的呂經，把他的衣冠撕破，關入遼東都司的官署中。

遼陽城變得亂兵洶洶，一派混亂。呂經被關押在都司衙門，昔日的巡撫大堂成了鬧哄哄的亂軍司令部。總兵、副總兵等官不知所措，唯有安撫屬下，日夜戒備。百姓恐大難臨頭，攜兒帶女，蜂擁出城，四下逃命。

其時御史曾銑巡按遼東，正在金州衛、復州衛一帶，聞知遼陽軍變，急傳檄副總兵李鑒廢罷呂經所行的苛急措施，以安定軍心。自己飛赴遼陽，分派將士晝夜守衛各城門，在城中巡邏警備，禁止聚眾喧嘩和飲酒，命各將領督所部軍卒操練、駐守如常。曾銑實在是一位能員，知道安撫亂軍的關鍵在於赦免從者，將詳情上奏朝廷，「參都指揮劉尚德奉迎呂經失撫字狀，而為亂軍乞原」[4]。

都察院以為曾銑的奏議不妥，要求將領頭鬧事者逮捕論罪，而兵部經反覆議論，終於接受大同兵變的教訓，同意以安撫為主，命曾銑密將首惡查實逮問。嘉靖立即批准兵部的意見，敕令罷免呂經，命他回朝述職。

幾日後，撫順也出現嘩變，亂卒聲稱指揮劉雄剋扣軍餉，盤剝將士，把他連同家中人都抓了起來，並脅迫指揮童振等奏報劉雄激變士卒之事。曾銑聽說後，立命指揮胡承思代替劉雄，眾軍安定下來，出操駐守如故。朝廷派侍郎林庭棉前來查勘，亂卒害怕，暗中又在串聯鼓動，想要鬧事。

2 廣寧衛再亂

昔日威風八面的呂經受命回京聽勘，鬱鬱不歡地踏上歸程。在路過廣寧衛時，向來巴結討好他的都指揮使袁璘，打算用剋扣的軍餉整治些禮物，算是對原巡撫大人的一點安慰。誰知被將士偵知，悍卒于蠻兒領頭鬧事，率眾打開監獄，放出與呂經有舊仇的張經兒，鬧嚷嚷打上都指揮衙門。呂經正與袁璘飲酒作樂，猝不及防，又被亂卒捉住。于蠻兒等歷數呂經的罪狀：不是你要減去我們的餘丁徭銀嗎？不是你要奪大夥的牧馬田嗎？不是你驅使我們築牆種樹、終歲勤苦嗎？呂經無言以對。亂卒剝光了呂經的衣服，又把酒宴上歌妓的衣服也脫光，把兩人關進一個囚籠，拉上街市遊街示眾，一邊走一邊打他耳光，哄笑羞辱，把一個朝廷大員擺佈得全不成樣子。

于蠻兒等還把衙門的公文一股腦兒抄出，付之一炬。大火延燒到公署和儒學，一時都化為灰燼。呂經等受盡折磨和侮辱後，竟被亂卒投入監獄。亂兵還逼迫管糧郎中李欽昊和鎮守太監王純上奏朝廷，請求寬免。

朝廷聞知此變，輿論沸騰。侍郎黃宗明慷慨陳詞：前者遼陽之變，固然由於激變。而今重賦苦役都已改正，又出了這種事件，是誰激成的？此事再不可寬宥，請令新巡撫韓邦奇率重兵壓境，懲治首惡。

遼東三地亂卒也在聯絡呼應。

遼陽亂兵之首趙劓兒偷偷潛往廣寧衛，與于蠻兒合謀，打算在軍鎮官員拜表時，趁機集眾作亂。總兵官劉淮發覺此事，早做了準備，陰謀未能成功。二人又召集亡命和死刑犯，想在林庭棉來到時，閉城門為變。曾銑的確精強幹練，早已悄悄查明遼陽、撫順和廣寧三地亂軍的為首者，密令諸將一起動手，將趙劓兒等數十人在同一天捕獲。曾銑上疏認為：前甘肅、大同兵變處理太輕，使不法士卒認為辱主帥、殺命臣也不過如此，所以動不動就生亂。理應將首惡分子一律誅殺，以儆效尤。嘉靖對曾銑的應變能力和處理意見均很欣賞，御批照准。不久，叛亂者的首級被懸掛在城門之上，全遼大定。

至於備受亂卒辱弄的遼東巡撫呂經，嘉靖對之實在覺得討厭，回京後就被關入詔獄，後謫戍茂州。此類人物往往生命力頑強，幾年後呂經被從戍地放還，又活了很久，一直到隆慶皇帝登基，恢復了其官職，方才死去。[5]

三、宣大奏捷

嘉靖年間，蒙古各部漸漸強盛，東有俺答，西有吉囊，大明數千里邊境幾乎處處烽煙，而大同、宣化由於無險可據，更由於密邇京師，一向被視為九邊的重中之重。

朱厚熜很關注兩次叛亂的大同，也未忘記那些危急關頭挺身而出的人。二十三年（一五四四）夏，鎮守大同總兵官周尚文與巡撫都御史趙錦不合，兵部建議將時任甘肅巡撫的詹榮與趙錦對調，皇上當即批准。當年於危城中建立大功的這位戶部郎中，給厚熜留下了深刻印象。

1 往來不絕的間諜

九邊，是一條犬牙交錯的邊，又是明朝北部和西部的廣大地域。雖有一道又一道的長城和邊牆，有無數的城堡墩台，並不能阻斷邊內與邊外的交往。漢蒙百姓私下往來和貿易禁而不止，交戰雙方互派的偵卒、潛布的間諜無所不在，而一些無恥邊將勾結蒙軍，避戰牟利，早已不是偶然現象。

周尚文是一員老將，在大明邊關摸爬滾打了一輩子，深知間諜之害，也擅於用間。詹榮心思縝密，也是一個用間使計、給對方下套的高手。兩位軍政長官聯手佈防，多派邏卒加強巡察，同時曉諭邊民，標明賞格，要大家一起抓間諜，很快就有了好效果。

當年秋的一個深夜，大同境內的水地莊來了四位不速之客，一個漢人和三個蒙古人，相貌凶橫，又餓又渴，向村民劉伏玘索要吃的。伏玘見其形跡可疑，測知必是從蒙古潛來，不動聲色，照料他們吃飽睡下，趕緊跑到鄰村水峪口，找到平日相知的軍餘馮龍、賈升、張寶等，讓他們去監視動靜，自己則急忙報告附近官軍。第二天一早，伏玘引四百多官軍趕到，一舉將四人拿獲。

經過審訊，為首的叫王三，竟是大同左衛指揮王鐸之子。王鐸很久就與吉囊相通，派兒子王三潛往其大帳，帶去許多錦緞美酒。吉囊大喜，挽留王三住下，妻以部將之女，很快就成了營中的高參。王三熟悉明軍防務，又有老爹及其部卒作為內應，近年之蒙騎內犯，大都是這小子作為嚮導。這一次蒙騎又打算入犯，派王三等先行潛入偵探，沒想到竟栽到一個小小村民手中。前往抓捕的官軍為北路參將張鳳部下，張鳳報與詹榮和周尚文，一如軍中慣例，將此事全說成自家功勞。詹、周二人信以為真，上奏朝廷為張鳳請功。

沒想到參與審訊的巡按御史李天寵，早在第一時間派人馳報京師，詳細描述事件始末和有功人員。皇上大喜，令將「王三械繫至京獻俘正法」，命重獎各有功人員，又命天寵徹底查清通敵和失事官員。劉伏玘賞銀一千兩；馮龍、賈升、張寶各一百兩，授試百戶。

從先後送呈的兩份奏章中，嘉靖帝看出問題，指責張鳳誇大欺罔，也批評詹榮和周尚文輕信妄奏，要他們說清楚。張鳳有些急眼，派兵將王三搶奪過來。李天寵劾奏其「掩襲冒功」，結果功沒冒成，落了個逮訊充軍的下場。

至於王三，既是叛賊，又是欽犯，被釘上大枷重銬，押送京師，「磔之於市，梟示各邊，餘黨三人皆斬」。對乃父王鐸的處置，實錄未寫，想也逃脫不了殺頭滅族的命運。[6]

2 王府中的反賊

比邊將通敵更為嚴重的，是代藩王室成員的通敵，而且還不是一個兩個。此事一出，震驚朝廷。

作為九邊重鎮的大同，又是代王的封地。洪武二十五年（一三九二），朱元璋將第十三子朱桂改封代州，當年「就藩大同」。朱桂是一位荒唐王爺，建文時被廢為庶人，永樂帝革其護衛官屬，都未能制止他的胡作非為，「窄衣禿帽，遊行市中，袖錘斧傷人」[7]，跡近市井無賴。如此混鬧，倒未影響他的長壽和多子多孫，至嘉靖間，其子孫已有郡王二十多位，小小的大同城哪裡盛得下，只好往外移封。

這麼多的金枝玉葉，大宗尚可，小宗繁衍日多，又不許科舉做官，不免貧困，不免惹是生非。明朝對親王、郡王約束甚嚴，及至將軍、中尉之屬，也就管不過來了。嘉靖二十四年（一五四五）春，奉國將軍朱充灼招潞城王府鎮國中尉朱俊棖、昌化王府奉國將軍朱俊桐、朱俊臣等飲酒作樂，居然乘興而起，在張文博、李欽、李舜臣、張淮、李紀等一夥當地游棍簇擁下，聚眾搶劫，搶到開心處，竟然去把大同知府洗劫了一把，搞得人心慌亂。詹榮立即派兵制止，上奏朝廷，皇上敕代王充燿嚴加約束，並將所有參與此事的王室成員停俸一年。

大同地處邊防，若王府中有心生妄念者，為禍必不小。充灼被責罰，怨恨代王充燿不加庇護，心生叛亂之意，邀集宗室中親厚者和張文博等聚飲，慷慨陳詞：我們被罰俸，代王又不替大家說話，這樣下去餓不死也窩囊死。不如引來蒙騎圍城，我們做內應，打開城門，殺代王和鎮撫大吏，何愁沒有大富貴！約有七八位宗室在場，竟然是個個響應。

不久，又有人將當地白蓮教首領羅廷璽引薦給充灼，一見而稱其有天子相，充灼大喜。廷璽定計：聯絡蒙古小王子，請他「三路進兵，直抵大同城」，奉小王子入居代王宮；遣兵攻雁門關，以其黨羽王廷榮為內應；再取平陽，在那裡擁立充灼為主，率蒙騎四出征討，平定天下；然後是計殺小王子，大功告成。哈，多麼美好的一幅登基藍圖！充灼深以為然，即刻一印，曰「天子師」，令廷璽持以聯絡黨羽，造旗牌火器。一次政變和叛亂，就此緊鑼密鼓地開張了。

3 是誰要燒軍草場

為飼養軍馬，各軍營和城堡都有龐大的草料場。二十四年（一五四五）秋，先是北京，接著是南京，都發生草場大火，損失重大，令皇上很生氣。方處置未完，大同又出現草場大火，從平虜堡開始，兩日之內，威遠、玉林、渾源、陽和、山陰六處草場在夜間相繼焚燒，火光燭天，多數撲救不及。

火情重大，軍情重大。宣大總制翁萬達一下就看出其中必有蹊蹺，督責所屬邊衛嚴加巡察。嘉靖也派科道李文進前來調查。起初都認為是敵人所為，令擺邊軍士加強巡邏，同時向邊外派出一批夜不收，果然在胡峪口一帶捉住一個叫王義的間諜。王義背囊中裝有一應火具，供稱青台吉派他潛入邊牆，到山陰放火。而問及前幾次起火，則堅稱不知道，只好將他殺掉了事。大家覺得縱火案已有結果，周尚文和詹榮則認為沒有那麼簡單，祕密派能員排查，不放過任何線索。

不久，大同宗室和川王府發生被盜案，追查時發現與襄垣王府奉國中尉充爀有牽連。詹榮令逮訊其家奴，家奴先是不承認，嚴刑之下，交代出一件驚人祕密：充⿰火欶曾以神機箭密授客門四、李錦等人，讓他們赴各草場放火。門四等很快被抓來研審，受刑不過，將充灼等宗室「八人同謀不軌，欲勾連小王子入據大同，乃先令四等焚所蓄草」的陰謀和盤托出。[8]

正在這時，朱充灼派遣約小王子入寇的衛奉一行四人被抓獲。衛奉通曉蒙語，也曾為蒙騎入侵當過嚮導，與同夥手持王府印信，騙開關門，大大方方走向邊外。恰好周尚文派兵出邊哨探，聽守門官軍說有幾個人外出不久，覺得奇怪，急忙追趕，在榆樹一帶將他們抓住，搜出通敵表文等物。衛奉等被帶到總兵周尚文大營拷訊，將受朱充灼派遣，約蒙騎入侵之事悉數供出：幾天前他就曾偷偷出邊，至威寧海子北，遇到小王子所部察罕兒等，與之相約，多置一色旗，一半留於王府，一半送小王子軍中，用為標識。衛奉歸來覆命，朱充灼大喜，讓張文博擬寫表文與小王子，許以大同城相贈，約同舉事，又讓衛奉等持表文和旗幟出邊，旗皆書「調兵」二字。

翁萬達得悉實情，密啟代王，以王府校尉拘捕充灼等人，令尚文布置分捕城中叛賊，羅廷璽仰藥自盡，其餘的悉被捕獲。奏聞朝廷，朱厚熜真也不敢相信，命火速械押充灼等來京，敕司禮監、錦衣衛和五府九卿等官在午門前會審，件件都是實情。審問官員擬出主謀、助逆、次之等區別，嘉靖震怒之下，降旨「俱令自盡，仍焚棄其屍」，黨羽張文博等三十人「俱依謀反律棄市，梟首於邊」。至於襄垣王府的朱俊棄、朱俊掖，顯然是兩位頑主，並未參與逆謀，卻為之製造火箭（即神機箭，可引燃柴草房舍），被「降為庶人，送高牆禁錮」[9]。

當初朱元璋分封諸子，一個主要目的就是鎮守邊衛，屏藩京師，怎會想到子孫走到這一步！此案真使明朝宗室顏面喪盡，使之在戍邊將士心中失去基本信任。總督翁萬達及時上言：「大同土產狹瘠，祿餉不支，代宗胤育日繁，眾聚而貧，且地邊胡虜，易生反側，請量遷和川、昌化等王於山陝隙地就食，而襄垣原自蒲州廢徙大同，今蒲封復建，當令還就本封約束。」[10]皇上深以為然，也為二十年後訂立《宗藩條例》，打下了心理烙印。

4 曹家莊大捷

此時的大同總兵周尚文是一員悍將，也是一員老將。自弘治年間，他就駐守邊關，「數出塞逐虜有功」，歷任指揮、指揮使、副總兵、征西將軍、總兵，除較短一段時間進京提督團營，基本都在邊防，從陝甘、延綏到寧夏、大同，到處都留下其征戰的蹤跡。周尚文喜讀書，足智多謀，又喜歡指斥責罵幕府中人；不貪錢財，與士卒同甘苦，又過於高傲暴烈；擅於用間諜洞悉敵營中狀況，卻不知如何與同僚相處，經常把關係搞得極為對立……更重要的是，他真的老了。

二十七年（一五四八）二月，周尚文奏稱陝西巡撫賈啟挾怨報復，早年曾劾奏他的三個兒子冒功升賞，九年後仍唆使陝西按察司前來治罪，俱發戍邊。此時尚文已然七十四歲，心中充滿悲憤，設問：「父子暌離異域，一旦遇警，臣以孤身當虜，誰為援者？」[11]兵部指出其子因他事謫戍，實與賈啟無關，嘉靖也同意功過應該分開。道理是對的，卻忘了戰場上的一條鐵律——打仗父子兵。明軍積弱多年，敵騎到來紛紛閃避觀望，也只有父子兄弟才可信賴了。

嘉靖批令尚文之子照原罪發遣，由於詹榮的運作，實際謫戍的僅老二周君佑，老大君佐和老三君仁仍留在周尚文身邊，果然很快派上了用場。

這年八月，蒙騎犯大同鎮邊堡，指揮顧相以千餘騎迎敵，中伏，被圍於彌陀山茨林墩，尚文聞警，督參將呂勇、游擊李梅等出邊增援，君佐、君仁各率所部馳援血戰，敵騎潰去，顧相與指揮周奉、千戶呂愷等先已戰死。周尚文命官軍轉戰逐北，在野口遇伏，明軍早有戒備，殊死與戰，格殺其首領，使蒙騎受重創引去。而周總兵早在其歸路布下伏兵，斬獲甚眾。捷報傳來，經過核實後，嘉靖獎勵眾官，「尚文准以功贖，並貸其子君佐等三人所犯軍罪」[12]。

轉眼到了二十八年（一五四九）正月，周尚文偵知俺答正集結部伍，將由去秋的路線進犯宣府。翁萬達認為宣府總兵趙卿怯懦，疏請借調周尚文應敵。至二月中旬，俺答果以數萬騎侵犯滴水崖，指揮董陽、江瀚、唐臣、張淮等俱戰死，蒙騎大舉南下，駐隆慶石河營，游騎四出。宣府游擊王鑰、大同游擊袁接戰於隆慶州橋南，一番廝殺，俺答移營南向。周尚文提大同兵萬騎趕到，南路參將田琦率兵千餘前來會合，與俺答主力遇於曹家莊，一場惡戰立刻展開。雙方近身相搏，鏖戰了整整一天，仍是相持未決。夜晚周尚文令死士襲擾敵營，使其不得停息。次日接著殊死拚殺，「斬酋首四，搴其旗」，蒙古俺答部多年來哪裡遇到過明軍這種陣仗，為之氣沮。這時翁萬達督援兵趕來，順風鼓噪揚塵，以為疑兵之計，俺答驚恐，遂結營東遁。宣府新任總兵趙國忠聞警馳出關，至大滹沱邀擊敵軍，斬獲甚多，又與尚文等分道追殺，俺答潰不成軍，扶傷馱屍，狼狽夜遁。

大捷報聞，京師振奮，兵部即行題奏：

> 虜近鷙甚，小入則小利，大入則大利，邊民受其荼毒，我兵積怯，已成不振。今茲諸將能挫敗其鋒，使之狼狽出奔，蓋數年所未見，所宜略過論功，用作敢戰之氣，風示諸鎮。[13]

嘉靖帝心情愉悅，不吝獎賞：周尚文以首功，加太保兼太子太傅，賞銀五十兩、紵絲六表裡；萬達升兵部尚書兼右副都御史，總督如故，賞銀五十兩、紵絲四表裡，仍各賜璽書獎勵……詹榮此時已召還，以兵部左侍郎主持部務，對軍力的布置調配多有支持，也升俸一級，本司官各銀五兩、帛一匹。

周尚文上疏為將士請功，「諸將士奮不顧身，三戰三捷，即所摧敗，前此無聞」，請求辭去升賞，建議皇上獎勵英勇殺敵的將士。嘉靖很欣賞，諭令兵部從速議定賞格。

曹家莊大捷，是宣大乃至九邊最精彩的戰例。當是時也，翁萬達總督兩邊，縱橫布置；詹榮沉靜精細，從容調護；周尚文一代名將，知己知彼，作戰時身先士卒。三人又能互相支持，為國效力。在他們帶領下，一時士氣昂揚，邊備大修，域土拓展，局面大為改觀。孰料世事無常，尚文在兩個月後病亡，詹榮也在數月後罷歸，兩年後卒於鄉。翁萬達已任兵部尚書，以丁父憂歸鄉，後受嚴嵩、仇鸞傾陷，升降不定，晚詹榮一年死去。詹、翁二人皆大有才略，當國家用人之際，死於壯年，殊為可惜！

四、京師烽煙

在宣德八年（一四三三）的明王朝版圖上，哈密衛、赤斤蒙古衛、整個河套、開平衛、全寧衛等，都還在疆域之內。降至嘉靖朝，以上地域幾乎喪失殆盡。蒙古騎兵唯一受阻的是那堅固的長城，然世風日下，邊政日蹙，就連修邊牆也出現糊弄湊合，於是蒙騎潰牆或奪關而入，成了經常發生的事。

最讓朱厚熜心驚肉跳的邊禍，就發生於皇宮所在的北京城下，那是嘉靖二十九年（一五五〇）蒙古俺答部的入侵，史稱「庚戌之變」。

1 大同總兵張達戰死

朱厚熜登基之初，蒙古各部互相攻殺不斷，無暇南顧，對明朝邊疆的侵擾是零星的。這之後，俺答諸部得到了鄂爾多斯和山西以北地區，成為東蒙古諸部的領袖，每年的春秋之季都會侵入明邊，進行搶掠並逼迫互市，成為明朝的主要威脅。在歷年的入侵中，俺答發現了明朝軍隊的不堪一擊，一年前雖在宣大吃了大虧，但內線告訴他，周尚文已死，詹榮已免，翁萬達回老家守制，他所畏懼的三個人都不在了。

二十九年（一五五〇）六月，俺答所部侵入大同，他們推倒邊牆，將精兵躲伏在溝壕中，只以老弱騎兵百餘名奔來奔去為誘餌。這樣的招數已用過許多次了，明軍的偵騎仍然上當，信以為真，馳報大營。繼任總兵官張達也是一員驍將，素以勇敢果決聞名，但智謀比尚文差之甚遠。張達不知是計，自率親兵出擊，蒙軍伏兵盡出，一層層將張達圍了個水洩不通。

張達浴血奮戰，終因馬翻被殺。副總兵林椿聞知主將被圍，急速馳往解救，數次衝殺，竟也死於亂軍中。張達、林椿皆驍勇善戰，蒙騎殺死明軍二員大將，從容撤走。消息傳到京師，輿論譁然。嘉靖想不到一年前大獲全勝的宣大竟會如此慘敗，急怒暴躁，命逮總督侍郎郭宗皋和巡撫陳耀，陳耀死於杖下，郭宗皋發配遼左。

無論哪個朝代都不乏忠臣烈士，如張達、林椿，已算是嘉靖皇帝的忠臣，算是「武死戰」的典型了。

2 俺答所部斬關入侵

咸寧侯仇鸞成為新任宣、大二鎮總兵官。河套事件後，這個紈絝子弟竟很快獲得嘉靖帝倚信。他貪瀆狠狡，素不知兵，懦弱懼戰，卻自有一些歪招。當地流落著一些陝軍通事（翻譯），與蒙古多有聯絡，仇鸞將他們收錄帳下，派往塞外，私下送上重金，以結不戰之盟，俺答即撤離大同，向京師一帶移動。諜報頻傳，說俺答要進犯宣府以東地區，兵部尚書丁汝夔認為皇上正沉浸於玄修，討厭警報，一律不奏知，只命有關鎮撫嚴加防看。

警報越來越多，丁汝夔命發邊兵一萬二千騎、京營兵二萬四千騎分守長城各關隘。邊兵一時無法趕到，而京兵大多為市井無賴之徒，從未經過戰陣，倉促編伍，開往前線。這是一支注定要吃敗仗的隊伍。

此時的大明勁旅還要數大同鎮。其是周尚文等名將帶出來的部隊，久經廝殺，敢於接敵搏戰，只是到了仇鸞手裡，將熊熊一窩，很快也就不成樣子了。

仇鸞率所部到達居庸關之南，奏稱敵騎日漸向東，將騷擾薊鎮，請求至通州防守京師。而順天巡撫王汝孝時駐薊州，聽信諜報誤傳敵人折向西北，兵部也以為如此，急忙奏請不讓仇鸞東來，命他還大同備虜。嘉靖命仇鸞所部暫時駐紮在居庸關，等局面緩和後再回大同。未久，興州告急，詔令仇鸞入援。仇鸞整軍馳赴京師，同時上疏奏報邊事，扯了一大堆邊備的不堪：

> 各邊虜患惟宣大最急，蓋由賊巢俱在大邊之內，我之墩軍夜不收往往出入虜中，與之交易，久遂結為腹心。虜酋俺答、脫脫、辛愛、兀慎四大賊營至將我大邊墩台割據分管，虜代墩軍瞭望，軍代達虜牧馬，故內地虛實，虜無不知者。[14]

有些實情，更多的則是誇大，是嚇詐朝廷。夜不收，即偵察兵，曾是周尚文的克敵利器，怎麼全成通敵之人？仇鸞進而分析敵酋的欲求在於通貢，想從互市中得到好處，「虜中生齒浩繁，事事仰給中國，若或缺用，則必需求；需求不得，則必搶掠」，而以聚攏的強悍騎兵衝擊分散戍守的弱卒，勝負可想而知。仇鸞請求皇上派人至蒙古曉諭，允許互市，並說如此既可使之「感恩慕義」，又可抵消各邊私自與敵人交易結納之弊。嘉靖深以為然，命兵部議奏。

然不管怎樣說，互市是以後的事，眼下則先要抵禦敵軍的入寇。

秋八月，俺答所部至古北口要塞，以數千名騎兵正面進攻。都御史王汝孝督兵抵禦，在城牆上箭如雨下，檑木滾石，使敵騎無法靠近。俺答命部下假裝繼續進攻，卻派精騎悄悄離開，在黃榆溝一帶拆毀城牆，實然出現在明軍身後。京營兵大驚潰逃，爭先恐後地奔入山林中躲避。俺答揮師入關，大掠懷柔、順義兩地，長驅直入。

3 通州抗敵

古北口距京師僅兩百餘里，沿途又幾乎無戍衛軍隊。巡按御史王忬聞訊急奏知朝廷，並趕往通州，組織官民抵禦，又將潞河上的運糧船轉移他處。半夜時，敵騎果然趕到，在河東二十里處結營。王忬派人奔往京師報信，城門緊閉，信使順著一根繩子爬上城頭，氣喘吁吁地請求救兵，可朝廷哪裡還有兵？

此時京城內不過四五萬將士，大多為老弱之屬，且多被勛貴、提督、太監等留在家中護衛，不讓編伍防城。召集起來的軍卒急到武器庫領鎧甲和兵仗，管庫太監又照規定要錢，磨磨蹭蹭不發給。兵部尚書丁汝夔至此始上奏，驚慌失措，令嘉靖極是反感。

朱厚熜正癡迷齋醮，連該年的正月初一都不臨御百官，聞訊震驚，迅速作出部署，命吏部侍郎王邦瑞、定西侯蔣傳提督九門；集文武大臣分守各門，每門十三人，嚴密防衛；又敕都御史商大節率科道官招募軍隊，很快就形成一支近四萬人的義軍；再令召集至京應武試的各地武舉千餘人，分派給各位大臣，以供策應。同時飛檄召諸鎮兵，速赴京師勤王。

因王忬令船隻提前開走，俺答的騎兵阻於通州的白河，一時無舟楫渡河，便在河西紮營，縱兵四出劫掠。密雲、懷柔、三河、昌平各州縣飽受蹂躪，京師戒嚴。王忬率少數人死守通州，頻頻告急，朝廷派都御史王儀前往救援。

京師氣氛惶惶然，招募的義軍多係蒼頭、伙夫之類，素無訓練，又缺少將領統管，亂哄哄的整天喧鬧。禮部尚書徐階奏請將關押在獄中的將官戴綸、李珍、麻隆、曹鎮、歐陽安等放出，令領兵立功，外地被關押的名將如劉大章、周益昌、時陳等也應召用，並急召仇鸞統領大同鎮兵入衛，等等。嘉靖一一採納。

八月十八日，也就是蒙古騎兵侵至通州城外的第二天，仇鸞率二萬大同鎮兵趕到，與敵人在河兩岸相對列陣。各路勤王之師也陸續趕到城下，朝廷鬆了口氣，把城外的京兵調入城中，以防內患。誰知蒙騎繞到西山一帶，搶掠燒殺，烈焰濃煙，至夜間更是半天皆紅。嘉靖在西苑登高瞭望，哭喊之聲隱約可聞。西北一帶多內侍太監的私第園林，他們見家產被毀，圍在皇帝左右哭泣，訴說領兵將帥懦弱怯戰，文臣畏敵誤國，任由敵騎在京郊猖狂，不敢與之交鋒。朱厚熜默然不語，心中實已恨極，下旨嚴責兵部。

二十日，吏科都給事中張秉壼上奏，以敵虜逼近城下，中外戒嚴，城中又傳說混入敵人細作要燒草廠糧倉，請求皇上不要再居住「宮苑偏淺」的西苑，「早還大內」。嘉靖以為臨事慌張更不宜於穩定，不聽。同一天，嘉靖諭稱城外百姓因亂入城者甚多，「米價頓貴」，命戶部「亟發米五萬石，每石定價銀五錢，會官發糶」。給事中王德、御史李逢時認為每石五錢還是貴，請求定為三錢五分，並禁富民囤積，詔從之。

當天，詔令都御史楊守謙與仇鸞「調度京城各路兵馬，相機戰守」，並懸示賞格：

獲虜酋首十顆者，升世襲都指揮使，賞銀一千二百兩；

獲虜首一顆，升一級，賞銀一百兩；

能奮不顧身衝鋒破敵者，雖無斬獲，且亦超升二級。[15]

嘉靖希望明王朝的軍隊能痛快淋漓地擊潰蒙騎，然將貪兵弱，積重難返，勤王之師雖眾，卻各堅壁自保，不敢出戰。嘉靖一再督令兵部及都御史楊守謙出戰，均無消息。

4 一言不發的臨朝

這時，京師九門皆有守門大臣，由公侯勛戚領銜，加上各部大臣及中級部官，共同管理。城外敵騎出沒，百姓蜂擁至城門，而守門軍士唯恐敵人細作混入，常將大門緊閉，白日也不敢打開，使得逃難百姓無法入城，哭聲震天。嘉靖多次下旨嚴禁守門大臣在白天閉門，但又要求嚴密搜檢驗看，以免放進間諜，弄得入城還是很難。

俺答見明朝大軍聚集，不願久居城下，便讓俘虜的太監楊增持漢文書信入城轉呈，請求通貢。嘉靖把信件讓大學士嚴嵩、李本看，又召集徐階入西苑，一同議事。嘉靖詢問：現在形勢如此，應如何辦？嚴嵩還要給皇上吃寬心丸，故作輕鬆地說：這是一幫搶食的餓賊，不足為慮。徐階說：如今虜騎在城下殺人放火，怎能說是搶食？正應該議防禦之策。

嘉靖看了看徐階，曰：卿說得對。又問：俺答求貢的文書何在？嚴嵩從袖中拿出文書。徐階說：

如今虜騎駐紮近郊，而我兵力空虛，似應權且答應其要求，只怕其將來貪得無厭。嘉靖曰：只要對社稷有利，皮幣珠玉非吾所愛。徐階說：若只是皮幣珠玉倒還可，萬一還不滿足又怎麼辦？皇上悚然而驚，鄭重地問他應如何應對。徐階獻計，應以俺答求貢文書為漢文、真偽難辨之由，要求蒙騎退出邊外，另持番文文書前來，方可答應。此事往返間，四方援兵已到，我方則可戰可守。

嘉靖也只得採用此議，令出朝與百官共議。嚴嵩趁機奏稱中外臣民都盼望皇帝視朝，撥亂反正。朱厚熜笑笑說自己出朝並不難，但顯得有些突然。徐階馬上奏說大家盼皇帝視朝已久，絕不突然，厚熜答應「明日視朝」[16]。

禮部尚書徐階召集文武百官在朝廷議事，朝中大吏多慌了手腳，眾說紛紜，一直議到日當午，還沒有個結果。國子司業趙貞吉甩著袖子大聲喊道：「城下之盟，《春秋》恥之。既許貢則必入城，倘索要無已，奈何？」徐階搪塞說相信皇上必有良策。趙貞吉慷慨陳言，認為皇上應出御正殿，下詔引咎，將建言各官放出冤獄，激勵將士奮勇殺敵，方可以退敵。在場監聽的內侍把這番話轉述給皇上，嘉靖很受感染，召貞吉入左順門，欽命他為左諭德兼監察御史，奉敕宣諭諸軍。又給他五萬兩銀子，讓他視情況賞賜。

趙貞吉受敕諭之後，前往拜見嚴嵩，嚴嵩閉門不見。趙貞吉大怒，呵斥守門者。恰此時趙文華來到，趙貞吉又斥責了趙文華幾句，轉身而去。嚴嵩大恨，撰敕書時不讓趙貞吉督戰，又不給一兵一卒護行。趙貞吉毅然出城，往諸軍營中宣諭上意，散金賞將士，因敵騎到處活動，匆匆回朝覆命。嘉靖早從嚴嵩處聽到對趙貞吉的不滿，說他全無籌劃之才，只是借機為沈束等人喊冤。如今見他空手而歸，散去五萬兩銀子而全無戰功，龍顏大怒，當即將趙貞吉廷杖貶竄。

徐階召廷臣議俺答求貢之事，亦在一通鬧哄哄中結束。徐階知曉皇上心情，故於上議中絕不提允貢之說，認為應派員曉諭敵酋，命其斂兵出境，具表悔罪，否則「惟有勵將集兵，以大兵致討，必使匹馬不返，以洩神人之怒」。這番話讓虛榮的嘉靖帝看了很受用，降旨曰：虜酋入犯，神人共憤。如議集兵剿殺，不得輕信偽書，致墮虜計。[17]

憤激之情，見於字行間，也為後來兵部大臣的被誅留下伏線。

通政司使樊深上言禦虜七事，其中指責仇鸞與蒙騎相持日久，不聞一戰，「係主將養寇要功」，請求派人斥責。嘉靖以為正是借重仇鸞之際，將樊深罷斥。

二十二日，俺答部由鞏華城進犯明朝皇陵，轉道掠奪西山、良鄉，危及保定。嘉靖出御奉天殿，百官穿公服行叩拜禮。他面色陰沉，始終不發一語，僅令禮部尚書徐階奉敕諭至午門，由鴻臚寺官向群臣宣示：

今虜酋聽我背叛逆賊入侵畿地，諸當事之臣全不委身任事，曰：「上不視朝，我亦不任事。」……朕中夜之分亦親處分，輔贊大臣日夕左右，未頃刻有滯於軍機，而朝堂一坐何益？欺天背主之物，科道官通不一劾，且脅我正朝大內，恐嚇朕躬，美名市美，非黨即畏奸臣，敢欺君父！[18]

敕諭語氣嚴厲，暗伏殺機，命令科道官舉劾誤事懦怯之官，並要群臣獻破敵之策，「再如昔玩視，並以軍法行刑」。

5 解嚴後的殺戮

朱厚熜是一位高傲的君主，俺答騎兵入侵京師，劫掠燒殺、縱橫京畿的暴行，深深刺痛了他的心。

大敵當前，嘉靖壓抑著憤怒情緒，調集一切力量，充當首都保衛戰的總指揮，以極果決的態度，最後否決接受俺答通貢請求的議和之舉。他還聽從吏部提議，起復原任總督陝西三邊軍務尚書楊守禮、原任宣大總督侍郎劉源清、兵部左侍郎史道、右副都御史許論等，催促他們速赴京聽用，明顯傳遞出對兵部尚書丁汝夔的不滿。汝夔不自安，請求以侍郎謝蘭暫理部事，打算親督諸將出城禦敵，不允。

嘉靖最倚重的武將為咸寧侯仇鸞，欽命為平虜大將軍，統領諸道勤王之師，賜予蟒衣玉帶和封記，封記上寫道：「朕所重唯卿一個，得密啟奏進。」然仇鸞只是派人到俺答處以金帛求退兵，不敢出兵抵抗，有時為報功邀賞，竟割下死了的敵人的腦袋，送到朝廷。嚴嵩與之相勾結，當然不會揭露。

諸路勤王之師輕騎奔赴京師，不及攜帶糧餉，城中供應又困難，普遍搶掠百姓，以仇鸞的大同軍最為嚴重。都御史王儀曾命部下逮捕搶掠的軍人，皇上卻敕仇鸞自己約束部下，王儀因此遭恨入獄。仇鸞更是驕橫。

幾日後，俺答引軍向西。蒙古騎兵帶著搶掠到的金帛財物和男女百姓，打算由白羊口奪關出塞。諸道兵十餘萬騎，眼睜睜看著，不敢向前發一箭。俺答至白羊口，見明軍守將據險防禦，無法出關，丟棄了一些搶來的婦女和牛羊，折向東南。在昌平北，俺答與仇鸞的軍隊突然遭遇。仇鸞驚慌失措，軍列不整，被敵騎衝殺得七零八落，死傷千餘人。若非裨將戴綸、徐仁拚死相救，仇鸞自己幾乎被殺。俺答擊潰大同軍，長驅而去，由古北口奪關出塞。

仇鸞命部下取平民之首，進京報功。各道兵不敢追殺，只是跟在敵人屁股後面。此時俺答部騎兵極為疲憊，又要拉著搶來的東西，散漫拖拉，一點也不像個軍隊的樣子。但明軍僅有少數將領敢於抵禦或向前廝殺，而大隊則是將蒙騎送出關塞了事。

京師解嚴。

嘉靖怒無所出，對誤事大臣的清算即告開始。兵部尚書丁汝夔和侍郎楊守謙被逮入詔獄，法司定丁汝夔「守備不設」，楊守謙「失誤軍機律」，秋後斬決。嘉靖猶嫌太輕，「以刑部侍郎彭黯、左都御史屠僑、大理寺卿沈良才議獄遲緩，各杖四十，降級五等」[19]，其餘刑科給事中張侃等各杖五十，催令將丁汝夔、楊守謙斬立決。

丁、楊二人被押赴刑場。先是蒙騎入侵之時，嘉靖催促出戰，丁汝夔向首輔嚴嵩問計，嚴嵩勸他不要出戰，說如失利在都城之下，則後果難測，汝夔遂不敢主戰。而楊守謙以孤軍與俺答大營相峙，無後繼部隊，丁汝夔又告誡不得輕戰，亦不敢戰。其餘各軍也都堅壁自守，並以丁汝夔、楊守謙為推辭，流傳禁中，厚熜決意殺此二人。

情況急迫時，丁汝夔向嚴嵩求救。嚴嵩拍著胸脯說：「我在，必不令公死。」及至見皇上怒極，不敢出一聲。到臨刑前，丁汝夔始知為嚴嵩出賣，表示願獨立承擔責任，使郎中王尚學免去一死。在赴市途中，丁汝夔問：「王郎中免乎？」恰王尚學之子王化在旁，謝曰：「謝丁公大恩，免矣。」丁汝夔嘆曰：「汝父勸我速戰，我為政府誤。汝父免，我死無恨。」[20]聞者落淚。在這次事變中，丁汝夔有重大失職，也是一個替罪羊，但畢竟有著高貴的人格，寧願死，也不願冤枉自己的部屬。他所恨的是陰險的嚴嵩，政府，便是指內閣首輔嚴嵩。

「庚戌事變」中的最大獲益者為仇鸞。他最早派人馳報敵情，最早率勤王之師趕到，又始終與敵軍列營相峙，都讓皇上感到滿意。仇鸞深受帝眷，因功被加升太保。仇鸞整頓兵馬，表示一定要出塞擊虜，以報入侵大仇。嘉靖很讚賞，命他入掌三大營，委以統攝京營的大任。

仇鸞奏請駐紮在宣大之間，整頓兵甲，待冬月大舉出塞，以揚國威。兵部侍郎史道、戶部尚書孫應奎、工部尚書胡構等上議，願協助仇鸞籌備兵事，「興問罪之師」。嘉靖大悅，一切如議。反攻俺答的計劃進展得有聲有勢，舉朝矚目。

冬十一月，仇鸞率諸鎮兵由宣大出師，聲言要直搗俺答巢穴。轟轟烈烈，最後也只是「稍出近塞，夜襲敵營，斬老弱數級而還」[21]。

此後，仇鸞又奏請廣集兵糧，於明年大舉征北，再次鼓起了嘉靖帝復仇雪恥的熱情。後經徐階等勸說，此事不了了之。

五、邊禍再熾

俺答所部在京郊飽掠而去，從此既嘗到了甜頭，又對明朝軍隊尤其是京營的戰鬥力極為蔑視，入侵便成為奪取人口財物的主要手段。消息傳開，其他蒙古部落也紛紛移帳就塞，想要占些便宜。

1 仇鸞病死後傳首九邊

仇鸞以賄賂買通俺答不入侵大同，卻無法以同樣手段保護京師。京師滿目瘡痍，朱厚熜一腔憤怒、大開殺戒之際，竟把此人當成國家棟梁，委以督守京師的重任。仇鸞只好以大話來滿足皇帝的虛榮心，也保住自己的地位。他從各鎮邊軍徵調了六萬部隊到京師，宣稱要出塞北征，掃清虜患，但實際上只是虛晃一槍，做做樣子，幾乎一無所獲地回到關內。

三十年（一五五一）四月，俺答派其養子托托來京師請求互市。仇鸞和嚴嵩都極力奏請皇上批准這一要求，以便有時間做大軍征北的準備。馬市設立了，蒙古的入侵也暫時停止，而仇鸞的遠征計畫卻總得不到實施。皇上的耐心受到折磨，開始對這位說大話而無實績的統兵大將懷疑厭煩。

另一方面，俺答卻是欲壑難填。六個月後，俺答提出要用牛羊換糧食。明朝拒絕了他的要求，並將其使者逮捕起來。俺答入侵又告開始。

三十一年（一五五二）正月，俺答再次入侵大同。巡按御史李逢時奏請討伐，嘉靖很以為然，誡令將士「今後一意戰守，如仍前觀望，重懲不貸」[22]。但佩大將軍印的仇鸞懦弱畏敵，不敢發兵征討，又覺得有通市可恃，也不令部下嚴加防禦。二月，俺答騎兵萬餘人直入邊塞，在懷仁大肆搶掠。大同總兵徐仁等擁兵觀望，只有中軍指揮王恭率部下死戰，不敵而亡。俺答飽掠後，押著搶掠的牛羊財物從容離去。消息傳入京師，嘉靖命逮徐仁等至京，罷巡撫都御史何思，嚴令罷馬市。仇鸞害怕受懲處，於四月率師出塞，在威寧海一帶襲擊俺答，結果又是大敗而歸。

七月，俺答入侵薊州。仇鸞因背上生疽，不能出戰，又不肯辭去大將軍一職。嘉靖命收其大將軍印，令總兵陳時代行兵權，仇鸞大是恚恨，病重而死。時嘉靖帝已懷疑仇鸞有通敵之嫌，派陸炳密訪其奸事。恰好仇鸞病死，其親信時義、侯榮等懼禍叛逃，在邊塞上被抓獲，審訊中對仇鸞賄賂俺答之事供認不諱。嘉靖震怒，命將仇鸞開棺梟首，傳送九邊，布告天下。俺答聞知明軍有備，引兵而去。[23]

以英察自詡的朱厚熜一旦發覺受騙，其憤怒便是如此地不可抑制。仇鸞雖死，還要戮屍傳首，懲處其家人，要用最殘忍的方式表達憤憎，儘管仇鸞已無法知覺那梟首之痛。

2 古北口抗敵的勝利

三十三年（一五五四）十月，嘗到甜頭的蒙古鐵騎捲土重來，這次唱主角的是把都兒，糾集打來孫所部，號稱二十萬騎，兵臨古北口。烽火相傳，京師又是人心惶惶。

鑒於庚戌之變的教訓，朱厚熜對戰事非常重視，廢寢忘食，聽取各關隘衛所的戰報。他還親派使者到前線觀察戰鬥狀況，以盡快瞭解最準確的消息。此次總督薊遼戰事的為兵部右侍郎楊博，可謂得人。楊博久任兵部，堪稱能員，後超擢甘肅巡撫，以功進右副都御史，曾上書參奏仇鸞貪罔之罪。仇鸞通敵事發，所薦兵部尚書趙錦以罪戍邊，楊博回京主持部務，針對庚戌敵軍侵入路徑，妥為布置。大敵當前，楊博親自披甲登古北口城牆，指揮將士防禦。蒙騎想方設法攻城牆，沿邊幾十里，「百道共進」[24]，楊博指揮若定，隨處據牆垣擊敵，敵人始終無法得逞。如此四天四夜，楊博衣甲不解，率部浴血奮戰。敵人曾一度由孤山口登上城牆，官軍退屯虎頭山。至夜，楊博召敢死隊懷利器襲擊敵營，使之驚擾不定，倉皇退軍。

這些都被密派的內侍看在眼裡，回去稟報，皇上大為欣慰，親令發一萬兩銀子犒勞將士，並賜楊博一襲戰袍。楊博在前線朗聲宣示聖諭，分發賞賜，諸將士人人振奮，勇氣倍增。

敵騎由於沒撈到財物，仍徘徊在關外百餘里處不肯去。楊博幾次派敢死之士夜襲敵營，放火焚其營帳，火光連燒數十里，把都兒等只好撤軍。[25]明軍獲得了一次難得的防禦勝利，楊博也成為讓敵人懼怕的名將。

3 百箭攢身黃侍郎

嘉靖間，財政問題一直困擾著朝廷，困擾著戶部官員，愈是到中晚期，就愈是這樣。入不敷出，是內閣大僚乃至皇帝的精神負擔，更是戶部官吏們必須解決的現實難題。於是，各種削減開支的方案被提出，被實施，一些原有的矛盾也變得更為激化。

南京戶部侍郎黃懋官，就是矛盾激化過程中的一個犧牲品。

南京的駐軍，稱為「南營」，是為衛戍南京、防禦倭寇而建立的。原來規定官軍的月米，為有妻者一石，無妻者六斗，每至二、八月一石折價為五錢銀子。三十七年（一五五八）馬坤為南京戶部尚書，減為一石折銀四錢，諸軍已不滿。而侍郎黃懋官刻薄無情，常侵害軍士利益，每月各衛呈送支餉冊子，總是反覆盤問逃亡人數，又停發了新兵名為「妻糧」的補貼。軍士更覺不堪忍受。

三十八年（一五五九）春夏間，南京周遭地區發生了嚴重的旱災，米價騰貴，一石竟至八錢銀子。這樣，折色銀四錢便只夠買米半石。士兵請求仍按原數發給糧米，有司不肯。而常例在月初發給各軍糧餉，至三十九年（一五六〇）二月的中旬，黃侍郎仍不發給。一天，振武營軍士在出操時大亂，眾人喧嘩呼喊著從操練處奔出，包圍了黃懋官的宅第。黃懋官聽說兵變，急忙跳牆逃走，卻在驚惶中由高牆上摔下，匍匐在地上爬不起來。亂軍一哄而上，將他殺死。

亂兵越聚越多，又把黃侍郎的屍體懸於街市牌樓之上，亂箭射之，以解心頭之恨。亂兵又圍住兵部尚書張鏊，逼他犒賞眾軍。張鏊驚慌之下，竟不知如何回答。恰誠意伯劉世延趕到，曉諭眾人不要亂來，局勢才稍稍安定。

當日，南京九卿緊急會議，商量對策，不想暴亂的士卒包圍了議事之所，危險一觸即發。兵部侍郎李遂宣稱：「昨天黃侍郎之變，我親眼看到他是跳牆摔死的，非軍人殺害。諸軍只是不應殘害和辱弄其屍體。但這算不上叛亂，應如此奏報朝廷。」亂軍心安，還要求賞賜。李遂軟硬兼施，答應補發妻糧、月糧，每人給予一兩銀子，亂軍散去。一場兵變就這樣被平息，朝廷不予調查，亦不做懲處，讓此事靜靜地過去。只有苛剝成性的黃侍郎，成了這次事件中唯一的犧牲。

第十五章 倭寇與海寇

朱紈到任後，上疏奏請禁海，將所有雙桅大船都毀掉，隔斷了陸上與盤踞島嶼的倭寇的聯繫。又命嚴申保甲制度，練兵糾察，組織聯防，發現了很多海盜的窩主，即行誅殺。朱紈在奏摺中講了一段極精彩的話：「去外國盜易，去中國盜難。去中國瀕海之盜猶易，去中國衣冠之盜尤難。」他敏銳而深刻地看到海盜作亂的根源：有了衣冠貴官之家的策動主謀，才有群盜的嘯聚海上，設點貿易；有了國內群盜、奸商的勾連私通和挑撥煽動，才有倭寇的入侵和燒殺掠搶。

在明朝統治下的多數歲月中，湛藍的海域常是走私貿易的通途，也常是血腥廝殺的戰場：海寇出沒，海氛四起。嘉靖間，來自海上的入侵變得更為殘暴和頻繁，劫州掠縣，漂屍相連，富庶的江浙地區漸漸變得千瘡百痍。戰火由此蔓延，南至廣東、福建，北至山東、遼東，萬里海岸線處處聞警，史稱「沿海倭亂」。

嘉靖帝始終未忘記平定倭亂，明朝軍隊也與海盜和倭寇進行著艱苦卓絕的戰爭。忠臣烈士前仆後繼，進行了比北部邊疆更慘烈的廝殺，一些將星暗淡隕落，又一些耀眼的將星冉冉升起。就在這個戰場上，朱紈、王忬、李天寵、張經、楊宜、曹邦輔、胡宗憲等帥幟迭易，一個個下場淒慘；也是在這個戰場上，俞大猷、戚繼光、盧鏜、湯克寬所統領的軍隊浴血奮戰，殺敵衛國，「戚家軍」更是威名遠揚。

那是倭亂為禍最烈的時代，可也就是在此一時期，倭寇被基本敉平。在齋祀和玄修中，朱厚熜對沿海倭亂有一種特別的關注，也以其特有的果決（或曰偏執）指揮並打贏了這場戰爭。

一、首任海防提督含恨自盡

所謂「倭寇」，實則是一種海盜、奸商和境內悍匪的大雜燴。真正的倭寇不過十分之二三，甚至更少。禍亂的導火索在於海上貿易，大明王朝稱之以朝貢，有著嚴格的時間、人數和地點限制。這種方式難以滿足貿易的需要，逐漸出現內外勾結的走私，再發展為海上搶劫。倭寇和海匪結合為一體，由開始的戰戰兢兢，到後來的呼嘯來去，在虛弱的大明海防中橫衝直撞，不僅在沿海島嶼上建立了基地，且沿江深入，震動南京，成為明王朝的巨大禍患。

1「去中國衣冠之盜尤難」

嘉靖二十五年（一五四六），海氛又熾。

此時市舶久罷，凡番貨運到，必悄悄住在與之勾結的商人之家，私下交易。商人大多奸猾局騙，負債不還，多者欠銀萬兩，少的也有幾千，討要得急了，便躲匿起來。倭商接受教訓，改與貴官之家交易，誰知貴官家族往往更黑。倭商及隨行人員泊住近海島嶼等著索債，日久窮困，就在海上出沒為盜。有時也到貴官家報復，焚燒房舍，殺掠搶劫。貴官家懼怕，鼓動當事者出兵驅逐，而當官府出兵之前又故意洩露給倭人，從中謀利。

如此設騙，時間久了，倭商盡知個中欺詐，更為怨恨，盤踞島上，伺機劫掠。漁民中生計困迫者加入其列，失職下級官吏及不得志儒生也與之相通，勾引倭寇入侵沿海州縣。福建人李光頭、歙縣人許棟等匪類一時並起，占寧波外的雙嶼島為主要據點，與倭商勾結獲利。

二十六年（一五四七）七月，南贛巡撫朱紈改任浙江巡撫，兼提督福建海防軍務。朱紈為正德十六年（一五二一）進士，清廉剛直，勇於任事，在四川和福建任上屢立戰功，朝中薦舉他的人很多。當時浙江、福建海防空虛，戰船、哨船存留的不過十分之一二，漳州、泉州兩巡檢司的弓兵僅存千人，不到應有員額之四成。故倭寇往來剽掠，橫行海上，無所顧忌，局面十分嚴峻。朱紈到任後，上疏奏請禁海，將所有雙桅大船都毀掉，隔斷了陸上與盤踞島嶼的倭寇的聯繫。又命嚴申保甲制度，練兵糾察，組織聯防，發現了很多海盜的窩主，即行誅殺。朱紈在奏摺中講了一段極精彩的話：

> 去外國盜易，去中國盜難。去中國瀕海之盜猶易，去中國衣冠之盜尤難。[1]

他敏銳而深刻地看到海盜作亂的根源：有了衣冠貴宦之家的策動主謀，才有群盜的嘯聚海上，設點貿易；有了國內群盜、奸商的勾連私通和挑撥煽動，才有倭寇的入侵和燒殺掠搶。朱紈把查明的與倭寇勾結暴富的一些貴官家族上奏朝廷，請予以戒諭和懲辦。但這些貴官之家在朝中多有靠山，奏章遞上，即如石沉大海。

2 收復雙嶼島

春天到來，海寇的活動又見頻繁。朱紈積極籌備進攻海盜據點雙嶼島，命副使柯喬、都指揮使黎秀分兵駐紮於漳州、泉州和福寧，防止群盜逃脫；再命都司盧鏜統率福清兵，由海門進攻。

正當用兵之時，日本國貢使周良率六百餘人，於三月間駕海船一百餘艘前來，留駐港灣，請求往京師朝貢。舊例：此類朝貢以十年為期，來者不得超過百人，海舟限於三艘。似此一支大型船隊，所屬人員非常蕪雜，與盤踞近海島嶼的海盜關係複雜，稍有不慎，即有可能勾結作亂。朱紈極為慎重，先告知違規之處，再友好接待，登錄船號貨物，要周良自行向禮部申請，並將周良及主要頭目安頓於寧波嘉賓館，以等待朝廷批覆。接朱紈上奏，禮部提出的處理意見也很穩妥：日本入貢的日期未到，且來的人與船都嚴重超額，現駐紮在海濱，動向叵測，但其表書言詞恭順，離規定貢期也不遠，若嚴加拒絕，則航海遠來之辛勞值得同情；可如果一概接納，又有當年宗設、宋素卿之亂的教訓。宜依照嘉靖十八年（一五三九）之例，批准五十人進京，其餘留於寧波嘉賓館，量加賞犒後令回國。[2]

就在周良等留駐等待期間，有一封匿名信投入館中，「稱天子命都御史起兵誅使臣，可先發，夜殺都御史」[3]。這封信還真的到了日本使臣手中，寧波府推官張德熹知悉內情，卻不告訴朱紈。由於朱紈處理得有理有節，加以防範嚴密，使其未能達到目的。

四月，盧鏜在九山洋一帶海域與海盜相遇。經過激戰，日本人稽天、國內巨盜許棟均被擒獲，許棟的黨羽汪直領殘餘之眾逃遁。盧鏜收復雙嶼島，築要塞，留兵守衛。後來抵達的載貨番船無法進入港灣，又捨不得離去，分別停泊在南麂、礁門、青山諸島。

雙嶼島被官軍收復，豪勢之家通倭致富的一條重要渠道被堵住，對朱紈極為痛恨，散布謠言說盧鏜抓獲的人都是良民，並非賊黨。同時到衙門要挾，欲以脅從被擄為由保出某些罪犯，朱紈不聽，執法堅定，勢要之家更為害怕。

朱紈是一位難得的海防大員，也是一位忠心國事、剛直不阿的良將。但他的所作所為，已嚴重觸犯了江浙沿海的權豪勢要之家。這些勢豪家庭上連朝廷，下結海寇，構成特殊的利益集團，朱紈已成了他們的眼中釘。

3 一國非之

這個利益集團的核心，即所謂「中國衣冠之盜」，也可說是朝野俱存，上下呼應。

日本貢使周良得到朱紈的妥善安排，等待朝廷批准入貢。誰知主管此事的福建籍人林懋和提出應令其退回，朱紈上疏請求應守信用，以制馭諸番。此時朱紈在朝中的支持者夏言被誅，福建、浙江籍的朝官受家鄉人的影響猛攻朱紈，周良被勒令停泊在海島上，等候入貢時期到後再進寧波港。御史周亮、給事中葉鏜又上言將朱紈巡撫一職改為巡視，削弱其職權，吏部即行題准。

朱紈很憤怒，上疏論「明國是、正憲體、定紀綱、扼要害、除禍本、重決斷」[4]六件事，語言憤激，更為朝中大臣所不喜。他堅定地實行所負的職責，指揮軍隊掃清殘居沿海小島上寇盜。每捕獲一人，即行誅殺，絕不寬貸。其中一個是刑部官員之父，朱紈也毫不客氣，一刀了帳。

二十八年（一五四九）三月，朱紈督部進攻停泊福建外海的一支海盜船隊，俘獲盜首李光頭等九十六人，傳令於軍前審訊明白，連同「佛郎名王及黑白諸番、喇噠諸賊」[5]，一同斬首。至此，浙江、福建海域全部平定。

海氛消弭，海寇就戮，剩餘的也都遠遠逃竄，聞風喪膽。而朱紈的災難卻在勝利聲中降臨。先是欽差大臣、嚴嵩私黨趙文華威逼利誘，企圖使其就範，朱紈不理。御史陳九德彈劾朱紈「殘橫專擅」，嘉靖受到影響，命將其罷職。朱紈已久病在身，帶病殺敵，不能得到褒獎，還落得個免職待罪的下場，歸臥蕭寺，窮病困擾。聽說兵科都給事中杜汝楨前來按問，朱紈的自尊心更受到強烈刺激，慷慨流涕，決心不受公堂之辱，自己結束衰殘的生命，遂強支病體，寫下〈俟命詞〉：

糾邪定亂，不負天子。功成身退，不負君子。吉凶禍福，命而已矣。命如之何？丹心青史。一家非之，一國非之。人孰無死，維成吾是。[6]

一個公而忘身，抱病殺賊的名將，竟落得個「一家非之，一國非之」，竟落得「仰藥死」[7]，豈不悲哉！

二、王忬再振海防

經過近兩百年的涵養積聚，經過一屆又一屆開科取士、仕途歷練，大明王朝堪稱人才輩出。客觀說來，朱厚熜也想走一條任賢用能的人才路線，盡量根據業績選用官員，但因性格太過專斷，往往憑一時一事之成敗，憑一己印象，不經過考察程序，對某人直接委以重任。王忬正是如此。

1 海患再熾，王忬緊急赴職

良將銜恨而歿，海上劫波又起。

朱紈在二十八年（一五四九）十二月十六日自盡，帳下大將柯喬、尹鳳、盧鏜皆以「擅殺無罪」，「繫福建按察司待決」[8]。朱紈死後，朝廷不再設巡視大臣，其耗費心血建立的海防隊伍被遣散，海上設置的衛所和捕盜船也被一一撤除。

三十年（一五五一）之後，浙江巡按御史董威、宿應參先後上疏，請求放寬海禁。兵部尚書趙錦受命覆議，隨即得到批准。自此以後，船主和土豪更為高興，變本加厲地私相貿易，有司不敢禁。倭人源源趕來，經營貿易已不再吸引他們，便開始做無本生意，與國內巨奸大猾及亡命之徒糾集一起，公開搶掠。次年夏日，倭寇進犯台州，攻破黃岩，又大肆劫掠象山、定海諸地，浙東騷動。

當年秋，倭亂的消息不斷傳到京師，廷議復設巡視重臣。嘉靖帝想起庚戌之變中臨危用命的王忬，命他提督閩浙沿海軍務。時王忬以僉都御史出任山東巡撫才半年，聞命即日整裝趕往浙江。厚熜對王忬寄望甚隆，授以「提督軍務巡視浙江兼管福興泉漳地方，仍敕許便宜調發兵糧，臨陣按軍法從事，巡按御史毋得干預撓沮」[9]。還為他調配了兩個得力助手，擔任分守浙直參將，一位是瓊崖參將署都指揮僉事俞大猷，一位是中都留守司管操指揮僉事湯克寬，皆一代名將，俱聽從王忬節制。

這份任命雖予以大權，但長長一行中，關鍵詞是「巡視」，讓人易生臨時或過路之感。赴職路上，王忬想到海防久廢，浙人柔弱難以應戰，而自己的資歷職位亦不足統領抗倭大事，便上疏陳請，說明要害，希望擴大裁決權。嘉靖帝立即照准，改巡視一職為巡撫，權重得以大大提高。他心目中的王忬還是那個在京郊迎敵而進、臨危不懼的年輕御史，是國家的棟梁之材。王忬也不負君王之託，輕裝簡從，奔赴海防前線，沒有一絲猶疑和恐懼。

2 任用名將

到職之後，王忬往第一線視察衛所和駐軍，但見軍伍不整，士氣低沉，衙署破敗，觸目一片慘狀。

整頓海防，首先要振作軍心，振作軍心必須要起用名將。俞大猷與湯克寬二人屢經戰陣，而閩浙軍中亦不乏名將，如盧鏜、尹鳳等皆胸有韜略，勇敢善戰，唯因事牽連，或抑於下僚，或羈押在獄中。王忬與俞大猷、湯克寬誓同效忠職事，詢問備倭大計，虛心相待，又奏釋盧鏜、尹鳳諸將，深加撫慰犒勞，激勵他們為國效力。王忬的整頓漸有起色，倭寇進犯溫州，被湯克寬所部殺得大敗而逃，俞大猷則領兵出擊，主動進剿盤踞在昌國衛的海盜，將其趕走。兩戰皆捷，官軍的士氣開始振作。

此時倭寇的大首領為汪直，安徽人，犯法後亡命日本，往來海上，以足智多謀，漸成為船主中的魁首，深得倭寇敬服。倭人勇敢憨直，對生死看得很輕，作戰時赤裸上身，提刀直往前衝。而他們的頭領則大多是浙江、福建一帶人，所率大群數千人、小群數百人。眾寇推尊汪直為大首領，其次是徐海。汪直等在普陀諸島結寨，常常出來襲擊官軍。王忬派間諜探明海島情況，乘夜出師，俞大猷率精銳為前鋒，湯克寬指揮巨艦配合，直抵普陀山汪直老巢，縱火焚燒。倭寇倉皇駕船逃命，官軍跟隨而擊，斬首一百五十多級，生擒一百四十餘人，燒死淹死無數。恰在此時，海上大風突起，汪直等乘亂駕船逃竄。

都指揮尹鳳正奉命勒兵海上，汪直等逃到福建的表頭、北茭洋面上，又被尹鳳截殺，斬首百餘，生擒二百多人。捷報先後傳到京師，嘉靖大喜，命賞賜金帛。

汪直、毛海峰等潰敗喪膽，散居在遠離海岸的島上。湯克寬率兵搜索海島，追捕逃匿，斬獲甚多。但沿海各處倭寇仍多，汪直重新糾集倭寇與漳州、泉州的群盜，乘巨艦一百多艘，向北侵犯，沿海數千里同時告警。上海、南匯、吳淞、乍浦等衛所被攻破，蘇州、松江兩府被劫掠達二十多處地方。寇首蕭顯尤其狡猾狠戾，率領蠻勇倭寇四百名，在南匯、川沙登岸屠掠，進逼松江。王忬派盧鏜長途奔襲，斬蕭顯，其殘部逃入浙江，被俞大猷全部剿滅。就這樣，前後俘獲和斬殺者三千餘人。

勝利消息飛報入京，嘉靖很欣慰，即加獎賞。

3 公佈「海防賞格」

經過如此數戰，臨海百姓的懼倭心理漸漸改變，民間的組織如沙兵隊（以淘金戶為主幹）、廣兵隊（以兩廣商戶為主幹）紛紛湧現，在倭寇到時自發抵抗，保護村市。

為形成一種全民戰爭，王忬奏請皇上批准，頒布〈海防賞格〉：

（一）斬真倭從賊一人，賞銀十五兩；次從賊首，二十五兩；渠魁，五十兩。

（二）擒斬漳寇、海寇為從者，賞銀三兩，次劇賊首五兩，船主、渠魁二十兩；酋首為眾所服者五十兩；其奪獲賊艘大者五兩，中者二兩，小者一兩……

（三）善用火器擊殺舵工賊首，令其引遁及擊破寇舟於未接之先者，大舟賞銀二十兩，次者十兩，小者五兩；若有獻奇取捷、批亢搗虛者雖無斬獲，並以功論。

（四）臨陣被創者給銀一兩，被殺者給銀五兩，復其家，有先登陷陣而死者給銀二十兩……[10]

對處於抗倭前線的士卒和閩浙沿海百姓，這道賞格不獨是一種激勵，也為殺敵殉國者的家人提供了生活保障，士氣更為振作。

七月，太平府同知陳璋在獨山率兵擊敗倭寇，斬首一千多，殘敵由海上逃走。

十月，倭寇進犯太倉州，攻城不克，到處劫掠。有一股約三百人，占據崇明島，因缺船無法離開。僉事任環率三百新兵前往征剿，親穿鎧甲，與士兵同甘共苦，路過家門也不與家人訣別，誓與敵人決死一戰。倭寇乘夜間四出活動，任環所部也在夜間出動，伏擊追殺，浴血與之戰。有一次他與隊伍失散，躲在溝中，倭寇路過未能發現，次日晨士兵才找到他。任環贏得了部下的愛戴，人人效命死戰，重創敵人。

湯克寬調下邳、漳州兵攻崇明殘敵，失利，死傷約四百人。官軍染上流疫，無法再攻，只好網開一面，放倭寇逃走。倭寇突圍而出，大掠蘇州、松江各州縣。一支在寶山遇湯克寬舟師，被擊敗，倭寇全軍覆沒。另一隊到興化，殺死千戶葉巨卿，被知府黃士弘擊潰殲滅。

三十三年（一五五四）春，蒙古入侵大同，督撫蘇祐、侯鉞因失利被逮，嘉靖又想起王忬，擢升他為右副都御史巡撫大同，調離浙江抗倭前線。

王忬在浙江，健全衛所，修築海防，激勵諸將，有功則推恩薦揚將士，失利則獨自承擔，於是將士人人用命，皆思殺敵立功，以死報國。王忬又派員廣為打探摸底，凡沿海豪富之家通倭謀利者，均逮治關押，去掉倭寇的耳目。倭寇從此不再瞭解中國的虛實，不知該從哪裡下手，盤踞海島者又往往缺少糧食火藥，只好遠遠逃遁。王忬又令沿海郡縣築城，陸續建成三十多座城池，使倭寇不易攻掠。

浙江福建漸次安定。

三、祭海與狼兵

王忬改任大同巡撫，接替他任浙江巡撫的是徐州兵備副使李天寵，另委南京兵部尚書張經總督軍務，便宜行事。由設提督到改設總督大臣，足見嘉靖對海防越來越大的憂慮。

1 張經徵調狼兵

的確，沿海的局勢是嚴峻的。倭寇自王忬調任、盧鏜罷職，重又集結登岸。孟宗堰一戰，官軍中伏，都司周應禎以下四百多人被殺。倭寇乘勢占據石墩山，四出劫掠，進攻嘉興城，被副使陳宗夔擊敗，逃入乍浦，又與另一股海盜會合，進犯海鹽等縣。官軍忙去圍剿，倭寇又折向東，入海至崇明島，在夜間襲破縣城，殺死知縣唐一岑。倭寇從崇明島進犯蘇州，在王江涇殺敗官軍，都指揮夏光中箭死，縱橫劫掠數縣，至吳淞始被俞大猷擊敗。

倭寇兩萬餘人占據柘林、川沙諸處，新倭又源源而至。參將李逢時、許國率領從山東招募的六千民槍手趕到，與敵人相遇於新涇橋。李逢時率部下衝擊，倭寇敗逃，官軍追殺，斬首八十餘級。許國見李逢時立功，亦率部進擊，乘勝深入，未想中了敵人的伏擊，官軍潰敗，落水淹死者達千人。

全面負責東南海防的是南京兵部尚書張經，一位經驗豐富的帥才，舉正德十二年（一五一七）進士，歷仕科道、太僕寺少卿、右副都御史協理都察院事。嘉靖十六年（一五三七），張經以兵部侍郎總督兩廣軍務，討平斷藤峽叛亂，「撫定安南」，「平思恩九土司及瓊州黎」[11]，在當地威望甚高，進兵部尚書。後丁憂歸鄉，再起為南京戶部尚書。江浙倭患，朝廷以張經有治軍經略之才，命總督江南、江北、浙江、山東、福建、湖廣諸省軍事，委任甚重。

張經到任後，每日選將練兵，積極備戰，復因江浙及山東兵屢敗，呈請調狼兵和土兵參戰。狼兵，指從廣西俍人（今壯族）中選練的軍隊，號稱勇猛善戰，能以少擊多。土兵，此處則指從南疆各土司招募的軍隊，又有從湖南、四川招募的苗兵，從河南招募的毛兵（每人帶一用獸皮做的箭囊，狀如葫蘆，故名），以及素有勇悍稱號的漕卒。這些軍隊奉調陸續開往浙江沿海。張經久督軍事，深知倭寇大勢已成，急切難以剿滅，採取了積聚力量的策略，以期在最後的決戰中盡掃來敵。而隨著倭寇危害日甚，朝中主戰（而且是速戰）之聲越來越高，嘉靖皇帝也漸漸失去耐心。

2 趙文華祭海

三十三年（一五五四）三月，倭寇轉掠通州（南通）、泰州，焚燒搶劫各鹽場，並騷擾青州、徐州。山東、遼東多處報警，朝廷震動。兵科都給事中王國禎上疏反對招降汪直，兵部上本辯解：「臣等欲懸以重賞，歸為我用，非示弱也。」皇上認為王國禎說得對，諭令「一意剿賊，脅從願降者貸以不死，賊首不赦」[12]。主剿派的呼聲漸占上風。

六月，漕運都御史鄭曉上疏，認為倭寇中大多為國人，因有勇力智謀而無出路，才甘心從賊。他建議命地方官招募義勇，網羅民間人才，發給月米，授以官職，同時出榜招降從倭者，許立功贖罪，以從根本上解決禍亂之源。嘉靖批准。

八月，南京太僕寺卿章煥上言，提出備戰於鄉的戰略，即在要害鄉鎮築城池，練鄉勇，清查內奸，收撫豪傑。御筆准行。

而真正讓朱厚熜感興趣的且寄以重望的，則是祭海神。嚴嵩義子、工部右侍郎趙文華上疏獻備倭七事，第一項便是祭海神，呈請派官至江陽、常熟祭祀海神，以平定倭寇。這種荒謬的建議，對篤信道教的厚熜卻是搔到癢處，次年二月即派趙文華往江浙祭海，兼督察沿海軍務。

不久，屯居柘林的倭寇奪得船隻，進犯乍浦和海寧，攻陷崇德，又轉而搶掠塘西、新市、橫塘、雙林、菱湖等市鎮，「杭城數十里外，流血成川」。巡撫李天寵束手無策，緊閉城門，唯一能做的只是招募健勇從城上縋下，燒毀近城民居，以免為敵所用。時張經大帳駐嘉興，援兵無法及時趕到。兵備副使阮鶚等竭力防禦，也只能使杭州城免於失陷。

戰火遍野，生民塗炭。致仕在家的僉都御史張濂痛傷憤恨至極，上疏描述當地景況：「夫堂堂會城，閉門旬日，已有垂破之勢。徒以意得自滿而去，更無一兵一旅阻其去來。賊寇野心，欲如谿壑，能保其不復至哉？臣恐賊退之後，又復收拾殘傷首級，虛張功次，以欺陛下，仍有從而庇之者，則罰罪之典又移而為賞功之命矣。」[13]正是這本疏章，使皇上對張經和李天寵深深失望，甚至心生痛恨。

四月，趙文華至松江祭海神，剛到浙江，即對備倭諸事指手畫腳。他首先彈劾浙江巡撫李天寵酗酒誤事，以至嘉興、秀水等處失利。有旨將李天寵除名，擢胡宗憲為浙江巡撫。張經危矣！

張經從骨子裡看不起趙文華，更瞧不上這位欽差大臣裝模作樣的祭海。他是一個清醒務實的統帥，也是一個自尊自信的人，明知文華為當今權相嚴嵩的義子，可就是不買帳。作為總督軍務的兵部尚書，他認為自己才有決定軍事行動的權力。

3 張經、李天寵被誅殺

朝廷調集的軍隊陸續趕到。

最先抵達的是廣西土官婦瓦氏統領的狼兵一部，至蘇州後即請求出戰，張經不准。東蘭諸地兵也隨後趕到。張經命瓦氏兵歸總兵俞大猷指揮，東蘭、那地、南丹兵歸屬游擊將軍鄒繼芳，歸順、思恩、東莞兵歸屬參將湯克寬，分別駐紮在倭寇的三面，等待永順、保靖兵來集結，以成合圍之勢。

趙文華到，與胡宗憲一起，不斷地催促張經進兵。張經認為敵人狡悍而且人數眾多，應等永順、保靖兵開到，四面夾擊，方保萬無一失。趙文華邀功心切，急欲向朝廷奏報喜訊，再三催促進擊，張經置之不理。趙文華大恨，遂祕密上疏，指責張經揮霍軍餉，畏賊失機，打算在倭寇飽掠開走後，圍剿剩餘敵人以報功。嘉靖詢問首輔嚴嵩，而嚴嵩早得趙文華私信，更為添油加醋，稱蘇州、松江一帶百姓怨恨張經。嘉靖遂下詔逮治張經。

趙文華發出密疏不久，永順、保靖兵趕到前線，張經命盧鏜率狼兵和土兵由水陸兩路夾攻，在石塘灣大敗倭寇。群倭望北逃走，俞大猷領兵邀殺，死傷更多，逃至王江涇，永順宣慰使彭翼南攻其前隊，保靖宣慰使彭藎臣在後掩殺，倭寇大敗，被斬首近兩千，淹死者也約略相當。殘倭大懼，由柘林棄巢入海而逃。

自有倭患以來，這是最輝煌的一次勝利。

捷報傳到京師，兵科給事中李用敬、閻望雲等早知要逮治備倭主官之事，緊急上言：「今獲首功以千計，正倭奴奪氣，我兵激奮之時，宜乘勢搗柘林川沙窪之巢，以殲丑類。若復易帥，恐誤機會。請姑召還錦衣衛使者，待進兵後視其成績與否，從而逮經加罪未晚也。」[14] 嘉靖受嚴嵩影響，認為張經是聽到文華彈劾後才被迫開戰，更覺其欺罔不忠，杖李用敬二人，斥為民。

嘉靖不久又有些疑惑，再次詢問嚴嵩。老嚴最擅於此類應對，說曾問過家鄉在浙松的徐階和李本，「皆言經養寇損威，殃民糜餉，不逮問無以正法」；又說瓦氏對不能立即參戰很氣憤，說是趙文華與胡宗憲合謀進剿，而張經冒功。張經被逮至京師，詳細陳述用兵始末，申訴：「任總督半載，前後俘斬五千，乞賜原宥。」[15] 皇上不聽，竟下獄論死。

這年十月，張經與李天寵同日被斬。

廣西來的狼兵和土兵素來難以約束，在正德時多次發生過禍害地方的狀況，只因敬畏張經，鬥志高昂，見大帥在獲勝後還要被殺，加上頭目陸續死於戰事，很快軍心渙散，混亂不堪，反成為當地的禍害。果於誅殺的嘉靖皇帝、偏聽偏信的嘉靖皇帝、暴烈寡恩的嘉靖皇帝，即位後一直孜孜於識別和起用治國之才，卻又因簡單輕斷，使許多英才含冤而死，殊為可惜！

4 走馬燈般的總督大臣

趙文華除掉不聽話的張經和李天寵，使東南沿海的文官武將都不寒而慄。嘉靖錯以為趙文華忠心報國，命鑄造督察軍務大印，派人親至浙江，在軍中賜之。從此，趙文華地位在總督以上，更加橫行無忌。

接任總督的為右僉都御史、蘇松巡撫周珫。當年二月，周珫曾上疏陳述備倭的「十難」和「三策」，留給皇上較深刻的印象，張經得禍，擢周珫為兵部右侍郎、總督軍務。周珫起家科道，任都察院右僉都御史駐守昌平時，曾被彈劾「濫冒京堂」，本事不大，受制於李文華。胡宗憲時為浙江巡撫，也想得到總督一職。趙文華上疏論周珫庸碌，盛讚和舉薦宗憲。皇上遂將周珫削職為民。可嘆周珫作為一任總督，在職僅三十四天。

取代周珫的卻不是胡宗憲，而為楊宜，由科道進身，曾多次任職南京，三十三年（一五五四）正月以巡撫河南時平亂有功，升南京戶部右侍郎總督糧儲，這次被改授兵部右侍郎兼右僉都御史，代替周珫。楊宜接受前任的教訓，對趙文華多曲意奉承，使文華則更加輕狂，視總督大人如無物。

此時江浙境內客兵雲集。狼兵不聽約束，到處劫掠，成為當地的一大禍害。川兵與山東兵私下鬥毆，幾乎把前往制止的參將殺死。而酉陽兵在高橋被倭寇擊潰，奪船逃回蘇州，無法禁止。趙文華把這一切都歸於總督楊宜的無能，上疏請罷之。楊宜被免職閒住，到任也不過半年，因他處處討好趙文華，下場還不算太慘。

倭寇往南京進犯，破深水城，至宜興。應天巡撫曹邦輔統兵禦敵，倭寇戰敗，逃奔蘇州的滸墅關。俞大猷、任環引兵擊之，倭寇進據陶宅。曹邦輔督兵圍陶宅，倭寇再逃入太湖，副將何卿被擊潰，曹邦輔馳援，將殘敵全殲於太湖，先後俘斬六百餘人。趙文華欲據功為己有，知邦輔已先奏知朝廷，遂懷恨在心，上疏稱曹邦輔掩蓋失敗，違抗節制，幸給事中夏拭、孫浚為之力爭，邦輔才得無罪。

趙文華素為奸邪小人，一朝得志，氣焰囂張，無所不為。他在備倭前線顛倒功罪，牽制兵機，收受賄賂，使將吏人人自危，無心作戰，是以雖徵兵半天下，而越剿越多，無法遏止。趙文華也知平倭甚難，想快點離開，正好川兵在周浦大敗群倭，俞大猷又在海上大獲勝利，便宣稱水陸成功，江南平定，請求還京。嘉靖大悅，詔許還朝。

誰知趙文華剛回到京師，各種失敗的消息便跟隨而至。嘉靖懷疑趙文華欺妄，幾次問到嚴嵩，老嚴多方為之解釋。嘉靖已不太相信，一次親自問到趙文華，文華嫁禍於督巡非人，並舉曹邦輔為例，邦輔竟為此罷官。當逮捕他的錦衣衛到吳中時，屬吏請他帶上所存的俸錢，曹邦輔一笑揮之，毅然就道。

四、總督胡宗憲

毋庸諱言，當時的官場腐敗已經非常嚴重。腐敗的官場必然形成複雜的政治格局，而複雜政局自會產生一些雜色人物。他們隨風而轉，長袖善舞，才華卓著但品格不高，目標明確而不擇手段。然激於民族大義，借助時勢推動，他們也會挺身而出，為國建功立業。

胡宗憲就是一個雜色人物。他的成功與最後敗落，帶有封建王朝的官場共性，更帶有鮮明的時代特徵，帶有嘉靖朝的戳記。

1 胡宗憲繼任總督

胡宗憲應屬一位文武雙全的難得之才，一個勇於任事，也能亂中求勝、穩定一方的帥才。宗憲為安徽績溪人，舉嘉靖十七年（一五三八）進士，先任知縣，選科道，擔任宣大巡按御史時，曾單騎撫慰亂卒，止息了一場即將發生的叛亂，亦可謂有膽有識。後胡宗憲任浙江巡按，趙文華奉詔祭海兼督察軍務，驕橫恣肆，總督張經、巡撫李天寵都不買帳，獨胡宗憲處處親附巴結，與之謀劃計宜，關係極為密切。李天寵罷，胡宗憲超升為右僉都御史、浙江巡撫。楊宜再罷，又升胡宗憲為兵部右侍郎、總督沿海四省軍務。

胡宗憲為帥之初，幕府所屬的部隊僅三千人，多老弱不可用者。張經徵召的客兵（狼兵、土兵、毛兵、漕卒等）先後令歸原籍，剩下的只有從四川調來的容美土兵千人，及參將宗禮所率的八百名河朔之兵。而倭寇與海匪則合起來有數萬之多，戰火綿延數千里，局勢甚為嚴重。

海盜最主要的首領為汪直和徐海。汪直最先引誘倭寇進犯中原，獲利甚豐，於是日本各島武士紛紛趕來。後被官軍殺傷眾多，有的全島竟無一個生還者，死者家屬滋生怨恨。汪直不敢再往日本，與其養子汪激以及葉碧川、王清溪、謝和等占據五島自保，人稱老船主。胡宗憲派遣門客蔣洲、陳可願前往曉諭日本國王，在五島遇汪激。經汪激介紹，二人往見汪直，汪直待之很是恭敬。

經與倭寇屢次血戰，胡宗憲深知單靠用武很難根本解決問題，打算招撫敵酋，上疏請求傳諭倭寨，皇上也表示同意。宗憲與汪直都是安徽人，打算招降他，命手下將汪直的母親、妻子從獄中放出，妥為安排。汪直聽蔣洲說了這些情況，又知母親和妻子均安然無恙，大為感激，派汪激護送陳可願歸，轉告胡大帥說：「俞大猷絕我歸路，故至此。若貸罪許市，吾亦欲歸耳。但日本國王已死，各島不相攝，須次第諭之。」[16]胡宗憲對汪激很是禮遇，勸他殺倭立功。汪激很受感動，率部眾大敗盤踞在舟山島的倭寇，又攻占其他島嶼。宗憲上疏為其請功，賜金幣，令歸五島。汪激自此與胡宗憲通同一氣，暗地裡告知徐海將要入侵的消息。

2 河朔兵血戰徐海

徐海率領著一大股海上悍盜，勢力雖不如老船主汪直，而橫行無忌則遠過之。

不久，徐海果然引誘大隅、薩摩二島的倭寇來犯，分掠上海、瓜洲和慈溪，而他則與陳東、麻葉領一萬多人攻乍浦，氣焰極為囂張，登岸時把船統統燒掉，表示再不要回到海上。胡宗憲早有準備，令河朔兵自嘉興入駐勝墩，列陣而待；令吳江水兵在前截擊，湖州水兵在後尾追；而自領帳下義勇及容美土兵駐塘棲。徐海奔皂林，浙江巡撫阮鶚領兵趕到，命參將宗禮率河朔兵衝殺，敵人退卻。

過一會兒，徐海派數百悍勇之寇再來衝陣，又被擊敗。敵人大怒，悉數來攻，漫川遍野，呼叫前進。阮鶚見情勢緊迫，倉皇中乘小船逃入桐鄉城。宗禮與裨將霍貫道領兵死戰，扼守要道，敵寇三次衝陣，均被殺退。殺至日暮時分，敵人死掉數千人，士氣低落，只得退走。

宗禮、霍貫道所領為河朔之兵，在交戰中失去嚮導，無法轉移到有利地形去休整，將士們餓到天亮，再與敵人接戰。海盜從樹上張望，看到官軍僅孤壘殘壕，並無其他援兵，以一半在正前方進攻，另一半繞到官軍背後夾擊。霍貫道為一員驍將，見敵人湧至，大呼殺敵，壘中箭簇齊發，官軍以一當十，又擊殺近百人，霍貫道親手劈殺十幾人。敵人很驚怖，連徐海也中矢受傷，準備棄戰逃跑。正在這時，官軍的火藥用盡，敵人蜂擁而入，霍、宗二將仰天長嘆，死於陣上。

3 招降書與離間計

官軍潰敗，徐海進圍桐鄉。胡宗憲不敢前往解救，引兵還杭州，派指揮夏正持汪滶的書信勸徐海投降。徐海見信大驚，問：老船主也降了嗎？

時徐海受傷未愈，也有畏怯和歸降之意，對來使說：兵分三路進攻，不由我一人做主。夏正說：

陳東已另有所約，所擔心的只有您這一路了。徐海一聽，即對陳東產生了懷疑。而陳東聞知徐海營中有胡宗憲的使者，也很吃驚，二人遂生嫌隙。夏正趁機說服了徐海。

徐海派使者到杭州，向胡宗憲謝罪，同時也索要財物。胡宗憲滿足了他的要求。徐海便釋放了俘獲的二百名官軍，從桐鄉撤圍。離開時，徐海派人對守城官軍說：徐公與胡總督有約，撤圍而去；城東門為陳東所部柘林盜，不聽約束，請多提防。

城上官兵將信將疑。天亮時，徐海部眾果然撤走。而陳東所部素來悍勇，仍猛烈攻城，盜眾抬撞竿撞城，又造高大木樓，推近城牆，躍下搏殺，戰鬥異常慘烈。桐鄉令金燕精明果決，城中早儲備了大量的兵仗火藥。巡撫阮鶚提刀在城上日夜鎮守，又招募敢死隊，殺敵甚多。勇士沿撞竿攀緣而上，殺死木樓中盜寇。鐵匠則熔化鐵汁，澆城下之敵，使倭寇不敢靠近。

陳東百計攻城，均無突破，又聽到徐海已撤的消息，不敢戀戰，也撤圍而去，桐鄉終於解圍。被圍之日，阮鶚日日盼望胡宗憲援兵，而官軍駐紮在斗門、烏鎮、王家、石門及崇德，遠者二三十里，近者僅十幾里，均不敢向前與倭寇接戰。阮鶚由此產生了對胡宗憲的不滿，引兵東渡錢塘江，開向江北地區。

胡宗憲為了離間敵酋，假造麻葉給陳東的書信，相約襲擊徐海，又故意讓該信落入徐海手中。陳東和徐海更為互相懷疑和戒備。這時，胡宗憲又派人對徐海說：如果公已經降附朝廷，吳淞江有賊，為何不前往襲擊，以立功勛？況且公軍中無船，奪其舟也可備用。徐海覺得很對，率部眾攻襲，斬首三十餘級，殘盜乘夜逃脫，徐海未能奪得其舟。而俞大猷奉命在海上截殺，盡殲倭寇，焚燒其舟。

徐海心中害怕，派弟弟徐洪來幕府質問，並獻所戴飛魚冠、堅甲、名劍及其他珍寶玩好。胡宗憲熱情地接待了徐洪，給予重賞，命徐海擒拿麻葉、陳東，許功成後奏給世襲之爵。胡宗憲又用財帛首飾收買徐海的兩個愛妾王翠翹和綠珠，使之日夜規勸徐海擒拿陳東以報效朝廷。徐海賄賂薩摩王的弟弟，果然將陳東捉拿獻於胡大帥幕府。

為患已久的海寇巨魁陳東被打入牢獄，等待他的當然是極刑。徐海自以為建了大功，對胡宗憲竟然有了些信任和親切感。

4 騙殺徐海

嘉靖帝以江南倭亂日久難平，議再派大臣督師。嚴嵩感覺到皇上對趙文華已有不滿，讓文華請求再往江南視師，並說江南人翹首期待他的前往。嘉靖批准，命趙文華以工部尚書兼右副都御史，總督江南諸省軍事。趙文華再至東南沿海，胡宗憲對之極為奉承，趙文華在軍事上一竅不通，也要依賴胡宗憲，兩人相交甚歡。

此時徐海非常窘迫：投降朝廷，又擔心日後有變；返回海島，難免被諸酋長所殺。且俞大猷統水軍縱橫海上，越海也大不安全。陳東之黨與徐海結仇，不斷來襲擊。胡宗憲認為有機可乘，派人曉以利害：胡公自然要寬大，但趙尚書認為您罪惡大，何不誘倭酋出海，令官軍俘斬千餘人，以表示對趙尚書的歸順呢？徐海且信且疑，又沒有別的辦法，便與兵備副使相約某日某時引眾出海，舉火為號，屆時官軍埋伏在乍浦城中，見信號即出擊。及至當日，果如此施行，官軍斬殺盜寇近百，淹死無算。

徐海以為已幾次為朝廷立功，請求率部下諸酋長入平湖城謁見趙文華、胡宗憲等，宗憲答應，雙方約定八月二日為期。誰知徐海怕督府設下伏兵，率甲士數百人提前一天來到，命於平湖城外列陣，自己率酋長百餘人全副武裝入城，請求接見。趙文華害怕，不想見，胡宗憲恐生他變，強許之。於是徐海率眾進入，列隊向北朝趙文華、胡宗憲、阮鶚等叩首，口稱：「死罪，死罪！」徐海尚不識宗憲，使者以目示之，又叩首再拜。胡宗憲離座，以手撫徐海的頭說：朝廷就要赦免你，切不要再生事。趙文華等厚賞之，令出。

這種請降方式還是野性未馴，不獨令城中人驚恐不安，就是趙文華、阮鶚等也大為不滿，合謀要誅殺徐海，以絕後患。徐海住東沈莊，又令裨將辛五郎歸島，以為外援。胡宗憲先以計騙住在西沈莊的陳東餘黨攻徐海，又令盧鏜率水兵以計擒辛五郎。趙文華調集六千軍隊圍沈莊，督軍進擊。徐海知事變，掘深壕自守，立木柵數重，官兵不敢入。阮鶚自是要報桐鄉之仇，強令進攻。俞大猷從海鹽攻破東沈莊，又追殺到梁莊，乘風縱火，倭寇大潰，斬獲一千六百多，徐海落水淹死。永保兵俘翠翹和綠妹，問徐海在何處，二妾哭指其沉河處。於是士卒爭先下河，撈出徐海屍體，斬首獻總督之前。

徐海原為杭州虎跑寺和尚，雄踞海上五年，自稱「天差平海大將軍」，至此方被平定。趙文華飛疏報捷，稱說是皇帝贊玄之功，並獻所俘徐洪、陳東、麻葉、辛五郎及徐海之首。嘉靖行告廟禮，加文華少保，宗憲右都御史。

趙文華被召回朝，胡宗憲還任總督。後阮鶚調福建巡撫，宗憲兼任浙江巡撫。當年冬，胡宗憲令俞大猷掃平舟山之寇，兩浙倭亂漸平。

五、汪直被誅與胡帥獲罪

剿與撫，戰與和，通貢互市與嚴密封鎖，是當時使用甚多的軍事詞匯，也是朝堂上爭執不休的政治話題。王守仁在思田曾遇到這一問題，翁萬達在宣大曾提出此類難題，現在的胡宗憲也面對同樣兩難的課題。

說到兩難，一般又不在剿與撫的選擇，而在如何才能取得皇上的認可，如何防止皇上的突然改變，如何在皇上變卦時能全身而退，那才是難中之難。

1 以撫為主

三十六年（一五五七）正月，胡宗憲以總督軍務兼浙江巡撫，集軍政大權於一身。宗憲精明幹練，深知官場之訣，上結嚴嵩、趙文華，倚為朝內靠山；在下則善待良將如俞大猷、盧鏜等，用其效死立功。是以勝則告捷受賞，敗亦有人包苴，不受懲罰。

胡宗憲的最妙一招是對倭寇的離間和招撫，對汪直的招降卓有成效，而對徐海、陳東之輩招諭加離間，更讓人嘖嘖嘆羨。現陳、徐已被徹底殲滅，汪直仍雄踞海上，與日本各島密切聯繫，又時時派人潛往大陸內，成為明王朝的心腹之患。

如何對待老船長汪直？胡宗憲表現得很猶豫：在私人情感上，他感謝汪直的配合和幫助，剿滅徐海，汪直是有大功的；在道德良心上，也是他曉諭勸降，釋其母與妻，許諾保證，因此在精神上負載亦重；更重要的則是對明王朝疆域安全的考量，深知汪直的實力，深知掌握或說利用汪直的好處，也知道搞翻了的危害。凡此種種，都決定了胡宗憲以撫為主的政策取向。

然皇帝會怎麼想？

嘉靖帝在位期間，總督軍務一職權重位尊，而總督大人的下場卻大多不妙，朱紈、張經，也包括此前曾銑、仇鸞，皆是數積大功的統兵大帥，其終局卻個個慘淒。朱厚熜向不親自統兵，也從未放棄對將帥的制約，生殺予奪，恩威並至。然「恩」不過晉秩加封，「威」則是砍頭戮屍！

胡宗憲的支持者是趙文華，文華的支持者是嚴嵩。趙文華贊同胡宗憲的策略，也認為應赦免汪直，進而利用汪直的力量，去鎮壓或降服其他海盜。有趙文華在朝中上下其手，胡宗憲無疑是吃了一粒定心丸，繼續招諭汪直，許以若歸降將予都督一職。其門客蔣洲留在倭寇中，也不時對日本諸島遊說。這年春，日本山口、豐後兩島島主聽從蔣洲招諭，前來入貢，並歸還掠走的人口。胡宗憲上奏朝廷，諭令厚賞來使後遣還本國，對所實施的招撫政策，無疑為一種鼓勵。

及至當年秋，情況突變。問題出在太子太保兼少保、工部尚書趙文華身上。

2 趙文華獲罪

在封建王朝中，很少有不褪色的榮耀，也很少有不更易的信任和恩寵。

朱厚熜有眼光和定見，正因為如此，不能容忍臣子有任何欺蒙。愈是受其寵任的大臣，一旦發現欺騙與不忠，懲處就來得極為猛烈。趙文華受寵日驕，小人得志，對內侍貴近者、包括嚴世蕃漸不如此前恭敬謙遜，引起普遍反感。嘉靖派人賞賜趙文華，正遇到他在家醉酒，接待禮數頗為不周，聽說後不免惱火。西苑建新閣，逾期未能建成，皇上也對掌管工部的趙文華心中不快。一日在御苑登高覽勝，見西長安街新起一宅雄偉高大，嘉靖問侍從：那是誰的宅第？

左右回答：「趙尚書新宅也。」

又一人在旁邊說：「工部大木，半為文華作宅，何暇營新閣！」[17]

嘉靖記在心裡，對趙文華的作為已開始留意。四月間，恰好奉天、華蓋、謹身三大殿火災[18]，有旨令早日修復，竟一拖再拖。嘉靖又聽說趙文華在視師剿倭中貪污受賄、邀功請賞等不法事，有意將他罷免斥逐。恰趙文華上章稱病告假，即蒙御批：「今大工方興，司空乃其本職。趙文華既有疾，其令回籍養病。」[19]制書頒下，舉朝稱賀，唯在抗倭前線的胡宗憲因利害相關，心情頗為沉重。

雖將趙文華罷歸，嘉靖仍覺得未盡其罪。科道官基本是看嚴嵩的眼色，並無人彈劾文華，皇上的怒火也無處發洩。正在這時，趙文華之子、錦衣千戶趙懌思在齋祀期間請假送父歸里。嘉靖曾規定此間不准上疏奏事，覽奏大怒，將趙文華削職為民，其子戍邊，又以禮科未能彈劾糾舉，將都給事中謝江等六人廷杖罷斥。趙文華在九月間離京歸鄉已重病在身，恐懼鬱悶，病亡於歸舟之中，死時肚破腸流，其狀甚慘。後經審核，趙文華侵盜軍餉達十萬四千兩之多。得旨抄家，令其子孫還債。至萬曆十一年（一五八三），此債尚未還出一半，有司代請赦免，神宗不許，又把其另一個兒子發配充軍。此是後話。

趙文華獲罪罷譴，胡宗憲的招撫政策失去了一個強大的內援。世宗對嚴嵩也產生不滿甚至懷疑，責備他沒有上報趙文華的罪行。在這種情況下，老嚴也不敢為赦免汪直說話。嘉靖帝深恨倭寇的劫掠和騷亂，也從徐海被殲受到鼓舞，決意要徹底剿滅倭亂，平定海域。

3 汪直請降與被誅

罷斥趙文華的當月，日本山口島都督源義長遣使奉表謝罪，送回明朝使者及出海哨探夷情的軍士，以及一些被擄人口。使者聲稱侵犯閩浙沿海的為中國奸商勾引的小島夷眾，都督等不知詳情。

胡宗憲上報朝廷，說此事為門客蔣洲所為，又說日本來使的情況欠詳，「豐後雖有進貢使物，而實無印信勘合；山口雖有金印回文，而又非國王名稱」。他說由於蔣洲不識國體，造成這種亂象，請求「量犒其使，以禮遣回，令其傳諭義鎮、義長轉諭日本國王，將倡亂各倭立法鈐制，勾引內寇一併縛獻」[20]，然後才允許請貢。嘉靖令禮部議奏，禮部認為應優待來使，然宣諭一事不可輕易實行，宜由浙江布政司行文答覆，令轉告其國王。得旨准行。

十月，汪直與日本人善妙等率一支大型船隊抵達舟山群島，派人與胡宗憲洽談投降事宜，聲稱要為朝廷肅清海上盜寇，以贖死罪，同時請求通商貿易。胡宗憲考慮再三，還是答應了汪直的請降。

至約定之日，只有前往詔諭的蔣洲來到，汪直及毛海峰、葉碧川均未來。一時傳言四起，浙人聽說汪直率大隊倭寇前來，驚慌不安。巡按御史周斯盛請求罷貢和逮捕蔣洲，胡宗憲不敢包庇，更不敢大意，命逮蔣洲，並向海岸調集軍隊。蔣洲在獄中陳述招諭的過程，表示汪直降意甚誠，其未能按時前來，一定是被海風阻住。

汪直所乘之船果然是被颱風損壞。未過多久，汪直改乘巨船，率頭目數十人趕來，停泊於定海港。見岸邊軍隊集結，派其子汪澂前來質問。胡宗憲再三解釋，汪直不信。胡宗憲又讓汪直之子寫書信相招，汪直說：「孩兒真傻。你父親在，官府厚待你。父若前來，則合門被殺而已。」汪直提出要一貴官為人質，胡宗憲馬上派指揮夏正與汪澂同往，汪直向來與夏正有交情，不再有疑心。

汪直率黨徒葉碧川等至總督府請降，胡宗憲隆重接待，命軍中指揮使負責寢食，允其乘轎出入，並供應其船隊酒肉蔬米，真是熱情周到。胡宗憲多次與汪直懇談，盟誓守信，以釋其疑惑。在內心深處，宗憲的確想赦免汪直，以盜寇制盜寇，獲得長治久安。他說服汪直先入按察司獄，以示服罪，爾後上疏朝廷，提出「曲貸直等死，充沿海戍卒，用繫夷心，俾經營自贖」。巡按御史王本固強烈反對招安汪直，而江南傳言紛飛，說胡宗憲收了汪直、妙善等金銀數十萬，胡宗憲聞說恐懼，急令人追回前疏。他的疏文完全改變，「言直等實海氛禍首，罪在不赦，今幸自來送死，實藉玄庇。臣等當督率兵將，殄滅餘黨，直等惟廟堂處分之」[21]。胡宗憲把誘獲汪直之功，歸於皇上贊玄修醮所致，聲稱汪直命該自絕，再不以一言保護。

嘉靖對汪直必欲誅之，在疏章上親批「直元兇不可赦」，並敕令進兵擒剿餘寇。胡宗憲遂密令將汪直處死，發兵四面圍攻舟山島。汪澂和敵酋謝和殘酷地殺害了夏正，負隅抵抗，官軍死傷甚多，無法攻占該島。汪直久居海上，又很受海盜尊敬，徒眾效死賣命者甚多，至此群起作亂，官軍難以收拾。

三十七年（一五五八）春，大隊倭寇從日本各島開到，與汪直舊部聯合入侵。福建連連告急，千戶魏兵、高洪戰死。倭寇進逼福州，巡撫阮鶚不敢抵禦，只好以庫銀賄賂倭寇，用新造的六艘大舟讓其滿載而去。

京師又開始不斷地收到警報和失敗的消息，嘉靖嚴旨斥責宗憲。胡宗憲急上疏陳述戰功，表示不久就會掃清倭寇。兵部認為其有意欺騙，科道官也接連上疏彈劾胡宗憲貽誤戰機，縱寇南侵。嘉靖下旨申斥胡宗憲，並將俞大猷等削職，命軍中效力，克期破賊。

4 胡大帥自盡

當是時，胡宗憲總督府儼然為東南沿海的最高軍政機關，人稱「帥府」，宗憲則被呼為胡大帥。胡宗憲果毅堅強，每遇戰事，都戎裝臨陣，立於矢石之間，指揮若定。倭寇圍杭州城，胡宗憲登城臨視，從牆堞間探身俯察敵情，三司官員兩股戰戰，怕為流箭射中，宗憲則顯得從容不迫。

胡宗憲擅權術，通過趙文華的關係結交嚴嵩父子，趙文華死，更是極力巴結嚴氏，每年進賄賂無數。皇上喜祥瑞，胡宗憲在舟山獲白鹿，上獻朝廷。這一下可真是搔到癢處，朱厚熜開心之極，舉行告廟之禮，賞賜甚厚。不久，胡宗憲又獻白鹿，令幕僚徐渭（就是那位大才子徐青藤）作表。皇上更以為盛世吉兆，「告謝玄極寶殿及太廟，百官稱賀，加宗憲秩」[22]。獻祥瑞竟成為一道護身符，後倭寇劫掠福建，科道官一再彈劾宗憲，嘉靖不獨不加罪，反而認為他是因獻祥瑞得罪群臣，遭到嫉恨。胡宗憲得到慰諭和褒賞，官也越做越大，加太子太保，升兵部尚書，再加少保。與之同時，胡大帥到處搜羅吉祥物件，獻白龜，獻五色靈芝，獻各種祕術，以邀歡固寵。

嚴嵩父子倒臺，徐階主閣，對胡宗憲的彈劾重又開始，致使其終被逮治。然皇上沒忘其平倭和獻瑞之功，不忍加戮。宗憲長繫獄中，悲憤抑鬱，終於四十四年（一五六五）十一月死去[23]，據載亦是自殺。

此時東南沿海的倭亂已基本平定，戚繼光和俞大猷這兩顆耀眼的將星亦正升起，二人都曾是胡宗憲的部下。正是戚繼光和俞大猷，指揮軍隊，浴血奮戰，終於基本蕩平了海寇。

第十六章

權相與忠僕

忠順與貪酷，常常是寵臣性格的兩面。對皇上有多忠順，對下僚就會有多貪酷。從承天扈從回京後，嚴嵩倚仗帝眷，貪贓枉法之事漸多。還要承蒙他那個天才兒子嚴世蕃的創造性思維，居然敢把索賄擴展到各地王府。禮部掌管的宗藩請恤乞封之事，都要經世蕃手辦理，見出其中多有情弊，便乘機大索賄賂。嚴世蕃也多次到其他部院走門子，鬧得父子倆穢名遠揚。

二十一年（一五四二）秋八月，嚴嵩以禮部尚書兼武英殿大學士，參與機務。六年之後，他在內閣爭鬥中完勝夏言，老夏在凜冽寒風中屍橫長街，自己則滿面謙恭地登上首輔之位，從此年直到四十一年（一五六二）五月，在位達十五年之久。

自洪武十三年（一三八〇）罷中書省，明朝也就沒有了丞相。嚴嵩被人稱為明朝的第一個權相，大概是指他獨掌閣權，號令六部，培植私黨，營私納賄等行徑。清人纂修《明史》，於「奸臣傳」擇選甚嚴，「必其竊弄威柄、構結禍亂、動搖宗祏、屠害忠良、心跡俱惡、終身陰賊者，始加以惡名而不敢辭」。以之對應嚴嵩，幾乎每一條都相吻合。

但在嘉靖帝那裡，嚴嵩是一個大忠臣，一個勤謹溫順的忠僕，一個效力終生的老奴。這個忠僕曾享有過巨大權力和財富，竟有些精神恍惚，以為皇帝對自己無所不可。一旦失去了皇上的寵信，所謂權相，轉瞬間便成斷了脊梁骨的可憐老狗。

一、「柔奸變幻，簸弄一世」

古代史著多以類論人，又在各類中加以細化。奸臣的類型亦多，如嚴嵩，則被稱為「柔奸」。因為殺父之仇，明代大文人王世貞恨透了嚴嵩父子，為之撰寫長篇傳記，字裡行間恨意淋漓。《明史·嚴嵩傳》幾乎全出於世貞原稿，卻刪去很能說明其性格的一句，「善自卑屈，至士大夫入謁，人人慰勞，務得其歡心」[1]，大約就是柔奸吧。

柔奸之為惡，不在其柔，而在其奸。柔者狀其靈活身段，奸者則指其品性行為。然面對恩威難定的皇上，嚴嵩主要的本領是將順與恭謹，是步步緊跟和處處效忠，是陪侍齋醮的晝夜辛勞、撰作青詞的絞盡腦汁……總之主要是一個「柔」字。而其子世蕃則利用乃父職權，插手六部、援引私黨、招權納賄、殘害忠良，做盡奸惡之事。柔奸，還可看作嚴氏父子的合稱。

1 由隱居到高升

嚴嵩為江西分宜人，身材高大瘦削，聲音洪亮，一副儒者氣概。他於弘治十八年（一五〇五）中進士，入選庶吉士，列名甚前，入翰林院讀書。庶吉士，又稱庶常、吉士，典出《尚書·立政》，意謂上列各官皆屬祥善之輩。明太祖取消中書省，以庶吉士稱翰林院、承敕監的新科進士，永樂後專屬翰林院。有明一代頗重翰林文學之臣，漸而至非翰林不入內閣，故一旦入選庶吉士，即被視之為「儲相」。此一屆庶常二十九人，三年散館，其中六人授翰林院編修，嚴嵩列第二人。嚴嵩的庶常館同窗多後來的朝中重臣，如翟鑾，先於他十五年入閣，好不容易熬到首輔，卻被新閣僚、老同學嚴嵩很快搞下臺去。

早年的嚴嵩是個讀書人，欽點編修，應說春風得意，他卻接連請求歸家養病，隱居鈐山讀書，如此一晃就是十年。這是他的一種聰明抉擇。其時正德皇帝一味胡折騰，身邊先有劉瑾，後有錢寧、江彬，朝中諍臣慘死於其手者甚多，而嚴嵩退居故鄉山林，嘯風吟月，作了不少詩，文辭古奧，大得士林美譽。

朱厚熜入繼大統，議開經筵，嚴嵩被推選為第一批經筵講官。同兼經筵的有楊慎、李時、顧鼎臣，還有在庶常館的三個同窗，皆一時俊彥。十年的悠游林下，嚴嵩與他們已地位懸殊，徐縉、翟鑾已為侍讀，穆孔暉為侍講，而他仍是六品編修。參與經筵，天顏咫尺，本是極好的機會，哪知一個月後，嚴嵩即升任南翰林侍讀而去。雖說是署掌院事，但遠在南京，終日無事，忽忽又近五年。其間張璁、桂萼等人在南京發動議禮，楊慎等人在北京領頭哭諫，廷杖流放，血雨腥風，嚴嵩兩邊都沒參與，卻也看盡政治風景，看透官場險惡，看了個明白透徹。

嘉靖四年（一五二五）五月，嚴嵩應召進京，升任國子監祭酒。按資歷，他尚不夠擔任皇家大學的校長，只因與首輔費宏為同鄉，私相薦引。後費宏被攻去職，嚴嵩的任職也是其一條罪狀，他上疏辯解，倒沒被牽連。兩年後，嚴嵩再次參與經筵，這次的侍講陣容更為豪華，新貴張璁、桂萼都在其中。儀表堂堂、學識淵博的嚴嵩顯然給朱厚熜留下了好印象，不到一年，就升任禮部右侍郎。其時厚熜一腦門子的議禮，禮部之重遠超其他各部院，簡於此任，有一種很大的倚信。該部尚書為李時，待人仁厚寬平，嚴嵩敬事之。

就職禮部的第二個月，嚴嵩奉皇上之命，前往承天祭告顯陵，樹碑，上尊謚。他在承天待了整整半年，思慮周密，處事敬慎，不辭辛苦，將一應事宜料理得停停妥妥。回朝後，嚴嵩似乎找到一個最佳話題，連續上疏，其中有如下一段：

> 天眷陛下，靈異非一：恭上冊寶，其辰煥雲釀雨，及改題之際，靈風颯然，若神靈仿佛而來下；奏安神床，前夕愁霖徹宵，及行禮之際，祥曦散彩，群臣歡慶而動色。至於白石產棗陽，有群鸛集繞之祥；碑物入漢江，有河流驟漲之異。此兩事尤為殊特。昔太宗文皇帝建碑孝陵，得美石於陽山，學士胡廣有記；營建北京，得大木於蜀，有巨石當道，夜聞吼聲如雷，石劃自開，木由中出，敕胡廣撰神木山之碑。今奇產靈貺事適相類，不有紀載，後世何述？[2]

通篇馬屁精，又寫得那麼真誠，文采富贍，可視為後日青詞之先聲。此時厚熜已熱衷於齋祀，每天清晨在宮中拜天祝禱，嚴嵩此疏，將皇上與永樂皇帝相比附，也使之龍心大悅，即予准行，對這位禮部右侍郎大生好感。

嚴嵩又奏請在襄陽增設遞運所，增加衛輝以南往承天各驛站的馬匹，以向皇上證明承天在自己心中的分量，藉以表達忠誠。同時，他還上疏描述路上所見南陽饑民的困苦狀況，請求減稅賑濟，也在民間邀取賢名。此後，嚴嵩官運亨通，數月後遷禮部左侍郎，再兩年改吏部左侍郎。時方獻夫為吏部尚書，因事引疾歸鄉，吏部缺主官，嘉靖遂以嚴嵩主持部務。

2 賜讀《明堂或問》

吏部號稱天官，「掌天下官吏選授、封勛、考課之政令」，「視五部為特重」[3]。嚴嵩以文學侍從出身，在國子監和禮部任職，一下子真有點兒摸不著頭緒，兩次推升官員，都被皇上否決。更為嚴重的是，一朝權在手，他的貪念便爾顯露，僅兩月過去，就有言官彈劾，雖未點嚴嵩的名，話可是毫不客氣，指出吏部「升用非人，有徇情受囑而心懷貪得」。嘉靖大概也有些不滿意，很快就讓他去了南京，先任禮部尚書，幾載後改為南吏部尚書。留都的六部，說好了是幹部儲備，說實了是打入另冊，哪有什麼事情，冷清寂寞，轉眼又是五年。

十五年（一五三六）夏，嘉靖帝提出重修《宋史》，李時為內閣首輔，推薦嚴嵩堪當此職，詔命調任禮部尚書兼翰林學士。原任禮部尚書夏言已入閣，重點負責各項大工，嚴嵩舉進士雖早，對夏言執屬下禮，極其恭敬謹畏，獲得其歡心。嘉靖想將自己的父親配祀明堂，又要稱宗入太廟。嚴嵩與群臣計議，提出一些不同意見。皇上不悅，自撰《明堂或問》，令廷臣拜讀反思。嚴嵩頓時惶恐不安，盡改前說，又賣力地制定禮儀細則，總算博得皇上一點贊許，從此後完全摒棄自尊自愛，一切順從皇帝，一切討好皇帝。嘉靖尊上昊天上帝尊號、寶冊等，嚴嵩都是忙前忙後，奏稱天上出現五色祥雲，作〈慶雲賦〉〈大禮告成頌〉，宣傳鼓吹，文辭華美，讓皇上煞是喜歡。

當然也不獨嚴嵩，朝臣多數如此，整個朝廷彌漫著一種柔靡諂媚之風。老嚴所能勝出者，在於擅於揣摩帝意，在於他能吃透皇上的性情與好惡。十六年（一五三七）春，朱厚熜奉母拜謁山陵，儀仗鮮明，重臣簇擁，太后老娘風光無限，皇帝也覺得美滋滋的。偏嚴嵩想到一招，請求內閣及九卿大臣到蔣太后跟前行五拜三叩頭禮，隨行科道官見沒有參與的份兒，也集體呈請。龍顏大悅，同意扈從大小官員一體隨班行禮。

嚴嵩外貌儒雅謙和，一直以這種姿態，獲得上司的信任。李時素來與人為善，夏言則生性強橫，作風霸道，對老嚴卻是長期的深信不疑。能爾如此，要領仍在一個「柔」上。嚴嵩以柔上邀帝意，以柔巴結上司，也力圖以柔為自己塑造一個善良形象。可朝內外都不乏明眼人，臺諫官早早便盯住了他，不斷有人上章彈劾。嚴嵩能言善辯，只要有人說他不好，必加以辯解，嘵嘵呶呶，搞得科道反感，皇上也很不耐煩。戶科給事中胡汝霖有一段針對性言論：

> 先時大臣被論列者惶恐待罪，乞恩求退而已，是非付之廷議，用舍聽自上裁。大臣進退體貌當如是也。尚書嚴嵩穢行既彰，招致論列，輒為具奏自明。此皆鄙夫飾辭文過，名為辭避，實幸陛下或偶信之，不加譴斥，以持其祿位而已。臣愚謂奏辯之風不息，則無以存大臣之體，廉恥之節不立，則無以勵小臣之行。士趨日下，往而不返，陛下雖欲臻唐虞三代之治，誰與共成之？[4]

所指為嚴嵩，所及則當時大臣之體和政壇風氣。疏入，嘉靖閱後深以為然，下旨：「今後大臣被劾宜省己，勿得強辯。」此疏見於十六年（一五三七）六月，嚴嵩已被論為「穢行既彰」，而一貫喜歡根查窮治的朱厚熜，對此未加追究。

3 柔靡與凶橫

嚴嵩對皇上更加恭順勤謹，奉旨之事無不竭盡全力。十八年（一五三九）春的南巡，朱厚熜既是總導演，又是臺上的主角，而嚴嵩則自覺擔任舞臺監督，關注細節，盡心盡力，料理周密，在一系列禮儀上沒出任何差錯。禮成之後，他提議百官奉表稱賀，雖夏言認為不妥，卻是一再奏請，皇上欣然批准。回京後，又是他疏請為鍾祥題「顯親達孝之城」匾額，朱厚熜謙虛一番，亦御筆親題。扈從大臣多多，哪一個不想在皇上跟前表現表現？夏言和郭勛豈不擅於揣摩上意？比起老嚴，還真有點兒跟不上。

忠順與貪酷，常常是寵臣性格的兩面。對皇上有多忠順，對下僚就會有多貪酷。從承天扈從回京後，嚴嵩倚仗帝眷，貪贓枉法之事漸多。還要承蒙他那個天才兒子嚴世蕃的創造性思維[5]，居然敢把索賄擴展到各地王府。禮部掌管的宗藩請恤乞封之事，都要經世蕃手辦理，見出其中多有情弊，便乘機大索賄賂。嚴世蕃也多次到其他部院走門子，鬧得父子倆穢名遠揚。南北科道官紛紛上章彈劾，嚴嵩裝模作樣地辭官，以守為攻，在辭呈上巧加辯解，且給自己塗脂抹粉。十八年秋，嚴嵩以被論上疏：

> 為人臣於今時，必使主孤立自勞，率皆觀望禍福。[6]

明明是被論貪婪，卻扯到對皇上的一腔忠誠上。而嘉靖從來都有這種看法，認為自己操心國事，認為眾多臣下不能效勞與分憂。就這麼詭譎的一句，竟讓皇上大為感嘆，曰「此言已盡矣」。

嘉靖一朝，由於朱厚熜的剛愎自用和果於刑戮，愈到後來，輔弼大臣中身段柔軟者愈多。即如嚴嵩之類以柔成名者，也有明眼人指出其實質上的貪酷凶橫。二十二年（一五四三）六月，吏部尚書許贊率部屬劾奏翟鑾、嚴嵩干擾銓選，皇上偏向老嚴，斥責吏部。吏科給事中周怡激切上言，「陛下日事禱祀而四方之水旱災傷未能銷，歲開納銀之例而府藏未能實，蠲租之令數頒而百姓未能蘇，選將練士之命時下而邊境未能寧」，進而指出責在內閣：

今嵩威靈氣焰凌轢百司，市權攬勢，凡有陳乞，雲集其門，先得其意而後聞於陛下。中外之臣不畏陛下，惟知畏嵩也。鑾則依違委靡不能主張，其氣勢之弱，雖不足驅人之趨附，而名位之先，亦不足為嵩之妨礙。贊兩世三居吏部，可謂世臣，雖曰小心謹畏，而直氣正色不能預銷權位要求之心，弱亦甚矣！[7]

此處「弱亦甚矣」，《明史》改為「柔亦甚矣」，極為妥帖[8]。其實嚴嵩是柔而不弱，翟鑾和許贊才可稱柔弱。

嚴嵩表面上謙沖淡泊，能做到卑躬屈膝，內心裡實是偏狹歹毒。與夏言相爭時，他的惡行被對手抓住，便領著兒子至夏宅中，長跪不起，使夏言生鄙夷憐憫之心，放其父子過關。而嚴嵩深心銜恨，密結黨羽，等著機會報復。河套之議，成了曾銑和夏言的頸上繩索，收緊這個繩套的正是嚴嵩。他與陸炳聯手，找到了關在獄中的甘肅總兵仇鸞，慫恿其上疏攻擊曾銑。曾、夏二人死去，仇鸞出獄，對嚴嵩以父相稱，恭謹至極。後仇鸞在戊戌之變中勤王立功，總督京軍三大營，漸漸驕橫，不大買嚴嵩的帳了。嚴嵩大恨，卻能不動聲色，忍耐等待，及見皇上對仇鸞有所反感，這才與陸炳勾結，密疏相奏，揭發仇鸞通敵之事，致其死後被開棺戮屍。

嚴嵩一介書生，無經世濟民之才，亦無經世濟民之志，唯有恭謹事上，取得皇上的愛寵。他處處揣摩嘉靖的喜憎好惡，以結歡心。夏言任首輔時曾加「上柱國」，厚熜在自己生日來臨之前，頒旨給嚴嵩加稱此號。而就在萬壽聖節這天，嚴嵩上疏懇辭，說：

臣伏蒙聖恩加上柱國，臣不勝疑懼！《傳》曰：「尊無二上。」上之一字，非人臣所宜居。國

> 初雖設此官，亦不輕授。當時左相國徐達為開國勛臣第一，亦止為左柱國。累朝曠而不置，縱使特恩，臣子所當力讓。昔唐太宗藩邸時曾為尚書令，唐世臣子無敢為尚書令者，至代宗朝以郭子儀有大功特拜斯職，子儀固讓不受。臣雖識昧古今，頗知敬畏，乞皇上特免此官，仍著為國典，以昭臣節。[9]

這樣的誠懇表態，這樣的借機效忠，這樣將皇上與唐太宗相提並論，怎能不讓皇上喜歡！御批讚揚他「敬出心腑」，允許辭免，將嚴世蕃擢升為太常寺卿。

朱厚熜「英察自信，果刑戮，頗護己短」[10]。嚴嵩深知主子的個性，若要想解救某人，必先順著皇上的意思對其大加抨擊，然後再委婉地為其解釋，讓皇上覺得不忍心；若要陷害某人，嚴嵩常也先稱讚其某些長處，再如不經意地提及相關祕事，使皇上覺得被刺中痛處而動殺機。久而久之，士大夫漸漸為嚴嵩所控制，爭相攀附，時稱吏部文選郎中萬寀、兵部職方郎中方祥為其文武管家，而在他面前，六部尚書大都小心謹慎，不敢違拗。

二、殺不盡的諍臣

嚴嵩入閣的當月，兩京科道官便激切上疏，交章彈劾，一直到其倒臺。時稱嚴嵩為「四凶」之一，譏其「不當乘君子之器」。

彈劾嚴嵩父子的前後不下數十人，絕大多數被斥受譴，有的竟慘死獄中。或也正由於此，朱厚熜似乎從未徹底信任過嚴嵩，在他的心目中，老嚴既比不了張璁的忠直清廉，又比不了夏言的精明幹練，其貪婪和陰險，也瞞不過無處不在的廠衛密探。但他喜歡老嚴的聽話和賣力，以此予以任用和容忍，直到有一天覺得再不能容忍為止。

1 「盛世之四凶」

朝廷設立科道，允許其風聞奏事，主要是為了發現和提出問題，包括皇帝的問題。那些個剛愎自用的帝王，常常不喜歡這班多嘴多舌的諫官，朱厚熜尤其如此。自嘉靖三年（一五二四）的左順門大廷杖，兩年後又有李福達之獄，受創最重的便是科道官。杖棒翻飛，血肉迸濺，言官的滿腔忠正也隨之減弱褪色。張璁兼掌都察院事，也是受皇上之命，來管住這些討嫌的言官。

後來內閣傾軋，朝綱敗壞，眾多的言官成為鷹犬，吠影吠聲，喪盡憲台風範。但有中華傳統道德文化的浸潤，有儒家經典，朝中也始終存在著不畏杖戮、毅然上疏的正直官員，如死於直諫的太僕寺卿楊最，如號稱「三忠臣」的楊爵、劉魁和周怡，都名垂史冊。

嚴嵩秉政期間，招權納賄，具體操辦者就是嚴世蕃，引起朝野正直之士的切齒痛恨，最先向嚴氏父子發起衝擊的，是南京吏科給事中王燁、御史陳紹。二十一年（一五四二）十月，兩人劾奏嚴嵩「貪婪狡獪，又加以鄙惡之子世蕃招權納賄，煽助虐焰」[11]，說這樣的人居於內閣，必為國家之禍。嚴嵩極有文采，上疏求退，巧妙將話題引到皇上敏感處，御批「諸攻卿者主使報復，朕具悉之」。厚熜要表達自己的洞察秋毫，所謂主使者，指七月間革職的夏言。

就在這個月，宮內發生了震驚中外的「宮婢之變」。朱厚熜險遭不測，尚未康復，巡按四川御史謝瑜彈劾嚴嵩的奏章又到。謝瑜在嚴嵩任禮部尚書時即劾其「欺君罔上，鉗制言官」，此時更為激烈：

> 昔舜誅四凶，萬世稱聖。今瓚與郭勛、嚴嵩、胡守中，聖世之四凶。陛下旬月間已誅其二，天下翕然稱聖，何不並此二凶，放之流之，以全帝舜之功也。[12]

厚熜剛剛經歷殺身之險，嘴上不承認，內心應也頗有反省，覽此一疏，若有所思，沒有馬上做出反應。嚴嵩上疏自辯：「大聖賢不世出，大奸惡亦不世出，臣雖不肖，何至有四凶極大之惡。」[13]言外之意，指謝瑜誣衊在皇上的英明統治下，竟出現了「四凶」。經此輕輕一撥弄，彈劾之鋒便指向當今聖上。嘉靖雖未完全上套，也生反感，慰留嚴嵩，叫他不要墮入「中傷之計」，對謝瑜嚴加申斥。

嚴嵩是個睚眥必報的人，唯其時入閣未久，還不敢明顯地報復。三年之後的考察中，嚴嵩密令主考者將謝罷黜，廢棄終身。嚴嵩的報復大多張弓引滿，待時而發，置所恨者於死地，又避免傾陷報復之嫌。二十年（一五四一）八月御史葉經曾彈劾嚴嵩收取重賄，為交城王府輔國將軍朱表柙謀郡王之爵等事，使嚴嵩很驚慌，竭力遮掩才得無事。過了兩年，葉經受命監山東鄉試，嚴嵩摘錄試策中所謂「誹謗」之詞，激怒嘉靖帝，詔逮葉經，廷杖八十，不久即死於杖創。[14]

2 暗算老同學

夏言被遣歸鄉後，內閣只剩下翟鑾和嚴嵩。二人同年進士，同入翰林院庶常館讀書，朱厚熜即位後又同為第一批經筵官，也算是有緣。翟鑾英俊優雅，「長身玉立，音聲炳烺，進退周旋皆有常度，規陳啟沃切中機宜」[15]，大受皇上眷注。四年（一五二五）七月翟鑾升為翰林學士，十天後會推為南吏部右侍郎，厚熜已同意，批紅後才發現「南京」二字，大吃一驚，命司禮監追回。嘉靖說：這樣一位善於講學的人，豈可離開朕的左右！再兩年推舉閣僚，傳諭：「用鑾者，於朕為學有益。」而這時的老嚴，還在南京做冷曹仰望星空呢。

有左順門的前車之鑒，翟鑾對皇上也是順從吹捧，從來不敢堅持什麼。但他居官清廉，做事謹慎，努力在文章上下功夫，絕不多攬是非。嘉靖頗懂得羈縻之道，一般臣子上書言事，要經過通政司辦理，而對輔弼近臣特賜專門的銀質印鑒（即所謂「銀記」，又稱銀圖書），可以密折奏事。賜給翟鑾的兩枚銀章，一曰「清謹學士」，一曰「繩衍輔德」。張璁、桂萼常密封上疏，獨翟鑾一無所言。厚熜有些不滿意，問他為什麼，翟鑾俯身叩頭，回說：陛下聖明，臣聽命順應都來不及，哪還有其他建議呢？此等面諛之詞，翟鑾說得懇切，皇上聽得舒服，傳至士林中則難免疵議。

十二年（一五三三）十一月，御史馮恩以星變論列大臣，說到翟鑾的一段頗含譏刺：

> 翟鑾附勢依權，持祿保位，筮仕有「京油」之號，入閣著模棱之譏。然雖不能為國薦賢，亦未見其嫉害忠善，古有伴食中書，此其人也。[16]

語言雖涉刻薄，倒也有幾分恰切，唯不知其不願意恃寵攀緣，很是難得。翟鑾沒有大臣架子，語言幽默，時與同僚或下屬開開玩笑，人緣頗佳。而京油子也罷，伴食中書也罷，都能證明老翟的不奸不壞，從不害人整人。他居官清廉，體恤下屬，提攜晚進，是一個良善之輩。這樣的人，在喜歡密疏和告訐的朱厚熜眼裡，可能被任用，卻不會被特別倚信。

十二年（一五三三）底，翟鑾丁母憂去職，三年後竟然未加召回。翟鑾在山東諸城老家每日懸望，一大家子老老小小，又沒有多少積蓄，日子漸漸過得困頓不堪，觀念也起了大的變化。直到十八年（一五三九）春朱厚熜南巡，須簡用重臣巡視九邊，夏言推薦翟鑾，厚熜也覺得這位老臣比較可靠，即加批准。老翟重新出山，以兵部尚書兼右都御史銜充任巡邊使，「諸邊文武將吏咸守節制，且齎幣金五十萬犒邊軍，東西往返三萬餘里」[17]。在家鄉歷盡清寂的翟鑾再登高位，有權有錢，各邊大員爭相趨奉，饋贈金銀珍異，以至於竣事回京時，據說所收禮物竟裝了一千多車。翟鑾以此結交打點，很快重新入閣。這時嚴嵩已是禮部尚書，大獲寵信，老翟的回歸擋了他的上升之路。

三年後夏言革職，翟鑾繼任首輔，嚴嵩以禮部尚書兼武英殿大學士，此後整整兩年時間裡，內閣只有這同學二人。六十五歲的翟鑾熟於宦場，早看清嚴學弟溫潤外表內的強烈權欲，處處謙遜避讓，說了算的常是嚴嵩。而權力之爭，僅僅靠遜讓是不夠的，嚴嵩豈是甘居次輔之人？他已看出皇上對老翟的不滿意，也自覺積累不少資本，便開始暗中搜羅翟鑾的不法事例。果然機會來了！二十三年（一五四四）會試，老翟經過周密安排，兩個兒子汝儉、汝孝同科高中，又故作姿態地請辭讀卷官啥的。嚴嵩唆使言官劾奏，指出翟鑾的請託作弊之跡，證據確鑿：其二子與兩個同學被安排在一間號房，與姻親焦清、老師崔奇勛同時取中。嘉靖令下吏部和都察院核查。翟鑾上疏辯解，請求複試以驗清白，並說到入直西苑的辛勞，乞求皇上恩典。嘉靖一向容不得作弊欺詐，尤容不得引功諉過，見疏勃然大怒，即加痛斥：

> 鑾被劾有旨參看，乃不候處分，肆行擾辯，屢屢以直無逸為辭。同夏言禁苑坐轎，止罪一人，全不感懼，敢以撰科文贊玄修為欺朕！內閣任重，不早赴，以朕不早朝，並君行事。二子縱有軾轍才，豈可分明並用，恣肆放僻如此，部院其參閱治罪，不許回護！[18]

嘉靖愛算總帳，科場作弊案一出，翟鑾的多年輔弼侍從之勞就此勾銷，原來不便說的一些不滿也成為罪責。有旨將翟鑾削職為民，兩個兒子及焦清、崔奇勛被除名，一干主考官也都給以嚴厲處分。內閣只剩下老嚴一人，這年的他已經六十三歲，精神矍鑠，狀態好得出奇。

3 「臣之心事有皇上知之」

皇帝也是人，也要找人交流。厚熜常會顯現出感情脆弱的一面，有了痛苦會向人傾訴，有了疑慮會找人商量，得意之處也要尋找認可讚美。身邊的內侍太監自然無不趨奉，卻不夠格與之作精神溝通，他的傾訴對象只能選擇內閣大臣。揀閱實錄，可發現厚熜與多位輔臣都有過真誠交流，當面交談或文字往來，懇切直率，如切如磋，那也是他最愉悅、最性情的時刻。楊廷和、楊一清、張璁、夏言，甚至翟鑾，都有過這樣的際遇，而與之溝通最多的則是嚴嵩。

二十四年（一五四五）四月，巡按福建御史何維柏上疏，「論劾大學士嚴嵩奸邪宜罷」，所舉例證多與內廷的崇信道教、招徠各地術士相關。嚴嵩一一批駁：

是皇上聽說盛端明通曉藥石，親自詢問其姓名和學養造詣，欽命起復退閒家居的端明再入朝，何維柏竟然說是由臣力薦；

是皇上看了顧可學進獻的秋石方書，「有旨令其暫住臣家，臣曾奏請命之別館居住」，維柏竟然說由臣招納豢養；

有關廟制大典，皇上知道郭希顏的立廟之議與臣言甚相矛盾，維柏竟然說臣陰主希顏之議。

以上所舉三例皆是實情，皆是皇上所瞭解或直接囑辦，嚴嵩所為僅在於推波助瀾。而維柏只知其一，不知其二，以此作為抨擊老嚴的證據。嚴嵩寫道：

> 臣之心事，有皇上知之而臣下不及知，有在廷臣僚知之而遠方不及知者。[19]

看似分辯，實際是反駁，又藉以向皇上剖白心跡，中說冤屈。嚴嵩受彈劾甚多，每次必加辯駁，每次辯駁都能抓住對方的疏漏，都在於表白自己的忠貞。朱厚熜閱後又是一番感動，御批：「維柏雖曰劾卿，實奸欺巧詐，以伺覘朕意，豈可中彼之計！」即令錦衣衛官校將何維柏捕械來京，為老嚴出氣。

嚴嵩之辯也柔，開篇先扯出自家「心事」，一副剖肝瀝膽的情態。而這句話的意思也有多層，翻轉讀之，即皇上的心事，唯有臣嚴嵩知之。

三、沈煉與楊繼盛

庚戌之變，俺答鐵騎蹂躪京畿、飽掠而去，帶給一向高傲的嘉靖極大羞辱，極大刺激。他兩次令群臣集議國事，真正敢說話的也不過寥寥幾人。嚴嵩雖不足以安定邦國，卻擅能鉗制人口。一場皇上要求的大討論很快轉向，個別言論出格的官員被收拾，隨著蒙騎的退走，一切也就回到原狀，回到老嚴的掌控中。而朱厚熜在誅殺兵部尚書丁汝夔、侍郎楊守謙，杖責刑部、都察院和大理寺高官後，覺得出了一口惡氣，重回西苑的齋醮大業。

正是由於經歷了這次兵災，看清嚴嵩誤國誤軍的真面目，一些正直之士奮起予以揭露。前有沈煉，後有楊繼盛，各以其態度的決絕和遭遇的慘烈，被稱為忠臣之首。

1 錦衣衛中的好漢

在俺答兵臨城下，以入貢相要挾之際，廷臣奉旨集議，國子監司業趙貞吉反對許貢，提出「朝廷所急在收攝人心」，一時無有響應，只見角落一人挺身而起，表示贊同。主持會議的吏部尚書夏邦謨喝問：你是什麼官職？回曰：「錦衣衛經歷沈煉也。大臣不言，故小吏言之。」[20]經歷是錦衣衛中的文職，掌管文件收發等，在袞袞諸公中的確算是小吏一個，卻也敢於發聲。皇上派來潛聽的內侍記住了趙貞吉，卻好像沒記住沈煉，後來貞吉曾被短暫委以重任，而沈煉獻策殺敵，沒有被理會，或皇上壓根就沒有看到他的奏章。

自稱小吏的沈煉，亦兩榜進士出身，由於生性疏狂，頂撞上司，在知縣位置上蹉跎甚久，不得已轉任錦衣衛，入仕十餘年才是個從七品小官。當時掌領錦衣衛的是都督同知陸炳，這位當今聖上的少年玩伴一向愛惜人才，對沈煉很欣賞，常帶上他一起與嚴世蕃聚飲。世蕃喜歡在酒宴上侮弄客人，以大杯強逼人飲，沈煉疾惡如仇，反過來灌世蕃酒。世蕃為其豪氣所懾，倒也不敢計較。這就是沈煉！如果是別人，趕上與權相之子結交的機會，又是自家上司的好友，還不知怎樣巴結；而他瞭解到嚴氏父子的種種不堪，內心只有鄙夷，出手與出口都不客氣。

沒過幾天，刑部郎中徐學詩激切上書，認為大奸柄國為禍亂之本，揭發在京師有警時，嚴府以「大車數十乘，樓船十餘艘」往老家轉移資產，書中對嚴嵩形象有一段精彩描繪，說他：

> 威權足以假手下石，機械足以先發制人，利勢足以廣交自固，乘機構隙足以示威脅眾，文詞辯給足以飾非強辯，精神敏給、揣摩巧中足以趨避利害，而彌縫闕失、私交密會、令色脂言足以結歡當路而緘奪人口。[21]

這段話在不同史籍中頗見文字差異，但都寫得簡約犀利，一個大奸人形象躍然於紙上。學詩請求「罷嵩父子，別簡忠良代之」[22]。嘉靖覽奏後頗為所動，詢問方士陶仲文。仲文素與嚴嵩相交，便說他因盡忠於皇上而受孤立，學詩則是因私報復。嘉靖命逮徐學詩，下詔獄拷訊，所劾車船運金銀南行之事出於傳聞，收受賄金也難以舉證，令削籍為民。嚴嵩被此事搞得很被動，上疏求去，又代世蕃請求回籍，不許。

沈煉見是這種情況，心中鬱悶，一日與尚寶丞張遜業飲酒，說到嚴嵩壞政，不禁慷慨斥罵，痛哭流涕，遂激切上言：

> 昨歲俺答犯順，陛下奮揚神武，欲乘時北伐，此文武群臣所願戮力者也。然制勝必先廟算，廟算必先為天下除奸邪，然後外寇可平。今大學士嵩，貪婪之性疾入膏肓，鄙愚之心頑於鐵石。當主憂臣辱之時，不聞延訪賢豪，諮詢方略，惟與子世蕃規圖自便。忠謀則多方沮之，諛諂則曲意引之。要賄鬻官，沽恩結客……[23]

沈煉歷數嚴嵩十大罪，請求將嚴氏父子及吏部尚書夏邦謨罷斥，以謝天下。劾疏到通政司，照例先轉老嚴閱看。嚴嵩從容布置，在皇上跟前做足鋪墊，說沈煉任知縣時如何壞事，平時如何醉酒胡說。有旨斥沈煉「恣肆狂言，排陷大臣」，令錦衣衛拘繫杖責。幸賴陸炳暗中保護，才沒有死於杖下。沈煉被謫居靠近邊塞的保安。當地百姓對沈煉很敬重，爭獻糧米居舍。沈煉在那裡辦學收徒，也教習鄉人騎射，講說忠義，又縛草人，上寫嚴嵩之名，酒醉時率子弟射之。又一次他居然騎馬到居庸關口，戟指南向，大罵嚴嵩後痛哭而返。嚴嵩聞知，命宣大總督楊順誣陷為白蓮教惑眾，竟殺於宣府，後又殺其二子沈袞、沈褒。

殺戮和廷杖並未嚇住所有的朝官，三十二年（一五五三）三月，巡按御史趙錦上呈長篇奏章，請罷嚴嵩，以應天變。當時朱厚熜正因供奉青詞寵信嚴嵩，命將趙錦逮入錦衣衛獄，削職為民。

2「外賊」與「內賊」

庚戌之變後，仇鸞請開馬市。兵部員外郎楊繼盛以為大恥未雪，便議和示弱，是辱國之舉，上疏奏互市有十不可、五謬，並說：「陛下宜奮獨斷，悉按諸言互市者，發明詔選將練兵，不出十年，臣請為陛下竿俺答之首於藁街，以示天下萬世。」[24]

楊繼盛，容城人，嘉靖二十六年（一五四七）進士，以學識得徐階、韓邦奇等激賞，有名公卿間。其疏文很使嘉靖帝心動，令成國公朱希忠、咸寧侯仇鸞與大學士嚴嵩、徐階、呂本及兵部官集議。仇鸞聞說大怒，努目攘臂，罵罵咧咧。諸大臣遂稱已遣官往敵營，不便中止。世宗還有些猶豫，仇鸞又進密疏，遂將楊繼盛下詔獄，後貶為狄道典史。狄道遠在甘肅邊境，番漢雜居，楊繼盛在此教化民眾，甚得人心。

仇鸞通敵事發，嘉靖又想起楊繼盛，升其為諸城知縣，一月後調南京戶部主事，再三日遷刑部員外郎。其快速升遷與嚴嵩相關，老嚴恨仇鸞的囂張凌越，對楊繼盛首加彈劾很讚賞，迅速擢升其職，以期引為私人。不久，又將繼盛改任職權甚重的兵部武選司員外郎。豈知楊繼盛對嚴嵩父子更為痛恨，抵任剛一月，即修本彈劾嚴嵩。其妻哭勸，以為此舉必死無疑，繼盛不聽，沐浴齋居三日，毅然入朝上疏，彈劾嚴嵩「十大罪」「五奸」。疏章以俺答為外賊，嚴嵩為內賊，認為「未有內賊不去，而可除外賊者」。繼盛之疏正氣如虹，卻在最後不小心觸犯了朝廷大忌，說：

> 願陛下聽臣之言，察嵩之奸。或召問裕、景二王，或詢諸閣臣。重則置憲，輕則勒致仕。內賊既去，外賊自除。雖俺答亦必畏陛下之聖斷，不戰而喪膽矣。[25]

明朝制度：皇太子與皇子僅限於禮儀性活動，一律不得參與政事。且此時太子已歿，裕王、景王隱然成爭立之勢，地位頗為敏感。見楊繼盛疏中引用「二王」，嘉靖大怒，即命將之逮入詔獄，嚴刑拷問是何圖謀。楊繼盛坦然不懼，答曰：「非二王誰不懾嵩者！」嚴嵩密令手下拷問出指使者，繼盛說：「盡忠在己，豈必人主使乎！」[26]獄成，杖一百，送刑部定罪。

楊繼盛性格剛烈，入獄時，好心者贈以蚺蛇膽，要他在行杖時服用以免恐懼，楊繼盛斷然卻之，一笑受杖。杖後疼痛難熬，他摔碎牢中瓷盆，用來割下身上的腐肉和斷筋，嚇得執燈獄卒渾身顫抖，而楊繼盛意氣自如。

3 「獨宰相一孫乃驍勇冠三軍」

楊繼盛長繫獄中，其忠正浩然之氣感染了良知猶存的朝臣，救援活動在各個層面上展開。而嚴嵩也不會閒著，知此疏碰觸到皇上的痛處和忌諱，乘機煽惑，說必然有人乘機而起，犯上沽名。嘉靖盛氣以待，決心找幾個人整治示眾。而第一個出頭的，是繼盛的上司、兵部武選司郎中周冕。

凡彈劾疏章中涉及事項，照例是要相關部門核查的。楊繼盛劾章第五項，指兵部尚書歐陽必進為嚴嵩之孫嚴效忠假冒軍功：

> 邊事之廢壞，皆原於功罪賞罰之不明。嵩為輔臣，乃為壟斷之計，欲令孫冒功於兩廣，故先置伊表侄歐陽必進為總督，姻親平江伯陳圭為總兵，鄉親御史黃如桂為巡按，朋奸比黨，讀張為幻，先將長孫嚴效忠冒兩廣奏捷功升所鎮撫，又冒瓊州一人自斬七首級功造冊繳部。其後效忠告

病，乃令次孫嚴鵠襲替。鵠又告並前效忠七首級功加升錦衣衛千戶，今任職管事。效忠、鵠皆世蕃豢養乳臭子也，而假報戰功，冒濫官爵，以故必進得入為工部尚書，圭託疾得掌後府，如桂得遷太僕寺少卿。此冒朝廷之軍功五大罪也。[27]

明代的彈劾制度較為嚴密，楊繼盛以疏章中犯忌入獄，然他所提到的各項卻要一一核查。遵旨下兵部查驗，嚴世蕃預先擬好奏草，派人送給武選司郎中周冕，要求照抄覆奏。這位權相之子歷來如此驕橫，也歷來暢行無阻，沒想到撞上了周冕。

周冕是鐵骨錚錚一條漢子，任御史時兩次上疏抗爭，被逮治遠謫，終是氣節無改。他被這種肆無忌憚的欺詐行為激怒，毅然上書，痛揭其中奸弊：

如效忠果斬首七級，則當時狀稱年止十六，豈能赴戰？何軍門諸將俱未聞斬獲功，獨宰相一孫乃驍勇冠三軍？如曰效忠對敵，脛臂受創，計臨陣及差委相去未一月，何以萬里軍情即能馳報？如曰效忠到京以創甚疾故，何以鵠代職之日，止告不能受職？……如曰效忠功當並論，例先奏請，何止用通狀，而逼令司官奉行？[28]

周冕深知上疏之險，先期將事件原委調查得清清楚楚，指出軍中既無嚴效忠其人，又無斬首七級之事，完全是老嚴親信編捏的一個騙局。疏章印證確鑿，論列嚴密，宣稱嚴世蕃的題草仍在，也聲明「臣雖得罪，死無所恨」。

此疏一上，嚴嵩等人大驚，千方百計地遮掩，誣說周冕為挾私報復。嘉靖受其影響，認為周冕不等兵部核查公議，私自上奏，顯然是對原來受處分之事不滿，令將其逮問削籍。至於軍功云云，皇上也不再追究，只是借老嚴的請求，免了嚴鵠的官。嚴效忠一案假裡套著真，真的就是這個嚴鵠，他才是老嚴的親孫子。

4 繼盛之死

兵部郎中周冕為楊繼盛獲罪去也，案卷轉刑部，侍郎王學益秉承嚴嵩之意，擬以「詐傳親王令旨律」，定為絞罪。刑部郎中史朝賓與之爭論，指出疏中並沒有親王令旨，指責當權者枉法害人。嚴嵩即令貶斥史朝賓，刑部尚書何鼇不敢違抗。

但朱厚熜還在猶豫。他對楊繼盛扯上「二王」很惱怒，又心知這是一位忠直之士，只是將之打入死牢，並未下決心要殺他。嚴嵩見朝中同情繼盛者極多，本也想做做樣子，給他留條生路以邀名，而鄢懋卿以為養虎遺患，始決意殺之。兩年後，都御史張經坐失事大辟，嚴嵩令將楊繼盛附名上奏，得旨秋後斬決。

消息傳出，中外痛惜。薊遼總督王忬之子王世貞找到嚴世蕃，託為求懇不應，毅然代繼盛之妻代擬疏草。繼盛妻伏闕長跪，泣血上疏，請求代丈夫一死，曰：

> 臣夫繼盛誤聞市井之言，尚狃書生之見，遂發狂論。聖明不即加戮，俾從吏議。兩經奏讞，俱荷寬恩。今忽闌入張經疏尾，奉旨處決。臣仰惟聖德，昆蟲草木皆欲得所，豈惜一回宸顧，下垂覆盆。倘以罪重，必不可赦，願即斬臣妾首，以代夫誅。夫雖遠御魑魅，必能為疆埸致死，以報君父。[29]

世貞以文采為「後七子」的領袖，所撰疏文既避開皇上及嚴嵩的痛處，又沉痛哀婉，剖心瀝肝，赤誠如注，欲以此打動上聽。豈知此疏早被人扣下，不准呈報。三十四年（一五五五）十月，年僅四十歲的楊繼盛被押往西市，臨刑賦詩：

浩氣還太虛，丹心照千古。生平未報恩，留作忠魂補。

觀者涕泣，聞者落淚。楊繼盛就義後，世貞親臨治喪。王忬時在邊鎮，聞訊也大罵嚴嵩。幕府裡豈無奸邪之徒，很快就添枝加葉地飛報京城，又埋下一段禍根。

5 除掉王忬

王忬是嘉靖帝的愛將，也是嚴嵩在朝中的對頭。他出身官宦世家，博學多識，果決警敏，對於嚴氏父子很有些瞧不上。其長子世貞才華茂著，二子世懋亦考中進士，而嚴嵩之子科舉不利，諸孫均不成器，常因此加以斥責，使世蕃又羞又恨。王世貞與嚴世蕃表面應酬交遊，實則很鄙夷，飲酒時借詞譏諷，世蕃更加懷恨在心。

嘉靖是在庚戌之變中發現的王忬。當時的朝廷一派驚惶，而王忬以巡按御史赴通州禦敵，臨危不懼，措置有方，使強敵的攻勢受挫，為保障京師立了大功。後王忬巡撫山東，提督浙江軍務，統兵抵禦倭寇，再升右副都御史巡撫大同，加兵部右侍郎，代楊博總督薊遼，進右都御史，一路升擢，都證明皇上的器重。

嚴嵩主持內閣中，還有兩位大學士，徐階和李本。李本處處依附嚴嵩，徐階則依違兩間，隱然成為嚴氏一大政敵。而王忬與徐階相交頗密，嚴嵩豈有不知。

王忬總督薊遼軍事，正值邊界多事之時。打來孫、把都兒部屢犯邊關，廣寧總兵殷尚質、遷安副總兵蔣承勛先後戰死。嘉靖開始認為王忬不足以統兵禦敵，命嚴嵩與兵部計議防守事宜。嚴嵩上疏提出應令王忬選補額兵，操練戰守，不得專靠他鎮援兵，兵部的意見也大抵相同。世宗下旨切責王忬，命他抓緊練兵，整頓部伍。

兵部尚書張博要求調薊鎮兵受宣大調遣，世宗批准，王忬以京師重地，古北口等關無險可守提出異議。嘉靖不悅，重提練兵之事，命兵部派員清查薊鎮額兵情況。兵部郎中唐順之奉命前往，歸奏額兵九萬多，實有五萬七千，還包括一些老兵疲卒。嚴嵩又乘機渲染邊兵入衛的種種害處，皇上對王忬更為不滿。

三十八年（一五五九）二月，殺氛又起。蒙古把都兒、辛愛諸部聚集於會州，兵馬熙攘，氈帳相連，聲言要大舉東侵。王忬接到警報，急率兵往東防禦，未想敵軍聲東擊西，從防守薄弱的潘家口侵入，渡灤河向西，在遵化、遷安、薊州、玉田一帶大肆擄掠，京師大震。王忬急回軍撲救，敵軍已飽掠五日，滿載而去。嘉靖大怒，先令停俸自效，後又將他逮入詔獄，欽定為斬刑。

愛之深必恨之切。王忬畢竟一介文人，不知兵，不認真練兵，亦不能深入瞭解敵情，而臨事輕率，幾次失誤軍機。嘉靖大為痛恨，認為他辜負信任，加上嚴嵩伺機進讒，終導致被誅殺的悲劇。王世貞聽到此一消息，從山東青州任所趕回北京，與弟弟世懋日夜跪在嚴嵩宅第前流淚求告。嚴嵩假惺惺地寬慰，暗中則毫不手軟。世貞兄弟又身穿囚服，跪在朝路邊向過往大臣叩頭求救，沒一人敢為之說話。

第二年冬，王忬被斬於西市。

四、誰更瞭解皇上

如果說入閣早期的嚴嵩以柔持身、以柔行奸，而隨著皇上的倚信加深，隨著他在朝中的親信爪牙漸盛，隨著他對兒子世蕃越來越聽從，一身和氣化為戾氣。從庚戌之變開始，嚴嵩對敢於糾劾的官員痛下殺手，如沈煉、楊繼盛，先後死於非命。

這種殺機和戾氣不僅僅屬老嚴，實乃一個貪腐集團、一個權勢和利益集團的暴戾。陷害沈煉，主要是嚴世蕃會同宣大督撫在運作；而嚴嵩原想留下楊繼盛以邀名，又是胡植、鄢懋卿勸他消除遺患。但作為當朝首輔的嚴嵩，專政既久，陰柔化為陰狠，清除掉沈煉和楊繼盛，以及同情者王忬，又始終警覺觀察著內閣中的同僚。

1 都要揣測帝意

作為權力中樞的內閣，自成立之日起，就沒停息過明爭暗鬥。鬥爭的手段各式各色，無所不用其極，其目的只有一個，更多地掌握權力。君王的喜憎決定著內閣鬥爭的勝負，聰明的閣僚誰也不會忘記這一點，不會忘記在傾軋中高揚起「忠君」的大旗。

自十八年（一五三九）南巡後，嘉靖經常不臨朝，中年後更是如此，卻始終沒放鬆對朝政的掌控。內閣首輔有票擬之權，所謂「票擬」，還是要將擬定之意見附於本章進呈，由皇帝裁決。朱厚熜從未放棄裁決權，在嚴嵩主閣期間亦如此。

嚴嵩所能做的是柔佞和順從，是在順從中塞進自己的私貨，是乘皇上或喜或怒之時恰當進讒，提拔援引私黨或打擊排斥異己。一句話，就是揣測帝意。

在嘉靖朝，嚴嵩仕宦四十二年，其間入內閣二十年，後十五年為首輔，是在位最久的一位首輔。就中的祕訣，便是他十分瞭解朱厚熜。皇上的性情脾氣、喜怒哀樂，皇上的價值觀念、行為方式，皇上的精神瘡疤和語言忌諱，嚴嵩都非常熟知，因此舉措得宜。

厚熜迷信道教，長期服用丹藥，使性格更為暴躁偏執，事有不當意，即動大刑。在這樣一位君主統治下是很危險的。但嚴嵩自有區處，那便是凡事盡量由皇上決定。如夏言被斬後，內閣只剩下嚴嵩一人，為了表示自己不擅權，嚴嵩即上疏請求欽定協輔（即大學士）。朱厚熜很滿意嚴嵩的謙謹，命其「姑少待」。至二十八年（一五四九）二月，嚴嵩重申應選協輔，得旨命吏部推薦廷臣五六員。吏部遵旨廷推六人：吏部尚書聞淵、南京吏部尚書張治、吏部左侍郎翰林院學士掌院事徐階、南京兵部尚書韓邦奇、禮部右侍郎歐陽德、國子監祭酒李本。嘉靖命嚴嵩由六人中選用，以示信重。嚴嵩則馬上表示：古代只有天子才能決定宰相人選，本朝制度也是廷推後由皇帝欽定，故「非臣所敢擬議」[30]。這一做法大得上意，欽定張治、李本二人入閣，對嚴嵩的寵信則有增無減。

2「踢皮球」的老手

嘉靖馭下嚴苛，不允許略有失誤，廷臣和閣僚往往因事得咎，嚴重者至杖責、流配，甚至殺頭。嚴嵩也有一套太極之術，該承擔責任時讓別人做決定。庚戌之變，俺答提出互市的要求，嘉靖召見嚴嵩等問計，嚴嵩馬上表示「此禮部事」，把球一腳踢給主管入貢的禮部尚書徐階。而徐階也深得個中三昧，隨即說「事雖在臣，然需皇上主張」[31]，巧妙地把燙手的山芋呈至皇上手中。嘉靖後來在入貢上反悔，卻沒有內閣大臣得罪，因為當初是他欽定的。

兵部尚書丁汝夔遠沒有徐階精明，上了嚴嵩的當，成為替罪羊。時俺答騎兵破關而入，縱橫京畿地區，羽檄頻傳，各鎮勤王之師先後輕裝趕到，嘉靖催促諸將出戰，丁汝夔亦希望出京督戰。經請示嚴嵩，囑其不要出戰，「塞上敗或可掩也，失利輦下，帝無不知，誰執其咎？寇飽自揚去耳」[32]。汝夔認為有道理，不敢主戰，諸將閉營觀望，敵騎橫行京門之外，殺擄無算。待蒙騎飽掠而退，嘉靖帝怒兵部無能、邊將怯懦，意欲大行誅戮。丁汝夔害怕，向嚴嵩求救，而原來拍胸脯擔保的嚴嵩竟一句話也不敢說。丁汝夔被押到西市論斬，才後悔被嚴嵩出賣，大呼：「嵩誤我！」[33]

表面上，嚴嵩提出把行政權力歸還六部尚書，實則處處安插親信，培植私黨。對於彈劾自己的人，嚴嵩往往指使親信加以密訊，追究主使者。時間一久，嘉靖多有耳聞，對他開始憎厭，而對禮部尚書徐階漸至依賴寵信。

3 未入閣的勁敵

以陰柔和詭詐縱橫朝廷、包苴政務的嚴嵩終於遇到了一個勁敵——徐階。徐階身材短小，生得文靜雅致，頗有權謀，平時藏而不露。可他也有骨頭很硬的表現，前〈更定祀典〉一章中所敘其挺身反對，便是一例。徐階畢竟是一位相才，雖早年受挫，從朝堂貶發地方，仍做得風生水起，大得民意，由延平推官遷黃州同知，再擢浙江按察僉事、按察副使；皇太子出閣，召拜司經局洗馬兼翰林院侍講。徐階又回到京師，返回素稱清貴的翰林院。經歷一番仕途坎坷和十年外省漂泊，他在政治上更成熟，升遷的速度也更快：由國子監祭酒、禮部右侍郎，改為吏部侍郎。

與吏部高官閉門謝客的通常做法不同，徐階折節下士，常延客長談，詢問邊疆和各省的詳細情況，使很多地方官傾心追隨。二十八年（一五四九）二月，徐階進禮部尚書兼掌翰林院事，自此常應召入侍。嘉靖很喜歡徐階的勤勉恭謹，供奉青詞，多以徐階所作最稱意，由是大得帝心，召直無逸殿，賞賜飛魚服、御膳等，與內閣大學士略同。廷推徐階為吏部尚書，皇上不願讓其離開左右，不准。

夏言在位曾力薦徐階，嚴嵩也就把他當成潛在政敵，見其漸得上寵，不免暗中忌恨。方皇后死去，嘉靖欲讓其靈位先祔廟，下禮部議。徐階抗言皇后無先入廟者，見皇上發怒，又惶恐謝罪。受命往邯鄲落成呂仙祠，徐階藉故緩行，又改由他人代往，皇上也心中不快。擅於等待的嚴嵩終於發現良機，一日得皇上單獨召見，說話間談到徐階，嚴嵩平靜地說：「（徐階）所乏非才，但多二心耳。」[34]暗指其請立太子事，嘉靖深以為然。

徐階的處境一下子變得很危險，不敢再與嚴嵩爭鋒，處處恭謹馴順，以消解其敵意。而更主要的，是他千方百計地奉迎上意，精心寫作青詞，討其歡心。近侍素來為徐階拉攏結交，也尋找各種機會為他進美言。朱厚熜的怒氣漸漸化解，重又寵信徐階，加少保銜，進兼文淵閣大學士，入參機務。[35]

這種結果真令老嚴愕然。他本來已掘好陷阱，張開機括，只待埋葬這個政治對手，未料徐階一躍而過，纖毫未折，竟然直入內閣。嚴嵩遇到了一個真正的對手：他擅於上結帝意，徐階亦為皇上寵信；他待人陰柔險巧，徐階亦謙和其表，深藏不露；他處處設置牢籠，徐階亦時時密加提防，且敢於反制；他網羅爪牙，徐階廣交直臣與能士，亦留意結納大內近侍……二人都是朱厚熜依賴的重臣，然嚴嵩老了，而徐階年富力強；嚴嵩及其黨羽誤國害民，徐階則盡力保護善類，廣結善緣。

徐階進入內閣，凡事謹慎，聽從老嚴部署，不公開與之對抗。但嚴嵩對其政治實力和手腕都有數，又豈能為表面文章所瞞過？這時仇鸞通敵行賄之事開始洩露，嚴嵩再次認為機會來了——徐階與仇鸞曾同時入直無逸殿，很有交往，正好借整仇鸞之機牽連上徐階。誰知內部傳來密信：正是徐階密疏揭露仇鸞的罪狀。嚴嵩聞知愕然，嫌忌轉深。

嘉靖追戮仇鸞，對徐階更為信重，多次與他計議邊事。在朱厚熜心目中，嚴嵩為多年老臣，地位還是在徐階之上。比如他曾賜五色靈芝給嚴嵩，令煉藥，而不給徐階，理由是他兼吏部尚書，政本所關，不應參與此事。此話別有一份愛重，可徐階卻能體味到潛在的疏離感，誠懇請求，也得到煉藥的委任。

楊繼盛彈劾嚴嵩，因疏中有「二王」字樣，下錦衣衛獄。嚴嵩私下讓陸炳追究主使者，意在傾陷徐階。徐階從容告誡陸炳，讓他不要涉及皇子的事情中，以免招大禍。他還把這番話當面告知老嚴，嚇住了這個搞事的。後吳時來、董傳策等再攻嚴嵩，他們或是徐階門生，或為其同鄉，嚴嵩辯解時明指徐階為幕後主使，嘉靖不予理睬。

嚴嵩終於感到危險的臨近，恐懼心漸漸取代多年的自信，意識到內閣中的主次地位已發生變化。嚴嵩畢竟是嚴嵩。有這麼一天，他在府中設盛宴，獨請徐階一人，親自舉杯勸酒，敘說往事，席間命世蕃和孫輩起身對徐階跪拜，說：我也活不了幾天了，家中人全靠您今後給口飯吃。說完語音哽咽，老淚縱橫。[36]

徐階急起身遜謝，連稱不敢。一向審慎深沉的他當然記得夏言的前車之鑒，知道這種跪拜泣語的場景曾在夏府上演過，算是嚴家的保留劇目。他滿面惶恐，語意懇切，聽不出有一絲兒應付。徐階也畢竟是徐階。

五、嚴嵩被逐

嚴嵩老了，朱厚熜的這個忠僕老了。六十歲時他可以打點精神，陪著尚屬青年的皇上齋醮燒煉，可以寫出一篇篇華美空疏的青詞，八十歲的他，實在是有些跟不上趟了。

嘉靖四十年（一五六一），嚴嵩已八十二歲。他還是這麼辛苦，每天，甚至一連許多天在西苑的直廬待著，隨時聽從皇上的召喚，以示忠心無改。而朱厚熜適在中年，對長生的追求更為急迫，齋祀活動更是花樣翻新，老嚴頭精力和智力兩不濟，常常文不對題，答非所問。老嚴危矣！

1 有學有術嚴世蕃

其實向前推很多年，嚴嵩就有些力不從心了。但他有一個神通廣大的兒子。前人多譏世蕃不學有術，實則冤枉，嚴世蕃堪稱乃父的智囊，應說是有學有術。

嚴嵩僅有一子世蕃，雖未能考取進士，但讀書很多，文筆也不錯，兼有一肚皮的狡獪機詐。史書論大嚴、小嚴，常謂小嚴之壞，甚於大嚴。嚴嵩竊居高位，柔佞諂諛；世蕃則呼朋引類，詐變百出。父子表裡朝政，相輔相成，從未想到收手，直到一場突發的宮火，燒光了他們的幸運。

嘉靖朝的皇宮，大小火災不斷發生，尤其在中後期，不知是由於齋祀還是禍起煉丹，多少都透著幾分怪異。四十年（一五六一）正月，朱厚熜所居的西苑萬壽宮忽然烈火大作，焚燒一空，他只好暫居在低矮狹窄的玉熙宮，心中悒悒不樂。大臣請他還居大內，不聽。嚴嵩奏請移居南內，南內宮室簡陋，又是英宗長期被幽錮的地方，皇上大不高興。徐階與工部尚書雷禮疏請營建新宮，皇上很滿意，此後凡軍國大事皆諮詢徐階，不再與嚴嵩商量。

八十餘歲的高齡，使嚴嵩無法再精力充沛地接受召問，無法在皇上垂詢時投其所好，無法撰寫出字字珠璣的齋文。他無可抗拒地走向衰老和遲鈍，不得不越來越多地依賴兒子。嚴世蕃狡猾細密，凡旨意中嚴嵩不解處，總能窺清底蘊，使老爹奏對如意。世蕃還有內線，私下買通內侍，皇帝身邊有一點消息都來報知，每報信一次又必有重酬。皇上要問些什麼事，世蕃多數預先得知，做足了文章，令皇上喜歡。

世蕃借其父之勢，也開始一路升遷，先是任尚寶少卿，進太常少卿、太常卿，儼然小九卿之一，又進工部左侍郎，隨乃父入直西苑。嚴嵩專擅朝政，諸司以事呈請裁決，嚴嵩必說：「與小兒議之。」後來朝中無行之人群然趨附，聚集在嚴世蕃身邊。九卿以下朝官若想見其一面，常要等上十來天。世蕃熟知朝官和地方官職的油水大小，據以決定收賄的多寡，一旦開價，便一點也不許少。

由於未經歷仕途跋涉之苦，官二代多淺薄之輩。嚴世蕃開始大造私第，占有三四個坊巷，環以數十畝水塘，珍禽異樹，酣歌美酒，一日日在其中縱妓淫樂。士大夫側目而視，正直的諫官連章上疏，嚴嵩父子長期得到皇上庇護，渾似不倒翁一般，由是也更加橫行無忌。

就在這年夏天，嚴嵩的老妻歐陽氏死了。她是一個善良本分之人，臨終時勸嚴嵩父子收斂行跡，多結善緣，遺言感情深篤，令嚴嵩若有所愧。老嚴想對兒子嚴加約束，又如何約束得了？依禮制，世蕃應護送母親之喪歸家鄉並守墓三年，可嚴嵩又實在離不開他，便以獨子為由，請求留在身邊照顧，獲准。但世蕃喪服在身，不可再入直西內，代父票擬。有時皇上旨到，嚴嵩不知如何對答，急派人出宮問其子，而世蕃正擁妓豪飲，含糊應之，往往不稱上意。

嘉靖消息靈通，聽說了不少世蕃淫縱不法的傳言，大是厭惡。一天，嘉靖與術士藍道行閒談，問到輔臣賢否，藍道行假借箕仙之口，陳說朝中有奸臣弄權。再問：「如果真是這樣，上天為何不懲罰他？」藍道行說：「留待皇帝正法。」厚熜默然，心有所動。[37]

2 鄒應龍上疏

嚴嵩失歡的消息傳出，朝臣中正直之士備受鼓舞。御史鄒應龍上疏彈劾嚴世蕃，歷數其收受賄賂、交通近侍及各種不法情狀，請求將之下大理寺審訊。疏中涉及嚴嵩「植黨蔽賢，溺愛惡子」諸事，並慨然表示如所言失實，願斬首謝罪。疏入，嘉靖諭令嚴嵩致仕，御批一段文字，竟不無傷感：

> 嵩小心忠慎，祗順天時，力贊玄修，壽君愛國，人所嫉惡既多年矣。卻一念縱愛悖逆醜子，全不管教，言是聽，計是行，不思朕優眷。其致仕去，仍令馳驛，有司歲給祿米一百石資用。疏內有名各犯，錦衣衛逮送鎮撫司拷訊。[38]

此旨猶如一聲霹靂，嚴嵩父子頓時呆若木雞。老嚴豈甘如此，即刻上疏請罪，更主要的是辯解。嘉靖說：已念你二十餘年贊玄之忠勤，給以減罪優待，為何還要為兒子說話呢？說到嚴世蕃，厚熜用的字句是「凶兒」「逆邪細醜，欺上謗君，日甚一日」，實在是厭憎至極。老嚴當然能讀懂，不敢再護犢子，「自引治家不嚴之咎，請即重譴」。嘉靖念著舊情，盡讓他解任回鄉。

朝廷中嚴嵩之黨甚多，很快打聽到扶乩之事，重金收買宮中近侍，揭發藍道行怙寵招權等事，一擊而中。藍道行被逮入詔獄，主審是刑部侍郎鄢懋卿及大理卿萬寀，皆嚴嵩親信死黨，私下令藍道行委罪徐階，騙說可保其無事，並許以金銀富貴。藍道行此時倒是毫不含糊，高聲說道：「除貪官，自是皇上本意；糾貪罪，自是御史本職。何與徐閣老事！」[39]二人見大勢已去，害怕禍及自己，只命法司對嚴世蕃從輕擬處，坐收贓銀八百兩，發配雷州衛，其子嚴鵠、嚴鴻及爪牙羅龍文、牛信等分戍邊遠衛所。嘉靖帝豈能相信這等小小數額，念及父子倆多年效勞，不再追究，且特旨寬宥嚴嵩一孫嚴鴻為民，令其照顧爺爺的生活。

嚴嵩倒矣，徐階並未掉以輕心。在嚴嵩離京前，徐階親到嚴府探望，說了很多寬慰的話，對世蕃也禮數有加。回到自己府中，其子說：父親大人受嚴家之辱已到極點，正是報仇之時，為何如此？徐階假作生氣，對兒子大罵：若不是嚴氏，我便沒有今天，怎麼能負心與嚴家為難呢！果然府中有臥底者，嚴嵩得知後略覺心安。

徐階真也能做到滴水不漏，在老嚴還鄉後，一直有書信問候，往來不絕。

3 皇上提出退位

嚴嵩被罷歸鄉里，朝中卻未能平靜下來，最不平靜的人便是嘉靖皇帝自己。

嘉靖的個性堪稱一個矛盾體：剛愎果決而又多疑善變，躁烈無情而又經常念舊，對嚴嵩亦如此。

嚴嵩在朝中專擅事權，在皇上跟前則是一意趨奉，允忠允誠，如隨身之老犬。嚴嵩被罷歸，皇上溫旨撫慰，又讓其乘傳返鄉，很留有一些君臣情分。這也正是徐階小心翼翼，在嚴嵩出閣後仍不敢不恭敬的原因。

果然，僅僅過了五天，皇上的情緒便起了變化。他追憶嚴嵩的贊玄之功，想起君相共處的快樂時光，現斯人垂暮獲譴，自己也年事漸高，忽然生出一種悵惘寂寥的思緒，無法排遣。嘉靖召見徐階，「欲遂傳位，退居西內，專祈長生」[40]，天哪天哪，皇上又要「辭職」了！這時的朱厚熜體衰多病，對長生之追求益發走火入魔，如果真能禪位，對國家和他本人都是一件好事。可這其中真假參半，分明也有一種試探考察，徐階何等聰明，當然是「極言不可」。嘉靖便說：

> 卿等即不欲違大義，必天下皆仰奉君命，闡玄修仙乃可。嚴嵩已退，伊子已伏罪，敢有再言，同鄒應龍者俱斬。[41]

果然是試探！且已料得徐階不敢順水推舟，核心仍在於齋醮和玄修。嚴嵩可去，玄修不能去。厚熜早也看透群臣想否棄玄修的路數，先予警告。正欲振臂奮袖、掃除嚴嵩餘孽的諫官被嚇住了。嚴嵩早得密報，與其死黨備受鼓舞，又要有一番作為了。

然畢竟已是徐階當政，不光勸阻撫慰了皇上，剪除嚴嵩餘黨的工作也在有條不紊地進行。當年六月，大理卿萬寀、刑部侍郎鄢懋卿被劾罷斥，太常少卿萬虞龍被降調。九月，刑科給事中趙灼彈劾工部侍郎劉伯躍、刑部尚書何遷、右通政胡汝霖、光祿少卿白啟常、副使袁應樞；吏科給事中沈淳彈劾湖廣巡撫都御史張雨；刑科給事中陳瓚彈劾右春坊右諭德唐汝楫、南京國子監祭酒王材，俱於十七日詔令革職閒住。歷來都是如此，巨奸已去，狗腿子自有人收拾，多數逃不了。

第十七章 青詞宰相

由於父親的影響，也由於自幼多病，朱厚熜的文學喜好帶有很多道家色彩。道家的設醮焚修，一般都帶有明確的目的性，厚熜亦然。他在宮內建醮，一開始是為了祛病，後來為了求子，再後來則是為了長生。這也是大略言之，其間目標多重，另如禱雨、驅鬼，甚至預測戰事輸贏、祈求戰爭勝利，莫不迷信此道。嘉靖一念至誠，對齋壇所用符籙、齋文等文字的要求逐漸提高，唯恐詞不當意，上瀆天聽。

嘉靖晚期，內閣中出現了幾位專以寫作青詞為職的大學士，如袁煒、李春芳、郭朴等，被稱為「青詞宰相」。這是朱厚熜晚年的一大奇觀，是以齋醮擠對國務、視內閣如同文祕的集中體現。

以青詞選閣僚，以輔相撰齋文，自嘉靖中期開始，這一狀況越來越突出和強化。夏言、嚴嵩包括徐階之發身，與青詞關聯甚多，他們任首輔後長期入直西苑，雖說要陪皇上修醮煉丹，畢竟是兼而為之，與袁煒諸人不同。正是由於大臣的趨奉媚順，厚熜將當初私人化、小圈子的齋醮提升於大政之首，擴大為舉國體制。

一、終生與俱的詩文喜好

在明代皇帝中，朱厚熜應是對文化典籍閱讀較多、文學修養較高的一位。幼年在乃父教導下苦讀詩書，加上天資聰明穎悟，奠定了堅實的基礎；少年時入主皇宮，因為議禮的需要，不僅要詳加參閱禮臣和張璁等人那引證煩冗的疏章，還親自翻檢古籍，披覽摘引，漸也修煉成禮法的專家。他真心地喜好詩文，喜好美文，而講求富麗華美的青詞，則是美文的一種功利化、極端化呈現。

1 醮事與齋文

青詞，又作青辭、齋詞、齋文、綠素，本為道士做法事時用以上奏天庭或徵召神將的符籙，用朱墨書寫在青藤紙上，故稱。此類符籙當然是一種虛幻荒誕之物，裝神弄鬼，騙人錢財。可那些篤信神靈、渴慕長生的封建帝王每每樂此不疲，土木興作，焚修禱祀，傾國民之膏血，化煙化灰，灑向渺渺虛空之中。於是，青詞的撰寫成為翰林學士的一種職責，亦成為其顯示才學、賣弄聰明、邀歡結寵的一條捷徑。

李肇的《翰林志》稱：「凡太清宮道觀薦告詞文用青藤紙，朱字，謂之青詞。」證明了大唐御用文人對寫作青詞的重視。後世推而廣之，使成為一種文體。如前蜀杜光庭所擬〈皇太子為皇帝修金籙齋詞〉：

> 青詞奏御，俾金慧以韜光；
> 丹表通真，致珠囊之葉度。[1]

這就是青詞，一種措辭華美、對仗講究，裝填各種典故和學問，語意又虛渺飄忽的文學體裁。大明得天下，朱元璋曾嚴禁淫祀，其中特別申禁青詞：「僧道建齋設醮，不許章奏上表，投拜青詞。」[2]至洪武二十四年（一三九一）六月，明太祖命清理釋道兩教，再次申明「道士設齋醮，亦不許拜奏青詞」[3]。泥腿子出身的朱元璋，大約不喜歡青詞在形式上的做作，又是青藤紙，又是朱字，又稱「奏御」「拜奏」，處處僭擬皇家格範，是以嚴加限制。

然青詞生來就與宮廷關係密切，怎會長期遠離闕下？至天順七年（一四六三）春，英宗對首輔李賢說聽到「空中有聲」，認為是上天譴告，打算讓真人張元吉設醮祈禱，命李賢撰作青詞。[4]李賢是一位有大智慧的老臣，景泰時得君崛起，英宗復位後不獨無損，且在複雜政治背景下長期擔任首輔。從君臣一番對話，可知命閣臣乃至首輔寫作青詞，絕不是第一次出現。

到了成化期間，齋醮和青詞在宮中已很常見，也沒見到什麼人出來反對。直到憲宗駕崩，御史陳轂等上疏彈劾李孜省等人禍亂宮廷，青詞與齋醮、燒煉一起被批判，「書朱字符而入宮，用玉圖書而稱旨，黃袱進謄寫之妖書，朱砂養修煉之祕藥，奏青詞咒詛於便殿，建寺觀震動於乾宮。氣焰熏天，名教掃地」[5]。這種情形，比朱厚熜晚年有過之而無不及。

世宗肅皇帝崇用青詞的最早記錄，當見於嘉靖二年（一五二三）四月，科道上言反對在欽安殿設醮，提及太監崔文「請聖駕拜奏青詞，是以左道惑陛下，請火其書，斥其人」[6]。這些疏章讓年輕的皇帝有些發蒙，有些不好意思，也說明其時的齋醮是祕密進行的，目的是為皇上患病禳解，所用青詞出自道士之手。

至嘉靖十年（一五三一）冬，欽命在欽安殿啟建祈嗣醮事，便有點大張旗鼓，禮部尚書夏言引前代之例，請求負責「奉迎青詞及監視法事」。皇上俯允，詔以「禮部尚書夏言充祈嗣醮壇監禮使，侍郎湛若水、顧鼎臣充迎詞導引官」[7]。至於撰作青詞的，似乎仍是道流。

2 大臣中的文學知己

嘉靖所寵信的議禮諸臣，如張璁、桂萼等人，尚沒見誰寫作青詞，說來也不為什麼，只與他們缺乏文采有關。

因議禮之功，嘉靖帝對張璁自是恩寵有加，遺憾的是張璁略少詩才，議禮諸臣如桂萼、方獻夫也不以吟誦見長。厚熜喜作詩，寫後即命大學士費宏為之潤改，並囑為唱和，編成詩集，命署「內閣掌參機務輔導首臣」之銜，頗見尊禮。張璁等不無嫉恨，桂萼上疏曰：「詩文小技，不足勞聖心，且使宏得馮寵靈，凌壓朝士。」[8]多少使皇上有些掃興，在吟詩作賦之時，乾脆將他們晾在一邊。

嘉靖五年（一五二六）一個夏夜，朱厚熜在平臺召見內閣大學士。費宏和石珤、賈詠先到，皇上說為諸臣各擬一首詩，希望能得到輔導，然後將親筆題在龍箋上的詩頁一一授予。新入閣不久的楊一清隨後趕來，厚熜待之更為親切，讚揚他提督陝甘三邊之勞，鄭重表達倚信之意，也以一詩相賜。四老臣匆匆趕來，沒想到竟有此意外恩典，一起頓首致謝。朗月當空，夜風清涼，年輕的君主與一班老臣在平臺上談詩說賦，一派和悅景象。

那是嘉靖用心朝政，也留心詞賦的時期。他寫給幾位輔臣的詩，既關乎軍政之事，又契合各人特徵，有褒獎也有期待。如賜首輔費宏的一首：

> 眷茲忠良副倚賴，舜皋仿佛康哉賡。朕纘大服履昌運，天休滋至卿其承。沃心輔德期匪懈，未讓前賢專令名。

賜石珤詩為：

> 黃閣古政府，輔導須才良。卿以廷薦入，性資特剛方。在木類松柏，在玉如珪璋。可否每獻替，忠實無他腸。

賜賈詠詩為：

> 卿本中州俊，簡在登臺衡。君臣際良難，所貴德業並。朕固亮卿志，夙夜懷忠貞。卷阿有遺響，終聽鳳凰鳴。

賜楊一清詩有云：

> 逈來西陲擾，起卿督邊方。寬朕西顧憂，威名滿華羌。予承祖宗緒，志欲宣重光。卿展平生猷，佐朕張皇綱。

次日，費宏等上表稱謝，自然少不得一番讚美。厚熜的批答很誠懇，說自己要想繼承發揚祖宗大業，只有依賴舊臣輔佐；說這幾篇成於萬幾之暇的小詩，賜予各位，也是希望君臣交修，共成化理之意。若以此就說像古帝王，實在是稱頌太過。

嘉靖也曾多次賜詩給九卿大臣。就在平臺贈詩前月，刑部尚書趙監以疾致仕，陛辭時皇上以詩頁見賜，讓臣下豔羨不已。御史鄭洛藉以上言，稱讚是「虞廷賡歌之風，地天交泰之會」，建議推廣到一些老臣如謝遷、林俊、孫交身上，「特降宸章勞問，以示不忘諮訪時政」；又建議赦免因議禮獲罪的官員。厚熜無意採納，但也未加怪罪。

楊一清入閣後，朱厚熜又發現一位文學知己。一次元宵節前夕，命楊一清作〈上元詩〉進呈，有「愛看冰輪清似鏡」一句，嘉靖覺得似中秋景色，提筆為改成「愛看金蓮明似月」。兩相比較，後者尚不如前，但皇上能為潤改詩句，也是難得寵遇，楊一清上疏感謝，稱說：「曲盡情景，不問而知為元宵矣。」[9]老臣之誇讚，當然使青年天子很開心。

3 顧鼎臣的步虛詞

由於父親的影響，也由於自幼多病，朱厚熜的文學喜好帶有很多道家色彩。道家的設醮焚修，一般都帶有明確的目的性，厚熜亦然。他在宮內建醮，一開始是為了祛病，後來為了求子，再後來則是為了長生。這也是大略言之，其間目標多重，另如禱雨、驅鬼，甚至預測戰事輸贏、祈求戰爭勝利，莫不迷信此道。嘉靖一念至誠，對齋壇所用符籙、齋文等文字的要求逐漸提高，唯恐詞不當意，上瀆天聽。顧鼎臣便是第一個由此進秩，而大獲寵遇者。

顧鼎臣，字九和，崑山人。弘治十八年狀元，授翰林院修撰，升左諭德，嘉靖初為侍講，得以接近天顏並受到眷注，拜禮部右侍郎。《明史》本傳：

帝好長生術，內殿設齋醮，鼎臣進〈步虛詞〉七章，且列上壇中應行事。帝優詔褒答，悉從

> 之。詞臣以青詞結主知，由鼎臣倡也。[10]

步虛，指道家所謂神仙的凌空步行，「中夜集五靈，步虛款天關」[11]，描繪的正是想像中凌空漫步的情景。而「步虛詞」，即道家為降神和送神，設壇時唱經禮贊之詞，也就是青詞。「道士寫將行氣法，家童授與步虛詞」。法壇高建，煙雲繚繞，道士披髮仗劍，踏罡步斗，憑虛指劃，若見神人凌空御風而行。步虛詞正是伴著舒緩高曠、幽深邈遠的音樂而起，把祝禱者帶入如夢如幻的神仙境界。

禮部侍郎顧鼎臣進〈步虛詞〉之事在嘉靖十年（一五三一）十二月，其時的齋醮是為皇上祈嗣。擔任逢迎青詞導引官的老顧忠於職守，卻在肅立時聽出了門道——齋文（即道士所寫青詞）也太粗陋！鼎臣急急上獻一疏，寫得典雅清麗：

> 皇上設醮先日，陰雲解剝，化晷熹微，至二之日，冽風不興，雲物一色，爰降瑞雪，旦夕未已。萬口歡傳，以為皇上精誠格天之所致也。因進〈步虛詞〉七章。[12]

所呈才是皇上喜愛的文字，才是第一流的青詞。狀元出手，果然不一樣，雖事諂諛，卻寫得典雅真純。由此帶來嘉靖青詞的重大轉折，皇上一經發現，便將此事著落在禮臣身上，漸而至交給內閣專管。此處可見出科舉一甲與二三甲之別，不在學問，多在才情文采也。

步虛詞由來久遠。宋代文瑩《玉壺清話》卷八寫一位大臣急於進用，趁內廷醮祭日進步虛詞十首，中有「玉堂臣老非仙骨，猶在丹台望泰階」之句，皇帝體味到其底蘊，予以擢拔。至嘉靖皇帝，這種提升和嘉獎更為迅速。顧鼎臣久歷官場，升遷甚緩，自從以青詞上獲歡心，不數年便司銓選，掌詹事，入參機務，加封保傅。顧鼎臣以自己的際遇向熙熙攘攘的朝官，指引了一條「終南捷徑」。

同樣是祈嗣，同樣見降雪，更多朝臣見不出有啥祥瑞。就在顧鼎臣以〈步虛詞〉大獲褒獎後，御史喻希禮上言，請求赦免議禮獲罪諸臣，以利「和氣蒸熏，前星垂耀」。嘉靖認為有怨望詛咒之嫌，令大臣議處。誰知御史石金上疏，舉王守仁之例，請皇上免除獨斷，重視公論，「重頒恤典，宥諸臣之罪，寬假生還」，也說到因反對議禮得罪之臣。朱厚熜甚怒，下禮部擬罪。夏言任禮部尚書未久，對下屬有庇護之責，奏稱二人的章奏迂腐偏執，但也都是通常之論，沒有惡意，請皇上寬宥或稍加戒飭。厚熜更怒，斥責夏言「專務狥私，不圖報主」，令將兩御史「逮送鎮撫司，嚴刑鞫治」[13]。

就在同一天，禮部左侍郎湛若水上言，寫得花團錦簇，大體也是要皇上少管政事，涵養精血，「目多視五色則散於五色，耳多聽五聲則散於五聲，心多役百為則多散於百為」。話語雖不同，實質與石金所奏多重複。若水為三朝老臣，以治理學著稱，皇上不便責處，又很惱火，批曰：「爾既欲朕收斂精神，便不必如此煩擾！」對這位以講學名世的大儒，厚熜一向沒有什麼好感。

二、無逸殿旁的直廬

自嘉靖十年（一五三一）秋，朱厚熜就常在無逸殿接見大臣，觀稼、講學、問政皆有之。遷居西苑之後，國家的決策中樞自然從大內遷來，內閣大學士集體或輪流在這裡值班，稱作「入直」。無逸殿成為皇帝披閱章奏和召見重臣的地方，為了辦事方便，附近很快建起一批供值班高官工作和歇息的房子，是為「直廬」，有時也叫「直房」。

1 入直的榮耀和辛勞

閣員和一些重臣入直內廷，本是歷朝相沿之朝廷規制。當初朱元璋設殿閣大學士，要的也就是一個顧問兼祕書班子。朱厚熜即位不久，便有老臣建言，請擇選文學侍從之臣入直，以備垂詢顧問，暇時談點兒歷史文化。[14]厚熜賦予內閣極大的事權，使之由輔臣漸而演變為宰輔，演變為權相，然大學士作為文學侍從和顧問的基本職能，並無改變。

所改變的，是其由文學侍從變為齋醮侍從和青詞寫手。於是「入直」一詞，開始有了更多的內涵，也有了更多名目，稱為「直贊」[15]「贊直」[16]「直撰」[17]，更多時稱為「撰文」。這是入直與贊玄的結合，是廣義的文學侍從之專門化，也是青詞撰寫的高規格提升。試想，讓這些兩榜出身、赫然鼎甲，又長期供職翰林的大學士精心擬稿，比道士、方士之流的抄襲拼湊，強過豈止數倍？

首輔和閣僚入直，當然要幫助皇上處理軍政大事，起草詔諭，但自嘉靖中期以降，一項主要職能便是撰作青詞，以及陪同皇上做各種醮事。第一個認真去做的是禮部尚書夏言，凡所需應制之作，厚熜多交給夏言。為邵元節建真人府，落成時也命夏言作記，刻於石。在這一個時期，夏言所撰青詞和應制文最使皇上滿意，受寵獲益也非他臣可比。[18]

十八年（一五三九）正月，夏言擔任首輔，同在內閣的只有顧鼎臣。當年正是老夏攬下齋醮監壇和奉迎青詞的活兒，給了老顧一個露一手的機會，哥倆包辦內閣，又遇到皇上迷信日甚，能不勉力承擔！但朱厚熜要求素嚴，年近六十的老夏做起來亦吃力。僅數月後，就出現典禮使用舊稿和撰稿稽遲兩項失誤，皇上一怒之下將他免職，並命繳回歷年所賜圖章和諭旨。夏言極為惶恐，幸很快天意回轉，算是虛驚一場。[19]

大臣入直西苑，是一種莫大榮耀，也非常辛苦。為了與昊天上帝及諸神溝通方便，厚熜多選擇於夜間活動，或祈禱，或修行，漸漸習慣，每至四更後才睡。[20]皇上如此，臣下自不敢安臥大睡，很快也就排定一個新的作息制度：一切章奏文書均在夜間呈送，在直諸臣於子夜會商擬票，上報御批。這是一種曠日持久的晨昏顛倒，皇上第二天可以補覺，閣部大臣則不能不參加一些常規性活動，有些疲於應付。

在直與輪直不同，指的是同時入直，一般為三員閣臣。多數情況下全部內閣成員也就是三位，因此常會一連數月在直，得不到歇息。可以看翟鑾、夏言、嚴嵩獲罪後的辯解，無不以長期在直為由，說明自己無法抽身作弊。在直雖是實情，不能搞鬼則屬誑語，故嘉靖閱之必怒。老嚴在二十四年（一五四五）八月辭加少師恩銜，自謙「臣等連歲在直，不過撰述文字微勞」[21]，也是入直時間長的證明。

朱厚熜豈不知閣員在直的辛苦，豈不通人情世故？其待贊直大臣甚為優寵，升職加俸，獎賞殊多，茲僅舉一例：

> 嘉靖三十九年八月甲午朔，上諭吏部曰：直贊諸臣效誠年久，未有嘉與，何以重君上事帝之典？賜爵祿：二臣嵩、炳歲加祿米二百石；輔臣階加兼太子太師，本加少傅秩，宗山加少保；卿貳樸、瓚、煒各支正二品俸；少卿訥、春芳、份各升禮部右侍郎仍兼學士。嵩左右朝夕，其子世蕃仍兼支尚寶司卿俸。[22]

這樣的獎賞，這種明確以「直贊」為題的特獎，絕非一次兩次。

2 武大臣弄文

贊直大臣又不僅僅文臣，還有武將。這不是指疆場引軍廝殺之輩，而是公侯勛戚者流，是勛戚中那些文辭嫻雅者。早期入直西苑的武大臣首推郭勛和崔元，兩人都有文采，鞍前馬後地效勞多年，深得皇上信重，兼以統領禁軍，直贊與拱衛相結合，也算是一時之選。

二十年（一五四一）三月，宗廟災，九廟一時俱焚。巡視皇城御史胡汝霖指責各官不積極赴救，並開列了一個高官先後趕到現場的名單。嘉靖下旨令核查。郭勛、崔元與翟鑾、嚴嵩等合疏上奏，說火災時正在內壇供事，很快便奔赴太廟救火，督同各廟內臣搶出神主。至長安門開，胡汝霖等與諸臣始入救。作為他們的見證人，嘉靖曰：

> 卿等力竭齋誠，贊朕禱雨，日夕左右，夫誰不知！彼說者正指是。且禱為民食，非聲色遊娛，非卿導諛，縱使皋、夔生今，亦是如此。[23]

這也是勛舊武臣參與直贊、且列名大學士之前的證明。不久郭勛入獄監斃，崔元也於二十八年（一五四九）六月病逝，隨侍大員中不能有文無武，又增加了提督十二團營及五軍營的成國公朱希忠。

朱希忠為成國公朱能之玄孫，嘉靖十五年（一五三六）襲爵，朱厚熜南巡時在衛輝遇火，是他與陸炳一起奮力救出，以故大得寵眷。他雖一直掌管禁軍，但出身公侯之家，文學修養也很高。南巡途中，厚熜曾讓他奉和御製詩，希忠在舟中援筆立就。嘉靖帝對輔臣感嘆，認為勛舊之裔，竟有如此人才。希忠能豪飲，折節下士，處事又勤勉謹慎，尤其讓皇上滿意的是精通禮典，能做到有問必答，「不問即終不言」[24]。正由於此，希忠在朝始終得到世宗信任，也是出席和主持各項典儀最多的勛舊之一。

三十三年（一五五四）七月，朱厚熜命自己的姊夫、駙馬都尉鄔景和，方皇后之弟、安平伯方承裕，以及左都督陸炳入直西內[25]，三人皆武職，掌領五軍都督府和內廷大漢將軍等。如果說郭勛、朱希忠為勛臣之後，已故的崔元與鄔、方二人皆屬親臣。至於陸炳，乃厚熜乳母之子，親近友愛遠過三人，自不待言。好一個嘉靖皇帝，管自把直贊齋醮的榮譽遍賞近臣，也不去想別人願不願意。

3 在直諸臣的吃住行

嘉靖三十四年（一五五五）前後，南北多事，烽煙相連，朱厚熜極為關切，責成有司認真應對。兵部尚書聶豹平日推諉搪塞，至秋後則弄來一遝各地捷報，稱作皇上事玄之功。一開始厚熜還挺高興，後來逐漸厭煩，嚴旨禁止。當年二月，嘉靖傳諭，說聶豹年齡太大不堪重任，令「在直八臣」討論兵部尚書人選。在直八臣，即當時直贊西苑的重臣之數，有內閣大學士嚴嵩、徐階、李本，勛戚朱希忠、方承裕，武臣陸炳，以及吏部尚書李默、禮部尚書王用賓。

數月前，鄔景和以懈怠被免入直，接著革職回原籍，不然便是在直九臣了。這麼多大臣住進西苑，吃住行都是問題，卻也難不住皇家，很快就安排妥當。

先說住。遵照皇上旨意，內官監在無逸殿不遠處為在直諸臣修造了直廬。開始時是一些簡易低淺的小屋，與內閣院內貼牆的兩排直房相仿，一副臨時值班室的樣子。後因要長年累月居住，看見老臣辛苦，皇上加以關心，首輔和閣僚所居都大為改觀。如嚴嵩，有了一個獨立院落，設立了門房。[26]雖不詳院內有多少房子，徵之後來高拱的直房有十六間，且言「前此入直之臣並未有此」[27]，也就是十數間吧。

至於吃，應說安排得更好。三十八年（一五五九）春，嘉靖在內廷狠抓節儉，命核查光祿寺錢糧，撙節支出。嚴嵩彙報每年可省十七八萬兩銀子，又提出在直諸臣的伙食問題，「日賜酒饌三桌，計銀二兩餘」。他說各臣都有常祿，光祿寺又有供給，不應該再增加在直之費，請悉停罷。皇上深感欣慰，「准日支一桌」[28]。

真正的問題在於行。西苑偏於一隅，與文淵閣相距甚遠，還隔著一汪大水，考慮到這一點，厚熜恩賜各臣騎馬或肩輿。肩輿者，狀如座椅而穿以兩長木杖，略如今日之滑竿，雖免步行，乘坐頗不舒服。夏日曝曬，冬月風霜，大員們常常要回閣部辦事，便悄悄改為小轎。二十一年（一五四二）夏，皇上斥責夏言，說他擅自在禁苑乘轎，說他不戴香葉冠，並曰：

朕不早朝，彼亦不入內閣，軍國重事邏自私家而專裁之。王言要密，豈宜人臣視如戲具！29

罵的是首輔，其實閣老大多如此。兩年後翟鑾二子同科取中，厚熜降旨譴責，也是新帳舊帳一起算，內閣辦事懈怠和禁苑私自乘轎，都被翻騰出來。

三、青詞之鋒

自打朱厚熜愛上齋醮，愛上青詞，也就為朝臣開啟了一條青詞之路。這是一條升遷的捷徑，得皇帝滿意者可快速達到高位；也是一個倒楣的黑洞，能讓不小心掉入其中的人粉身碎骨。青詞，作為寫在青藤紙上的齋文，有時竟像那三尺青鋒，將厄運帶給袞袞諸公。

1 難侍候的君主

嘉靖嚴苛專橫、揉不進沙子的性格特徵，在對青詞的要求上也充分展現。他對齋祀所用青詞幾乎每篇都讀，讀得細，標準高，不允許撰稿人有半點懈怠，稍有不慎，便可能會萬劫不復。

第一個倒楣蛋是夏言。

二十一年（一五四二）七月，首輔夏言因事罷斥，嚴嵩繼任，也成為撰作青詞的第一高手。《明史．嚴嵩傳》稱：「言去，醮祀青詞，非嵩無當帝意者。」他也因此被提升為首輔，主持閣事，號令群臣，好不得意。沒想到三年後夏言復職，嚴嵩再降為次輔，二人仇隙已深，明爭暗鬥更為激烈。夏言加意奉上，卻忽視了一個至關重要的方面——撰作青詞。

當時夏言與嚴嵩同在西苑直房入直，厚熜常派小內侍在半夜時前往窺探。至則見夏言多呼呼酣睡，而嚴嵩早得密報，端坐燈下製作青詞，反覆斟酌，務求妥帖工穩。《明史紀事本末》卷五四：

初，言與嵩俱以青詞得幸。至是，言已老倦，思令幕客具草，不復簡閱，每多舊所進者。上輒抵之地，而左右無為報言。嵩則精其事，愈得幸。言以是益危。30

以青詞晉職的夏言，早忘了還應以青詞保位，但嚴嵩未忘。當夏言命人代筆，自己放心去睡大覺時，嚴嵩則秉燭夜作，焚膏繼晷，務求意新詞美，以稱皇上之意。嚴嵩在寫作青詞，亦是在鍛鑄利刃，用華美淵雅的辭章奪取君主的愛寵，將政治對手送入地獄。

這是嘉靖朝內閣的一大特色。撰作青詞，是一條取寵之道，是一條固寵之道，竟也是一條殺人之道。夏言的被殺，與其不能再撰寫出令皇上稱意的青詞大有干係。當他朦朧進呈那些槍手代擬的劣作，而皇上閱後怒擲之於地時，應說是殺機已動，殺氣已濃了。

2 清除政敵的利器

在朱厚熜看來，寫於青藤紙上的齋文，代表著人間天子對昊天上帝的誠敬，來不得絲毫輕忽。篤信道教的他希冀著上天賜福，渴求那本來虛妄的長生之道，也在齋祀中傾注入血忱，用青詞述說著自己的夙願，與諸天神仙進行魂靈的對話。

正由於此，如若發現臣下不虔心撰作，嘉靖帝會憤恨憎惡。他會立即處置，就像將鄔景和遣返老家；也會記在心底，到時候算帳，如前面提到的夏言之死，以及後面要講的程文德之罷免。

時序交替，報應輪回，內閣的爭鬥永遠不會歇息，青詞也繼續被作為清除政敵的利器。嚴嵩暮年，內閣中新增了潛在的對手徐階，兩人的較量也是從青詞開始。二十八年（一五四九）六月，徐階以禮部尚書入直無逸殿，撰青詞以贊玄，所作最得皇上嘉賞，以至於每日召對，賞賜同於內閣大學士，後加封為太子太保，使進入內閣。而嚴嵩漸漸老去，文思遲滯，再難寫出漂亮的齋文。其子嚴世蕃能代父擬票和答旨，卻限於才質，寫不出青詞，因此恩寵漸移，帝心加厭。徐階正當壯齡，精心結撰，謹慎事玄，逐漸取代了嚴嵩在皇上心目中的地位。

徐階也遇到過不止一次的政治危機。方皇后遭遇宮火，朱厚熜先是銜恨不救，待其死後又思其救駕之功，想讓她先行祔廟，徐階主禮部，抗言反對，嚴嵩乘機挑撥，徐階一時處境險惡。除對嚴嵩格外恭謹外，徐階更注意用心寫青詞。《明史》卷二一三：

> 階危甚，度未可與爭，乃謹事嵩，而益精治齋詞迎帝意，左右亦多為地者。帝怒漸解。未幾，加少保，尋進兼文淵閣大學士，參與機務。

因為所寫青詞使皇上滿意，徐階不僅渡過一厄，且晉秩加銜，成為內閣大學士。

3 撰文班子中的理學家

嘉靖帝不僅擁有一個龐大的青詞寫作班子，還注意為這個班底選配各類人才。

三十三年（一五五四）夏，朱厚熜詔令鄔景和、陸炳等勛戚入直，同時選用了四位大臣撰文，「仍擇侍從文學之職四人，不之直，只撰述文帙」[31]。這是青詞寫作班子的又一次擴編，也是中選各官的一次人生際遇。四臣為：吏部左侍郎掌詹事府事程文德、禮部左侍郎掌翰林院事閔如霖、吏部右侍郎郭朴、禮部右侍郎吳山。排在第一的程文德學養深厚，當也較受重視。

程文德為嘉靖八年（一五二九）榜眼，授翰林院編修。同年三鼎甲，似乎都有點兒不合時宜：十一年（一五三二）十月，探花楊名以彈劾汪鋐被逮治拷訊，嚴刑之下吐露疏章經文德看過，並為改訂文字，結果是楊名謫戍，文德降邊方雜職；十九年（一五四〇）歲末，狀元羅洪先上疏請朝皇太子被斥免職。洪先與楊名居住鄉里，再不赴召，而文德自邊僻小職漸漸上升，歷郎中、按察副使、南京國子監祭酒，復入京為禮部右侍郎、左侍郎兼翰林學士，再轉吏部左侍郎掌詹事府事。如此快速進入執政核心，一是其學問人品得到公認，主要的還是皇上覺得當初有些冤枉他了。朱厚熜就是這樣，一時惱怒或加嚴譴，過後常也會後悔，設法找補。

文德少時讀書窮理，長從王守仁遊，篤信致良知之說。[32]入西苑撰寫青詞，對他來說真是一種精神折磨，也會在撰文時夾帶諷勸。厚熜豈讀不出，然文中皆屬大道理，也不便發作。而程文德終是難以承受，恰南京吏部缺尚書，即尋求往任。嘉靖見到吏部擬任的奏章後極不高興，認定他想脫身而去，命改為南京工部左侍郎，以示薄懲。文德倒也坦然接受，臨行前上疏辭行，「勸帝享安靜和平之福」。一番發自內心的忠愛話語，不想竟觸怒皇上，斥為謗訕，黜為民。[33]

四、嚴府的末路

自四十一年（一五六二）夏嚴嵩被逐，內閣首輔就換為徐階。以探花入仕的徐階文字古雅，擅能結撰青詞，以此深得皇上眷注。更為重要的，他是一個意志堅定、學識淵博、視野開闊、心機深沉的人，是一個在官場中摔過跟頭的人，後果然成為名相。作為嚴嵩的長期對手，徐階深知嚴氏父子的能量和翻盤的可能性，遂周密部署，雷霆一擊，將他們及其黨徒送上絕路。

1 退而不忘魏闕

嚴嵩被罷歸故里，又想起以青詞回轉天子之心。他在皇上生日時往鐵柱觀建醮，索要道士藍田玉所藏符籙多種，加上所作〈祈鶴文〉，派人往京師進呈。嘉靖頗受感動，「優詔答之，仍賜銀幣」[34]。過了一段時日，嚴嵩又上疏乞憐，請求將世蕃及嚴鵠從戍所放歸。厚熜認為其身邊有孫子嚴鴻侍養，不許所請。

嚴世蕃被發配雷州，剛走到庾嶺以南的南雄地方，就私自潛回。其黨羽羅龍文也潛逃內地，嚴世蕃與之朝夕相聚，招納亡命之徒，宣稱要取鄒應龍和徐階之頭，以洩心頭之恨。徐階聞知，嚴加防備。世宗也很快知道了世蕃自流放地逃歸之事，並未即行處置。這對消息靈通的嚴世蕃是一個鼓勵。

他漸漸故態復萌，在袁州大興土木，家人也橫肆不法，欺侮州縣。一日，袁州推官郭諫臣因公事到嚴府，恰遇府中正興造園亭，工匠千餘人，煞是場面宏大。嚴家僕人督工，見郭推官到，傲慢無禮，連站也懶得站一下。工匠中有人嘻嘻哈哈地以瓦片擲打郭諫臣，家僕也不加制止，有的還說：京堂科道到主人門上候見，誰敢不規規矩矩，這位大頭大臉的是誰呀？

郭諫臣不勝其辱，寫揭帖呈給巡按御史林潤。林潤即繼鄒應龍後彈劾鄢懋卿者，平日深恨嚴嵩父子不法，即上疏告世蕃家居不法、誹謗朝政、聚眾謀變等事。嘉靖對嚴世蕃素來厭憎，批令林潤將世蕃與龍文逮捕至京。林潤得旨，令郭諫臣等分頭抓捕，而自駐九江，勒兵備變。此時嚴世蕃尚有一子紹庭為錦衣衛官，刺探得消息，派家人緊急馳報，勸之快去戍所雷州。世蕃慌了手腳，打點行囊要動身。尚未起行，郭諫臣已領兵來到，械具套頭，繩索加身，連同羅龍文一起押往京師。林潤令袁州府詳具嚴氏不法橫暴之狀，又上疏數嚴氏父子之罪，曰：

世蕃罪惡，積非一日。任彭孔為主謀，羅龍文為羽翼，惡子嚴鵠、嚴珍為爪牙。占會城廢倉，吞宗藩府第，奪平民房。而又改鼇祝之宮以為家祠，鑿穿城之池以象西海。直欄橫檻，峻宇雕牆，巍然朝堂之規模也。袁城之中，列為五府：南府居鵠，西府居鴻，東府居紹慶，中府居紹庠，而嵩與世蕃則居相府。招四方之亡命，為護衛之壯丁，森然分封之儀度也。總天下之貨寶，盡入其家。

由於內憂外患和營建太多，朝廷入不敷出，嘉靖常感到巨大的經濟壓力，在內廷提出節儉省費。擬疏者如知皇上之心，處處以嚴府與皇宮比附：

世蕃已逾天府，諸子各冠東南，……而曰朝廷無如我富；粉黛之女，列座騈居，衣皆龍鳳之文，飾盡珠玉之寶，張象床，圍金幄，朝歌夜弦，宣淫無度，而曰朝廷無如我樂。甚者，畜養廝徒，招納叛卒，旦則伐鼓而聚，暮則鳴金而解。郭寧三、劉相誼、洪斗、段回等數十百人，明稱官府，出沒江廣，劫掠士民。

該疏主要說嚴世蕃及黨徒家丁，但也沒放過老嚴：

嚴嵩不顧子未赴伍，朦朧請移近衛。既奉明旨，居然藏匿，以國法為不足遵，以公議為不足恤。世蕃稔惡，有司受詞數千，盡送父嵩。嵩閱其詞而處分之，尚可諉於不知乎？既知之，又縱之，又曲庇之，此臣謂嵩不能無罪也。[35]

長疏氣勢如虹，要害在於兩點，即納賄和聚集亡命。嘉靖命法司訊明具聞。時嚴世蕃以待罪之身居京中府第，聞知毫不緊張，淡然說：「任他燎原火，自有倒海水。」他私下聚集黨羽，囑科道官中的親信刪去疏中「聚眾通倭」之說，而重在迫害楊繼盛、沈煉之事，散布一旦提及此事，嚴氏必然徹底垮臺。

狡詐的嚴世蕃，又設下一個政治死套。

2 徐階指點迷津

朝臣果然有不知是計，入其圈套者。

不是嗎？嚴氏父子殘害忠良，尤以殺害楊繼盛、沈煉令天下唾罵，人神共憤，誠為其大罪之首款，怎能不加劾舉！負責此事的三法司長官，刑部尚書黃光升、左都御史張永明、大理寺卿張守直也都認為陷害楊、沈為嚴氏父子之大罪，據此草疏，同到徐階府上議之。徐階已知此事，問疏稿在哪裡，隨從文吏從懷中取出呈上。徐階閱讀一遍，含笑誇寫得甚好，請三人入內庭，又屏退左右，方才低聲問：諸位說嚴公子是應當死，還是應當生？

三人回答：萬死也不足以贖罪。

徐階問：那麼如此立案，是要他死呢，還是要他活？

三人說：提出楊繼盛、沈煉兩案，正是要他以死抵罪。

徐階緩緩說道：恐怕不是這樣。其害死楊、沈之事雖然引起天下公憤，然二人均由御批論死，難道皇上會承認做錯了？一旦皇上看到此處，便會懷疑法司借彈劾嚴氏歸過於自己，聖心必然震怒，上疏者都將遭不測，而嚴公子則會悠哉遊哉地騎馬離京啊。

黃光升等聽後愕然，趕緊請教該如何操辦。徐階從袖中拿出預先擬好的疏章，三人讀後敬佩不已。徐階即命文吏在密室抄錄，蓋上三人印章，火速呈入西內。

3 權奸末路

嚴世蕃早探知會審三法司原疏稿的內容，自以為得計，與羅龍文開懷暢飲，等待著時來運轉。豈料經徐階改後的會奏中隻字不提楊、沈之事，專寫嚴世蕃交接倭寇，陰謀外投日本，怨望誹謗等事。刑部尚書黃光升等列銜呈文，疏曰：

> 世蕃負性悖逆，橫恣不道，生死朝廷之威刑，乃敢假之以恐喝於外；爵賞國家之名器，乃敢鬻

之以斂貨於己。自中外百司以及九邊文武大小將吏歲時致饋，名曰問安；凡勘報功罪以及修築城墉必先科克銀兩，多則鉅萬，少亦不下數千，納世蕃所，名曰買命；每遇大選急選推升行取等項，輒遍索重貨，擇地揀官，巨細不遺，名曰講缺；及已升官履任，即搜索庫藏，剝削小民，金帛珍玩惟所供送，名曰謝禮。甚者戶部解發各邊銀兩，大半歸之世蕃，或未出都而中分，或已抵境而還送，以致士風大壞，邊事日非，帑藏空虛，閭閻凋瘁，貽國家禍害。迄今數歲未復曩年。

皇上重青詞，流風所及，三法司的定案報告，也寫得駢四儷六，韻藻鏗鏘。奏章還寫到嚴世蕃通倭酋、通罪藩、違制建造之事，擬斬，量追贓銀二百萬兩。嘉靖讀後仍有些猶豫，曰：「此逆情非常，爾等皆不研究，只以潤疏說一過，何以示天下後世？」三法司不敢放鬆，一番拷訊，又提出一大堆新證據。嘉靖命將世蕃、龍文即時處斬，盡數追沒贓款贓物，也對老嚴深加譴責：「嚴嵩畏子欺君，大負恩眷，並其孫見任文武職官，悉削職為民。」[36]

徐階行事機密而又迅速，嚴世蕃雖耳目眾多，對後來的變化竟一毫不知。帝命下，二人這才相抱痛哭。家人請嚴世蕃寫遺書給父親嚴嵩，而握筆顫抖，竟連一個字也寫不成。京師中人聞知敕斬嚴世蕃，人心大快，紛紛帶著酒到西市看行刑的場面。朝野稱譽徐階能剪除巨惡，徐階則皺著眉頭說：嚴嵩殺害夏言，我又殺其子，日後必會有人不能體諒，天知我心呵！

嚴世蕃被誅殺，嚴嵩與孫輩的官秩皆被削奪，接下的追繳贓款持續多年，是所謂瓜蔓抄，搞得江西一省騷然。可憐嚴嵩一世顯赫，在暮年衣食無憑，或往故交門上覓食，或在墓舍冷廟棲身，如此竟又挨過兩年，終淒涼死去。

五、源源不斷的青詞寫手

作為一種文體，青詞非一般粗通文墨者所能掌握，卻給熟閱典籍、歷經科考的翰林學士以馳騁才華的機會。在《明史·袁煒傳》中有這樣一段話：

自嘉靖中年，帝專事焚修，詞臣率供奉青詞。工者立超擢，卒至入閣。時謂李春芳、嚴訥、郭朴及煒為「青詞宰相」。

寥寥數筆，對嘉靖晚期的內閣和閣僚們作了形象的描述。

朱厚熜的晚年，贊玄與否，成為其衡定忠奸美惡的重要標準。翰林院官員幾乎無例外地要供奉青詞，寫得令皇上稱意，就能打開升遷甚至入閣之門，於是便出現了所謂的「青詞宰相」。

1 袁煒才情

嘉靖晚期，內閣的一個重要的變化，是由宰相寫青詞而轉為青詞寫得好升宰相。本節開篇所列四位大學士，都因善於撰作青詞入選，入閣後又傾心在青詞上下功夫，遂有是稱。

在四人中，袁煒入閣較早，寫作青詞也最有名氣，《萬曆野獲編·嘉靖青詞》：

世廟居西內事齋醮，一時詞臣以青詞得寵眷者甚眾，而最工巧最稱上意者無如袁文榮煒、董尚書份。然皆諛妄不典之言，如世所傳對聯云：

洛水玄龜初獻瑞，陰數九，陽數九，九九八十一數，數通乎道，道合元始天尊，一誠有感
岐山丹鳳兩呈祥，雄鳴六，雌鳴六，六六三十六聲，聲聞於天，天生嘉靖皇帝，萬壽無疆

這種文字雖屬「諛妄不典」，真寫起來也非易可為。作者顯然對道流雜術等爛熟於心，又有很高的文字技巧，頂真續麻，再嵌以吉祥數字，歸結於敬神頌聖，將「嘉靖皇帝」與「元始天尊」比並對仗，怎不讓朱厚熜讀之開懷！

2 取財之途

文人的機智常又令人感嘆，誰能料到青詞還是一種取財之途。這要從醮儀前的書寫扁對、符籙談起。

似此類聯句和青詞，書寫時也極事奢華，隆重之至。據載：舉醮前先預備大案，命擅書法的制敕房中書官書寫門壇扁對，扁對全部以金泥（金屑和製之墨）來寫。案上預備數十大海碗金泥，操筆的中書例用提斗大筆，飽蘸之後，又故作不順手狀，令另換一筆，寫完一副對聯，有時竟要換幾十支大筆。而這些滿蘸金泥的所謂「廢筆」[37]，便成了書寫者的財產，歸家淘洗，可得一些黃金，居然成為薪俸不高的中書官的一條致富之道。

浙江嘉興人談相，以精擅書法得用，由鴻臚寺序班升詹事府詹事，升光祿寺少卿，再升光祿卿制敕房辦事，成為皇帝近臣。似他這樣雜流出身的官員是不得蔭子的，而談相常在皇上身邊，得便反覆

乞求，居然蔭一子為國子生。二十九年（一五五〇）八月，談相升為文華殿辦事工部右侍郎，一躍而為卿貳。談相乞假歸葬，皇上讓他辦完喪事趕緊回來，而屢次稱病，一拖再拖。嘉靖等得怒不可遏，命遣官校逮送法司，竟以違命論死。

晉身卿貳的雜流，在皇上眼中仍是雜流，得意時可以不次超升，一旦厭惡，處置起來也是毫不留情。

3 化獅為龍

當撰寫青詞成了選擇閣僚的重要標準，翰林院乃至內閣都顯得有些可憐，漸漸成為小人儒的彙聚之地。

四十四年（一五六五）四月，吏部尚書嚴訥入閣，命推選接任吏部者。當時董份以工部尚書行吏部左侍郎事，為最應接任的人選。董份與嚴訥、高拱、陳以勤等同選庶吉士，阿附嚴氏父子，「為人貪狡無行」[38]，卻因青詞與袁煒齊名，大得皇上寵信，勢頭甚健。首輔徐階看到這一點，提議起復因父喪家居的原任吏部尚書郭朴。董份未能當上吏部尚書，由此阻住其入閣之路，內閣也少了一位青詞宰相。

最典型的青詞宰相，是袁煒。

袁煒字懋中，浙江慈溪人，嘉靖十七年（一五三八）會試第一，廷試第三，授翰林院編修，後蒙特簡入直西苑，撰寫青詞，最使皇上滿意。三十五年（一五五六）二月，閣臣推舉全元立掌南京翰林院，特旨用袁煒。而袁煒上疏懇辭，表示願意供奉西苑，不願升官。嘉靖大喜，立即擢升他為侍講學士，剛兩月又親手寫詔，再升為禮部右侍郎。

朱厚熜喜歡袁煒所作青詞，連帶也喜歡上其本人。袁煒雖稱「性行不羈」[39]，卻也是個拍馬屁的專家，把皇上伺候得舒舒服服，官運自然一路亨通：三十六年（一五五七）加太子賓客兼學士；三十九年（一五六〇）以供奉恩加俸二等，進禮部左侍郎；四十年（一五六一）二月調吏部左侍郎，一個月後遷禮部尚書，加太子少保，當年十一月進太子太保、戶部尚書、武英殿大學士，入直文淵閣。

袁煒才思敏捷，又深知皇上的脾性與喜好，所作常以質量兼速度取勝。朱厚熜玄修，作息不定，常在半夜命小內監執齋題到，命寫青詞，袁煒舉筆立成。遇到中外呈獻祥瑞，袁煒也寫文章極力讚頌。有一次厚熜所養寵貓死了，心中痛殤不已，命詞臣寫齋文悼之，袁煒所寫青詞中有「化獅為龍」之語，使皇上化痛為喜，獎賜甚厚。

袁煒輕薄，皇帝的寵眷使他沾沾自喜，盛氣淩人，漸漸對座師徐階也不放在眼裡，在文章上也更為自負。他與徐階同為《承天大志》總裁官，諸學士撰稿，袁煒常給改得面目全非，也不同徐階商量。諸學士憤憤不平，徐階則不慍不火，聽之任之。袁煒評價他人的作品很刻薄，譏誚斥罵，率意為之，朝中人對他既畏懼，又厭惡。待袁煒死後，徐階把他改過的文字重新刪去，亦算是一報還一報。

4 最後的入選者

袁煒在四十四年（一五六五）春病重，三月告病歸，死於返回家鄉的路上。徐階在此之前便提請增補閣臣，皇上卻又想起嚴嵩父子，曰：

今只以直贊衛者代用，此官宜三四員，成祖之制有謂者。嵩專政二十年，我常謂彼公誠，卻不識其欺君肆誑，而畏惡子逆物可怒。[40]

可以看出，厚熜也在說服自己，以徹底抹去對老嚴的記憶。

袁煒的死令朱厚熜難過，但朝中自不會缺青詞人才，欽定入閣的是嚴訥和李春芳。兩人都是翰林出身，也可以說是青詞出身。嚴訥，常熟人，二十二年（一五四三）十月以庶吉士出館，授編修。當時吳中數經倭寇刦掠，再加上天災，百姓死逃近半，當局仍逼收賦稅。嚴訥實在不忍坐視，上疏為民請命。嘉靖讀了其疏章後很感動，盡依所請予之，同時也發現了一個文章高手。李春芳則是以試策優秀，被朱厚熜欽點為二十六年（一五四七）狀元，當時便留下良好印象。三十五年（一五五六）四月，嘉靖「詔升翰林院侍讀嚴訥、修撰李春芳俱翰林院學士，右春坊右中允董份供撰玄文」，並專門對輔臣講了一番話，據實錄記載：

上以訥等供撰效勞，特諭輔臣曰：今大小官以私情乘空銓除無數，侍上者乃千百人中一二耳，訥、春芳各升學士，以重玄場供事者，份補撰文。然自是官詞林者多舍其本職，往往騖為玄撰以希進用矣。[41]

就此可知，嚴、李兩位早就在皇上身邊撰寫青詞了，而在四十三年（一五六四）閏二月，兩人與董份受命「俱直西苑」，由一般撰玄的文學侍從變為入直大臣，此後更是大受恩寵，迅速升遷。

進入內閣時，嚴訥為吏部尚書。繼任者郭朴未到任，嚴訥只有仍兼部事，也是大辛苦。內閣大堂在文華殿對面，贊玄撰文的直廬在西苑，而吏部衙門則在午門之外。嚴訥白日在內閣或吏部辦公，夜晚則在直廬當直，晝夜不停地奔波操勞。供奉青詞，又不能不小心謹畏，如履薄冰，如此不出幾月即積勞成疾，久治不愈。當年十一月，嚴訥疏請歸家鄉養病，徐階也為之說情，皇上只好准予離職。[42]

李春芳經欽點狀元後，任翰林院修撰，蒙特簡入西苑撰寫青詞。春芳為人恭慎，做事認真，居官廉潔，深得皇上眷注，自翰林學士升至內閣大學士，均由特旨。在近半個世紀的歷史長河中，如果把明王朝譬喻為一隻破舊的巨輪，則嘉靖皇帝始終是發號施令的船長。是他賦予了內閣遠超以往的權力，也是他始終監督掌控著內閣，尤其是內閣大學士的選用和廢棄。嘉靖四十五年（一五六六），是朱厚熜生命的最後一年。三月間，吏部尚書郭朴與禮部尚書高拱同時入閣。這時閣中首輔為徐階，次輔李春芳，加上兩位新閣僚，形成四人內閣，是為嘉靖朝最後一屆內閣。

郭朴與高拱都是河南人，郭家安陽，高則出新鄭，二人為同鄉，在內閣中應值得注意。郭朴為嘉靖十四年進士，授編修，參與纂修《會典》，三十二年（一五五三）署翰林院，進禮部右侍郎，供奉西苑撰寫青詞，後歷職吏部左侍郎兼太子賓客、太子少保、南京禮部尚書、吏部尚書，有著顯赫的宦場資歷。高拱晚於郭兩科舉進士，三十一年（一五五二）為裕王（即後來的明穆宗）直講，三十四年（一五五五）升侍講，三十九年（一五六〇）進太常卿兼署國子祭酒，兩年後擢禮部左侍郎，升為禮部尚書，入西苑撰作青詞。

又是兩個文章高手，又是兩個「青詞宰相」，又是沿著齋醮和青詞的路子上來的。有意思的是，二人由首輔徐階推薦入閣，入閣後卻互為依託，不大買首輔的帳。

徐階久經政治風浪，閱盡人間百態，對此處之泰然。

第十八章　二龍不相見

嘉靖的心情是複雜的。陶仲文「二龍不相見」的理論，開始時特指莊敬太子的來歷不凡，引申為不宜早立太子，卻也並不涉及何人將繼承皇位。而自幼聰明過人，一生英察強毅的朱厚熜，當不會情願將皇位傳給老實懦弱的載垕。他還有一個同樣年紀、只小一個月的兒子，那可是機靈透亮多了。作為一朝天子，作為一個父親，厚熜能不有些猶豫嗎？但立嫡立長的祖宗成法俱在，作為一個精通禮法的皇帝，也找不出理由來否定，只有拖。

在即位後相當長的時間裡，子嗣問題一直令朱厚熜頭痛傷感。

未有子嗣之時，年輕皇帝是那樣的渴望與焦灼，朝思暮求；兒子的出世，曾帶給他極大歡樂快慰，帶給他自信與充實……可轉眼又是因其患病陷入憂急，因其早殤或病亡陷入悲痛；幸而存活長大，建儲之議又讓他煩心。

二龍不相見，是他最為信賴的道士陶仲文的忠告，而在接連兩個皇太子死去後，更成為厚熜凜遵恪守的人生信條。但那些朝中大臣，包括幾個寵臣全不信這個，立儲是一種制度性需求，內閣和禮部大臣承受著巨大的輿論壓力，也不得不向皇上反覆請求。愈是到了晚年，立嗣之爭就愈加嚴重地折磨著厚熜，折磨著輔弼大臣和九卿士大夫，自然也折磨著那碩果僅存的皇子——裕王朱載坖。

一、皇嗣難存

一個王朝的興衰，或也可由皇嗣的多寡看出端倪。想大明建國立基，太祖朱元璋於南北轉戰、席不暇暖之際，仍得到二十六個兒子，絕大多數長大就封。而承平日久，尤其是在明孝宗之後，皇嗣一下子成為難題，嬪妃眾多而子女稀少，費盡辛苦出生而輕易早夭，幾乎是每一任皇帝要面臨的狀況。世宗在位前期，最牽掛的事莫過於此。

1 與大臣討論性生活

對許多封建帝王來說，子嗣問題都是至為頭痛的。大內那些個宮殿臺閣、回廊曲檻中潛伏著無盡的殺機，幼小的生命，龍子龍孫，在這塊土地上往往難以成活。

嘉靖元年（一五二二）九月，十六歲的朱厚熜在張太后主持下大婚，至六年（一五二七）冬月，陳皇后和張方二妃仍然沒有身孕。輔弼大臣未免憂急，楊一清上疏請皇上保養精神，不要上朝太早，最後巧妙地把話題轉到儲嗣上，要皇帝注重這件事。話雖說得隱諱婉約，厚熜卻聽得明白，敕諭中有此一段文字：

> 卿開導儲嗣，言造端夫婦，誠不可不重。朕於后與二妃皆以禮接之，以道率之，亦以正御之，

而於多欲之戒、色荒之懼，每兢兢焉。今婚禮告成將近七載，深慮承傳為重，恐罹不孝之罪也。因此故切諭之，庶見朕不敢忽之微意耳。[1]

真實表明其對儲嗣的渴望心理，以至於情急之下，將自己與后妃的性生活也向內閣大臣通報。

老天不負苦心人，轉過年的夏月，陳皇后已身懷六甲。朱厚熜欣喜之下，少不得對皇后優渥有加，常到後宮中陪坐，二位寵妃也自覺收斂，親奉湯茶。曩遭冷落的陳皇后在懷孕後亦脾氣大長，因嫉妒蹾摔茶杯，觸怒世宗，竟至於驚悸成病。腹中胎兒沒保住，皇后也在不久後淒慘死去。嘉靖又愧又怒，草草就葬了這位元后，謚曰悼靈。

這是厚熜的第一個孩子，由於胎死腹中，尚不知是男是女。陳皇后的謚號，禮部與臺諫都曾爭之，不聽。然斟酌「悼靈」二字文義，倒像是悼殤那個未能出生的孩子。

2 采選淑女與冊封九嬪

由此往後，很長時間內不見子嗣的跡象。繼立的張皇后久不舉子，厚熜在位已十年，仍未有子嗣。加上皇帝本人時常患病，朝野為之焦慮。九年（一五三〇）十月六日，首輔張璁上言：

古者天子立后，並建六宮、三夫人、九嬪、二十七世婦、八十一御妻，所以廣儲嗣也。伏惟中宮皇后正位有年，前星未耀，嗣續未蕃。臣願皇上當此春秋鼎盛之年，廣為儲嗣兆祥之計……[2]

嘉靖很快採納了這一建議，在御批中對張璁的「忠愛誠切至意」表示誇讚，並說：「朕大婚將十年，元配又失，嗣承久虛，深用憂懼，每廑聖母之念。」由是可知，蔣太后望孫之心更為迫切。

嘉靖令禮部「速擬應行事宜以聞」。禮部提請派遣本部官二員、司禮監官二員往南北直隸、鳳陽等處采選。得旨稱「此舉專為廣嗣續」，不必派內官，命禮部主持此事。於是，禮部派四位官員到各地選秀女，各官認真盡職，加以地方官鼎力相助，僅用一個月，就將采選來的一千二百五十八名淑女帶到京城。[3]

經過了繁複的審查程序，最後由蔣太后親自目測確定，選中淑女三十人，再從中「慎選九人，以充九嬪」[4]。十年（一五三一）三月，朝中舉行了隆重的冊封儀式，皇帝袞冕告太廟、世廟，然後換皮弁服，接受百官行禮；負責冊立九嬪禮儀的正、副使身穿吉服，奉制文和節冊至九嬪宮，九嬪迎於宮門外，隨至宮中拜位，女官宣讀冊文，九嬪虔敬受冊，然後八拜，送使節出宮門，具服隨皇后至奉先殿謁告列祖列宗，而後才到皇帝前謝恩。

這次冊立的九嬪為方氏、鄭氏、王氏、閻氏、韋氏、沈氏、盧氏、沈氏、杜氏，容貌心智，各有擅長。此時她們頭戴九翟冠，身穿大彩鞠衣，纖腰搖曳，花容含羞，使厚熜很是滿意。

九嬪的選拔很有成效，幾年後皇子迭生，大多出於她們之中，有生育之功者即加皇妃和貴妃稱號。

3 並蒂瓜與瓢中蔓

當年九月，新選入宮內的九嬪尚未見動靜，廣平府曲周縣卻傳來一個好消息。

曲周素來以甜瓜著稱，有位瓜農在田裡發現了兩對並蒂瓜，待其成熟後剖開，還有一瓜竟在瓢中生出枝蔓。縣丞侯廷訓以為祥瑞，依樣繪圖，奏知朝廷。嘉靖也覺得奇特，很像是嘉禾、瑞麥之類祥瑞，詢問禮部官員是何徵兆。禮部尚書為夏言，豈不知皇上心思，遂引經據典，報稱是「本支繁衍之兆」。厚熜大喜，「親獻內殿」，並賜侯縣丞官衣一襲。[5]

類似的上獻並蒂瓜之事，早在洪武年間即出現過，禮部奏「連蒂之瑞」，朱元璋說：「草木之瑞，如嘉禾並穗、連理合歡、兩歧之麥、同蒂之瓜皆是。以歸德於朕，朕不德不敢當。」[6]說得真好！博覽群書的朱厚熜看到太祖這番話沒有？無從考證，卻是深信不疑，由此帶引起一股子祥瑞風，後來的嘉禾瑞穀、白鹿靈芝不斷地出現。

上獻並蒂瓜圖的為該縣縣丞。一個地方出了祥瑞之物，知縣不報，竟由縣丞上報朝廷，也顯得蹊蹺。可說到侯廷訓，那可是大有來歷。廷訓與張璁同科進士，在議禮上卻勢同水火，是該科八十八名聯署反對議禮的帶頭人。至嘉靖三年（一五二四）議禮大局已定，張璁已入京任翰林學士，左順門已發生哭諫慘案，在南京禮部任主事的侯廷訓心中不服，私刻自撰相關文章為一冊，寄與京師的友人。此事很快被察知，下詔獄拷訊，幸虧其十三歲的兒子赴闕申冤，以孝心感動了皇上，才得以貶官保命。

歲月匆匆，轉眼過了七年，同年張璁已經入閣五載、首輔兩年，侯廷訓竟還是一個小小縣丞！並蒂瓜和瓤中蔓的出現，給了他一個機會，一個多年反思後改過的良機，但路途遙遠，鮮瓜難以保存，便想出繪圖呈報的主意。寫到此處，筆者感慨萬千，又覺得不忍責怪這位縣丞，誰能知道他在這些年，承受了多大的精神和生活壓力。

筆者沒看到侯廷訓的奏章和附圖，可設想一定寫得花團錦簇，兩榜進士出身者大多有這種本領。

朱厚熜閱讀時的心情應是愉悅的，應該還記得侯廷訓，即便忘了，也會有人加以提醒，這是一個舊日的搗亂分子。但皇上歡喜之下，特賜予一襲官袍。

欽賜官衣可非小事，甚至能讀出其間暗示，廷訓如枯木逢春，慢慢也就升遷起來。

4 祈嗣之醮

為確保在子嗣上「廣種多收」，除了多選嬪妃，篤信道教和方術的朱厚熜，又想起向上天的神靈祈禱。祈嗣壇迅速地在後苑的欽安殿建成，這是一個花木蔥蘢的御花園，是嘉靖前期修醮的主要場所。夏言有詩贊之：「欽安殿前修竹園，百尺琅玕護紫垣。夜夜月明搖鳳尾，年年春雨長龍孫。」[7]大約寫於隨從皇上齋醮的時候，詩寫得一般般，卻也是一副青詞腔調。

那時國內和南北邊境尚稱平靜，為皇上祈嗣，便成為明王朝的首要政治任務。十年（一五三一）十一月，世宗對時任首輔的李時說：

> 卿等以朕建醮祈天，求生哲嗣，為國重典，朕聞聖人有曰「不孝之罪，無後為大」，今朕大婚十載，近冊九氏，嗣祥未兆，乃遵祖宗故事修醮以祈。顧君臣一體，況卿等愛國之心甚切，昨有請，已分遣廷臣禱之嶽鎮，但恐擾民耳。茲欲又侍朕行禮，醮壇其悉聽之。[8]

可見出皇帝的憂急，更可見出一眾大臣的積極姿態：遍禱域內五嶽四鎮，出於大臣的建議；侍奉皇上在祈嗣壇行禮，是文武重臣的請求。厚熜很感動，論為「愛國之心甚切」。

祈嗣是一場宏大法事。所有登壇的道士均賜給淨衣一襲，真人和道官加賜「紵絲衣一襲」或「絹二縑」。禮部尚書夏言提議，通常的春祈秋報，有禮官負責撰寫青詞和全程監督，祈嗣大典「事體崇重」，也應如此。嘉靖諭稱祈嗣醮「為國重典」，規格還應提升，並親自指定了有關職司。於是蟒服玉印、總領道教的邵元節主持醮事，夏言任醮壇監禮使，禮部侍郎湛若水、顧鼎臣充當迎詞導引官，郭勛、李時、王憲、汪鋐、翟鑾等文武大臣每日輪流上香。而為了顯示誠敬，厚熜在醮儀的第一天和最後一天都親臨行禮，跟隨皇上身後的是那些文武大員。

夏言又呈請皇上，令在廷文武百官一律致齋行禮，以感格上天，厚熜欣然諭可。

5 早夭的皇第一子

所有這些努力終於得到回報，十二年（一五三三）八月十九日，麗嬪閻氏生下皇第一子。厚熜剛度過二十七周歲生日，簡直高興極了，謝天告祖，要求臣下三天不得奏事，以安靜享受得子之樂。新生兒剛七天，嘉靖帝即詔告天下，曰：

> 朕以一人仰承皇天洪眷，纘嗣皇祖丕圖，即位於今已訖一紀，大婚之後又越十年，每思傳位之久虛，若履薄冰而戰懼。上廑聖母佇望之深，下遺臣民引領之至，朕心震惕，朝夕匪寧。昨歲元輔建策慎選淑女，以備妃嬪之御，用廣嗣續之求，朕請慈命，聞於祖考，卜吉，納九氏以用資繁衍之祥，助烝嘗之職者。乃於今年八月十九日皇天降祉，祖宗鑒蔭，朕第一子生，屬麗嬪閻氏出，是皆皇考聖母鍾祥積慶而衍及孫謀者也。[9]

把得子歸功於父母積德積慶所致，特地拈出「鍾祥」二字，充滿喜悅，也顯得如釋重負。嘉靖宣佈大赦天下，起復賦閒官員，寬減當年賦稅，蠲免拖欠，獎勵學校，並分遣翰林院、科道、錦衣衛及鴻臚寺官諭知各王府。

皇子滿二十天，嘉靖便忙著命禮部議皇子廟見、命名等禮儀。命名那天，他身穿皮弁服於乾清宮升座，張皇后率麗嬪行四拜禮，侍立，保母抱皇子由寢宮至殿內，降座，執皇子右手，賜之名。厚熜為自己的第一個兒子取名朱載基，期望之重，由「載基」二字一望而知。

可未過幾天，小載基就開始生病。蔣太后視孫如珍寶，每日來探視，常留連到中夜仍不願離去。朱厚熜迎送陪侍，也著涼發熱，連時享禮都免去了。延挨到十月十日，皇長子一命歸陰，搞得厚熜和蔣太后都傷心至極，謚為「哀沖太子」。

二、皇太子載壡

皇長子早夭，帶給朱厚熜和母親的打擊是沉重的，此後又經過漫漫三年的等待，至十五年（一五三六）十月六日，皇第二子誕生，出於昭嬪王氏，後宮和整個朝廷再次充滿喜慶。

這是一個與乃父一樣有著吉祥傳說的皇子，一個自小就與眾不同的皇子，也是唯一一個很早就冊為太子的皇子。嘉靖對他寄寓了很大期望，也傾注了很多心血，以至於在該子逝後，對父子之情竟也像是看得淡薄了。

1 精選民婦為保母

前車之鑒，記憶猶新，嘉靖對上天的再次賜予珍惜異常。他親自定下祭告郊廟的禮儀，頒示禮部，又不顧體弱，率文武大臣到南郊祭告昊天上帝，又遍祭九廟、奉先殿、崇先殿、方澤等，還令百官自本月七日至十五日，俱穿吉服，並額外賞賜禮部尚書夏言銀簪花紅，獎勵其提議祈嗣之功。

豈料兩日後，京師一帶地震，「有聲如雷」，嘉靖懷疑是上天加譴，忙降諭停止賀喜，宣稱「即行修省，自今日始青衣黑帶，靜處三日」[10]。夏言請求皇上在修省之後，御奉天門受百官賀，厚熜思忖良久，方才答允。

嘉靖派翰林院官通報各王府，又派使者諭知朝鮮等屬國，但對詔告天下比前次慎重，定在皇子滿月之日，即十一月六日。他在這天親臨奉天殿，接受百官朝賀，詔告天下，又是一番大赦和遍示恩賞。病退鄉里的張璁差人上表稱賀，厚熜為老臣的忠誠感動，賞賜甚多。

這個皇子又被理所當然地稱為「元嗣」，命名禮在兩個月後舉行，朱厚熜在內閣開擬的名字中選定「叡」字。叡，通叡、睿，有聰慧、聖明之義，命名從睿從土，寓意在治理國家上的繼往開來。為確保兒子能健康長大，厚熜又覺得宮人不盡可靠，命禮部在民間選無丈夫和子女之累的婦女進宮當保母，一次選了二十多人。[11]他還命宮中道士於玄極寶殿建「祗答洪庥金籙大醮」，連續折騰七晝夜，用的是當年祈嗣醮的同規格儀式和官員。此一醮事名為答謝上天，實則重在祈求保佑。因禱祀之功，道士邵元節竟被加授禮部尚書，給文官一品服色和俸祿。

2 儲祥屢現

十六年（一五三七）元月二十三日，剛剛過完元宵節，康妃杜氏生皇第三子。對這個兒子，朱厚熜似乎並不太重視，僅命郭勛、李時等代行告廟禮。但幾天後，還是從禮部之請，御奉天門接受文武百官的祝賀。

二月清明節，厚熜奉母親章聖皇太后至京郊祭陵。先是禮科都給事中李充濁等上疏勸止，認為皇嗣出痘剛平復，新生皇子更需養護，皇上和皇太后不宜遠離；也說到行宮皆以葦席搭蓋，值天氣陰溼，對聖母身體也不利。嘉靖不願改變祭陵之行，斥責李充濁多事多嘴，「所言不識人情，父子之間豈待人勸也」[12]。

祭陵之行肅穆而又愉快。二月二十九日，宮使來傳報皇第四子生，厚熜當即命筆，作〈嘉喜歌〉頒示扈從大臣，命之賡和以進。[13]這個皇子來得很是時候，次日即蔣太后生日，竟成他敬獻給慈母的最好禮物。剛接任禮部尚書的嚴嵩極會逢迎助興，請求扈從大臣至蔣太后前行五拜三叩頭禮，當即允准。六科十三道跟著懇請，建議扈從大小官員「一體隨班行禮」，嘉靖降詔許之。群臣朝服鮮潔，容顏恭遜，齊整整地排列在階下，司禮喝贊，拜跪如儀，蔣太后大是開懷！返回京師，朝中居守大臣及各官又請求稱賀，道是「儲祥屢見，本支繁昌，實宗社無疆之慶」[14]。嘉靖帝心情愉悅，一概允准。

禮部具上皇三子命名、剪髮儀注，厚熜認為「命名儀比元子當有差」，令再擬。適皇四子生，嚴嵩等請同時命名，遂於乾清宮舉行儀式，賜皇三子名載坖，皇四子名載圳。厚熜連得皇子，多年焦灼惶懼之情一掃而光，舉行典禮，將載壡生母昭嬪王氏進封貴妃，載圳生母靖嬪盧氏進封靖妃，以示寵異。又補封了淑嬪、宜嬪、徽嬪、裕嬪、雍嬪。唯載坖生母康妃杜氏沒有加封[15]，大約在於她已經冊立為妃子，再加便位至貴妃，而皇上並沒有這麼想。

對長期渴求子嗣的朱厚熜來說，嘉靖十六年（一五三七）是一個大豐收的年份，眾嬪妃像是在開展競賽，爭先恐後地生兒育女。八月，肅妃江氏生皇五子，接著就死去。[16]當月懿妃趙氏又生出皇六子，厚熜不顧足疾，親至玄極殿、皇祖廟、皇考廟奏告，又命郭勛、夏言等代告七廟。[17]十二月，雍妃陳氏生皇第七子，厚熜再至皇祖廟和皇考廟祭告。遺憾的是這兩個兒子都未活滿一歲，很使他惋嘆痛殤。

兩年後，榮妃趙氏生皇八子，仍是早夭。厚熜對夭折的骨肉充滿慈愛，一律追加封謚。

3 冊立大典上的怪異

當然，最令他重視的皇子還是載壡。其剛滿周歲，勛戚和輔弼大臣等就奏請「冊立東宮」，皇上以年齡太小，未予准行。

十八年（一五三九）正月，朱厚熜欲南巡承天，一則是老母生前囑託，一則出於巡守的需要，打算冊立剛剛兩歲多的載壡為皇太子，在留守大臣輔佐下監理國事。隆重的冊立大典於二月初一日舉行，同時冊封第三子載垕為裕王，第四子載圳為景王。當天中午，「日下有五色雲現，長徑二丈，形如龍鳳，是為卿雲」[18]。史籍多有類此天人感應的記載，倒也不足為奇。

而一樁真正奇怪的事就在冊立大典上發生，《萬曆野獲編》卷四：

> 是日大禮甫舉，內臣司寶冊者，各奉所賜歸。而裕王冊寶誤入太子所，其青宮寶冊，乃為裕邸所收。中外駭怪。[19]

青宮，指皇太子宮；裕邸，即第三子裕王在宮中所居。在此類朝廷冊立冊封大典上竟然會搞錯寶冊，消息傳開，許多人為之錯愕，以為冥冥中或有一種天意在焉，後來果然一一「應驗」。

二十四年（一五四五）二月，皇太子已虛齡十歲。嘉靖命禮部擬太子加冠及講學之禮，禮部尚書費寀具儀以聞，獲得批准。後來費寀覺得加冠禮行之過早，上疏請暫停冠禮，讓太子先以童服出閣就講讀。厚熜降敕斥責費寀不諳事體，但此事卻拖了下來。二十五年（一五四六）正月，貴州道御史周冕上疏請皇太子出閣講學，厚熜素來反感臣子摻和自己的家事，認為講學典禮應由他來欽定，與外臣無干，將周冕貶竄雲南，以懲其「輕妄奏瀆」之罪。

4 陶仲文的預言

由皇上動議，又由皇上阻擋，太子出閣講學和加冕禮便一天天拖了下來。究其原因，則在於陶仲文提出的「二龍不相見」之說，對朱厚熜產生了很大影響。什麼是「二龍」？則謂皇帝，世間真龍也；太子，未來之天子，亦真龍也。二龍相見，必有一傷，陶仲文鄭重提醒皇上不要早立太子。

嘉靖一朝，厚熜身邊的真人、道士、術士，如走馬燈一般轉換，真正能得到信任，能全君臣始終之交的只有兩個，一是龍虎山上清宮道士邵元節，再就是由元節推薦的陶仲文。仲文精擅符水訣，皇太子出痘，為做禱祭，很快就痊癒，由是大得名聲。嘉靖南巡，邵元節患病不能從行，仲文則一路緊隨，於河南衛輝途中見旋風繞輦，預測當夜有火，果然應驗，從此更得寵信。陶仲文奉召入京時已六十多歲，美髯飄飄，儀表莊重，知識淵博，話語溫潤，舉凡道教和神仙之學，足備顧問。正是他善意和認真地提醒世宗，皇宮中不宜並存兩條龍，化解之道，便是不要急於冊立皇太子。既而已立太子，陶仲文再次說太子有仙氣，不可以常人待之。

與秉一真人的說法相呼應，昭嬪也說懷孕時曾做一夢，見一星冠羽服的神人給予她一個嬰孩。及其降生，這位皇子的確也有些奇異，「生而靈異，不喜紛華靡麗，小心齋慎。嘗見上，叩頭曰：兒不敢。時時舉手曰：天在上。上奇其不凡」[20]。這樣一個兒子竟是大有來歷嗎？開始時厚熜當是將信將疑。陶氏所言之前多有靈驗，不得不信；但歷朝多立皇太子，皆未見有異，怎麼輪到自己就不能呢？

十八年（一五三九）正月，嘉靖敕諭禮部擬呈冊立皇太子和冊封二王儀注。此時蔣太后剛去世一個多月，諭旨一再提到母親對冊立太子的願望，「前體慈聖面訓」「近遵皇妣日切之訓」[21]，想是蔣太后逝前必多次催促。同時還有「文武群臣累請」，這一個「累」字亦稱妙絕，是大臣累，皇上也累啊！恰好要南巡承天，也就趕在離京前的二月初一日，冊立了皇太子。冊立歸冊立，厚熜心中的狐疑終是無法消除，便以一個「拖」字應付，在冠讀禮上的出爾反爾，根子就在這裡。

5 太子的冠讀禮與猝死

到了二十八年（一五四九），皇太子載壑已十四歲，朱厚熜在這個年齡已作為興世子監國了，而十年前已監國的皇太子，卻還沒有加冠和讀書。嘉靖迫於輿論，又心存僥倖，勉強同意為皇太子舉行冠讀禮。還是嚴嵩細心，建議皇太子應對整套儀節先作演習，厚熜命從二月二十五日進行第一次演練，以後每五天一練。新任禮部尚書徐階極其負責，而跑到皇上跟前賣好的則是老嚴，在首次演習後即說太子狀況很好，只有跪拜起伏有些生疏，其他都中規中矩，厚熜聽了很是喜歡。

三月初五日，經過皇太子兩次演練後，禮部呈上最後版本的儀注，即獲批覆。當月十三日，又有臣下上奏文華殿已用黃瓦，太子在那裡受百官朝賀，有些不妥。厚熜想了一下，以侍衛為由，取消了文華殿的朝賀。十五日，東宮冠讀禮隆重舉行，一切按部就班，行禮如儀，莊重熱烈。但「二龍不相見」的心理陰影仍在，厚熜還是決定不御正殿，不與加冠的兒子同時出現。

儘管採取了這麼多防範措施，冠讀禮之後兩日，皇太子突然病重，百般診治無效，遽然辭世。

皇太子之死，對嘉靖有很大打擊。實際上太子已病了一段時間，加冠時勉強支撐，好不容易才對付下來。可朱厚熜不這麼認為。他後悔不該行冊立和加冠之禮，更後悔沒有聽陶仲文之言。眾大臣上了許多安慰的奏章，嘉靖一律不理，獨在陶仲文奏疏上批曰：

> 覽卿奏慰，朕復何言？早從卿勸，豈便有此！太子非常，人不識耳。然厚烷、呂時中輩誹謗朕躬，一曰久不教訓我等，一曰輔臣不可諛悅。皆謂朕既不早朝，又不教習太子。朕受天明命，承大道運，豈為小人所訕！因思太子年十四，或可漸舉儲儀，故令所司如例先行冠禮，豈期太子超凡，遂長往。且其於人世紛華一不好玩，動有仙氣，今果乃。或謂何不任其素性，朕思身已受謗，又累太子，豈可久藏禁中，須如祖宗故事一一舉行，寧為不慈，終不失正。嗟今失矣！彼紙上虛談之物，能療之乎？太子舍我，亦非背者，知朕心之不得已。[22]

滿紙痛切，滿紙追悔！既回顧了自己的心路歷程，又詳細解說了身為天子的不得已，絮絮叨叨，正說明他心中的巨大悲傷。痛失愛子之際，嘉靖又想起母親在世時對長孫的疼愛，自責為不孝。

三、並立的「二王」

皇太子英年早逝，死得又是這麼蹊蹺，陶仲文「二龍不相見」的告誡，一下子演為殘酷現實，讓本來就迷信方術的朱厚熜如五雷轟頂。他還有兩個兒子，再不願失掉其中的任何一個，當然也不願由「命硬」的兒子剋了自己，自此不提冊立太子之事。

可冊立皇太子是國本之所在，直接影響到朝政的穩定，影響到皇帝駕崩時權力能否和平交接，因而是朝臣至為關心的頭等大事。皇上不急眾臣急，總要利用各種機會提出問題，奏章接著奏章，請求接著請求，把個皇帝也弄得不勝其煩，不勝其擾。

1「二王同體」

二十八年（一五四九）二月十五日，徐階升為禮部尚書。記下這個日子，是想說其有幾分特別：四天前，嘉靖剛剛任命張治以此職兼內閣大學士，很快又把禮部交給徐階。當時徐階為吏部左侍郎兼翰林學士掌院事，如此急匆匆將他升掌禮部，皇上也是想把太子的冠讀禮辦好。未想到人算不如天算，素有幾分仙氣的太子駕鶴西去，空留給乃父無限悔恨。

太子逝後，皇宮中還剩有兩位皇子，兩位已然冊封為親王的皇子，即所謂的「二王」。二王並立，本來的皇第三子裕王，在冊封時就改稱皇二子了，此時則成為皇長子。而景王按順序亦升為皇二子，他與裕王同歲，僅比哥哥晚出生一個月零幾天。裕王的生母杜氏地位平平，而景王之母盧靖妃頗受世宗愛寵，隨侍左右。朝廷內外疑慮紛紛，都不知世宗究竟是何主張。

類此立儲大事，禮部責無旁貸，是以大小九卿中其他人可以緘默，禮部尚書不可。徐階深沉多智，遇大事則敢於擔當，接連三疏懇請皇上冊立太子。前兩疏未見，第三疏於三十年（一五五一）二月題呈，略曰：

> 皇子年已十五，選婚講學實惟其時。宜先正其名號，乞容臣等遵例擇吉，表請冊立。

在徐階看來，裕王雖僅年長一月，依倫序立長不立幼，當為太子。但他深知皇上秉性，只是說兩位皇子年齡大了，該是選婚和讀書的時候了；也說到應先正名號，即對「二王」有所區別，但並沒有明說應立裕王為皇太子。

這是朱厚熜最為敏感、最不願意談的話題，可兩個兒子一天天長大，不能不有一個安排，只好詢問首輔嚴嵩。嚴嵩也說早立太子為好，並舉成祖時冊立皇太孫之例。嘉靖重新提起「己酉春事」，即兩年前那次讓他追悔莫及的太子冠讀禮。嚴嵩趕緊解釋，說載壑在那之前一直得病，行走起坐都很困難，又說「天授元良，自有定數」，不可一概而論。嘉靖覺得有些道理，在徐階疏章上批了「知已」二字。徐階看到希望，馬上呈上相關儀注。不料皇上說：知已，並不是要實施的意思。[23] 後來清帝朱批所有「知道了」，也是這個意思。

到了該年秋，嚴嵩見禮部奏疏卡在那裡，只好親自出馬，說了幾句聖意難測、君父保愛之類，接著便是一大堆實際操作的困難，如皇子選婚的重大複雜，如出府和之藩前的各項準備，更重要的是太子與親王在禮儀上的差別，懇請皇上早作決斷。嘉靖未予回應。

轉過年來，徐階再一次上言，說皇子已經十六歲，選婚和講學實在不宜再拖了。同時，他也提出應該先舉行冊立大典，確定名位。徐階豈不知皇上心思，但職司所在，無可推卻，疏中用了「謹昧死請」，顯得有些悲壯。嚴嵩等入直西苑的四位大臣也一起聯署，請求皇上採納禮部之議。

嘉靖不悅，反問道：「二王各以皇子之禮舉行冠婚，有何不可？你們如此逼君不已，想要幹什麼？」他令禮部具儀上奏。徐階等又說：「若二王同日行禮，恐怕執事人眾不便，請以長幼為序，冠禮和婚期先裕王，次景王。」並建議暫於皇城內舉行婚禮，然後出府居住。

朱厚熜單獨召見嚴嵩，問他：「出府成婚是慣例，豈宜暫居宮內？」嚴嵩說：「先年曾有五王同行冠禮，一起出府成婚之例，但都屬名位相等、日後都要之國的親王。而今事體不同，二王倫序已定，必須慎重處置。」嘉靖仍堅持自己的觀念，曰：

> 二王同體，如何又欲分別？其俱以三月行冠禮，選婚候敕行，府第即修二所，不許違慢。[24]

嚴嵩不敢再作分辯，默然退下。

2 出府與成婚

三十一年（一五五二）二月，嘉靖力排眾議，詔於三月初一日為裕王、景王同日行冠禮。禮部呈上二王冠禮儀注，皇上基本照準，僅刪去御奉天門受百官朝賀一節，自己顯然不願意太多參與。

裕王和景王的冠禮終於如期舉行。朱厚熜雖盡量回避，卻派出一個最高規格的主禮班子：駙馬都尉鄔景和為二王的親姑父，代表皇帝祭告奉先殿；成國公朱希忠、英國公張溶持節掌冠；大學士李本、尚書徐階贊冠；大學士嚴嵩宣讀敕戒。按照往例，加冠典禮在奉天門東廡廊、左順門之北舉行，鴻臚寺和內侍先期布置停當，並進行了演練。所有各項都是一樣的：香案二，冠席二，醴席二，帷幄二，盛有翼善冠、皮弁冠、九旒冕的匣子也都是兩個……禮部和相關各監寺嚴格遵循皇上指令，兩位親王統一規格，所有形式不加差別。

但實施過程畢竟有先後，可以同日加冠，同場舉辦，卻無法同時。裕王在先，景王在後，這個順序也體現出一種區別。禮部儀注中還做了點伏筆，即二王同拜皇父、各拜母妃之後，景王要向皇兄裕王行四拜禮。厚熜不會看不到這個環節，但實在沒有理由取消，也就由他去了。

當年八月，嘉靖令二王同日出閣講讀。

九月十七日，嘉靖命禮部為二王同時選婚。

雖說是處處顯示「二王一體」，在厚熜心裡自有一本底帳。就在下旨選婚前一天，傳諭工部選一處分封之地，曰：「朕二子將舉婚禮，一王留京，一王封國。宜擇建國之處，即查例以聞。」[25]雖未說明哪個兒子留京，哪個封國，還是給群臣很大鼓舞。工部回覆：「封國重典，歷來皆由欽定。」厚熜乃擇定於湖廣德安府，敕內官監太監曹臻同工部員外郎樓鎮前往辦理。

選婚事宜進展迅速。五天後，禮部上奏已初選良家女一千二百人，集結於諸王館，由司禮監同宮人選擇，錦衣衛千戶李銘女、順天府民王相女入選。禮部官員看後有些不太滿意，奏稱親王婚禮應再擴大選婚範圍。嘉靖說「不必又擾民」，令將二女「擇日送進」。

十一月，禮部奏請二王婚禮在皇宮舉行。嘉靖不同意，令在各自的王府舉辦。

三十二年（一五五三）正月，天氣晴和，嚴嵩等幾位大學士趁皇上高興，請求在春天為二王辦婚事，嘉靖提出「仲春為美」，要他們交代監寺籌備。嚴嵩又提出諸王館「府第淺窄，出府未免與外人易於相接」，建議二王都留在禁中成婚。皇上不悅，氣呼呼地說：你們既受外議影響，乾脆舉辦冊立大典好了。老嚴不敢接這個話茬，只說於宮內成婚為好。嘉靖這才說出心底的忌諱：若不出府，既會害了二王，也會害了朕。嚴嵩見皇上動氣，只好委婉相勸，將自個和禮部的擔憂和盤托出，無非是為聖上考慮，為未來的儲君考慮，也為二王的安全考慮，一派赤誠。厚熜不為所動，認為天意難違，叫他們不得再瀆奏。

幾天後，禮部擬上二王婚禮儀注，又提出一個問題，婚禮上的醮戒詞有兩種：「往迎爾相，承我宗事」，是為繼承大宗者所言；「往迎爾相，用承厥家」，則是為承家者所言。請求皇上予以定奪。同時還提出廟見、回門等事。厚熜覽之不悅，斥之欺擾煩瀆，再次下詔：「二王一體行禮，勿復違擾。」[26]

所謂「一體行禮」，指的是同以親王規格舉行婚禮，而非同日舉辦，派遣主婚的大臣亦不同。二月初三，冊封裕王妃，初八裕王在文華殿受醮戒，行迎親禮，緊接著出宮就府。而景王則是初八冊封王妃，十一日受醮戒，行迎親禮，然後出府。雖說前後腳，倒是裕王離開皇宮還早了幾天。

3 「國本默定」

在二王出府一事上，朱厚熜所堅持的一體、故意顯示出的平等，令朝臣感到惶惑，也大為沮喪。但仔細考察，就會發現裕王和景王的待遇還是有一些不同，主要是王府講官的選擇。嘉靖命翰林院編修高拱、檢討陳以勤為裕邸侍講，改國子監助教尹樂舜、鄭守德為翰林院待詔，任裕邸伴讀，以中書舍人吳昂、吳應鳳為侍書，是謂全用翰林。依本朝通例，這個規格的講官陣容只有皇太子才可配備。

至於景邸講讀官，就要差一些成色：講官為翰林院檢討孫世芳、林濂，沒有編修；兩位伴讀中有一個原是邢臺縣學教諭。這個班底略高於一般的親王，但顯然無法與裕邸相比。

在前一年的九月間，嘉靖已頒發詔旨，確定一王留京，一王之藩，並為在湖廣德安府選定藩國，命內官監會同工部前往營建。緣此兩端，朝臣又受到鼓舞，認為「國本默定」。所謂默定，當然是指裕王雖未蒙冊立，實則皇上早已在心中定下其繼位之權。

宮廷的事情常又是複雜的。德安的王府整飭一新，而景王卻在京師久住不去，嘉靖亦不提讓其之藩的事。三十三年（一五五四）正月，裕王之母杜康妃病逝，禮部所擬喪儀比一般妃子稍加隆重，厚熜立即下旨令裁減。

三十四年（一五五五）十月，裕王得子，乃裕邸第一子，也是嘉靖帝第一孫。禮部擬請詔告天下，厚熜認為於禮不合，僅命遣官告廟了事。

莫非要生出變故？

4 「妖言律」下的遊魂

群臣又開始憂心如焚，其擔憂也不是沒有根據的。

二王出府，國本未定。景王內有母親承寵，外有近倖鼓動，對皇太子之位躍躍欲試。而裕王載坖新遭母喪，加上生性內向，對嚴父畏懼有加，連應得的年節賞賜也不敢請示，生活拮据，情緒鬱結。嘉靖仍一意玄修，對二王的問題態度曖昧。於是朝中猜疑又起，群臣各有依附，連首輔嚴嵩也舉棋不定，不知該把寶押在哪裡。

裕王府的侍講官和親從為保全裕王載坖，真可謂煞費苦心。迫於無奈，王府中人以一千兩黃金賄賂嚴世蕃，世蕃甚喜，對戶部說了一下，一下子便撥給三年例賞。有過這種情況，嚴世蕃自然對裕王缺少應有的恭敬，一次閒聊，對裕府侍講高拱和陳以勤說：聽說殿下近來有些糊塗，都說了我老爹些什麼呀？高拱還在故意打哈哈，陳以勤則正色相告：

> 國本默定久矣。生而命名，從后從土，首出九域，此君意也；故事，諸王講官止用檢討，今兼用編修，獨異他邸，此相意也。殿下每謂首輔社稷臣，君安從受此言？27

陳以勤的話真真用心良苦。其把裕王的名字，解釋為皇上賜名時即有立儲之意，顯然與事實情理欠通；而把選用編修為裕王講學歸為嚴嵩之意，並說裕王稱嚴嵩為「社稷臣」，更非由衷之言。但這番話講得十分堂皇得體，使素性機詐的嚴世蕃疑信兼半，不敢有所造次。

三十九年（一五六〇）二月，以失職家居的前左春坊左中允郭希顏耐不住寂寞，想要有所行動，選擇了裕王這個話題。郭希顏，嘉靖十一年（一五三二）進士，選庶吉士，出館後長期任翰林院檢討，十八年（一五三九）二月選配東宮官僚，升為右春坊右贊善。此官為太子輔導之職，是未來皇帝的執政班底，以常理當謙抑謹慎，而希顏不然。過於熱衷的他顯然不想等待那麼久，趁著集議廟制的機會，希顏積極發聲，提出孝宗和武宗壓根不應進入「四親」之列，說什麼「侄不祀伯，弟不祀兄，固也」[28]，言辭走得比誰都遠。皇上雖未採納，也對他生出幾分喜歡，之後希顏兩次被論，世宗都加以保護，僅讓他轉任外官。

本來想一鳴而飛升，未想到卻改為外任，郭希顏心中不爽，把帳算到嚴嵩頭上，恨之入骨。二十八年（一五四九）八月，他將自己有關廟議的文章輯印成冊，加上一份彈劾嚴嵩的奏章，送往京師，疏文引傳言「寧負天子，毋忤大臣」，又說自個得罪了大臣云云。厚熜有些煩，斥其「牽引謬論，復行瀆擾」[29]，責備了幾句，仍然沒有治罪。

郭希顏喜歡攀附和投機，又生性險惡囂悍，卻遠不是老嚴的對手，未久便被找碴兒免了官。鄉居多年，他對嚴嵩的仇恨有增無減，也知朝野對嚴氏父子的痛恨，先密派下人往京師張貼匿名帖，聲稱嚴嵩要謀害裕王，引得群情騷動，議論紛紛。之後，郭希顏上疏，文字間東繞西繞，無非請求安儲和分封，最後寫道：「每嘆古者忠臣不退耕而忘君，烈士不避戮以直諫，是故在廷不言，在野不容不言。惟聖明仰慰祖宗九天之望，深思聖母一脈之託，察臣愚始終為主之無他，赦草莽言計自臣始，則士豈有不向風刎首而爭效闕下者哉！」[30]如此一說，似乎赤膽忠心，先行占盡地步，讓皇上難以論罪。早有人說希顏為人「輕險」，視之果然。

對待這樣的人，嚴嵩也很慎重，票擬下禮部討論。皇上不悅，問是什麼意思，又說你們若覺得其言有理，乾脆郊廟告行何如？弄清了皇上的態度，嚴嵩便說希顏疏意可疑，當令禮部會三法司議。嘉靖進而指出疏本內有「建帝立儲」四字，質問：

> 夫立子為儲，帝誰可建者？

厚熜極為敏感，向來注意疏章之措辭。一句「建帝立儲」，大約郭希顏寫得順手，未及深思，卻讓皇上動了殺心。很快，郭希顏散布匿名帖之事水落石出，法司擬坐「妖言惑眾律」，有旨命所在巡按官即時處斬，傳首梟示。

郭希顏的名字也有些意思，希顏候意，往往有所圖謀。這位退閒官員不去安享林下之福，妄論儲嗣，原意在一石二鳥，即便不能取悅皇上，日後新帝登基，也會東山再起。機關算盡太聰明，可憐他正在家中大宴賓客，巡按御史率兵來到，當場拿下，當場斬決，取其首級而去，把一個血淋淋無頭屍首，留給其驚恐萬分的妻子兒女。

妖言，在古代是一個可怕的罪名，又有著很寬泛的內容，匿名黑帖即其一。希顏自以為得計，未想到落得個梟首傳示，遊魂難回故鄉。

5 景王之藩

郭希顏人頭落地，卻也以其卑微的生命為代價，迫使嘉靖帝對立儲之事表明態度。

表面上，郭希顏並非因所言儲貳之事獲罪。嘉靖卻緣此一疏，知曉朝野對景王留京的猶疑，於當年十月頒旨給內閣：「景王府已成數年，當遵祖宗大制令之國，何久不舉行？」[31]老嚴豈不知皇上心思，如此舉動，無非是因郭疏中直言所激，用以察看朝臣究竟如何想。

嚴嵩私下裡暗示禮部尚書吳山，要他出面挽留景王。吳山雖與嚴嵩同鄉，做人卻有忠奸曲直之分，正色回答：「中外望此久矣！」[32]禮部有這樣的尚書管事，相關司員迅速擬出景王之藩儀，上奏朝廷。皇上無奈，只得批准。

各部對此事均盼望久之，旨意一到，立刻加速辦理：吏部請示如舊制設置王府官僚，兵部請示選派錦衣衛官充當王府儀衛司、群牧所、典仗所官，工部請派員往德安修葺府第，之藩各項事宜井井有條。厚熜只得諭可。據實錄記載：

是時上春秋高，國本未建，二王並居外邸，形跡相似。景王母妃在上左右，又行奧援。雖天意聖心自有攸屬，而群情恫疑，皇皇靡定，奸邪之黨日夜窺伺觀望。幸天下有變，而欲以釣奇取富貴，有識之士深以為憂。忽聞夜半中旨渙頒，京師士民踴躍稱慶，天序既定，群邪頓消。[33]

真實反映了朝野對二王並存的疑懼。

景王就藩，實非皇上本意，朱厚熜對景王的喜歡似乎遠超出裕王，那些請求景王之藩者也令其厭惡。司禮太監黃錦與吳山頗有交情，一天悄悄對他說：「公他日得為編氓幸矣，王之藩，非帝意也。」[34]編氓，即平民百姓。三個月後，吳山因言事獲罪，被免官，真的成為編氓。

四、真龍與潛龍

四十年（一五六一）二月，景王離京往德安的藩國，到達則是五月間。德安至京師路途與鍾祥差不多，竟然走了三個月，其中既有遊山玩水，當也有極大的不情願。離京之前，景王攜王妃入宮向父皇辭行，又往裕邸向哥哥作別，行四拜禮。裕王也到弟弟府中送別，行二拜禮。以上都是按照禮部擬呈、皇上批准的程序行事，沒見出多少兄弟親情。

離京之藩的景王，仍然是一條龍，一條排在皇位繼承第二順位的潛龍。當時的大明王朝，朱厚熜是真龍天子，裕王為第一順位的繼承人，卻也沒有得到父皇的任何承諾，也只能算是一條潛龍。

1 裕王府的「裕」

素來講究文字，喜歡玩味文辭的嘉靖皇帝，當初冊立皇太子、冊封二王之時，賜給老三載垕（實際已是老二）的王號為一個「裕」字。裕，字義甚美，指富饒、充足、寬裕、寬容等。《明穆宗實錄》卷首述其兒時抓周，厚熜與后妃諸嬪擺設許多小物件，以試其志向，載垕「首取龍旗畫鼓及五行石，每取，輒進世宗」。嘉靖大為驚異，也很開心。筆者倒覺得可能是出於母親康妃的教習，否則小小孩童，怎麼會知道父皇的志趣喜好呢。

據實錄，裕王生得也是「豐神秀朗，舉止端莊」，一副帝王氣象。可與太子哥哥和景王弟弟相比，載坖似乎要木訥沉悶一些。厚熜大約看這個兒子不太靈光，未寄予太大期望，要他做個仁善親王，寬寬裕裕過一輩子，也就是了。

沒想到這個老實孩子著實命硬，第一個哥哥早死，載坖由皇第三子升為第二子。第二個哥哥已立為皇太子十年，居然也死了，載坖成為皇長子。按照大明皇室的嗣位法，依從前此各朝的慣例，載坖理所當然地被視為儲君。

嘉靖的心情是複雜的。陶仲文「二龍不相見」的理論，開始時特指莊敬太子的來歷不凡，引申為不宜早立太子，卻也並不涉及何人將繼承皇位。而自幼聰明過人，一生英察強毅的朱厚熜，當不會情願將皇位傳給老實懦弱的載坖。他還有一個同樣年紀、只小一個月的兒子，那可是機靈透亮多了。作為一朝天子，作為一個父親，厚熜能不有些猶豫嗎？但立嫡立長的祖宗成法俱在，作為一個精通禮法的皇帝，也找不出理由來否定，只有拖。

只這一個「拖」字，可就使裕王吃足了苦頭。他做了二十多年的皇長子，卻沒有做過一天太子，沒享受過皇嗣的富貴尊榮。如果說景王還有親生母親在皇帝身邊，常會有一些幫助照應，而裕王生母早亡，頗顯得孤苦伶仃。從前面所述行賄嚴世蕃、打通戶部一節，可知裕王府真的經濟拮据，日子艱辛，枉擔了「裕」的虛名。

但從另一方面講，載坖的裕王府又名副其實，那就是府中人才濟濟，在朝廷得到群臣的廣泛支持和同情。在裕王問題上，嚴嵩始終未使壞，不管是出府還是婚讀，都能陳述正面意見，策應禮部，甚至幾次與皇上爭辯。當然有其為子孫後世考慮的因素，但亦有持正和不趨從的一面。皇上的心思他最瞭解，設若老嚴順著運作，巧為調度布置，裕王危矣！

另一位裕王的「貴人」當屬徐階。徐階器量宏闊，人情練達，嘉靖晚年時以恭謹受眷注，唯在裕王事情上再三忤旨，執拗地請求冊立皇太子。論其「雖任智數，要為不失其正」，大略在這種地方。正是徐階，是裕王在內閣最堅定的支持者，也對皇上的最後決策有著較大影響。

當然，與裕王幾位利益最相關，因而也是鐵桿隊伍的，是裕王府官員，尤其是那些文學侍從之官。先後任裕邸講讀官的高拱、陳以勤、張居正、殷士儋，皆一世之名臣，也都做到內閣首輔或大學士。這個以高拱為首的裕王班底，一腔忠貞，出謀劃策，低調平和又團結堅忍，幫助也鼓勵裕王度過了困難時期。

2 藏匿於裕邸的另一條龍

景王之國後，對皇嗣的覬覦並未打消。使騎往返，密切注視著朝廷的變化。裕王留京，但仍是裕王，仍然住在皇宮之外的諸王館，不曾輕鬆，不敢也無以奢華。他難得見到父皇一面，唯有在高拱、陳以勤等輔佐下，「益敦孝謹」[35]，「夔夔藩邸」[36]，好在裕王朱載坖生性仁厚寬和，處處謙謹恭敬，總算無事。

但也有突然之厄：三十四年（一五五五）十月初四日，裕王第一子出生，出於王妃李氏。當時裕王尚在母喪中，有涉不孝，父皇很不高興。幸詹事府少詹事尹台引用明太祖《孝慈錄序》，解說嗣續為朝廷大事，不應限於常禮，才沒有發作。但對禮部所擬「告於郊廟、社稷，詔告天下，令文武群臣稱賀」諸儀，皇上明確指出：「此所具儀太孫之禮也，豈可不俟君命？」僅命告廟而已，其餘皆不許。[37]文武群臣以皇第一孫誕生，紛紛上賀表，嘉靖大為敏感，雖不加回應，卻讀得很仔細，認為掌吏部侍郎閔如霖疏中有謗語，下旨責問，閔如霖不敢辯解，被降俸三級，並趕出西苑的青詞寫作班子。[38]

當時的大臣敢有譭謗嗎？很少人有這種膽量。嘉靖的吹求作色，實際上是神經過敏導致，是拿閔如霖紮筏子給他人看。

皇長孫在四年後死去，經嚴嵩說項，追封為裕世子。再兩年，裕王又有了第二子，亦不滿一歲而死。前後的幾年間，裕王的長女、次女先後出生，又先後死去。其第二子和第二女都查不到出生的記錄，應在於當時不敢呈報。

四十二年（一五六三）八月十七日，裕王的第三子出生，比朱厚熜的萬壽節只差幾天。裕王照例不敢奏知父皇。本年四月西苑玉兔生子、七月白龜卵育，廷臣都紛紛上表稱賀，而皇孫降誕，竟沒人敢於入奏。裕王既不敢為請命名，亦不敢請行剪髮禮，致使皇孫長髮如絲，藏匿於裕王府中。

這是又一條龍，是日後繼隆慶皇帝（裕王）即位的萬曆皇帝。其時世上已並存著三條真龍天子，厚熜篤信「二龍不相見」，連兒子都不見，又如何談得上孫子呢？皇宮之外的裕王父子都只能作為「潛龍」，蟠伏躡跡，韜光斂彩。

3 景王病逝

景王的封地在湖廣德安，是世宗親叔父岐王的舊藩，其府邸當也是在原岐王府基礎上的整修翻新。這是一個不太吉祥的所在，世宗把小兒子封在這裡，真不知是怎麼想的。或許有一種宿命在焉，景王同叔祖祐橪命運相仿，也是沒有子嗣，也是年紀輕輕就一病不起。

四十四年（一五六五）正月，景王載圳病逝於德安景王府中，年僅二十八歲。嘉靖為之輟朝三日，命誠意伯劉世延前往諭祭。景王無子，其靈柩歸葬京師的西山，宮眷移居京邸，封除。至此，皇嗣問題才算最終解決，因為裕王成為朱厚熜唯一一個兒子。

對景王的奪嫡之念，嘉靖早已有所察知，沒加處置，也說明其對究竟選哪個兒子繼位未下決斷。景王比老實懦弱的裕王機敏幹練得多，使得嘉靖很猶豫。唯景王福祚不長，短壽早亡，才使問題自行了結。一日，厚熜在宮中對徐階談起景王，說：

> 此子素謀奪嫡，今死矣。[39]

話語冰冷，見不出一絲的喪子之痛。這就是嘉靖帝，看似坦誠直言，實際上又不無試探。徐階肅然無言，唯默默點頭。

皇儲之爭就這樣結束了。

但裕王仍未被冊封為太子，仍居住在宮外的王府中，厚熜仍未放棄一向堅守的傳嗣信條——二龍不相見。

第十九章 孤獨的晚年

嘉靖四十年（一五六一）之後，伴隨著永壽宮的失火，伴隨著嚴氏父子的免職逮治，以及其黨羽鄢茂卿、萬寀等人的罷斥，朱厚熜對朝政越來越厭倦，對方術的效用和長生之途也覺得疑雲重重。他感覺到日益濃重的衰弱，覺察到身邊盡是騙子和騙術，常處於焦躁煩亂之中。而直到生命的終點，嘉靖都沒有稍減對上天和上仙的尊崇，沒有中止對長生的求索嘗試。

歲歲春花秋月，時序播遷，入繼大統時不足十五歲的朱厚熜一天天迫近生命的遲暮。總括其生命歷程，伴隨他將近半個世紀的，是倭寇舟側的海氛，是蒙騎蹄下的煙塵，是凶險環生的宮廷，是爭訟無盡的內閣，是邊卒的叛亂、饑民的造反，是大量的各種各樣、說好說歹的奏摺與疏議……

上天賜予他至高無上的皇位，又僅賜予他一個普通人的體魄智慧。當他對紛紜煩冗的朝政不堪擔荷時，便開始了逃遁。這是與其堂兄明武宗在實質上差別無幾的精神逃遁。他用齋醮焚修築起一道網，希冀把自己同整個社會間隔開來，在頌聖的道情樂聲中獲得靈感和歡娛，也獲得長生。但最後，獲得的是孤獨。

嘉靖在精神上或曰心靈上是寂寞的。與其作風的專擅冷酷、情緒的激烈多變、性格的狐疑多猜相表裡的，是他內心的孤獨。這份孤獨是他從僻遠興邸帶進京師的，還是在九重寶位上逐漸濃化的？似乎一下難以說得明白。但有一點可以肯定：其是與嘉靖一朝相始終，且無以排遣的。

一、吉地在西苑

朱厚熜在紫禁城居住的第一個地方，是東側的文華殿。約半年後乾清宮修好，遷入，一住就是二十年有餘。其間在嘉靖八年（一五二九）秋，乾清宮內西七所曾有一場火災，厚熜有些緊張，卻沒有搬家，當晚在露臺禱祭天地，令百官修省，折騰了一番，也就過去了。

二十一年（一五四二）十月的宮婢之變，厚熜大難不死，對深宮凶險更有了切身之痛，除卻昭告天下和禱神告廟，還做出一個驚人舉措，將寢宮遷至西苑（又作「西內」），群臣無敢阻攔。從此之後的二十四年，再不住回大內的乾清宮。

1 西苑的農桑

在明代的北京城，西苑是一個相當空闊的所在，今日的景山、中南海、北海都包括其中。西苑的仁壽宮，曾是永樂皇帝為燕王時的舊宮，所謂龍興之地，在朱厚熜看來大是吉祥。而大內的乾清宮，可視為歷代皇帝升天的地方，他本人又在此遭逢凶變，是以非離開不可。

自嘉靖九年（一五三〇）起，厚熜即令在西苑種植桑樹和建蠶室。十年（一五三一）春，一年一度的皇帝親耕禮之後，給事中王璣上言，說天子親耕的要點在於供菜粢、知稼穡、惜財用和引領百官重農，目前的做法純粹流於形式。皇上認為有理，令大臣提出改進措施。禮部尚書李時很快提出建議，認為西苑地方空曠，應選可耕處種植穀麥，皇上於春種秋收之際可親臨視察，收穫的穀物還可供應祭祀。嘉靖欣然接受，命戶部選募農夫，暫定一頃地十人，種植穀麥，並在戶部專設「提督西苑農事」之職。此職由於接近皇上，最重視時竟給以戶部尚書銜，並以戶部侍郎和郎中督理專管。[1]歷來親耕親桑之類儀式，不獨皇帝皇后，整個皇室和朝廷百官多受其累，主其事的禮部更是諸務繁雜，今見皇上願意將親耕改到西苑，倍感鼓舞，提出皇后親蠶禮也在西苑為便，呈請御批。

幾天後的一個下午，嘉靖緊急召見張璁和李時，要二人速到西苑，太液池畔早有內侍操舟等待，渡往仁壽宮。皇上說農桑為國家重務，想在此宮之前建土穀壇，宮後建蠶壇，要聽聽他倆的意見。二人極力贊成，接著便出外相看方位和環境，以為很適當。皇上很高興，命在昭和殿後廂賞賜酒饌，待其入謝時，明確告知：「北郊蠶壇，卿不必奏請，即移文工部拆之。」[2]這可是一個簡政減負的舉措，二人不勝欣喜。

朱厚熜心情愉悅，拿出所寫有關農桑的小賦，要他們閱讀潤色。二人請求出去拜讀，回來後又是一通讚頌，厚熜更為高興，要求二臣賡和。次日，張璁持恭和之作來，皇上對他說了一番很貼心的話，大意是希望像漢文帝與賈誼那樣，君臣坦誠相見，互敬互愛；說自己年紀輕，經歷和見識都少，要他像「周公愛成王」那樣盡心輔導；又說他昨天太過謙遜，在朝堂之外應該像家裡人一樣。

這番話出自內心，令張璁熱淚盈眶。

有了皇上的重視和內閣首輔等重臣的響應，原來僻靜清幽的西苑一下子熱鬧起來。而「提督西苑農事」及以下兼理、專管官員，也成為炙手可熱的要職。十六年（一五三七）秋，西苑大田豐收，提督、戶部尚書李廷相等被賞賜。二十二年（一五四三）八月，泰安知州馬逢伯奏獻瑞麥嘉禾，厚熜歡喜，令擇吉奏謝於玄極寶殿，獻於祖廟。這是一個信號，也是一種刺激。管理西苑農事之臣由此看出門道，趕緊令人去田中檢點，也發現瑞穀若干，急上奏皇上。嘉靖以「禁苑之秀，又當雩禱禮成」[3]，認為是上天恩賜，意義非凡，加以厚賞。從這一年開始，隨著皇上對祥瑞的沉迷，西苑大田的重心漸漸從知稼勸農上潛移，西苑農夫開始努力培育良種，皇家禁苑不斷出現獻嘉禾瑞穀之舉：

二十七年（一五四八）七月，「西苑奏登嘉穀雙穗七十五本」[4]，嘉靖命成國公朱希忠獻於太廟，文武群臣於奉天門稱賀；

二十八年（一五四九）八月，嘉靖「出西苑瑞穀一百六本示輔臣」[5]，令謝天告廟，免去群臣慶賀一節；

三十三年（一五五四）七月，「西苑產嘉穀三穗雙穗百十有五本」，恰好鄭王府盟津王子佑・也派員呈獻「嘉穀雙穗者七十八本」，命擇日告獻祖廟；[6]

三十五年（一五五六）七月，「西苑進一莖雙穗瑞穀九十五本」[7]，命擇吉獻於太廟；

三十七年（一五五八）閏七月，「西苑進瑞穀一本三穗者一、雙穗者五十五」，居然出現一株三穗，更是加倍吉祥，命告獻太廟，群臣表賀。[8]

上有所好，下必甚焉。

皇上對瑞穀的喜愛倒也不是件壞事，激勵了各地官員對農業高產的重視。西苑作為皇帝親耕之地，作為皇家的農業試驗田，致力於培育雙穗乃至多穗穀物，也真的有了可喜收穫。

2 從土穀壇開始的營建

與天子親耕、皇后親桑等重視農桑的思路相適應，西苑的土穀壇、蠶壇很快建成。嘉靖於命名素來重視，經過一番斟酌討論，將土穀壇改稱帝社、帝稷。

所謂帝社、帝稷和先蠶之壇，都不僅僅是一個祭壇，而擁有一系列附屬建築。如與觀農、慶成相配合，命建豳風亭和無逸殿，以供在春、秋兩季行祈報禮。實際上，這裡很快就成了厚熜喜愛的一個垂詢和講學場所。十四年（一五三五）八月，省稼之餘，嘉靖在無逸殿召見大學士費宏和李時，心情甚好，命往殿宇內外瀏覽。新增建築處處呈現著皇上的個性色彩，呈現著他在那一時期的志趣追求：

> 殿東壁書〈無逸〉篇，北壁則皇考所作〈農家忙〉詩，上跋其後，述王業以農功為重，欲子孫萬世念創造艱難；豳風亭東壁，書〈七月〉詩，北壁則上所題〈豳風圖〉長句；東西小亭二碑，上自製文，述創建殿亭之故，而自儆尤切。[9]

讀後可見，農桑豐歉在青年皇帝心中之分量。

十一年（一五三二）秋，工部侍郎陳奏西苑「鼎建太多，乞從節省」，嘉靖斷然否認，稱所建「俱係敬天為民重務」[10]。可如果說早期的西苑工程多與農桑相關，自嘉靖遷居西苑，更是大興土木，營建無休，則為的是崇道和齋醮。《萬曆野獲編．列朝．帝社稷》：

> 自西苑肇興，尋營永壽宮於其地，未幾而元極、高元等寶殿繼起。以元極為拜天之所，當正朝之奉天殿；以大高元為內朝之所，當正朝之文華殿；又建清馥殿為行香之所，每建金籙大醮壇，則上必日躬至焉。凡入直撰玄諸僥臣，皆附麗其旁，即閣臣亦晝夜供事，不復至文淵閣。蓋君臣

上下，朝真醮斗幾三十年。

這還算是「敬天為民重務」嗎？皇上認為當然是的，且不容置疑。

嘉靖移居西苑，那裡便成了皇帝問政之地，成為明王朝的政治權力中心。相應的宮、殿、亭、閣迅速建起，皇后和後宮妃嬪自也要隨行，乾清宮原藏歷朝重寶法物、十七御寶等，也都隨之移至西內。

較之宮室密集、曲徑回廊的皇宮大內，西苑顯然多了大自然的妙美景致：景山、瓊華島、太液池，麗山秀水，茂林修竹，都使人心情開朗，能化解在大內宮牆裡的鬱塞憋悶。嘉靖早就喜歡上了這個地方，曾多次陪母親來西苑遊春，在太液池嬉水，在瓊華島宴集，吟詩作賦，忘卻塵世之擾。及至搬到這裡，他幾乎沒怎麼回過大內。

3 贊玄事醮的活躍身影

西苑更是贊玄事醮的「洞天福地」。

自遷居西苑後，朱厚熜刻意焚修，基本上不再臨朝，所有朝廷事務均經內閣大臣票擬進呈，經御批後再作處理。而與內閣大員聯絡的是皇帝的近侍太監。緣此一端，內侍的地位就漸漸提高，以至於後來的內閣首輔如嚴嵩、徐階等，都對之極盡籠絡，與楊廷和、張璁和夏言主閣事時形成鮮明對比。

只有在俺答兵臨北京城郊，京畿告急、王師大潰的非常之時，嘉靖才在群臣請求下離開西內，出御奉天殿，降敕嚴責諸大臣。有些被脅迫感覺的他心中憤怒，始終不說一句話，略一現身即起駕而去。群臣在午門跪聽宣敕，兩股戰戰，不知會有什麼災難降臨。後蒙騎退走，京師恢復穩定，厚熜也繼續做他的焚修夢。

然嘉靖始終沒放棄手中的權杖，始終行使著帝王的權威。無論內閣大學士還是他身旁的近侍，都不敢輕舉妄動，不敢決策也不太敢欺瞞。嘉靖儘管白日多睡，但在夜間修玄服藥之後，又不忘閱讀疏章、奏議，時而垂詢追問，搞得入直的閣僚也不敢怠忽。

西苑環境清幽，是厚熜修身養性、贊玄事醮的好地方。這裡的山水樹木常將宮殿間隔開來，移步換景，令人有幽雅神祕之感。而與皇帝的喜好相匹配，宮殿亭閣的匾額增添了許多道家意趣，如：仙禧宮、仙樂宮、仙安宮、玉熙宮，天元閣、昭祥閣、圓明閣，集瑞館、迎祥館、朝元館、鳳祺館，始陽齋、清一齋，鳳和居、鸞鳴居、朗瑞居，馭仙堂、演妙堂，金露亭、龍湫亭、一陽亭、萬仙亭等。洞天福地，仙台祕府，厚熜居住時都來苑中，都來目下。

這些牌匾的命名，有的由厚熜審定，更多的是他直接題名。而最為喜用、出現頻數最高的是「祥」「瑞」二字，在西苑隨處可見，寄託著嘉靖的精神追求，也見證了那種難以言喻的精神空虛。

皇后和嬪妃女眷雖也隨居西內，但對她們的活動空間，又有著嚴格的限制。在焚修事醮的地方，是不許宮眷進入的。厚熜命在這些地方掛上告示牌，嚴禁宮眷入內。

4 嬉玩引燃永壽宮

明代皇宮主要由三部分組成：紫禁城作為皇宮主體建築群，稱大內；西苑，在西華門外，又稱西內；南內，指皇城中的小南城，永樂時稱為東苑，英宗從蒙古回歸，曾被禁錮於此。在朱厚熜看來，大內凶險，乾清宮為列祖列宗升天的地方，自己也幾乎被宮女勒死；南內不祥，既出現過幽禁真龍天子的事實，又發生過奪門的陰謀，大非善地；西內則是永樂皇帝以藩王起家的龍興之地，加以湖面闊大，草木清幽，最適於焚修事天。

四十年（一五六一）十一月，皇帝寢宮永壽宮夜間突然失火，火勢甚猛，禁衛搶救不及，服御法物和先世珍寶均焚於火中。這起火災，據說是由嘉靖和新臨幸的尚美人嬉玩引發。尚氏豆蔻年華，性格開朗，引得老皇帝童心大發，竟在貂帳內為她演示小煙火，沒想到引燃延燒，先是帷帳，接下來是陳設器物，至於不可收拾，整個宮殿都在烈焰之中。

嘉靖毫髮無傷，那小小年紀的尚美人肯定嚇了一大跳，但與當今聖上共同歷險化劫，當會更增愛寵。這時也見出住在西苑的好處，永壽宮雖毀於大火，由於其地空曠，沒有連帶其他宮室受災。但火災盡毀宮中寶物，也讓嘉靖痛心不已。在這種時候，厚熜常能從另一方面解釋上天恩威，即對自身的眷佑。他詔諭禮部，說自己在成祖初宮住了約二十年，能夠安心玄事，遭遇火災又得到祖宗庇護，令於十二月擇日祭告郊廟、社稷。禮部請令百官齋戒修省，嘉靖坦言招災致非「在於朕躬」，永壽宮也不是正朝乾清宮，不必修省。

厚熜倉促移居玉熙宮，該宮在西苑偏東北，低溼狹小，又移居玄都殿，皆不滿意。大臣乘機奏請還居大內，決然不許。嚴嵩無奈之下，請皇上移居南內，那可是英宗自蒙古釋還後被幽禁的地方，嘉靖極為反感。徐階稱建三大殿所餘木料甚多，應很快能把永壽宮修好，皇上才回嗔作喜，立命徐階之子尚寶寺丞徐璠主持營繕。

一年後，修復工程完畢，更名萬壽宮，厚熜在這裡住到生命的終點。離開西苑時，嘉靖帝已神志昏迷，任由閣臣和勛貴作主，把他抬回了大內，抬回其厭惡恐懼的乾清宮，次日駕崩。而在他逝後不到一個月，萬壽宮被拆除，西苑的那些新建殿閣多被毀棄，「先撤各宮殿及門所懸匾額，以次漸拆材木，……未歷數年，唯存壞垣斷礎而已」[11]。西苑又恢復了往日的清幽，只有萬歲山大高玄殿還供奉著三清聖像，供奉著昔日明世宗修玄的御容。

二、長生多歧路

朱厚熜彌留之際，御醫等還在忙乎，首輔徐階則密召翰林學士張居正在另室商酌，著手為皇上擬寫遺詔。這份遺詔流傳至今，其中有一句，曰：「只緣多病，過求長生。」[12]極是得體，也較為確當。

歷史上的許多「先帝遺言」，都是他人代筆，即將升天的嘉靖皇帝也不例外。設使他能從容留下遺囑，能客觀地回顧總結一生，梳理中年以後作為，也會覺得這是一種最接近事實、最委婉，也最善意的說法。

1 多病造成的懼死症

朱厚熜的一生，最花費時間和本錢的追求，應說是長生。

他之前的歷代明朝皇帝，除了太祖朱元璋（逝年七十一歲）、成祖朱棣（逝年六十五歲）之外，沒有一個活到五十歲，多數在三十多歲就撒手西去，武宗甚至連子嗣都沒能留下。厚熜的父親與獻皇帝也是中壽而逝，兩個嫡親叔父死得更早。可以說，他在入繼皇位之時，同時繼承的，當還有家族性的對早死的恐懼。

朱厚熜是一個體弱多病的人。少年時多病多災，又係獨子，乃母呵護有加。及入主大寶，又幾次經歷大病，先是在嘉靖二年（一五二三）正月，「上不豫，百官赴左角門問安」[13]。不豫，天子有病的諱稱。一般說來，應是病情有點重的說法。實錄記載嘉靖帝經常患病，可宣稱「上不豫」，僅僅那麼幾次。

此時的朱厚熜大婚不久，連續得病，臣下認為與縱欲有關。大理寺卿鄭岳上疏，直言皇上應「遵聖祖寡欲勤政之訓，宮寢限制，進御有時，清心省事」[14]。這事要是在後來，鄭岳肯定難逃譭謗罪名，至少要打屁股。

十九年（一五四〇）冬，嘉靖帝久病不愈，翰林院編修羅洪先等三人各上疏，請求在來年元日大朝賀後，「請皇太子出御文華殿，受文武百官朝賀」。掌禮部者時為嚴嵩，如何不知此疏的後果，批為：「謬妄！」而厚熜亦抱病降敕：

> 朕方疾後未全平復，遂欲儲貳臨朝，是以君父為不能起者。羅洪先等狂悖浮躁，姑從寬，俱黜為民。[15]

羅洪先為嘉靖八年（一五二九）狀元、當時的文壇翹楚，就此被貶黜，列名「嘉靖九子」的唐順之、李時春也一起捲舖蓋回家，都因於有意無意中觸犯了皇上的禁忌。

也有於無意中投其所好者。一次召太醫院使徐偉察脈，徐偉見皇上坐小榻之上，袞龍袍長裾曳地，畏避不敢向前。問為何不前，徐偉答曰：皇上龍袍在地上，臣不敢進。厚熜聽後很愉快，引衣出腕，命徐偉摸脈。診視完畢，賞賜甚厚，並降手詔給在直廬的閣臣，曰：

> 偉頃呼「地上」，具見忠愛。地上，人也；地下，鬼也。[16]

對一句普通的話如此解析，真真匪夷所思。後來徐偉知此，亦是又驚又喜，恍若再生。

2 玄修之夢

嘉靖對長生孜孜以求，派人到全國察訪祕術，徵召高士，予以高官厚祿。堂堂禮部尚書一職，不僅是其選用閣臣的重要臺階，也是他對道家高人的獎賞。如邵元節拜禮部尚書，賜一品服，卒贈太師。陶仲文拜禮部尚書，「恩寵出元節上」「一人兼領三孤」[17]，供給伯爵的俸祿。其他封為「高士」「真人」者，更難以計數。

人主有所偏好，幸門洞開，江湖上的方術之士湧向京師，獻寶獻瑞，以謀求貴顯。而勛戚大臣亦多方搜求，推薦給世宗，以邀歡固寵。術士們百千其技，令人眼花繚亂，但綜合起來，亦不外設醮和丹藥兩途。

設醮禱祀，往往有著很明確的功利目的。如嘉靖早年無子，邵元節奉命建祈嗣醮，「越三年，皇子疊生，帝大喜」[18]，從此邵元節恩寵不衰。又如厚熜在十九年（一五四〇）秋冬之際病重，陶仲文為建醮祛病，後痊癒，陶氏也愈見信用。

然更多的醮儀，則是為嘉靖帝祈求長生而設。《明史．陶仲文傳》：

帝自二十年（按：應為二十一年壬寅）遭宮婢變，移居西內，日求長生，郊廟不親，朝講盡廢，群臣不相接，獨仲文得時見，見輒賜坐，稱之為師而不名。……帝益求長生，日夜禱祠，簡文武大臣及詞臣入直西苑，供奉青詞。

如此行事，嘉靖也知道與為君之道相悖，知道會引起朝臣的議論，常降諭辯解，總然是長生事大，顧不得這許多了。

為了能專心祈求長生，朱厚熜至少兩次向臣下提出「休假」或曰「辭職」。先是在十九年八月，郭勛薦舉方士段朝用，號稱能以燒煉術化銀，並說以「仙銀」製成杯盞碗盤之屬，用之可以長生。嘉靖大悅，即加召見。段朝用說：「帝深居無與外人接，則黃金可成，不死藥可得。」厚熜竟深信不疑，敕諭廷臣，令皇太子監國，曰：「朕少假一二年，親政如初。」此諭一出，舉朝驚愕。太僕寺卿楊最上疏抗諫：「神仙乃山棲澡煉者所為，豈有高居黃屋紫闥，袞衣玉食，而能白日翀舉者？」[19]諷諫追求神仙長生術的愚妄不經。皇上勃然大怒，立下詔令逮治，楊最死於重杖之下。他痛恨逆鱗之臣，激怒之下常令錦衣衛拷訊，但對直臣的諫諍，心底也有一份敬重，一旦其傷重死去，也覺得追悔感傷。楊最死了，太子監國之議，再也沒有提起。

第二次是在四十一年（一五六二），嚴嵩罷歸後，嘉靖憶其贊襄修玄二十餘年，現竟離京遠去，心中很不暢快。近侍中與嚴嵩親近者乘機進言，稱說朝中已無人贊玄。嘉靖心有所感，對朝政益為厭倦，竟向首輔徐階等提出退位。《國朝獻徵錄》卷十六：

> 上忽忽不樂，手諭階及次輔袁煒，欲退奉事玄，如法傳嗣，治安天下。令擬詔行。

徐階與袁煒等當然不敢真的擬詔頒行。皇上退位事大，在明朝歷史上從未有過，誰知是真是假，是否為考察試探？嘉靖見他們不敢擬詔，降諭嚴責。徐階見躲不過，只得上言：「退而傳嗣，非獨臣等不敢聞命，天下皆不敢以為然。」[20]厚熜的語氣這才緩和下來，曰：「卿等不欲，必皆奉君命，同輔玄修乃可。」[21]一場皇帝的「辭職」風波這才渡過，而其目的，還是要輔臣一如既往地擁護玄修。

3 服藥狂

為追求長生，嘉靖不惜以萬金之軀，服食那毒性很大的丹藥，後來發展到見丹即服的地步，成了一個不折不扣的服藥狂。

世上的長生術種類繁多，神藥、不死藥、金丹、仙露之類，五花八門，爭奇鬥怪。可也真難為了一念虔誠的朱厚熜。藍道行告訴他服飲朝露可延年，厚熜命人採集，長期飲用；胡大順詭稱有呂祖親授的三元大丹，他也想嘗嘗。嘉靖還服食過趙文華獻的仙酒，服食過顧可學用童子尿煉製的秋石，還要請南陽道士梁高輔作導引，要穿朱隆禧所製的香衲，要閱讀那數不盡的長生祕術，如《萬壽金書》《諸品仙方》《養老新書》等。[22]

嘉靖對服藥的迷信和追逐已近乎癡狂，不顧一身繫天下社稷之安危，幾乎有藥必服，吃完了還要追討。影響所及，一些王府跟風而上，也支起爐鼎煉丹。徽王載埨自父輩就與陶仲文關係密切，用梁高輔之術煉女癸和藥，獻於世宗。世宗封載埨為真人，梁高輔為通妙散人，高輔自此攀上皇帝的高枝。嘉靖得知徽邸尚有存貨，命梁高輔馳往索要，載埨不給他，另讓陶仲文轉呈。高輔銜恨，舉報徽王不法之事，仲文不敢代轉。而嘉靖討藥不得，又得知徽王劣跡斑斑，即傳旨削去爵位，把他關入鳳陽的宗人獄，徽王聞訊自殺。[23]

還有一個故事牽扯到嚴嵩。其義子趙文華從術士王金處得百花仙酒，獻給皇上，詭稱其師嚴嵩因飲用該酒而長壽。嘉靖喝後覺得甚好，責問老嚴為何不獻來？幸虧嚴嵩分辯清楚，才得過關。後文華寵貴，又進方士藥，嘉靖吃完後派小內監再往討要，文華拿不出來，由是也漸漸失歡。

西苑，也是朱厚熜煉丹和製藥的基地。他晚年兼信扶乩（又稱「箕仙」「扶鸞術」），一日，於祕殿親自扶乩，乩語稱「服芝可以延年」，即問禮部何處產靈芝。禮部尚書吳山博引《本草》《黃帝內經》《漢舊儀》《瑞命記》諸書，一通雲山霧罩，最後說：「皇上體道奉玄，諸福之物、可致之祥，無不畢至。則夫芝草自將應時挺生，遠近必有獻者。歷代皆以芝為瑞，然服食之法未有傳，所產地亦未敢預擬。」[24]嘉靖下詔，令往五嶽及道教名山太和山、龍虎山、三茅山、鶴鳴山等地去採。不久，宛平縣民奏進靈芝五本，嘉靖甚喜，賞以銀幣。

自是以往，臣民獻芝草瑞物者紛紛而至，西苑中靈芝堆積如山。太多的芝草成為內侍一項發財業務，設法夾帶出宮，賣與商家，再有人買來獻於皇上，如此循環不息。厚熜也知宮內儲存靈芝甚多，令賜予內閣大學士嚴嵩和李本，並賜予祕方，讓他們煉藥進呈。這也成為一種新式恩寵，時任吏部尚書的徐階沒獲得煉藥權，心裡不安，懇切提出請求。皇上的解釋是：「卿階政本所關，不相溷也。」也就是說因關係到朝廷大政，主管吏部的徐階不宜加入煉藥之列。而徐階則惶恐請求，聲言：「人臣之義，孰有過於保天子萬年者，且非政本而何？」精誠所至，「上乃亦授之芝使煉藥」[25]。

4 「先天丹鉛」與縱欲

朱厚熜不是荒淫的皇帝。他與堂兄武宗有著明顯的性格差異，即沒有聲色犬馬之好。但厚熜有時又表現得像個縱欲狂，常要白晝行歡，或一夜御十餘女子，這種反常行為由服食丹鉛所致。

所謂「紅鉛」，是一種以處女的第一次經血煉製，再配以參茸等製成的丸藥，又作「紅丸」「丹藥」。為收集少女經血煉製「不死藥」，嘉靖在方術之士的蠱惑下，大量從民間徵召少女入宮。陶仲文就曾兩次主持選秀女事宜：三十一年（一五五二）冬，從京師地區采選八至十四歲少女三百人入宮；三十四年（一五五五）九月，又采選十歲以下的少女一百六十人。這些少女都被用來提煉內丹，「供煉藥用也」。兩個月後，有司又從湖廣、承天府選進民女二十。四十三年（一五六四）正月，再選錄宮女三百名。年少宮娥先被強採初次經血，又要每日早起採集晨露，備受摧殘和侮辱。王世貞《西城宮詞》其七：

> 兩角鴉青雙箸紅，靈犀一點未曾通。
> 自緣身作延年藥，憔悴春風雨露中。26

這些身體尚在發育中的女孩，以少女之軀供煉藥之用，提煉成荒謬之極的「先天丹鉛」，心中的屈辱及由此而生的怨憤，可想而知。

嘉靖對服食「先天丹鉛」樂此不疲。這類丹藥一般由鉛丹（四氧化鉛）和砒霜（天然的三氧化砷）構成，添加以參茸等大補之物，使服用者感到強健、輕鬆，內心燥熱，有一種強烈的性衝動。即使到了晚年，朱厚熜也未能棄絕女色。這位衰病老人似乎要以此證明自己的豪壯，繼續臨幸那如雲的秀女。《萬曆野獲編》記載：

> 世宗一日誦經，運手擊磬，偶誤捶他處。諸侍女皆俯首不敢仰，唯一幼者失聲大笑。上注目顧之，咸謂命在頃刻矣。經輟後，遂承更衣之寵，即世所稱尚美人是也，從此貴寵震天下。時年僅十三，世宗已將耳順矣。其後冊拜為壽妃，拜後百餘日，而上大漸。說者歸罪壽妃，微似漢成帝之趙昭儀云。27

這位尚美人，就是和皇上一起燒了永壽宮者。嘉靖與她的相處是放鬆和歡樂的，談不上愛情，可就帝王來說也算不得醜惡。唯厚熜對青春的眷顧與癡迷，或是這對帝妃戀、老少戀的一點亮色。

這類弄險兼湊巧的交媾，這樣年輕的宮姬，嘉靖後宮中所在多多，沈德符在此處還寫道：

後宮姬侍列在魚貫者，一承天眷，次日報名謝恩，內廷即以異禮待之，主上亦命鋪宮以待封拜，列聖前後皆然。惟世宗晚年西宮奉玄，掖庭體例，與大內稍異。兼餌熱劑過多，稍有屬意者，間或非時御幸，不能盡行冊拜。於是有未封妃嬪之呼。

所言「非時御幸」，即無論何時何地都要選宮女交媾，有時一晝夜竟有幾人乃至十幾人，內廷連記名封拜都忙不過來，便將她們統稱為「未封妃嬪」。直至厚熜駕崩，還有不少未來得及賜封者。

長生和縱欲，從來都是一組不可調和的矛盾。服食紅鉛，必然導致縱欲，身邊的方士極力慫恿，稱在與處女的交合中可獲取旺盛生命力，這便是「採陰補陽」之說。在採補術的蠱惑下，嘉靖帝無所顧忌地占有那些從各地選來的少女，希冀在稚嫩的身體上獲得陽剛之氣，卻越來越虛弱。

這是必然的虛弱，是一條速死之道。陳繼儒《眉公見聞錄》卷六稱世宗「志在長生，半為房中之術所誤」，信然。

三、最後的歲月

嘉靖四十年（一五六一）之後，伴隨著永壽宮的失火，伴隨著嚴氏父子的免職逮治，以及其黨羽鄢茂卿、萬寀等人的罷斥，朱厚熜對朝政越來越厭倦，對方術的效用和長生之途也覺得疑雲重重。他感覺到日益濃重的衰弱，覺察到身邊盡是騙子和騙術，常處於焦躁煩亂之中。

而直到生命的終點，嘉靖都沒有稍減對上天和上仙的尊崇，沒有中止對長生的求索嘗試，除此以外，他還做了一件彪炳史冊的事——重錄《永樂大典》。

1《永樂大典》的副本

火災，從來都是皇宮的夢魘，也是藏書的浩劫。永樂十九年（一四二一）成祖遷都北京，《永樂大典》與大批珍貴典籍隨之北遷，收藏於紫禁城文樓。該書稿本仍存南京的文淵閣，正統十四年（一四四九）六月，南京皇宮謹身殿被雷電擊中起火，火勢迅速蔓延，閣中藏書與《永樂大典》原稿皆付之一炬，所幸正本已轉移至北京。

比較起後來的清朝，明朝諸帝對皇子的教育乏善可陳。除了比較關注皇太子，其他皇子十五歲「出府」，再年長一些就要「之藩」，讀書只能是由著本人喜好來了。朱棣下旨編成煌煌然一萬一千多巨冊的《永樂大典》，自也欣慰欣喜，賜名題序，然後就是束之高閣，似乎沒有再翻閱過。他的兒子仁宗朱高熾在位甚短，孫子宣宗朱瞻基算是有為之君，卻都沒見閱讀該書的記載。此後諸帝中，孝宗朱祐樘應是較為重視《永樂大典》的一個，經常派人到文樓取來若干冊，置諸御案上，隨時翻閱。據說曾從中輯錄一些稀見的禁方，賜給太醫院御醫或個別官員。

弘治五年（一四九二）五月，內閣大學士丘濬寫了一道長疏言事，建議：派員清查內府藏書，登記造冊，並建立起嚴格的保存和借閱規則；對重要典籍如實錄、寶訓等，分派翰林院等官抄錄副本；將藏書之所分為三處，在京師有內閣和國子監，在南京設於翰林院；如有缺少的書籍，命地方官廣為訪購或抄錄。丘濬也知工程量浩大，特別標舉成祖興修《永樂大典》之例，曰：

> 太宗皇帝當多事時，猶聚眾千百，纂集《永樂大典》，以備學者考究，以此方彼，孰重孰輕，伏乞睿照。

弘治帝時年二十三歲，謙和溫煦，愛讀書，對這位三朝老臣很尊敬，卻沒有採納他的建議，既沒傳諭抄錄實錄副本，也沒讓各省詢訪佚書，不了了之。

對《永樂大典》更為重視的，應屬朱厚熜。登基之初，厚熜出於與臣下論辯對駁的需要，開始大量翻檢閱讀前代禮典，也從《永樂大典》中尋找依據，注重有關宗法體制，尤其是帝位傳承的記述。天資聰慧的他漸漸成為禮學專家，降旨編成《大禮集議》和《明倫大典》，也愛上了幾乎無所不包的《永樂大典》。

三十六年（一五五七）夏天，京畿地區一春少雨，旱情嚴峻。嘉靖於四月十二日親至「雷霆洪應壇」禱雨，次日下午雷雨大作，君臣無不喜動顏色，孰知當晚戌刻雷電引燃奉天門和華蓋殿，火光映天。《明通鑒》卷六一：

是日申刻，雷雨大作。戌刻，火光驟起，初由奉天殿延燒至華蓋、謹身二殿及文、武二樓，奉天、左順、右順並午門，午門左、右廊盡毀。越日乃熄。

皇宮中棟宇相接，加上人心叵測，朱厚熜也經歷過大大小小的火災，但遠不如這一次受災嚴重。嘉靖居住西苑，指揮眾人往大內救火。聽說火勢蔓延，忽然想起收藏在文樓中的《永樂大典》，極令左右飛速傳諭，上緊將《永樂大典》搬運到安全地點，唯恐有失，接連發出三四道嚴旨。《明世宗實錄》卷五一二：

上聞變，即命左右趣登文樓，出《大典》，甲夜中諭凡三四傳，是書遂得不毀。

史家之筆，往往所記甚簡，無法再現當時情景。大火迫近，而雨仍下個不停，人們怎樣將為數眾多的《永樂大典》搶運出來？臨時存放在什麼地方？皆不得而知。能感受到的是明世宗之關注急切，一遍遍派人趕往現場督辦，三殿中陳設的奇珍異物海了去了，卻被置之不顧。

這場大火也提了個醒，以孤本存在的《永樂大典》一旦受損，將難以彌補。嘉靖希望能抄錄一個副本，也曾與內閣大學士徐階多次談起，君臣都清楚此事工程量巨大，是以一天天拖了下來。四十年（一五六一）十一月，西苑的永壽宮夜間起火，撲救不及，「乘輿服御及先世寶物盡毀」。嘉靖被迫遷入低矮潮溼的玉熙宮，驚魂稍定，再次想起重抄《永樂大典》之事。數月後，朱厚熜搬回整修一新的永壽宮，將民怨沸騰的嚴嵩父子罷斥，下詔重錄《永樂大典》。此乃四十一年（一五六二）八月十三日，他對徐階說：「及此秋涼，可理也。」可證君臣之間曾多次探討重抄事宜，意思是：趁著這秋高氣爽，開始辦理吧。

重抄《永樂大典》的工程浩大繁雜。首先是字數太多，每字下眾體皆備，正文用墨筆楷書，書名等改換朱墨；其次是原本採錄了大量圖例，山川器物，一色白描，皆見工麗，一般抄手難以描摹。當初編纂時用了近三千人，主要是擔任成稿後的謄清，其中不乏各地有名的書法家。以故徐階在見到永樂正本後大加讚歎，並感慨當時已很難再找到這樣多的合格書手了。

正因考慮到重錄之繁難，嘉靖與徐階等人曾想以內容為主，不計較字體工拙、開本大小，後來還是決定原樣精抄。嘉靖特命設館，揀選飽學善書之士校錄：

乙丑，詔重錄《永樂大典》。命禮部左侍郎高拱、右春坊右中允管國子監司業事張居正，各解原務，入館校錄。拱仍以侍郎兼翰林院學士，同左春坊左諭德兼侍讀瞿景淳充總校官。居正仍以中允兼翰林院編修，同修撰林爊、丁士美、徐時行，編修呂旻、王希烈、張四維、陶大臨，檢討吳可行、馬自強充分校官……28

比起當初纂修《永樂大典》的龐大班底，負責重錄者只能算是一個小組，而學術水平與辦事能力則超乎其上：此十二人全都是進士出身，曾在或正在翰林院任職，其中有兩名狀元、一名榜眼；高拱、張居正、申時行、張四維後來都成為內閣首輔，馬自強為大學士兼禮部尚書，張居正更是一代名相；其餘數人，多位至尚書、侍郎、國子監祭酒。主持重錄《永樂大典》事務的內閣首輔徐階，為嘉靖二年（一五二三）探花，也屬資深翰林。

具體負責的高拱和張居正，當時已是政壇新星，受命放下手頭的事務，全力在館辦事。為選拔擅長楷書的謄錄人員，吏部和禮部搞了一次「糊名考試」，挑選出禮部儒士程道南等百餘名善書者，就史館分工抄錄。《永樂大典》的重錄為天字號工程，各項保障都很優厚：內府調撥了一批畫匠、砑光匠、紙匠等專業人才，惜薪司提供取暖木炭，光祿寺供應每日酒飯果品，翰林院則按月發放津貼和補助。該館規定每位寫手每日抄寫三頁，必須核校無誤才算數，整個重錄和裝訂工作花了將近五年時間，在隆慶元年（一五六七）四月最後完竣。此時朱厚熜已逝，剛繼位的朱載坖「以重錄《永樂大典》成」大加升賞，這個多年謹小慎微的新帝比父皇厚道，有獎無罰，搞了個人人有份，皆大歡喜。

2 訪求仙術和符籙

重錄《永樂大典》，出於嘉靖的讀書喜好和對典籍的重視，而他更重視的還是長生。朱厚熜深信方術靈異和長生不老術的存在，認為所有法術的失敗，都在於真術士和假術士的差別，在於術士有高下優劣之分，而不在於法術本身。他對挖空心思來京營求者越來越不信任，認定真正的高士必然隱居於名山大川，便選派能員去各地訪求。《明史紀事本末》卷五二：

四十年二月，分遣御史王大任、姜儆、奚鳳等往天下訪求仙術異人及符籙祕方諸書。[29]

核以《明世宗實錄》，奚鳳未見記載，而姜、王二人於三十六年（一五五七）八月同選御史，半年後實授，王大任為雲南道巡按御史，姜儆為浙江道巡按御史，二人受命訪仙問道是在四十一年（一五六二）十一月。巡按御史「代天子巡狩，所按藩服大臣、諸府縣官之考察，舉劾尤專，大事奏裁，小事立斷」[30]，職司甚重。此時則有了一項特殊使命，進而專稱「採訪法祕御史」。二人當是欣然受之，不辱使命，「王大任奉命陝西、湖廣，招致方外士王金等，能合內養諸藥。姜儆奉使江西、廣東，亦得能通符法者還。」[31]實錄中則詳細記載了二人的階段性成果：

四十二年（一五六三）正月，「姜儆進所訪法祕書二十帙，詔留覽」[32]；當年三月，「王大任奏進法祕書五冊二十種，詔留覽」[33]；四月，「姜儆奏進法祕書十七種一百四十二冊」[34]。八月，嘉靖降旨，以王、姜訪求玄祕之勞，加俸一級。四十三年（一五六四）十月，王大任、姜儆經過整整兩年的專訪，滿載回京，詔升翰林院侍講學士。據當時人評論，其所得法書、祕書，以及「法士唐秩、劉文彬等數人，皆贅書庸術」[35]。嘉靖在這方面頗具慧眼，加以「法祕」必讀，法術必驗，早知道沒有什麼真玩意兒，但為了鼓勵引導，還是賜第京師。於是，「來京師獻寶顯技者亦日眾」，「豐城人熊顯進仙書六十六冊，方士趙添壽進祕法三十二種，醫士申世文亦進三種」[36]。就中偽詐頗多，皇上仍令薄加賞賜。

經過在長生路上約三十年的跋涉求索，嘉靖豈能不知渺漫難求？即便他不願去想像，也總有個別批鱗之臣要來提醒。這位執拗任性的皇帝不可逆轉地走向衰老，一種可以時刻感知的衰老，又在衰老中渴求著奇蹟出現，焦灼煩躁，時而大動殺機。

3 打假與誅戮

在疾病的不斷侵擾折磨中，嘉靖度過人生的最後幾年。長期服食丹鉛，使得他已嚴重鉛中毒。其難以理解的暴躁、偏執、殘酷，其朝令夕改、遷延反覆、忽善忽惡，都可從丹鉛中毒上找到依據。

大多數情況下，朱厚熜明察敏銳，對那些簇擁身邊的術士，往往要做各種考查測試，令內侍嚴密監視，一經發覺作偽和私弊，即毫不憐憫地將之處死。段朝用燒銀術之詐偽被其弟子揭穿，即被下獄論死。龔可佩本來很受信重，「帝命入西宮，教宮人習法事，累遷太常少卿」，一旦聞知嗜酒（為醮事之大戒），即命逮入詔獄，橫死杖下，「屍暴潞河，為群犬所食」[37]。藍道行以扶鸞術得寵，召侍左右，後來嘉靖聽說其「怙寵招權諸不法事」[38]，查驗得實即下獄監斃，毫無寬恤。

四十四年（一五六五）五月，被斥回籍的道士胡大順希圖進用，偽造《萬壽金書》一卷，詭稱呂洞賓所作，自己在扶鸞時偶然得到。他還說有呂祖所授三元大丹，「用黑鉛取白，名曰先天水銀，鍛之則成清霞玉粉神丹，服之卻疾不老」，派兒子胡元玉攜帶入京，通過宮中道士藍田玉、羅萬象，再買通內官監太監趙楹，獻給皇上。

藍田玉原為江西鐵柱宮道士，以進法祕，授道籙司左演法，與羅萬象同以扶鸞術得幸，侍奉皇上在西苑做法事，與趙楹結交。三人很受信用，代胡大順獻上祕書和丹藥。所謂扶鸞，即以木架沙盤，降神畫字，示人吉凶。嘉靖最信此等方術，但對胡大順此人卻打一問號，隨口說了句：既然說是乩書，扶乩者為何不來？藍田玉等以為皇上有興趣，急忙相召。胡大順飛速來京，上疏求見。嘉靖對胡大順早有不信任，令人在他演示降神時嚴密監看，大順無以作弊，扶鸞而鸞鳳不來，只能推三搪四。

嘉靖將此事告知徐階，詢問他的看法。徐階見皇上已生疑慮，說扶乩術只有在內外勾結時才應驗，否則便茫然不知，對此類擾亂宮廷的妖孽，應加重治。朱厚熜認可此話，聯想到藍田玉進水銀藥和詐傳密旨諸事，命將胡大順、藍田玉、羅萬象等一干人下錦衣衛獄審訊。而到了結案時，他又想從寬處置，與徐階商量。徐階說：「聖旨至重，若聽憑詐傳，他日半夜出寸紙有所指揮，將若之何？」[39]嘉靖帝立刻醒悟，令從重擬罪。趙楹不知聖意轉移，從台後現身台前，密疏為之說情。嘉靖命司禮監拷訊，悉知這夥人與近侍太監勾結欺蒙之事，俱論斬。朝野聞之大快。

4 「天賜仙桃」的把戲

帝王的願望，常是很容易實現的。衰年的朱厚熜渴望出現奇蹟，果然便有奇蹟發生，這就是荒唐至極的「天賜仙桃事件」。

原來隨侍近倖見皇上鬱鬱寡歡，心中著急，為使老爺子能夠振作起來，生出一計：四十三年（一五六四）五月的一個夜晚，厚熜正倦坐中庭，若思若寐，似聞一物劃空而下，落身後幃幄中。小太監奔趨而至，手執一鮮瑩壽桃，左右皆稱親眼見桃子從空中落下。厚熜頓時來了精神，曰：「天賜也！」命修迎恩醮五日。醮事結束的第二天，又有一桃降下，當夜又稱宮中玉兔產二子。厚熜認為「生」是吉兆，謝玄告廟。過了沒幾天，御苑壽鹿亦生出兩隻小鹿，群臣表賀。厚熜以為「奇祥三錫，天眷非常」，精神也為之大振。[40]

見如此伎倆竟能使龍心大悅，內宦依計而行，又創出許多新花樣。四十四年（一五六五）六月，傳報原來專祀興獻帝的世廟前殿柱礎生出靈芝，燦然金色。厚熜欣喜異常，命奏玄告廟，詔諭禮部，賜已廢世廟名曰玉芝宮，命重新整修，奉設睿宗和蔣太后御位，以高士包存蘭兼提點奉事香火。這株靈芝顯然來歷詭異，未久乾硬跌落，卻也沒影響皇上的情緒，一應禮儀和修造事宜都加緊進行。從此而後，皇宮又多了一處重要的祭祀場所。

八月，嘉靖帝萬壽節後，內侍在寢宮偷偷放了兩丸丹藥，故意使其發現，朱厚熜又是一番欣悅，降諭禮部：

頃二日，朕所常御褥及案上有藥丸各一，蓋天賜也。其舉謝典，告諸神。[41]

真是一種病態，一種心理變態。對生的渴思和對死的恐懼，使朱厚熜脫離了正常的思想軌道，藥物中毒的折磨，也令其常常會喪失起碼的判斷力。自詡為一代英主的嘉靖帝，竟爾昏聵愚癡到如此地步。

5 不殺海瑞

嘉靖四十五年（一五六六）元日，是朱厚熜在世間的最後一個春節，他在病中，照舊沒有臨朝受賀。文武百官已習慣了皇上這種過年的方式，身著朝服班列於皇極門前，行五拜三叩頭禮，上表稱賀。雖皇上不在場，誰也不敢缺勤，誰也不敢馬虎。大家都知道，除卻主禮大臣和糾儀御史，現場必還有一些監視的眼睛。

正月十一日，嘉靖嚴旨令南京兵部尚書即振武諸營都督會同操江，演練兵馬以備倭寇。

十六日，大風揚塵，嘉靖降諭內閣：「今日風色甚異，傳示本兵，預防兵火。」[42]兵科給事中邢守庭上言邊備弊端，即批轉兵部，令嚴督各邊，速加整頓。

十九日，詔令清查軍器、鞍轡二局軍匠實數，「逃故者勾捕，老弱者更代，冒濫者裁革」。

也是在這個月，四川白蓮教起事，偽號大唐大寶元年，連破七州縣，費好大力氣才被撲滅。教首蔡伯貫被擒後，交代與李福達頗有淵源，此類讓皇上不爽的事情，想是沒有人奏報的。

可世上總有正直之臣，總有不怕死的諍臣。二月初一日，戶部主事海瑞奮身上疏，用最直接和激烈的語言，歷數嘉靖的政治失誤，尤其抨擊他對齋醮的迷信，疏中說：

> 陛下則銳精未久，妄念牽之而去，反剛明之質而誤用之。至謂遐舉可得，一意修真，竭民脂膏，濫興土木。二十餘年不視朝，法紀弛矣；數年推廣事例，名器濫矣；二王不相見，人以為薄於父子；以猜疑誹謗戮辱臣下，人以為薄於君臣；樂西苑而不返，人以為薄於夫婦。吏貪官橫，民不聊生，水旱無時，盜賊滋熾。陛下試思今日天下，為何如乎？[43]

批判的鋒芒直指向君臨天下的皇上，明言「天下之人不直陛下久矣」。這些話，真讓嘉靖觸目刺心。

海瑞又指出失誤的根源在於齋醮，疏文中兩次提及仙桃仙藥，說：

> 陛下之誤，大端在修醮。修醮，所以求長生也。自古堯、舜、禹、湯、文、武，未有能久於世者，亦未見漢、唐、宋方士有存至今日者。陶仲文，陛下以師呼之，今既死矣。至於天賜仙桃、藥丸，怪誕尤甚。此左右奸人肆其欺侮也。[44]

海瑞指出妄求長生之舉，實在是自欺欺人，禍國殃民。他還提到已被罷斥的嚴嵩，「嚴嵩有一不順陛下者乎，昔為貪竊，今為逆本」，上有所好，下必甚焉，官場一派從諛阿順之風——

> 乃醮修相率進香，天桃天藥，相率表賀，興宮室則工部極力經營，取香覓寶則戶部差求四出，陛下誤舉，諸臣誤順，無一人為陛下一正言焉。[45]

這樣的政壇，必然導致社會動盪和生民塗炭。

海瑞在這裡提到了國，也提到了家，說天下本天子之家，而齋醮燒煉的行為就是不顧家。他還引用了一句民謠，一句與當朝年號相關的民謠：「嘉靖者，言家家皆淨而無財用也。」[46]

這大概是嘉靖一朝最為尖銳犀利的疏章。朱厚熜讀後如雷霆之怒，將疏章擲之於地，向左右喝道：「快去抓住他，別讓他跑了！」侍在一側的是司禮太監黃錦，躬身奏曰：此人素有癡直之名。聽說他上疏時，自知必死，買了一口棺材，與妻子訣別，在朝門等著判罪，家中僮僕都逃光了。他是不會逃走的。

黃錦為從龍入京的興府舊人，歷御用監太監、內官監太監、提督東廠司禮監太監，掌司禮監近二十年，是一個深受倚信的內廷大璫。厚熜對興府舊僕甚好，但約束甚嚴，這些人一般都規規矩矩，黃錦亦謙謹平正。執掌司禮監之後，他與兩任首輔嚴嵩和徐階都很密切，卻謹慎地不參與內閣爭鬥。四十一年（一五六二）五月發生了與他有關的兩件事：一是考選庶吉士作弊嚴重，把錢送到他那裡，黃錦密報皇上，取消了這次考選；二是嚴嵩以萬金行賄黃錦，讓他揭露術士藍道行，使之下獄論死。[47]不知是受正臣之托，還是讀海瑞疏後為之感動，黃錦有心搭救，深知皇上秉性的他乾脆直言相告，可謂激勸也。

果然，嘉靖聽後反倒冷靜下來，默然半晌，復又取疏讀之，一日之間讀了好幾遍，時而被疏中文字激怒，欲下令逮治；時而為其忠誠切直之氣打動，感慨嘆息中，也在自我反思。這邊宮內不見動靜，那邊朝門外海瑞等得一頭霧水，最後只好回家。嘉靖曾對左右說：「此人可方比干，第朕非紂耳！」能說出這樣的話，心中當有大傷感在焉。

嘉靖最忌忤逆。皇后一言不合，他還要斥罵鞭笞。楊最上疏犯顏，當廷杖責，人已打死，仍令行杖者如數打滿。但對於直戳其痛處的海瑞，他卻因受刺激過甚，反有些清醒了。

此時朱厚熜已漸病體沉重，疏中言詞始終縈繞在心頭，對首輔徐階說：「海瑞言俱是。朕今病久，安能視事？」素來自信的他能承認海瑞說得對，也是痛苦反思的結果。厚熜意識到玄修的失誤，又自憤憤不平，曰：「朕不自謹惜，致此病困。使朕能出御便殿，豈受此人詬詈耶！」[48]對疏中那些激烈言詞，嘉靖耿耿於懷，認為海瑞辱罵了自己，猶豫了幾個月後，最終還是下詔，以「詈主毀君」罪名逮捕海瑞，命錦衣衛拷問主使者。刑部擬海瑞死罪，皇上卻又留中不批。

嘉靖一天天衰弱下來，朝野掛心著皇帝的健康，也關切著海瑞的命運。戶部有位名何以尚的司務，揣測皇上無意殺掉海瑞，上疏請將其釋放。司務為從九品小吏，這位何兄也是舉人出身，卻與海瑞的文字功底相差太遠，人品也頗為低下，「疏中所言謬悠疏誕無可採者，又自述奉命購買龍涎香以供上敬事玄修之用，今已得四十兩云。是又欲以詭道希合，為自解之地」[49]。衰病不堪的朱厚熜頭腦仍然清晰，能從海瑞疏中讀出忠義，也能由何某一疏見出投機取巧和沽名釣譽，立命決杖一百，逮入錦衣衛獄，日夜拷問審訊。高傲而不可觸犯的嘉靖皇帝，終於找到了一個出氣筒。

也就在同時，嘉靖命將已經關入詔獄十八年的沈束釋放，讓人頗感意外。

沈束以諫事得罪嚴嵩入獄，歷經折磨而不死。明代詔獄規定，人犯生活所需由家人供應，這樣的長監，其家屬更是苦不堪言。嚴氏父子倒臺，沈束一案看到曙光，其妻張氏上言陳情：多年在京寄居旅舍，與小妾潘氏靠紡織供應丈夫衣食，公公年已八十九歲，在家鄉朝不保夕，身邊無人照顧；而更苦的是潘氏，來歸時丈夫已入獄，誓不改嫁，一年年過去，生活淒苦萬狀。她表示自己願代夫繫獄，讓丈夫能回家與老父送終。這篇陳情文，悲苦淋漓，直可與楊繼盛妻所呈相比並，不知是何人代筆？

其實已沒有任何理由繼續關押沈束，各法司也為之說情，嘉靖就是不放。這位很在意他人評價的皇帝，也不會忘記打入詔獄的逆鱗之臣，令獄卒每天記錄其行為語言，稱為「監帖」，上呈御覽。有一天喜鵲在囚室前叫，沈束隨便說了句「豈有喜及罪人耶」，嘉靖見到記事小抄有所感動，趁下旨逮治何以尚之機，竟把沈束給放了。

四、九重法宮

在嘉靖十五年（一五三六）的春天，朱厚熜就開始與臣下討論規劃自己的陵寢。那時的他還未滿三十周歲，顯然是早了一些；考慮到他已做了整整十五年的大明皇帝，依著皇家「預作幽宮」之傳統，似乎也該提上日程了。

當是時也，大禮和祀典陸續論定，厚熜意氣風發，正值意圖光大帝業之際，對陵寢建設，提出了簡約的原則。忽忽又是三十年過去，嘉靖帝已到達生命的遲暮，衰病兼至，這個位於十八道嶺的幽宮、亦即參酌使用了許多道教因素的九重法宮，終於派上了用場。

1 再回故鄉的心願

朱厚熜的性格有些孤僻，愈是接近人生的終點，其內心便愈加感覺孤寂淒單。

嘉靖經歷了繁華榮貴，也經歷了凶變困厄；享受了至高無上的尊崇，也一直不太情願地承擔著國家社稷的重負；聽慣了洋洋盈耳的諛詞，也不得不聽那些個逆耳之言；曾長期自視為人世萬物的主宰，現在卻感到無以抗拒的虛弱，感到死神正漸漸獰笑著逼近。他還要掙扎，要抓住天仙的雲裾和生命的常青藤。在生命的最後時刻，厚熜越來越思念自己出生和成長的地方，思念鍾祥。

四十五年（一五六六）二月十八日，即海瑞上疏的十八天後，嘉靖降諭徐階，說自己想去承天府走一趟。徐階認為只是一個試探，趕緊說皇上身體虛弱，禁不住路上勞頓。誰想嘉靖卻是當真，近侍太監已備好路上所用的帳幕糧餉，禁衛六軍也穿上鎧甲，準備啟行。徐階再蒙召問，方才極力阻止。對這次南巡，嘉靖考慮得其實很周全，主要目的是拜祭父母，以及往誕生地「取藥服氣」，說：

> 朕病十四月矣，不見全復。茲就《大志》成一，南巡承天，拜親陵，取藥服氣。此原受生之地，必奏功。諸王不必朝迎，從官免朝，用臥輦，至七月還京。[50]

厚熜期望南巡能使自己恢復健康，能擺脫已一年多的疾病困擾。對自己的身體狀況，看來他也不無憂慮，提出免迎、免朝、乘臥輦等一系列措施。

徐階堅決地阻止了這次南巡。作為首輔，他與嚴嵩相同的是都瞭解皇上，也都深得倚重；不同的是老嚴一味察言觀色、順從旨意，徐階則會發表一些真實看法，有時也敢於和擅於堅持。這也是皇上看重徐階的地方。嘉靖固執地認為南巡必為自己帶來健康，要他作速安排路途各項所需。徐階稱不管是為了皇上，還是為國家考慮，都不敢奉諭，又說：

> 皇上自度精力何如彼時，豈禁長途勞頓？聖躬天佑，亦豈必待遠行而後臻萬康之慶也？己亥之前，邊境無事，彼時尚命大臣行邊及增京城並居庸等處守備，今邊境多虞，兵馬積弱，而六飛遠狩，根本空虛。萬一狡逆竊發，聖駕在外，能無驚擾？此其可大慮者。伏乞深留聖思，毋致輕舉以貽後悔。[51]

深知皇上性情的徐階，不躲不閃，直接指出：遠行的最大障礙在皇上的身體狀況，以及整個國家的不穩定。兩個主要理由都是實情，很具有說服力，致使嘉靖終於放棄南巡。但他卻由此增添了濃重的鄉思，常對左右說起承天，說起幼年時的事情，也會說起二十七年前的南巡，幻想著能回去看看。

鍾祥（後來的承天府、興都），永遠是朱厚熜緬懷的家園。甚至在入朝登基四十五年後，厚熜在魂靈深處仍把皇宮當作客地，當作凶地，而把鍾祥視為真正的家園和吉壤。

2 精心打造的永陵

嘉靖帝的陵寢選定在十八道嶺（後改名陽翠嶺）南，用三年多時間基本建成，史稱永陵，是僅次於長陵的一座規模宏偉的明代皇陵。

永陵規模之巨，耗費之巨，在諸陵中堪稱前列，但又不能完全歸於朱厚熜之意。山陵興造的一開始，厚熜往天壽山拜謁諸陵，順道往陽翠嶺察視陵工，和他同往的還有聖母蔣太后。返回途中，嘉靖在行宮接見大學士李時和禮部尚書夏言，命他們在陵寢建造上力求節儉，不事奢華。《明世宗寶訓》卷八：

> 初，上謁陵還，召見輔臣李時、尚書夏言於行宮，諭以：務建壽宮規制謂宜略仿長陵，重加抑殺。紙衣瓦棺，朕所常念。其享殿以磚石為之，地中宮殿器物等舊仿九重法宮為之，工力甚巨。此皆虛文，且空洞不實，宜一切鳌去不用。

厚熜一直把起家藩邸、奪得天下、定鼎北京的先祖朱棣作為榜樣，更定廟號，去宗稱祖，甚至以舊燕王府為吉地，住進其西苑舊宮。所說要仿照長陵規制，又要比長陵大大縮減，應是心裡話。這番話很有點兒道家意味，嘉靖在齋醮上不惜花費，但平日自奉甚簡，對身邊內侍約束極嚴，所謂「紙衣瓦棺」，表達的就是簡約之義。

大臣自有做臣子的原則，諸臣議奏：「皇上親為卜兆，惓惓以避尊節財為諭，執謙慮遠，臣等所當將順。但恐過於貶損，無以稱臣子尊崇之禮。其享殿、明樓、寶城擬請量依長陵規制，其地中宮殿等項仍請稍存其制，實皆臣子無已之誠。」[52]皇帝有遜辭之德，大臣有誠篤之義。於是永陵大工照擬定的圖式進行，享殿、明樓、寶城的規格基本參照長陵，但在精緻上遠過之。如寶城的雉堞，長陵與各陵例用磚砌，永陵則一律用整塊花崗岩，打磨光潔，起伏轉角處嚴絲合縫，精細程度遠超過長陵，更不用說其他帝陵。

地宮，又叫作地中宮殿、壽宮，是陵寢的核心所在。上諭所謂「仿道家九重法宮為之」，想是主事者為拍皇上的馬屁，刻意加入了大量的道教因素，弄得玄而又玄。未想到世宗不喜，論為「此皆虛文，且空洞不實」，各有司必再有一番忙碌，加意修正，以體現皇上（即該墓主人）的信仰和追求。九重，極言深峻繁複，既用於道家，亦用於皇家；法宮也如此，道家稱天上宮闕，人間指紫禁城。永陵地宮究竟什麼樣子，不得而知，但從地面上的建築遺存，從丹墀中的漢白玉浮雕、明樓主碑特殊形制的基座，仍可發現鮮明的道家色彩。

嘉靖十五年（一五三六）前後，大工頻興，皆勞師興眾、急如星火，當朝天子的山陵應是重中之重。嘉靖為此在工部實行兩尚書制，加左侍郎甘為霖尚書銜，專督大工。這位甘兄也是個馬屁精，次年六月林庭㭿致仕，例應他回部管事，可甘為霖上疏懇辭，請求「專董山陵工役」[53]。嘉靖見疏甚喜，「優詔許之」，自此再有人說甘為霖貪婪，一律不理。

陵工浩繁，所用石材巨大，常要以旱船拖拽，需要工匠人役甚多，許多京營和錦衣衛士兵也被派往工地。十六年（一五三七）十月，京城寒甚，應甘為霖之請，詔給「山陵工所錦衣衛三千營並耀武等營官軍衣鞋五千一百二十一副」[54]，可見一斑。也就在兩個月後，武定侯郭勛參奏陵工遲緩，嘉靖一怒之下，將工部尚書甘為霖、內官監太監溫璽俱革職，工部郎中李仁、太監王朝下錦衣衛拷訊。可證他對營建陵寢之事倍加關注，容不得半點兒懈怠。

3 漸漸逼近的死神

嘉靖四十五年（一五六六）有兩個十月。第一個十月，朱厚熜的身體狀況尚可，關心的事情還很多：

戶部呈進三塊直徑過尺的綠玉，厚熜命留作製寶璽，要求再「購白漿、水碧二色以進」；對嚴嵩親信的追究繼續進行，大理寺卿萬寀充軍邊衛，刑部右侍郎鄢茂卿被逮治。嘉靖認為嚴府財產被轉移，降旨追索，這些個黨羽跟著倒了楣；

詢問戶部尚書高燿當年鹽銀上繳情況，高燿稱歲額只有六十萬兩，還有一半沒繳，「請以五萬進」，他有所不滿，也無可奈何。

嘉靖帝飭令依照奉先殿規制增修顯陵祾恩殿，任命楊博為吏部尚書並發了一篇感慨，處置了陝西邊防失事官員……凡此諸端，多是在臥病狀態下所為。就在當月下旬某日，厚熜深夜登上萬法壇對天祝禱，忽然落雨，開始時淅淅瀝瀝，漸漸大起來。一心虔敬的他不許張傘，堅持把法事做完，結果是連淋帶凍，中了風寒，竟嘔出白沫清水三盂，自此臥病在床。嘉靖尚未意識到死神的臨近，對徐階說：

若元氣得全復幸甚；若不得還舊日之者，必須人乳之類緩進藥，得一二親密得力之人，方可望復。此夕少，今一以仰天恩佑庇焉。[55]

這段話已有些語義跳躍，不連貫，卻能見出他對生的渴望。當月三十日，厚熜病勢轉重。閏十月，嘉靖帝臥病萬壽宮，仍堅持處理批覆各類奏章。巡按陝西御史方新上疏，歷數內憂外患、天災人禍，抨擊奇祥瑞應之荒誕，建議皇上「鏡古察今，戚然自責」，「痛加修省」，且於文末設問「陛下自視為何如主也」？此一疏雖不如海瑞激切，亦是對皇帝的明確批判，是對朝政的全盤否定。嘉靖「怒其狂瀆妄言，黜為民」[56]。由此可知，肅皇帝心中已少了殺氣。

閏十月初三日，嘉靖期待已久的紫宸宮建成，卻已沒了心氣，僅僅令人告謝，百官不敢懈怠，齊整整往皇極門稱賀。二十八日，萬壽山舉辦盛大法事一陽大典，為皇上祈壽祈福。

進入十一月，嘉靖的病情更加沉重，奏章中不再能見到他的個性化批語，想是由他人代理。該月十九日，吏科都給事中胡應嘉等論劾新入閣的大學士高拱不忠。高拱為裕邸老臣第一人，精強練達，然心胸狹窄，睚眥必報。其時繼嗣已定，繼位格局已成，原裕王府一班文學侍從逐漸位居險要，高拱更是一馬直前，四十四年（一五六五）七月升禮部尚書，不到一年入閣。閣臣入直西苑很辛苦，當直者夜間不得回家，在直廬候旨。這讓尚沒有兒子的高拱感覺難熬，將家搬到西華門附近，習慣於夜間焚修的朱厚熜白日多睡，他便乘皇上睡覺時偷偷回家，與姬妾相會。胡應嘉素稱傾險，察知後即加彈劾，並說：

皇上近稍違和，大小臣工莫不籲天祈佑，冀獲康寧，而拱乃私運直廬器用於外。似此舉動，臣不知為何心？[57]

高拱驚出一身冷汗，急加辯解。幸此時嘉靖久病昏聵，稀裡糊塗，高拱得以涉險過關。胡應嘉與徐階為同鄉，高拱以為是徐階在背後慫恿推助，對二人恨之入骨。

4 回到乾清宮

丹鉛之毒深入朱厚熜的神經和骨髓，他卻仍饑渴地服食著丹鉛。晚年的嘉靖更加孤獨，所生八子五女，至此僅剩下一子一女。而他仍固執地堅守「二龍不相見」之說，既不冊立裕王為皇太子，亦不准裕王進宮居住。嘉靖用冷酷包裹起親情，生怕再失去最後一個兒子，或也怕兒子妨害自身。

十二月十四日清晨，嘉靖病情轉危，進入彌留狀態。西苑偏僻，不是個舉行大喪的地方，守候在側的輔臣勛戚決定將皇帝移入大內乾清宮。此際的嘉靖已昏迷不醒，但格於「二龍不相見」的戒條，沒有人敢提議請裕王入見。就在這天中午，厚熜行至其人生的盡頭，駕崩於乾清宮。

徐階急派員往裕府報信，啟請朱載垕入宮，以主持大喪。裕王急忙忙換上喪服，具黑翼善冠、青布袍、黑角帶，由東安門踉蹌奔入乾清宮，釋去冠服，披髮號哭，跪拜於乃父榻前。二龍終於相見，卻已是天人相隔。

嘉靖思慮周慎，卻在久病之後，完全沒想到生命會如此終結。他太過相信上天的神靈，太過相信齋醮的作用，太過相信各類丹藥，也太過相信一己之判斷。同許多帝王一樣，這是一次沒有思想準備的死亡，沒留下任何遺言。頭腦尚清醒時，他不會意識到要死；而一旦進入彌留狀態，他又喪失了意識。

隆慶元年（一五六七）三月，明世宗被隆重安葬在永陵，這是他生前十一次親往閱視督建的陵寢。九重法宮再一次被打開，世宗欽命入葬的孝烈皇后方氏已等候近二十年，一同進入的還有另外兩位皇后：孝潔陳皇后和孝恪皇太后杜氏。前者為嘉靖元后，以命運悲慘備受同情；後者一生默默無聞，此時因子而貴，皆遷葬於此。

至於是否與世宗生前之願相違，誰還會顧慮和在意呢？

五、「世宗始終盛事」

嘉靖是一個幸運的帝王，入繼大統時朝中有楊廷和，駕鶴西去時則有徐階。此二人皆社稷才，既有著超強的掌控政局能力，又不失其正，敢於也善於整頓朝綱。所謂「世宗始終盛事」，指的是他的即位詔和遺詔，前者為楊廷和手筆，後者則徐階一力作成。

自四十一年（一五六二）五月接替嚴嵩，徐階一直擔任內閣首輔，非常瞭解，也最接近晚年的朱厚熜。厚熜在疾病折磨中度過人生的最後五年，始終掌控著明王朝之舟的總舵，而徐階作為大副，頗能扶危救正，保駕護航。嘉靖對徐階的信賴仿佛當年的嚴嵩，卻多了一些敬重。

1 密草遺詔

就在嘉靖昏迷病榻、奄奄待終的時候，起草遺詔之事在極祕密地進行。以當時情狀，遺詔不得不早為預備；然皇帝尚在，不得令旨而代擬，擬稿中又多有忌諱，萬一皇帝醒轉康復，可就成了詛咒君上的大罪。當時內閣有大學士四人，首輔徐階不與閣僚商議，密召裕邸侍讀學士張居正，連夜寫成遺詔。次日皇子裕王入宮主喪，徐階呈上詔草，請嗣君閱示。裕王生性老實，還沒從突兀的角色轉換中回過神來，哪裡有什麼異議，立刻照准。

十二月十五日，即世宗崩逝的第二天，以大行皇帝遺詔頒告天下，曰：

> 朕以藩王入繼大統，獲奉宗廟四十五年，深惟享國長久，累朝未有，乃茲弗起，夫復何憾？但朕念切惓惓，唯敬天勤民是務。只緣多病，過求長生，遂致奸人乘機誑惑，禱祀日舉，土木歲興，郊廟之祀不親，朝講之儀久廢，既違成憲，亦負初心。邇者天啟朕衷，方圖改轍，而遽嬰疢疾，每一追思，益增愧感。蓋衍成美，端仗後賢，喪禮依舊制。[58]

遺詔中對朝廷弊政做了一個綜述：無窮盡的齋祀，無休止的興建營作，久廢的郊祀和朝講，都在檢討之列，也以嘉靖遺言的形式予以反思否定。遺詔還宣示了一系列的糾正措施：

> 自即位至今建言得罪諸臣，存者召用，歿者卹錄，見監者即先釋放復職；方士人等查照情罪，各正刑章；齋醮、工作、採買等項不經勞民之事，悉皆停止。

這是幾項最為人詬病的積弊，徐階一一寫入遺詔，以嘉靖的名義予以補救。首先是那些因忠諫受冤辱的「建言諸臣」，仍活著的即時召用，已死者則賜予恤典，錄在史冊。遺詔坦承所有這些弊端的產生，都在於其多病後追尋長生，致被奸人乘機欺蒙。因又明令停止各類齋醮和採買，並將那些活躍於宮中的方士逮治正法。

遺詔中明確由裕王朱載垕繼承皇位：

> 皇子裕王，仁孝天植，睿智夙成，宜上遵祖訓，下順群情，即皇帝位。[59]

這是一份簡明扼要的遺詔，「朝野號慟感激，比之楊廷和所擬登極詔書，為世宗始終盛事云」。而具體說來，楊廷和所擬即位詔，篇幅巨大，條目眾多，更像一份新朝政改綱要；徐階起草的遺詔，則著重於糾正重大弊端，重在收拾人心。各美其美，都應當算作盛舉。

徐階真可稱為嘉靖的忠誠老臣。他深知朝廷的種種弊政已喪盡人心，若待新帝登極詔中革除，既使先皇「克終之德未劣」，又令新帝「不能無疑於改父」，便搶先一步，把這些都寫入遺詔，讓嘉靖以最後一詔糾正失誤，「凡齋醮、土木、珠寶、織作悉罷，大禮、大獄、言事得罪諸臣悉牽復之」[60]。如此一來，嘉靖朝也有了個既「嘉」且「靖」的光明的歸結。

2 蓋棺之論

十二月十六日，大殮，上大行皇帝尊謚，為「欽天履道英毅聖神宣文廣武洪仁大孝肅皇帝」，廟號世宗。《明世宗實錄》在最後一卷對其一生作了概述，算是一種蓋棺之論：

正德之末，政在權幸，盜賊蜂起，海內騷動。上方龍潛藩邸，深鑒其弊。及入踐大統，乃赫然發命誅除巨奸，革去鎮守內臣，清汰冗濫，諸凡弊政以次盡罷，海內欣欣若更生焉。大禮議興，廷臣各以所聞見，曹起而爭，其稱引陶濮故事者附麗尤眾。上覃思禮典，觀其會通，一以人倫天序為主本，而折衷於孔孟，然後群疑渙然，徽稱宗祀之儀始定，禮官奔走受成事而已。嘗念國家太平百餘年，而禮文草創未應古始，乃悉按三禮舊文，摘抉疑義與時制不合者，自郊丘百神分合、正配之位，以及陵廟烝嘗、帝后耕蠶、先聖賢崇祀諸禮，皆約會經義，內斷於心，廩廩追三代而上之。論者謂明興以來，文治之盛未始有也。

追崇大禮和更定祀典，是嘉靖前期所做的兩件大事，當時爭議很大，後世多予負面評價，此處稱之為明朝「文治之盛」的高峰。對朱厚熜的文學喜好，文中也給以很高評價：

博綜經史，尤深於《尚書》，殿亭榜額皆取〈洪範〉〈無逸〉字義名之，所著〈敬一箴〉〈五箴注〉及〈欽天記頌〉諸篇，大抵淵源於〈虞廷〉之執中、〈伊訓〉之顧諟，而纂言屬意，直抒自得，往往有發前儒所未發者。

齋醮禱祀為前朝大弊，為害甚久，撰文者卻將之與嘉靖的體恤百姓結合為一體：

初年勤於政治，每旦自問省兩宮，延見群臣之外，退而惟思得失，孜孜以敬天恤民為務。或雨暘稍愆，則宵分露禱，深自譴責。貧民無告者為設糜粥之，施藥療之。詔書數下，每言及有司酷刑苦役，上干天和，一篇之中必三致意焉。

嘉靖對九邊和東南沿海的關注，對各種複雜局面的整治，對將士功罪的獎懲，也被記上重重一筆：

尤重邊防，四方有警，許所司以不時白奏，親自籌決。內則更營制，戢叛兵，將吏功罪一切無所貸假，用能北障胡氛、南清海沴，妖民豪酋旋發而殪，蓋實繇廟謨先定云。

至於他任用仇鸞、趙文華之舉，也以一句「無所貸假」遮過。由此，撰者寫到嘉靖立朝的親和與嚴厲：

親禮儒臣，平臺召對、西苑賡歌，藹然如家人父子。然終不少藉以威福，群臣中雖素貴有寵者，不敢以隱情疑事嘗試上前。如大學士張孚敬、尚書霍韜並議禮首臣，才名籍甚，上指孚敬則曰「不愛惜人才」，指韜則曰「偏執，必壞部事」。乃後人臣人品心術，卒如上言。其他勛戚近侍，朝為肺腑，暮或譴誅，雨澤露而威風霆，雖四荒萬里之外廓如也。

這是嘉靖，也是後世所稱的「肅皇帝」。而作為其基本品質且影響及施政的「孝」，則在最後被提出：

上神功盛德不可縷指，綜其始終大要：以嚴馭吏，以寬治民，以為經術為師，以法律為輔，以明作修內政，以安靜飭邊防。其於稽古考文之事，尤為備謹。而皆發之孝思，本之敬一，故功成制定，華裔向風，中興大業，視之列祖有光焉。享國四十餘年，追慕獻皇獻后如一日，每遇時節忌辰，侍臣竊窺，聖容慘怛，承享精虔，無不泣於下者。晚年留意玄理，築齋宮於西內居之，乃宸衷惕然，惓惓以不聞外事為憂，批決顧問，日無停晷，故雖深居淵穆而威柄不移。升遐一詔，悔艾尤深，真可謂神聖不世出之主矣！61

這篇評述當作於《明世宗實錄》編纂成書之際，不一定出自徐階之手，仍可見對先皇感情極深。其在議禮、齋醮雖有所保留，要之皆從正面闡釋，以讚美為基調。「以嚴馭吏，以寬治民，以為經術為師，以法律為輔，以明作修內政，以安靜飭邊防」，一經拈出，真還覺得有那麼回事，至於「神聖不世出之主」，就顯得太過了。

忽忽一百餘年過去，當所有這一切已成為前朝舊事，清朝開明史館為前朝修史，對嘉靖的評價是這樣的：

世宗御極之初，力除一切弊政，天下翕然稱治。顧迭議大禮，輿論沸騰，幸臣假託，尋興大獄。夫天性至情，君親大義，追尊立廟，禮亦宜之；然升祔太廟，而躋於武宗之上，不亦過乎？若其時紛紜多故，將疲於邊，賊訌於內，而崇尚道教，享祀非經，營建繁興，府藏告匱，百餘年富庶治平之業，因以漸替。雖剪剔權奸，威柄在御，要亦中材之主矣。62

大禮和大獄，是嘉靖一生引以榮耀的兩件壯舉，為使後世能夠全面認知和認可，專門選編了檔案文獻集，《明史》中都給以基本否定。至於把內憂外患的責任放在嘉靖頭上，不算客觀，也不算太冤枉。

然編者還是承認嘉靖的「天性至情」與「威柄在御」，《明史》中也多為之惋惜，批評楊廷和等人執拗任氣。論嘉靖為「中材之主」也不太準確，本書已細述其褊狹執拗和暴虐，但就明代帝王論之，太祖、成祖後應推嘉靖，其稟賦甚高，有些學者化，也有責任心和擔當。嘉靖人品端正，才情卓著，只是多走了些人生和治國的彎路。比較而言，還是徐階等人對他的瞭解更深一些。

3 一朝天子一朝臣

世宗崩逝十二天後，裕王即皇帝位。

新帝的即位詔書當由原裕邸文學侍從之臣擬寫，高拱是理所當然的主筆。由於徐階在世宗遺詔中先占地步，提前糾正了最大的弊端，釋放了大部分積怨，引得朝野感激涕零，即位詔的震撼力度便被消解，顯得有些重複零碎。這也使高拱等人對徐階極為不滿。

穆宗即位詔共三十款，先列舉世宗遺詔中已有各項，如善待建言忠臣、處分作惡方士、停止齋醮、清理採買等，更像一份抓落實的具體措施；接下來是例行的大赦、減免之類；至於其他，除了第一款的重訂祀典較為顯著，都較為具體細碎。比起嘉靖即位詔八十款的砍向要害，刀刀見血，不唯總數減少過半，影響力亦遠遠不如。

我們曾為世宗沉迷齋醮、偏執任性而惋嘆，對當時朝廷和官場的腐敗充滿憤慨，然對照此兩份即位詔書，便可見出嘉靖一朝不容忽視的進步：皇親國戚的權勢被限制，王府有了管理條例，皇店皇莊基本被清理，百姓的利益受到重視；裁革軍政冒濫人等，自初政時一舉斥除約十八萬人，舉凡傳升、乞升、投充、奏帶、跟用諸端積弊，大致被廓清；內宦的氣焰大大收斂，從提督廠衛司禮監太監到內府各監局總管，基本上能循規蹈矩，不光不敢干政，甚至於不太敢參與政事……其實還可為嘉靖拉出一個長長的成績單，能做到這些，也不容易。

徐階必然參與了新帝即位詔的最後審定，卻也不會說太多，會謙謹地處於二線。雖然朝中盡人皆知徐階對裕王素來很好，為請立皇太子一事幾乎獲罪，但他畢竟不是裕邸故舊，未曾感受裕邸中人那種持續多年的困惑、壓抑與驚惶，以及主子登基後的興奮。以徐階之縝密周詳，不會想不到這一點。

晚年的嘉靖雖不與兒子見面，卻也始終不忘兒子的教育，關心著皇位的傳承。他很在意裕邸的文學侍從班子，精心為選配輔導和內侍人等，且陸續提升他們擔任重要職務：

高拱，嘉靖二十年（一五四一）進士，選庶吉士，授翰林院編修，裕王出府時為侍講，累遷侍講學士、太常卿、禮部左侍郎、吏部左侍郎、禮部尚書，四十五年（一五六六）三月入內閣；

陳以勤，與高拱同年進士，同選庶吉士，同入翰林院，同時授裕邸侍講，歷官侍讀學士、太常卿、禮部侍郎，四十五年五月改吏部左侍郎兼翰林學士掌詹事府事；

張居正，嘉靖二十六年（一五四七）進士，選庶吉士，授翰林院編修，任裕邸侍講，四十四年（一五六五）六月充《承天大志》副總裁，次年四月遷翰林侍讀學士掌院事；

殷士儋，與張居正同年進士，同選庶吉士，同入翰林院，四十一年（一五六二）以檢討任裕邸侍講，數月後升司經局洗馬兼翰林院侍講。

這四位是裕邸舊臣，也是明朝嘉萬年間的傑出人物，全部成為內閣大學士，有三位做到首輔。他們在嘉靖時就踏上快車道，就中有先天資質的基礎，但皇上的有意培養，嚴嵩、徐階等人的援引器重，應也起了重要作用。尤其是徐階，自擔任首輔後，一直注重作養士氣、識拔人才，對裕王敬重有加，對裕邸舊臣大是優容。嘉靖一朝共出現十三位首輔，只有楊廷和、楊一清和徐階真正有宰輔氣象。三人都善於處理危急複雜的局面，而若論能上結君心，下挽民意，從容自立，徐階當是第一人。

隆慶改元，徐階仍是內閣首輔。然一朝天子一朝臣，幾乎是封建王朝的鐵律，此際也不會例外。

4 新朝的第一屆內閣

大行皇帝龍馭賓天，新政即告開始：

犯顏抗諫的海瑞被釋放出獄；

以邪術蠱惑先帝的方士王金、申世文、陶世恩、陶仿、劉文彬等被打入詔獄，輿論認為世宗死於服用王金等人的丹藥，徐階命逮治拷訊，皆定為死罪；

以諍諫獲罪而死的朝臣得到追贈、諭祭和恤錄，而活著的諍臣樊深、吳時來等三十三人被召還原職，以次推用；

西苑的大高玄殿、圓明閣、玉熙宮等齋醮殿閣亭台，一律撤去匾額。廷議起初要「盡毀諸修建齋醮宮殿」，隆慶帝採納禮部提議，先去匾額……

所有這些，都是在「遵遺詔」的旗幟下進行的。對各種弊端最清楚的莫過於徐階，就在先帝駕崩、新帝即位的十幾天中，已然閃電出手，開始了全面治理。舊的弊政正一項項被清理革除，而新的爭端卻從內閣中轟然而起，原因也是由於遺詔。

沒能參與起草遺詔的高拱與郭朴，心中有著一種被忽視、被愚弄的憤激，矛頭所指自然便是行事詭祕又占盡風光的徐階。郭朴宣稱：「徐公謗先帝，可斬也！」[63]高拱倚仗為裕邸舊臣，亦處處與徐階為難。科道官多為徐階平反起復者，不滿高拱的跋扈，接連上疏彈劾，這筆新帳也記到老徐身上。

內閣這時已有六人，除首輔徐階與李春芳、高拱、郭朴外，又增加了陳以勤、張居正，皆舊時裕邸侍講。一日閣臣會食（即在內閣辦公時一同進餐），高拱突然對徐階說：我曾半夜難以入睡，幾次拔劍而起，怒不可遏。先帝在時您寫青詞諂媚，一旦駕崩便加以背叛。而今又糾結科道官，必欲趕走新帝的舊日心腹，是何用心？

同座一驚，又不便插言，面面相覷。

徐階從容進餐，過了好一會兒才說：你錯了。科道人多口多，我如何能一一結交？又如何能使之攻你？且如我能結交，你又為何不能結交？我並非背叛先帝，而是想為先帝收人心，使恩典出自先帝而已。你說我曾以青詞誘先帝，固然是我的罪過。但公莫非忘了在禮部時所為。先帝密劄問我，說高拱上疏，請求效力於齋事，問可否准許。這道密劄如今尚在呢。

高拱面紅耳赤，說不出話來。

這是新朝的第一屆內閣。

注釋

引言：四十五年家園

1〔清〕李漁：〈奈何天．助邊〉，見《李漁全集》第四卷，浙江古籍出版社一九九一年版。

2〔明〕沈德符：《萬曆野獲編》卷一，列朝．人主別號，文化藝術出版社一九九八年版，三十三頁。

3〔唐〕韓偓：〈漫作〉詩之一，見《韓偓詩注》，學林出版社二〇〇一年版。

第一章　大宗與小宗

1《十三經注疏》，中華書局影印本一九六〇年版，一一〇六頁。

2《萬曆野獲編》卷三，憲宗廢后，「天順八年三月初八日，皇太后聖諭：『皇帝婚期在邇，必得賢淑為配。先時已嘗選擇，尚慮有司遺忽，禮部具榜，曉諭京城內外大小官民之家素有家法女子、年十五至十八者，令其父母送來親閱』」。

3《明史》卷一一三，孝穆紀太后傳，中華書局一九七四年版，三五二一－三五二三頁。

4《明史》卷一一三，孝穆紀太后傳，三五二一頁。

5《明史》卷一一三，憲宗廢后吳氏傳，三五二〇頁。

6此為通常之說法，《明史》卷一一三，「后妃一」中各處可互相印證，當出於時人于慎行《筆麈》。而《萬曆野獲編》卷三「孝宗生母」條，則引尹文和《直瑣綴錄》，稱是憲宗將紀氏安置於安樂堂，生子後潛養他所。而萬貴妃聽說後，「遂具服進賀，厚賜紀氏母子」。當是另一種版本。

7《大明會典》卷四九，禮部七，廣陵書社二〇〇七年版，八九三頁。

8《明史》卷一一三，孝穆紀太后傳，三五二二頁。

9 《明憲宗實錄》卷一五五，成化十二年秋七月壬寅。

10 或是萬貴妃專寵所致，憲宗時後宮封號甚少，大約一后、一貴妃、數妃而已。柏賢妃為朱見深在東宮時三妃之一，其他兩位都做到皇后，資歷出身都非尋常可比；邵氏生祐杬不久即被冊封為宸妃，應是特例，足證憲宗之眷注。邵氏之後，那些為憲宗生產男丁的女子，包括生了三個兒子的張氏，都長期得不到妃號。憲宗在其逝世前一個月，一次性封了九個妃子，同時封邵氏為貴妃。

11 以上憲宗各子出生年月和生母姓氏，均據《明憲宗實錄》。

12 據實錄，同日憲宗第五女亦病死。

13 《萬曆野獲編》卷一，君相異稟、召對，二五－二六頁。

14 《明史》卷三〇四，梁芳傳，七七八二頁。

15 《春秋公羊傳》，隱公元年，中華書局《十三經注疏》本，二一九七頁。

16 《明孝宗實錄》卷一，中華書局二〇一六年版。

17 《明史》卷一一三，恭肅貴妃萬氏傳，三五二四頁。

18 《明史》卷三〇四，懷恩傳，「憲宗末，惑萬貴妃言，欲易太子，恩固爭，帝不懌，斥居鳳陽。孝宗立，召歸，仍掌司禮監」，七七七七頁。

19 《明史》卷三〇四，梁芳傳，七七八一－七七八二頁。

20 《萬曆野獲編》卷三，宮闈・萬貴妃，八九頁。侍長：一種尊稱，即宮中侍妾之長。同書卷四有「使長侍長」，可參看。

21 此事記載不同：《明憲宗實錄》記載他與兩弟還有兩個異母弟在成化二十三年七月同日封王，而《明史・諸王四》和其他一些記載則說興王祐杬先封，令四王略後。

22 《明史》卷一一三，恭肅貴妃萬氏傳，稱孝宗自己不願違背先帝之意；《皇明通紀集要》則記載當時內閣幾位大學士提出不應違背先帝的意願，勸孝宗寬處此事，該書卷二十三：「時有縣丞徐瑣者上疏，請究皇妣薨逝之由，以復不共戴天之仇。當時診視太醫院使……俱宜逮治。下禮部議。禮部覆本請拘萬家親戚內眷曾經出入宮闈者究問。萬安、劉吉皆與萬家通好，懼甚，私謂尹直曰：『我與萬家久不往來。』尹直慰之曰：『此事只宜寬處。其興大獄，株連蔓引，豈先帝之意哉！』安等喜曰：『此言是也。』乃擬旨，以為外面浮議已之。惟訪求親屬之在廣西者。」

23《萬曆野獲編》卷三，宮闈，九〇頁。

24《明史》卷三〇〇，外戚，七六七六頁。

25《明史》卷三〇〇，周能傳，七六七二頁。

26《萬曆野獲編》卷六，內監．何文鼎，一七一頁。《明史》卷三〇四，何鼎傳，記載「鶴齡倚酒戴帝冠」「復窺御帷」，七七八三頁。

27《明史》卷三〇〇，張巒傳，七六七六頁。

28《大明會典》卷四九，皇子出生儀，八九三頁。

29《萬曆野獲編》卷三，宮闈．鄭旺妖言，九一頁，「此謗實始於鄭旺，一時皆信之，傳入各藩。正德十四年，寧王宸濠反逆，移檄遠近，中有『上以莒滅鄭，太祖皇帝不血食』之語」。

第二章　遙遠的興藩

1（同治）《鍾祥縣志》卷一，星野，「鍾祥縣……由縣治達京師三千有一百二十有五里」。

2《明孝宗實錄》卷四四，弘治三年十月乙丑。

3《明太宗實錄》卷二三二，永樂十八年十二月癸亥。

4《明孝宗實錄》卷五七，弘治四年十一月壬辰條，以兩千多字的篇幅特別敘寫這場婚禮。大約修訂成化、弘治、正德諸朝實錄的時間為嘉靖時，為取悅世宗皇帝，史臣給予了格外重視。

5 安陸作為地名變換較多，頗易混淆，茲略述之：在歷史上多數情況下，安陸為德安的附郭之縣；元朝改稱安陸府，明代始稱安陸州，嘉靖間改承天府。興府的具體地方是該府長壽縣，嘉靖時改名鍾祥。

6《興都志》，二十四卷，嘉靖二十年三月欽定由督建顯陵的都御史顧璘主持編纂，一年後完成進呈，皇上不滿意，令重修《承天大志》，實則保留了很多珍稀史料。

7〔明〕朱國禎：《湧幢小品》卷五，王府，文化藝術出版社一九九八年版，一〇三一一〇四頁。

8《大明會典》卷一八一，工部一．親王府制，二四八四頁。

9 長王，即除皇太子外年齡最長、已冊封為王的皇子。在宮中朝賀太子及中宮等儀節中，有帶領諸王、代表致賀的特殊地位。

10《明史》卷一一八，郢靖王棟傳，三六一〇頁。

11《明史》卷一一九，梁莊王瞻垍傳，三六三四頁。

12《明孝宗實錄》卷九一，弘治七年八月戊寅。

13 引同前注。該處記載，祐杬弟岐王之國時，亦曾破格呈請。

14《明孝宗實錄》卷九三，弘治七年十月戊午。

15《明史》卷一一五，睿宗興獻皇帝祐杬傳，三三五一頁。

16《明孝宗實錄》卷一二五，弘治十年五月丁卯。

17《明孝宗實錄》卷一四七，弘治四年正月丙申。

18《明孝宗實錄》卷九三，弘治七年十月甲申。

19《明孝宗實錄》卷一五九，弘治十三年二月癸巳。

20《明孝宗實錄》卷一五九，弘治十三年二月辛丑。

21《明武宗祭興獻王文》，見同治《鍾祥縣志．御製》。

22《明武宗實錄》卷一七五，正德十四年六月己卯。

23《承天大志》卷十九，寶謨記五。

24 見《明史》卷一二〇，諸王五，三六五九頁：「防閒過峻，法制日增。出城省墓，請而後許，二王不得相見。」

25 三次叛亂詳情，皆見清谷應泰《明史紀事本末》第二冊。

26《明孝宗實錄》卷九八，弘治八年三月丙戌。

27《明孝宗實錄》卷一五二，弘治十二年七月甲戌，「升錦衣衛指揮使吳玉為都指揮僉事，從雍王之國。玉女為王妃，從王請也。」

28 引同前注，「命錦衣衛管象房事指揮使邵華本衛南鎮撫司管事，不為例。華乃雍王母貴妃之兄子，從王請也」。

29《明孝宗實錄》卷一三六，弘治十一年四月辛卯。

30《明史》卷一一九，雍靖王祐橒傳，三六四一－三六四二頁。

31《明世宗實錄》卷一，正德十六年四月壬午，「誕聖之日，宮中紅光燭天，遠近驚異。其年黃河清，慶雲見於翼軫者，楚分也。蓋識者已知為受命之符矣。」

32《明世宗實錄》卷一，正德十六年四月壬午。

33《孝經》，開宗明義章第一，《十三經注疏》本，二五四五頁。

34〔明〕焦竑：《國朝獻徵錄》卷四二，張尚書邦奇傳，上海書店一九八七年影印版，一七五四－一七五六頁。

35《明世宗實錄》卷一，正德十六年四月壬午。

36〔清〕龍文彬：《明會要》卷四〇，王府官，中華書局一九五六年版，七〇六頁。

37《明孝宗實錄》卷十，弘治元年閏正月庚辰，同時也為岐王府選配了長史和審理。

38《國朝獻徵錄》卷一〇五，興王府左長史贈太子少保禮部尚書兼文淵閣大學士諡恭僖張公景明傳，四七一五－四七一六頁。

39《國朝獻徵錄》卷十五，資善大夫禮部尚書兼文淵閣大學士贈太子太保諡榮襄袁公宗皋神道碑，五三三一－五三三三頁。

第三章　空位期

1《萬曆野獲編》卷一，列朝·白服之忌，三四頁。

2〔明〕楊廷和：《視草餘錄》，見於《楊慎文選輯刊》附錄，巴蜀書社二〇一九年版。

3《明史》卷三·七，江彬傳，七八八五－七八八九頁。

4據《明史》諸王傳，僅有第九子、第二十六子早殤，其餘均長大成人，開府封國。

5《明武宗實錄》卷一九七，正德十六年三月辛酉，「舊例親王薨子未封者，止給養贍米二百……此皆上特恩也」。

6《大明會典》卷五五，王國禮一·封爵，九四八頁。

7《明武宗實錄》卷一九七，正德十六年三月，「……辛酉，先是今追尊恭穆獻皇帝之薨也，上命今上皇帝以嗣子暫管府事，仍給養贍米三千石。至是章聖皇太后奏歲時慶賀祭祀，嗣子以常服行禮非便，請預襲封為王。詔覆許之。舊例：親王薨子未封者，止給養贍米二百，襲封必俟釋服。此皆上特恩也。」

8《明武宗實錄》卷一九七，正德十六年三月丙寅。

9《明史》卷一九一，毛澄傳，五〇五五頁。

10〔清〕谷應泰：《明史紀事本末》卷五〇，大禮議，中華書局一九七七年版，七三三－七六四頁。

11《國朝獻徵錄》卷十五，袁公宗皋神道碑，五三二－五三三頁。

12本節此處以下引文均見《明世宗實錄》卷一，正德十六年四月壬寅。

第四章　新朝的新政

1《萬曆野獲編》卷二，列朝·觸忌，五九頁。

2《國朝獻徵錄》卷十五，特進光祿大夫左柱國少師兼太子太師吏部尚書華蓋殿大學士贈太保謚文忠楊公廷和行狀，四八七－五〇三頁。

3《國朝獻徵錄》卷十五，楊公廷和行狀。

4又作「魏彬」，見《明史》卷三〇四，魏彬傳。

5《明世宗實錄》卷一，正德十六年四月壬午乙巳。

6《萬曆野獲編》卷六，內監·二中貴命相，一七五頁。

7〔明〕郎瑛：《七修類稿》卷七，國事類·皇陵碑（又），文化藝術出版社一九九八年版，八一頁。

8本小節以上引文，皆出於《明史》卷七十七，食貨一·莊田。

9《明史》卷七十七，食貨一·莊田，一八八六頁。

10《明世宗實錄》卷二，正德十六年五月己卯。

11《明世宗實錄》卷三，正德十六年六月乙未。

12《明世宗實錄》卷三，正德十六年六月甲辰。

13《明世宗實錄》卷五，正德十六年八月庚寅。

14《明世宗實錄》卷五，正德十六年八月癸巳。

15《明世宗實錄》卷五，正德十六年八月乙未。

16《明世宗實錄》卷七，正德十六年十月辛卯。
17〔明〕陳子龍等編：《明經世文編》卷二〇二，夏文愍公文集一．勘報皇莊疏，中華書局一九六二年版。
18《明史》卷一九四，孫交傳，五一三四頁。
19《明世宗實錄》卷四〇，嘉靖三年六月丁巳。
20《明世宗實錄》卷四三，嘉靖三年九月戊辰。
21《明世宗實錄》卷八二，嘉靖六年十一月甲午。
22〔明〕鄧士龍：《國朝典故》卷一〇九，後鑒錄下，北京大學出版社二〇〇五年版，二二五九頁。
23《國朝典故》卷一〇九，後鑒錄下，二二六四頁。

第五章　議禮之爭

1〔明〕談遷：《國榷》卷五三，上海古籍出版社二〇〇八年版。
2《湧幢小品》卷五，母后奉迎，一〇一頁。
3《明世宗實錄》卷一，正德十六年四月丙午。
4《明史紀事本末》卷五〇，大禮議。
5《明世宗實錄》卷二，正德十六年五月戊午。
6《明史紀事本末》卷五〇，大禮議。
7《明世宗實錄》卷二，正德十六年五月己巳。
8《明史》卷一九一，毛澄傳。
9《明世宗實錄》卷二，正德十六年五月丙辰。
10《明史》卷七〇，選舉二，一六九三頁。
11《明世宗實錄》卷二，正德十六年五月丙寅。
12《明史》卷七〇，選舉二，一七〇六頁。
13《萬曆野獲編》卷七，內閣．星相，二一〇頁。

14《明史》卷一九六，張璁傳，五一七三－五一八〇頁。

15《明史》卷一九六，張璁傳，五一七四頁。

16《明史紀事本末》卷五〇，大禮議。

17《明史紀事本末》卷五〇，大禮議。

18《明世宗實錄》卷四，正德十六年七月丁卯。

19《明世宗實錄》卷四，正德十六年七月丁卯。

20《明世宗實錄》卷五，正德十六年八月辛卯。

21《明世宗實錄》卷五，正德十六年八月壬午。

22《明世宗實錄》卷六，正德十六年九月己酉。

23《明世宗實錄》卷六，正德十六年九月丁巳。

24《明史紀事本末》卷五〇，大禮議。

25《明史紀事本末》卷五〇，大禮議。

26《明史紀事本末》卷五〇，大禮議。

27《明世宗實錄》卷十，嘉靖元年正月己未：「清寧宮後三小宮災。欽天監掌監事光祿寺少卿華湘言：『……臣等去歲嘗奏太白晝見、秋雷大、金木相犯，茲皆變之大於火者，伏望皇上祇嚴天戒，益修德政，以弭災變。』」

28《明世宗實錄》卷十二，嘉靖元年三月辛亥。

29《明世宗實錄》卷十二，嘉靖元年三月壬申。

30《明史》卷一九七，席書傳，五二〇一－五二〇六頁。

31《明史》卷一九六，方獻夫傳，五一八五－五一九一頁。

第六章　血濺左順門

1《明史》卷一九四，喬宇傳，五一三二頁。

2《萬曆野獲編》卷六，內監．內臣何澤，一七七頁。

3《明史》卷一九四，喬宇傳，五一三二頁。
4〔明〕黃佐：《翰林記》卷二，彭文嫌公筆記。
5《明史》卷一九二，楊慎傳，五〇八一－五〇八二頁。
6《國朝獻徵錄》卷十五，袁宗皋神道碑。
7《湧幢小品》卷二，經筵詞，二七－三一頁。
8《明世宗實錄》卷十七，嘉靖元年八月丙子。
9〔清〕夏燮：《明通鑒》卷五〇，世宗．嘉靖元年，中華書局二〇〇九年版，一六九九頁。
10《明世宗實錄》卷二一，嘉靖元年十二月癸未。
11《明世宗實錄》卷二一，嘉靖元年十二月戊子。
12《明世宗實錄》卷二一，嘉靖元年十二月戊子。
13《明世宗實錄》卷二三，嘉靖二年正月辛亥。
14《明世宗實錄》卷二三，嘉靖二年正月甲子。
15《明世宗實錄》卷二三，嘉靖二年正月乙丑。
16《明史紀事本末》，世宗崇道教，七八三－七九九頁。
17《明世宗實錄》卷二五，嘉靖二年四月癸巳。
18《明通鑒》卷五〇，二年四月，一七一一頁。
19《明史》卷一九二，安磐傳，五〇九二頁。
20《明通鑒》卷五〇，二年閏四月，一七一二頁。
21《明史紀事本末》卷五二，世宗崇道教。
22《明史紀事本末》卷五〇，大禮議。
23《明史》卷二〇二，廖紀傳，五三二三－五三二五頁。
24《明史》卷一九〇，楊廷和傳，五〇三八頁。
25《明世宗實錄》卷三二，嘉靖二年十月己未。

26《明世宗實錄》卷三四，嘉靖二年十二月庚戌。
27《明世宗實錄》卷三五，嘉靖三年春正月丙戌。
28《國朝獻徵錄》卷十五，楊公廷和行狀。
29《國朝典故》卷三五，世宗實錄，六二〇頁。
30《明史紀事本末》卷五〇，大禮議。
31《明史紀事本末》卷五〇，大禮議。
32《明史紀事本末》卷五〇，大禮議。
33《明世宗實錄》卷三七，嘉靖三年三月壬寅。
34《明世宗實錄》卷三八，嘉靖三年四月癸丑。
35《國朝典故》卷三五，六二二頁。
36《明史紀事本末》卷五〇，大禮議。
37本節引言均見《明史紀事本末》卷五〇，大禮議。
38《明世宗實錄》卷四一，嘉靖三年七月戊寅。

第七章　尊威與責任

1《明世宗實錄》卷十，嘉靖元年正月己酉。
2《明世宗實錄》卷十，嘉靖元年正月庚戌。
3《明世宗實錄》卷十，嘉靖元年正月戊午。
4《明史》卷二〇四，陳九疇傳，五三八〇頁。
5此節史實見《明史紀事本末》卷五七，大同叛卒，八七七－八八六頁。
6《明史紀事本末》卷五五，沿海倭亂，八三九－八七〇頁。
7《明世宗實錄》卷五四，嘉靖四年八月乙丑。
8《明史》卷一九〇，毛紀傳，五〇四六頁。

9《明通鑒》卷五一，三年十月，一七五五頁。
10《明史》卷一九八，楊一清傳，五二二五－五二三一頁。
11《明通鑒》卷五一，三年十二月，一七五九頁。
12《明通鑒》卷五二，四年四月，一七六三頁。
13《明世宗實錄》卷五〇，嘉靖四年四月戊午。
14《明史紀事本末》卷五〇，大禮議。
15《明通鑒》卷五二，四年五月，一七六四頁。
16《明史紀事本末》卷五〇，大禮議。
17《明通鑒》卷五二，四年十月，一七七三頁。
18《明世宗實錄》卷八二，嘉靖六年十一月乙亥。
19《明世宗實錄》卷八五，嘉靖七年二月丁巳。
20《明會要》卷六八，祥異一．符瑞，一三一〇頁。
21《萬曆野獲編》卷二，列朝．賀唁鳥獸文字，五六頁。
22《明通鑒》卷五六，七年四月，一八三五頁。
23《明史》卷二〇九，楊爵傳，五五二五頁。
24《明世宗實錄》卷五四，嘉靖四年八月戊子。
25《明世宗實錄》卷五四，嘉靖四年八月丁未。
26《明世宗實錄》卷四六，嘉靖三年十二月丁酉。
27《明史》卷一九七，黃綰傳，五二二二頁。
28《明世宗實錄》卷七二，嘉靖六年正月辛卯。
29《明世宗實錄》卷七二，嘉靖六年正月庚子。
30《明世宗寶訓》卷二。
31《明世宗寶訓》卷二。

32《明世宗寶訓》卷二。

33《明史紀事本末》卷五〇，大禮議。

34《國朝獻徵錄》卷十五，楊公廷和行狀。

第八章　大洗牌

1《明世宗實錄》卷四六，嘉靖三年十二月辛卯。

2《明世宗實錄》卷四二，嘉靖三年八月癸巳。

3《明世宗實錄》卷四四，嘉靖三年十月乙卯。

4《明史》卷二〇六，葉應驄傳，五四四四頁。

5《明世宗實錄》卷五九，嘉靖四年閏十二月甲子。

6《明史》卷一九七，席書傳，五二〇六頁。

7《明史》卷七三，職官二，一七六八頁。

8《明史紀事本末》卷五六，李福達之獄，八七一－八七六頁。

9《明史紀事本末》卷五六，李福達之獄。

10《明史》卷一九六，張璁傳，五一七七頁。

11《萬曆野獲編》卷十八，刑部・嘉靖丁亥大獄，四九八頁。

12《明世宗實錄》卷八〇，嘉靖六年九月壬午。

13《明世宗實錄》卷七三，嘉靖六年二月己未。

14《國朝獻徵錄》卷七，鎮遠侯榮靖公顧仕隆，二三三頁。

15《國朝獻徵錄》卷三九，胡端敏傳，一五八八頁。

16《明史》卷二〇四，陳九疇傳，五三八一頁。

17《明史》卷七三，職官二，一七八〇頁。

18《明世宗實錄》卷一六五，嘉靖十三年七月己巳。

19《明世宗實錄》卷三九一，嘉靖三十一年十一月癸未。
20 本小節以上引文，皆見《明世宗實錄》卷七七，嘉靖六年六月己巳。
21《明世宗實錄》卷七八，嘉靖六年七月丙子。
22《明通鑒》卷五三，六年八月，一八一八頁。
23《明史紀事本末》卷五六，李福達之獄。
24《明世宗實錄》卷八〇，嘉靖六年九月丁亥。
25《明通鑒》卷五三，六年九月，一八二三頁。
26《明史》卷一九七，黃綰傳。

第九章　更定祀典

1《明世宗實錄》卷九七，嘉靖八年正月丙寅。
2《明經世文編》卷一七八。
3《明經世文編》卷一七八。
4《明經世文編》卷一八〇。
5《明世宗實錄》卷一一七，嘉靖九年九月壬辰。
6《明世宗實錄》卷一二一，嘉靖十年正月丙午。
7《明世宗實錄》卷一二三，嘉靖十年三月戊申。
8《明世宗實錄》卷一二七，嘉靖十年閏六月乙丑。
9《明世宗實錄》卷一二九，嘉靖十年八月丁酉。
10《明史》卷一九四，梁材傳，五一四九頁。
11 本小節以上引文，皆見《明世宗實錄》卷一〇〇，嘉靖八年四月甲戌。
12《明史》卷四七，禮志一，一二二三－一二二四頁。
13《明史》卷四八，禮志二，一二四七頁。

14《明史》卷四八，禮志二，一二四七頁。
15《明世宗實錄》卷一一〇，嘉靖九年二月癸酉。
16《明經世文編》卷二〇二，夏言〈請敕廷臣會議郊櫝典禮疏〉。
17《明世宗實錄》卷一一〇，嘉靖九年二月癸酉。
18《明世宗實錄》卷一一一，嘉靖九年三月丙申。
19《明史》卷五〇，禮志四，一二九八頁。
20《明史紀事本末》卷五一，更定祀典。
21《明史》卷二一三，徐階傳，五六三一頁。
22《明世宗寶訓》卷五。
23《明世宗寶訓》卷五。
24《明經世文編》卷一七八。
25《明世宗實錄》卷一一九，嘉靖九年十一月乙未。
26《明史》卷五一，禮志五，一三一三頁。
27《明世宗寶訓》卷四。
28《明世宗寶訓》卷四。
29《明史》卷五一，禮志五，一三一七頁。
30《明世宗實錄》卷一二一，嘉靖十年正月壬辰。
31《明世宗實錄》卷一三〇，嘉靖十年九月乙卯。
32《明世宗實錄》卷一三六，嘉靖十一年三月庚午。
33《明世宗實錄》卷一三七，嘉靖十一年四月甲申。
34《明世宗實錄》卷一六四，嘉靖十三年六月甲子。
35《明史》卷七四，職官三，一八一八頁。
36《萬曆野獲編》卷二七，釋道・釋教盛衰，七二八頁。

37《明世宗實錄》卷八三，嘉靖六年十二月戊申。
38《明世宗實錄》卷八三，嘉靖六年十二月壬子。
39《明世宗實錄》卷八三，嘉靖六年十二月壬子。
40《明世宗寶訓》卷五。
41《明世宗寶訓》卷五。
42 以上有關皇姑寺引文除已注外均見於《明世宗寶訓》卷五。
43《明世宗實錄》卷一二一，嘉靖十年正月丁酉。
44《明世宗實錄》卷一八七，嘉靖十五年五月乙丑。
45〔明〕余繼登：《典故紀聞》卷三六，中華書局一九八一年版，七〇二頁。

第十章　文星．將星

1《明世宗寶訓》卷六。
2《明世宗實錄》卷七三，嘉靖六年二月己未。
3《明世宗實錄》卷一，正德十六年四月癸卯。
4《明世宗實錄》卷五，正德十六年八月丙申。
5《明世宗實錄》卷八，正德十六年十一月丁巳。
6《明世宗實錄》卷十八，嘉靖元年九月丙午。
7《明史紀事本末》卷四七，宸濠之叛，七〇六頁。
8《明史紀事本末》卷四七，宸濠之叛。
9〔明〕王守仁：《王陽明全集》卷二〇，外集二．歸興，上海古籍出版社一九九二年版，七八四頁。
10《王陽明全集》卷三，語錄三，一一八頁。
11《王陽明全集》卷二〇，詠良知四首示諸生，七九〇頁。
12《明世宗實錄》卷四八，嘉靖四年二月辛卯。

13《明世宗實錄》卷五三，嘉靖四年七月乙卯。
14《明世宗實錄》卷五五，嘉靖四年九月辛巳。
15《明世宗實錄》卷五八，嘉靖四年十二月丁酉。
16《明世宗實錄》卷九二，嘉靖七年九月甲戌。
17《明世宗實錄》卷九四，嘉靖七年閏十月戊子。
18《明世宗實錄》卷九四，嘉靖七年閏十月癸巳。
19《明史》卷一九五，王守仁傳，五一六八頁。
20《明世宗實錄》卷九七，嘉靖八年正月乙巳。
21《王陽明全集》卷三五，年譜三，一三二四頁
22《王陽明全集》卷三五，年譜三，一三二四－一三二七頁。
23《明世宗實錄》卷九八，嘉靖八年二月甲戌。
24《明世宗實錄》卷八三，嘉靖六年十二月壬申。
25《明世宗實錄》卷八三，嘉靖六年十二月壬申。
26《明世宗實錄》卷九一，嘉靖七年八月甲寅。
27《明世宗實錄》卷九一，嘉靖七年八月辛酉。
28〔明〕楊一清：《密諭錄》卷六，乞休致奏疏，見《楊一清集》一〇一九－一〇二四頁，中華書局二〇〇一年版。
29《明世宗實錄》卷九一，嘉靖七年八月甲子。
30《明世宗實錄》卷九七，嘉靖八年正月丁未。
31《明世宗實錄》卷九七，嘉靖八年正月丙寅。
32《明世宗實錄》卷九八，嘉靖八年二月戊寅。
33《明世宗實錄》卷一〇三，嘉靖八年七月己未。
34《明世宗實錄》卷一〇四，嘉靖八年八月丙子。
35《明世宗實錄》卷一〇四，嘉靖八年八月戊寅。

36《明通鑒》卷五四，八年八月，一八五八頁。
37《明世宗實錄》卷一〇四，嘉靖八年八月丙戌。
38《明史》卷一九八，楊一清傳，五二三一頁。
39《明史》卷一九六，桂萼傳，五一八五頁。
40 其事及以上引文均見《明世宗實錄》卷一二八，嘉靖十年七月戊午。
41《國朝獻徵錄》卷十六，張文忠公孚敬傳，五五〇－五五二頁。
42《明世宗實錄》卷二二一，嘉靖十八年二月乙巳。

第十一章 唯一的南巡

1《明世宗實錄》卷二二四，嘉靖十八年五月壬午。
2《明史》卷一五五，公主傳：「明制，皇姑曰大長公主，皇姊妹曰長公主，皇女曰公主，俱授金冊，祿兩千石，婿曰駙馬都尉。」
3《大明會典》卷七〇，禮部・公主婚禮，一一四一頁。
4《明世宗實錄》卷五一，嘉靖四年五月庚申。
5《明世宗實錄》卷五一，嘉靖四年五月甲子。
6《明世宗實錄》卷四三九，嘉靖三十五年九月戊午。
7《明世宗實錄》卷七四，嘉靖六年三月己亥。
8《萬曆野獲編》卷五，公主・駙馬再選，一三九頁。
9《萬曆野獲編》補遺卷一，公主・尚主見斥，八六九頁。
10《明世宗實錄》卷七九，嘉靖六年八月戊辰。
11《明世宗實錄》卷一〇九，嘉靖九年正月壬子。
12《睿宗聖政實錄》卷三一。
13《明世宗寶訓》卷四。

14《明世宗實錄》卷一八五，嘉靖十五年三月庚午。

15《國朝獻徵錄》卷十六，光祿大夫柱國少傅兼太子太師吏部尚書華蓋殿大學士贈太傅謚文康李公時行狀，五五八－五六〇頁。

16《明世宗實錄》卷二一三，嘉靖十七年六月壬寅。

17《國朝典故》卷三六，七〇八頁。

18《新唐書》卷七七，后妃下，中華書局一九七五年版，三五〇四－三五〇五頁。

19《萬曆野獲編》卷三，宮闈・世宗廢后，九四頁。

20《明世宗實錄》卷二一九，嘉靖十七年十二月乙巳。

21《國朝典故》卷三六，七〇八頁。

22《大明會典》卷五三，禮部・巡狩，九二八頁。

23《明世宗實錄》卷二二一，嘉靖十八年二月癸亥。

24《明史紀事本末》卷五二，世宗崇道教。

25《明世宗實錄》卷二二一，嘉靖十八年二月戊辰。

26〔明〕顧璘編：《興都志》，典制五・宸翰，民國二十六年刊本。

27《明世宗實錄》卷二二二，嘉靖十八年三月戊子。

28《明世宗實錄》卷二二三，嘉靖十八年四月戊申。

29《明世宗實錄》卷二二三，嘉靖十八年四月戊戌朔。

30《明世宗實錄》卷二二二，嘉靖十八年三月丙子。

31《明世宗實錄》卷二二三，嘉靖十八年四月癸卯。

32《明世宗實錄》卷二一九，嘉靖十七年十二月壬子。

33《明世宗實錄》卷二二一，嘉靖十八年二月丁未。

34《明世宗實錄》卷二二四，嘉靖十八年五月乙亥。

35《明世宗實錄》卷二二六，嘉靖十八年七月辛巳。

36《興都志》卷三。

37《興都志》卷三：「上得奏喜曰：覽奏恭知皇妣梓宮已臨承天，山雨效靈，漢水增漲，江途徑達，慈神孔安。茲實仰荷天休，朕心於茲始寧悅矣！」

38《大明會典》卷九七，喪禮二．皇太后，一五一二頁。

第十二章　從宮怨到宮變

1〔清〕毛奇齡：《勝朝彤史拾遺記》卷五，世宗朝．陳皇后，有《香豔叢書》本。

2《明史》卷一一四，世宗孝潔陳皇后傳，三五二九頁。

3《明世宗實錄》卷九二，嘉靖七年九月辛卯。

4《明世宗實錄》卷九三，嘉靖七年十月丁未。

5《明史》卷一一四，世宗孝潔陳皇后傳。

6《國朝典故》卷三五，六四三頁。

7《明世宗實錄》卷九四，嘉靖七年閏十月戊戌。

8《明世宗實錄》卷九五，嘉靖七年十一月戊申。

9《明世宗實錄》卷一〇九，嘉靖九年正月丙午。

10《國朝典故》卷三五，六四三頁。

11《明世宗實錄》卷一一八，嘉靖九年十月己未。

12《萬曆野獲編》卷三，世宗廢后，九四頁。

13《明世宗實錄》卷一五八，嘉靖十三年正月癸卯。

14《明史》卷一一四，張廢后傳，三五三〇頁。

15《萬曆野獲編》卷五，勳戚．曹祖，一六〇頁。

16《明史》卷一一四，孝宗孝康張皇后傳，三五二八頁。

17《國朝獻徵錄》卷十六，張文忠公孚敬傳，五五二頁。

18《勝朝彤史拾遺記》卷四，孝宗朝·張皇后。

19《明史》卷一一五，后妃二，三五二九頁。

20《明世宗實錄》卷二五二，嘉靖二十年八月辛酉。

21《明世宗實錄》卷二五二，嘉靖二十年八月壬戌。

22《明世宗實錄》卷二五二，嘉靖二十年八月己巳。

23《勝朝彤史拾遺記》卷三，憲宗朝·邵貴妃。

24《明世宗實錄》卷一九一，嘉靖十五年九月丙辰。

25《萬曆野獲編》卷十八，刑部·宮婢肆逆，五〇二頁

26《明史》卷二九九，許紳傳，七六五〇頁。

27《明世宗實錄》卷二六七，嘉靖二十一年十月丁酉。

28《明世宗實錄》卷二六八，嘉靖二十一年十一月戊申。

29《勝朝彤史拾遺記》卷五，世宗朝·方后。

30《萬曆野獲編》補遺卷一，宮闈·宮詞，八六三頁。

31《明世宗寶訓》卷五。

第十三章　河套是個套

1《明史》卷一三〇，郭英傳，三八二一－三八二三頁。

2《明世宗實錄》卷九八，嘉靖八年二月戊寅。

3《明史》卷一九六，桂萼傳，五一八四頁。

4《明世宗實錄》卷九八，嘉靖八年二月戊寅。

5《國朝獻徵錄》卷四，特進光祿大夫柱國太傅兼太子太傅駙馬都尉掌宗人府事京山侯左柱國謚榮恭崔公神道碑，一三五頁。

6《明史》卷七四，職官三·六科，一八〇五頁

7《明史》卷七三，職官二．都察院，一七六八頁。

8《明世宗實錄》卷二四八，嘉靖二十年四月乙亥。

9《明世宗實錄》卷二五三，嘉靖二十年九月乙未。

10 以上引文均見《明世宗實錄》卷二五三，嘉靖二十年九月乙未。

11《明世宗實錄》卷二二二：「上以守中提調匱行諸務克濟，嘉其勞勩，故特旨超用。」

12《明世宗實錄》卷二五三，嘉靖二十年九月乙未。

13《國朝獻徵錄》卷三九，太子太保兵部尚書都察院左都御史贈少保謚肅敏浚川先生王公廷相墓表，一五九六－一五九七頁。

14《明通鑒》卷五七，二十年九月，一九八六－一九八八頁。

15《明史》卷一九六，夏言傳，五一九三頁。

16《明世宗實錄》卷一二八，嘉靖十年七月戊午。

17《明世宗實錄》卷一九五，嘉靖十五年閏十二月癸亥。

18《明史》卷一九七，霍韜傳，五二一四頁。

19《明史》卷一九六，夏言傳，五一九五頁。

20《明世宗實錄》卷二六三，嘉靖二十一年六月辛巳。

21《明世宗實錄》卷二六四，嘉靖二十一年七月己酉。

22《明世宗實錄》卷二六四，嘉靖二十一年七月己酉。

23《明史紀事本末》卷五八，議復河套，八八七－八九八頁。

24《明世宗實錄》卷三三〇，嘉靖二十六年十一月丁未。

25《明世宗實錄》卷三三二，嘉靖二十七年正月己卯。

26《明世宗實錄》卷三三二，嘉靖二十七年正月癸未。

27 以上引文均見《明世宗實錄》卷三三二，嘉靖二十七年正月癸未。

28《明世宗實錄》卷三三二，嘉靖二十七年正月癸未。

29《明世宗實錄》卷三三五，嘉靖二十七年四月丁未。

第十四章　亂軍與邊禍

1《明世宗實錄》卷一五五，嘉靖十二年十月庚辰。

2《明史紀事本末》卷五七，大同叛卒，八七七－八八六頁。

3《明世宗實錄》卷一六一，嘉靖十三年三月壬申。

4《國朝典故》卷三五，六九三頁。

5《明史》卷二〇三，呂經傳，五三六八頁。

6《明世宗實錄》卷二九一，嘉靖二十三年十月己丑。

7《明史》卷一一七，代王桂傳，三五八一頁。

8《明世宗實錄》卷三〇四，嘉靖二十四年十月壬辰。

9《明世宗實錄》卷三一六，嘉靖二十五年十月癸巳。

10《明世宗實錄》卷三〇四，嘉靖二十四年十月壬辰。

11《明世宗實錄》卷三三三，嘉靖二十七年二月辛酉。

12《明世宗實錄》卷三四六，嘉靖二十八年三月辛巳。

13《明世宗實錄》卷三四六，嘉靖二十八年三月壬午。

14《明世宗實錄》卷三六四，嘉靖二十九年八月丁丑。

15《明世宗實錄》卷三六四，嘉靖二十九年八月辛巳。

16《明世宗實錄》卷三六四，嘉靖二十九年八月壬午。

17《明世宗實錄》卷三六四，嘉靖二十九年八月甲申。

18《明世宗實錄》卷三六四，嘉靖二十九年八月癸未。

19《明世宗實錄》卷三六四，嘉靖二十九年八月丁亥。

20《明史》卷二〇四，丁汝夔傳，五三九二頁。

21《明史紀事本末》卷五九，庚戌之變，八九九－九一〇頁。
22《明史紀事本末》卷六〇，俺答封貢，九一一－九三四頁。
23《國朝獻徵錄》卷十，仇鸞本末，三六一－三六四頁。
24《明通鑒》卷六〇，三十三年十月，二一二〇頁。
25《明史》卷二一四，楊博傳，五六五六頁。

第十五章　倭寇與海寇

1《明史》卷二〇五，朱紈傳，五四〇四－五四〇五頁。
2《明世宗實錄》卷三三七，嘉靖二十七年六月戊申。
3《明世宗實錄》卷三四六，嘉靖二十八年三月壬申。
4《明史》卷二〇五，朱紈傳，五四〇五頁。
5《國朝獻徵錄》卷六二，都察院右副都御史秋厓朱公紈壙志，二六四七－二六四九頁。此文為朱紈自撰，對俘虜的身分有些誇大其辭。
6《國朝獻徵錄》卷六二，朱公紈壙志，二六四八頁。
7《明史》卷二〇五，朱紈傳，五四〇五頁。
8《明史紀事本末》卷五五，沿海倭亂，八三九－八七〇頁。
9《明世宗實錄》卷三八七，嘉靖三十一年七月壬寅。
10《明世宗實錄》卷三九三，嘉靖三十二年正月戊寅。
11《明史》卷二〇五，張經傳，五四〇六頁。
12《國朝典故》卷三七，七八八頁。
13《明史紀事本末》卷五五，沿海倭亂，八三九－八七〇頁。
14《明世宗實錄》卷四二二，嘉靖三十四年五月癸丑。
15《明史》卷二〇五，張經傳，五四〇八頁。

16《明史》卷二〇五，胡宗憲傳，五四一一頁。
17《明史》卷三〇八，趙文華傳，七九二三頁。
18《明會要》卷七〇，祥異三．火災，一三六一頁。
19《明世宗實錄》卷四五〇，嘉靖三十六年八月辛丑。
20《明世宗實錄》卷四五〇，嘉靖三十六年八月甲辰。
21《明世宗實錄》卷四五三，嘉靖三十六年十一月乙卯。
22《明史》卷二〇五，胡宗憲傳，五四一四頁。
23《國朝獻徵錄》卷五七，少保胡公誄，二三九二－二三九五頁。

第十六章　權相與忠僕

1〔明〕王世貞：《嘉靖以來內閣首輔傳》卷四，嚴嵩。
2《明世宗實錄》卷九六，嘉靖七年十二月丁酉。
3《明史》卷七二，職官一．吏部，一七三四頁。
4《明世宗實錄》卷二．一，嘉靖十六年六月壬戌。
5《國朝獻徵錄》卷十六，大學士嚴公嵩傳，五八〇頁：「世蕃尤險悍僄猾，每謂天下才唯己與陸炳、楊博而三。」
6《明世宗實錄》卷二二九，嘉靖十八年九月庚戌。
7《明世宗實錄》卷二七五，嘉靖二十二年六月壬寅。
8《明史》卷二〇九，周怡傳，五五二九－五五三〇頁。
9《明世宗實錄》卷三六四，嘉靖二十九年八月辛未。
10《明史》卷三．八，嚴嵩傳，七九一六頁。
11《明世宗實錄》卷二六七，嘉靖二十一年十月庚寅。
12《明史》卷二一〇，謝瑜傳，五五四九頁。
13《明世宗實錄》卷二六七，嘉靖二十一年十月戊戌。

14《明史》卷二一〇，葉經傳，五五五四頁。
15《國朝獻徵錄》卷十五，光祿大夫柱國少傅兼太子太傅禮部尚書謹身殿大學士石門翟公鑾行狀，五四三一五四八頁。
16《明世宗實錄》卷一四三，嘉靖十一年十月丙申。
17《明史》卷一九三，翟鑾傳，五一一二頁。
18《明世宗實錄》卷二八九，嘉靖二十三年八月甲午。
19《明世宗實錄》二九九，嘉靖二十四年五月乙丑。
20《明史》卷二〇九，沈煉傳，五五三三頁。
21《明史紀事本末》卷五四，嚴嵩用事，八〇九－八三七頁。
22《明史》卷二一〇，徐學詩傳，五五五三頁。
23《明史》卷二〇九，沈煉傳，五五三三－五五三四頁。
24《明史》卷二〇九，楊繼盛傳，五五三七頁。
25《明史》卷二〇九，楊繼盛傳，五五四一頁。
26《明史紀事本末》卷五四，嚴嵩用事。
27《明世宗實錄》卷三九三，嘉靖三十二年正月庚子。
28《明史》卷二一〇，周冕傳，五五五九頁。
29《明史》卷二〇九，楊繼盛傳，五五四一－五五四二頁。
30《明世宗實錄》卷三六四，嘉靖二十九年八月壬午。
31《國朝典故》卷三七，七六六頁。
32《明史》卷二〇四，丁汝夔傳，五三九二頁。
33《明史》卷二〇九，楊繼盛傳，五五三九頁。
34《明史》卷二一三，徐階傳，五六三三頁。
35《明世宗實錄》卷三八三，嘉靖三十一年三月辛卯。
36《國朝獻徵錄》卷十六，大學士嚴公嵩傳。

37《明史》卷三〇七，藍道行傳，七八九八頁。
38《明世宗實錄》卷五〇九，嘉靖四十一年五月壬寅。
39《明史紀事本末》卷五四，嚴嵩用事。
40《明世宗實錄》卷五〇九，嘉靖四十一年五月丙午。
41《明史紀事本末》卷五四，嚴嵩用事。

第十七章　青詞宰相

1 見《廣成集》，中華書局「道教典籍選刊」，二〇〇一年版。
2《明太祖實錄》卷五三，洪武三年六月甲子。
3《明太祖實錄》卷二〇九，洪武二十四年六月丁巳。
4《明英宗實錄》卷三四九，天順七年二月丙戌。
5《明孝宗實錄》卷二，成化二十三年九月上。
6《明世宗實錄》卷二五，嘉靖二年四月癸巳。
7《明世宗實錄》卷一三二，嘉靖十年十一月癸酉。
8《明史》卷一九三，費宏傳，五一〇九頁。
9《萬曆野獲編》卷二，列朝·御製元夕詩，四〇頁。
10《明史》卷一九三，顧鼎臣傳，五一一五頁。
11（明）劉基：《升天行》，見林家驪點校本《劉基集》，浙江古籍出版社一九九九年版。
12《明世宗實錄》卷一三三，嘉靖十年十二月乙酉。
13《明世宗實錄》卷一三三，嘉靖十年十二月戊子。
14《明世宗實錄》卷二一〇，致仕大學士王鏊謝疏：「陛下睿哲自天，春秋鼎盛，講明聖學正其時也。乞於便殿之側修復弘文館故事。妙選天下文學行義著聞者數人，更番入直，命內閣大臣一人領之，如先朝楊溥故事。」
15《明世宗實錄》卷四一三、四三一、四七八均見。

16《明世宗實錄》卷四〇三，嘉靖三十二年十月壬寅。

17《明世宗實錄》卷四九一，嘉靖三十九年十二月壬寅。

18《明史》卷一九六，夏言傳：「初，夏言撰青詞及他文，最當帝意。」

19《明世宗實錄》卷二二四，嘉靖十八年五月己巳。

20《明神宗實錄》卷七八，萬曆六年八月庚寅。

21《明世宗實錄》卷三〇二，嘉靖二十四年八月丁酉。

22《明世宗實錄》卷四八七，嘉靖三十九年八月甲午。

23《明世宗實錄》卷二四八，嘉靖二十年四月壬戌。

24《國朝獻徵錄》卷六，成國公追封定襄王謚恭靖朱希忠神道碑，一六五—一六六頁。

25《明世宗實錄》卷四一二，嘉靖三十三年七月戊午。

26《明世宗實錄》卷三六四，嘉靖二十九年八月，「（趙）貞吉廷議罷，盛氣謁大學士嚴嵩於西苑直中，嵩辭不見，貞吉怒叱門者。會通政趙文華趨入，顧謂貞吉曰：公休矣，天下事當徐議之。貞吉愈怒，罵曰：汝權門犬，何知天下事！嵩聞大恨」。

27《明世宗實錄》卷五六五，嘉靖四十五年十一月，「臣（高拱）蒙皇上隆恩進閣入直，賜以直房前後四重，為楹十有六，前此入直之臣並未有此，而臣獨得之」。

28《明世宗實錄》卷四六九，嘉靖三十八年二月乙卯。

29《明世宗實錄》卷二六三，嘉靖二十一年六月辛巳。

30《明史紀事本末》卷五四，嚴嵩用事，八一四頁。

31《明世宗實錄》卷四一二，嘉靖三十三年七月戊午。

32《明史》卷二八三，程文德傳，七二八〇頁。

33《明世宗實錄》卷四一九，嘉靖三十四年二月癸未。

34《明史紀事本末》卷五四，嚴嵩用事，八三〇頁。

35《明史紀事本末》卷五四，嚴嵩用事。

36《明世宗實錄》卷五四四，嘉靖四十四年三月辛酉。
37《萬曆野獲編》卷二，列朝．青詞宰相，六二頁。
38《明史》卷二一三，郭朴傳，五六四二頁。
39《明史》卷一九三，袁煒傳，五一一七頁。
40《明世宗實錄》卷五四四，嘉靖四十四年三月辛亥。
41《明世宗實錄》卷四三四，嘉靖三十五年四月丁巳。
42《國朝獻徵錄》卷十六，太師李文定公春芳傳，六〇八頁：「訥所為齋詞，唯恐不稱上意，惴惴至成疾，久之不愈……」

第十八章　二龍不相見

1《明世宗實錄》卷八三，嘉靖六年十二月壬申。
2《明世宗實錄》卷一一八，嘉靖九年十月壬戌。
3《明世宗實錄》卷一一九，嘉靖九年十一月辛卯。
4《明世宗實錄》卷一二二，嘉靖十年二月庚辰。
5《明世宗實錄》卷一三〇，嘉靖十年九月戊寅。
6《明太祖實錄》卷七四，洪武五年六月癸卯。
7見《桂洲詩集》，上海古籍出版社《續修四庫全書》本。
8《明世宗實錄》卷一三二，嘉靖十年十一月丁丑。
9《明世宗實錄》卷一五三，嘉靖十二年八月乙未。
10《明世宗實錄》卷一九二，嘉靖十五年十月辛卯。
11《明世宗實錄》卷一九四，嘉靖十五年十二月庚寅：「上以宮人不諳保護皇子，命禮部選民間婦無夫子繫累者二十餘人入宮。」
12《明世宗實錄》卷一九七，嘉靖十六年二月己巳。

13《明世宗實錄》卷一九七，嘉靖十六年二月戊寅。

14《明世宗實錄》卷一九八，嘉靖十六年三月辛卯。

15《明世宗實錄》卷一九九，嘉靖十六年四月辛未。

16《明世宗實錄》卷二〇三，嘉靖十六年八月辛亥。

17《明世宗實錄》卷二〇三，嘉靖十六年八月甲戌。

18《國朝典故》卷三六，七〇九頁。

19《萬曆野獲編》卷四，宗藩・太子冊寶，一〇八頁。

20《明世宗實錄》卷三四六，二十八年三月丁亥。

21《明世宗實錄》卷二二·，嘉靖十八年正月甲午。

22《明世宗實錄》卷三四六，嘉靖二十八年三月丁亥。

23《明世宗實錄》卷三七〇，嘉靖三十年二月己未：「上下階疏曰：『知已。』階乃擇以本月七日表請，因列上其儀。上曰：『知已，非行事之謂。』既而，掌詹事府事禮部尚書孫承恩亦以為請，上竟不行。」

24《明世宗實錄》卷三八一，嘉靖三十一年正月甲辰。

25《明世宗實錄》卷三八九，嘉靖三十一年九月乙未。

26《明世宗實錄》卷三九三，嘉靖三十二年正月己亥。

27《明史》卷一九三，陳以勤傳，五一二〇－五一二一頁。

28《明世宗實錄》卷二八五，嘉靖二十三年四月癸巳。

29《明世宗實錄》卷三五一，嘉靖二十八年八月甲子。

30《明世宗實錄》卷四八一，嘉靖三十九年二月丁巳。

31《明世宗實錄》卷四八九，嘉靖三十九年十月壬寅。

32《明史》卷二一六，吳山傳，五六九四頁。

33《明世宗實錄》四八九，嘉靖三十九年十月壬寅。

34《明史》卷二一六，吳山傳，五六九四頁。

35《明史》卷二一三，高拱傳，五六三八頁。

36《國朝獻徵錄》卷十七，光祿大夫柱國少傅兼太子太師吏部尚書武英殿大學士贈太保諡文端松谷陳公以勤墓誌銘，六三一一—六三二四頁。

37《明世宗實錄》卷四二七，嘉靖三十四年十月壬戌。

38《明世宗實錄》卷四二七，嘉靖三十四年十月乙丑。

39《明史》卷一二〇，景王載圳傳，三六四七頁。

第十九章　孤獨的晚年

1《明穆宗實錄》卷三記載：隆慶元年正月，撤除戶部侍郎督理西苑農事一銜。

2《明世宗實錄》卷一二三，嘉靖十年三月己丑。

3《明世宗實錄》卷二七七，嘉靖二十二年八月丙子。

4《明世宗實錄》卷三三八，嘉靖二十七年七月庚子。

5《明世宗實錄》卷三五一，嘉靖二十八年八月壬寅。

6《明世宗實錄》卷四一二，嘉靖三十三年七月戊申。

7《明世宗實錄》卷四三七，嘉靖三十五年七月辛未。

8《明世宗實錄》卷四六二，嘉靖三十七年閏七月庚辰。

9《明世宗實錄》卷一七八，嘉靖十四年八月乙巳。

10《明世宗實錄》卷一四二，嘉靖十一年九月丁卯。

11《萬曆野獲編》卷二，列朝．齋宮，五〇頁。

12《明世宗實錄》卷五六六，嘉靖四十五年十二月辛丑。

13《國朝典故》卷三五，六一二頁。

14《明世宗實錄》卷二五，嘉靖二年四月庚寅。

15《國朝典故》卷三六，七一三頁。

16《萬曆野獲編》卷二，列朝．觸忌，五九－六〇頁。

17《明史》卷三〇七，陶仲文傳，七八九六－七八九七頁。

18《明史》卷三〇七，邵元節傳，七八九五頁。

19《明史》卷二〇九，楊最傳，五五一六頁。

20《國朝獻徵錄》卷十六，大學士徐公階傳，五九二－五六〇頁。

21《明史》卷三〇八，嚴嵩傳，七九一九頁。

22《明史紀事本末》卷五二，世宗崇道教。

23《明史》卷三〇七，朱隆禧傳，七九〇三頁。

24《明史》卷三〇七，顧可學傳，七九〇二頁。

25《國朝獻徵錄》卷十六，大學士徐公階傳。

26〔明〕王世貞：《弇州四部稿》卷四七，文淵閣《四庫全書》第一二七九冊，上海古籍出版社二〇一二年版。

27《萬曆野獲編》卷三，宮闈．封妃異典，八二頁。

28《明世宗實錄》卷五一二，嘉靖四十一年八月乙丑。

29《明史紀事本末》卷五二，世宗崇道教。

30《明史》卷七三，都察院，一七六八頁。

31《明史紀事本末》卷五二，世宗崇道教。

32《明世宗實錄》卷五一七，嘉靖四十二年正月庚子。

33《明世宗實錄》卷五一九，嘉靖四十二年三月庚子。

34《明世宗實錄》卷五二〇，嘉靖四十二年四月丙子。

35《明世宗實錄》卷五三九，嘉靖四十三年十月甲戌。

36《明史》卷三〇七，王金傳，七九〇一頁。

37《明史》卷三〇七，龔可佩傳，七八九九頁。

38《明史》卷三〇七，藍道行傳，七八九九頁。

39《明世宗實錄》卷五四六，嘉靖四十四年五月辛酉。
40《明世宗實錄》卷五三四，嘉靖四十三年五月乙卯。
41《明世宗實錄》卷五四九，嘉靖四十四年八月壬午。
42《明世宗實錄》卷五五四，嘉靖四十五年正月戊申。
43《明史》卷二二六，海瑞傳，五九二八頁。
44《國朝典故》卷三八，八四三頁。
45《明世宗實錄》卷五五五，嘉靖四十五年二月癸亥。
46見《海瑞集》上編〈治安疏〉。《明世宗實錄》卷五五五、《明史・海瑞傳》節略該句。
47《明世宗實錄》卷五〇九，嘉靖四十一年五月丙午。
48《明史》卷二二六，海瑞傳，五九三〇頁。
49《明世宗實錄》卷五六三，嘉靖四十五年十月辛巳。
50《明世宗實錄》卷五五五，嘉靖四十五年二月庚辰。
51《明世宗實錄》卷五五五，嘉靖四十五年二月庚辰。
52《明世宗實錄》卷一八七，嘉靖十五年五月辛未。
53《明世宗實錄》卷二〇一，嘉靖十六年六月乙丑。
54《明世宗實錄》卷二〇五，嘉靖十六年十月癸酉。
55《明世宗實錄》卷五六三，嘉靖四十五年十月丁亥。
56《明世宗實錄》卷五六四，嘉靖四十五年閏十月己丑。
57《明世宗實錄》卷五六五，嘉靖四十五年十一月乙亥。
58《國朝典故》卷三八，八四九頁。
59《明世宗實錄》卷五六六，嘉靖四十五年十二月辛丑。
60《明史》卷二一三，徐階傳，五六三六頁。
61《明世宗實錄》卷五六六，嘉靖四十五年十二月壬寅。

62《明史》卷十八，世宗二，二五〇－二五一頁。

63《明史》卷二一三，徐階傳，五六三六頁。

主要參考書目

- 〔明〕朱元璋：《皇明祖訓》，四庫存目叢書，影明洪武禮部刻本；《明實錄》，臺灣「中央研究院」史語所校本；《大明恭穆獻皇帝實錄》（一名《睿廟聖政實錄》），藏天津圖書館；《明史》，中華書局一九七四年版。
- 〔明〕談遷：《國榷》，上海古籍出版社二〇〇八影清抄本。
- 〔明〕顧鼎臣「奉敕更潤」：《賜號太和先生像贊》，藏國家圖書館。
- 〔明〕朱國禎：《皇明大事記》，四庫禁毀書叢刊，影明刻本。
- 〔明〕陳建：《皇明通紀》，中華書局二〇〇八年版。
- 〔明〕鄧士龍：《國朝典故》，北京大學出版社一九九三年版。
- 〔明〕范守己：《皇明肅皇外史》，明抄本，國家圖書館藏，鈐有盧氏抱經堂、劉氏嘉業堂藏印。
- 〔明〕支大倫：《明永陵編年信史四卷昭陵編年信史二卷》，見《四庫全書存目叢書補編》，齊魯書社一九九七年版。
- 〔明〕李東陽纂，申時行重修：《大明會典》，明萬曆刊本。
- 〔明〕王世貞：《嘉靖以來內閣首輔傳》，見《明清史料彙編》第一集，臺北文海出版社一九六七年版。
- 〔明〕焦·：《國朝獻徵錄》，上海書店一九八七年版。
- 〔明〕張雨：《邊政考》，中國西北文獻叢書，影明嘉靖刻本。
- 〔清〕谷應泰：《明史紀事本末》，中華書局一九七七年版。
- 〔清〕夏燮：《明通鑑》，中華書局二〇〇九年版。
- 〔明〕徐學聚：《國朝典匯》，四庫存目叢書，影明天啟刻本。

- 〔明〕沈德符：《萬曆野獲編》，文化藝術出版社一九九八年版。
- 〔明〕朱國禎：《湧幢小品》，文化藝術出版社一九九八年版。
- 〔明〕郎瑛：《七修類稿》，文化藝術出版社一九九八年版。
- 〔明〕余繼登：《典故紀聞》，中華書局一九八一年版。
- 〔明〕何良俊：《四友齋叢說》，中華書局一九五九年版。
- 〔明〕劉侗、于奕正：《帝京景物略》，北京古籍出版社一九八〇年版。
- 〔明〕雷禮：《國朝列卿記》，明代傳記叢刊本。
- 〔明〕過庭訓：《本朝分省人物考》，《續修四庫全書》影明天啟刻本，上海古籍出版社二〇〇二年版。
- 〔明〕陳子龍等輯：《明經世文編》，中華書局一九六二年版。
- 〔明〕朱權等：《明宮詞》，北京古籍出版社一九八七年版。
- 〔清〕龍文彬：《明會要》，中華書局一九五六年版。
- 〔清〕黃宗羲：《明儒學案》，中華書局一九八五年版。
- 《明文海》，中華書局一九八七年版。
- 〔清〕錢謙益：《列朝詩集小傳》，上海古籍出版社一九五九年版。
- 〔清〕查繼佐：《罪惟錄》，浙江古籍出版社一九八六年版。
- 〔清〕趙翼：《廿二史箚記》，中華書局一九八四年版。
- 〔清〕陳田：《明詩紀事》，上海古籍出版社一九九三年版。
- 〔明〕王守仁：《王陽明全集》，上海古籍出版社一九九二年版。
- 〔明〕楊一清：《楊一清集》，中華書局二〇〇一年版。
- 〔明〕楊廷和：《楊文忠三錄》，見《文淵閣四庫全書》，上海古籍出版社二〇〇三年版。
- 〔明〕蔣冕：《湘皋集》，見《四庫全書存目叢書》，齊魯書社一九九七年版。
- 〔明〕毛紀：《密勿稿》《鼇峰類稿》，見《續修四庫全書》，上海古籍出版社二〇〇二年版。
- 〔明〕毛澄：《三江遺稿》，見《四庫全書存目叢書》。

- （明）何孟春：《何燕泉詩集》，見《四庫全書存目叢書》。
- （明）張孚敬：《太師張文忠公集》，見《四庫全書存目叢書》。
- （明）桂萼：《文襄公奏議》，見《四庫全書存目叢書》。
- （明）霍韜：《渭　文集》，見《四庫全書存目叢書》。
- （明）李時：《南城召對》，天一閣藏本。
- （明）夏言：《南宮奏稿》，見《文淵閣四庫全書》；《桂州先生奏議二十卷外集一卷》，見《四庫全書存目叢書》；《桂洲詩集》，見《續修四庫全書》。
- （明）顧鼎臣：《顧文康公文集》，見《四庫全書存目叢書》。
- （明）王廷相：《王氏家藏集》，見《四庫全書存目叢書》。
- （明）嚴嵩：《南宮奏議》，見《續修四庫全書》。
- （明）嚴嵩：《鈐山堂集四十卷附錄一卷》，見《續修四庫全書》。
- （明）陸深：《儼山集》，見《文淵閣四庫全書》；《聖駕南巡日錄一卷大駕北還錄一卷》，涵芬樓本。
- （明）曾銑：《復河套議》，見《四庫全書存目叢書》。
- （明）鄭曉：《鄭端簡公奏議》，見《續修四庫全書》。
- （明）海瑞：《海瑞集》，中華書局一九六二年版。
- （明）高拱：《高文襄公集》，見《四庫全書存目叢書》。
- （明）李春芳：《李文定公貽安堂集》，見《四庫全書存目叢書》。
- （明）王世貞：《弇州山人四部稿選》，見《四庫全書存目叢書》。
- （明）李日華：《味水軒日記》上海遠東出版社一九九六年版。
- （嘉靖）《承天大志》，藏北京圖書館。
- （嘉靖）《興都志》，藏上海圖書館。
- （乾隆）《鍾祥縣志》，中國地方志集成「湖北府縣志輯」第三八冊。
- （同治）《鍾祥縣志》，中國地方志集成「湖北府縣志輯」第三九冊。

- 〔清〕於敏中等編：《日下舊聞考》，北京古籍出版社一九八一年版。
- 鄧之誠：《骨董瑣記全編》，北京出版社一九九六年版。
- 吳晗輯：《朝鮮李朝實錄中的中國史料》，中華書局一九八〇年版。
- 《吳晗全集》，中國人民大學出版社二〇〇九年版。
- 繆振鵬：《明朝三帝祕錄》，作家出版社二〇一〇年版。
- 高陽：《明朝的皇帝》，廣西師範大學出版社二〇〇六年版。
- 林延清：《嘉靖皇帝大傳》，遼寧教育出版社一九九三年版。
- 胡凡：《嘉靖傳》，人民出版社二〇〇四年版。
- 方志遠：《大明嘉靖往事》，現代教育出版社二〇一〇年版。
- 單士元：《明北京宮苑圖考》，紫禁城出版社二〇〇九年版。
- 王其渠：《明代內閣制度史》，中華書局一九八九年版。
- 原瑞琴：《大明會典研究》，中國社會科學出版社二〇〇九年版。
- 郭培貴：《明代科舉史事編年考證》，科學出版社二〇〇八年版。
- 趙克生：《明代國家禮制與社會生活》，中華書局二〇一二年版。
- 孟凡人：《明代宮廷建築史》，紫禁城出版社二〇一〇年版。
- 趙中男：《明代宮廷典制史》，紫禁城出版社二〇一〇年版。
- 晁中辰：《明成祖傳》，人民出版社二〇〇八年版。
- 李洵：《正德皇帝大傳》，遼寧教育出版社一九九三年版。
- 陳時龍：《明代中晚期講學運動》，復旦大學出版社二〇〇七年版。
- 胡吉勛：《「大禮議」與明廷人事變局》，社會科學文獻出版社二〇〇七年版。
- 何孝榮：《明代北京佛教寺院修建研究》，南開大學出版社二〇〇七年版。
- 陳寶良：《明代社會生活史》，中國社會科學出版社二〇〇四年版。
- 王春瑜、杜婉言：《明朝宦官》，陝西人民出版社二〇〇七年版。

・常建華：《明代宗族研究》，上海人民出版社二〇〇五年版。
・吳豔紅：《明代充軍研究》，社會科學文獻出版社二〇〇三年版。
・彭勇：《明代班軍制度研究》，中國民族大學出版社二〇〇六年版。
・原瑞琴：《大明會典研究》，中國社會科學出版社二〇〇九年版。
・劉毅：《明代帝王陵墓制度研究》，人民出版社二〇〇六年版。
・楊啟樵：《明清皇室與方術》，上海世紀出版集團二〇一〇年版。
・廖峰：《嘉靖閣臣顧鼎臣研究》，巴蜀書社二〇一二年版。
・李斌：《話說顯陵》，中國文化出版社二〇〇八年版。
・周紅梅：《明顯陵探微》，中國素質教育出版社二〇一一年版。

後記

這是一本寫作了三十年的帝王傳記，一部數易其稿的書。筆者並非一直沉浸於此項寫作，但過些年就重寫一遍，則屬實情。而如果以讀研作為治學的發端，本書的傳主嘉靖皇帝朱厚熜，可謂四十年常在我的視野中。

還是在一九八三年歲杪，業師祝肇年先生指導我確定了碩士論文的題目：李開先及其《寶劍記》的再認識。為瞭解這位「嘉靖大名士」的時代背景，我曾逐頁翻閱《明世宗實錄》，對個性鮮明的朱厚熜留下深刻印象。十年後，中國藝術研究院紅樓夢所的幾位同事合寫《明朝十六帝》，本人領的任務即明世宗。其時各種形式的攢書已開始流行，本人也很快將十萬字的小冊子完成。交稿後意猶未盡，覺得還有許多地方沒寫到，便接著查閱文獻，擴展成一部近三十萬字的《嘉靖皇帝傳》，先後由團結出版社和臺北知書坊出版社印行。

忽忽又是二十年逝去，其間我的工作崗位多有變動，任職出版社、報社、對外文化交流，也曾短時間回紅樓夢所主事，再奉調國家清史辦和清史編纂委員會，由文入史，滿眼生疏，少不得又是一番苦讀，也緣此接觸一個新領域，結交一些新朋友。人民出版社陳鵬鳴兄建議將此傳修訂再版，並願意擔任責編。我很感動，著手修改訂補，當初寫作匆忙粗率，修訂不免大吃苦頭，歷一年半有餘，總算定稿，以《明世宗傳》為題，納入人民社的「黃皮書」系列。而又是十年過去，劉玉浦兄來訪，敘談甚歡，態度懇切，於是又有了這個新版本，書名則遵從他的提議，改成「嘉靖」。

三十年前第一次就這個題目寫作，便被朱厚熜的一生所深深吸引，不是因其豐功偉業（實際上他也的確為國家黎民做了不少實事），而在其身世性情。他的純孝、聰察、嚴厲峻急，他對邊疆戰事的關注，對懈怠嬉玩的痛恨，對權奸和貪腐的懲處，共構成複雜多棱的性格特徵。毋庸諱言，妄求長生、熱衷祥瑞、沉湎於齋醮燒煉之事，貫穿嘉靖後半生的大部分歲月，但他仍然能不失其政，認真承擔著一國之主的職責。唯那時急於成書，擇朝政大端述之，對於嘉靖的父母姊妹、早期的生活與讀書，對於他的性格養成、愛恨情仇，關注甚少。

十年前的修訂本，筆者試圖更多呈現傳主的生命過程和生存狀態，以更細緻的筆墨去描摹其精神世界。我曾專程去湖北鍾祥的興王府調查，也多次到故宮、永陵和大裕山踏訪尋覓，試圖拼接那些零碎的歷史映像，還原一個真實的朱厚熜。就在明顯陵高峻堅固的外垣上，一些磚側清晰可見各州府的標記，甚至有某某官監製、某某工匠的名字，讓人聯想一個皇帝的孝思能有多大威力；而站在文華門之下，對面的內閣大堂、西南不遠處的協和門（即嘉靖初所稱左順門）都在眼底，亦可想像當年那場超大規模的血腥廷杖，想像群臣的激憤哭喊和世宗的震怒……正如《紅樓夢》中那些婆子曾是千嬌百媚的女兒，多數歷史人物也都有過美好青春，而史著中的重大事件，也無不是曾經鮮活豐富的現實。我把重心放在對這一切的追尋上，以摹寫朱厚熜一生的豐饒與駁雜，剔理他在決策大政時的思維脈絡，探討其推行齋醮、青詞之類秕政的心理以及遺傳基因。而在那近半個世紀的歲月中，實在發生了太多重大事件，出現了太多重要人物，難以一一深入研述，只能留待日後了。

這次修訂再版，又是十年過去了。我以數月時間，從頭至尾細讀與核校，大的框架雖未改變，刪減訂補處則頗多，發現了不少錯訛，也深感不安，感到對不住過去的讀者。怎麼辦呢，寫作就是這樣一個多風險、多遺憾的事情，一不小心就會留下硬傷，可不慎乎？

是為記。

卜鍵

二〇二二年八月七日

於京北昌平「兩棠軒」